Instructor's Annotated Edition

à travers le monde francophone

PROMENADES

Cherie Mitschke

Cheryl Tano

VISTA
HIGHER LEARNING

Boston, Massachusetts

The **PROMENADES** cover features a photo of two friends crossing the **Champs-Élysées** in front of the **Arc de Triomphe**. Their lively stroll through Paris is symbolic of the exploration that you are about to begin of the French-speaking world.

Publisher: José A. Blanco
Vice President & Editorial Director: Beth Kramer
Managing Editor: Rafael Ríos
Project Manager: Isabelle Alouane
Developmental Editor: Armando Brito
Design and Production Team: María Eugenia Castaño, Oscar Diez, Nicholas Ventullo

Student Text ISBN: 978-1-60007-855-2
Instructor's Annotated Edition ISBN: 978-1-60007-858-3

1 2 3 4 5 6 7 8 9 WC 13 12 11 10 09

Maestro and Maestro Language Learning System and design are registered trademarks of Vista Higher Learning, Inc.

Instructor's Annotated Edition

Table of Contents

The PROMENADES Story

Vista Higher Learning, the publisher of **PROMENADES**, was founded with one mission: to raise the teaching of modern languages to a higher level. In fall 2000, we published **VISTAS**, our first program for the introductory Spanish market. Developed with care and the involvement of hundreds of students and instructors, **VISTAS**, as well as the other introductory and intermediate Spanish programs we subsequently published, found wide acceptance and acclaim.

Responding to the request of many French instructors who have seen **VISTAS**, we built a team of professionals with French teaching, writing, and editing expertise to develop a new and innovative introductory French program. Throughout the process, we questioned everything about the way current textbooks support the teaching of French.

The result was **ESPACES: Rendez-vous avec le monde francophone**. It was crafted with the same dedication as our Spanish programs, built completely around the diverse needs of students and instructors.

ESPACES has been a great success, a testament to the work of a fine team. After extensive market research, we decided to provide an alternative version of **ESPACES**. The same team took the building blocks of **ESPACES** and re-structured the unit in order to integrate skill-building features and the lesson level material. What we created is **PROMENADES à travers le monde francophone**.

We welcome you and your students to **PROMENADES**, and we hope that it finds a special place in your classroom. Please contact us with your questions, comments, and reactions.

Vista Higher Learning
31 St. James Avenue
Boston, MA 02116-4104
TOLLFREE: 800-618-7375
TELEPHONE: 617-426-4910
FAX: 617-426-5209
www.vistahigherlearning.com

Getting to Know PROMENADES

Vibrant and original, **PROMENADES** takes a fresh, student-friendly approach to introductory French aimed at making students' learning and instructors' teaching easier, more enjoyable, and more successful. At the same time, **PROMENADES** takes a communicative approach to language learning. It develops students' speaking, listening, reading, and writing skills so that they will be able to express their own ideas and interact with others meaningfully and for real-life purposes. It emphasizes frequently used vocabulary, and it presents grammar as a tool for effective communication. In addition, because cultural knowledge is an integral part of both language learning and successful communication, **PROMENADES** introduces students to the everyday lives of French speakers, in France as well as in many areas and countries of the French-speaking world.

Whereas other introductory college French programs are based on many of these same pedagogical principles, **PROMENADES** offers several additional features that make it truly different.

- **PROMENADES** uses the interior design—page layout, colors, typefaces, and other graphic elements—as an integral part of the learning process. To enhance learning and make navigation easy, lesson sections are color-coded and appear either completely on one page or on spreads of two facing pages. The textbook pages themselves are also visually engaging, with an array of photos, drawings, realia, charts, graphs, diagrams, and word lists, all designed for both instructional impact and visual appeal.

- **PROMENADES** integrates video with the student textbook in a distinct, more cohesive way up-front in each lesson's **Roman-photo** section, in every unit's **Lecture culturelle** sections, and in every other **Synthèse** feature.

- **PROMENADES** offers **Coup de main** boxes with on-the-spot linguistic, cultural, and language-learning information, and **ressources** boxes with correlations to student supplements.

- **PROMENADES** integrates the grammar presentation and the practice activities in a more supportive way to facilitate learning. It provides students with immediate access to information essential for communication by having each grammar explanation and its activities appear on one self-contained spread of two facing pages.

- **PROMENADES** provides a unique four-part practice sequence for every grammar point. It moves from form-focused **Essayez!** activities to directed, yet meaningful, **Mise en pratique** activities to communicative, interactive **Communication** activities, and lastly to cumulative, open-ended **Synthèse** activities.

- **PROMENADES** incorporates groundbreaking technology to aid students' learning and to broaden instructors' teaching options like the **PROMENADES** Supersite where you and your students can access all of the textbook's multimedia (audio, video, and TV commercials), plus a wealth of practice and Internet activities.

To get the most out of pages IAE-6 – IAE-16 in your Instructor's Annotated Edition, you should familiarize yourself with the following pages of the Student Text front matter: page iii (To the Student), pages xii–xxi (**PROMENADES** At A Glance), pages xxii–xxiii (Video Program), and pages xxiv–xxv (Icons and Ancillaries).

Learning to Use Your
Instructor's Annotated Edition

PROMENADES offers you a comprehensive, thoroughly developed Instructor's Annotated Edition (IAE). It features student text pages overprinted with answers to all activities with discrete responses. Each page also contains annotations for a few selected activities that were written to complement and support varied teaching styles, to extend the already rich contents of the student textbook, and to save you time in class preparation and course management. A larger, more comprehensive set of annotations is available on the instructor's **PROMENADES** Supersite.

Because the **PROMENADES** IAE is different from instructor's editions available with other French programs, this section is designed as a quick orientation to the principal types of instructor annotations it contains. As you familiarize yourself with them, it is important to know that the annotations are suggestions only. Any French questions, sentences, models, or simulated instructor-student exchanges are not meant to be prescriptive or limiting. You are encouraged to view these suggested "scripts" as flexible points of departure that will help you achieve your instructional goals.

For the Unit Opening Page

- **Unit Goals** A list of the lexical, grammatical, and socio-cultural goals of each unit, including language-learning strategies and skill-building techniques

- **Pour commencer** The answers to the **Pour commencer** activity in the student text

- **Instructional Resources** A correlation to all student and instructor supplements available to reinforce the unit

For the Lessons

- **Section Goals** (on the Instructor's Supersite only) A list of the lexical, grammatical, and/or socio-cultural goals of the corresponding section

- **Instructional Resources** (on the Instructor's Supersite only) A correlation to all ancillaries

- **Suggestion** Teaching suggestions for leading into the corresponding section, working with on-page materials, and carrying out specific activities, as well as quick ways for starting classes or activities by recycling language or ideas

- **Expansion** Expansions and variations on activities

- **Script** (on the Instructor's Supersite only) Transcripts of the Textbook MP3 recordings for the first **Mise en pratique** activity in each **Contextes** section

- **Video Recap** (on the Instructor's Supersite only) Questions or a true/false activity to help students recall the events of the previous lesson's **Roman-photo** episode

- **Video Synopsis** (on the Instructor's Supersite only) Summaries of the **Roman-photo** sections that recap that lesson's video module

- **Expressions utiles** Suggestions for introducing upcoming **Structures** grammar points incorporated into the **Roman-photo** episode

- **Stratégie** Suggestions for working with the reading and writing strategies presented in the **Lecture culturelle**, **Écriture**, and **Lecture** sections, respectively

- **Thème** Ideas for presenting and expanding the writing assignment topic in **Écriture**

- **Map-related Annotations** (on the Instructor's Supersite only) Suggestions for working with the maps in the **Panorama** sections

- **Le pays, la région, la province, l'archipel en chiffres** Additional information expanding on the data presented for each French-speaking area or country featured in the **Panorama** sections

- **Incroyable mais vrai!** Curious facts about a lesser-known aspect of the area or country featured in the **Panorama** sections

- **Section-specific Annotations** (on the Instructor's Supersite only) Suggestions for presenting, expanding, varying, and reinforcing individual instructional elements

- **Successful Language Learning** (on the Instructor's Supersite only) Tips and strategies to enhance students' language-learning experience

For the Optional Activities

- **Content-based Annotations With French Titles** More detailed information about an interesting aspect of the history, geography, culture, or peoples of the French-speaking world

- **Extra Practice, Pairs, and Small Groups** Activities in addition to those already in the student textbook

- **Game** Games that practice the language of the section and/or recycle previously learned language

- **TPR** Total Physical Response activities that engage students physically in learning French

- **Cultural Comparison** Suggestions to help students compare the culture they are learning with their own culture

- **Avant de regarder la vidéo/Regarder la vidéo** Techniques and activities for using the dramatic episodes of the **PROMENADES** Video in the **Roman-photo** sections

- **Video** Suggestions for using the dramatic episodes of the **PROMENADES** Video in the **Structures** sections

- **Proofreading Activity** Activities exclusive to the **Écriture** sections that guide students in the development of good proofreading skills. Each item contains errors related to a structure taught in the unit's **Structures** sections and/or a spelling rule taught in its **Les sons et les lettres** sections

- **Evaluation** Suggested rubrics in **Écriture** for grading students' writing efforts

Please check the **PROMENADES** Supersite at **promenades.vhlcentral.com** for additional teaching support.

General Teaching Considerations

Orienting Students to the Student Textbook

Because **PROMENADES** treats interior and graphic design as an integral part of students' language-learning experience, you may want to take a few minutes to orient students to the student textbook. Have them flip through one unit, and point out that they are all organized exactly the same way with two short lessons and a concluding **Savoir-faire** section. Also point out how the major sections of each lesson are color-coded for easy navigation: blue for **Contextes**, green for **Roman-photo**, purple for **Lecture culturelle**, orange for **Structures**, teal for **Synthèse**, red for **Savoir-faire**, and dark blue for **Vocabulaire**. Let them know that, because of these design elements, they can be confident that they will always know "where they are" in their textbook.

Emphasize that sections are self-contained, occupying either a full page or a spread of two facing pages, thereby eliminating "bad breaks" and the need to flip back and forth to do activities or to work with explanatory material. Finally, call students' attention to the use of color to highlight key information in elements such as charts, diagrams, word lists, activity models, titles, and help boxes such as **Attention!**, **Coup de main**, and **Boîte à outils**.

Flexible Lesson Organization

PROMENADES uses a flexible lesson organization designed to meet the needs of diverse teaching styles, instructional goals, and institutional requirements. For example, you can begin with the unit opening page and progress sequentially through a unit. If you do not want to devote class time to grammar, you can assign the **Structures** explanations for outside study, freeing up class time for other purposes like developing oral communication skills; increasing awareness of francophone television broadcasts; building listening, reading, or writing skills; learning more about the French-speaking world; or working with the video program. You might decide to work with the **Savoir-faire** section in order to focus on students' reading skills and their knowledge of the French-speaking world. On the other hand, you might prefer to skip these sections entirely, exploiting them periodically in response to your students' interests as the opportunity arises. If you plan on using the **PROMENADES** Testing Program, however, be aware that its tests and exams check language presented in **Contextes**, **Structures**, and the **Expressions utiles** boxes of **Roman-photo**.

Identifying Active Vocabulary

All words and expressions taught in the illustrations, **Vocabulaire** lists, and **Attention!** boxes in **Contextes** are considered active, testable vocabulary. The words and expressions in the **Expressions utiles** boxes in **Roman-photo**, as well as words in charts, word lists, and sample sentences in **Structures** are also part of the active vocabulary load. At the end of each unit, **Vocabulaire** provides a convenient one-page summary of the items students should know and that may appear on tests and exams. You will want to point this out to students.

Taking into Account the Affective Dimension

While many factors contribute to the quality and success rate of learning experiences, two factors are particularly germane to language learning. One is students' beliefs about how language is learned; the other is language-learning anxiety.

As studies show and experienced instructors know, students often come to modern languages courses either with a lack of knowledge about how to approach language learning or with mistaken notions about how to do so. For example, many students believe that making mistakes when speaking the target language must be avoided because doing so will lead to permanent errors. Others are convinced that learning another language is like learning any other academic subject. In other words, they believe that success is guaranteed, provided they attend class regularly, learn the assigned vocabulary words and grammar rules, and study for exams. In fact, in a study of college-level beginning language learners in the United States, over one-third of the participants thought that they could become fluent if they studied the language for only one hour a day for two years or less. Mistaken and unrealistic beliefs such as these can cause frustration and ultimately demotivation, thereby significantly undermining students' ability to achieve a successful language-learning experience.

Another factor that can negatively impact students' language-learning experiences is language-learning anxiety. As Professor Elaine K. Horwitz of The University of Texas at Austin and Senior Consulting Editor of **VISTAS**, First Edition, wrote, "Surveys indicate that up to one-third of American foreign language students feel moderately to highly anxious about studying another language. Physical symptoms of foreign language anxiety can include heart-pounding or palpitations, sweating, trembling, fast breathing, and general feelings of unease." The late Dr. Philip Redwine Donley, **VISTAS** co-author and author of articles on language-learning anxiety, spoke with many students who reported feeling nervous or apprehensive in their classes. They mentioned freezing when called on by their instructors or going inexplicably blank when taking tests. Some so dreaded their classes that they skipped them or dropped the course.

Based on what Vista Higher Learning learned from instructors and students using **VISTAS**, **AVENTURAS**, and its other successful introductory Spanish programs, **PROMENADES**, as well as **ESPACES**, contain several features aimed at reducing students' language anxiety and supporting their successful language learning. First of all, the highly structured, visually dramatic interior design of the **PROMENADES** student text was conceived as a learning tool to make students feel comfortable with the content and confident about navigating the lessons. The Instructor's Annotated Edition also includes *Successful Language Learning* annotations with suggestions for managing and/or reducing language-learning anxieties and for enhancing students' learning experiences. In addition, the student text provides on-the-spot **Attention!**, **Coup de main**, and **Boîte à outils** boxes that assist students by making immediately relevant connections with new information or reminding them of previously learned concepts.

PROMENADES and *the Standards for Foreign Language Learning*

Since 1982, when the *ACTFL Proficiency Guidelines* were first published, that seminal document and its subsequent revisions have influenced the teaching of modern languages in the United States. **PROMENADES** was written with the concerns and philosophy of the *ACTFL Proficiency Guidelines* in mind, incorporating a proficiency-oriented approach from its planning stages.

PROMENADES' pedagogy was also informed from its inception by the *Standards for Foreign Language Learning in the 21st Century*. First published in 1996 under the auspices of the National Standards in Foreign Language Education Project, the Standards are organized into five goal areas, often called the Five Cs: Communication, Cultures, Connections, Comparisons, and Communities.

Since **PROMENADES** takes a communicative approach to the teaching and learning of French, the Communication goal is central to the student text. For example, the diverse formats used in the **Communication** and **Synthèse** activities in each lesson—pair work, small group work, class circulation, information gap, task-based, and so forth—engage students in communicative exchanges, providing and obtaining information, and expressing feelings and emotions. The **Écriture** section focuses on developing students' communication skills in writing.

The Cultures goal is most overtly evident on four pages of each lesson in the **Roman-photo** and **Lecture culturelle** sections, as well as in the **Panorama** section at the end of each unit. However, **PROMENADES** also weaves culture into virtually every page, exposing students to the multiple facets of practices, products, and perspectives of the French-speaking world. In keeping with the Connections goal, students can connect with other disciplines such as communications, business, geography, history, fine arts, and science in the **Le zapping** and **Panorama** sections; they can acquire information and recognize distinctive cultural viewpoints in the literary texts of the **Lecture** sections. Moreover, **Sur Internet** boxes in **Lecture culturelle**, **Le zapping**, and **Panorama** support the Connections and Communities goals as students work through those sections and complete the related activities on the **PROMENADES** Supersite. As for the Comparisons goal, it is reflected in **Les sons et les lettres** pronunciation and spelling sections and the **Structures** sections.

Special Standards icons also appear on the student text pages of your Instructor's Annotated Edition to call out sections that have a particularly strong relationship with the Standards. These are a few examples of how **PROMENADES** was written with the Standards firmly in mind, but you will find many more as you work with the student textbook and its ancillaries.

General Suggestions for Using
the PROMENADES *Roman-photo* Video Episodes

The **Roman-photo** section in each of the student textbook's lessons and the **PROMENADES** Video were created as interlocking pieces. All photos in **Roman-photo** are actual video stills from the corresponding video episode, while the printed conversations are abbreviated versions of the dramatic segment. Both the **Roman-photo** conversations and their expanded video versions represent comprehensible input at the discourse level; they were purposely written to use language from the corresponding lesson's **Contextes** and **Structures** sections. Thus, as of **Leçon 2**, they recycle known language, preview grammar points students will study later in the lesson, and, in keeping with the concept of "i + 1," contain a small amount of unknown language.

Because the **Roman-photo** textbook sections and the dramatic episodes of the **PROMENADES** Video are so closely connected, you may use them in many different ways. For instance, you can use **Roman-photo** as an advance organizer, presenting it before showing the video episode. You can also show the video episode first and follow up with **Roman-photo**. You can even use **Roman-photo** as a stand-alone, video-independent section.

Depending on your teaching preferences and campus facilities, you might decide to show all video episodes in class or to assign them solely for viewing outside of the classroom. You could begin by showing the first one or two episodes in class to familiarize yourself and students with the characters, storyline, style, and **Reprise** sections. After that, you could work in class only with **Roman-photo** and have students view the remaining video episodes outside of class. No matter which approach you choose, students have ample materials to support viewing the video independently and processing it in a meaningful way. For each video episode, there are activities in the **Roman-photo** section of the corresponding textbook lesson, as well as pre-viewing, viewing, and post-viewing activities in the Workbook/Video Manual.

You might also want to use the **PROMENADES** Video in class when working with the **Structures** sections. You could play the parts of the dramatic episode that correspond to the video stills in the grammar explanations or show selected scenes and ask students to identify certain grammar points.

You could also focus on the **Reprise** sections that appear at the end of each lesson's dramatic episode to summarize the key language functions and grammar points used. In class, you could play the parts of the **Reprise** section that exemplify individual grammar points as you progress through each **Structures** section. You could also wait until you complete a **Structures** section and review it and the lesson's **Contextes** section by showing the corresponding **Reprise** section in its entirety.

General Suggestions for Using
the PROMENADES *Flash culture* Video Episodes

The **Flash culture** video segments were specially planned and shot for **PROMENADES** to bring France and the French-speaking world "alive" within the context of the themes of the textbook's units. The footage was selected for visual appeal and information of interest that both reinforces content presented in the textbook's lessons and goes beyond it. The segments are hosted by the **PROMENADES** narrators, Csilla and Benjamin who alternate between odd-numbered and even-numbered segments, respectively. Csilla and Benjamin introduce each segment, provide transitions between topics, and, as appropriate, hold micro-interviews with French speakers whom they encounter as they visit parks, public squares, schools, stores, cafés, markets, and more.

Like the conversations in the **Roman-photo** dramatic episodes, the **Flash culture** narrations represent comprehensible input. Each was written to make the most of the vocabulary and grammar students learned in the corresponding and previous units while still providing a small amount of unknown language and/or cognates. In Units 1–7, the narrators begin the segments in English, but, as much as possible, use French that will be comprehensible to students to explain and describe the images shown. As of Unit 8, the **Flash culture** segments are entirely in French.

Each segment is approximately two-to-three minutes long and is correlated in the **PROMENADES** student text in the **Sur Internet** box in either one of the **Lecture culturelle** sections of each unit.

Flash culture Video Segments Table of Contents

Unité 1: greetings and farewells

Unité 2: colleges, universities, and school life

Unité 3: family and friends

Unité 4: cafés, food, and drink

Unité 5: leisure-time activities and sports

Unité 6: holidays and festivals

Unité 7: travel and vacation-related activities

Unité 8: apartments, homes, and other types of housing

Unité 9: an open-air food market

Unité 10: a pharmacy and other health-related locations

Unité 11: cars, transportation, and traffic-related items

Unité 12: the post office, banks, small and large stores

Unité 13: parts of France and French-speaking countries

Activities for the **Flash culture** video are located in the Video Manual section of the **PROMENADES** Workbook/Video Manual. They follow a process approach of pre-viewing, viewing, and post-viewing and use a variety of formats to prepare students for watching the video segments, to focus them while watching, and to check comprehension after they have watched the footage.

When showing the **Flash culture** video segments in your classes, you might also want to implement a process approach. You could start with an activity that prepares students for the video segment by taking advantage of what they learned in the lesson. This could be followed by an activity that students do while you play parts of or the entire video segment. The final activity, done in the same class period or in the next one as warm-up, could recap what students saw and heard and move beyond the video segment's topic. The following suggestions for working with the **Flash culture** video segments in class, which are in addition to those on the individual pages of the Instructor's Annotated Edition and/or those provided on the Supersite, can be carried out as described or expanded upon in any number of ways.

Before viewing

- Ask students to guess what the segment might be about based on what they've learned about the lesson's theme, especially in the **Contextes, Roman-photo,** and **Lecture culturelle** sections.

- Have pairs make a list of the unit vocabulary they expect to hear in the video segment.

- Read a list of true-false or multiple-choice questions about the video to the class. Students must use what they learned over the lesson to guess the answers. Confirm their guesses after watching the segment.

While viewing

- Show the video segment with the audio turned off and ask students to use unit vocabulary and structures to describe what they see. Have them confirm their guesses by showing the segment again with the audio on.

- Have students refer to the list of words they brainstormed before viewing the video and put a check in front of any words they actually hear or see in the segment.

- First, have students simply watch the video. Then, show it again and ask students to take notes on what they see and hear. Finally, have them compare their notes in pairs or groups for confirmation.

- Photocopy the segment's videoscript from the Instructor's Resource Manual and white out words and expressions related to the lesson theme. Distribute the scripts for pairs or groups to complete as cloze paragraphs.

- Show the video segment before moving on to **Contextes** to jump-start the lesson's vocabulary, grammar, and cultural focus. Have students tell you what vocabulary and grammar they recognize from previous lessons.

After viewing

- Have students say what aspects of the information presented in the corresponding textbook lesson are observable in the video segment.

- Ask groups to write a brief summary of the content of the video segment. Have them exchange papers with another group for peer editing.

- Have students pick one new aspect of the corresponding textbook lesson's cultural theme that they learned about from watching the video segment. Have them research more about that topic and write a list or paragraph to expand on it.

About Le zapping and Écriture

One of two features appears at the end of each textbook lesson: **Le zapping** or Écriture. **Le zapping** features TV commercials and short films about the city of Rennes, France, so your students can experience the language and culture contained in authentic television pieces. In Écriture, students are asked to create writing pieces using different methods in order to help them convey meaning and hold their classmates' interest. The following convenient lists of the television commercials, short films, and writing assignments are organized by unit and lesson for your reference.

Le zapping TV Clips

Unité 1	**Leçon 1**	(23 seconds)	*La triplette de Moulinex*
Unité 2	**Leçon 3**	(25 seconds)	*Clairefontaine*
Unité 3	**Leçon 5**	(31 seconds)	*Pages d'Or*
Unité 4	**Leçon 7**	(1' 02 seconds)	*SWISS*
Unité 5	**Leçon 9**	(34 seconds)	*SwissLife*
Unité 6	**Leçon 11**	(31 seconds)	*La Poste belge*
Unité 7	**Leçon 13**	(30 seconds)	*Le TER*
Unité 8	**Leçon 15**	(30 seconds)	*Century 21 France*
Unité 9	**Leçon 17**	(1' 45 seconds)	*Le far breton* (short film)
Unité 10	**Leçon 19**	(24 seconds)	*Diadermine*
Unité 11	**Leçon 21**	(32 seconds)	*KellyMobile*
Unité 12	**Leçon 23**	(4' 40 seconds)	*Rennes* (short film)
Unité 13	**Leçon 25**	(1' 20 seconds)	*La BMCE*

Écriture Sections

Unité 1	**Leçon 2**	*Faites une liste!*
Unité 2	**Leçon 4**	*Une description personnelle*
Unité 3	**Leçon 6**	*Écrivez une lettre.*
Unité 4	**Leçon 8**	*Un petit mot*
Unité 5	**Leçon 10**	*Écrire une brochure*
Unité 6	**Leçon 12**	*Écrire une interview*
Unité 7	**Leçon 14**	*Écrivez une brochure.*
Unité 8	**Leçon 16**	*Écrire une histoire*
Unité 9	**Leçon 18**	*Écrire une critique*
Unité 10	**Leçon 20**	*Écrire une lettre*
Unité 11	**Leçon 22**	*Écrire une dissertation*
Unité 12	**Leçon 24**	*Faire la description d'un nouveau commerce*
Unité 13	**Leçon 26**	*Écrire une lettre ou un article*

About strategies in **Lecture culturelle**, **Écriture**, and **Lecture**

PROMENADES takes a process approach to the development of reading and writing skills. These are lists of the different strategies taught in each unit so that you may refer to them in one convenient place.

Lecture culturelle

Écriture

Lecture

COURSE PLANNING

The entire **PROMENADES** program was developed with an eye to flexibility and ease of use in a wide variety of course configurations. **PROMENADES** can be used in courses taught on semester or quarter systems, and in courses that complete the book in two or three semesters. Here are some sample course plans that illustrate how **PROMENADES** can be used in different academic situations. You should, of course, feel free to organize your courses in the way that best suits your students' needs and your instructional objectives.

Two-Semester System

The following chart illustrates how **PROMENADES** can be completed in a two-semester course. This division of material allows the present tense, the near future, the passé composé with **avoir** and **être**, and the imperative to be presented in the first semester; the second semester focuses on the introduction of some irregular verbs, the imperfect, the passé composé vs. the imperfect, the conditional, the future, and the present subjunctive.

Semester 1	Semester 2
Units 1–7	Units 8–13

Three-Semester or Quarter System

This chart shows how **PROMENADES** can be used in a three-semester or quarter course. The units are divided over each semester/quarter, allowing students to absorb the material at a steady pace.

Semester/Quarter 1	Semester/Quarter 2	Semester/Quarter 3
Units 1–4	Units 5–8	Units 9–13

Lesson Plans

Lesson plans for each unit of **PROMENADES** are available on the instructor's part of the **PROMENADES** Supersite at **promenades.vhlcentral.com**. You will find plans for the two lessons in each unit, as well as each end-of-unit **Savoir-faire** section. The lesson plans are not prescriptive. You should feel free to present lesson materials as you see fit, tailoring them to your own teaching preferences and to your students' learning styles. You may, for example, want to allow extra time for concepts students find challenging. You may want to allot less time to topics they comprehend without difficulty or to group topics together when making assignments. Based on your students' needs and the contact hours of your course, you may want to omit certain topics or activities altogether. It is our hope that you will find the **PROMENADES** program very flexible: simply pick and choose from its array of instructional resources and sequence them in the way that makes the most sense for your course.

à travers le monde francophone

PROMENADES

Cherie Mitschke

Cheryl Tano

VISTA
HIGHER LEARNING

Boston, Massachusetts

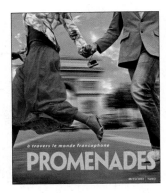

The **PROMENADES** cover features a photo of two friends crossing the **Champs-Élysées** in front of the **Arc de Triomphe**. Their lively stroll through Paris is symbolic of the exploration that you are about to begin of the French-speaking world.

Publisher: José A. Blanco
Vice President & Editorial Director: Beth Kramer
Managing Editor: Rafael Ríos
Project Manager: Isabelle Alouane
Developmental Editor: Armando Brito
Design and Production Team: María Eugenia Castaño, Oscar Diez, Nicholas Ventullo

Student Text ISBN: 978-1-60007-855-2
Instructor's Annotated Edition ISBN: 978-1-60007-858-3

1 2 3 4 5 6 7 8 9 WC 13 12 11 10 09

TO THE STUDENT

Welcome to **PROMENADES**, a brand-new introductory French program from Vista Higher Learning. In French, the word **promenades** means *strolls*. The major sections in **PROMENADES** are strolls planned to help you learn French and explore the cultures of the French-speaking world in the most user-friendly way possible. In light of this goal, here are some of the features you will encounter in **PROMENADES**.

- A unique, easy-to-navigate design built around color-coded sections that appear either completely on one page or on two facing pages

- Abundant illustrations, photos, charts, graphs, diagrams, and other graphic elements, all created or chosen to help you learn

- Integration of a specially shot video, in each lesson of the student text

- Clear, concise grammar explanations in an innovative format, which support you as you work through the practice activities

- Practical, high-frequency vocabulary for use in real-life situations

- Ample guided vocabulary and grammar exercises to give you a solid foundation for communicating in French

- An emphasis on communicative interactions with a classmate, small groups, the whole class, and your instructor

- Systematic development of reading and writing skills, incorporating learning strategies and a process approach

- A rich, contemporary cultural presentation of the everyday life of French speakers and the diverse cultures of the countries and areas of the entire French-speaking world

- Exciting integration of culture and multimedia through TV commercials and short films

- A full set of completely integrated print and technology ancillaries to make learning French easier

- Built-in correlation of all ancillaries, right down to the page numbers

PROMENADES has thirteen units with two lessons in each unit, followed by an end-of-unit **Savoir-faire** section and a list of active vocabulary. To familiarize yourself with the textbook's organization, features, and ancillary package, turn to page xii and take a stroll through the **PROMENADES** at-a-glance section.

TABLE OF CONTENTS

	contextes	roman-photo	lecture culturelle

structures	synthèse	savoir-faire

TABLE OF CONTENTS

		contextes	roman-photo	lecture culturelle

structures	synthèse	savoir-faire

TABLE OF CONTENTS

	contextes	**roman-photo**	**lecture culturelle**

TABLE OF CONTENTS

	contextes	roman-photo	lecture culturelle

UNIT OPENERS
outline the content and features of each unit.

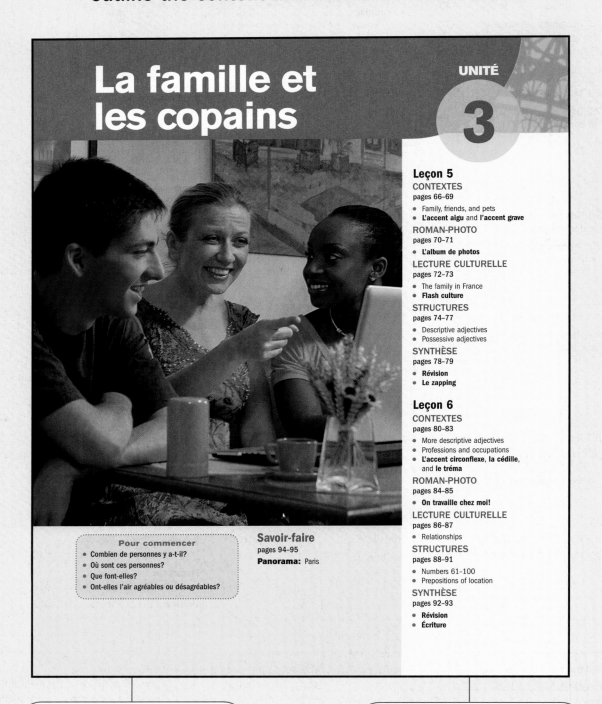

La famille et les copains

UNITÉ 3

Leçon 5

CONTEXTES
pages 66–69
- Family, friends, and pets
- **L'accent aigu** and **l'accent grave**

ROMAN-PHOTO
pages 70–71
- **L'album de photos**

LECTURE CULTURELLE
pages 72–73
- The family in France
- **Flash culture**

STRUCTURES
pages 74–77
- Descriptive adjectives
- Possessive adjectives

SYNTHÈSE
pages 78–79
- **Révision**
- **Le zapping**

Leçon 6

CONTEXTES
pages 80–83
- More descriptive adjectives
- Professions and occupations
- **L'accent circonflexe, la cédille, and le tréma**

ROMAN-PHOTO
pages 84–85
- **On travaille chez moi!**

LECTURE CULTURELLE
pages 86–87
- Relationships

STRUCTURES
pages 88–91
- Numbers 61–100
- Prepositions of location

SYNTHÈSE
pages 92–93
- **Révision**
- **Écriture**

Pour commencer
- Combien de personnes y a-t-il?
- Où sont ces personnes?
- Que font-elles?
- Ont-elles l'air agréables ou désagréables?

Savoir-faire
pages 94–95
Panorama: Paris

Pour commencer activities jump-start the units, allowing you to use the French you know to talk about the photos.

Content thumbnails break down each unit into its two lessons and one **Savoir-faire** section, giving you an at-a-glance summary of the vocabulary, grammar, cultural topics, and language skills on which you will focus.

xiii

CONTEXTES

presents and practices vocabulary in meaningful contexts.

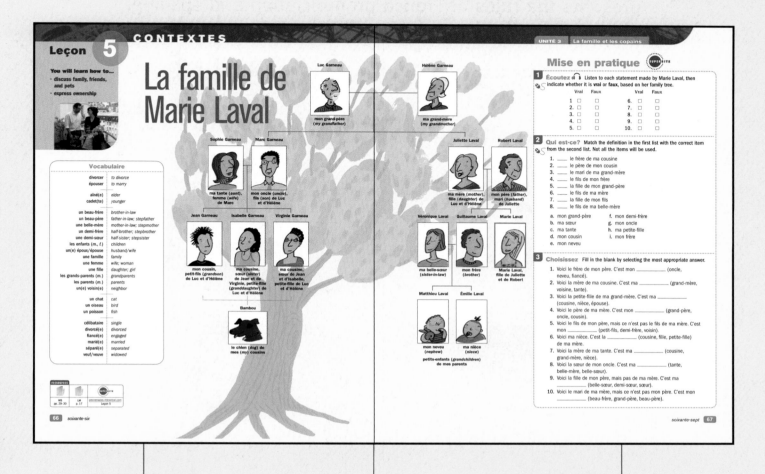

Communicative goals highlight the real-life tasks you will be able to carry out in French by the end of each lesson.

Illustrations High-frequency vocabulary is introduced through expansive, full-color illustrations.

Vocabulaire boxes call out other important theme-related vocabulary in easy-to-reference French-English lists.

Ressources boxes let you know exactly what print and technology ancillaries you can use to reinforce and expand on every section of every lesson in your textbook.

Mise en pratique always begins with a listening activity and continues with activities that practice the new vocabulary in meaningful contexts.

Mouse icons identify activities from the book that are on the Supersite with auto-grading.
Supersite icons show when additional activities or materials are available for you to use.

CONTEXTES

has communication activities. **Les sons et les lettres** presents the rules of French pronunciation and spelling.

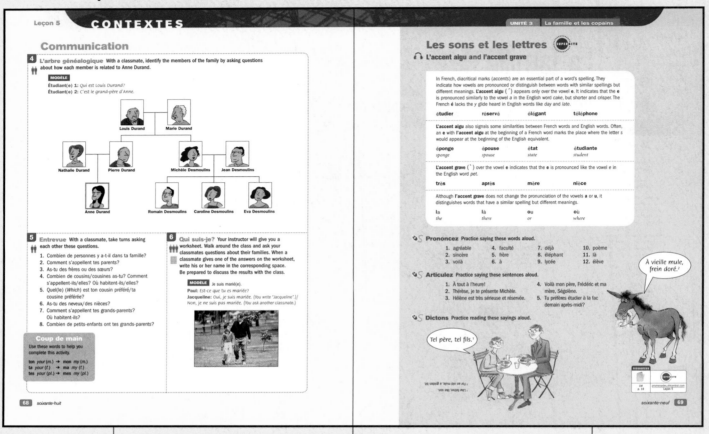

Communication activities allow you to use the vocabulary creatively in interactions with a partner, a small group, or the entire class.

Icons provide on-the-spot visual cues for various types of activities: pair, small group, listening-based, video-related, handout-based, information gap and internet activities. For a legend explaining all icons used in the student text, see page xxiv.

Explanation Rules and tips to help you learn French pronunciation and spelling are presented clearly with abundant model words and phrases.

Coup de main provides handy, on-the-spot information that helps you complete the activities.

The headset icon at the top of the page indicates when an explanation and activities are recorded for convenient use in or outside of class.

Practice Pronunciation and spelling practice is provided at the word- and sentence-levels. The final activity features illustrated sayings and proverbs so you can practice the pronunciation or spelling point in an entertaining cultural context.

ROMAN-PHOTO
tells the story of a group of students living in Aix-en-Provence, France.

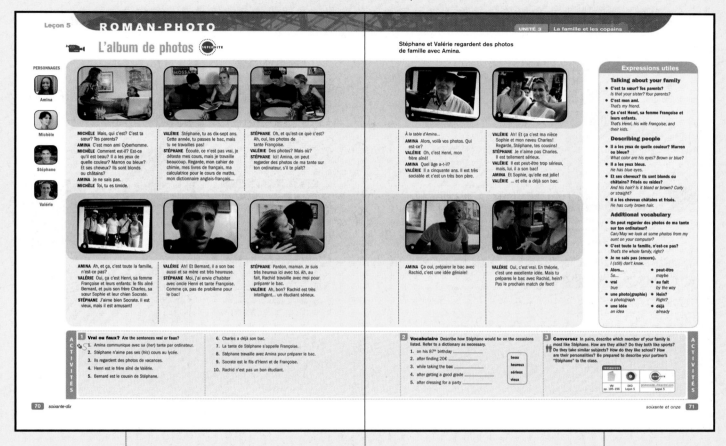

Personnages The photo-based conversations take place among a cast of recurring characters—four college students, their landlady (who owns the café downstairs), and her teenage son.

***Roman-photo* video episodes** The **Roman-photo** episode appears in the **Roman-photo** part of the Video Program. To learn more about the video, turn to page xxii.

Expressions utiles organizes new, active words and expressions by language function so you can focus on using them for real-life, practical purposes.

Conversations The conversations reinforce vocabulary from **Contextes**. They also preview structures from the upcoming **Structures** section in context and in a comprehensible way.

PROMENADES AT A GLANCE

LECTURE CULTURELLE
explores cultural themes introduced in CONTEXTES and ROMAN-PHOTO.

Video icons in one of the **Lecture culturelle** sections of each unit mean that an episode of **Flash culture**, a cultural video related to the lesson's theme, is available for viewing. To learn more about the video, see page xxiii.

Stratégie boxes offer different helpful techniques that you can use to improve your French reading skills.

Portrait profiles people, places, and events throughout the French-speaking world, highlighting their importance, accomplishments, and/or contributions to the cultures of the French-speaking people and the global community.

Culture à la loupe presents a main, in-depth reading about the lesson's cultural theme. Full-color photos bring to life important aspects of the topic, while charts with statistics and/or intriguing facts support and extend the information.

Le monde francophone puts the spotlight on the people, places, and traditions of the countries and areas of the French-speaking world.

Sur Internet boxes with provocative questions and photos direct you to the **PROMENADES** Supersite where you can continue to learn more about the topics in **Lecture culturelle, Flash culture,** and the lesson's theme.

STRUCTURES

uses innovative design to support the learning of French.

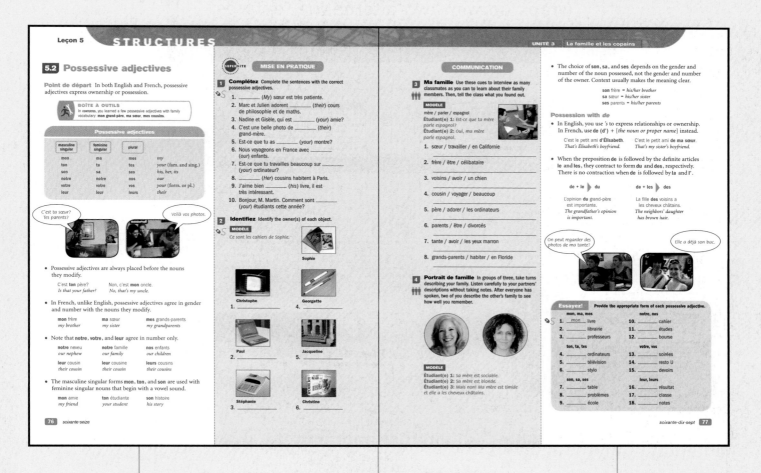

Text format For each grammar point, the explanation and practice activities appear on two facing pages. Grammar explanations in the outside panels offer handy on-page support for the activities in the central panels, providing you with immediate access to information essential to communication.

Graphics-intensive design Photos from the **PROMENADES** Video Program consistently integrate the lesson's video episode and **Roman-photo** section with the grammar explanations. Additional photos, drawings, and graphic devices liven up activities and heighten visual interest.

Essayez! offers you your first practice of each new grammar point. They get you working with the grammar point right away in simple, easy-to-understand formats.

Mise en pratique activities provide a wide range of guided exercises in contexts that combine current and previously learned vocabulary with the current grammar point.

Communication activities offer opportunities for creative expression using the lesson's grammar and vocabulary. You should do these activities with a partner, in small groups, or with the whole class.

SYNTHÈSE

pulls the lesson together with cumulative practice in **Révision** and wraps up with two alternating features.

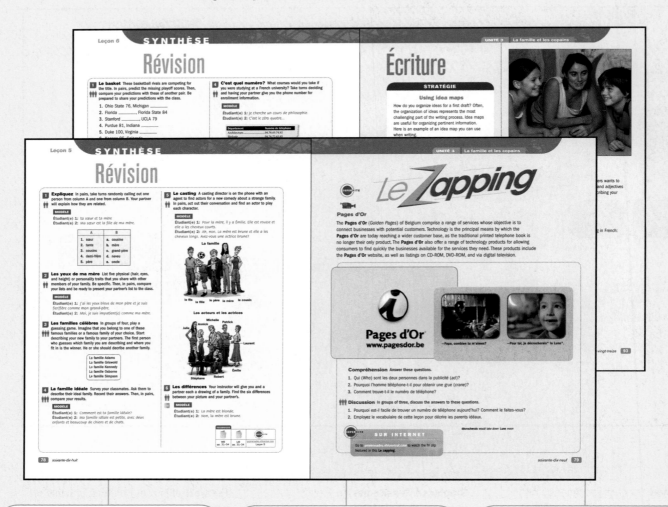

Révision activities integrate the lesson's two grammar points with previously learned vocabulary and structures, providing consistent, built-in review as you progress through the text.

Stratégie, on the **Écriture** page, gives you useful hints and techniques that prepare you for the writing task presented in **Thème**.

Le zapping features television commercials or, in two cases, short films in French supported by background information, images from the clips, and activities to help you understand and check your comprehension.

Information gap activities, identified by the interlocking puzzle pieces, engage you and a partner in problem-solving situations. You and your partner each have only half of the information you need, so you must work together to accomplish the task at hand.

Pair and group icons call out the communicative nature of the activities. Situations, role plays, games, personal questions, interviews, and surveys are just some of the types of activities that you will experience.

Sur Internet boxes let you know that support for **Le zapping** is available on the **PROMENADES** Supersite. You can also watch the commercials and the short films there.

SAVOIR-FAIRE

Panorama presents the French-speaking world.

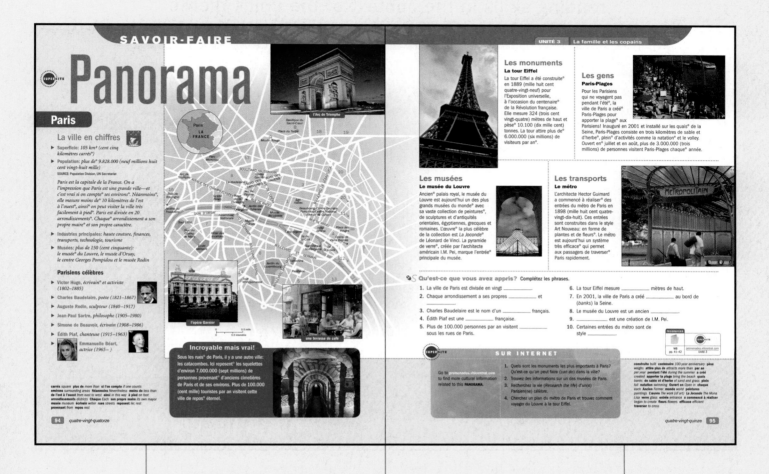

La ville/Le pays/La région en chiffres provides interesting key facts about the featured city, country, or region.

Maps point out major cities, rivers, and other geographical features and situate the featured place in the context of its immediate surroundings and the world.

Readings A series of brief paragraphs explores different aspects of the featured place's culture such as history, landmarks, fine art, literature, and bits of everyday life.

Incroyable mais vrai! highlights an intriguing fact about the featured place or its people.

Qu'est-ce que vous avez appris? exercises check your understanding of key ideas, and **ressources** boxes reference the two pages of additional activities in the **PROMENADES** Workbook.

Sur Internet offers Internet activities on the **PROMENADES** Supersite for additional avenues of discovery.

SAVOIR-FAIRE

Lecture, found in the last two units of the book, develops reading skills in the context of the unit's theme.

Readings of literary pieces, presented at the end of the last two units, are directly tied to the unit theme and recycle vocabulary and grammar you have learned.

Avant la lecture presents valuable reading strategies and pre-reading activities that strengthen your reading abilities in French.

Après la lecture includes post-reading activities that check your comprehension of the reading.

Vocabulaire
summarizes all the active vocabulary of the unit.

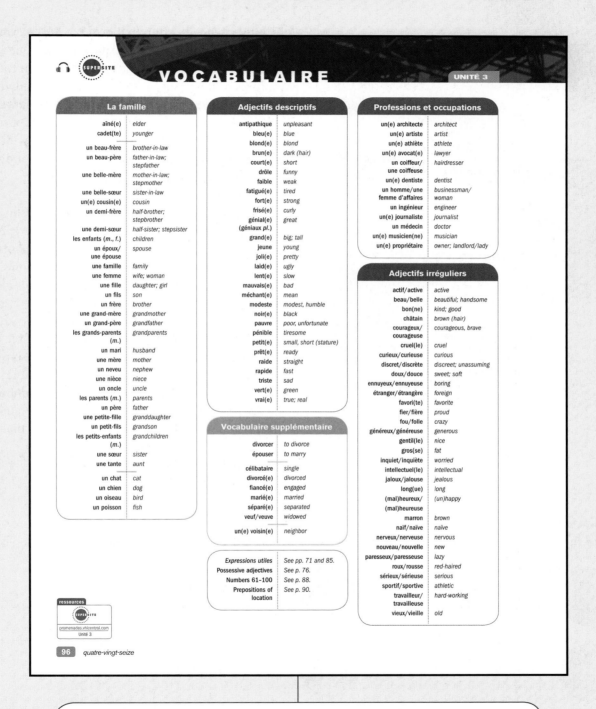

Recorded vocabulary The headset icon at the top of the page and the **ressources** box at the bottom of the page highlight that the active lesson vocabulary is recorded for convenient study and practice on the **PROMENADES** Supersite.

VIDEO PROGRAM

THE *ROMAN-PHOTO* EPISODES

Fully integrated with your textbook, the **PROMENADES** Video contains twenty-six dramatic episodes, one for each lesson of the text. The episodes present the adventures of four college students who are studying in the south of France at the **Université Aix-Marseille**. They live in apartments above **Le P'tit Bistrot**, a café owned by their landlady, Valérie Forestier. The video tells their story and the story of Madame Forestier and her teenage son, Stéphane.

The **Roman-photo** section in each textbook lesson is actually an abbreviated version of the dramatic episode featured in the video. Therefore, each **Roman-photo** section can be done before you see the corresponding video episode, after it, or as a section that stands alone in its own right.

As you watch each video episode, you will first see a live segment in which the characters interact using vocabulary and grammar you are studying. As the video progresses, the live segments carefully combine new vocabulary and grammar with previously taught language. You will then see a **Reprise** segment that summarizes the key language functions and/or grammar points used in the dramatic episode.

THE CAST
Here are the main characters you will meet when you watch the **PROMENADES** Video:

Of Senegalese heritage
Amina Mbaye

From Washington, D.C.
David Duchesne

From Paris
Sandrine Aubry

From Aix-en-Provence
Valérie Forestier

Of Algerian heritage
Rachid Khalil

And, also from Aix-en-Provence
Stéphane Forestier

THE *FLASH CULTURE* SEGMENTS

For one lesson of each unit, a **Flash culture** segment allows you to experience the sights and sounds of France, the French-speaking world, and the daily life of French speakers. Each segment is two to three minutes long and is correlated to your textbook in the **Sur Internet** box in **Lecture culturelle**.

Hosted by the **PROMENADES** narrators, Csilla and Benjamin, these segments transport you to a variety of venues: schools, parks, public squares, cafés, stores, cinemas, outdoor markets, city streets, festivals, and more. They also incorporate mini-interviews with French speakers in various walks of life.

The footage was filmed taking special care to capture rich, vibrant images that will expand your cultural perspectives with information directly related to the content of your textbook. In addition, the narrations were carefully written to reflect the vocabulary and grammar covered in **PROMENADES**.

ICONS & ANCILLARIES

ICONS AND *RESSOURCES* BOXES

Icons

These icons in **PROMENADES** alert you to the type of activity or section involved.

Icons legend		
🎧 Listening activity/section		SUPERSITE Additional content found on the Supersite
Activity also on the Supersite		Video-based activity/section
Pair activity		Information Gap activity
Group activity		Feuille d'activités

- The Information Gap activities and those involving **Feuilles d'activités** *(activity sheets)* require handouts that your instructor will give you.

- The listening icon appears in **Contextes**, **Les sons et les lettres**, and **Vocabulaire** sections.

- The video icon appears in **Roman-photo**, either one of the **Lecture culturelle** sections, and **Le zapping.**

Ressources Boxes

Ressources boxes let you know exactly which print and technology ancillaries you can use to reinforce and expand on every section of every lesson in your textbook. They even include page numbers when applicable. See the next page for a description of the ancillaries.

Ressources boxes legend	
Workbook WB pp. 29–30	DVD DVD Leçon 5
Lab Manual LM p. 17	SUPERSITE **PROMENADES** Supersite promenades.vhl.central.com Leçon 5
Video Manual VM pp. 219–220	

STUDENT ANCILLARIES

- **Workbook/Video Manual**
  The Workbook activities provide additional practice of the vocabulary and grammar in each textbook lesson and the cultural information in each unit's **Panorama** section. The Video Manual includes pre-viewing, viewing, and post-viewing activities for the **PROMENADES** Video.

- **Lab Manual**
  The Lab Manual contains activities for each textbook lesson that build listening comprehension, speaking, and pronunciation skills in French.

- **Lab Program MP3s***
  The Lab Program MP3s provide the recordings to be used in conjunction with the activities in the Lab Manual.

- **Textbook MP3s***
  The Textbook MP3s contain the recordings for the listening activities in **Contextes**, **Les sons et les lettres**, and **Vocabulaire** sections.

- **ROMAN-PHOTO* DVD**
  The **Roman-photo** DVD, available for purchase, provides French and English subtitles for every episode.

- **Online Workbook/Video Manual/Lab Manual**
  Incorporating the **PROMENADES** Video, as well as the complete Lab Program, this component delivers the Workbook, Video Manual, and Lab Manual online with automatic scoring. Instructors have access to the powerful Maestro® classroom management and gradebook tools that allow in-depth tracking of students' scores.

- **PROMENADES Supersite****
  Your passcode to the Supersite (promenades.vhlcentral.com) gives you access to a wide variety of interactive activities for each section of every lesson of the student text; auto-graded exercises for extra practice of vocabulary, grammar, video, and cultural content; reference tools; the **Le zapping** TV commercials and short films; the complete Video Program; the Textbook MP3s, and the Lab Program MP3s.

*Available on the Supersite
**Included with the purchase of a new Student Text
***Included on the Instructor's Resource CD-ROM

INSTRUCTOR ANCILLARIES

- **Instructor's Annotated Edition (IAE)**
  The IAE provides comprehensive support for classroom teaching: expansions, variations, teaching tips, cultural information, additional activities, and the answer key to the textbook activities.

- **Workbook/Video Manual/Lab Manual Answer Key* ***

- **PROMENADES Video Program on DVD**
  This DVD contains the complete **PROMENADES** Video Program, both the **Roman-photo** episodes and the **Flash culture** segments, with French and English subtitles and other special features.

- **Instructor's Resource CD-ROM**
  This delivers instructor ancillaries and resources from the **PROMENADES** Supersite on one convenient CD-ROM.

- **Overhead Transparencies* ***
  The Overhead Transparencies consist of maps of the French-speaking world, the textbook's **Contextes** illustrations, and other images from the student text.

- **Testing Program* ***
  This contains two versions of tests for each textbook lesson, semester exams and quarter exams, listening scripts, answer keys, and optional reading, cultural, and video test items. It is provided in ready-to-print PDFs and in RTF Word processing files for ease of editing.

- **Testing Program MP3s* ***
  These audio files provide the recordings of the Testing Program's listening sections.

- **PROMENADES Supersite****
  In addition to access to the student site, the password-protected instructor site offers a robust course management system that allows instructors to assign and track student progress. The Supersite contains the full contents of the IRCD, and other resources, such as lesson plans and sample syllabi.

ACKNOWLEDGMENTS

On behalf of its authors and editors, Vista Higher Learning expresses its sincere appreciation to the many college professors nationwide who reviewed materials from **PROMENADES**. Their input and suggestions were vitally helpful in forming and shaping the program in its final, published form.

In-depth reviewers

Dorothy E. Diehl
Saint Mary's University of Minnesota

Lynne Wettig
Park University, Kansas

Reviewers

Antoinette Alitto
Harrisburg Area Community
College, PA

Bruce Anderson
University of California, Davis

Eileen M. Angelini
Philadelphia University

John Angell
University of Louisiana at Lafayette

Christine Armstrong
Denison University, OH

Frederique Arroyas
University of Guelph, ON, Canada

Anne-Catherine Aubert
Rutgers University, NJ

Stacey Ayotte
University of Montevallo, AL

Julie A. Baker
University of Richmond, VA

Lynne Barnes
Colorado State University

Judith Baughin
University of Cincinnati

Mayrene Bentley
Northeastern State University, OK

Alan R. Bettler
Eastern Kentucky University

Catherine Black
Wilfrid Laurier University, ON,
Canada

Maxime Blanchard
CUNY, NY

Anne-Sophie Blank
University of Missouri-St. Louis

Elizabeth Blood
Salem State College, MA

Evelyne M. Bornier
Southeastern Louisiana University

Odette Borrey
Santiago Canyon College, CA

Nadine Bouchardon
University of Regina, SK, Canada

Sarah B. Buchanan
University of Minnesota-Morris

Valerie Budig-Markin
Humboldt State University, CA

Joanne Burnett
University of Southern Mississippi,
MS

Phoebe Busges
Gonzaga College High School,
Washington, DC

Dolores Buttry
Lebanon Valley College, PA

Stephen A. Canfield
Eastern Illinois University

Michael N. Carty
Dalton State, GA

Mylene Catel
SUNY-Potsdam, NY

Brigitte Chase
Chemeketa Community College, OR

Frances S. Chevalier
Norwich University, VT

Hope Christiansen
University of Arkansas

Robert E. Chumbley
Louisiana State University

Andrea Ciccone
St. Scholastica Academy, IL

Donna Clopton
Cameron University, OK

Walter Collins
University of South Carolina

Edgard Coly
Monterey Institute of International
Studies, CA

Kathy Comfort
University of Arkansas

Teresa Cortey
Glendale College, CA

Mary Beth Crane
College of Southern Idaho

Françoise De Backer
The University of Texas

Geraldine de Callo
Sidwell Friends School,
Washington, DC

Dominick De Filippis
Wheeling Jesuit University, WV

Margaret Dempster
Northwestern University, IL

Signe Denbow
Ohio University

Georges Detiveaux
Cy-Fair College, TX

Peter Dola
The University of North Carolina at
Greensboro

Linda Downing
Diablo Valley College, CA

Susan J. Dudash
Utah State University, UT

Catherine Dunand
Northeastern University, MA

Vicki Earnest
Calhoun Community College, AL

Emily Easton
Columbia College, IL

Wade Edwards
Longwood University, VA

Linda Elliott-Nelson
Arizona Western College

Angela Elsey
University of California-Santa Cruz

Kevin Elstob
California State University,
Sacramento

Laila Fares
St. Petersburg College, FL

Eduardo A. Febles
Simmons College, MA

Hilary Fisher
University of Oregon-Eugene, OR

Michael Fuller
California State University-Stanislaus

Sébastien Garaud
United Nations International School, NY

Maria Antonieta Garcia
Florida International University

James Garofolo
Southern Connecticut State University

Joseph Garreau
University of Massachusetts-Lowell

Claire Gaudissart
University of New Hampshire

Chaudron Gille
Gainesville State College, GA

Lenuta Giukin
SUNY Oswego, NY

Gary M. Godfrey
Weber State University, UT

Evadne P. Goodhue
Simpson College, IA

Helene Grall-Johnson
University of Denver, CO

John Greene
University of Louisville, KY

Josephine Grieder
Rutgers University, NJ

Luc Guglielmi
Kennesaw State University, GA

Mort Guiney
Kenyon College, OH

Jennifer Guiraud
Alfred University, NY

Elizabeth M. Guthrie
University of California-Irvine

Kwaku A. Gyasi
University of Alabama-Huntsville

Jeanne Hageman
North Dakota State University

Sharon Hagerman
Kentucky Wesleyan College, KY

Cynthia Hahn
Lake Forest College, IL

Kirsten Halling
Wright State University, OH

Elizabeth Locey Hampe
Emporia State University, KS

Cheryl M. Hansen
Weber State University, UT

Hollie Harder
Brandeis University, MA

Margaret Harp
University of Nevada-Las Vegas

Matthew Hilton-Watson
University of Michigan-Flint

Bette G. Hirsch
Cabrillo College, CA

Martine Howard
Camden County College, NJ

Pascale Hubert-Leibler
Columbia University, NY

Harriet Hutchinson
Bunker Hill Community College, MA

E. Joe Johnson
Clayton State University, GA

Michele Jones
St. John's University, NY

James M. Kaplan
Minnesota State University-Moorhead

Debra J. Katz
Camel High School, IL

Stacey Katz
University of Utah

Christina Kauk
Santa Rosa Junior College, CA

Brian G. Kennelly
Webster University, MO

Eileen Ketchum
Muhlenberg College, PA

Kelly Kidder
Lipscomb University, TN

Caren Kindel
Kent State University, OH

Ann Kirkland
Hanover College, IN

Hélène Knoerr
University of Ottawa, ON, Canada

Jeanette R. Kraemer
Marquette University, WI

Kathy Krause
University of Missouri-Kansas City

Brigitte Kyle
The Bishop's School, CA

Pierre J. Lapaire
University of North Carolina-Wilmington

Josée Lauersdorf
Luther College, IA

Donna J. Laugle
Wright State University, OH

Hope Leith
Malaspina University College, BC, Canada

Berenice Le Marchand
San Francisco State University

Jane Leney
University of Western Ontario, ON, Canada

Marcia Lodl
St. Ignatius College Prep, IL

Kathryn Lorenz
University of Cincinnati

Juliette Luu-Nguyen
Simon Fraser University, BC, Canada

Norma Mabry
Rye Country Day School, NY

M. Kathleen Madigan
Rockhurst University, MO

Katherine Maestretti
Lakeside School, WA

Chantal R. Maher
Palomar College, CA

Rachel Major
Brandon University, MB, Canada

D. Brian Mann
North Georgia College & State University

Vidal Martin
Everett Community College, WA

George J. McCool
Towson University, MD

Joanne McKinnis
The University of Texas at San Antonio

Helene McLenaghan
University of Waterloo, ON, Canada

Carol McLeod
The Delphian School, OR

Christine McWebb
University of Waterloo, ON, Canada

Hassan Melehy
University of North Carolina at Chapel Hill

Hedwige Meyer
University of Washington

Elizabeth B. Mikesell
Pima Community College, AZ

Nicole Mills
University of Pennsylvania

ACKNOWLEDGMENTS

Robert P. Moore
Loyola Blakefield, MD

John Moran
New York University

Brigitte Moretti-Coski
Ohio University

Laurie Moshier-Menashe
Yakima Valley Community College, WA

Lucille P. Mould
University of South Carolina

Doug Mrazek
Clark College, WA

Shonu Nangia
Louisiana State University at
Alexandria

Octave Naulleau
Nazareth College of Rochester, NY

Brigitte Nicolet
Burr and Burton Academy, VT

Ofelia Nikolova
Southern Illinois University

Eva Norling
Bellevue Community College, WA

Annette Olsen-Fazi
Texas A&M International University

Roz Orbison
The Rivers School, MA

Mirta Pagnucci
Northern Illinois University

Pamela Paine
Auburn University, AL

Michèle Pedrini
Pasadena City College, CA

Scooter Pegram
Indiana University-Northwest

Donald Perret
Emerson College, MA

Marina Peters-Newell
University of New Mexico

Erica Piedra
Sierra College, CA

Barbara Place
Manchester Community College, CT

Nathalie Porter
Vanderbilt University, TN

Aaron Prevots
Southwestern University, TX

Patrice J. Proulx
University of Nebraska at Omaha

Denis M. Provencher
University of Maryland, Baltimore
County

Margaret Quéguiner
SUNY Plattsburgh, NY

Danielle Raquidel
University of South Carolina, Upstate

Jo Ann M. Recker
Xavier University, OH

Brian J. Reilly
Yale University, CT

Marie-Noelle Rinne
Lakehead University, ON, Canada

Linda Robins
Bergen Community College, NJ

Steven R. Rodgers
University of Puget Sound, WA

Elizabeth A. Rubino
Northwestern State University, LA

Sylvia Rucker
Evergreen Valley College, CA

Arlene J. Russell
Purdue University, IN

Christine Sagnier
Princeton University, NJ

Marjorie Salvodon
Suffolk University, MA

Hélène Sanko
John Carroll University, OH

Kelly Sax
Indiana University

Alice Thornton Schilling
La Jolla Country Day School, CA

Alison P. Schleifer
Hopkins School, CT

Jean Marie Schultz
University of California-Santa
Barbara

Andree Schute
St. Joseph Notre Dame High School,
CA

Gail Schwab
Hofstra University, NY

Benjamin M. Semple
Gonzaga University, WA

Patricia J. Siegel-Finley
SUNY Brockport

Gregg Siewert
Truman State University, MO

Susan Skoglund
Kirkwood Community College, IA

Kathleen Smith
Western Kentucky University

Marie-Madeleine Stey
Capital University, OH

Felicia B. Sturzer
University of Tennessee at
Chattanooga

Eloise Sureau
Butler University, IN

Carmen Swoffer-Penna
Binghamton University, NY

Alistaire Tallent
Colorado College

James Tarpley
Florida State University

Kendall B. Tarte
Wake Forest University, NC

Scott Taylor
Pacific Lutheran University, WA

Sandrine Teixidor
Randolph-Macon College, VA

Sharon Thorpe
Pacific Hills School, CA

Fred Toner
Ohio University

Franklin I. Triplett
Mount Union College, OH

Roberta Tucker
University of South Florida

Flavia Vernescu
University of Northern Iowa

Joelle Vitiello
Macalester College, MN

Lesley H. Walker
Indiana University-South Bend

Mark West
Taylor University, IN

Trina Whitaker
University of Minnesota

Catherine L. White
University of Cincinnati, OH

Cybelle Wilkens
Georgia Tech University

Sharon Wilkinson
West Virginia University

Lawrence Williams
University of North Texas

Terri Woellner
University of Denver, CO

Holly York
Emory University, GA

Paulette M. York
Kent Place School, NJ

Michael Zoltak
Spokane Community College, WA

Salut!

Pour commencer

- What are these young women saying?
  a. Excusez-moi.   b. Bonjour!   c. Merci.
- How many women are there in the photo?
  a. une   b. deux   c. trois
- What do you think is an appropriate title for either of these women?
  a. Monsieur   b. Madame   c. Mademoiselle

Leçon 1

You will learn how to...
- greet people in French
- say good-bye

Ça va?

Successful Language Learning Encourage students to make flash cards to help them memorize or review vocabulary.

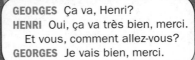

GEORGES Ça va, Henri?
HENRI Oui, ça va très bien, merci. Et vous, comment allez-vous?
GEORGES Je vais bien, merci.

PAUL Merci!
JEAN Il n'y a pas de quoi.

Vocabulaire

Bonsoir.	*Good evening.; Hello.*
À bientôt.	*See you soon.*
À demain.	*See you tomorrow.*
Bonne journée!	*Have a good day!*
Au revoir.	*Good-bye.*
Comme ci, comme ça.	*So-so.*
Je vais bien/mal.	*I am doing well/badly.*
Moi aussi.	*Me too.*
Comment t'appelles-tu? (*fam.*)	*What is your name?*
Je vous/te présente... (*form./fam.*)	*I would like to introduce (name) to you.*
De rien.	*You're welcome.*
Excusez-moi. (*form.*)	*Excuse me.*
Excuse-moi. (*fam.*)	*Excuse me.*
Merci beaucoup.	*Thanks a lot.*
Pardon.	*Pardon (me).*
S'il vous/te plaît. (*form./fam.*)	*Please.*
Je vous en prie. (*form.*)	*Please.; You're welcome.*
Monsieur (M.)	*Sir (Mr.)*
Madame (Mme)	*Ma'am (Mrs.)*
Mademoiselle (Mlle)	*Miss*
ici	*here*
là	*there*
là-bas	*over there*

MARIE À plus tard, Guillaume!
GUILLAUME À tout à l'heure, Marie!

JACQUES Bonjour, Monsieur Boniface. Je vous présente Thérèse Lemaire.
M. BONIFACE Bonjour, Mademoiselle.
THÉRÈSE Enchantée.

ressources

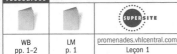

| WB pp. 1–2 | LM p. 1 | SUPERSITE promenades.vhlcentral.com Leçon 1 |

Attention!

In French, people can be addressed formally or informally. Use the **tu/toi** forms with close friends or someone younger than you. Use the **vous** forms with groups, a boss, someone older than you, or someone you do not know.

MARC Bonjour, je m'appelle Marc, et vous, comment vous appelez-vous?
ANNIE Je m'appelle Annie.
MARC Enchanté.

SOPHIE Bonjour, Catherine!
CATHERINE Salut, Sophie!
SOPHIE Ça va?
CATHERINE Oui, ça va bien, merci. Et toi, comment vas-tu?
SOPHIE Pas mal.

Mise en pratique

1 **Écoutez** 🎧 Listen to each of these questions or statements and select the most appropriate response.

1.	Enchanté.	☐	Je m'appelle Thérèse.	☑
2.	Merci beaucoup.	☐	Il n'y a pas de quoi.	☑
3.	Comme ci, comme ça.	☑	De rien.	☐
4.	Bonsoir, Monsieur.	☑	Moi aussi.	☐
5.	Enchanté.	☑	Et toi?	☐
6.	Bonjour.	☐	À demain.	☑
7.	Pas mal.	☑	Pardon.	☐
8.	Il n'y a pas de quoi.	☑	Moi aussi.	☐
9.	Enchanté.	☐	Très bien. Et vous?	☑
10.	À bientôt.	☑	Mal.	☐

2 **Chassez l'intrus** Circle the word or expression that does not belong.

1. a. Bonjour.
   b. Bonsoir.
   c. Salut.
   d. **Pardon.** (circled)

2. a. Bien.
   b. Très bien.
   c. **De rien.** (circled)
   d. Comme ci, comme ça.

3. a. À bientôt.
   b. À demain.
   c. À tout à l'heure.
   d. **Enchanté.** (circled)

4. a. Comment allez-vous?
   b. **Comment vous appelez-vous?** (circled)
   c. Ça va?
   d. Comment vas-tu?

5. a. **Pas mal.** (circled)
   b. Excuse-moi.
   c. Je vous en prie.
   d. Il n'y a pas de quoi.

6. a. Comment vous appelez-vous?
   b. Je vous présente Dominique.
   c. Enchanté.
   d. **Comment allez-vous?** (circled)

7. a. Pas mal.
   b. Très bien.
   c. Mal.
   d. **Et vous?** (circled)

8. a. Comment allez-vous?
   b. Comment vous appelez-vous?
   c. **Et toi?** (circled)
   d. Je vous en prie.

3 **Conversez** Madeleine is introducing her classmate Khaled to Libby, an American exchange student. Complete their conversation, using a different expression from **CONTEXTES** in each blank. Answers will vary.

MADELEINE	(1) _____!
KHALED	Salut, Madeleine. (2) _____?
MADELEINE	Pas mal. (3) _____?
KHALED	(4) _____, merci.
MADELEINE	(5) _____ Libby. Elle est de (*She is from*) Boston.
KHALED	(6) _____ Libby. (7) _____ Khaled.
	(8) _____?
LIBBY	(9) _____, merci.
KHALED	Oh, là, là. Je vais rater (*I am going to miss*) le bus. À bientôt.
MADELEINE	(10) _____.
LIBBY	(11) _____.

3 Suggestion Have students work in groups of three on the activity. Tell them to choose a role and complete the conversation. Then ask groups to act out their conversation for the class.

CONTEXTES

Communication

4 **Conversez** With a partner, complete these conversations. Then act them out. *Answers will vary.*

Conversation 1   Salut! Je m'appelle François. Et toi, comment t'appelles-tu?

_____

Ça va?

_____

Conversation 2   _____

Comme ci, comme ça. Et vous?

_____

Bon (*Well*), à demain.

_____

Conversation 3   Bonsoir, je vous présente Mademoiselle Barnard.

_____

Enchanté(e).

_____

Très bien, merci. Et vous?

_____

4 **Expansion** Have students rewrite **Conversation 1** in the formal register, and **Conversations 2** and **3** in the informal register.

5 **C'est à vous!** How would you greet these people, ask them for their names, and ask them how they are doing? With a partner, write a short dialogue for each item and act them out. Pay attention to the use of **tu** and **vous**. *Answers will vary.*

1. Madame Colombier   **2. Mademoiselle Estèves**

3. Monsieur Marchand   **4. Marie, Guillaume et Geneviève**

6 **Présentations** Form groups of three. Introduce yourself, and ask your partners their names and how they are doing. Then, join another group and take turns introducing your partners. *Answers will vary.*

> **MODÈLE**
> **Étudiant(e) 1:** *Bonjour. Je m'appelle Fatima. Et vous?*
> **Étudiant(e) 2:** *Je m'appelle Fabienne.*
> **Étudiant(e) 3:** *Et moi, je m'appelle Antoine. Ça va?*
> **Étudiant(e) 1:** *Ça va bien, merci. Et toi?*
> **Étudiant(e) 3:** *Comme ci, comme ça.*

6 **Suggestion** Have two volunteers read the **modèle** aloud. Remind students to use **vous** when addressing more than one classmate at a time.

Les sons et les lettres

The French alphabet

The French alphabet is made up of the same 26 letters as the English alphabet. While they look the same, some letters are pronounced differently. They also sound different when you spell.

lettre	exemple	lettre	exemple	lettre	exemple
a (a)	**a**dresse	j (ji)	**j**ustice	s (esse)	**s**pécial
b (bé)	**b**anane	k (ka)	**k**ilomètre	t (té)	**t**able
c (cé)	**c**arotte	l (elle)	**l**ion	u (u)	**u**nique
d (dé)	**d**essert	m (emme)	**m**ariage	v (vé)	**v**idéo
e (e)	**e**uro	n (enne)	**n**ature	w (double vé)	**w**agon
f (effe)	**f**ragile	o (o)	**o**live	x (iks)	**x**ylophone
g (gé)	**g**enre	p (pé)	**p**ersonne	y (i grec)	**y**oga
h (hache)	**h**éritage	q (ku)	**q**uiche	z (zède)	**z**éro
i (i)	**i**nnocent	r (erre)	**r**adio		

Notice that some letters in French words have accents. You'll learn how they influence pronunciation in later lessons. Whenever you spell a word in French, include the name of the accent after the letter.

accent	nom	exemple	orthographe
´	*accent aigu*	**identité**	I-D-E-N-T-I-T-E-accent aigu
`	*accent grave*	**problème**	P-R-O-B-L-E-accent grave-M-E
^	*accent circonflexe*	**hôpital**	H-O-accent circonflexe-P-I-T-A-L
¨	*tréma*	**naïve**	N-A-I-tréma-V-E
¸	*cédille*	**ça**	C-cédille-A

L'alphabet Practice saying the French alphabet and example words aloud.

Ça s'écrit comment? Spell these words aloud in French. For double letters, use **deux: ss=deux s.**

1. judo
2. yacht
3. forêt
4. zèbre
5. existe
6. clown
7. numéro
8. français
9. musique
10. favorite
11. kangourou
12. parachute
13. différence
14. intelligent
15. dictionnaire
16. alphabet

Dictons Practice reading these sayings aloud.

Tout est bien qui finit bien.[2]

Grande invitation, petites portions.[1]

Suggestions
- Point out that vowel sounds can have many different pronunciations when combined with other vowels or when spelled with accents, particularly the **e**.
- Draw attention to any posters, signs, or maps in the classroom. Point out individual letters, and ask the class to identify them in French.

Suggestions
- Have students work on the **Ça s'écrit comment?** activity in pairs.
- The explanation and exercises are recorded on the Textbook MP3s and are available on the **PROMENADES** website. You may want to play them in class so students hear French speakers other than yourself.

[1] Great boast, small roast.
[2] All's well that ends well.

ressources

LM p. 2 | promenades.vhlcentral.com Leçon 1

cinq **5**

ROMAN-PHOTO

Au café

Suggestions
- Have students cover the French captions and guess the plot based only on the video stills. Write their predictions on the board.
- Have students volunteer to read the characters' parts in the **Roman-photo** aloud. Then have them get together in groups of eight to act out the episode.

PERSONNAGES

Amina

David

Monsieur Hulot

Michèle

Rachid

Sandrine

Stéphane

Valérie

Au kiosque...
SANDRINE Bonjour, Monsieur Hulot!
M. HULOT Bonjour, Mademoiselle Aubry! Comment allez-vous?
SANDRINE Très bien, merci! Et vous?
M. HULOT Euh, ça va. Voici 45 (quarante-cinq) centimes. Bonne journée!
SANDRINE Merci, au revoir!

À la terrasse du café...
AMINA Salut!
SANDRINE Bonjour, Amina. Ça va?
AMINA Ben... ça va. Et toi?
SANDRINE Oui, je vais bien, merci.
AMINA Regarde! Voilà Rachid et... un ami?

RACHID Bonjour!
AMINA ET SANDRINE Salut!
RACHID Je vous présente un ami, David Duchesne.
SANDRINE Je m'appelle Sandrine.
DAVID Enchanté.

STÉPHANE Oh, non! Madame Richard! Le professeur de français!
DAVID Il y a un problème?

Suggestions
- After students have read the **Roman-photo**, quickly review their predictions, and ask them which ones were correct.
- Point out that 100 centimes = 1 euro, the monetary unit of the European Union, which includes France.

STÉPHANE Oui! L'examen de français! Présentez-vous, je vous en prie!

VALÉRIE Oh... l'examen de français! Oui, merci, merci Madame Richard, merci beaucoup! De rien, au revoir!

ACTIVITÉS

1 **Vrai ou faux?** Choose whether each statement is **vrai** or **faux**.

1. Sandrine va (*is doing*) bien. Vrai.
2. Sandrine et Amina sont (*are*) amies. Vrai.
3. David est français. Faux.
4. David est de Washington. Vrai.
5. Rachid présente son frère (*his brother*) David à Sandrine et Amina. Faux.

6. Stéphane est étudiant à l'université. Faux.
7. Il y a un problème avec l'examen de sciences politiques. Faux.
8. Amina, Rachid et Sandrine sont (*are*) à Paris. Faux.
9. Michèle est au P'tit Bistrot. Vrai.
10. Madame Richard est le professeur de Stéphane. Vrai.
11. Madame Forestier va mal. Vrai.
12. Rachid a (*has*) cours de français dans 30 minutes. Faux.

Les étudiants se retrouvent (*meet*) au café.

DAVID Et toi..., comment t'appelles-tu?

AMINA Je m'appelle Amina.

RACHID David est un étudiant américain. Il est de Washington, la capitale des États-Unis.

AMINA Ah, oui! Bienvenue à Aix-en-Provence.

RACHID Bon..., à tout à l'heure.

SANDRINE À bientôt, David.

À l'intérieur (inside) du café...

MICHÈLE Allô. Le P'tit Bistrot. Oui, un moment, s'il vous plaît. Madame Forestier! Le lycée de Stéphane.

VALÉRIE Allô. Oui. Bonjour, Madame Richard. Oui. Oui. Stéphane? Il y a un problème au lycée?

RACHID Bonjour, Madame Forestier. Comment allez-vous?

VALÉRIE Ah, ça va mal.

RACHID Oui? Moi, je vais bien. Je vous présente David Duchesne, étudiant américain de Washington.

DAVID Bonjour, Madame. Enchanté!

RACHID Ah, j'ai cours de sciences politiques dans 30 (trente) minutes. Au revoir, Madame Forestier. À tout à l'heure, David.

Successful Language Learning Tell your students that their conversational skills will grow more quickly as they learn each lesson's **Expressions utiles**. This feature

is designed to teach phrases that will be useful in conversation, and it will also help students understand key phrases in each **Roman-photo**.

Expressions utiles

Introductions

- **David est un étudiant américain. Il est de Washington.**
  David is an American student. He's from Washington.
- **Présentez-vous, je vous en prie!**
  Introduce yourselves, please!
- **Il/Elle s'appelle...**
  His/Her name is...
- **Bienvenue à Aix-en-Provence.**
  Welcome to Aix-en-Provence.

Speaking on the telephone

- **Allô.**
  Hello.
- **Un moment, s'il vous plaît.**
  One moment, please.

Additional vocabulary

- **Regarde! Voilà Rachid et... un ami?**
  Look! There's Rachid and... a friend?
- **J'ai cours de sciences politiques dans 30 (trente) minutes.**
  I have political science class in thirty minutes.
- **Il y a un problème au lycée?**
  Is there a problem at the high school?

Il y a... *There is/are...*	**euh** *um*
Il/Elle est *He/She is...*	**bon** *well; good*
Voici... *Here's...*	**centimes** *cents*
Voilà... *There's...*	

Expressions utiles Tell students that all the items in **Expressions utiles** are active vocabulary for which they are responsible. Model the pronunciation of the words and expressions and have the class repeat.

2   **Complétez** Fill in the blanks with the words from the list. Refer to the video scenes as necessary.

1. _____Bienvenue_____ à Aix-en-Provence.

2. Il est de Washington, la _____capitale_____ des États-Unis.

3. _____Voici_____ 45 (quarante-cinq) centimes. Bonne journée!

4. J'_____ai_____ cours de sciences politiques.

5. David _____est_____ un étudiant américain.

ai	est
bienvenue	voici
capitale	

3   **Conversez** In groups of three, write a conversation where you introduce an exchange student to a friend. Be prepared to present your conversation to the class.

3 Suggestion Have volunteers act out their conversations for the class or another group.

ressources

VM pp. 187–188	DVD Leçon 1	SUPERSITE promenades.vhlcentral.com Leçon 1

A C T I V I T É S

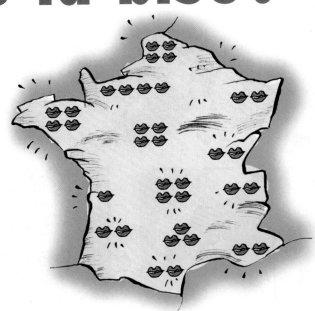

Avant la lecture Ask students how they greet their friends, family members, fellow students, co-workers, and people they meet for the first time. Ask them for some examples of regional variations in greetings in the United States.

CULTURE À LA LOUPE

La poignée de main ou la bise?

French friends and relatives usually exchange a kiss (la bise) on alternating cheeks whenever they meet and again when they say good-bye. Friends of friends may also kiss when introduced, even though they have just met. This is particularly true among students and young adults. It is not unusual for men of the same family to exchange **la bise**; otherwise, men generally greet one another with a handshake (**la poignée de main**). As the map shows, the number of kisses varies from place to place in France. In some regions, two kisses (one on each cheek) in the standard while in others, people may exchange as many as four kisses. Whatever the number, each kiss is accompanied by a slight kissing sound.

Unless they are also friends, business acquaintances and co-workers usually shake hands each time they meet and do so again upon leaving. A French handshake is brief and firm, with a single downward motion.

Combien de *How many*

Coup de main

If you are not sure whether you should shake hands or kiss someone, or if you don't know which side to start on, you can always follow the other person's lead. When in doubt, start on your right.

Combien de° bises?

ACTIVITÉS

1 Vrai ou faux? Indicate whether each statement is **vrai** or **faux**. Correct any false statements.

1. In northwestern France, giving four kisses is common. Vrai.

2. Business acquaintances usually kiss one another on the cheek. Faux. They usually shake hands.

3. French people may give someone they've just met **la bise**. Vrai.

4. **Bises** exchanged between French men at a family gathering are common. Vrai.

5. In a business setting, French people often shake hands when they meet each day and again when they leave. Vrai.

6. When shaking hands, French people prefer a long and soft handshake. Faux. A French handshake is brief and firm.

7. The number of kisses given can vary from one region to another. Vrai.

8. It is customary for kisses to be given silently. Faux. Each kiss is accompanied by a slight kissing sound.

1 Expansion Have students work in pairs. Tell them to role-play the situations in items 1–6. Example: 1. Students give each other four kisses because they are in northwestern France.

Portrait Mention that Aix-en-Provence is often referred to simply as Aix. Ask students why Aix is called **ville d'eau, ville d'art** in the title. Then ask if they would like to visit Aix, and which aspects of the town attract them the most.

STRATÉGIE

Approaching a reading

When you first approach a reading, examine elements such as titles, photos, and tables, and ask yourself how they support the text. Look at the readings on these two facing pages and answer these questions on a separate sheet of paper:

- What information about the readings do the photos convey?
- What might the word **bises** mean?

LE MONDE FRANCOPHONE

Les bonnes manières

In any country, an effort to speak the native language is appreciated. Using titles of respect and a few polite expressions, such as **excusez-moi**, **merci**, and **s'il vous plaît**, can take you a long way when conversing with native Francophones.

Dos and don'ts in the francophone world:

France Always greet shopkeepers upon entering a store and say good-bye upon leaving.

Northern Africa Use your right hand when handing items to others.

Quebec Province Make eye contact when shaking hands.

Sub-Saharan Africa Do not show the soles of your feet when sitting.

Switzerland Do not litter or jaywalk.

PORTRAIT

Aix-en-Provence: ville d'eau, ville d'art°

Aix-en-Provence is a vibrant university town that welcomes international students. Its main boulevard, **le cours Mirabeau**, is great for people-watching or just relaxing in a sidewalk café. One can see many beautiful fountains, traditional and ethnic restaurants, and the daily vegetable and flower market among the winding, narrow streets of **la vieille ville** (*old town*).

Aix is also renowned for its dedication to the arts, hosting numerous cultural festivals every year such as **le Festival International d'Art Lyrique**, **Aix en Musique**, and **Danse à Aix**. For centuries, artists have been drawn to Provence for its natural beauty and its unique quality of light. Paul Cézanne, artist and native son of Provence, spent his days painting the surrounding countryside.

Paris
LA FRANCE
Aix-en-Provence

ville d'eau, ville d'art *city of water, city of art*

SUPERSITE

SUR INTERNET

What behaviors are socially unacceptable in French-speaking countries?

Go to **promenades.vhlcentral.com** to find more cultural information related to this **LECTURE CULTURELLE**. Then watch the corresponding **Flash culture**.

---

2 **Les bonnes manières** In which places might these behaviors be particularly offensive?

1. littering
   Switzerland
2. offering a business card with your left hand
   Northern Africa
3. sitting with the bottom of your foot facing your host
   Sub-Saharan Africa
4. failing to greet a salesperson
   France
5. looking away when shaking hands
   Quebec Province

3 **À vous** With a partner, practice meeting and greeting people in French in various social situations.

1. Your good friend from Provence introduces you to her close friend.
2. You walk into your neighborhood bakery.
3. You arrive for an interview with a prospective employer.

A C T I V I T É S

2 **Suggestion** Have students check their answers with a partner.

STRUCTURES

1.1 Nouns and articles

Point de départ A noun designates a person, place, or thing. As in English, nouns in French have number (singular or plural). However, French nouns also have gender (masculine or feminine).

masculine singular	masculine plural	feminine singular	feminine plural
le café	**les cafés**	**la bibliothèque**	**les bibliothèques**
the café	*the cafés*	*the library*	*the libraries*

- Nouns that designate a male are usually masculine. Nouns that designate a female are usually feminine.

masculine		feminine	
l'acteur	*the actor*	**l'actrice**	*the actress*
l'ami	*the (male) friend*	**l'amie**	*the (female) friend*
le chanteur	*the (male) singer*	**la chanteuse**	*the (female) singer*
l'étudiant	*the (male) student*	**l'étudiante**	*the (female) student*
le petit ami	*the boyfriend*	**la petite amie**	*the girlfriend*

- Some nouns can designate either a male or a female regardless of their grammatical gender.

un professeur
a (male or female) professor

une personne
a (male or female) person

- Nouns for objects that have no natural gender can be either masculine or feminine.

masculine		feminine	
le bureau	*the office; desk*	**la chose**	*the thing*
le lycée	*the high school*	**la différence**	*the difference*
l'examen	*the test, exam*	**la faculté**	*the university; faculty*
l'objet	*the object*	**la littérature**	*literature*
l'ordinateur	*the computer*	**la sociologie**	*sociology*
le problème	*the problem*	**l'université**	*the university*

- You can usually form the plural of a noun by adding **-s**, regardless of gender. However, in the case of words that end in **-eau** in the singular, add **-x** to the end to form the plural. For most nouns ending in **-al**, drop the **-al** and add **-aux**.

	singular		plural	
typical masculine noun	**l'objet**	*the object*	**les objets**	*the objects*
typical feminine noun	**la télévision**	*the television*	**les télévisions**	*the televisions*
noun ending in **-eau**	**le bureau**	*the office*	**les bureaux**	*the offices*
noun ending in **-al**	**l'animal**	*the animal*	**les animaux**	*the animals*

Suggestion Model how to pronounce **les** and **des** before words beginning with a consonant and a vowel.

 SUPERSITE **MISE EN PRATIQUE**

1 **Les singuliers et les pluriels** Make the singular nouns plural, and vice versa.

1. l'actrice
   les actrices
2. les lycées
   le lycée
3. les différences
   la différence
4. la chose
   les choses
5. le bureau
   les bureaux
6. le café
   les cafés
7. les librairies
   la librairie
8. la faculté
   les facultés
9. les acteurs
   l'acteur
10. l'ami
    les amis
11. l'université
    les universités
12. les tableaux
    le tableau
13. le problème
    les problèmes
14. les bibliothèques
    la bibliothèque

2 **L'université** Complete the sentences with an appropriate word from the list. Don't forget to provide the missing articles. Answers may slightly vary. Suggested answers below.

bibliothèque	examen	ordinateurs	sociologie
bureau	faculté	petit ami	

1. À (a) ___la faculté___, les tableaux et (b) ___les ordinateurs___ sont (*are*) modernes.

2. Marc, c'est (c) ___le petit ami___ de (*of*) Marie. Marc étudie (*studies*) la littérature.

3. Marie étudie (d) ___la sociologie___. Elle (*She*) est dans (e) ___la bibliothèque___ de l'université.

3 **Les mots** Find ten words (**mots**) hidden in this word jumble. Then, provide the corresponding indefinite articles. une amie; des bureaux; un café; une chose; une faculté; un lycée; des objets; des ordinateurs; une librairie; un tableau

```
G N I O R Z Y M I P X L R W
E B U R E A U X U J V C B N
C A F B S M V B G H M N I P
A N R Y E I H K B E F K V F
J G O S T E J B O B E G D D
E K E L H N U Q R V F D B M
G W F G E R E S D C N U H E
P S V B C H O S I U K H S C
U Q K S I Y M F N A D O X R
A B V Z R I V V A H W I J
E I W Q L P W J T C P Y E Y
L I B R A I R I E D U E K L
B D O I B S S E U C H L D Y
A Y P E P J C N R L S G T C
T D G A E S Y L S V C A F E
S I J E M X K P Z A A S O E
R I A R B I L A D S F H C W
```

3 **Suggestion** This activity can also be done in pairs or groups.

COMMUNICATION

4 **Qu'est-ce que c'est?** In pairs, take turns identifying each image.

MODÈLE

Étudiant(e) 1: *Qu'est-ce que c'est?*
Étudiant(e) 2: *C'est un ordinateur.*

1. Ce sont des tables.

4. Ce sont des télévisions.

2. Ce sont des étudiants.

5. C'est une bibliothèque.

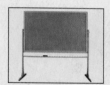

3. C'est un tableau.

6. Ce sont des cafés.

5 **Identifiez** In pairs, take turns providing a category for each item.

MODÈLE

Michigan, UCLA, Rutgers, Duke
Ce sont des universités.

1. saxophone C'est un instrument.
2. Ross, Rachel, Joey, Monica, Chandler, Phoebe
   Ce sont des amis.
3. SAT C'est un examen.
4. Library of Congress C'est une bibliothèque.
5. Sharon Stone, Deborah Messing,
   Catherine Deneuve Ce sont des actrices.
6. Céline Dion, Bruce Springsteen Ce sont des chanteurs.

6 **Pictogrammes** In groups of four, someone draws a person, object, or concept for the others to guess. Whoever guesses correctly draws next. Continue until everyone has drawn at least once. Answers will vary.

6 **Suggestion** Before beginning the activity, remind students that they must choose something the class knows how to say in French, and that to guess what the picture is, they should say: **C'est un(e) _____?** or **Ce sont des _____?**

- Refer to a group composed of males and females with a masculine plural noun.

  les amis
  the (male and female) friends

  les étudiants
  the (male and female) students

- The English definite article *the* never varies for number or gender. However, the French definite article takes different forms according to the gender and number of the noun that it accompanies.

	singular noun beginning with a consonant	singular noun beginning with a vowel sound	plural noun
masculine	**le tableau** *the picture/ blackboard*	**l'ami** *the (male) friend*	**les cafés** *the cafés*
feminine	**la librairie** *the bookstore*	**l'université** *the university*	**les télévisions** *the televisions*

- In English, the singular indefinite article is *a/an*, and the plural indefinite article is *some*. Although *some* is often omitted in English, the plural indefinite article cannot be omitted in French.

	singular		plural	
masculine	**un instrument**	*an instrument*	**des instruments**	*(some) instruments*
feminine	**une table**	*a table*	**des tables**	*(some) tables*

  Il y a **un ordinateur** ici.
  There's a computer here.

  Il y a **des ordinateurs** ici.
  There are (some) computers here.

  Il y a **une université** ici.
  There's a university here.

  Il y a **des universités** ici.
  There are (some) universities here.

- Use **c'est** followed by a singular article and noun or **ce sont** followed by a plural article and noun to identify people and objects.

  Qu'est-ce que c'est?
  What is that?

  C'est une librairie.
  It's a bookstore.

  Ce sont des bureaux.
  They're offices.

Essayez! Select the correct article for each noun.

le, la, l' ou les?

1. _le_ café
2. _la_ bibliothèque
3. _l'_ acteur
4. _l'_ amie
5. _les_ problèmes
6. _le_ lycée
7. _les_ examens
8. _la_ littérature

un, une ou des?

1. _un_ bureau
2. _une_ différence
3. _un_ objet
4. _des_ amis
5. _des_ amies
6. _une_ université
7. _un_ ordinateur
8. _des_ tableaux

1.2 Numbers 0–60

Point de départ Numbers in French follow patterns, as they do in English. First, learn the numbers **0–30**. The patterns they follow will help you learn the numbers **31–60**.

Numbers 0–30

0–10	11–20	21–30
0 zéro		
1 un	**11** onze	**21** vingt et un
2 deux	**12** douze	**22** vingt-deux
3 trois	**13** treize	**23** vingt-trois
4 quatre	**14** quatorze	**24** vingt-quatre
5 cinq	**15** quinze	**25** vingt-cinq
6 six	**16** seize	**26** vingt-six
7 sept	**17** dix-sept	**27** vingt-sept
8 huit	**18** dix-huit	**28** vingt-huit
9 neuf	**19** dix-neuf	**29** vingt-neuf
10 dix	**20** vingt	**30** trente

- When counting, use **un** for *one*. Use **une** before a feminine noun.

  un objet
  an/one object

  une télévision
  a/one television

- Note that the number **21** (**vingt et un**) follows a different pattern than the numbers **22–30**. When **vingt et un** precedes a feminine noun, add **-e** to the end of it: **vingt et une**.

  vingt et un objets
  twenty-one objects

  vingt et une choses
  twenty-one things

- Notice that the numbers **31–39**, **41–49**, and **51–59** follow the same pattern as the numbers **21–29**.

Numbers 31–60

31–34	35–38	39, 40, 50, 60
31 trente et un	**35** trente-cinq	**39** trente-neuf
32 trente-deux	**36** trente-six	**40** quarante
33 trente-trois	**37** trente-sept	**50** cinquante
34 trente-quatre	**38** trente-huit	**60** soixante

- To indicate a count of **31, 41,** or **51** for a feminine noun, change the **un** to **une**.

  trente et un objets
  thirty-one objects

  trente et une choses
  thirty-one things

  cinquante et un objets
  fifty-one objects

  cinquante et une choses
  fifty-one things

Suggestion Emphasize the variable forms of **un** and **une**, **vingt et un**, and **vingt et une**, giving examples of each. Examples: **vingt et un étudiants**, **vingt et une personnes**.

 MISE EN PRATIQUE

1 **Logique** Provide the number that completes each series. Then, write out the number in French.

MODÈLE

2, 4, __6__, 8, 10; __six__

1. 9, 12, __15__, 18, 21; __quinze__
2. 15, 20, __25__, 30, 35; __vingt-cinq__
3. 2, 9, __16__, 23, 30; __seize__
4. 0, 10, 20, __30__, 40; __trente__
5. 15, __17__, 19, 21, 23; __dix-sept__
6. 29, 26, __23__, 20, 17; __vingt-trois__
7. 2, 5, 9, __14__, 20, 27; __quatorze__
8. 30, 22, 16, 12, __10__; __dix__

2 **Il y a combien de...?** Provide the number that you associate with these pairs of words.

MODÈLE

lettres: l'alphabet *vingt-six*

1. mois (*months*): année (*year*) douze
2. états (*states*): USA cinquante
3. semaines (*weeks*): année cinquante-deux
4. jours (*days*): octobre trente et un
5. âge: le vote dix-huit
6. Noël: décembre vingt-cinq

3 **Numéros de téléphone** Your roommate left behind a list of phone numbers to call today. Now he or she calls you and asks you to read them off. (Note that French phone numbers are read as double, not single, digits.)

MODÈLE

Le bureau, c'est le zéro un, vingt-trois, quarante-cinq, vingt-six, dix-neuf.

1. bureau: 01.23.45.26.19
2. bibliothèque: 01.47.15.54.17 La bibliothèque, c'est le zéro un, quarante-sept, quinze, cinquante-quatre, dix-sept.
3. café: 01.41.38.16.29 Le café, c'est le zéro un, quarante et un, trente-huit, seize, vingt-neuf.
4. librairie: 01.10.13.60.23 La librairie, c'est le zéro un, dix, treize, soixante, vingt-trois.
5. faculté: 01.58.36.14.12 La faculté, c'est le zéro un, cinquante-huit, trente-six, quatorze, douze.

COMMUNICATION

4 **Contradiction** Thierry is describing the new Internet café in the neighborhood, but Paul is in a bad mood and contradicts everything he says. In pairs, act out the roles using words from the list. Answers will vary.

MODÈLE

Étudiant(e) 1: *Dans (In) le café, il y a des tables.*
Étudiant(e) 2: *Non, il n'y a pas de tables.*

actrices	professeurs
bureau	tableau
étudiants	tables
ordinateur	télévision

5 **Sur le campus** Nathalie's inquisitive best friend wants to know everything about her new campus. In pairs, take turns acting out the roles.

MODÈLE

bibliothèques: 3
Étudiant(e) 1: *Il y a combien de bibliothèques?*
Étudiant(e) 2: *Il y a trois bibliothèques.*

1. professeurs de littérature: 22
   Il y a vingt-deux professeurs de littérature.
2. étudiants dans (in) la classe de français: 15
   Il y a quinze étudiants dans la classe de français.
3. télévision dans la classe de sociologie: 0
   Il n'y a pas de télévision dans la classe de sociologie.
4. ordinateurs dans le café: 8
   Il y a huit ordinateurs dans le café.
5. employés dans la librairie: 51
   Il y a cinquante et un employés dans la librairie.
6. tables dans le café: 21
   Il y a vingt et une tables dans le café.

6 **Choses et personnes** In groups of three, make a list of ten things or people that you see or don't see in the classroom. Use **il y a** and **il n'y a pas de**, and specify the number of items you can find. Then, compare your list with that of another pair. Answers will vary.

MODÈLE

Étudiant(e) 1: *Il y a un étudiant français.*
Étudiant(e) 2: *Il n'y a pas de télévision.*

6 **Expansion** After groups have compared their answers, convert the statements into questions. Example: **Il y a combien d'étudiants?**

- Use **il y a** to say *there is* or *there are* in French. This expression doesn't change, even if the noun that follows it is plural.

  Il y a un ordinateur dans le bureau.
  There is a computer in the office.

  Il y a des tables dans le café.
  There are tables in the café.

Il y a deux amies.

Il y a trois étudiants.

- In most cases, the indefinite article (**un, une,** or **des**) is used with **il y a**, rather than the definite article (**le, la, l',** or **les**).

  Il y a un professeur de biologie américain.
  There's an American biology professor.

  Il y a des étudiants français et anglais.
  There are French and English students.

- Use the expression **il n'y a pas de/d'** followed by a noun to express *there isn't a...* or *there aren't any....* Note that no article (definite or indefinite) is used in this case. Use **de** before a consonant sound and **d'** before a vowel sound.

before a consonant

before a vowel sound

Il n'y a pas de tables dans le café.
There aren't any tables in the café.

Il n'y a pas d'ordinateur dans le bureau.
There isn't a computer in the office.

- Use **combien de/d'** to ask how many of something there are.

  Il y a **combien de tables**?
  How many tables are there?

  Il y a **combien d'ordinateurs**?
  How many computers are there?

Essayez! Write out or say the French word for each number below.

1. 15 __quinze__	6. 8 __huit__	11. 44 __quarante-quatre__
2. 6 __six__	7. 30 __trente__	12. 14 __quatorze__
3. 22 __vingt-deux__	8. 21 __vingt et un__	13. 38 __trente-huit__
4. 5 __cinq__	9. 1 __un__	14. 56 __cinquante-six__
5. 12 __douze__	10. 17 __dix-sept__	15. 19 __dix-neuf__

Révision

Suggestion Tell students that this section reviews and recycles the lesson vocabulary and grammar points.

1 Des lettres In pairs, take turns choosing nouns. One partner chooses only masculine nouns, while the other chooses only feminine. Slowly spell each noun for your partner, who will guess the word. Find out who can give the quickest answers. *Answers will vary.*

2 Le pendu In groups of four, play hangman (**le pendu**). Form two teams of two partners each. Take turns choosing a French word or expression you learned in this lesson for the other team to guess. Continue to play until your team guesses at least one word or expression from each category. *Answers will vary.*

1. un nom féminin
2. un nom masculin
3. un nombre entre (*number between*) 0 et 30
4. un nombre entre 31 et 60
5. une expression

3 C'est... Ce sont... Doug is spending a week in Paris with his French e-mail pal, Marc. As Doug points out what he sees, Marc corrects him sometimes. In pairs, act out the roles. Doug should be right half the time. *Answers will vary.*

MODÈLE

Étudiant(e) 1: *C'est une bibliothèque?*
Étudiant(e) 2: *Non, c'est une librairie.*

1. C'est une bibliothèque.

4. Ce sont des acteurs.

2. C'est un café.

5. C'est un professeur. / Ce sont des étudiants.

3. C'est une actrice.

6. Ce sont des amies.

4 Les présentations In pairs, introduce yourselves. Together, meet another pair. One person per pair should introduce him or herself and his or her partner. Use the items from the list in your conversations. Switch roles until you have met all of the other pairs in the class. *Answers will vary.*

ami	étudiant
c'est	petit(e) ami(e)
ce sont	professeur

5 S'il te plaît You are new on campus and ask another student for help finding these places. He or she gives you the building (**le bâtiment**) and room (**la salle**) number and you thank him or her. Then, switch roles and repeat with another place from the list. *Answers will vary.*

MODÈLE

Étudiant(e) 1: *Pardon... l'examen de sociologie, s'il te plaît?*
Étudiant(e) 2: *Ah oui... le bâtiment E, la salle dix-sept.*
Étudiant(e) 1: *Merci beaucoup!*
Étudiant(e) 2: *De rien.*

Bibliothèque d'anglais ....Bâtiment C Salle 11
Bureau de Mme Girard ....Bâtiment A Salle 35
Bureau de M. Brachet..........Bâtiment J Salle 42
Café ....Bâtiment H Salle 59
Littérature française ....Bâtiment B Salle 46
Examen de littérature ....Bâtiment E Salle 24
Examen de sociologie ....Bâtiment E Salle 17
Salle de télévision ....Bâtiment F Salle 33
Salle des ordinateurs ....Bâtiment D Salle 40

6 Mots mélangés You and a partner each have half the words of a wordsearch (**des mots mélangés**). Pick a number and a letter and say them to your partner, who must tell you if he or she has a letter in the corresponding space. Do not look at each other's worksheet. *Answers will vary.*

6 Suggestion Divide the class into pairs and distribute the Info Gap Handouts in the IRM on the IRCD-ROM for this activity. Give students ten minutes to complete the activity.

ressources

WB pp. 3–6	LM pp. 3–4	SUPERSITE promenades.vhlcentral.com Leçon 1

Le Zapping

La Triplette de Moulinex... un, deux, trois!

The story of Moulinex started with an invention. In 1932, Jean Mantelet invented the electric potato masher to help his wife. Later, he invented an electric coffee grinder called **Moulin° X**, which went on to become the company brand. After World War II, Moulinex came up with the famous slogan, **Moulinex libère la femme** (*Moulinex liberates women*). In the 1980s, Moulinex started facing tough competition and in 2001 was bought out by Groupe SEB, another French company specializing in small appliances and kitchen equipment.

Coup de main

Moulin X is a play on words. **Moulin** means *grinder* and you need to pronounce the x the English way, not the French way. That's how you obtain Moulinex.

—Un, deux, trois, elle fait° la raclette°.   —Un, deux, trois, elle fait des crêpes.

Compréhension Answer these questions. Some answers will vary.

1. What numbers and articles did you recognize? un, deux, trois, la, des
2. What is special about this device?

Compréhension Have students work in pairs or groups for this activity. Tell them to write their answers. Then show the video again so that they can check their answers and add any missing information.

Discussion In groups of four, discuss the answers to these questions. Use as much French as you can. Answers will vary.

1. Have you ever eaten **raclette** or **crêpes** before? Where?
2. When would one use **la Triplette**?

3. What other appliance can you think of that performs more than one job?
4. If you could invent an appliance with several functions, what would it do? What would you name it?

Moulin *grinder* **elle fait** *it makes* **raclette** *dish made from melted cheese scraped onto bread or boiled potatoes*

Discussion
• Have volunteers report their answers to the class.
• Take a quick class survey to find out who likes or would like to try either **raclette** or **crêpes**.

SUR INTERNET

Go to **promenades.vhlcentral.com** to watch the TV clip featured in this **Le zapping**.

Leçon 2

En classe

You will learn how to...
- identify yourself and others
- ask yes/no questions

une horloge

un crayon

un sac à dos

une fenêtre

un livre

un cahier

un dictionnaire

un stylo

une feuille de papier

une corbeille à papier

Vocabulaire

Qui est-ce?	*Who is it?*
Quoi?	*What?*
une calculatrice	*calculator*
une montre	*watch* / *une horloge*
une porte	*door*
un résultat	*result*
une salle de classe	*classroom*
un(e) camarade de chambre	*roommate*
un(e) camarade de classe	*classmate*
une classe	*class (group of students)*
un copain/ une copine (*fam.*)	*friend* / *l'ami*
un(e) élève	*pupil, student* / *lycée*
une femme	*woman*
une fille	*girl*
un garçon	*boy*
un homme	*man*

Suggestions
- Introduce vocabulary for classroom objects, such as **un cahier**, **une carte**, **un dictionnaire**, **un stylo**. Hold up or point to an object and say: **C'est un stylo.**
- Hold up or point to an object and ask either/or questions. Examples: **C'est un crayon ou un stylo? C'est une porte ou une fenêtre?**

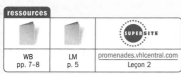

1 Suggestion Have students check their answers by going over **Activité 1** with the whole class. Repeat any sections of the recording that the students missed or did not understand.

Mise en pratique

1 **Écoutez** 🎧 Listen to Madame Arnaud as she describes her French classroom, then check the items she mentions.

1. une porte ☑
2. un professeur ☐
3. une feuille de papier ☐
4. un dictionnaire ☑
5. une carte ☑
6. vingt-quatre cahiers ☐
7. une calculatrice ☐
8. vingt-sept chaises ☑
9. une corbeille à papier ☑
10. un stylo ☑

2 **Chassez l'intrus** Circle the word that does not belong.

1. étudiants, élèves, (professeur)
2. un stylo, un crayon, (un cahier)
3. un livre, un dictionnaire, (un stylo)
4. un homme, (un crayon,) un garçon
5. une copine, (une carte,) une femme
6. une porte, une fenêtre, (une chaise)
7. une chaise, (un professeur,) une fenêtre
8. (un crayon,) une feuille de papier, un cahier
9. une calculatrice, une montre, (une copine)
10. une fille, (un sac à dos,) un garçon

2 Suggestion Have students compare their answers in pairs or small groups. Tell them to explain why a word does not belong if they don't have the same answer.

3 **C'est...** Work with a partner to identify the items you see in the image.

MODÈLE

Étudiant(e) 1: *Qu'est-ce que c'est?*
Étudiant(e) 2: *C'est un tableau.*

1. un tableau
2. une porte
3. un crayon/stylo
4. un livre
5. une calculatrice
6. un stylo/crayon
7. une feuille
8. un bureau
9. un dictionnaire
10. une corbeille à papier
11. une chaise
12. un professeur

une carte

une chaise

3 Suggestion Remind students to use the appropriate form of the indefinite article when doing this activity.

CONTEXTES

Communication

4 **Qu'est-ce qu'il y a dans mon sac à dos?** Make a list of six different items that you have in your backpack, then work with a partner to compare your answers. *Answers will vary.*

Dans mon (*my*) sac à dos, il y a

1. _____
2. _____
3. _____
4. _____
5. _____
6. _____

Dans le sac à dos de ___*nom*___, il y a

1. _____
2. _____
3. _____
4. _____
5. _____
6. _____

5 **Qu'est-ce que c'est?** Point at eight different items around the classroom and ask a classmate to identify them. Write your partner's responses on the spaces provided below. *Answers will vary.*

> **MODÈLE**
> **Étudiant(e) 1:** *Qu'est-ce que c'est?*
> **Étudiant(e) 2:** *C'est un stylo.*

5 Suggestion Before beginning the activity, have a few volunteers demonstrate what students should do using the **modèle**.

1. _____
2. _____
3. _____
4. _____
5. _____
6. _____
7. _____
8. _____

6 **Sept différences** Your instructor will give you and a partner two different drawings of a classroom. Do not look at each other's worksheet. Find seven differences between your picture and your partner's by asking each other questions and describing what you see.

> **MODÈLE**
> **Étudiant(e) 1:** *Il y a une fenêtre dans ma (my) salle de classe.*
> **Étudiant(e) 2:** *Oh! Il n'y a pas de fenêtre dans ma salle de classe.*

6 Expansion Have students describe the people and objects in the photo using **Il y a.**

7 **Pictogrammes** As a class, play pictionary. *Answers will vary.*

- Take turns going to the board and drawing words you learned on pp. 16–17.
- The person drawing may not speak and may not write any letters or numbers.
- The person who guesses correctly in French what the **grand artiste** is drawing will go next.
- Your instructor will time each turn and tell you if your time runs out.

7 Suggestion Before beginning the activity, remind students that to guess what the drawing represents they should say: **C'est un(e) _____?** or **Ce sont des _____?**

Les sons et les lettres

🎧 **Silent letters**

Suggestions
• Write the sentences below on the board or a transparency. Then say each sentence and ask students which letters are silent. Draw a slash through the silent letters as students say them. **Qui est-ce? C'est Gilbert. Il est français. Qu'est-ce que c'est? C'est un éléphant.**
• Work through the example words. Model the pronunciation of each word and have students repeat after you.
• Tell students that the final consonants of a few words that end in **c, r, f,** or **l** are silent. Examples: **porc** (*pork*), **blanc** (*white*), **nerf** (*nerve*), and **gentil** (*nice*).

Final consonants of French words are usually silent.

françai~~s~~   spor~~t~~   vou~~s~~   salu~~t~~

An unaccented **-e** (or **-es**) at the end of a word is silent, but the preceding consonant *is* pronounced.

français~~e~~   américain~~e~~   orang~~es~~   japonais~~es~~

The consonants **-c**, **-r**, **-f**, and **-l** are usually pronounced at the ends of words. To remember these exceptions, think of the consonants in the word **careful**.

par**c**   bonjou**r**   acti**f**   anima**l**

la**c**   professeu**r**   naï**f**   ma**l**

Prononcez Practice saying these words aloud.

1. traditionnel
2. étudiante
3. généreuse
4. téléphones
5. chocolat
6. Monsieur
7. journalistes
8. hôtel
9. sac
10. concert
11. timide
12. sénégalais
13. objet
14. normal
15. importante

Articulez Practice saying these sentences aloud.

1. Au revoir, Paul. À plus tard!
2. Je vais très bien. Et vous, Monsieur Dubois?
3. Qu'est-ce que c'est? C'est une calculatrice.
4. Il y a un ordinateur, une table et une chaise.
5. Frédéric et Chantal, je vous présente Michel et Éric.
6. Voici un sac à dos, des crayons et des feuilles de papier.

Dictons Practice reading these sayings aloud.

Mieux vaut tard que jamais.[1]

Aussitôt dit, aussitôt fait.[2]

Suggestion Tell students that the final consonants of words borrowed from other languages are often pronounced. Examples: **snob**, **autobus**, and **club**. This topic will be presented in **Leçon 21.**

[1] Better late than never.
[2] No sooner said than done.

ressources

LM p. 6

promenades.vhlcentral.com Leçon 2

ROMAN-PHOTO

Les copains SUPERSITE

PERSONNAGES

Amina

David

Michèle

Stéphane

Touriste

Valérie

À la terrasse du café...

VALÉRIE Alors, un croissant, une crêpe et trois cafés.

TOURISTE Merci, Madame.

VALÉRIE Ah, vous êtes... américain?

TOURISTE Um, non, je suis anglais. Il est canadien et elle est italienne.

VALÉRIE Moi, je suis française.

À l'intérieur du café...

VALÉRIE Stéphane!!!

STÉPHANE Quoi?! Qu'est-ce que c'est?

VALÉRIE Qu'est-ce que c'est! Qu'est-ce que c'est! Une feuille de papier! C'est l'examen de maths! Qu'est-ce que c'est?

STÉPHANE Oui, euh, les maths, c'est difficile.

VALÉRIE Stéphane, tu es intelligent, mais tu n'es pas brillant! En classe, on fait attention au professeur, au cahier et au livre! Pas aux fenêtres. Et. Pas. Aux. Filles!

STÉPHANE Oh, oh, ça va!!

À la table d'Amina et de David...

DAVID Et Rachid, mon colocataire? Comment est-il?

AMINA Il est agréable et très poli... plutôt réservé mais c'est un étudiant brillant. Il est d'origine algérienne.

Suggestion Have students scan the captions and find six adjectives of nationality plus five phrases that describe people's personality or character. Call

DAVID Et toi, Amina. Tu es de quelle origine?

AMINA D'origine sénégalaise.

DAVID Et Sandrine?

on volunteers to read the adjectives or phrases they found aloud.

AMINA Sandrine? Elle est française.

DAVID Mais non... Comment est-elle?

AMINA Bon, elle est chanteuse, alors elle est un peu égoïste. Mais elle est très sociable. Et charmante. Mais attention! Elle est avec Pascal.

DAVID Pfft, Pascal, Pascal...

---

1 **Identifiez** Indicate which character would make each statement: Amina (**A**), David (**D**) Michèle (**M**), Sandrine (**S**), Stéphane (**St**), or Valérie (**V**).

1. Les maths, c'est difficile. St

2. En classe, on fait attention au professeur! V

3. Michèle, les trois cafés sont pour les trois touristes. V

4. Ah, Madame, du calme! M

5. Ma mère est très impatiente! St

6. J'ai (*I have*) de la famille au Sénégal. A

7. Je suis une grande chanteuse! S

8. Mon colocataire est très poli et intelligent. D

9. Pfft, Pascal, Pascal... D

10. Attention, David! Sandrine est avec Pascal. A/V

Suggestion Have students volunteer to read the characters' parts in the **Roman-photo** aloud.

Amina, David et Stéphane passent la matinée (*spend the morning*) au café.

Au bar...
VALÉRIE Le croissant, c'est pour l'Anglais, et la crêpe, c'est pour l'Italienne.
MICHÈLE Mais, Madame. Ça va? Qu'est-ce qu'il y a?
VALÉRIE Ben, c'est Stéphane. Des résultats d'examens, des professeurs... des problèmes!

MICHÈLE Ah, Madame, du calme! Je suis optimiste. C'est un garçon intelligent. Et vous, êtes-vous une femme patiente?
VALÉRIE Oui... oui, je suis patiente. Mais le Canadien, l'Anglais et l'Italienne sont impatients. Allez! Vite!

VALÉRIE Alors, ça va bien?
AMINA Ah, oui, merci.
DAVID Amina est une fille élégante et sincère.
VALÉRIE Oui! Elle est charmante.
DAVID Et Rachid, comment est-il?
VALÉRIE Oh! Rachid! C'est un ange! Il est intelligent, poli et modeste. Un excellent camarade de chambre.

DAVID Et Sandrine? Comment est-elle?
VALÉRIE Sandrine?! Oh, là, là. Non, non, non. Elle est avec Pascal.

Expressions utiles
• Model the pronunciation of the **Expressions utiles** and have students repeat after you.
• Point out forms of the verb **être** and adjective agreement in the captions and in the **Expressions utiles**. Tell students that this material will be formally presented in the **Structures** section.

Expressions utiles

Describing people

• **Vous êtes/Tu es américain?**
You're American?

• **Je suis anglais. Il est canadien et elle est italienne.**
I'm English. He's Canadian, and she's Italian.

• **Et Rachid, mon colocataire? Comment est-il?**
And Rachid, my roommate (in an apartment)? What's he like?

• **Il est agréable et très poli... plutôt réservé mais c'est un étudiant brillant.**
He's nice and polite... rather reserved, but a brilliant student.

• **Tu es de quelle origine?**
(Of) What heritage are you?

• **Je suis d'origine algérienne/sénégalaise.**
I'm of Algerian/Senegalese heritage.

• **Elle est avec Pascal.**
She's with (dating) Pascal.

• **Rachid! C'est un ange!**
Rachid! He's an angel!

Asking questions

• **Ça va? Qu'est-ce qu'il y a?**
Are you OK? What is it?/What's wrong?

Additional vocabulary

• **Ah, Madame, du calme!**
Oh, ma'am, calm down!

• **On fait attention à...**
One pays attention to...

• **Mais attention!** • **alors**
But watch out! *so*

• **Allez! Vite!** • **mais**
Go! Quickly! *but*

• **Mais non...** • **un peu**
Of course not... *a little*

---

2 **Complétez** Use words from the list to describe these people in French. Refer to the video scenes and a dictionary as necessary.

1. Michèle always looks on the bright side. ___optimiste___
2. Rachid gets great grades. ___intelligent___
3. Amina is very honest. ___sincère___
4. Sandrine thinks about herself a lot. ___égoïste___
5. Sandrine has a lot of friends. ___sociable___

égoïste	
intelligent	
optimiste	
sincère	
sociable	

3 **Conversez** In pairs, choose the words from this list you would use to describe yourselves. What personality traits do you have in common? Be prepared to share your answers with the class.

brillant	modeste
charmant	optimiste
égoïste	patient
élégant	sincère
intelligent	sociable

A C T I V I T É S

---

3 **Expansion** After the students complete the activity, tell them to write a brief description of themselves using **Je suis _____**. Read some of the descriptions aloud and have the class guess who wrote them.

SUPERSITE

Avant la lecture Have students discuss what their idea of a typical French person is.

CULTURE À LA LOUPE

Qu'est-ce qu'un Français typique?

What is your idea of a typical Frenchman?
Do you picture a man wearing a **béret**? How about French women? Are they all fashionable and stylish? Do you picture what is shown in these photos? While real French people fitting one aspect or another of these cultural stereotypes do exist, rarely do you find individuals who fit all aspects.

France is a multicultural society with no single, national ethnicity. While the majority of French people are of Celtic or Latin descent, France has significant North and West African (e.g., Algeria, Morocco, Senegal) and Indo-Chinese (e.g., Vietnam, Laos, Cambodia) populations as well. Long a **terre d'accueil°**, France today has over four million foreigners and immigrants. Even as France has maintained a strong concept of its culture through the preservation of its language, history, and traditions, French culture has been ultimately enriched by the contributions of its immigrant populations. Each region of the country also has its own traditions, folklore, and, often, its own language. Regional languages, such as Provençal, Breton, and Basque, are still spoken in some areas, but the official language is, of course, French.

Immigrants in France, by country of birth

COUNTRY NAME	NUMBER OF PEOPLE
Algeria	574,200
Portugal	571,900
Other European countries	568,800
Morocco	522,500
Italy	378,700
Spain	316,200
Tunisia	201,600
Turkey	174,200
Cambodia, Laos, Vietnam	159,800
Poland	98,600

terre d'accueil *a land welcoming of newcomers*

A C T I V I T É S

1 **Vrai ou faux?** Indicate whether each statement is **vrai** or **faux**.

1. Cultural stereotypes are generally true for most people in France.
   Faux. Rarely do you find individuals who fit all aspects of a stereotype.
2. People in France no longer speak regional languages.
   Faux. Regional languages are still spoken in some areas.
3. Many immigrants from North Africa live in France. Vrai.
4. More immigrants in France come from Portugal than from Morocco. Vrai.
5. Algerians and Moroccans represent the largest immigrant populations in France. Faux. Algerians and Portuguese have the largest immigrant populations.

6. Immigrant cultures have little impact on French culture.
   Faux. French culture has been enriched by immigrant cultures.
7. Because of immigration, France is losing its cultural identity.
   Faux. France has maintained its culture.
8. French culture differs from region to region. Vrai.
9. Most French people are of Anglo-Saxon heritage.
   Faux. The majority of French people are of Celtic or Latin descent.
10. For many years, France has received immigrants from many countries. Vrai.

Après la lecture Ask students what facts in this reading are interesting or surprising to them.

Portrait Explain that this political comic strip is not unique and that **la bande dessinée (B.D.)** represents serious reading for young and old alike in France. An international comic-book festival takes place every year in the small town of Angoulême, France. Ask students why they think *Superdupont* is so popular in France.

STRATÉGIE

Recognizing cognates

Cognates are words that share similar meanings and spellings in two or more languages. These words not only look alike, but they also mean the same thing in French and English: **actif** *active*, **fantastique** *fantastic*, **sociologie** *sociology*. When reading in French, it's helpful to look for cognates and use them to guess the meaning of what you read. Make a list of the cognates you recognize in the **Le monde francophone** selection below, along with their English equivalents.

LE MONDE FRANCOPHONE

Les devises

Here are the **devises** (*national mottos*) of some francophone countries.

Belgium L'union fait la force (*Unity is strength*)
Ivory Coast Union, Discipline, Travail (*Unity, Discipline, Work*)
France Liberté, Égalité, Fraternité (*Liberty, Equality, Fraternity*)
Monaco Avec l'aide de Dieu (*With the help of God*)
Morocco Dieu, la Patrie, le Roi (*God, Country, King*)
Senegal Un Peuple, un But, une Foi (*One People, one Goal, one Faith*)
Switzerland Un pour tous, tous pour un (*One for all, all for one*)
Tunisia Liberté, Ordre, Justice (*Liberty, Order, Justice*)

PORTRAIT

Superdupont

Superdupont is an ultra-French superhero in a popular comic strip parodying French nationalism. The protector of all things French, he battles the secret enemy organization **Anti-France**, whose agents speak **anti-français**, a mixture of English, Spanish, Italian, Russian, and German. *Superdupont* embodies just about every French stereotype imaginable. For example, the name Dupont, much like Smith in the United States, is extremely common in France. In addition to his **béret** and moustache, he wears a blue, white, and red belt around his waist representing **le drapeau français** (*the French flag*). Physically, he is overweight and has a red nose—signs that he appreciates rich French food and wine. Finally, on his arm is **un coq** (*a rooster*), the national symbol of France. The Latin word for rooster (*gallus*) also means "inhabitant of Gaul," as France used to be called.

SUPERSITE

SUR INTERNET

What countries are former French colonies?

Go to **promenades.vhlcentral.com** to find more cultural information related to this **LECTURE CULTURELLE**.

2 **Complétez** Provide responses to these questions.

1. France is often symbolized by this bird: _____the rooster_____.
2. _____Blue, white, and red_____ are the colors of the French flag.
3. France was once named _____Gaul_____.
4. **Un Peuple, un But, une Foi** is the national motto of _____Senegal_____.
5. _____Liberty, equality, and fraternity_____ are three basic principles of French society.

3 **Et les Américains?** What might a comic-book character based on a "typical American" be like? With a partner, brainstorm a list of stereotypes to create a profile for such a character. Compare the profile you create with your classmates'. Do they fairly represent Americans? Why or why not?

ressources

SUPERSITE

promenades.vhlcentral.com
Leçon 2

A C T I V I T É S

2 **Expansion** Have students write four more fill-in-the-blank statements based on the information on this page. Then tell them to exchange papers with a classmate and complete the activity.

2.1 The verb être

comparisons

Point de départ In French, as in English, the subject of a verb is the person or thing that carries out the action. The verb expresses the action itself.

SUBJECT ⟷ VERB

Le professeur   parle français.
The professor   speaks French.

Subject pronouns

- Subject pronouns replace a noun that is the subject of a verb.

SUBJECT PRONOUN ⟷ VERB

Il   parle français.
He   speaks French.

French subject pronouns

		singular		plural
first person	je	*I*	nous	*we*
second person	tu	*you*	vous	*you*
third person	il	*he/it* (masc.)	ils	*they* (masc.)
	elle	*she/it* (fem.)	elles	*they* (fem.)
	on	*one*		

- Subject pronouns in French show number (singular vs. plural) and gender (masculine vs. feminine). When a subject consists of both genders, use the masculine form.

Ils dansent très bien.
They dance very well.

Ils sont de Dakar.
They are from Dakar.

- Use **tu** for informal address and **vous** for formal. **Vous** is also the plural form of *you*, both informal and formal.

Comment vas-**tu**?
How's it going?

Comment allez-**vous**?
How are you?

- The subject pronoun **on** refers to people in general, just as the English subject pronouns *one, they*, or *you* sometimes do. **On** can also mean *we* in a casual style. **On** always takes the same verb form as **il** and **elle**.

En France, **on** parle français.
In France, they speak French.

On est au café.
We are at the coffee shop.

Suggestion Give examples of how **on** can mean *we* in casual conversation: **On est copains.**

SUPERSITE

MISE EN PRATIQUE

1 Pascal répète Pascal repeats everything his older sister Odile says. Give his response after each statement, using subject pronouns.

MODÈLE Chantal est étudiante. *Elle est étudiante.*

1. Les professeurs sont en Tunisie. Ils sont en Tunisie.
2. Mon (*My*) petit ami Charles n'est pas ici. Il n'est pas ici.
3. Moi, je suis chanteuse. Tu es chanteuse.
4. Nadège et moi, nous sommes à l'université. Vous êtes à l'université.
5. Tu es un ami. Je suis un ami.
6. L'ordinateur est dans (*in*) la chambre. Il est dans la chambre.
7. Claude et Charles sont là. Ils sont là.
8. Lucien et toi, vous êtes copains. Nous sommes copains.

2 Où sont-ils? Thérèse wants to know where all her friends are. Tell her by completing the sentences with the appropriate subject pronouns and the correct forms of **être**.

MODÈLE Sylvie / au café *Elle est au café.*

1. Georges / à la faculté de médecine Il est à la faculté de médecine.
2. Marie et moi / dans (*in*) la salle de classe Nous sommes dans la salle de classe.
3. Christine et Anne / à la bibliothèque Elles sont à la bibliothèque.
4. Richard et Vincent / là-bas Ils sont là-bas.
5. Véronique, Marc et Anne / à la librairie Ils sont à la librairie.
6. Jeanne / au bureau Elle est au bureau.

3 Identifiez Describe these photos using **c'est, ce sont, il/elle est,** or **ils/elles sont.**

1. C'est un acteur.   4. Elle est chanteuse.

2. Il est ici.   5. Elle est là.

3. Elles sont copines.   6. Ce sont des montres.

3 Suggestion Before beginning the activity, have students quickly identify the items or people in the photos.

COMMUNICATION

4 Assemblez In pairs, take turns using the verb **être** to combine elements from both columns. Talk about yourselves and people you know. *Answers will vary.*

A	B
Singulier:	
Je	agréable
Tu	d'origine française
Mon (*My*, masc.) prof	difficile
Mon/Ma (*My*, fem.)	étudiant(e)
camarade de chambre	sincère
Mon cours	sociable
_____	
Pluriel:	
Nous	agréables
Mes (*My*) profs	copains/copines
Mes camarades de	difficiles
chambre	étudiant(e)s
Mes cours	sincères

5 Qui est-ce? In pairs, identify who or what is in each picture. If possible, use **il/elle est** or **ils/elles sont** to add something else about each person or place. *Answers will vary.*

MODÈLE

C'est Céline Dion. Elle est chanteuse.

1.

4.

2.

5.

3.

6.

6 Enchanté You and your roommate are in a campus bookstore. You run into one of his or her classmates, whom you've never met. In a brief conversation, introduce yourselves, ask how you are, and say something about yourselves using a form of **être**. *Answers will vary.*

6 Suggestion Have volunteers act out their conversations for the class.

The verb *être*

- **Être** (*to be*) is an irregular verb; its conjugation (set of forms for different subjects) does not follow a pattern. The form **être** is called the infinitive; it does not correspond to any particular subject.

être (to be)			
je suis	*I am*	**nous sommes**	*we are*
tu es	*you are*	**vous êtes**	*you are*
il/elle est	*he/she/it is*	**ils/elles sont**	*they are*
on est	*one is*		

- Note that the **-s** of the subject pronoun **vous** is pronounced as an English *z* in the phrase **vous êtes**.

Vous êtes à Paris.
You are in Paris.

Vous êtes M. Leclerc? Enchantée.
Are you Mr. Leclerc? Pleased to meet you.

C'est and *il/elle est*

- Use **c'est** or its plural form **ce sont** plus a noun to identify who or what someone or something is. Except with proper names, an article must always precede the noun.

C'est un téléphone.
That's a phone.

Ce sont des photos.
Those are pictures.

C'est Amina.
That's Amina.

- Use the phrases **il/elle est** and **ils/elles sont** to refer to someone or something previously mentioned. Any noun that follows directly must not be accompanied by an article or adjective.

La bibliothèque?
Elle est moderne.
The library?
It's modern.

Voilà M. Richard.
Il est professeur.
There's Mr. Richard.
He's a professor.

> **BOÎTE À OUTILS**
> Note that in French, unlike English, you cannot use an article before a profession after **il/elle est** and **ils/elles sont**: **il est chanteur** (*he is a singer*); **elles sont actrices** (*they are actresses*).

Suggestion Tell students that the term **la photo**, which appears in the example **Ce sont des photos**, comes from the word **la photographie**.

Essayez! Fill in the blanks with the correct forms of the verb **être**.

1. Je ___*suis*___ ici.
2. Ils ___*sont*___ intelligents.
3. Tu ___*es*___ étudiante.
4. Nous ___*sommes*___ à Québec.
5. Vous ___*êtes*___ Mme Lacroix?
6. Marie ___*est*___ chanteuse.

STRUCTURES

2.2 Adjective agreement

Point de départ Adjectives are words that describe people, places, and things. In French, adjectives are often used with the verb **être** to point out the qualities of nouns or pronouns.

*Le cours est **difficile.***

*Je suis **optimiste**.*

- Many adjectives in French are cognates; that is, they have the same or similar spellings and meanings in French and English.

Cognate descriptive adjectives

agréable	*pleasant*	**intelligent(e)**	*intelligent*
amusant(e)	*fun*	**intéressant(e)**	*interesting*
brillant(e)	*bright*	**occupé(e)**	*busy*
charmant(e)	*charming*	**optimiste**	*optimistic*
désagréable	*unpleasant*	**patient(e)**	*patient*
différent(e)	*different*	**pessimiste**	*pessimistic*
difficile	*difficult*	**poli(e)**	*polite*
égoïste	*selfish*	**réservé(e)**	*reserved*
élégant(e)	*elegant*	**sincère**	*sincere*
impatient(e)	*impatient*	**sociable**	*sociable*
important(e)	*important*	**sympathique (sympa)**	*nice*
indépendant(e)	*independent*	**timide**	*shy*

- In French, most adjectives agree in number and gender with the nouns they describe. Most adjectives form the feminine by adding a silent **-e** (no accent) to the end of the masculine form, unless one is already there. Adding a silent **-s** to the end of masculine and feminine forms gives you the plural forms of both.

MASCULINE SINGULAR MASCULINE SINGULAR	FEMININE SINGULAR FEMININE SINGULAR
Henri est **élégant**.	**Patricia** est **élégante**.
Henri is elegant.	*Patricia is elegant.*

MASCULINE PLURAL MASCULINE PLURAL	FEMININE PLURAL FEMININE PLURAL
Henri et Jérôme sont **élégants**.	**Patricia et Marie** sont **élégantes**.
Henri and Jérôme are elegant.	*Patricia and Marie are elegant.*

BOÎTE À OUTILS
Use the masculine plural form of an adjective to describe a group composed of masculine and feminine nouns: **Henri et Patricia sont élégants.**

---

1 **Nous aussi!** Jean-Paul is bragging about himself, but his younger sisters Stéphanie and Gisèle believe they possess the same attributes. Tell what they say.

MODÈLE

Je suis amusant. *Nous aussi, nous sommes amusantes.*

1. Je suis intelligent. Nous aussi, nous sommes intelligentes.
2. Je suis sincère. Nous aussi, nous sommes sincères.
3. Je suis élégant. Nous aussi, nous sommes élégantes.
4. Je suis patient. Nous aussi, nous sommes patientes.
5. Je suis sociable. Nous aussi, nous sommes sociables.
6. Je suis poli. Nous aussi, nous sommes polies.

2 **Les nationalités** You are with a group of students from all over the world. Indicate their nationalities according to the cities from which they come.

MODÈLE

Monique est de (*from*) Paris. *Elle est française.*

1. Les amies Fumiko et Keiko sont de Tokyo. Elles sont japonaises.
2. Hans est de Berlin. Il est allemand.
3. Juan et Pablo sont de Guadalajara. Ils sont mexicains.
4. Wendy est de Londres. Elle est anglaise.
5. Jared est de San Francisco. Il est américain.
6. Francesca est de Rome. Elle est italienne.
7. Aboud et Moustafa sont de Casablanca. Ils sont marocains.
8. Jean-Pierre et Mario sont de Québec. Ils sont québécois.

3 **Voilà Mme...** Your parents are having a party and you point out different people to your friend. Use a word from this grammar point each time. Answers will vary.

MODÈLE

Voilà M. Duval. Il est sénégalais.
C'est un ami.

M. Duval   M. Forestier
Catherine et Jeanne   Georges et Denise   Mme Malbon

3 **Expansion** Have students say what each person in the drawing is not. Example: **Madame Malbon n'est pas sociable.**

COMMUNICATION

4 Interview You are looking for a roommate and interview someone to see what he or she is like. In pairs, play both roles. Are you compatible roommates? Answers will vary.

MODÈLE

américain

Étudiant(e) 1: *Tu es pessimiste?*
Étudiant(e) 2: *Non, je suis optimiste.*

1. impatient
2. modeste
3. timide
4. sincère
5. égoïste
6. sociable
7. indépendant
8. amusant

5 Ils sont comment? In pairs, take turns describing each item below. Tell your partner whether you agree (**C'est vrai**) or disagree (**C'est faux**) with the descriptions. Answers will vary.

MODÈLE

Johnny Depp
Étudiant(e) 1: *C'est un acteur désagréable.*
Étudiant(e) 2: *C'est faux. Il est charmant.*

1. Beyoncé et Céline Dion
2. les étudiants de Harvard
3. Bono
4. la classe de français
5. le président des États-Unis (*United States*)
6. Tom Hanks et Gérard Depardieu
7. le prof de français
8. Steven Spielberg
9. notre (*our*) université
10. Melanie Griffith et Julia Roberts

5 Suggestion Have two volunteers read the **modèle** aloud.

6 Au café You and two classmates are talking about your new bosses (**patrons**), each of whom is very different from the other two. In groups of three, create a dialogue in which you greet one another and describe your bosses. Answers will vary.

6 Suggestion Tell students to give their bosses a name so that it is obvious if they are male or female. Also encourage students to ask each other questions about their bosses during the conversation.

- French adjectives are usually placed after the noun they modify when they don't directly follow a form of **être**.

Ce sont des **étudiantes brillantes**.	Bernard est un homme **agréable et poli**.
They're brilliant students.	*Bernard is a pleasant and polite man.*

- Here are some adjectives of nationality. Note that the **-n** of adjectives that end in **-ien** doubles before the final **-e** of the feminine form: **algérienne, canadienne, italienne, vietnamienne**.

Adjectives of nationality

algérien(ne)	*Algerian*	**japonais(e)**	*Japanese*
allemand(e)	*German*	**marocain(e)**	*Moroccan*
anglais(e)	*English*	**martiniquais(e)**	*from Martinique*
américain(e)	*American*	**mexicain(e)**	*Mexican*
canadien(ne)	*Canadian*	**québécois(e)**	*from Quebec*
espagnol(e)	*Spanish*	**sénégalais(e)**	*Senegalese*
français(e)	*French*	**suisse**	*Swiss*
italien(ne)	*Italian*	**vietnamien(ne)**	*Vietnamese*

- The first letter of adjectives of nationality is not capitalized.

Il est américain.

Elle est française.

Suggestion Go around the room asking **Quelle est votre nationalité?** Also have a few students ask each other their nationalities.

- An adjective whose masculine singular form already ends in **-s** keeps the identical form in the masculine plural.

Pierre est **un ami sénégalais**.	Pierre et Yves sont **des amis sénégalais**.
Pierre is a Senegalese friend.	*Pierre and Yves are Senegalese friends.*

- To ask someone's nationality or heritage, use **Quelle est ta/votre nationalité?** or **Tu es/Vous êtes de quelle origine?**

Quelle est votre nationalité?	**Je suis de nationalité canadienne.**
What is your nationality?	*I'm of Canadian nationality.*
Tu es de quelle origine?	**Je suis d'origine italienne.**
What is your heritage?	*I'm of Italian heritage.*

Essayez!   Write in the correct forms of the adjectives.
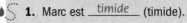

1. Marc est ___timide___ (timide).
2. Ils sont ___anglais___ (anglais).
3. Elle adore la littérature ___française___ (français).
4. Ce sont des actrices ___suisses___ (suisse).
5. Elles sont ___réservées___ (réservé).
6. Il y a des universités ___importantes___ (important).
7. Christelle est ___amusante___ (amusant).
8. Les étudiants sont ___polis___ (poli) en cours.

SYNTHÈSE

Révision

4 **Suggestion** Because this is the first activity in which the **Feuilles d'activités** (found in the IRM on the IRCD-ROM) are used, tell students that they use the **feuilles** to complete the corresponding activity. Explain that they must approach their classmates with their paper in hand and ask questions following the **modèle**. When they find someone who answers affirmatively, that student signs his or her name.

1 **Festival francophone** With a partner, choose two characters from the list and act out a conversation between them. The people are meeting for the first time at a francophone festival. Then, change characters and repeat. Answers will vary.

1 **Suggestion** Have pairs act out their conversations for the rest of the class.

Angélique,
Sénégal

Abdel,
Algérie

Laurent,
Martinique

Sylvain,
Suisse

Hélène,
Canada

Daniel,
France

Mai,
Viêt-Nam

Nora,
Maroc

2 **Tu ou vous?** How would the conversations between the characters in **Activité 1** differ if they were all 19-year-old students at a university orientation? Write out what you would have said differently. Then, exchange papers with a new partner and make corrections. Return the paper to your partner and act out the conversation using a different character from last time. Answers will vary.

3 **En commun** In pairs, tell your partner the name of a friend. Use adjectives to say what you both (**tous les deux**) have in common. Then, share with the class what you learned about your partner and his or her friend. Answers will vary.

MODÈLE

Charles est un ami. Nous sommes tous les deux amusants.
Nous sommes patients aussi.

3 **Expansion** Have students repeat the activity and describe their differences this time.

4 **Comment es-tu?** Your instructor will give you a worksheet. Survey as many classmates as possible to ask if they would use the adjectives listed to describe themselves. Then, decide which two students in the class are most similar. Answers will vary.

MODÈLE

Étudiant(e) 1: *Tu es timide?*
Étudiant(e) 2: *Non. Je suis sociable.*

Adjectifs	Nom
1. timide	Éric
2. impatient (e)	
3. optimiste	
4. réservé (e)	
5. charmant (e)	
6. poli (e)	
7. agréable	
8. amusant (e)	

5 **Mes camarades de classe** Write a brief description of the students in your French class. What are their names? What are their personalities like? What is their heritage? Use all the French you have learned so far. Your paragraph should be at least eight sentences long. Remember, be complimentary! Answers will vary.

6 **Les descriptions** Your instructor will give you one set of drawings of eight people and a different set to your partner. Each person in your drawings has something in common with a person in your partner's drawings. Find out what it is without looking at your partner's sheet. Answers will vary.

MODÈLE

Étudiant(e) 1: *Jean est à la bibliothèque.*
Étudiant(e) 2: *Gina est à la bibliothèque.*
Étudiant(e) 1: *Jean et Gina sont à la bibliothèque.*

6 **Suggestion** Divide the class into pairs and distribute the Info Gap Handouts in the IRM on the IRCD-ROM for this activity. Give students ten minutes to complete the activity.

ressources		
WB pp. 9–12	LM pp. 7–8	SUPERSITE promenades.vhlcentral.com Leçon 2

Écriture

STRATÉGIE

Writing in French

Why do we write? All writing has a purpose. For example, we may write a poem to reveal our innermost feelings, a letter to share information, or an essay to persuade others to accept a point of view. People are not born proficient writers, however. Writing requires time, thought, effort, and a lot of practice. Here are some tips to help you write more effectively in French.

DO

- ▶ **Try to write your ideas in French**
- ▶ **Try to make an outline of your ideas**
- ▶ **Decide what the purpose of your writing will be**
- ▶ **Use the grammar and vocabulary that you know**
- ▶ **Use your textbook for examples of style, format, and expressions in French**
- ▶ **Use your imagination and creativity to make your writing more interesting**
- ▶ **Put yourself in your reader's place to determine if your writing is interesting**

AVOID

- ▶ **Translating your ideas from English to French**
- ▶ **Simply repeating what is in the textbook or on a web page**
- ▶ **Using a bilingual dictionary until you have learned how to use one effectively**

Stratégie Have students focus on the final point under the "Do" section. Ask them to think about the types of writing that most interest them as readers. Why? Is it that the writer supplies vivid detail? Interesting anecdotes? An easy-to-read style? Is it simply that the subject is important to them? This shows the value of putting themselves in their reader's place.

Thème

Faites une liste!

Imagine that several French-speaking students will be spending a year at your school. You've been asked to put together a list of people and places that might be useful and of interest to them. Your list should include:

- Your name, address, phone number(s) (home and/or mobile), and e-mail address
- The names of two or three other students in your French class, their addresses, phone numbers, and e-mail addresses
- Your French teacher's name, office and/or mobile phone number(s), e-mail address, as well as his or her office hours
- Your school library's phone number and hours
- The names, addresses, and phone numbers of three places near your school where students like to go (a bookstore, a coffee shop or restaurant, a theater, a skate park, etc.)

NOM: _Madame Smith (professeur de français)_ ☎

ADRESSE: _McNeil University_ ✉

NUMÉRO DE TÉLÉPHONE: _645-3458 (bureau)_

NUMÉRO DE PORTABLE: _919-0040_

ADRESSE E-MAIL: _absmith@yahoo.com_

NOTES: _Heures de bureau: 8h00–9h00_

NOM: _Skate World_

ADRESSE: _8970 McNeil Road_

NUMÉRO DE TÉLÉPHONE: _658-0349_

NUMÉRO DE PORTABLE: _—_

ADRESSE E-MAIL: _skate@skateworld.com_

NOTES: _—_

Panorama

Le monde francophone

Heiva°, Papeete, Tahiti

Les pays en chiffres°

Organisation internationale de la Francophonie

▶ Nombre de pays° où le français est langue° officielle: *28*

▶ Nombre de pays où le français est parlé°: *plus de° 60*

▶ Nombre de francophones dans le monde°: *175.000.000 (cent soixante-quinze millions)*

SOURCE: Organisation internationale de la Francophonie

Villes capitales

▶ **Algérie:** *Alger*
▶ **Cameroun:** *Yaoundé*
▶ **France:** *Paris*
▶ **Guinée:** *Conakry*
▶ **Haïti:** *Port-au-Prince*

▶ **Laos:** *Vientiane*
▶ **Mali:** *Bamako*
▶ **Rwanda:** *Kigali*
▶ **Seychelles:** *Victoria*
▶ **Suisse:** *Berne*

Francophones célèbres

▶ **Marie Curie**, *Pologne, scientifique, prix Nobel en chimie et physique (1867–1934)*

▶ **René Magritte**, *Belgique, peintre° (1898–1967)*

▶ **Ousmane Sembène**, *Sénégal, cinéaste° et écrivain° (1923–2007)*

▶ **Jean Reno**, *Maroc, acteur (1948–)*

▶ **Céline Dion**, *Québec, chanteuse° (1968–)*

▶ **Marie-José Pérec**, *Guadeloupe, coureuse° olympique (1968–)*

Incroyable mais vrai! UNESCO is the United Nations Educational Scientific and Cultural Organization. UNESCO not only builds classrooms in impoverished countries, but it also brings nations together on social issues.

chiffres *numbers* **pays** *countries* **langue** *language* **parlé** *spoken* **plus de** *more than* **monde** *world* **peintre** *painter* **cinéaste** *filmmaker* **écrivain** *writer* **chanteuse** *singer* **coureuse** *runner* **sur** *on* **comme** *such as* **l'OTAN** NATO **Jeux** *Games* **deuxième** *second* **enseignée** *taught* **Heiva** *an annual Tahitian festival*

L'AMÉRIQUE DU NORD

L'OCÉAN ATLANTIQUE

L'OCÉAN PACIFIQUE

L'AMÉRIQUE DU SUD

LA FRANCE

L'EUROPE

L'ASIE

L'AFRIQUE

L'OCÉAN INDIEN

PAYS FRANCOPHONES EN ASIE

LE LAOS
LE CAMBODGE
LE VIÊT-NAM

L'OCÉAN INDIEN

la mosquée de la plage de Ouakam, Dakar, Sénégal

0   3,000 milles
0   3,000 kilomètres

☐ Pays et régions francophones

Incroyable mais vrai!

La langue française est une des rares langues à être parlées sur° cinq continents. C'est aussi la langue officielle de beaucoup d'organisations internationales comme° l'OTAN°, les Nations unies, l'Union européenne, et aussi des Jeux° Olympiques! Le français est la deuxième° langue enseignée° dans le monde, après l'anglais.

La société
Le français au Québec

Au Québec, province du Canada, le français est la langue officielle, parlée par° 82% (quatre-vingt-deux pour cent) de la population. Les Québécois, pour° préserver l'usage de la langue, ont° une loi° qui oblige l'affichage° en français dans les lieux° publics. Le français est aussi la langue co-officielle du Canada: les employés du gouvernement doivent° être bilingues.

Les gens
Les francophones d'Algérie

Depuis° 1830 (mille huit cent trente), date de l'acquisition de l'Algérie par la France, l'influence culturelle française y° est très importante. À présent ancienne° colonie, l'Algérie est un des plus grands° pays francophones au monde. L'arabe est la langue officielle, mais le français est la deuxième langue parlée et est compris° par la majorité de la population algérienne.

Les destinations
La Louisiane

Ce territoire au sud° des États-Unis a été nommé° «Louisiane» en l'honneur du Roi° de France Louis XIV. En 1803 (mille huit cent trois), Napoléon Bonaparte vend° la colonie aux États-Unis pour 15 millions de dollars, pour empêcher° son acquisition par les Britanniques. Aujourd'hui° en Louisiane, 200.000 (deux cent mille) personnes parlent° le français cajun. La Louisiane est connue° pour sa° cuisine cajun, comme° le jambalaya, ici sur° la photo avec le chef Paul Prudhomme.

Les traditions
La Journée internationale de la Francophonie

Chaque année°, l'Organisation internationale de la Francophonie (O.I.F.) coordonne la Journée internationale de la Francophonie. Dans plus de° 100 (cent) pays et sur cinq continents, on célèbre la langue française et la diversité culturelle francophone avec des festivals de musique, de gastronomie, de théâtre, de danse et de cinéma. Le rôle principal de l'O.I.F. est la promotion de la langue française et la défense de la diversité culturelle et linguistique du monde francophone.

Qu'est-ce que vous avez appris? Complete the sentences.

1. _Ousmane Sembène_ est un cinéaste africain.
2. _175 millions_ de personnes parlent français dans le monde.
3. _L'Organisation internationale de la Francophonie_ est responsable de la promotion de la diversité culturelle francophone.
4. Les employés du gouvernement du Canada parlent _anglais et français_.
5. En Algérie, la langue officielle est _l'arabe_.

6. Une majorité d'Algériens comprend (*understands*) _le français_.
7. Le nom «Louisiane» vient du (*comes from the*) nom de _Louis XIV_.
8. Plus de 100 pays célèbrent _la Journée internationale de la Francophonie_
9. Le français est parlé sur _cinq_ continents.
10. En 1803, Napoléon Bonaparte vend _la Louisiane_ aux États-Unis.

ressources

WB pp. 13–14 | promenades.vhlcentral.com Unité 1

SUR INTERNET

Go to **promenades.vhlcentral.com** to find more cultural information related to this **PANORAMA**.

1. Les États-Unis célèbrent la Journée internationale de la Francophonie. Faites (*Make*) une liste de trois événements (*events*) et où ils ont lieu (*take place*).

2. Trouvez des informations sur un(e) chanteur/chanteuse francophone célèbre aux États-Unis. Citez (*Cite*) trois titres de chanson (*song titles*).

parlée par *spoken by* **pour** *in order to* **ont** *have* **loi** *law* **affichage** *posting* **lieux** *places* **doivent** *must* **Depuis** *Since* **y** *there* **ancienne** *former* **un des plus grands** *one of the largest* **compris** *understood* **au sud** *in the South* **a été nommé** *was named* **Roi** *King* **vend** *sells* **empêcher** *to prevent* **Aujourd'hui** *Today* **parlent** *speak* **connue** *known* **sa** *its* **comme** *such as* **sur** *in* **Chaque année** *Each year* **dans plus de** *in more than*

Le campus

une bibliothèque	library
un café	café
une faculté	university; faculty
une librairie	bookstore
un lycée	high school
une salle de classe	classroom
une université	university
un dictionnaire	dictionary
une différence	difference
un examen	exam, test
la littérature	literature
un livre	book
un problème	problem
un résultat	result
la sociologie	sociology
un bureau	desk; office
une carte	map
une chaise	chair
une fenêtre	window
une horloge	clock
un ordinateur	computer
une porte	door
une table	table
un tableau	blackboard; picture
la télévision	television
un cahier	notebook
une calculatrice	calculator
une chose	thing
une corbeille (à papier)	wastebasket
un crayon	pencil
une feuille de papier	sheet of paper
un instrument	instrument
une montre	watch
un objet	object
un sac à dos	backpack
un stylo	pen

Suggestion Tell students that this is active vocabulary for which they are responsible and that it will appear on tests and exams.

Les personnes

un(e) ami(e)	friend
un(e) camarade de chambre	roommate
un(e) camarade de classe	classmate
une classe	class (group of students)
un copain/une copine (fam.)	friend
un(e) élève	pupil, student
un(e) étudiant(e)	student
un(e) petit(e) ami(e)	boyfriend/girlfriend
une femme	woman
une fille	girl
un garçon	boy
un homme	man
une personne	person
un acteur/une actrice	actor
un chanteur/ une chanteuse	singer
un professeur	teacher, professor

Les présentations

Comment vous appelez-vous? (form.)	What is your name?
Comment t'appelles-tu? (fam.)	What is your name?
Enchanté(e).	Delighted.
Et vous/toi? (form./ fam.)	And you?
Je m'appelle...	My name is...
Je vous/te présente... (form./fam.)	I would like to introduce (name) to you.

Identifier

c'est/ce sont	it's/they are
Combien...?	How much/many...?
ici	here
Il y a...	There is/are...
là	there
là-bas	over there
Qu'est-ce que c'est?	What is it?
Qui est-ce?	Who is it?
Quoi?	What?
voici	here is/are
voilà	there is/are

Bonjour et au revoir

À bientôt.	See you soon.
À demain.	See you tomorrow.
À plus tard.	See you later.
À tout à l'heure.	See you later.
Au revoir.	Good-bye.
Bonne journée!	Have a good day!
Bonjour.	Good morning.; Hello.
Bonsoir.	Good evening.; Hello.
Salut!	Hi!; Bye!

Comment ça va?

Ça va?	What's up?; How are things?
Comment allez-vous? (form.)	How are you?
Comment vas-tu? (fam.)	How are you?
Comme ci, comme ça.	So-so.
Je vais bien/mal.	I am doing well/badly.
Moi aussi.	Me too.
Pas mal.	Not badly.
Très bien.	Very well.

Expressions de politesse

De rien.	You're welcome.
Excusez-moi. (form.)	Excuse me.
Excuse-moi. (fam.)	Excuse me.
Il n'y a pas de quoi.	It's nothing.; You're welcome.
Je vous en prie. (form.)	Please.; You're welcome.
Merci beaucoup.	Thank you very much.
Monsieur (M.)	Sir (Mr.)
Madame (Mme)	Ma'am (Mrs.)
Mademoiselle (Mlle)	Miss
Pardon.	Pardon (me).
S'il vous/te plaît. (form./fam.)	Please.

Expressions utiles	See pp. 7 and 21.
Numbers 0–60	See p. 12.
Subject pronouns	See p. 24.
être	See p. 25.
Descriptive adjectives	See p. 26.
Adjectives of nationality	See p. 27.

À la fac

Pour commencer

- What object is on the table?
  - a. une montre   b. un stylo   c. un tableau
- What is Rachid looking at?
  - a. un cahier   b. un ordinateur   c. un livre
- How does Rachid look in this photo?
  - a. intelligent   b. sociable   c. égoïste
- Which word describes what he is doing?
  - a. arriver   b. voyager   c. étudier

Leçon 3

You will learn how to...
- talk about your classes
- ask questions and express negation

Les cours

Suggestion To review classroom objects and practice new vocabulary, show items and ask what courses they might be used for. Example: **Un dictionnaire, c'est pour quel cours?**

la biologie

l'architecture (f.)

Je déteste la physique! (détester)

J'adore le stylisme de mode! (adorer)

le stylisme de mode

la physique

les mathématiques (f.)

l'informatique (f.)

Vocabulaire

J'aime bien...	I like...
Je n'aime pas tellement...	I don't like... very much
être reçu(e) à un examen	to pass an exam
l'art (m.)	art
la chimie	chemistry
le droit	law
l'éducation physique (f.)	physical education
la géographie	geography
la gestion	business administration
les lettres (f.)	humanities
la philosophie	philosophy
les sciences (politiques / po) (f.)	(political) science
une bourse	scholarship, grant
un cours	class, course
un devoir	homework
un diplôme	diploma, degree
l'école (f.)	school
les études (supérieures) (f.)	(higher) education; studies
le gymnase	gymnasium
une note	grade
un restaurant universitaire (un resto U)	university cafeteria
difficile	difficult
facile	easy
inutile	useless
utile	useful
surtout	especially; above all

ressources

WB pp. 15–16

LM p. 9

SUPERSITE
promenades.vhlcentral.com
Leçon 3

Attention!

The French system of grading is based on a scale of 0–20. A score below 10 is not a passing grade. It is rare to earn a grade between 18–20. Most students are happy to earn a grade between 12–14.

les langues étrangères (f.)

FRANÇAIS-ESPAGNOL

ANGLAIS

l'économie (f.)

l'histoire (f.)

La Révolution française

Jung
Lacan
FREUD

la psychologie

Mise en pratique   SUPERSITE

1 Écoutez On their first day back to school, Aurélie and Hassim are discussing their classes, likes, and dislikes. Indicate the name of the person most likely to use the books listed below: Aurélie (**A**), Hassim (**H**), both (**A & H**), or neither (**X**). Not all items will be used.

1. Informatique et statistiques ___A & H___
2. L'économie de la France ___A___
3. L'architecture japonaise ___X___
4. Histoire de France ___H___
5. Études Freudiennes ___H___
6. La géographie de l'Europe ___H___
7. L'italien, c'est facile! ___A & H___
8. Le droit international ___A___

1 Expansion Play the recording again and ask students these true/false statements, or write them on the board. **1.** Aurélie n'aime pas le cours d'économie. (Faux.) **2.** Hassim déteste le cours de gestion. (Vrai.) **3.** Pour Hassim, le cours d'informatique est facile. (Faux.) **4.** Hassim aime la psychologie et la géographie. (Vrai.) **5.** Aurélie et Hassim aiment bien l'italien. (Vrai.)

2 Associez Which classes, activities, or places do you associate with these words? Not all items in the second column will be used.

1. ___d___ manger
2. ___e___ un ordinateur
3. ___i___ le français
4. ___a___ une calculatrice
5. ___f___ le sport
6. ___h___ Socrate
7. ___b___ E=MC²
8. ___c___ Napoléon

a. les mathématiques
b. la physique
c. l'histoire
d. un restaurant universitaire
e. l'informatique
f. l'éducation physique
g. la biologie
h. la philosophie
i. les langues étrangères
j. l'art

3 Qu'est-ce que j'aime? Read each statement and indicate whether you think it is **vrai** or **faux**. Compare your answers with a classmate's. Do you agree? Why? Answers will vary.

	Vrai	Faux
1. C'est facile d'être reçu à l'examen de mathématiques.	☐	☐
2. Je déteste manger au restaurant universitaire.	☐	☐
3. Je vais recevoir (receive) une bourse; c'est très utile.	☐	☐
4. La mode, c'est inutile.	☐	☐
5. Avoir un diplôme de l'université, c'est facile.	☐	☐
6. La chimie, c'est un cours difficile.	☐	☐
7. Je déteste les lettres.	☐	☐
8. 18 est une très bonne note.	☐	☐
9. Je n'aime pas tellement les études.	☐	☐
10. J'adore les langues étrangères.	☐	☐

3 Expansion Take a class survey of students' responses to each question and tally the results on the board. Ask students which questions are most controversial. Then ask them on which questions they agree. You might want to introduce the expression **être d'accord**, which will be presented later in **Leçon 3**.

CONTEXTES

Communication

4 **Conversez** Get together with a partner and fill in the blanks according to your own situations. Then, act out the conversation for the class. Answers will vary.

Étudiant(e) A: _____, comment ça va?
Étudiant(e) B: _____. Et toi?
Étudiant(e) A: _____ merci.
Étudiant(e) B: Est-ce que tu aimes le cours de _____?

Étudiant(e) A: J'adore le cours de _____.
Étudiant(e) B: Moi aussi. Tu aimes _____?
Étudiant(e) A: Non, j'aime mieux (*better*) _____.
Étudiant(e) B: Bon, à bientôt.
Étudiant(e) A: À _____.

5 **Qu'est-ce que c'est?** Write a caption for each image, stating where the students are and how they feel about the classes they are attending. Then, get together with a partner and take turns reading one of your captions and have him or her guess about whom you are talking. Answers will vary. Suggested answers.

MODÈLE
C'est le cours de français.
Le français, c'est facile.

> Nietzsche, philosophe allemand…

1. C'est le cours d'informatique. L'informatique, je déteste.

2. Être reçu à l'examen / Avoir le diplôme de l'université, c'est difficile.

3. C'est la philosophie. La philosophie, j'adore.

4. C'est le cours de chimie. La chimie, c'est facile.

5. C'est le cours d'éducation physique / le restaurant universitaire, je n'aime pas tellement…

6. C'est un devoir d'architecture / de stylisme de mode, j'aime bien…

6 **Vous êtes…** Imagine what subjects these celebrities liked and disliked as students. In pairs, take turns playing the role of each one and guessing the answer. Answers will vary.

MODÈLE
Étudiant(e) 1: *J'aime la physique et la chimie, mais je n'aime pas tellement les cours d'économie.*
Étudiant(e) 2: *Vous êtes Albert Einstein!*

- Albert Einstein
- Louis Pasteur
- Donald Trump
- Bill Clinton
- Christian Dior
- Le docteur Phil
- Bill Gates
- Frank Lloyd Wright

7 **Sondage** Your instructor will give you a worksheet to conduct a survey (**un sondage**). Go around the room to find people that study the subjects listed. Ask what your classmates think about their subjects. Keep a record of their answers to discuss with the class. Answers will vary.

MODÈLE
Étudiant(e) 1: *Jean, est-ce que tu étudies (do you study) le droit?*
Étudiant(e) 2: *Oui. J'aime bien le droit. C'est un cours utile.*

7 **Suggestion** Read the **modèle** aloud with a volunteer. Then distribute the **Feuilles d'activités** from the IRM on the IRCD-ROM.

Les sons et les lettres

Suggestion Model the pronunciation of each phrase and have students repeat. Explain the liaison for each case.

🎧 Liaisons

In French, the final sound of a word sometimes links with the first letter of the following word. Consonants at the end of French words are generally silent, but are usually pronounced when the word that follows begins with a vowel sound. This linking of sounds is called a liaison.

À tout à l'heure!   **Comment allez-vous?**

....

An **s** or an **x** in a liaison sounds like the letter **z**.

les étudiants   **trois élèves**   **six élèves**   **deux hommes**

....

Always make a liaison between a subject pronoun and a verb that begins with a vowel sound; always make a liaison between an article and a noun that begins with a vowel sound.

nous aimons   **ils ont**   **un étudiant**   **les ordinateurs**

....

Always make a liaison between **est** (a form of **être**) and a word that begins with a vowel or a vowel sound. Never make a liaison with the final consonant of a proper name.

Robert est anglais.   **Paris est exceptionnelle.**

....

Never make a liaison with the conjunction **et** (*and*).

Carole et Hélène   **Jacques et Antoinette**

....

Never make a liaison between a singular noun and an adjective that follows it.

un cours horrible   **un instrument élégant**

Suggestions
- Ask students to provide expressions from **Leçons 1–2** that contain a liaison. Examples: **les États-Unis** and **Comment allez-vous?**
- Write the sentences in the **Articulez** on the board or a transparency. Have students listen to the recording and tell you where they hear liaisons. Alternately, have students write the sentences on a sheet of paper, draw lines linking letters that form liaisons, and cross out silent final consonants.

🅢 Prononcez Practice saying these words and expressions aloud.

1. un examen
2. des étudiants
3. les hôtels
4. dix acteurs
5. Paul et Yvette
6. cours important
7. des informations
8. les études
9. deux hommes
10. Bernard aime
11. chocolat italien
12. Louis est

🅢 Articulez Practice saying these sentences aloud.

1. Nous aimons les arts.
2. Albert habite à Paris.
3. C'est un objet intéressant.
4. Sylvie est avec Anne.
5. Ils adorent les deux universités.

🅢 Dictons Practice reading these sayings aloud.

Un hôte non invité doit apporter son siège.[2]

Les amis de nos amis sont nos amis.[1]

[1] Friends of our friends are our friends.
[2] An uninvited guest must bring his own chair.

ressources

LM p. 10

promenades.vhlcentral.com Leçon 3

ROMAN-PHOTO

Trop de devoirs!

Suggestion Have students predict what they think the episode will be about. Record predictions on the board.

PERSONNAGES

Amina

Antoine

David

Rachid

Sandrine

Stéphane

ANTOINE Je déteste le cours de sciences po.
RACHID Oh? Mais pourquoi? Je n'aime pas tellement le prof, Monsieur Dupré, mais c'est un cours intéressant et utile!
ANTOINE Tu crois? Moi, je pense que c'est très difficile, et il y a beaucoup de devoirs. Avec Dupré, je travaille, mais je n'ai pas de bons résultats.

RACHID Si on est optimiste et si on travaille, on est reçu à l'examen.
ANTOINE Toi, oui, mais pas moi! Toi, tu es un étudiant brillant! Mais moi, les études, oh, là, là.
DAVID Eh! Rachid! Oh! Est-ce que tu oublies ton coloc?

RACHID Pas du tout, pas du tout. Antoine, voilà, je te présente David, mon colocataire américain.
DAVID Nous partageons un des appartements du P'tit Bistrot.
ANTOINE Le P'tit Bistrot? Sympa!

SANDRINE Salut! Alors, ça va l'université française?
DAVID Bien, oui. C'est différent de l'université américaine, mais c'est intéressant.
AMINA Tu aimes les cours?
DAVID J'aime bien les cours de littérature et d'histoire françaises. Demain on étudie *les Trois Mousquetaires* d'Alexandre Dumas.

SANDRINE J'adore Dumas. Mon livre préféré, c'est *le Comte de Monte-Cristo*.
RACHID Sandrine! S'il te plaît! *Le Comte de Monte-Cristo*?
SANDRINE Pourquoi pas? Je suis chanteuse, mais j'adore les classiques de la littérature.
DAVID Donne-moi le sac à dos, Sandrine.

Au P'tit Bistrot...
RACHID Moi, j'aime le cours de sciences po, mais Antoine n'aime pas Dupré. Il pense qu'il donne trop de devoirs.

Suggestion Have students work in groups of six. Tell them to choose a role and read the **Roman-photo** conversation aloud. Ask one or two groups to act out the conversation for the class.

A C T I V I T É S

1 Vrai ou faux? Choose whether each statement is **vrai** or **faux**.

1. Rachid et Antoine n'aiment pas le professeur Dupré. Vrai.
2. Antoine aime bien le cours de sciences po. Faux.
3. Rachid et Antoine partagent (*share*) un appartement. Faux.
4. David et Rachid cherchent (*look for*) Amina et Sandrine après (*after*) les cours. Vrai.
5. Le livre préféré de Sandrine est *le Comte de Monte-Cristo*. Vrai.
6. L'université française est très différente de l'université américaine. Vrai.
7. Stéphane aime la chimie. Faux.
8. Monsieur Dupré est professeur de maths. Faux.
9. Antoine a (*has*) beaucoup de devoirs. Vrai.
10. Stéphane adore l'anglais. Faux.

Suggestion After students read the **Roman-photo**, review their predictions and ask which ones were correct. Then ask a few questions to guide them in summarizing this episode.

Antoine, David, Rachid et Stéphane parlent (*talk*) de leurs (*their*) cours.

Expressions utiles Model the pronunciation of the **Expressions utiles** and have students repeat after you.

RACHID Ah... on a rendez-vous avec Amina et Sandrine. On y va?

DAVID Ah, oui, bon, ben, salut, Antoine!

ANTOINE Salut, David. À demain, Rachid!

SANDRINE Bon, Pascal, au revoir, chéri.

RACHID Bonjour, chérie. Comme j'adore parler avec toi au téléphone! Comme j'adore penser à toi!

STÉPHANE Dupré? Ha! C'est Madame Richard, mon prof de français. Elle, elle donne trop de devoirs.

AMINA Bonjour, comment ça va?

STÉPHANE Plutôt mal. Je n'aime pas Madame Richard. Je déteste les maths. La chimie n'est pas intéressante. L'histoire-géo, c'est l'horreur. Les études, c'est le désastre!

DAVID Le français, les maths, la chimie, l'histoire-géo... mais on n'étudie pas les langues étrangères au lycée en France?

STÉPHANE Si, malheureusement! Moi, j'étudie l'anglais. C'est une langue très désagréable! Oh, non, non, ha, ha, c'est une blague, ha, ha. L'anglais, j'adore l'anglais. C'est une langue charmante....

Expressions utiles

Talking about classes

- **Tu aimes les cours?**
  Do you like the classes?
- **Antoine n'aime pas Dupré.**
  Antoine doesn't like Dupré.
- **Il pense qu'il donne trop de devoirs.**
  He thinks he gives too much homework.
- **Tu crois? Mais pourquoi?**
  You think? But why?
- **Avec Dupré, je travaille, mais je n'ai pas de bon résultats.**
  With Dupré, I work, but I don't get good results (grades).
- **Demain on étudie *les Trois Mousquetaires*.**
  Tomorrow we're studying The Three Musketeers.
- **C'est mon livre préféré.**
  It's my favorite book.

Additional vocabulary

- **On a rendez-vous.**
  We have a meeting.
- **Comme j'adore...**
  How I love...
- **parler au téléphone**
  to talk on the phone
- **C'est une blague.**
  It's a joke.
- **Si, malheureusement!**
  Yes, unfortunately!
- **On y va?**
  Let's go?
- **Eh!**
  Hey!
- **pas du tout**
  not at all
- **Chéri(e)**
  Darling

Expressions utiles Point out that **si** is used instead of **oui** to contradict a negative statement or question. Example: **Si, malheureusement!**

---

2 **Complétez** Match the people in the second column with the verbs in the first. Refer to a dictionary, the dialogue, and the video stills as necessary. Use each option once.

1. _b/e_ travailler   a. Sandrine is very forgetful.
2. _c_ partager   b. Rachid is very studious.
3. _a_ oublier   c. David can't afford his own apartment.
4. _b/e_ étudier   d. Amina is very generous.
5. _d_ donner   e. Stéphane needs to get good grades.

3 **Conversez** In this episode, Rachid, Antoine, David, and Stéphane talk about the subjects they are studying. Get together with a partner. Do any of the characters' complaints or preferences remind you of your own? Whose opinions do you agree with? Whom do you disagree with?

ressources

VM pp. 191–192

DVD Leçon 3

SUPERSITE promenades.vhlcentral.com Leçon 3

A C T I V I T É S

2 **Expansion** Write these verbs on the board: **aimer**, **détester**, **adorer**, and **penser**. Have students create additional statements about the video characters that relate to each verb.

CULTURE À LA LOUPE

À l'université

French students who pass le bac° may continue on to study in a university. By American standards, university tuition is low. In 1999, 29 European countries, including France, decided to reform their university systems in order to create a more uniform European system. France began implementing these reforms in 2005. As a result, French students' degrees (**diplômes**) are now accepted in most European countries. It is also easier for French students to study in other European countries for a semester, and for other European students to study in France, because studies are now organized by semesters. Students are awarded a **Licence°** after six semesters (usually three years). If they continue their studies, they can earn a **Master°** after the fifth year and then proceed to a **Doctorat°**. If students choose technical studies, they receive a **BTS (Brevet de Technicien Supérieur)** after two years.

In addition to universities, France has an extremely competitive, elite branch of higher education called **les grandes écoles°**. These schools train most of the high-level administrators, scientists, businesspeople, and engineers in the country. There are about 300 of them, including **ENA (École Nationale d'Administration)**, **HEC (Hautes° Études Commerciales)**, and **IEP (Institut d'Études Politiques, «Sciences Po»)**.

Some French universities are city-based, lacking campuses and offering few extra-curricular activities like organized sports or fraternities and sororities. Others boast both a more defined campus and a great number of student **associations.** Many students live with their families, in a **résidence universitaire,** or in an apartment.

Les étudiants en France	
Universités	64,5%
Sections de Techniciens Supérieurs	11,1%
Autres Écoles ou Formations	6,6%
Instituts Universitaires de Technologie	5,2%
Écoles Paramédicales et Sociales	5,1%
Formation d'Ingénieurs	4,6%
Instituts Universitaires de Formation de Maîtres°	4,0%
Classes Préparatoires aux grandes écoles	3,4%
Écoles de Commerce°	2,2%

bac *exit exam taken after high school* **Licence** *the equivalent of a Bachelor's degree* **Master** *Master's degree* **Doctorat** *Ph.D.* **grandes écoles** *competitive, prestigious university-level schools* **Hautes** *High* **Formation de Maîtres** *teacher training* **Écoles de Commerce** *business schools*

ACTIVITÉS

1 **Vrai ou faux?** Indicate whether each statement is **vrai** or **faux.**

1. French university students can earn a **Licence** after only three years of study.
   Vrai.
2. It takes five years to earn a **BTS.**
   Faux. It takes two years to earn a BTS.
3. Entry into the **grandes écoles** is not competitive.
   Faux. Entry into the grandes écoles is extremely competitive.
4. The **grandes écoles** train high-level engineers.
   Vrai.
5. Some French universities lack campuses.
   Vrai.

6. Extra-curricular activities are uncommon in some French universities.
   Vrai.
7. All French students live at home with their families.
   Faux. Some students also live in résidences universitaires or in an apartment.
8. About 5% of French students are in business school.
   Faux. Only 2.2% of French students are in business school.
9. More French students study business than engineering.
   Faux. More French students study engineering.
10. About 4% of French students are studying for a teaching degree.
    Vrai.

Après la lecture Working in small groups, have students compare French and American universities. Tell them to make a list of the similarities and differences. Then ask several groups to read their lists to the class.

Le monde francophone Have students read the list. Ask: What do you notice about the names of these schools? (All include the name of the city in which they are located, except for two. **L'Université Mohammed V Souissi** in Rabat is named after the king of Morocco from 1957–1961, and **l'Université d'Adobo-Adjamé** is named after two of the ten municipalities in the city of Abidjan.)

STRATÉGIE

Personal experiences

New words and concepts in French won't catch you off guard if you associate them with something you've experienced personally. Use what you inferred about a reading's topic from studying the photos, titles, and captions on the page, and consider your own experiences in that area. Later, as you read the selection carefully and understand the topic better, continue making associations drawn from personal experiences.

LE MONDE FRANCOPHONE

Des universités francophones

Voici quelques-unes° des universités du monde francophone où vous pouvez étudier°.

En Belgique Université Libre de Bruxelles

En Côte d'Ivoire Université d'Abobo-Adjamé

En France Université de Paris

Au Maroc Université Mohammed V Souissi à Rabat

En Polynésie française Université de la Polynésie française, à Faa'a, à Tahiti

Au Québec Université de Montréal

Au Sénégal Université Cheikh Anta Diop de Dakar

En Suisse Université de Genève

En Tunisie Université Libre de Tunis

quelques-unes *some* où vous pouvez étudier *where you can study*

PORTRAIT

L'Université Laval

Un cours de français au Québec, ça vous dit?° Avec le programme «Français pour non-francophones», les étudiants étrangers peuvent apprendre° le français. Fondée° au XVIIe (dix-septième) siècle° à Québec, l'Université Laval est l'université francophone la plus ancienne° du continent américain. Les études offertes sont diverses et d'excellente qualité: les sciences humaines, la littérature, la musique, la foresterie, les technologies, les sciences. Laval est célèbre° pour être un grand centre universitaire canadien pour la recherche° scientifique. Il existe même° un astéroïde dans le système solaire qui porte le nom de° l'université!

ça vous dit? *what do you think?* peuvent apprendre *can learn* Fondée *Founded* siècle *century* la plus ancienne *the oldest* célèbre *famous* recherche *research* même *even* porte le nom de *is named after*

Coup de main

In French, a superscript ⁻ᵉ following a numeral tells you that it is an ordinal number. It is the equivalent of a ⁻ᵗʰ after a numeral in English: $4^e = 4^{th}$.

SUR INTERNET

Quelles (*What*) sont les caractéristiques d'un campus universitaire en France?

Go to **promenades.vhlcentral.com** to find more cultural information related to this **LECTURE CULTURELLE.** Then watch the corresponding **Flash culture.**

2 **Vrai ou faux?** Indicate whether each statement is **vrai** or **faux.**

1. Les étudiants étrangers peuvent étudier le français à l'Université Laval. Vrai.

2. L'Université Laval est l'université francophone la plus ancienne du monde (*world*). Faux.

3. Laval offre une grande diversité de cours. Vrai.

4. Laval est un grand centre universitaire de recherche artistique. Faux.

5. Une planète porte le nom de l'université. Faux.

3 **Les cours** Research two of the universities mentioned in **Le monde francophone** and, in French, make a list of at least five courses taught at each. You may search in your library or online.

ressources

VM
pp. 241–242

promenades.vhlcentral.com
Leçon 3

A
C
T
I
V
I
T
É
S

2 **Suggestion** Have students compare their answers with a classmate's.

STRUCTURES

3.1 Present tense of regular *-er* verbs

NATIONAL comparisons STANDARDS

- The infinitives of most French verbs end in **-er**. To form the present tense of regular **-er** verbs, drop the **-er** from the infinitive and add the corresponding endings for the different subject pronouns. This chart demonstrates how to conjugate regular **-er** verbs.

parler (to speak)			
je parle	*I speak*	nous parlons	*we speak*
tu parles	*you speak*	vous parlez	*you speak*
il/elle parle	*he/she/it speaks*	ils/elles parlent	*they speak*

- Here are some other verbs that are conjugated the same way as **parler**.

Common *-er* verbs			
adorer	*to love*	habiter (à)	*to live (in)*
aimer	*to like; to love*	manger	*to eat*
aimer mieux	*to prefer (to like better)*	oublier	*to forget*
arriver	*to arrive*	partager	*to share*
chercher	*to look for*	penser (que/qu'…)	*to think (that…)*
commencer	*to begin, to start*	regarder	*to look (at)*
dessiner	*to draw; to design*	rencontrer	*to meet*
détester	*to hate*	retrouver	*to meet up with; to find (again)*
donner	*to give*	travailler	*to work*
étudier	*to study*	voyager	*to travel*

- Note that **je** becomes **j'** when it appears before a verb that begins with a vowel sound.

  J'habite à Bruxelles.   **J'étudie** la psychologie.
  I live in Brussels.   *I study psychology.*

- With the verbs **adorer**, **aimer**, and **détester**, use the definite article before a noun to tell what someone loves, what someone likes, or what someone hates.

  J'aime mieux **l'**art.   Marine déteste **les** devoirs.
  I prefer art.   *Marine hates homework.*

- Use infinitive forms after the verbs **adorer**, **aimer**, and **détester** to say that you like (or hate, etc.) to do something. Only the first verb should be conjugated.

  Ils **adorent travailler** ici.   Ils **détestent étudier** ensemble.
  They love to work here.   *They hate to study together.*

SUPERSITE   **MISE EN PRATIQUE**

1 **Complétez** Complete the conversation with the correct forms of the verbs.

ARTHUR Tu (1) __parles__ (parler) bien français!

OLIVIER Mon colocataire Marc et moi, nous (2) __retrouvons__ (retrouver) un professeur de français et nous (3) __étudions__ (étudier) ensemble. Et toi, tu (4) __travailles__ (travailler)?

ARTHUR Non, j' (5) __étudie__ (étudier) l'art et l'économie. Je (6) __dessine__ (dessiner) bien et j' (7) __aime__ (aimer) beaucoup l'art moderne. Marc et toi, vous (8) __habitez__ (habiter) à Paris?

2 **Phrases** Form sentences using the words provided. Conjugate the verbs and add any necessary words.

1. je / oublier / devoir de littérature
   J'oublie le devoir de littérature.
2. nous / commencer / études supérieures
   Nous commençons des études supérieures.
3. vous / rencontrer / amis / à / fac
   Vous rencontrez des amis à la fac.
4. Hélène / détester / travailler
   Hélène déteste travailler.
5. tu / chercher / cours / facile
   Tu cherches un cours facile.
6. élèves / arriver / avec / dictionnaires
   Les élèves arrivent avec des dictionnaires.

3 **Après l'école** Say what Stéphanie and her friends are doing after (**après**) school.

Answers may vary.

MODÈLE

Nathalie cherche un livre.

1. André __travaille__ à la bibliothèque.

4. Julien et Audrey __parlent__ avec Simon.

2. Édouard __retrouve__ Caroline au café.

5. Robin et toi, vous __voyagez__ avec la classe.

3. Jérôme et moi, nous __dessinons__.

6. Je __mange__.

COMMUNICATION

4 **Activités** In pairs, say which of these activities you and your roommate both do. Be prepared to share your partner's answers with the class. Then, get together with another partner and report to the class again. *Answers will vary.*

MODÈLE

Étudiant(e) 1: Nous parlons au téléphone, nous…
Étudiant(e) 2: Ils/Elles parlent au téléphone, ils/elles…

manger au resto U	étudier une langue étrangère
partager un appartement	commencer les devoirs
retrouver des amis au café	arriver en classe
travailler	voyager

5 **Les études** In pairs, take turns asking your partner if he or she likes one academic subject or another. If you don't like a subject, mention one you do like. Then, use **tous les deux** (*both of us*) to tell the class what subjects both of you like or hate. *Answers will vary.*

MODÈLE

Étudiant(e) 1: Tu aimes la chimie?
Étudiant(e) 2: Non, je déteste la chimie. J'aime mieux les langues.
Étudiant(e) 1: Moi aussi… Nous adorons tous les deux les langues.

6 **Adorer, aimer, détester** In groups of four, ask each other if you like to do these activities. Then, use an adjective to tell why you like them or not and say whether you do them often (**souvent**), sometimes (**parfois**), or rarely (**rarement**). *Answers will vary.*

MODÈLE

Étudiant(e) 1: Tu aimes voyager?
Étudiant(e) 2: Oui, j'adore voyager. C'est amusant! Je voyage souvent.
Étudiant(e) 3: Moi, je n'aime pas tellement voyager. C'est désagréable! Je voyage rarement.

dessiner	partager un appartement
étudier le week-end	retrouver des amis
manger au restaurant	travailler à la bibliothèque
oublier les devoirs	voyager
parler avec les professeurs	

6 **Suggestion** Before beginning the activity, have students brainstorm adjectives they can use and write them on the board.

- The present tense in French can be translated in different ways in English. The English equivalent for a sentence depends on its context.

Éric et Nadine **étudient** le droit.
Éric and Nadine study law.

Éric and Nadine are studying law.

Éric and Nadine do study law.

Nous **travaillons** à Paris demain.
We work in Paris tomorrow.

We are working in Paris tomorrow.

We will work in Paris tomorrow.

- Verbs ending in **-ger** (**manger, partager, voyager**) and **-cer** (**commencer**) have a spelling change in the **nous** form.

manger ▸ **nous mangeons**   **commencer** ▸ **nous commençons**

Nous **voyageons** avec une amie.
We are traveling with a friend.

Nous **commençons** les devoirs.
We are starting the homework.

- Unlike the English *to look for,* the French **chercher** requires no preposition before the noun that follows it.

Nous **cherchons** les stylos.
We are looking for the pens.

Vous **cherchez** la montre?
Are you looking for the watch?

Est-ce que tu oublies ton coloc?

Nous partageons un des appartements du P'tit Bistrot.

BOÎTE À OUTILS
To express yourself with greater accuracy, use these adverbs: **assez** (*enough*), **d'habitude** (*usually*), **de temps en temps** (*from time to time*), **parfois** (*sometimes*), **rarement** (*rarely*), **souvent** (*often*), **toujours** (*always*).

Essayez! Have students create new sentences orally or in writing by changing the subject of the sentence.

Essayez! | **Complete the sentences with the correct present tense forms of the verbs.**

1. Je ___*parle*___ (parler) français en classe.
2. Nous ___habitons___ (habiter) près de (*near*) l'université.
3. Ils ___aiment___ (aimer) le cours de sciences politiques.
4. Vous ___mangez___ (manger) en classe?!
5. Le cours ___commence___ (commencer) à huit heures (*at eight o'clock*).
6. Marie-Claire ___cherche___ (chercher) un stylo.
7. Nous ___partageons___ (partager) un crayon en cours de maths.
8. Tu ___études___ (étudier) l'économie.

3.2 Forming questions and expressing negation

Point de départ You have learned how to make affirmative and declarative statements in French. Now you will learn how to form questions and make negative statements.

Forming questions

• There are several ways to ask a question in French. The simplest way is to use the same wording as for a statement but with rising intonation (when speaking) or setting a question mark at the end (when writing). This method is considered informal.

Vous habitez à Bordeaux?
You live in Bordeaux?

Tu aimes le cours de français?
You like French class?

• A second way is to place the phrase **Est-ce que...** directly before a statement. If the next word begins with a vowel sound, use **Est-ce qu'**. Questions with **est-ce que** are somewhat formal.

Est-ce que vous parlez français?
Do you speak French?

Est-ce qu'il aime dessiner?
Does he like to draw?

• A third way is to place a tag question at the end of a statement. This method can be formal or informal.

On commence à deux heures, **d'accord**?
We're starting at two o'clock, OK?

Nous mangeons à midi, **n'est-ce pas**?
We eat at noon, don't we?

• A fourth way is to invert the order of the subject pronoun and the verb and hyphenate them. If the verb ends in a vowel and the subject pronoun is **il** or **elle**, **-t-** is inserted between the verb and the pronoun. Inversion is considered more formal.

Parlez-vous français?
Do you speak French?

Mange-t-il à midi?
Does he eat at noon?

Est-elle étudiante?
Is she a student?

• If the subject is a noun rather than a pronoun, invert the pronoun and the verb, and place the noun before them.

Le professeur parle-t-il français?
Does the professor speak French?

Nina arrive-t-elle demain?
Does Nina arrive tomorrow?

• The inverted form of **il y a** is **y a-t-il**. **C'est** becomes **est-ce**.

Y a-t-il une horloge dans la classe?
Is there a clock in the class?

Est-ce le professeur de lettres?
Is he the humanities professor?

• Use **pourquoi** to ask *why?* Use **parce que** (**parce qu'** before a vowel sound) in the answer to express *because*.

Pourquoi retrouves-tu Sophie ici?
Why are you meeting Sophie here?

Parce qu'elle habite près d'ici.
Because she lives near here.

Suggestion Point out that any question word can go before **est-ce que**.
Example: **Que** as in **Qu'est-ce que c'est?**

    MISE EN PRATIQUE

1 **L'inversion** Restate the questions using inversion.

1. Est-ce que vous parlez espagnol?
   Parlez-vous espagnol?
2. Est-ce qu'il étudie à Paris?
   Étudie-t-il à Paris?
3. Est-ce qu'ils voyagent avec des amis?
   Voyagent-ils avec des amis?
4. Est-ce que tu aimes les cours de langues?
   Aimes-tu les cours de langues?
5. Est-ce que le professeur parle anglais?
   Le professeur parle-t-il anglais?
6. Est-ce que les étudiants aiment dessiner?
   Les étudiants aiment-ils dessiner?

2 **Les questions** Ask the questions that correspond to the answers. Use **est-ce que/qu'** and inversion for each item.

MODÈLE

Nous habitons sur le campus.

Est-ce que vous habitez sur le campus? / Habitez-vous sur le campus?

1. Il mange au resto U.
   Est-ce qu'il mange au resto U? / Mange-t-il au resto U?
2. J'oublie les examens.
   Est-ce que tu oublies les examens? / Oublies-tu les examens?
3. François déteste les maths.
   Est-ce que François déteste les maths? / François déteste-t-il les maths?
4. Nous adorons voyager.
   Est-ce que vous adorez voyager? / Adorez-vous voyager?
5. Les cours ne commencent pas demain. Est-ce que les cours ne commencent pas demain? / Les cours ne commencent-ils pas demain?
6. Les étudiantes arrivent en classe. Est-ce que les étudiantes arrivent en classe? / Les étudiantes arrivent-elles en classe?

3 **Complétez** Complete the conversation with the correct questions for the answers given. Act it out with a partner. Suggested answers

3 **Expansion** Have pairs of students create a similar conversation, replacing the answers and some of the questions with information that is true for them. Then have volunteers act out their conversations for the class.

MYLÈNE Salut, Arnaud. Ça va?

ARNAUD Oui, ça va. Alors (*So*)... (1) __Tu aimes les cours?__

MYLÈNE J'adore le cours de sciences po, mais je déteste l'informatique.

ARNAUD (2) __Pourquoi est-ce que tu détestes l'informatique?__

MYLÈNE Parce que le prof est très strict.

ARNAUD (3) __Il y a des étudiants sympathiques, n'est-ce pas?__

MYLÈNE Oui, il y a des étudiants sympathiques... Et demain? (4) __Tu retrouves Béatrice?__

ARNAUD Peut-être, mais demain je retrouve aussi Dominique.

MYLÈNE (5) __Tu cherches une petite amie?__

ARNAUD Pas du tout!

COMMUNICATION

4 **Au café** In pairs, take turns asking each other questions about the drawing. Use verbs from the list. *Answers will vary.*

MODÈLE

Étudiant(e) 1: *Monsieur Laurent parle à Madame Martin, n'est-ce pas?*
Étudiant(e) 2: *Mais non. Il déteste parler!*

arriver	dessiner	manger	partager
chercher	étudier	oublier	rencontrer

Anne et Sylvie Didier André
Madame Martin Monsieur Laurent

5 **Questions** You and your partner want to know each other better. Take turns asking each other questions. Modify or add elements as needed. *Some answers will vary.*

MODÈLE aimer / l'art

Étudiant(e) 1: *Est-ce que tu aimes l'art?*
Étudiant(e) 2: *Oui, j'adore l'art.*

1. habiter / à l'université
   Est-ce que tu habites à l'université?
2. étudier / avec / amis
   Est-ce que tu étudies avec des amis?
3. penser qu'il y a / cours / intéressant / à la fac
   Est-ce que tu penses qu'il y a des cours intéressants à la fac?
4. cours de sciences / être / facile
   Est-ce que les cours de sciences sont faciles?
5. aimer mieux / biologie / ou / physique
   Est-ce que tu aimes mieux la biologie ou la physique?
6. retrouver / copains / au resto U
   Est-ce que tu retrouves des copains au resto U?

6 **Confirmez** In groups of three, confirm whether the statements are true of your school. Correct any untrue statements by making them negative. *Answers will vary.*

MODÈLE

Les profs sont désagréables.
Pas du tout, les profs ne sont pas désagréables.

1. Les cours d'informatique sont inutiles.
2. Il y a des étudiants de nationalité allemande.
3. Nous mangeons une cuisine excellente au resto U.
4. Tous (*All*) les étudiants habitent sur le campus.
5. Les cours de chimie sont faciles.
6. Nous travaillons pour obtenir un diplôme.

Expressing negation

Suggestion Tell students that ne (n') in negative sentences is sometimes dropped in informal speech.

- To make a sentence negative in French, place **ne** (**n'** before a vowel sound) before the conjugated verb and **pas** after it.

  Je **ne dessine pas** bien.
  I don't draw well.

  Elles **n'étudient pas** la chimie.
  They don't study chemistry.

- In the construction [*conjugated verb + infinitive*], **ne** (**n'**) comes before the conjugated verb and **pas** after it.

  Abdel **n'aime pas étudier**.
  Abdel doesn't like to study.

  Vous **ne détestez pas travailler**?
  You don't hate to work?

- In questions with inversion, place **ne** before the inversion and **pas** after it.

  Abdel **n'aime-t-il pas** étudier?
  Doesn't Abdel like to study?

  Ne détestez-vous pas travailler?
  Don't you hate to work?

- Use these expressions to respond to a statement or a question that requires a *yes* or *no* answer.

Expressions of agreement and disagreement

oui	*yes*	(mais) non	*no (but of course not)*
bien sûr	*of course*	pas du tout	*not at all*
moi/toi non plus	*me/you neither*	peut-être	*maybe, perhaps*

Vous mangez souvent au resto U?
Do you eat often in the cafeteria?

Non, pas du tout.
No, not at all.

- Use **si** instead of **oui** to contradict a negative question.

  Il **ne cherche pas** le sac à dos?
  Isn't he looking for the backpack?

  Si. Il cherche aussi les crayons.
  Yes. He's looking for the pencils too.

Essayez! Make questions out of these statements. Use **est-ce que/qu'** in items 1–6 and inversion in 7–12.

Statement	Question
1. Vous mangez au resto U.	*Est-ce que vous mangez au resto U?*
2. Ils adorent les devoirs.	Est-ce qu'ils adorent les devoirs?
3. La biologie est difficile.	Est-ce que la biologie est difficile?
4. Tu travailles.	Est-ce que tu travailles?
5. Elles cherchent le prof.	Est-ce qu'elles cherchent le prof?
6. Aude voyage beaucoup.	Est-ce qu'Aude voyage beaucoup?
7. Vous arrivez demain.	Arrivez-vous demain?
8. L'étudiante oublie.	L'étudiante oublie-t-elle?
9. La physique est utile.	La physique est-elle utile?
10. Il y a deux salles de classe.	Y a-t-il deux salles de classe?
11. Ils n'habitent pas à Québec.	N'habitent-ils pas à Québec?
12. C'est le professeur de gestion.	Est-ce le professeur de gestion?

6 Suggestion Encourage students to use as many expressions indicating agreement or disagreement as they can.

Révision

4 **Suggestion** Tell students they may use adjectives that are not in the list.

1 **Des styles différents** In pairs, compare these two very different classes. Then, tell your partner which class you prefer and why. Answers will vary.

2 **Les activités** In pairs, discuss whether these expressions apply to both of you. React to every answer you hear. Answers will vary.

MODÈLE

Étudiant(e) 1: *Est-ce que tu étudies le week-end?*
Étudiant(e) 2: *Non! Je n'aime pas travailler le week-end.*
Étudiant(e) 1: *Moi non plus. J'aime mieux travailler le soir.*

1. adorer le resto U
2. être reçu à un examen difficile
3. étudier au café
4. manger souvent (*often*) des sushis
5. oublier les devoirs
6. parler espagnol
7. travailler le soir à la bibliothèque
8. voyager souvent

3 **Le campus** In pairs, prepare ten questions inspired by the list and what you know about your campus. Together, survey as many classmates as possible to find out what they like and dislike on campus. Answers will vary.

MODÈLE

Étudiant(e) 1: *Est-ce que tu aimes travailler à la bibliothèque?*
Étudiant(e) 2: *Non, pas trop. Je travaille plutôt au café.*

bibliothèque	étudiant	resto U
bureau	gymnase	salle de classe
cours	librairie	salle d'ordinateurs

ressources

| WB pp. 17–20 | LM pp. 11–12 | promenades.vhlcentral.com Leçon 3 |

4 **Pourquoi?** Survey as many classmates as possible to find out what adjectives they would pick to describe these academic subjects. Ask if they like them and why. Tally the most popular answers for each subject. Answers will vary.

MODÈLE

Étudiant(e) 1: *Est-ce que tu aimes la philosophie?*
Étudiant(e) 2: *Pas tellement.*
Étudiant(e) 1: *Pourquoi?*
Étudiant(e) 2: *Parce que c'est trop difficile.*

1. la biologie
2. la chimie
3. l'histoire de l'art
4. l'économie
5. la gestion
6. les langues
7. les mathématiques
8. la psychologie

a. agréable
b. amusant
c. désagréable
d. difficile
e. facile
f. important
g. inutile
h. utile

5 **Les conversations** In pairs, act out a short conversation between the people shown in each drawing. They should greet each other, describe what they are doing, and discuss their likes or dislikes. Choose your favorite skit and role-play it for another pair. Answers will vary.

MODÈLE

Étudiant(e) 1: *Bonjour, Aurélie.*
Étudiant(e) 2: *Salut! Tu travailles, n'est-ce pas?*

6 **Les portraits** Your instructor will give you and a partner a set of drawings showing the likes and dislikes of eight people. Discuss each person's tastes. Do not look at each other's worksheet. Answers will vary.

MODÈLE

Étudiant(e) 1: *Sarah n'aime pas travailler.*
Étudiant(e) 2: *Mais elle adore manger.*

6 **Expansion** Have pairs compare their answers with another pair's to confirm the people's likes and dislikes. Then ask a few groups to share some of their sentences with the class.

Le Zapping

Clairefontaine: l'écrit du cœur

In 1858, Jean-Baptiste Bichelberger founded a paper factory in eastern France. Soon the company became Clairefontaine and started making envelopes and notebooks. In 1950, Charles Nusse took over the company, offering schoolchildren notebooks made of high-quality paper. He was the creator of the Clairefontaine logo, which became famous. Today, the company has branches all over Europe and even in the United States. It manufactures school supplies, accounting ledgers, and stationery.

—C'est pas vrai...!

—Je suis votre nouveau prof d'histoire.

Compréhension Answer these questions. Answers will vary.

1. What school-related vocabulary did you understand?
2. Why did one of the girls throw the notebook on the ground?

Discussion In pairs, discuss the answers to these questions. Answers will vary.

1. If the commercial were to continue, what would the characters say next?
2. Do you know of any TV commercials advertising stationery?

Compréhension Have students work in pairs or groups for this activity. Tell them to write their answers. Then show the video again so that they can check their work and add any missing information.

Discussion After discussing the questions, ask volunteers to report their comments and ideas to the class.

SUR INTERNET

Go to **promenades.vhlcentral.com** to watch the TV clip featured in this **Le zapping**.

Leçon 4

You will learn how to...
- say when things happen
- discuss your schedule

Une semaine à la fac

Suggestion Write days of the week across the board and present them like this: Aujourd'hui, c'est ____. Demain, c'est ____. Après-demain, c'est ____.

Vocabulaire

demander	to ask
échouer	to fail
écouter	to listen (to) /chercher
enseigner	to teach
expliquer	to explain
trouver	to find; to think
Quel jour sommes-nous?	What day is it?
un an	year
une/cette année	one/this year
après	after
après-demain	day after tomorrow
un/cet après-midi	a/this afternoon
aujourd'hui	today
demain (matin/ après-midi/soir)	tomorrow (morning/ afternoon/evening)
un jour	day
une journée	day
un/ce matin	a/this morning
la matinée	morning
un mois/ce mois-ci	month/this month
une/cette nuit	a/this night
une/cette semaine	a/this week
un/ce soir	an/this evening
une soirée	evening
un/le/ce week-end	a/the/this weekend
dernier/dernière	last
premier/première	first
prochain(e)	next

ressources

WB pp. 21–22	LM p. 13	SUPERSITE promenades.vhlcentral.com Leçon 4

semaine

lundi | mardi | mercredi | jeudi | vendredi

matin

assister au cours d'économie

passer l'examen de maths

après-midi

préparer l'examen de maths

téléphoner à Marc

soir

dîner avec Annette

Suggestion Point out that **visiter** is used with places, not people.

Attention!

Use the masculine definite article **le** + [*day of the week*] when an activity is done on a weekly basis. Omit **le** when it is done on a specific day.
Le prof enseigne le lundi.
The professor teaches on Mondays.
Je passe un examen lundi.
I take a test on Monday.

passer ≠ to pass.

samedi | dimanche

visiter Paris avec Annette

rentrer à la maison

Mise en pratique

1   **Écoutez** 🎧 You will hear Lorraine describing her schedule. Listen carefully and indicate whether the statements are **vrai** or **faux**.

		Vrai	Faux
1.	Lorraine étudie à l'université le soir.	☐	☑
2.	Elle trouve le cours de mathématiques facile.	☐	☑
3.	Elle étudie le week-end.	☐	☑
4.	Lorraine étudie la chimie le mardi et le jeudi matin.	☐	☑
5.	Le professeur de mathématiques explique bien.	☐	☑
6.	Lorraine regarde la télévision, écoute de la musique ou téléphone à Claire et Anne le soir.	☑	☐
7.	Lorraine travaille dans (*in*) une librairie.	☐	☑
8.	Elle étudie l'histoire le mardi et le jeudi matin.	☑	☐
9.	Lorraine adore dîner avec sa famille le week-end.	☑	☐
10.	Lorraine rentre à la maison le soir.	☐	☑

2   **La classe de Mme Arnaud** Complete this paragraph by selecting the correct verb from the list below. Make sure to conjugate the verb. Some verbs will not be used.

demander	expliquer	rentrer
écouter	passer un examen	travailler
enseigner	préparer	trouver
étudier	regarder	visiter

Madame Arnaud (1) __travaille__ à l'université. Elle (2) __enseigne__ un cours de français. Elle (3) __explique__ les verbes et la grammaire aux étudiants. Le vendredi, en classe, les étudiants (4) __regardent__ une vidéo en français ou (*or*) (5) __écoutent__ de la musique française. Ce week-end, ils (6) __étudient__ pour (*for*) (7) __préparer__ un examen très difficile lundi matin. Je (8) __travaille__ beaucoup pour ce cours, mais mes (*my*) amis et moi, nous (9) __trouvons__ la classe sympa.

3   **Quel jour sommes-nous?** Complete each statement with the correct day of the week.

1. Aujourd'hui, c'est __Answers will vary.__ .
2. Demain, c'est __Answers will vary.__ .
3. Après-demain, c'est __Answers will vary.__ .
4. Le week-end, c'est le __samedi et le dimanche__ .
5. Le premier jour de la semaine en France, c'est le __lundi__ .
6. Les jours du cours de français sont __Answers will vary.__ .
7. Mon (*My*) jour préféré de la semaine, c'est le __Answers will vary.__ .
8. Je travaille à la bibliothèque le __Answers will vary.__ .

3 **Expansion** Have students repeat items 1–5 from the perspective of a different day of the week.

CONTEXTES

Communication

4 Suggestion Before doing this activity, you may want to write a short list of musical genres on the board for item 5. Also tell students that **quand** means *when*.

4 Conversez Interview a classmate. Answers will vary.

1. Quel jour sommes-nous?
2. Quand est le prochain cours de français?
3. Quand rentres-tu à la maison? Demain soir? Après-demain?
4. Est-ce que tu prépares un examen cette année?
5. Est-ce que tu écoutes la radio? Quel genre de musique?
6. Quand téléphones-tu à des amis?
7. Est-ce que tu regardes la télévision le matin, l'après-midi ou (*or*) le soir?
8. Est-ce que tu dînes dans un restaurant ce mois-ci?

4 Expansions
- Have volunteers report what they learned about their classmate.
- To practice the **nous** forms, ask students what they have in common with their partner.

5 Le premier jour à la fac You make a new friend in your French class and want to know what his or her class schedule is like this semester. With a partner, prepare a conversation to perform for the class where you: Answers will vary.

- ask his or her name
- ask what classes he or she is taking
- ask on which days of the week he or she has class
- ask at which times of day (morning or afternoon) he or she has class

5 Suggestion Tell students to switch roles after completing the conversation so that both students have the opportunity to ask and answer questions.

6 Le week-end Write your schedule for a typical weekend where you show the activities you do. Use the verbs you know. Compare your schedule with a classmate's, and talk about the different activities that you do and when. Be prepared to discuss your results with the class. Answers will vary.

	Moi	Nom
Le vendredi soir 🌙		
Le samedi matin ☀		
Le samedi après-midi ☀		
Le samedi soir 🌙		
Le dimanche matin ☀		
Le dimanche après-midi ☀		
Le dimanche soir 🌙		

6 Suggestion To save time in class, assign the written part of this activity the day before as homework.

7 Bataille navale Your instructor will give you a worksheet. Choose four spaces on your chart and mark them with a battleship. Work with a partner and formulate questions by using the subjects in the first column and the verbs in the first row to find out where he or she has placed his or her battleships. Whoever "sinks" the most battleships wins. Answers will vary.

MODÈLE

Étudiant(e) 1: *Est-ce que Luc et Sabine travaillent le week-end?*
Étudiant(e) 2: *Oui, ils travaillent le week-end.*
(if you marked that square.)
Non, ils ne travaillent pas le week-end.
(if you didn't mark that square.)

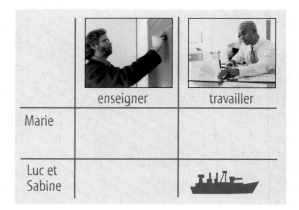

	enseigner	travailler
Marie		
Luc et Sabine		🚢

Les sons et les lettres

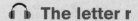 The letter r

The French **r** is very different from the English *r*. In English, an *r* is pronounced in the middle and toward the front of the mouth. The French **r** is pronounced in the throat.

You have seen that an **-er** at the end of a word is usually pronounced **-ay**, as in the English word *way*, but without the glide sound.

| chant**er** | mang**er** | expliqu**er** | aim**er** |

In most other circumstances, the French **r** has a very different sound. Pronunciation of the French **r** varies according to its position in a word. Note the different ways the **r** is pronounced in these words.

| **r**iviè**r**e | litté**r**atu**r**e | o**r**dinateu**r** | devoi**r** |

If an **r** falls between two vowels or before a vowel, it is pronounced with slightly more friction.

| **r**a**r**e | ga**r**age | Eu**r**ope | **r**ose |

An **r** sound before a consonant or at the end of a word is pronounced with slightly less friction.

| po**r**te | bou**r**se | ado**r**e | jou**r** |

Suggestion Explain that the French **r** is more like the **k** sound than the English **r**. The **k** is produced by totally blocking, then releasing the air passage in the back of the mouth. Pronouncing a French **r** is similar, but instead of totally blocking the air passage, the passage is only partially blocked with the back of the tongue.

Prononcez Practice saying the following words aloud.

1. crayon
2. professeur
3. plaisir
4. différent
5. terrible
6. architecture
7. trouver
8. restaurant
9. rentrer
10. regarder
11. lettres
12. réservé
13. être
14. dernière
15. arriver
16. après

Articulez Practice saying the following sentences aloud.

1. Au revoir, Professeur Colbert! *sport report*
2. Rose arrive en retard mardi.
3. Mercredi, c'est le dernier jour des cours.
4. Robert et Roger adorent écouter la radio.
5. La corbeille à papier, c'est quarante-quatre euros!
6. Les parents de Richard sont brillants et très agréables.

Dictons Practice reading these sayings aloud.

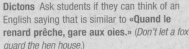 *Qui ne risque rien n'a rien.*[1]

 Quand le renard prêche, gare aux oies.[2]

Dictons Ask students if they can think of an English saying that is similar to «Quand le renard prêche, gare aux oies.» (*Don't let a fox guard the hen house.*)

[2] When the fox preaches, watch your geese.
[1] Nothing ventured, nothing gained.

LM p. 14 | promenades.vhlcentral.com Leçon 4

ROMAN-PHOTO

On trouve une solution.

Suggestion Have volunteers play the roles of Rachid, Sandrine, Amina, David, and Astrid in the scenes that match video stills 1–5.

PERSONNAGES

Amina

Astrid

David

Rachid

Sandrine

Stéphane

À la terrasse du café...

RACHID Alors, on a rendez-vous avec David demain à cinq heures moins le quart, pour rentrer chez nous.

SANDRINE Aujourd'hui, c'est mercredi. Demain... jeudi. Le mardi et le jeudi j'ai cours de chant de trois heures vingt à quatre heures et demie. C'est parfait!

AMINA Pas de problème. J'ai cours de stylisme...

AMINA Salut, Astrid!

ASTRID Bonjour.

RACHID Astrid, je te présente David, mon (*my*) coloc américain.

DAVID Alors, cette année, tu as des cours très difficiles, n'est-ce pas?

ASTRID Oui? Pourquoi?

DAVID Ben, Stéphane pense que les cours sont très difficiles.

ASTRID Ouais, Stéphane, il assiste au cours mais... il ne fait pas ses (*his*) devoirs et il n'écoute pas les profs. Cette année est très importante, parce que nous avons le bac...

DAVID Ah, le bac...

Au parc...

ASTRID Stéphane! Quelle heure est-il? Tu n'as pas de montre?

STÉPHANE Oh, Astrid, excuse-moi! Le mercredi, je travaille avec Astrid au café sur le cours de maths...

ASTRID Et le mercredi après-midi, il oublie! Tu n'as pas peur du bac, toi!

STÉPHANE Tu as tort, j'ai très peur du bac! Mais je n'ai pas envie de passer mes (*my*) journées, mes soirées et mes week-ends avec des livres!

ASTRID Je suis d'accord avec toi, Stéphane! J'ai envie de passer les week-ends avec mes copains... des copains qui n'oublient pas les rendez-vous!

RACHID Écoute, Stéphane, tu as des problèmes avec ta (*your*) mère, avec Astrid aussi.

STÉPHANE Oui, et j'ai d'énormes problèmes au lycée. Je déteste le bac.

RACHID Il n'est pas tard pour commencer à travailler pour être reçu au bac.

STÉPHANE Tu crois, Rachid?

A C T I V I T É S

1 **Vrai ou faux?** Choose whether each statement is **vrai** or **faux.**

1. Le mardi et le mercredi, Sandrine a (*has*) cours de chant. Faux.

2. Le jeudi, Amina a cours de stylisme. Vrai.

3. Astrid pense que le bac est impossible. Faux.

4. La famille de David est allemande. Faux.

5. Le mercredi, Stéphane travaille avec Astrid au café sur le cours de maths. Vrai.

6. Stéphane a beaucoup de problèmes. Vrai.

7. Rachid est optimiste. Vrai.

8. Stéphane dîne chez Rachid le samedi. Faux.

9. Le sport est très important pour Stéphane. Vrai.

10. Astrid est fâchée (*angry*) contre Stéphane. Vrai.

1 **Suggestion** Have students correct the false statements.

Les amis organisent des rendez-vous.

Expressions utiles Respond briefly to questions about **avoir** and reinforce correct forms, but do not expect students to produce them consistently at this time.

RACHID C'est un examen très important que les élèves français passent la dernière année de lycée pour continuer en études supérieures.

DAVID Euh, n'oublie pas, je suis de famille française.

ASTRID Oui, et c'est difficile, mais ce n'est pas impossible. Stéphane trouve que les études ne sont pas intéressantes. Le sport, oui, mais pas les études.

RACHID Le sport? Tu cherches Stéphane, n'est-ce pas? On trouve Stéphane au parc! Allons-y, Astrid.

ASTRID D'accord. À demain!

RACHID Oui. Mais le sport, c'est la dernière des priorités. Écoute, dimanche prochain, tu dînes chez moi et on trouve une solution.

STÉPHANE Rachid, tu n'as pas envie de donner des cours à un lycéen nul comme moi!

RACHID Mais si, j'ai très envie d'enseigner les maths...

STÉPHANE Bon, j'accepte. Merci, Rachid. C'est sympa.

RACHID De rien. À plus tard!

Expressions utiles Have students scan the video-still captions for phrases or sentences that show a sequence of time or events. Examples: **Aujourd'hui, c'est mercredi. Demain jeudi,....**

Expressions utiles

Talking about your schedule

- **Alors, on a rendez-vous demain à cinq heures moins le quart, pour rentrer chez nous.**
  So, we're meeting tomorrow at quarter to five to go home (our home).

- **J'ai cours de chant de trois heures vingt à quatre heures et demie.**
  I have voice (singing) class from three-twenty to four-thirty.

- **J'ai cours de stylisme de deux heures à quatre heures vingt.**
  I have fashion design class from two o'clock to four-twenty.

- **Quelle heure est-il?** • **Tu n'as pas de montre?**
  What time is it? *You don't have a watch?*

Talking about school

- **Nous avons le bac.**
  We have the bac.

- **Il ne fait pas ses devoirs.**
  He doesn't do his homework.

- **Tu n'as pas peur du bac!**
  You're not afraid of the bac!

- **Tu as tort, j'ai très peur du bac!**
  You're wrong, I'm very afraid of the bac!

- **Je suis d'accord avec toi.**
  I agree with you.

- **J'ai d'énormes problèmes.**
  I have big/enormous problems.

- **Tu n'as pas envie de donner des cours à un(e) lycéen(ne) nul(le) comme moi.**
  You don't want to teach a high school student as bad as myself.

Useful expressions

- **C'est parfait!**
  That's perfect!
- **Ouais.**
  Yeah.
- **Allons-y!**
  Let's go!
- **C'est sympa.**
  That's nice/fun.
- **D'accord.**
  OK, all right.

---

2 **Répondez** Answer these questions. Refer to the video scenes and a dictionary as necessary. You do not have to answer in complete sentences. *Answers will vary.*

1. Où est-ce que tu as envie de voyager?
2. Est-ce que tu as peur de quelque chose? De quoi?
3. Qu'est-ce que tu dis (*say*) quand tu as tort?

2 **Expansion** For additional practice, ask these questions. 4. Où est-ce que tu as envie de dîner? 5. À qui est-ce que tu as envie de téléphoner? 6. Est-ce que tu as peur de regarder les films d'horreur?

3 **À vous!** With a partner, describe someone you know whose personality, likes, or dislikes resemble those of Rachid or Stéphane.

MODÈLE

Paul est comme (like) Rachid... il est sérieux.

ressources

VM pp. 193–194	DVD Leçon 4	promenades.vhlcentral.com Leçon 4

A C T I V I T É S

Avant la lecture Ask students: What would you want to know about the classes at **la Sorbonne** if you were going there to study for a year?

CULTURE À LA LOUPE

Les cours universitaires

French university courses often consist of lectures in large halls called amphithéâtres. Some also include discussion-based sessions with fewer students. Other than in the **grandes écoles** and specialized schools, class attendance is not mandatory in most universities. Students are motivated to attend by their desire to pass. Course grades may be based upon only one or two exams or term papers, so students generally take their studies seriously. They often form study groups to discuss the lectures and share class notes. This practice encourages open exchange of ideas and debate, a tradition that continues well past university life in France.

The start of classes each year is known as the **rentrée universitaire** and takes place at the beginning of October. The academic year is divided into two semesters. Four to six classes each semester is typical.

Students take exams throughout the semester, a practice known as **contrôle continu**°. At final exams in May or June, they can retake other exams they might have failed during that year or the preceding year. French grades range from 0–20, rather than from 0–100. Scores over 17 or 18 are rare and even the best students do not expect to score consistently in the near-perfect range. A grade of 10 is a passing grade, and is therefore not the equivalent of a 50 in the American system. If you plan to study abroad for credit, ask the foreign institution to provide your school with grade equivalents.

contrôle continu *continuous assessment*

Système français de notation

NOTE FRANÇAISE	NOTE AMÉRICAINE	%	NOTE FRANÇAISE	NOTE AMÉRICAINE	%
0	F	0	11	A-	85
2	F	3	12	A	90
3	F	8	13	A	93
4	F	18	14	A+	96
5	F	28	15	A+	99
6	F	38	16	A+	99.5
7	D-	50	17	A+	99.7
8	C-	60	18	A+	99.9
9	B-	70	19	A+	99.99
10	B	78	20	A+	over 99.99

Coup de main

To read decimal places in French, use the French word **virgule** (*comma*) where you would normally say *point* in English. To say *percent*, use **pour cent**.

60,4% soixante virgule quatre pour cent
sixty point four percent

ACTIVITÉS

1 **Vrai ou faux?** Indicate whether each statement is **vrai** or **faux**. Correct the false statements.

1. Class attendance is optional in some French universities.
   Vrai.
2. Final course grades are usually based on several exam grades and class participation.
   Faux. Grades may be based upon only one or two exams or papers.
3. The French university system discourages note sharing.
   Faux. Note sharing is completely normal.
4. The French grading system is similar to the American system.
   Faux. The French and American grading systems are very different.
5. The **rentrée universitaire** happens each year in June.
   Faux. The rentrée happens in October.

6. A grade of 11 is not a passing grade.
   Faux. A grade of 11 is equal to an A- in the United States.
7. The academic year in France is typically divided into trimesters.
   Faux. The academic year is divided into two semesters.
8. Scores of 18 or 19 are very rare.
   Vrai.
9. French students typically take three classes each semester.
   Faux. They typically take four to six classes.
10. The final exams in May or June are called the **contrôle continu**.
    Faux. The exams given throughout the semester are called the contrôle continu.

Après la lecture Ask students if they prefer the French or American university system and to explain why.

Portrait Explain that, if a student fails the **bac**, he or she must pass an **examen de rattrapage** successfully or repeat **terminale** and retake the exam the next year in order to pursue further study.

STRATÉGIE

False cognates

In **Leçon 2**, you learned that cognates can help you read French. However, beware of false cognates (**les faux amis**). For example, **librairie** means *bookstore*, not *library*. **Coin** means *corner*, not *coin*. In the **Portrait** selection, you'll find several instances of the verb **passer**. Although **passer** can mean *to pass*, it is a false cognate in the context of this reading. In pairs, guess what **passer** means in this context.

LE MONDE FRANCOPHONE

Le français langue étrangère

Voici quelques° écoles du monde francophone où vous pouvez aller° pour étudier le français.

En Belgique Université de Liège

En France Université de Franche-Comté–Centre de linguistique appliquée, Université de Grenoble, Université de Paris IV-Sorbonne

À la Martinique Institut Supérieur d'Études Francophones, à Schoelcher

En Nouvelle-Calédonie Centre de Rencontres et d'Échanges Internationaux du Pacifique, à Nouméa

Au Québec Université Laval, Université de Montréal

Aux îles Saint-Pierre et Miquelon Le FrancoForum, à Saint-Pierre

En Suisse Université Populaire de Lausanne, Université de Neuchâtel

quelques *some* **pouvez aller** *can go*

PORTRAIT

Le bac

Au lycée, les élèves ont des cours communs, comme le français, l'histoire et les maths, et aussi un choix° de spécialisation. À la fin° du lycée, à l'âge de dix-sept ou dix-huit ans, les jeunes Français passent un examen très important: le baccalauréat. Le bac est nécessaire pour continuer des études supérieures.

Les lycéens° passent des bacs différents: le bac L (littéraire), le bac ES (économique et social) et le bac S (scientifique) sont des bacs généraux. Il y a aussi des bacs techniques et des bacs technologiques, comme° le bac STI (sciences et technologies industrielles) ou le bac SMS (sciences et techniques médico-sociales). Il y a même° un bac technique de la musique et de la danse et un bac hôtellerie°! Entre 70 (soixante-dix) et 80 (quatre-vingts) pour cent des élèves passent le bac avec succès.

choix *choice* **À la fin** *At the end* **lycéens** *high school students* **comme** *such as* **même** *even* **hôtellerie** *hotel trade*

SUPERSITE

SUR INTERNET

Où avez-vous envie d'étudier?

Go to **promenades.vhlcentral.com** to find more cultural information related to this **LECTURE CULTURELLE.**

---

2 **Quel bac?** Which **bac** best fits the following interests?

1. le ballet   le bac technique de la musique et de la danse
2. la littérature   le bac littéraire
3. la médicine   le bac sciences et techniques médico-sociales
4. le tourisme   le bac hôtellerie
5. la technologie   le bac sciences et technologies industrielles
6. le piano et la flûte   le bac technique de la musique et de la danse

3 **Et les cours?** In French, name two courses you might take in preparation for each of these baccalauréat exams. Answers will vary. Possible answers shown.

1. un bac L
   le français et la philosophie
2. un bac SMS
   la biologie et la psychologie
3. un bac ES
   l'économie et la sociologie
4. un bac STI
   la physique et les maths

A C T I V I T É S

3 **Expansion** Tell students to imagine that they are in high school. Given their interests or major, ask them which **bac** they are preparing for. Example: **Quel bac est-ce que vous préparez?** (**Je prépare le bac S parce que j'étudie la chimie et la physique.**)

4.1 Present tense of *avoir*

NATIONAL STANDARDS comparisons

Point de départ The verb **avoir** (*to have*) is used frequently. You will have to memorize each of its present tense forms because they are irregular.

Present tense of *avoir*			
j'ai	*I have*	**nous avons**	*we have*
tu as	*you have*	**vous avez**	*you have*
il/elle a	*he/she/it has*	**ils/elles ont**	*they have*

On a rendez-vous avec David demain.

Cette année, nous avons le bac.

- Liaison is required between the final consonants of **on**, **nous**, **vous**, **ils**, and **elles** and the forms of **avoir** that follow them. When the final consonant is an **-s**, pronounce it as a *z* before the verb forms.

On a un prof sympa.
We have a nice professor.

Nous avons un cours d'art.
We have an art class.

- Keep in mind that an indefinite article, whether singular or plural, usually becomes **de/d'** after a negation.

J'ai **un** cours difficile.
I have a difficult class.

Je n'ai pas **de** cours difficile.
I do not have a difficult class.

Il a **des** examens.
He has exams.

Il n'a pas **d'**examens.
He does not have exams.

MISE EN PRATIQUE

1 **On a...** Use the correct forms of **avoir** to form questions from these elements. Use inversion and provide an affirmative or negative answer as cued.

MODÈLE

tu / bourse (oui)
As-tu une bourse? Oui, j'ai une bourse.

1. nous / dictionnaire (oui)
   Avons-nous un dictionnaire? Oui, nous avons un dictionnaire.
2. Luc / diplôme (non)
   Luc a-t-il un diplôme? Non, il n'a pas de diplôme.
3. elles / montres (non)
   Ont-elles des montres? Non, elles n'ont pas de montres.
4. vous / copains (oui)
   Avez-vous des copains? Oui, j'ai/nous avons des copains.
5. Thérèse / téléphone (oui)
   Thérèse a-t-elle un téléphone? Oui, elle a un téléphone.
6. Charles et Jacques / calculatrice (non)
   Charles et Jacques ont-ils une calculatrice? Non, ils n'ont pas de calculatrice.

2 **C'est évident** Describe these people using expressions with **avoir**.

1. J' __ai besoin d'__ étudier.

3. Vous __avez froid__.

2. Tu __as honte__.

4. Elles __ont sommeil__.

3 **Assemblez** Use the verb **avoir** and combine elements from the two columns to create sentences about yourself, your class, and your school. Make any necessary changes or additions. Answers will vary.

A	B
Je	cours utiles
L'université	bourses importantes
Les profs	professeurs brillants
Mon (*My*) petit ami	ami(e) mexicain(e)
Ma (*My*) petite amie	/ anglais(e)
Nous	/ canadien(ne)
	/ vietnamien(ne)
	étudiants intéressants
	resto U agréable
	école de droit

3 **Suggestion** This activity can be done orally or in writing in pairs or groups.

COMMUNICATION

4 C'est vrai? Interview a classmate by transforming each of these statements into a question. Be prepared to report the results of your interview to the class. *Answers will vary.*

> **MODÈLE** J'ai deux ordinateurs.
>
> **Étudiant(e) 1:** *Tu as deux ordinateurs?*
> **Étudiant(e) 2:** *Non, je n'ai pas deux ordinateurs.*

1. J'ai peur des examens.
2. J'ai vingt et un ans.
3. J'ai envie de visiter Montréal.
4. J'ai un cours de biologie.
5. J'ai sommeil le lundi matin.
6. J'ai un(e) petit(e) ami(e) égoïste.

5 Besoins Your instructor will give you a worksheet. Ask different classmates if they need to do these activities. Find at least one person to answer **Oui** and at least one to answer **Non** for each item. *Answers will vary.*

> **MODÈLE** regarder la télé
>
> **Étudiant(e) 1:** *Tu as besoin de regarder la télé?*
> **Étudiant(e) 2:** *Oui, j'ai besoin de regarder la télé.*
> **Étudiant(e) 3:** *Non, je n'ai pas besoin de regarder la télé.*

Activités	Oui	Non
1. regarder la télé	Anne	Louis
2. étudier ce soir		
3. passer un examen cette semaine		
4. trouver un cours d'informatique		
5. travailler à la bibliothèque		
6. commencer un devoir important		
7. téléphoner à un(e) copain/copine ce week-end		
8. parler avec le professeur		

6 Interview You are talking to the campus housing advisor. Answer his or her questions. In pairs, practice the scene and role-play it for the class. *Answers will vary.*

1. Qu'est-ce que (*What*) vous étudiez?
2. Est-ce que vous avez d'excellentes notes?
3. Est-ce que vous avez envie de partager la chambre?
4. Est-ce que vous mangez au resto U?
5. Est-ce que vous avez un ordinateur?
6. Est-ce que vous retrouvez des amis à la fac?
7. Est-ce que vous écoutez de la musique?
8. Est-ce que vous avez des cours le matin?

6 Suggestion Remind students to do the interview twice so each person asks and answers the questions.

- The verb **avoir** is used in certain idiomatic or set expressions where English generally uses *to be* or *to feel.*

Expressions with *avoir*

avoir... ans	to be... years old	avoir froid	to be cold
avoir besoin (de)	to need	avoir honte (de)	to be ashamed (of)
avoir de la chance	to be lucky	avoir l'air	to look like
		avoir peur (de)	to be afraid (of)
avoir chaud	to be hot	avoir raison	to be right
avoir envie (de)	to feel like	avoir sommeil	to be sleepy
		avoir tort	to be wrong

Il a chaud.

Ils ont froid.

Elle a sommeil.

Il a de la chance.

Suggestion Model the use of the expressions by talking about yourself while gesturing and asking students questions about themselves.

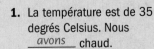

Essayez! Complete the sentences with the correct forms of **avoir.**

1. La température est de 35 degrés Celsius. Nous _____avons_____ chaud.
2. En Alaska, en décembre, vous _____avez_____ froid.
3. Martine écoute la radio et elle _____a_____ envie de danser.
4. Ils _____ont_____ besoin d'une calculatrice pour le devoir.
5. Est-ce que tu _____as_____ peur des insectes?
6. Sébastien pense que je travaille aujourd'hui. Il _____a_____ raison.
7. J'_____ai_____ cours d'économie le lundi et le mercredi.
8. Mes amis voyagent beaucoup. Ils _____ont_____ de la chance.
9. Mohammed _____a_____ deux cousins à Marseille.
10. Vous _____avez_____ un grand appartement.

STRUCTURES

4.2 Telling time

 comparisons NATIONAL STANDARDS

Point de départ Use the verb **être** with numbers to tell time.

- There are two ways to ask what time it is.

  Quelle heure est-il?
  What time is it?

  Quelle heure avez-vous?
  What time do you have?

- Use **heures** by itself to express time on the hour. Use **heure** for one o'clock.

Il est **six heures**.

Il est **une heure**.

- Express time from the hour to the half-hour by adding minutes.

Il est quatre heures **cinq**.

Il est onze heures **vingt**.

- Use **et quart** to say that it is fifteen minutes past the hour. Use **et demie** to say that it is thirty minutes past the hour.

Il est une heure **et quart**.

Il est sept heures **et demie**.

- To express time from the half hour to the hour, subtract minutes or a portion of an hour from the next hour.

Il est trois heures **moins dix**.

Il est une heure **moins le quart**.

- To express at what time something happens, use the preposition **à**.

  Céline travaille **à sept heures moins vingt**.
  Céline works at 6:40.

  On passe un examen **à une heure**.
  We take a test at one o'clock.

Suggestion Using a paper plate clock, display various times on the hour. Ask: **Quelle heure est-il?**

 SUPERSITE

MISE EN PRATIQUE

1 Quelle heure est-il? Give the time shown on each clock or watch.

MODÈLE

Il est quatre heures et quart de l'après-midi.

1 Expansion At random, say the times shown and have students say the number of the clock or watch described. Example: **Il est sept heures cinq. (C'est le numéro six.)**

1. Il est midi/minuit et demie.
2. Il est une heure du matin.
3. Il est huit heures dix.
4. Il est onze heures moins le quart.

5. Il est deux heures douze.
6. Il est sept heures cinq.
7. Il est quatre heures moins cinq.
8. Il est minuit moins vingt-cinq.

2 À quelle heure? Find out when you and your friends are going to do certain things.

MODÈLE

À quelle heure est-ce qu'on étudie? (about 8 p.m.)
On étudie vers huit heures du soir.

À quelle heure...

1. ... est-ce qu'on arrive au café? (at 10:30 a.m.)
   On arrive au café à dix heures et demie du matin.
2. ... est-ce que vous parlez avec le professeur? (at noon)
   Nous parlons avec le professeur à midi.
3. ... est-ce que tu rentres? (late, at 11:15 p.m.)
   Je rentre tard, à onze heures et quart du soir.
4. ... est-ce qu'on regarde la télé? (at 9:00 p.m.)
   On regarde la télé à neuf heures du soir.
5. ... est-ce que Marlène et Nadine mangent? (around 1:45 p.m.)
   Elles mangent vers deux heures moins le quart de l'après-midi.
6. ... est-ce que le cours commence? (very early, at 8:20 a.m.) Il commence très tôt, à huit heures vingt du matin.

3 Départ à... Tell what each of these times would be on a 24-hour clock.

3 Expansion Create a train schedule and write it on the board or use photocopies of a real one. Ask students questions based on the schedule.

MODÈLE

Il est trois heures vingt de l'après-midi.
Il est quinze heures vingt.

1. Il est dix heures et demie du soir.
   Il est vingt-deux heures trente.
2. Il est deux heures de l'après-midi.
   Il est quatorze heures.
3. Il est huit heures et quart du soir.
   Il est vingt heures quinze.
4. Il est minuit moins le quart.
   Il est vingt-trois heures quarante-cinq.
5. Il est six heures vingt-cinq du soir.
   Il est dix-huit heures vingt-cinq.
6. Il est trois heures moins cinq du matin.
   Il est deux heures cinquante-cinq.

COMMUNICATION

4 Télémonde Look at this French TV guide. In pairs, ask questions about program start times. *Answers will vary.*

MODÈLE

Étudiant(e) 1: À quelle heure commence Télé-ciné?
Étudiant(e) 2: Télé-ciné commence à dix heures dix du soir.

dessins animés	*cartoons*
feuilleton télévisé	*soap opera*
film policier	*detective film*
informations	*news*
jeu télévisé	*game show*

VENDREDI

Antenne 2	Antenne 4	Antenne 5
15h30 Pomme d'Api (dessins animés)	**14h00** Football: match France-Italie	**18h25** Montréal: une ville à visiter
17h35 Reportage spécial: le sport dans les lycées	**19h45** Les informations	**19h30** Des chiffres et des lettres (jeu télévisé)
20h15 La famille Menet (feuilleton télévisé)	**20h30** Concert: Orchestre de Nice	**21h05** Reportage spécial: les Sénégalais
21h35 Télé-ciné: L'inspecteur Duval (film policier)	**22h10** Télé-ciné: Une chose difficile (comédie dramatique)	**22h05** Les informations

5 Où es-tu? In pairs, take turns asking where (**où**) your partner usually is on these days at these times. Choose from the places listed. *Answers will vary.*

au lit (*bed*)	chez mes (*at my*) parents
au resto U	chez mes copains
à la bibliothèque	chez mon (*my*) petit ami
en ville (*town*)	chez ma (*my*) petite amie
au parc	
en cours	

1. Le samedi: à 8h00 du matin; à midi; à minuit
2. En semaine: à 9h00 du matin; à 3h00 de l'après-midi; à 7h00 du soir
3. Le dimanche: à 4h00 de l'après-midi; à 6h30 du soir; à 10h00 du soir
4. Le vendredi: à 11h00 du matin; à 5h00 de l'après-midi; à 11h00 du soir

6 Le suspect A student on campus is a suspect in a crime. You and a partner are detectives. Keeping a log of the student's activities, use the 24-hour clock to say what he or she is doing when. *Answers will vary.*

MODÈLE

À vingt-deux heures trente-trois, il parle au téléphone.

6 Expansion After completing the activity, ask students if the suspect has an alibi at certain times. Tell them to respond using the information on their logs. Example: **Le suspect a-t-il un alibi à vingt-trois heures?** (Oui, à vingt-trois heures il étudie avec un ami.)

- **Liaison** occurs between numbers and the word **heure(s)**. Final **-s** and **-x** in **deux**, **trois**, **six**, and **dix** are pronounced like a *z*. The final **-f** of **neuf** is pronounced like a *v*.

Il est **deux‿heures**. — Il est **neuf‿heures** et quart.
It's two o'clock. — *It's 9:15.*

- You do not usually make a **liaison** between the verb form **est** and a following number that starts with a vowel sound.

Il est onze heures. — Il est une heure vingt. — Il est huit heures et demie.
It's eleven o'clock. — *It's 1:20.* — *It's 8:30.*

Expressions for telling time

À quelle heure?	*(At) what time/ when?*	midi	*noon*
de l'après-midi	*in the afternoon*	minuit	*midnight*
du matin	*in the morning*	presque	*almost*
du soir	*in the evening*	tard	*late*
en avance	*early*	tôt	*early*
en retard	*late*	vers	*about*

Il est **minuit** à Paris. — Il est six heures **du soir** à New York.
It's midnight in Paris. — *It's six o'clock in the evening in New York.*

- The 24-hour clock is often used to express official time. Departure times, movie times, and store hours are expressed in this fashion. Only numbers are used to tell time this way. Expressions like **et demie, moins le quart**, etc. are not used.

Le train arrive à **dix-sept heures six**. — Le film est à **vingt-deux heures trente sept**.
The train arrives at 5:06 p.m. — *The film is at 10:37 p.m.*

J'ai cours de trois heures vingt à quatre heures et demie.

Stéphane! Quelle heure est-il?

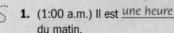

Essayez! Complete the sentences by writing out the correct times according to the cues.

1. (1:00 a.m.) Il est *une heure* du matin.
2. (2:50 a.m.) Il est ___trois heures moins dix___ du matin.
3. (8:30 p.m.) Il est ___huit heures et demie___ du soir.
4. (12:00 p.m.) Il est ___midi___.
5. (4:05 p.m.) Il est ___quatre heures cinq___ de l'après-midi.
6. (4:45 a.m.) Il est ___cinq heures moins le quart___ du matin.

SYNTHÈSE

Révision

1 J'ai besoin de... In pairs, take turns saying which items you need. Your partner will guess why you need them. How many times did each of you guess correctly? Answers will vary.

MODÈLE

Étudiant(e) 1: *J'ai besoin d'un cahier et d'un dictionnaire pour demain.*
Étudiant(e) 2: *Est-ce que tu as un cours de français?*
Étudiant(e) 1: *Non. J'ai un examen d'anglais.*

un cahier	un livre de physique
une calculatrice	une montre
une carte	un ordinateur
un dictionnaire	un stylo
une feuille de papier	un téléphone

2 À l'université française To complete your degree, you need two language classes, a science class, and an elective of your choice. Take turns deciding what classes you need or want to take. Your partner will tell you the days and times so you can set up your schedule. Answers will vary.

MODÈLE

Étudiant(e) 1: *J'ai besoin d'un cours de maths, peut-être «Initiation aux maths».*
Étudiant(e) 2: *C'est le mardi et le jeudi après-midi, de deux heures à trois heures et demie.*
Étudiant(e) 1: *J'ai aussi besoin d'un cours de langue...*

Les cours	Jours et heures
Allemand	mardi, jeudi; 14h00-15h30
Biologie II	mardi, jeudi; 9h00-10h30
Chimie générale	lundi, mercredi; 11h00-12h30
Espagnol	lundi, mercredi; 11h00-12h30
Gestion	mercredi; 13h00-14h30
Histoire des États-Unis	jeudi; 12h15-14h15
Initiation à la physique	lundi, mercredi; 12h00-13h30
Initiation aux maths	mardi, jeudi; 14h00-15h30
Italien	lundi, mercredi; 12h00-13h30
Japonais	mardi, jeudi; 9h00-10h30
Les philosophes grecs	lundi; 15h15-16h45
Littérature moderne	mardi; 10h15-11h15

2 Suggestion Before beginning the activity, tell students to choose two language classes, a science class, and an elective in the list. Then read the **modèle** aloud with a volunteer.

3 Les cours Your partner will tell you what classes he or she is currently taking. Make a list, including the times and days of week. Then, talk to as many classmates as you can, and find at least two students who take at least two of the same classes as your partner. Answers will vary.

4 On y va? Walk around the room and find at least one classmate who feels like doing each of these activities with you. For every affirmative answer, record the name of your classmate and agree on a time and date. Do not speak to the same classmate twice. Answers will vary.

MODÈLE

Étudiant(e) 1: *Tu as envie de retrouver des amis avec moi?*
Étudiant(e) 2: *Oui, pourquoi pas? Samedi, à huit heures du soir, peut-être?*
Étudiant(e) 1: *D'accord!*

chercher un café sympa	regarder la télé française
dîner au resto U	retrouver des amis
écouter des CD	travailler à la bibliothèque
étudier le français cette semaine	visiter un musée

5 Au téléphone Two high school friends are attending different universities. In pairs, imagine a conversation where they discuss the time, their classes, and likes or dislikes about campus life. Then, role-play the conversation for the class and vote for the best skit. Answers will vary.

MODÈLE

Étudiant(e) 1: *J'ai cours de chimie à dix heures et demie.*
Étudiant(e) 2: *Je n'ai pas de cours de chimie cette année.*
Étudiant(e) 1: *N'aimes-tu pas les sciences?*
Étudiant(e) 2: *Si, mais...*

6 La semaine de Patrick Your instructor will give you and a partner different incomplete pages from Patrick's day planner. Do not look at each other's worksheet. Answers will vary.

MODÈLE

Étudiant(e) 1: *Lundi matin Patrick a cours de géographie à dix heures et demie.*
Étudiant(e) 2: *Lundi il a cours de sciences po à deux heures de l'après-midi.*

6 Suggestion After completing the activity, ask students what activities Patrick would like to do this weekend.

ressources		
WB pp. 23–26	LM pp. 15–16	promenades.vhlcentral.com Leçon 4

Écriture

STRATÉGIE

Brainstorming

In the early stages of writing, brainstorming can help you generate ideas on a specific topic. You should spend ten to fifteen minutes brainstorming and jotting down any ideas about the topic that occur to you. Whenever possible, try to write down your ideas in French. Express your ideas in single words or phrases, and jot them down in any order. While brainstorming, do not worry about whether your ideas are good or bad. Selecting and organizing ideas should be the second stage of your writing. Remember that the more ideas you write down while you are brainstorming, the more options you will have to choose from later when you start to organize your ideas.

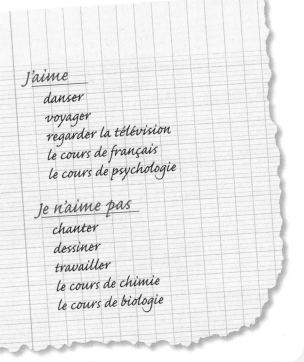

J'aime
danser
voyager
regarder la télévision
le cours de français
le cours de psychologie

Je n'aime pas
chanter
dessiner
travailler
le cours de chimie
le cours de biologie

Thème

Une description personnelle

Write a description of yourself to post on a web site in order to find a francophone e-pal. Your description should include:

- your name and where you are from
- the name of your university and where it is located
- the courses you are currently taking and your opinion of each one
- some of your likes and dislikes
- where you work if you have a job
- any other information you would like to include

Bonjour!

Je m'appelle Xavier Dupré. Je suis québécois, mais j'étudie le droit à l'université de Lyon, en France. J'aime...

Stratégie Discuss information students might want to include in a self-description, recording their suggestions on the board in French. Quickly review structures students will include in their writing, such as **j'aime** and **je n'aime pas** as well as the first person singular of several verbs. Examples: **je m'appelle, je suis, j'étudie, j'ai cours de…,** and **je travaille**.

Thème Copy on the board the brief chat room description for Xavier Dupré, leaving blanks where his name, nationality, course of study, and university name appear. At the end, add the sentences **J'aime _____**. and **Je n'aime pas _____**. Model completing the description orally with your own information and then ask volunteers to complete it with their own information.

Panorama

LA FRANCE

La France

Le pays en chiffres

▶ **Superficie:** *549.000 km²*
(cinq cent quarante-neuf mille kilomètres carrés°)

▶ **Population:** *61.203.000 (soixante et un millions deux cent trois mille)*
SOURCE: Population Division, UN Secrétariat

▶ **Industries principales:** *agro-alimentaires°, assurance°, banques, énergie, produits pharmaceutiques, produits de luxe, télécommunications, tourisme, transports*

La France est le pays° le plus° visité du monde° avec plus de° 60 millions de touristes chaque° année. Son histoire, sa culture et ses monuments– plus de 12.000 (douze mille)–et musées–plus de 1.200 (mille deux cents)–attirent° des touristes d'Europe et de partout° dans le monde.

▶ **Villes principales:** *Paris, Lille, Lyon, Marseille, Toulouse*

▶ **Monnaie°:** *l'euro*
La France est un pays membre de l'Union européenne et, en 2002, l'euro a remplacé° le franc français comme° monnaie nationale.

Français célèbres

▶ **Jeanne d'Arc,** *héroïne française (1412–1431)*

▶ **Émile Zola,** *écrivain° (1840–1902)*

▶ **Auguste Renoir,** *peintre° (1841–1919)*

▶ **Claude Debussy,** *compositeur et musicien (1862–1918)*

▶ **Camille Claudel,** *femme sculpteur (1864–1943)*

▶ **Claudie André-Deshays,** *médecin, première astronaute française (1957–)*

carrés square agro-alimentaires food processing assurance insurance pays country le plus the most monde world plus de more than chaque each attirent attract partout everywhere Monnaie Currency a remplacé replaced comme as écrivain writer peintre painter élus à vie elected for life Depuis Since mots words courrier mail pont bridge

LE ROYAUME-UNI

LA MER DU NORD

LA MANCHE

LA BELGIQUE L'ALLEMAGNE

Lille

LE LUXEMBOURG

LES ARDENNES

la Marne

Le Havre Rouen

Caen la Seine Strasbourg

le Mont-St-Michel Versailles **Paris** LES VOSGES

Rennes le Rhin

Nantes la Loire

Bourges la Saône LE JURA LA SUISSE

Poitiers

L'OCÉAN ATLANTIQUE Limoges Lyon L'ITALIE

Clermont-Ferrand LES ALPES

Bordeaux la Garonne LE MASSIF CENTRAL Aix-en-Provence

le Rhône

Toulouse MONACO

Nîmes Marseille

LES PYRÉNÉES LA CORSE

ANDORRE LA MER MÉDITERRANÉE

L'ESPAGNE

un bateau-mouche sur la Seine

le château de Chenonceau

0 —— 100 milles
0 —— 100 kilomètres

le pont° du Gard

Incroyable mais vrai!

Être «immortel», c'est réguler et défendre le bon usage du français! Les Académiciens de l'Académie française sont élus à vie° et s'appellent les «Immortels». Depuis° 1635 (mille six cent trente-cinq), ils décident de l'orthographe correcte des mots° et publient un dictionnaire. Attention, c'est «courrier° électronique», pas «e-mail»!

La géographie

L'Hexagone

Surnommé l'Hexagone à cause de° sa forme géométrique, le territoire français a trois fronts maritimes: l'océan Atlantique, la mer° Méditerranée et la Manche°; et trois frontières° naturelles: les Pyrénées, les Ardennes et les Alpes et le Jura. À l'intérieur du pays°, le Massif central et les Vosges ponctuent° un relief composé de vastes plaines et de forêts. La Loire, la Seine, la Garonne, le Rhin et le Rhône sont les fleuves° principaux de l'Hexagone.

La technologie

Le Train à Grande Vitesse

Le chemin de fer° existe en France depuis° 1827 (mille huit cent vingt-sept). Aujourd'hui, la SNCF (Société Nationale des Chemins de Fer) offre la possibilité aux voyageurs de se déplacer° dans tout° le pays et propose des tarifs° avantageux aux étudiants et aux moins de 25 ans°. Le TGV (Train à Grande Vitesse°) roule° à plus de 300 (trois cent) km/h (kilomètres/heure) et emmène° même° les voyageurs jusqu'à° Londres et Bruxelles.

Les arts

Le cinéma, le 7e art!

L'invention du cinématographe par les frères° Lumière en 1895 (mille huit cent quatre-vingt-quinze) marque le début° du «7e (septième) art». Le cinéma français donne naissance° aux prestigieux Césars° en 1976 (mille neuf cent soixante-seize), à des cinéastes talentueux comme° Jean Renoir, François Truffaut et Luc Besson, et à des acteurs mémorables comme Brigitte Bardot, Catherine Deneuve, Olivier Martinez et Audrey Tautou.

L'économie

L'industrie

Avec la richesse de la culture française, il est facile d'oublier que l'économie en France n'est pas limitée à l'artisanat°, à la gastronomie ou à la haute couture°. En fait°, la France est une véritable puissance° industrielle et se classe° parmi° les économies les plus° importantes du monde. Ses° activités dans des secteurs comme la construction automobile (e.g. Peugeot, Citroën, Renault), l'industrie aérospatiale (e.g. Airbus) et l'énergie nucléaire (e.g. Électricité de France) sont considérables.

 Qu'est-ce que vous avez appris? Complete these sentences.

1. __Camille Claudel__ est une femme sculpteur française.
2. Les Académiciens sont élus __à vie__.
3. Le mot correct en français pour «e-mail», c'est __courrier électronique__.
4. À cause de sa forme, la France s'appelle aussi __«l'Hexagone»__.
5. La __SNCF__ offre la possibilité de voyager dans tout le pays.

6. Avec le __TGV__, on voyage de Paris à Londres.
7. Les __frères Lumières__ sont les inventeurs du cinéma.
8. __Answers will vary.__ est un grand cinéaste français.
   Possible answer: Jean Renoir
9. La France est une grande puissance __industrielle__.
10. Électricité de France produit (produces) __l'énergie nucléaire__.

---

ressources

WB pp. 27–28

promenades.vhlcentral.com Unité 2

SUR INTERNET

Go to **promenades.vhlcentral.com** to find more cultural information related to this **PANORAMA**.

1. Cherchez des informations sur l'Académie française. Faites (Make) une liste de mots ajoutés à la dernière édition du dictionnaire de l'Académie française.

2. Cherchez des informations sur l'actrice Catherine Deneuve. Quand a-t-elle commencé (did she begin) sa (her) carrière? Trouvez ses (her) trois derniers films.

à cause de because of **mer** sea **Manche** English Channel **frontières** borders **pays** country **ponctuent** punctuate **fleuves** rivers **chemin de fer** railroad **depuis** since **se déplacer** travel **dans tout** throughout **tarifs** fares **moins de 25 ans** people under 25 **Train à Grande Vitesse** high speed train **roule** rolls, travels **emmène** takes **même** even **jusqu'à** to **frères** brothers **début** beginning **donne naissance** gives birth **Césars** equivalent of the Oscars in France **comme** such as **artisanat** craft industry **haute couture** high fashion **En fait** In fact **puissance** power **se classe** ranks **parmi** among **les plus** the most **Ses** Its

VOCABULAIRE

 SUPERSITE

Verbes

adorer	to love
aimer	to like; to love
aimer mieux	to prefer
arriver	to arrive
chercher	to look for
commencer	to begin, to start
dessiner	to draw; to design
détester	to hate
donner	to give
étudier	to study
habiter (à)	to live (in)
manger	to eat
oublier	to forget
parler (au téléphone)	to speak (on the phone)
partager	to share
penser (que/qu')	to think (that)
regarder	to look (at), to watch
rencontrer	to meet
retrouver	to meet up with; to find (again)
travailler	to work
voyager	to travel

Vocabulaire supplémentaire

J'adore...	I love...
J'aime bien...	I like...
Je n'aime pas tellement...	I don't like... very much.
Je déteste...	I hate...
être reçu(e) à un examen	to pass an exam

Des questions et des opinions

bien sûr	of course
d'accord	OK, all right
Est-ce que/qu'...?	question phrase
(mais) non	no (but of course not)
moi/toi non plus	me/you neither
ne... pas	no, not
n'est-ce pas?	isn't that right?
oui/si	yes
parce que	because
pas du tout	not at all
peut-être	maybe, perhaps
pourquoi?	why?

L'université

assister	to attend
demander	to ask
dîner	to have dinner
échouer	to fail
écouter	to listen (to)
enseigner	to teach
expliquer	to explain
passer un examen	to take an exam
préparer	to prepare (for)
rentrer (à la maison)	to return (home)
téléphoner à	to telephone
trouver	to find; to think
visiter	to visit (a place)
l'architecture (f.)	architecture
l'art (m.)	art
la biologie	biology
la chimie	chemistry
le droit	law
l'économie (f.)	economics
l'éducation physique (f.)	physical education
la géographie	geography
la gestion	business administration
l'histoire (f.)	history
l'informatique (f.)	computer science
les langues (étrangères) (f.)	(foreign) languages
les lettres (f.)	humanities
les mathématiques (maths) (f.)	mathematics
la philosophie	philosophy
la physique	physics
la psychologie	psychology
les sciences (politiques/po) (f.)	(political) science
le stylisme de mode (m.)	fashion design
une bourse	scholarship, grant
un cours	class, course
un devoir	homework
un diplôme	diploma, degree
l'école (f.)	school
les études (supérieures) (f.)	(higher) education; studies
le gymnase	gymnasium
une note	grade
un restaurant universitaire (un resto U)	university cafeteria

Expressions utiles	See pp. 39 and 53.
Telling time	See pp. 58–59.

Expressions de temps

Quel jour sommes-nous?	What day is it?
un an	year
une/cette année	one/this year
après	after
après-demain	day after tomorrow
un/cet après-midi	an/this afternoon
aujourd'hui	today
demain (matin/après-midi/soir)	tomorrow (morning/afternoon/evening)
un jour	day
une journée	day
(le) lundi, mardi, mercredi, jeudi, vendredi, samedi, dimanche	(on) Monday(s), Tuesday(s), Wednesday(s), Thursday(s), Friday(s), Saturday(s), Sunday(s)
un/ce matin	a/this morning
la matinée	morning
un mois/ce mois-ci	a month/this month
une/cette nuit	a/this night
une/cette semaine	a/this week
un/ce soir	an/this evening
une soirée	evening
un/le/ce week-end	a/the/this weekend
dernier/dernière	last
premier/première	first
prochain(e)	next

Adjectifs et adverbes

difficile	difficult
facile	easy
inutile	useless
utile	useful
surtout	especially; above all

Expressions avec avoir

avoir	to have
avoir... ans	to be... years old
avoir besoin (de)	to need
avoir chaud	to be hot
avoir de la chance	to be lucky
avoir envie (de)	to feel like
avoir froid	to be cold
avoir honte (de)	to be ashamed (of)
avoir l'air	to look like
avoir peur (de)	to be afraid (of)
avoir raison	to be right
avoir sommeil	to be sleepy
avoir tort	to be wrong

La famille et les copains

Pour commencer

- Combien de personnes y a-t-il?
- Où sont ces personnes?
- Que font-elles?
- Ont-elles l'air agréables ou désagréables?

Leçon 5

You will learn how to...
- discuss family, friends, and pets
- express ownership

La famille de Marie Laval

Vocabulaire

divorcer	to divorce
épouser	to marry
aîné(e)	elder
cadet(te)	younger
un beau-frère	brother-in-law
un beau-père	father-in-law; stepfather
une belle-mère	mother-in-law; stepmother
un demi-frère	half-brother; stepbrother
une demi-sœur	half-sister; stepsister
les enfants (m., f.)	children
un(e) époux/épouse	husband/wife
une famille	family
une femme	wife; woman
une fille	daughter; girl
les grands-parents (m.)	grandparents
les parents (m.)	parents
un(e) voisin(e)	neighbor
un chat	cat
un oiseau	bird
un poisson	fish
célibataire	single
divorcé(e)	divorced
fiancé(e)	engaged
marié(e)	married
séparé(e)	separated
veuf/veuve	widowed

Luc Garneau

mon grand-père
(*my grandfather*)

Sophie Garneau   **Marc Garneau**

ma tante (*aunt*),
femme (*wife*)
de Marc

mon oncle (*uncle*),
fils (*son*) **de Luc**
et d'Hélène

Jean Garneau   **Isabelle Garneau**   **Virginie Garneau**

mon cousin,
petit-fils (*grandson*)
de Luc et d'Hélène

ma cousine,
sœur (*sister*)
de Jean et de
Virginie, petite-fille
(*granddaughter*) **de**
Luc et d'Hélène

ma cousine,
sœur de Jean
et d'Isabelle,
petite-fille de Luc
et d'Hélène

Bambou

Suggestion Introduce active lesson vocabulary with questions and gestures. Ask: **Comment s'appelle ton frère?** Ask a different student: **Comment s'appelle le frère de _____?** Work your way through various family relationships.

le chien (*dog*) **de**
mes (*my*) **cousins**

Suggestions
- Point out the meanings of plural family terms so that students understand that the masculine plural forms can refer to mixed groups of males and females:
  les enfants *male children; female children; male and female children*
  les cousins *male cousins; male and female cousins*
  les petits-enfants *male grandchildren; male and female grandchildren*
- Point out the difference in meaning between the noun **mari** (*husband*) and the adjective **marié(e)** (*married*).

ressources

| WB pp. 29–30 | LM p. 17 | SUPERSITE promenades.vhlcentral.com Leçon 5 |

Mise en pratique

Hélène Garneau

ma grand-mère
(*my grandmother*)

Juliette Laval   **Robert Laval**

ma mère (*mother*),
fille (*daughter*) de
Luc et d'Hélène

mon père (*father*),
mari (*husband*)
de Juliette

Véronique Laval   Guillaume Laval   Marie Laval

ma belle-sœur
(*sister-in-law*)

mon frère
(*brother*)

Marie Laval,
fille de Juliette
et de Robert

Matthieu Laval   Émilie Laval

mon neveu
(*nephew*)

ma nièce
(*niece*)

petits-enfants (*grandchildren*)
de mes parents

Suggestion Use **Transparency #21**.
Point out that the family tree is drawn
from the point of view of Marie Laval.
Have students refer to the family tree
to answer your questions about it.
Example: **Comment s'appelle la mère
de Marie?**

1 Écoutez 🎧 Listen to each statement made by Marie Laval, then indicate whether it is **vrai** or **faux**, based on her family tree.

	Vrai	Faux			Vrai	Faux
1	☑	☐		6.	☐	☑
2.	☐	☑		7.	☐	☑
3.	☑	☐		8.	☑	☐
4.	☐	☑		9.	☑	☐
5.	☐	☑		10.	☑	☐

2 Qui est-ce? Match the definition in the first list with the correct item from the second list. Not all the items will be used.

1. __d__ le frère de ma cousine
2. __g__ le père de mon cousin
3. __a__ le mari de ma grand-mère
4. __e__ le fils de mon frère
5. __c__ la fille de mon grand-père
6. __i__ le fils de ma mère
7. __h__ la fille de mon fils
8. __f__ le fils de ma belle-mère

2 Suggestion Mention that family terms with hyphenated adjectives such as **beau** and **petit** must agree in gender. Exceptions: **la grand-mère, la demi-sœur.**

a. mon grand-père   f. mon demi-frère
b. ma sœur   g. mon oncle
c. ma tante   h. ma petite-fille
d. mon cousin   i. mon frère
e. mon neveu

3 Choisissez Fill in the blank by selecting the most appropriate answer.

1. Voici le frère de mon père. C'est mon ___oncle___ (oncle, neveu, fiancé).
2. Voici la mère de ma cousine. C'est ma ___tante___ (grand-mère, voisine, tante).
3. Voici la petite-fille de ma grand-mère. C'est ma ___cousine___ (cousine, nièce, épouse).
4. Voici le père de ma mère. C'est mon ___grand-père___ (grand-père, oncle, cousin).
5. Voici le fils de mon père, mais ce n'est pas le fils de ma mère. C'est mon ___demi-frère___ (petit-fils, demi-frère, voisin).
6. Voici ma nièce. C'est la ___petite-fille___ (cousine, fille, petite-fille) de ma mère.
7. Voici la mère de ma tante. C'est ma ___grand-mère___ (cousine, grand-mère, nièce).
8. Voici la sœur de mon oncle. C'est ma ___tante___ (tante, belle-mère, belle-sœur).
9. Voici la fille de mon père, mais pas de ma mère. C'est ma ___demi-sœur___ (belle-sœur, demi-sœur, sœur).
10. Voici le mari de ma mère, mais ce n'est pas mon père. C'est mon ___beau-père___ (beau-frère, grand-père, beau-père).

3 Expansion Have students provide additional examples for the class to identify.

Communication

4 **L'arbre généalogique** With a classmate, identify the members of the family by asking questions about how each member is related to **Anne Durand.** Answers will vary.

> **MODÈLE**
>
> **Étudiant(e) 1:** *Qui est Louis Durand?*
> **Étudiant(e) 2:** *C'est le grand-père d'Anne.*

4 Suggestion You can use **Transparency #22** to do this activity.

5 **Entrevue** With a classmate, take turns asking each other these questions. Answers will vary.

1. Combien de personnes y a-t-il dans ta famille?
2. Comment s'appellent tes parents?
3. As-tu des frères ou des sœurs?
4. Combien de cousins/cousines as-tu? Comment s'appellent-ils/elles? Où habitent-ils/elles?
5. Quel(le) (*Which*) est ton cousin préféré/ta cousine préférée?
6. As-tu des neveux/des nièces?
7. Comment s'appellent tes grands-parents? Où habitent-ils?
8. Combien de petits-enfants ont tes grands-parents?

Coup de main

Use these words to help you complete this activity.

ton *your (m.)* ➔ **mon** *my (m.)*
ta *your (f.)* ➔ **ma** *my (f.)*
tes *your (pl.)* ➔ **mes** *my (pl.)*

5 Expansion After they have finished the interview, ask students questions about their partner's answers. Examples: **Combien de personnes y a-t-il dans la famille de _____? Comment s'appellent les parents de _____?**

6 **Qui suis-je?** Your instructor will give you a worksheet. Walk around the class and ask your classmates questions about their families. When a classmate gives one of the answers on the worksheet, write his or her name in the corresponding space. Be prepared to discuss the results with the class. Answers will vary.

> **MODÈLE** Je suis marié(e).
>
> **Paul:** *Est-ce que tu es mariée?*
> **Jacqueline:** *Oui, je suis mariée. (You write "Jacqueline".)/ Non, je ne suis pas mariée. (You ask another classmate.)*

6 Expansion After students have finished, ask true/false questions. Example: **Est-ce que _____ est marié(e)?**

Les sons et les lettres

🎧 **L'accent aigu and l'accent grave**

Suggestion Give students some sample sentences with **la, là, ou,** or **où** and ask them what the words mean to demonstrate how context clarifies meaning. Examples: **1. Où est la fille? 2. La fille est là. 3. Est-ce que Sophie est la tante ou la grand-mère de Marie Laval?**

In French, diacritical marks (*accents*) are an essential part of a word's spelling. They indicate how vowels are pronounced or distinguish between words with similar spellings but different meanings. **L'accent aigu** (´) appears only over the vowel **e**. It indicates that the **e** is pronounced similarly to the vowel *a* in the English word *cake*, but shorter and crisper. The French **é** lacks the *y* glide heard in English words like *day* and *late*.

| étudier | réservé | élégant | téléphone |

L'accent aigu also signals some similarities between French words and English words. Often, an **e** with **l'accent aigu** at the beginning of a French word marks the place where the letter *s* would appear at the beginning of the English equivalent.

| éponge | épouse | état | étudiante |
| *sponge* | *spouse* | *state* | *student* |

L'accent grave (`) over the vowel **e** indicates that the **e** is pronounced like the vowel *e* in the English word *pet*.

| très | après | mère | nièce |

Although **l'accent grave** does not change the pronunciation of the vowels **a** or **u**, it distinguishes words that have a similar spelling but different meanings.

| la | là | ou | où |
| *the* | *there* | *or* | *where* |

Prononcez Practice saying these words aloud.

1. agréable
2. sincère
3. voilà
4. faculté
5. frère
6. à
7. déjà
8. éléphant
9. lycée
10. poème
11. là
12. élève

Articulez Practice saying these sentences aloud.

1. À tout à l'heure!
2. Thérèse, je te présente Michèle.
3. Hélène est très sérieuse et réservée.
4. Voilà mon père, Frédéric et ma mère, Ségolène.
5. Tu préfères étudier à la fac demain après-midi?

Dictons Practice reading these sayings aloud.

Suggestion Ask students to provide more examples of words they know with these accents.

À vieille mule, frein doré.[2]

Tel père, tel fils.[1]

[1] Like father, like son.
[2] For an old mule, a golden bit.

ressources

LM
p. 18

promenades.vhlcentral.com
Leçon 5

ROMAN-PHOTO

L'album de photos SUPERSITE

Suggestion Ask students to read the title, glance at the video stills, and predict what they think the episode will be about. Record their predictions.

PERSONNAGES

Amina

Michèle

Stéphane

Valérie

MICHÈLE Mais, qui c'est? C'est ta sœur? Tes parents?

AMINA C'est mon ami Cyberhomme.

MICHÈLE Comment est-il? Est-ce qu'il est beau? Il a les yeux de quelle couleur? Marron ou bleue? Et ses cheveux? Ils sont blonds ou châtains?

AMINA Je ne sais pas.

MICHÈLE Toi, tu es timide.

VALÉRIE Stéphane, tu as dix-sept ans. Cette année, tu passes le bac, mais tu ne travailles pas!

STÉPHANE Écoute, ce n'est pas vrai, je déteste mes cours, mais je travaille beaucoup. Regarde, mon cahier de chimie, mes livres de français, ma calculatrice pour le cours de maths, mon dictionnaire anglais-français...

STÉPHANE Oh, et qu'est-ce que c'est? Ah, oui, les photos de tante Françoise.

VALÉRIE Des photos? Mais où?

STÉPHANE Ici! Amina, on peut regarder des photos de ma tante sur ton ordinateur, s'il te plaît?

AMINA Ah, et ça, c'est toute la famille, n'est-ce pas?

VALÉRIE Oui, ça c'est Henri, sa femme Françoise et leurs enfants: le fils aîné Bernard, et puis son frère Charles, sa sœur Sophie et leur chien Socrate.

STÉPHANE J'aime bien Socrate. Il est vieux, mais il est amusant!

VALÉRIE Ah! Et Bernard, il a son bac aussi et sa mère est très heureuse.

STÉPHANE Moi, j'ai envie d'habiter avec oncle Henri et tante Françoise. Comme ça, pas de problème pour le bac!

Suggestion Have students work in groups of four. Tell them to choose a role and read the **Roman-photo** conversation aloud.

STÉPHANE Pardon, maman. Je suis très heureux ici avec toi. Ah, au fait, Rachid travaille avec moi pour préparer le bac.

VALÉRIE Ah, bon? Rachid est très intelligent... un étudiant sérieux.

A C T I V I T É S

1 Vrai ou faux? Are the sentences **vrai** or **faux**?

1. Amina communique avec sa (*her*) tante par ordinateur. Faux.
2. Stéphane n'aime pas ses (*his*) cours au lycée. Vrai.
3. Ils regardent des photos de vacances. Faux.
4. Henri est le frère aîné de Valérie. Vrai.
5. Bernard est le cousin de Stéphane. Vrai.

6. Charles a déjà son bac. Vrai.
7. La tante de Stéphane s'appelle Françoise. Vrai.
8. Stéphane travaille avec Amina pour préparer le bac. Faux.
9. Socrate est le fils d'Henri et de Françoise. Faux.
10. Rachid n'est pas un bon étudiant. Faux.

1 Suggestion Have students correct the false statements.

Stéphane et Valérie regardent des photos de famille avec Amina.

Expressions utiles Point out the various forms of possessive adjectives and descriptive adjectives in the captions and the **Expressions utiles**. Tell students that this material will be formally presented in the **Structures** section. Do not expect students to produce the forms correctly at this time.

À la table d'Amina...

AMINA Alors, voilà vos photos. Qui est-ce?

VALÉRIE Oh, c'est Henri, mon frère aîné!

AMINA Quel âge a-t-il?

VALÉRIE Il a cinquante ans. Il est très sociable et c'est un très bon père.

VALÉRIE Ah! Et ça c'est ma nièce Sophie et mon neveu Charles! Regarde, Stéphane, tes cousins!

STÉPHANE Je n'aime pas Charles. Il est tellement sérieux.

VALÉRIE Il est peut-être trop sérieux, mais, lui, il a son bac!

AMINA Et Sophie, qu'elle est jolie!

VALÉRIE ... et elle a déjà son bac.

AMINA Ça oui, préparer le bac avec Rachid, c'est une idée géniale!

VALÉRIE Oui, c'est vrai. En théorie, c'est une excellente idée. Mais tu prépares le bac avec Rachid, hein? Pas le prochain match de foot!

Suggestion After students have read the **Roman-photo**, quickly review their predictions and ask them which ones were correct. Then ask a few questions to help guide students in summarizing this episode.

Expressions utiles Model the pronunciation of the **Expressions utiles** and have students repeat them.

Expressions utiles

Talking about your family

- **C'est ta sœur? Tes parents?**
  Is that your sister? Your parents?
- **C'est mon ami.**
  That's my friend.
- **Ça c'est Henri, sa femme Françoise et leurs enfants.**
  That's Henri, his wife Françoise, and their kids.

Describing people

- **Il a les yeux de quelle couleur? Marron ou bleue?**
  What color are his eyes? Brown or blue?
- **Il a les yeux bleus.**
  He has blue eyes.
- **Et ses cheveux? Ils sont blonds ou châtains? Frisés ou raides?**
  And his hair? Is it blond or brown? Curly or straight?
- **Il a les cheveux châtains et frisés.**
  He has curly brown hair.

Additional vocabulary

- **On peut regarder des photos de ma tante sur ton ordinateur?**
  Can/May we look at some photos from my aunt on your computer?
- **C'est toute la famille, n'est-ce pas?**
  That's the whole family, right?
- **Je ne sais pas (encore).**
  I (still) don't know.
- **Alors...**
  So...
- **vrai**
  true
- **une photo(graphie)**
  a photograph
- **une idée**
  an idea
- **peut-être**
  maybe
- **au fait**
  by the way
- **Hein?**
  Right?
- **déjà**
  already

---

2 **Vocabulaire** Describe how Stéphane would be on the occasions listed. Refer to a dictionary as necessary.

1. on his 87th birthday ___vieux___
2. after finding 20€ ___heureux___
3. while taking the **bac** ___sérieux___
4. after getting a good grade ___heureux___
5. after dressing for a party ___beau___

beau

heureux

sérieux

vieux

3 **Conversez** In pairs, describe which member of your family is most like Stéphane. How are they alike? Do they both like sports? Do they take similar subjects? How do they like school? How are their personalities? Be prepared to describe your partner's "Stéphane" to the class.

3 **Suggestion** If time is limited, this activity may be assigned as a written composition for homework.

ressources

VM pp. 195–196

DVD Leçon 5

promenades.vhlcentral.com Leçon 5

ACTIVITÉS

Avant la lecture Tell students to scan the reading, identify the cognates, and guess their meanings.

CULTURE À LA LOUPE

La famille en France

Comment est la famille française? Est-elle différente de la famille américaine? La majorité des Français sont-ils mariés, divorcés ou célibataires?

Il n'y a pas de réponse simple à ces questions. Les familles françaises sont très diverses. Le mariage est toujours° très populaire: la majorité des hommes et des femmes sont mariés. Mais attention! Les nombres° de personnes divorcées et de personnes célibataires augmentent chaque° année.

La structure familiale traditionnelle existe toujours en France, mais il y a des structures moins traditionnelles, comme les familles monoparentales, où° l'unique parent est divorcé, séparé ou veuf. Il y a aussi des familles qui combinent deux familles, avec un beau-père, une belle-mère, des demi-frères et des demi-sœurs. Certains couples choisissent° le Pacte Civil de Solidarité (PACS), qui offre certains droits° et protections aux couples non-mariés.

Géographiquement, les membres d'une famille d'immigrés peuvent° habiter près ou loin° les uns des autres°. Mais en général, ils préfèrent habiter les uns près des autres parce que l'intégration est parfois° difficile. Il existe aussi des familles d'immigrés séparées entre° la France et le pays d'origine.

Alors, oubliez les stéréotypes des familles en France. Elles sont grandes et petites, traditionnelles et non-conventionnelles; elles changent et sont toujours les mêmes°.

Coup de main

Remember to read decimal places in **French** using the French word **virgule** (*comma*) where you would normally say *point* in English. To say *percent*, use **pour cent**.

64,3% soixante-quatre virgule trois pour cent

sixty-four point three percent

La situation familiale des Français
(par tranche° d'âge)

ÂGE	CÉLIBATAIRE	EN COUPLE SANS ENFANTS	EN COUPLE AVEC ENFANTS	PARENT D'UNE FAMILLE MONOPARENTALE
< 25 ans	3,6%	2,8%	1%	0,3%
25–29 ans	16,7%	26,5%	26,2%	2,6%
30–44 ans	10,9%	9,8%	64,3%	6,2%
45–59 ans	11,7%	29,9%	47,2%	5,9%
> 60 ans	20,3%	59,2%	11,7%	2,9%

toujours *still* **nombres** *numbers* **chaque** *each* **où** *where* **choisissent** *choose* **droits** *rights* **ensemble** *together* **peuvent** *can* **près ou loin** *near or far from* **les uns des autres** *from one another* **parfois** *sometimes* **entre** *between* **mêmes** *same* **tranche** *bracket*

A C T I V I T É S

1 Complétez Provide logical answers.

1. Si on regarde la population française d'aujourd'hui, on observe que les familles françaises sont très _____diverses_____.
2. Le _____mariage_____ est toujours très populaire en France.
3. La majorité des hommes et des femmes sont _____mariés_____.
4. Le nombre de Français qui sont _____célibataires_____ augmente.
5. Dans les familles _____monoparentales_____, l'unique parent est divorcé, séparé ou veuf.
6. Il y a des familles qui combinent _____deux_____ familles.
7. Le _____PACS_____ offre certains droits et protections aux couples qui ne sont pas mariés.
8. Les immigrés aiment _____habiter_____ les uns près des autres.
9. Oubliez les _____stéréotypes_____ des familles en France.
10. Les familles changent et sont toujours _____les mêmes_____.

Après la lecture Ask students what facts about families in France are new or surprising to them.

Le monde francophone Explain that Mother's Day and Father's Day did not originate in France. The first **Journée des mères** took place in France in 1926; it became an official holiday **La Fête des mères** in 1950.

STRATÉGIE

Predicting content from visuals

When you read in French, look for visual clues, such as photos and illustrations, that will orient you to the content and purpose of the reading. Some visuals summarize data in a way that is easy to comprehend; these include bar graphs, lists of percentages, and other diagrams. Look at the visual elements of the **Culture à la loupe** selection and make a list of ideas about its content. Then, compare your list with a classmate's. Are your lists the same or different?

LE MONDE FRANCOPHONE

Les fêtes et la famille

Les États-Unis ont quelques fêtes° en commun avec le monde francophone, mais les dates et les traditions de ces fêtes diffèrent d'un pays° à l'autre°. Voici deux fêtes associées à la famille.

La Fête des mères

En France le dernier° dimanche de mai ou le premier° dimanche de juin
En Belgique le deuxième° dimanche de mai
À l'île Maurice le dernier dimanche de mai
Au Canada le deuxième dimanche de mai

La Fête des pères

En France le troisième° dimanche de juin
En Belgique le deuxième° dimanche de juin
Au Canada le troisième° dimanche de juin

quelques fêtes *some holidays* pays *country* autre *other*
dernier *last* premier *first* deuxième *second* troisième *third*

PORTRAIT

Les Noah

Dans° la famille Noah, le sport est héréditaire. À chacun son° sport: pour° Yannick, né en France, c'est le tennis; pour son père, Zacharie, né° à Yaoundé, au Cameroun, c'est le football°; pour son fils, Joakim, né aux États-Unis, c'est le basket-ball. Yannick est champion junior à Wimbledon en 1977 et participe aux championnats° du Grand Chelem° dans les années 1980. Son fils, Joakim, est un joueur° de basket-ball aux États-Unis. Il gagne° la finale du *Final Four NCAA* en 2006 et en 2007 avec les Florida Gators. Il est aujourd'hui joueur professionnel avec les Chicago Bulls. Le sport est dans le sang° chez les Noah!

Dans *In* À chacun son *To everybody his* pour *for* né *born* football *soccer* championnats *championships* Chelem *Slam* joueur *player* gagne *wins* sang *blood*

SUR INTERNET

Yannick Noah: célébrité du tennis et... de la chanson?°

Tennis star and singing sensation?

Go to *promenades.vhlcentral.com* to find more cultural information related to this **LECTURE CULTURELLE**. Then watch the corresponding **Flash culture**.

---

2 **Vrai ou faux?** Indicate if these statements are **vrai** or **faux**.

1. Le tennis est héréditaire chez les Noah. Faux. Le sport est héréditaire chez les Noah.
2. Zacharie Noah est né au Cameroun. Vrai.
3. Zacharie Noah était (*was*) un joueur de basket-ball. Faux. Zacharie Noah était un joueur de football.
4. Yannick gagne à l'US Open. Faux. Yannick gagne à Wimbledon.
5. Joakim joue (*plays*) pour les Lakers. Faux. Joakim joue pour les Chicago Bulls.
6. Le deuxième dimanche de mai, c'est la Fête des mères en Belgique et au Canada. Vrai.

3 **À vous...** With a partner, write six sentences describing another celebrity family whose members all share a common field or profession. Be prepared to share them with your classmates.

ressources

VM
pp. 243–244

promenades.vhlcentral.com
Leçon 5

A C T I V I T É S

5.1 Descriptive adjectives

NATIONAL STANDARDS · comparisons

Point de départ As you learned in **Leçon 2**, adjectives describe people, places, and things. In French, most adjectives agree in gender and number with the nouns or pronouns they modify.

SINGULAR MASCULINE NOUN ⟷	SINGULAR MASCULINE ADJECTIVE		PLURAL MASCULINE NOUN ⟷	PLURAL MASCULINE ADJECTIVE

Le **père** est **américain**.
The father is American.

As-tu des **cours faciles**?
Do you have easy classes?

- You've already learned several adjectives of nationality and some adjectives to describe your classes. Here are some adjectives used to describe physical characteristics.

Adjectives of physical description

bleu(e)	blue	joli(e)	pretty
blond(e)	blond	laid(e)	ugly
brun(e)	dark (hair)	marron	brown (not for hair)
châtain	brown (hair)	noir(e)	black
court(e)	short	petit(e)	small, short (stature)
grand(e)	tall, big	raide	straight
jeune	young	vert(e)	green

- Notice that, in the examples below, the adjectives agree in gender and number with the subjects.

Elles sont **blondes** et **petites**.
They are blond and short.

L'examen est **long**.
The exam is long.

- Use the expression **de taille moyenne** to describe someone or something of medium size.

Victor est un homme **de taille moyenne**.
Victor is a man of medium height.

C'est une université **de taille moyenne**.
It's a medium-sized university.

- The adjective **marron** is invariable; that is, it does not agree in gender and number with the noun it modifies. The adjective **châtain** is almost exclusively used to describe hair color.

Mon neveu a les **yeux marron**.
My nephew has brown eyes.

Ma nièce a les **cheveux châtains**.
My niece has brown hair.

 SUPERSITE   **MISE EN PRATIQUE**

1 **Ressemblances** Family members often look and behave alike. Describe them.

1 Expansion Have students restate the answers, except #3, #7, #8 and #9, using the phrase **les deux** to practice plural forms. Example: **1. Les deux sont curieux.**

MODÈLE

Caroline est intelligente. Elle a un frère. *Il est intelligent aussi.*

1. Jean est curieux. Il a une sœur.   Elle est curieuse aussi.
2. Carole est blonde. Elle a un cousin.   Il est blond aussi.
3. Albert est gros. Il a trois tantes.   Elles sont grosses aussi.
4. Sylvie est fière et heureuse. Elle a un fils.   Il est fier et heureux aussi.
5. Christophe est vieux. Il a une demi-sœur.   Elle est vieille aussi.
6. Martin est laid. Il a une petite-fille.   Elle est laide aussi.
7. Sophie est intellectuelle. Elle a deux grands-pères.   Ils sont intellectuels aussi.
8. Céline est naïve. Elle a deux frères.   Ils sont naïfs aussi.
9. Anne est belle. Elle a cinq neveux.   Ils sont beaux aussi.
10. Anissa est rousse. Elle a un mari.   Il est roux aussi.

2 **Une femme heureuse** Christine has a happy life. To know why, complete these sentences.

MODÈLE

Christine / avoir / trois enfants (beau)
Christine a trois beaux enfants.

1. Elle / avoir / des amis (sympathique)
   Elle a des amis sympathiques.
2. Elle / habiter / dans un appartement (nouveau)
   Elle habite dans un nouvel appartement.
3. Son (*Her*) mari / avoir / un travail (bon)
   Son mari a un bon travail.
4. Ses (*Her*) filles / être / des étudiantes (sérieux)
   Ses filles sont des étudiantes sérieuses.
5. Christine / être / une femme (heureux)
   Christine est une femme heureuse.
6. Son mari / être / un homme (beau)
   Son mari est un bel homme.
7. Elle / avoir / des collègues (amusant)
   Elle a des collègues amusants.
8. Sa (*Her*) secrétaire / être / une fille (jeune/intellectuel)
   Sa secrétaire est une jeune fille intellectuelle.
9. Elle / avoir / des chiens (bon)
   Elle a de bons chiens.
10. Ses voisins / être (poli)
    Ses voisins sont polis.

2 Suggestion To check students' work, have volunteers write their sentences on the board and read them aloud.

COMMUNICATION

3 **Comparaisons** In pairs, take turns comparing these brothers and their sister. Make as many comparisons as possible, then share them with the class to see which pair is most perceptive. Answers will vary.

3 **Expansion** To practice negation, have students say what the people in the drawings are not. Example: Géraldine et Jean-Paul ne sont pas petits.

Jean-Paul **Tristan** **Géraldine**

MODÈLE

Géraldine et Jean-Paul sont grands mais Tristan est petit.

4 **Qui est-ce?** Choose the name of a classmate. Your partner must guess the person by asking up to 10 **oui** or **non** questions. Then, switch roles. Answers will vary.

MODÈLE

Étudiant(e) 1: *C'est un homme?*
Étudiant(e) 2: *Oui.*
Étudiant(e) 1: *Il est de taille moyenne?*
Étudiant(e) 2: *Non.*

5 **Les bons copains** Interview two classmates to learn about one of their friends, using these questions and descriptive adjectives. Be prepared to report to the class what you learned. Answers will vary.

- Est-ce que tu as un(e) bon(ne) copain/copine?
- Comment est-ce qu'il/elle s'appelle?
- Quel âge est-ce qu'il/elle a?
- Comment est-ce qu'il/elle est?
- Il/Elle est de quelle origine?
- Quels cours est-ce qu'il/elle aime?
- Quels cours est-ce qu'il/elle déteste?

5 **Suggestion** Tell students to add two questions of their own to the list and to jot down notes during their interviews.

Some irregular adjectives

masculine singular	feminine singular	masculine plural	feminine plural	
beau	belle	beaux	belles	*beautiful; handsome*
bon	bonne	bons	bonnes	*good; kind*
fier	fière	fiers	fières	*proud*
gros	grosse	gros	grosses	*fat*
heureux	heureuse	heureux	heureuses	*happy*
intellectuel	intellectuelle	intellectuels	intellectuelles	*intellectual*
long	longue	longs	longues	*long*
naïf	naïve	naïfs	naïves	*naïve*
roux	rousse	roux	rousses	*red-haired*
vieux	vieille	vieux	vieilles	*old*

- The forms of the adjective **nouveau** (*new*) follow the same pattern as those of **beau**.

- Other adjectives that follow the pattern of **heureux** are **curieux** (*curious*), **malheureux** (*unhappy*), **nerveux** (*nervous*), and **sérieux** (*serious*).

Position of adjectives

- These adjectives are usually placed before the noun they modify: **beau**, **bon**, **grand**, **gros**, **jeune**, **joli**, **long**, **nouveau**, **petit**, and **vieux**.

  J'aime bien les **grandes familles**.　　Joël est un **vieux copain**.
  I like large families.　　*Joël is an old friend.*

- These adjectives are also generally placed before a noun: **mauvais(e)** (*bad*), **pauvre** (*poor, unfortunate*), **vrai(e)** (*true, real*).

- These forms are used before masculine singular nouns that begin with a vowel sound.

beau	bel	un **bel** appartement
vieux	vieil	un **vieil** homme
nouveau	nouvel	un **nouvel** ami

- The plural indefinite article **des** changes to **de** before an adjective followed by a noun.

  J'habite avec **des amis sympathiques**.　　J'habite avec **de bons amis**.
  I live with nice friends.　　*I live with good friends.*

Essayez!　　Provide all four forms of the adjectives.

1. grand *grand, grande, grands, grandes*
2. nerveux *nerveux, nerveuse, nerveux, nerveuses*
3. roux *roux, rousse, roux, rousses*
4. bleu *bleu, bleue, bleus, bleues*
5. naïf *naïf, naïve, naïfs, naïves*
6. gros *gros, grosse, gros, grosses*
7. long *long, longue, longs, longues*
8. fier *fier, fière, fiers, fières*

Essayez! Have students create sentences using these adjectives. Examples:
La tour Eiffel est grande. Les étudiants ne sont pas naïfs.

STRUCTURES

5.2 Possessive adjectives

Point de départ In both English and French, possessive adjectives express ownership or possession.

> **BOÎTE À OUTILS**
> In CONTEXTES, you learned a few possessive adjectives with family vocabulary: **mon grand-père, ma sœur, mes cousins.**

Possessive adjectives

masculine singular	feminine singular	plural	
mon	ma	mes	*my*
ton	ta	tes	*your* (fam. and sing.)
son	sa	ses	*his, her, its*
notre	notre	nos	*our*
votre	votre	vos	*your* (form. or pl.)
leur	leur	leurs	*their*

C'est ta sœur? Tes parents?

Voilà vos photos.

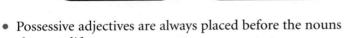

- Possessive adjectives are always placed before the nouns they modify.

C'est **ton** père?	Non, c'est **mon** oncle.
Is that your father?	*No, that's my uncle.*

- In French, unlike English, possessive adjectives agree in gender and number with the nouns they modify.

mon frère	**ma** sœur	**mes** grands-parents
my brother	*my sister*	*my grandparents*

- Note that **notre, votre,** and **leur** agree in number only.

notre neveu	**notre** famille	**nos** enfants
our nephew	*our family*	*our children*
leur cousin	**leur** cousine	**leurs** cousins
their cousin	*their cousin*	*their cousins*

- The masculine singular forms **mon, ton,** and **son** are used with feminine singular nouns that begin with a vowel sound.

mon amie	**ton** étudiante	**son** histoire
my friend	*your student*	*his story*

Suggestion Have students give the plural or singular of possessive adjectives with nouns. Say: **Donne le pluriel: mon étudiant, ton examen, notre cours.**

 SUPERSITE   **MISE EN PRATIQUE**

1 **Complétez** Complete the sentences with the correct possessive adjectives.

1. _____Ma_____ (*My*) sœur est très patiente.
2. Marc et Julien adorent _____leurs_____ (*their*) cours de philosophie et de maths.
3. Nadine et Gisèle, qui est _____votre_____ (*your*) amie?
4. C'est une belle photo de _____leur_____ (*their*) grand-mère.
5. Est-ce que tu as _____ta_____ (*your*) montre?
6. Nous voyageons en France avec _____nos_____ (*our*) enfants.
7. Est-ce que tu travailles beaucoup sur _____ton_____ (*your*) ordinateur?
8. _____Ses_____ (*Her*) cousins habitent à Paris.
9. J'aime bien _____son_____ (*his*) livre, il est très intéressant.
10. Bonjour, M. Martin. Comment sont _____vos_____ (*your*) étudiants cette année?

2 **Identifiez** Identify the owner(s) of each object.

MODÈLE

Ce sont les cahiers de Sophie.

2 Expansion To reinforce the relationship between possessive adjectives and possession with **de**, have students restate the answers using **son, sa,** or **ses.** Example: **C'est sa télévision.**

Sophie

Christophe
1. C'est la télévision de Christophe.

Georgette
4. Ce sont les stylos de Georgette.

Paul
2. C'est l'ordinateur de Paul.

Jacqueline
5. C'est l'université de Jacqueline.

Stéphanie
3. C'est la calculatrice de Stéphanie.

Christine
6. Ce sont les dictionnaires de Christine.

3 **Ma famille** Use these cues to interview as many classmates as you can to learn about their family members. Then, tell the class what you found out. Answers will vary.

MODÈLE

mère / parler / espagnol
Étudiant(e) 1: *Est-ce que ta mère parle espagnol?*
Étudiant(e) 2: *Oui, ma mère parle espagnol.*

1. sœur / travailler / en Californie

2. frère / être / célibataire

3. voisins / avoir / un chien

4. cousin / voyager / beaucoup

5. père / adorer / les ordinateurs

6. parents / être / divorcés

7. tante / avoir / les yeux marron

8. grands-parents / habiter / en Floride

4 **Portrait de famille** In groups of three, take turns describing your family. Listen carefully to your partners' descriptions without taking notes. After everyone has spoken, two of you describe the other's family to see how well you remember. Answers will vary.

MODÈLE

Étudiant(e) 1: *Sa mère est sociable.*
Étudiant(e) 2: *Sa mère est blonde.*
Étudiant(e) 3: *Mais non! Ma mère est timide et elle a les cheveux châtains.*

4 **Suggestion** Explain that one student will describe his or her own family (using **mon, ma, mes**) and then the other two will describe the first student's family (using **son, sa, ses**).

- The choice of **son**, **sa**, and **ses** depends on the gender and number of the noun possessed, not the gender and number of the owner. Context usually makes the meaning clear.

son frère = *his/her brother*
sa sœur = *his/her sister*
ses parents = *his/her parents*

Possession with *de*

- In English, you use *'s* to express relationships or ownership. In French, use **de (d')** + [*the noun or proper name*] instead.

C'est le petit ami **d'Élisabeth**. | C'est le petit ami **de ma sœur**.
That's Élisabeth's boyfriend. | *That's my sister's boyfriend.*

- When the preposition **de** is followed by the definite articles **le** and **les**, they contract to form **du** and **des**, respectively. There is no contraction when **de** is followed by **la** and **l'**.

de + le ▶ **du**   **de + les** ▶ **des**

L'opinion **du** grand-père est importante.
The grandfather's opinion is important.

La fille **des** voisins a les cheveux châtains.
The neighbors' daughter has brown hair.

Suggestion Point out that all possessive adjectives agree in number with the noun they modify, but that all singular possessives must agree in gender and number.

On peut regarder des photos de ma tante?

Elle a déjà son bac.

Essayez! Provide the appropriate form of each possessive adjective.

mon, ma, mes
1. _mon_ livre
2. _ma_ librairie
3. _mes_ professeurs

notre, nos
10. _notre_ cahier
11. _nos_ études
12. _notre_ bourse

ton, ta, tes
4. _tes_ ordinateurs
5. _ta_ télévision
6. _ton_ stylo

votre, vos
13. _vos_ soirées
14. _votre_ resto U
15. _vos_ devoirs

son, sa, ses
7. _sa_ table
8. _ses_ problèmes
9. _son_ école

leur, leurs
16. _leur_ résultat
17. _leur_ classe
18. _leurs_ notes

Essayez! Have students create sentences using these phrases. Examples: **C'est mon livre. Mes professeurs sont patients.**

SYNTHÈSE

NATIONAL communication STANDARDS

Révision

5 **Suggestion** Before beginning the activity, have two volunteers read the **modèle**. Make sure students understand that **Étudiant(e) 1** is the agent and **Étudiant(e) 2** is the casting director. Then ask students to describe the family in the comedy. Example: **Comment est le fils? (Il est brun et grand.)**

1 **Expliquez** In pairs, take turns randomly calling out one person from column A and one from column B. Your partner will explain how they are related. Answers will vary.

> **MODÈLE**
>
> **Étudiant(e) 1:** *ta sœur et ta mère*
> **Étudiant(e) 2:** *Ma sœur est la fille de ma mère.*

A	B
1. sœur	a. cousine
2. tante	b. mère
3. cousins	c. grand-père
4. demi-frère	d. neveu
5. père	e. oncle

2 **Les yeux de ma mère** List five physical (hair, eyes, and height) or personality traits that you share with other members of your family. Be specific. Then, in pairs, compare your lists and be ready to present your partner's list to the class. Answers will vary.

> **MODÈLE**
>
> **Étudiant(e) 1:** *J'ai les yeux bleus de mon père et je suis fier/fière comme mon grand-père.*
> **Étudiant(e) 2:** *Moi, je suis impatient(e) comme ma mère.*

3 **Les familles célèbres** In groups of four, play a guessing game. Imagine that you belong to one of these famous families or a famous family of your choice. Start describing your new family to your partners. The first person who guesses which family you are describing and where you fit in is the winner. He or she should describe another family. Answers will vary.

3 **Suggestion** Before beginning the activity, show the class pictures of the families listed for identification purposes. You might also wish to add a few names.

> La famille Adams
> La famille Griswold
> La famille Kennedy
> La famille Osborne
> La famille Simpson

4 **La famille idéale** Survey your classmates. Ask them to describe their ideal family. Record their answers. Then, in pairs, compare your results. Answers will vary.

> **MODÈLE**
>
> **Étudiant(e) 1:** *Comment est ta famille idéale?*
> **Étudiant(e) 2:** *Ma famille idéale est petite, avec deux enfants et beaucoup de chiens et de chats.*

4 **Expansion** Do a class survey to find out how many students think a large or small family is ideal and the ideal number of children. Ask: **La famille idéale est grande? Petite? Combien d'enfants a la famille idéale? Un? Deux? Trois? Plus?** Tally the results.

5 **Le casting** A casting director is on the phone with an agent to find actors for a new comedy about a strange family. In pairs, act out their conversation and find an actor to play each character. Answers will vary.

> **MODÈLE**
>
> **Étudiant(e) 1:** *Pour la mère, il y a Émilie. Elle est rousse et elle a les cheveux courts.*
> **Étudiant(e) 2:** *Ah, non. La mère est brune et elle a les cheveux longs. Avez-vous une actrice brune?*

La famille

le fils   la fille   le père   la mère   le cousin

Les acteurs et les actrices

Michelle   Patrick
Annick
Julie
                                    Laurent
                        Émilie
Stéphane   Robert

6 **Les différences** Your instructor will give you and a partner each a drawing of a family. Find the six differences between your picture and your partner's.

> **MODÈLE**
>
> **Étudiant(e) 1:** *La mère est blonde.*
> **Étudiant(e) 2:** *Non, la mère est brune.*

ressources		
WB pp. 31–34	LM pp. 31–34	promenades.vhlcentral.com Leçon 5

SUPERSITE

6 **Expansion** Ask students questions based on the artwork. Examples: **Le grand-père est-il grand? Les filles sont-elles heureuses?**

SUPERSITE

Le Zapping

Pages d'Or

The **Pages d'Or** (*Golden Pages*) of Belgium comprise a range of services whose objective is to connect businesses with potential customers. Technology is the principal means by which the **Pages d'Or** are today reaching a wider customer base, as the traditional printed telephone book is no longer their only product. The **Pages d'Or** also offer a range of technology products for allowing consumers to find quickly the businesses available for the services they need. These products include the **Pages d'Or** website, as well as listings on CD-ROM, DVD-ROM, and via digital television.

Pages d'Or®
www.pagesdor.be

—Papa, combien tu m'aimes?

—Pour toi, je décrocherais° la Lune°.

Compréhension Answer these questions. Some answers will vary.

1. Qui (*Who*) sont les deux personnes dans la publicité (*ad*)? C'est un père et son fils.
2. Pourquoi l'homme téléphone-t-il pour obtenir une grue (*crane*)? Il aime beaucoup son fils.
3. Comment trouve-t-il le numéro de téléphone? Il cherche dans les Pages d'Or.

 Discussion In groups of three, discuss the answers to these questions. Answers will vary.

1. Pourquoi est-il facile de trouver un numéro de téléphone aujourd'hui? Comment le faites-vous?
2. Employez le vocabulaire de cette leçon pour décrire les parents idéaux.

décrocherais *would take down* **Lune** *moon*

SUPERSITE

SUR INTERNET

Go to **promenades.vhlcentral.com** to watch the TV clip featured in this **Le zapping**.

Leçon 6

You will learn how to...
- describe people
- describe locations

Suggestion Use magazine pictures to introduce occupations. As you show each picture, identify the occupation and write it on the board. Example: **Il/Elle est architecte.**

Comment sont-ils?

Ils sont paresseux.

Il est rapide.

Il est fort.

Il est travailleur.

le propriétaire

discrète (discret *m.*)

fatiguée (fatigué *m.*)

jaloux (jalouse *f.*)

inquiète (inquiet *m.*)

triste

Vocabulaire

actif/active	active
antipathique	unpleasant
courageux/courageuse	courageous, brave
cruel(le)	cruel
doux/douce	sweet; soft
ennuyeux/ennuyeuse	boring
étranger/étrangère	foreign
faible	weak
favori(te)	favorite
fou/folle	crazy
généreux/généreuse	generous
génial(e) (géniaux *pl.*)	great
gentil(le)	nice
lent(e)	slow
méchant(e)	mean
modeste	modest, humble
pénible	tiresome
prêt(e)	ready
sportif/sportive	athletic
un(e) architecte	architect
un(e) artiste	artist
un(e) athlète	athlete
un(e) avocat(e)	lawyer
un(e) dentiste	dentist
un homme/une femme d'affaires	businessman/woman
un ingénieur	engineer
un(e) journaliste	journalist
un médecin	doctor

ressources

WB pp. 35–36	LM p. 21	SUPERSITE promenades.vhlcentral.com Leçon 6

Mise en pratique

la coiffeuse (coiffeur *m.*)

Il est drôle.

1 **Écoutez** You will hear descriptions of three people. Listen carefully and indicate whether the statements about them are **vrai** or **faux**.

Nora   Ahmed   Françoise

	Vrai	Faux
1. L'architecte aime le sport.	☐	☑
2. L'artiste est paresseuse.	☐	☑
3. L'artiste aime son travail.	☑	☐
4. Ahmed est médecin.	☐	☑
5. Françoise est gentille.	☑	☐
6. Nora est avocate.	☐	☑
7. Nora habite au Québec.	☐	☑
8. Ahmed est travailleur.	☑	☐
9. Françoise est mère de famille.	☑	☐
10. Ahmed habite avec sa femme.	☐	☑

1 Suggestions
• Before beginning the activity, have students describe the people in the photos.
• To check students' answers, call on volunteers to read the sentences and answers.

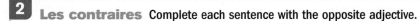

2 **Les contraires** Complete each sentence with the opposite adjective.

1. Ma grand-mère n'est pas cruelle, elle est ___douce/gentille___.
2. Mon frère n'est pas travailleur, il est ___paresseux___.
3. Mes cousines ne sont pas faibles, elles sont ___fortes___.
4. Ma tante n'est pas drôle, elle est ___ennuyeuse___.
5. Mon oncle est athlète. Il n'est pas lent, il est ___rapide___.
6. Ma famille et moi, nous ne sommes pas antipathiques, nous sommes ___sympathiques___.
7. Mes parents ne sont pas méchants, ils sont ___gentils/doux___.
8. Mon oncle n'est pas heureux, il est ___triste___.

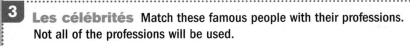

un musicien (musicienne *f.*)

3 **Les célébrités** Match these famous people with their professions. Not all of the professions will be used.

_h_	1. Donald Trump	a.	médecin
_e_	2. Claude Monet	b.	journaliste
_d_	3. Paul Mitchell	c.	musicien(ne)
_a_	4. Dr. Phil C. McGraw	d.	coiffeur/coiffeuse
_i_	5. Serena Williams	e.	artiste
_b_	6. Maria Shriver	f.	architecte
_c_	7. Beethoven	g.	avocat(e)
_g_	8. Johnny Cochran	h.	homme/femme d'affaires
		i.	athlète
		j.	dentiste

3 **Expansion** Have students provide additional names of famous people for each profession listed. Example: **Henri Matisse est artiste.**

CONTEXTES

Communication

4 **Les professions** In pairs, say what the true professions of these people are. Alternate reading and
answering the questions.

4 Expansion Ask the class questions about the
photos. Examples: **Qui est artiste? (Édouard est
artiste.) Qui travaille avec un ordinateur? (Charles
travaille avec un ordinateur.) Qui est coiffeur? (Jean
est coiffeur.) Est-il un bon coiffeur? (Oui, il est un
bon coiffeur./Non, il est un mauvais coiffeur.) Qui
est actif? (Jacques et Brigitte sont actifs.)**

MODÈLE

Étudiant(e) 1: *Est-ce que Sabine et
Sarah sont femmes d'affaires?*
Étudiant(e) 2: *Non, elles sont avocates.*

1. Est-ce que Louis
est athlète?
Non, il est dentiste.

2. Est-ce que Jean
est professeur?
Non, il est coiffeur.

3. Est-ce que Juliette
est ingénieur?
Non, elle est journaliste.

4. Est-ce que Charles
est médecin?
Non, il est homme d'affaires.

5. Est-ce que Pauline
est musicienne?
Non, elle est architecte.

6. Est-ce que Jacques et
Brigitte sont avocats?
Non, ils sont athlètes.

7. Est-ce qu'Édouard
est dentiste?
Non, il est artiste.

8. Est-ce que Martine et
Sophie sont propriétaires?
Non, elles sont musiciennes.

5 **Conversez** Interview a classmate. When asked **pourquoi**, answer with **parce que** (*because*). Answers will vary.

1. Quel âge ont tes parents? Comment sont-ils?
2. Y a-t-il un(e) avocat(e) dans ta famille? Qui (*Who*)?
3. Qui est ton/ta cousin(e) préféré(e)? Pourquoi?
4. Qui n'est pas ton/ta cousin(e) préféré(e)? Pourquoi?
5. As-tu des animaux familiers (*pets*)? Quel est ton animal familier favori? Pourquoi?
6. Qui est ton professeur préféré? Pourquoi?
7. Qui est gentil dans la classe? Pourquoi?
8. Quelles professions aimes-tu? Pourquoi?

5 Suggestions
• Tell students to add at least two more questions to the
list and to jot down their partner's responses.
• After completing the interviews, have volunteers
report to the class what their partner said.

6 **Quelle surprise!** You run into your French
instructor ten years after you graduated and want to
know what his or her life is like today. With a partner,
prepare a conversation where you: Answers will vary.

- greet each other
- ask each other's ages
- ask what each other's professions are
- ask about marital status and for a description
  of your significant others
- ask if either of you have children, and if so, for
  a description of them

7 **Les petites annonces** Write a **petite annonce**
(*personal ad*) where you describe yourself and your
ideal boyfriend or girlfriend. Include details such as
profession, age, physical characteristics, and personality,
both for yourself and for the person you hope reads
the ad. Your instructor will post the ads. In groups, take
turns reading them and guessing who wrote them.
Answers will vary.

7 Suggestions
• Provide students with a few models by passing out copies of authentic French
personal ads or using transparencies of personal ads.
• Have students divide a sheet of paper into two columns, labeling one **Moi** and
the other **Mon petit ami idéal/Ma petite amie idéale.** Have them brainstorm
French adjectives for each column. Ask them to rank each adjective in the
second column in terms of its importance to them.

Les sons et les lettres

🎧 L'accent circonflexe, la cédille, and le tréma

L'accent circonflexe (^) can appear over any vowel.

aîné	drôle	diplôme	pâté

L'accent circonflexe indicates that a letter, frequently an **s**, has been dropped from an older spelling. For this reason, l'accent circonflexe can be used to identify similarities between French and English words.

hospital → hôpital   forest → forêt

L'accent circonflexe is also used to distinguish between words with similar spellings but different meanings.

mûr	**mur**	**sûr**	**sur**
ripe	*wall*	*sure*	*on*

La cédille (¸) is only used with the letter **c**. It is always pronounced with a soft **c** sound, like the *s* in the English word *yes*. Use a **cédille** to retain the soft **c** sound before an **a**, **o**, or **u**. Before an **e** or an **i**, the letter **c** is always soft, so a **cédille** is not necessary.

garçon	français	ça	leçon

Le tréma (¨) is used to indicate that two vowel sounds are pronounced separately. It is always placed over the second vowel.

égoïste	naïve	Noël	Haïti

Suggestion Have volunteers write **hôpital** and **forêt** on the board. Ask students what each means in English. As they respond, insert an **s** in the appropriate place above the French word. Then write these words and have students guess their meaning: **arrêter** (*to arrest*), **bête** (*beast*), **coûte** (*cost*), **île** (*isle, island*), and **Côte d'Ivoire** (*Ivory Coast*).

🔊 Prononcez Practice saying these words aloud.

1. naïf
2. reçu
3. châtain
4. âge
5. français
6. fenêtre
7. théâtre
8. garçon
9. égoïste
10. château

🔊 Articulez Practice saying these sentences aloud.

1. Comment ça va?
2. Comme ci, comme ça.
3. Vous êtes française, Madame?
4. C'est un garçon cruel et égoïste.
5. J'ai besoin d'être reçu à l'examen.
6. Caroline, ma sœur aînée, est très drôle.

Plus ça change, plus c'est la même chose.[2]

🔊 Dictons Practice reading these sayings aloud.

Impossible n'est pas français.[1]

Suggestions
• Model the pronunciation of **mûr**, **mur**, and **sûr**, **sur**. Give students sentences with **mûr**, **mur**, **sûr**, or **sur** and ask them what the words mean based on the context. Examples: **1. Une grande carte est sur le mur. 2. J'ai raison; je suis sûr. 3. Les tomates ne sont pas mûres.**
• Write **comme ça** on the board and have students pronounce the words. Ask why **ça** needs **la cédille** and **comme** does not.

[1] There's no such thing as "can't". (lit. Impossible is not French.)
[2] The more things change, the more they stay the same.

ressources

LM p. 22

SUPERSITE
promenades.vhlcentral.com
Leçon 6

ROMAN-PHOTO

Suggestion Have students scan the captions under the video stills, and find four phrases with descriptive adjectives and two that mention professions.

On travaille chez moi!

PERSONNAGES

Amina

David

Rachid

Sandrine

Stéphane

Valérie

SANDRINE Alors, Rachid, où est David?

Un téléphone portable sonne (a cell phone rings)...

VALÉRIE Allô.

RACHID Allô.

AMINA Allô.

SANDRINE C'est Pascal! Je ne trouve pas mon téléphone!

AMINA Il n'est pas dans ton sac à dos?

SANDRINE Non!

RACHID Ben, il est sous tes cahiers.

SANDRINE Non plus!

AMINA Il est peut-être derrière ton livre... ou à gauche.

SANDRINE Mais non! Pas derrière! Pas à gauche! Pas à droite! Et pas devant!

RACHID Non! Il est là... sur la table. Mais non! La table à côté de la porte.

SANDRINE Ce n'est pas vrai! Ce n'est pas Pascal! Numéro de téléphone 06.62.70.94.87. Mais qui est-ce?

DAVID Sandrine? Elle est au café?

RACHID Oui... pourquoi?

DAVID Ben, j'ai besoin d'un bon café, oui, d'un café très fort. D'un espresso! À plus tard!

RACHID Tu sais, David, lui aussi, est pénible. Il parle de Sandrine. Sandrine, Sandrine, Sandrine.

RACHID ET STÉPHANE C'est barbant!

STÉPHANE C'est ta famille? C'est où?

RACHID En Algérie, l'année dernière chez mes grands-parents. Le reste de ma famille — mes parents, mes sœurs et mon frère, habitent à Marseille.

STÉPHANE C'est ton père, là?

RACHID Oui. Il est médecin. Il travaille beaucoup.

RACHID Et là, c'est ma mère. Elle, elle est avocate. Elle est très active... et très travailleuse aussi.

Suggestion Have the class read through the scenes that correspond to video stills 1–4 with volunteers playing character roles. Then have small groups read scenes 5–10.

A C T I V I T É S

1 Identifiez Indicate which character would make each statement. The names may be used more than once. Write **D** for David, **R** for Rachid, **S** for Sandrine, and **St** for Stéphane.

1. J'ai envie d'être architecte. _____St_____

2. Numéro de téléphone 06.62.70.94.87. _____S_____

3. David est un colocataire pénible. _____R_____

4. Stéphane! Tu n'es pas drôle! _____S_____

5. Que c'est ennuyeux! _____St_____

6. On travaille chez moi! _____R_____

7. Sandrine, elle est tellement pénible. _____St_____

8. Sandrine? Elle est au café? _____D_____

9. J'ai besoin d'un café très fort. _____D_____

10. C'est pour ça qu'on prépare le bac. _____R_____

1 Expansion Give students these additional items: **11. Ce n'est pas Pascal!** (Sandrine) **12. Elle est avocate.** (Rachid) **13. Si x égale 83 et y égale 90, la réponse c'est...** (Rachid)

Suggestion Have students locate **Algérie** on the world map in **Appendice A**.

Sandrine perd (*loses*) son téléphone.
Rachid aide Stéphane à préparer le bac.

Expressions utiles Point out any numbers between 61–100 and prepositions of location in the captions in the **Expressions utiles**. Tell students that this material will be formally presented in the **Structures** section.

STÉPHANE Qui est-ce? C'est moi!

SANDRINE Stéphane! Tu n'es pas drôle!

AMINA Oui, Stéphane. C'est cruel.

STÉPHANE C'est génial...

RACHID Bon, tu es prêt? On travaille chez moi!

À l'appartement de Rachid et de David...

STÉPHANE Sandrine, elle est tellement pénible. Elle parle de Pascal, elle téléphone à Pascal... Pascal, Pascal, Pascal! Que c'est ennuyeux!

RACHID Moi aussi, j'en ai marre.

STÉPHANE Avocate? Moi, j'ai envie d'être architecte.

RACHID Architecte? Alors, c'est pour ça qu'on prépare le bac.

Rachid et Stéphane au travail...

RACHID Allez, si *x* égale 83 et *y* égale 90, la réponse c'est...

STÉPHANE Euh... 100?

RACHID Oui! Bravo!

Expressions utiles

Making complaints

- **Sandrine, elle est tellement pénible.**
  Sandrine, she is so tiresome.
- **J'en ai marre.**
  I'm fed up.
- **Tu sais, David, lui aussi, est pénible.**
  You know, David, he too, he's tiresome.
- **C'est barbant!/C'est la barbe!**
  What a drag!

Reading numbers

- **Numéro de téléphone 06.62.70.94.87 (zéro six, soixante-deux, soixante-dix, quatre-vingt-quatorze, quatre-vingt-sept).**
  Phone number 06.62.70.94.87.
- **Si x égale 83 (quatre-vingt-trois) et y égale 90 (quatre-vingt-dix)...**
  If x equals 83 and y equals 90...
- **La réponse, c'est 100 (cent).**
  The answer is 100.

Expressing location

- **Où est le téléphone de Sandrine?**
  Where is Sandrine's telephone?
- **Il n'est pas dans son sac à dos.**
  It's not in her backpack.
- **Il est sous ses cahiers.**
  It's under her notebooks.
- **Il est derrière son livre, pas devant.**
  It's behind her book, not in front.
- **Il est à droite ou à gauche?**
  Is it to the right or to the left?
- **Il est sur la table à côté de la porte.**
  It's on the table next to the door.

Expressions utiles Model the pronunciation of the **Expressions utiles** and have students repeat after you. If available, use a cell phone to model the phrases that express location.

2 Vocabulaire Refer to the video stills and dialogues to match these people and objects with their locations.

a/c/e 1. sur la table
a 2. pas sous les cahiers
b/c/e 3. devant Rachid
b 4. au café
f 5. à côté de la porte
d 6. en Algérie

a. le téléphone de Sandrine
b. Sandrine
c. l'ordinateur de Rachid
d. la famille de Rachid
e. le café de Rachid
f. la table

3 Écrivez In pairs, write a brief description in French of one of the video characters. Do not mention the character's name. Describe his or her personality traits, physical characteristics, and career path. Be prepared to read your description aloud to your classmates, who will guess the identity of the character.

ressources

| VM pp. 197–198 | DVD Leçon 6 | promenades.vhlcentral.com Leçon 6 |

A C T I V I T É S

2 Suggestion To check students' answers, have them form complete sentences using **être**.
Examples: **Le téléphone de Sandrine est sur la table. L'ordinateur de Rachid est sur la table.**

LECTURE CULTURELLE

Avant la lecture Introduce the reading topic by asking: **Avez-vous beaucoup de copains?**
Combien d'amis avez-vous? De quoi parlez-vous avec vos copains? Et avec vos amis?
Avez-vous un(e) petit(e) ami(e)?

CULTURE À LA LOUPE

Avant la lecture
• Have students look at the photos and describe the people.
• Tell students to scan the reading, identify the cognates, and guess their meanings.

L'amitié

Quelle est la différence entre un copain et un ami? Un petit ami, qu'est-ce que c'est? Avoir plus de copains que° d'amis, c'est normal. Des copains sont des personnes qu'on voit assez souvent°, comme° des gens de l'université ou du travail°, et avec qui on parle de sujets ordinaires. L'amitié° entre copains est souvent éphémère et n'est pas très profonde. D'habitude°, ils ne parlent pas de problèmes très personnels.

Par contre°, des amis parlent de choses plus importantes et plus intimes. L'amitié est plus profonde, solide et stable, même si° on ne voit pas ses amis très souvent. Un ami, c'est une personne très proche° qui vous écoute quand vous avez un problème.

Un(e) petit(e) ami(e) est une personne avec qui on a une relation très intime et établie°, basée sur l'amour. Les jeunes couples français sortent° souvent en groupe avec d'autres° couples plutôt que° seuls; même si un jeune homme et une jeune femme sortent ensemble°, normalement chaque personne paie sa part.

Coup de main

To ask *what is* or *what are*, you can use **quel** and a form of the verb **être**. The different forms of **quel** agree in gender and number with the nouns to which they refer:

Quel / Quelle est...?
What is...?

Quels / Quelles sont...?
What are...?

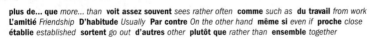

plus de... que *more... than* **voit assez souvent** *sees rather often* **comme** *such as* **du travail** *from work*
L'amitié *Friendship* **D'habitude** *Usually* **Par contre** *On the other hand* **même si** *even if* **proche** *close*
établie *established* **sortent** *go out* **d'autres** *other* **plutôt que** *rather than* **ensemble** *together*

A C T I V I T É S

1 Vrai ou faux? Are these statements **vrai** or **faux**?

1. Un copain est un très bon ami. Faux.
2. D'habitude, on a plus d'amis que de copains. Faux.
3. Un copain est une personne qu'on ne voit pas souvent. Faux.
4. Un ami est une personne avec qui on a une relation très solide. Vrai.
5. Normalement, on ne parle pas de ses problèmes personnels avec ses copains. Vrai.

6. Un ami vous écoute quand vous avez un problème. Vrai.
7. L'amitié entre amis est plus profonde que l'amitié entre copains. Vrai.
8. En général, les jeunes couples français vont au café ou au cinéma en groupe. Vrai.
9. Un petit ami est comme un copain. Faux.
10. En France, les femmes ne paient pas quand elles sortent. Faux.

1 Expansion Have students write two more true/false statements. Then tell them to exchange their papers with a classmate and complete the activity.

Après la lecture Have students identify some differences in French and American dating customs.
Ask: **Quelles sont les différences entre les coutumes françaises et américaines des jeunes couples?**

Portrait Show the class a photo of Gérard Depardieu. Ask: **Qui est-ce? Comment s'appelle-t-il? Quelle est sa profession?** Repeat the questions with a photo of his son and/or daughter. Then ask students to name any movies starring one or more of the Depardieus that they have seen, for example, *Last Holiday* (2006) or *The Man in the Iron Mask* (1998).

STRATÉGIE

Reading once through without stopping

While you might read something once in your native language and understand most of it, you might not achieve the same result from one read-through of a text in a foreign language. Reading a selection in French once through without stopping is still important, because it familiarizes you with the text's structure, introduces you to its vocabulary, and helps you get the gist of the reading. Instead of focusing on what you're missing, keep reading until you reach the end.

LE MONDE FRANCOPHONE

Le mariage et les traditions

Voici des objets et traditions associés au mariage dans le monde francophone.

En France Les jeunes mariés boivent° dans une coupe de mariage°, un objet de famille°.

En Belgique Une femme, à l'occasion de son mariage, porte° le mouchoir° familial où son nom et le nom de toutes les femmes mariées de sa famille sont brodés°.

Au Maroc Les amies de la mariée appliquent° du henné sur les mains° de la mariée.

Au Québec Les jeunes mariés et leurs invités boivent le caribou°.

boivent *drink* **dans une coupe de mariage** *from an engraved, double-handled wedding goblet* **objet de famille** *family heirloom* **porte** *carries* **mouchoir** *handkerchief* **brodés** *embroidered* **appliquent** *apply* **henné sur les mains** *henna to the hands* **caribou** *red wine with whisky*

PORTRAIT

Les Depardieu

Gérard

Les Depardieu sont une famille d'acteurs français. Gérard, le père, est l'acteur le plus célèbre° de France. Lauréat° de deux Césars°, un pour *Le Dernier Métro°* et l'autre° pour *Cyrano de Bergerac*, et d'un Golden Globe pour le film américain *Green Card*, il joue depuis trente ans° et a tourné° dans plus de 120 (cent vingt) films. Ses enfants ont aussi du succès dans la profession: Guillaume, son fils, a joué° dans beaucoup

Guillaume

de films, y compris° *Tous les matins du monde°* avec son père; Julie, sa fille, a déjà° deux Césars et a joué avec son père dans *Le Comte de Monte-Cristo*.

le plus célèbre *most famous* **Lauréat** *Winner* **Césars** *César awards (the equivalent of the Oscars in France)* **Le Dernier Métro** *The Last Metro* **l'autre** *the other* **il joue depuis trente ans** *he has been acting for thirty years* **a tourné dans** *has been in* **a joué** *has acted* **y compris** *including* **Tous les matins du monde** *All the Mornings of the World* **déjà** *already*

Julie

SUPERSITE

SUR INTERNET

Quand ils sortent (*go out*), où vont (*go*) les jeunes couples français?

Go to **promenades.vhlcentral.com** to find more cultural information related to this **LECTURE CULTURELLE.**

2 Les Depardieu Complete these statements with the correct information.

1. Gérard Depardieu a joué dans plus de ____120____ films.
2. Guillaume est ____le fils____ de Gérard Depardieu.
3. Julie est ____la fille____ de Gérard Depardieu.
4. Julie joue avec Gérard dans *Le Comte de Monte-Cristo*.
5. Guillaume joue avec Gérard dans *Tous les matins du monde*.
6. Julie a déjà ____deux____ Césars.

3 Comment sont-ils? Look at the photos of the Depardieu family. With a partner, take turns describing each person in detail in French. How old do you think they are? What do you think their personalities are like? Do you see any family resemblances?

3 Expansion You might want to tell students that Gérard was born in Châteauroux, France, and that Depardieu is a typical name from the center of France.

ressources

SUPERSITE

promenades.vhlcentral.com
Leçon 6

A C T I V I T É S

2 Expansion To check students' answers, have them work in pairs. Tell students to take turns asking the questions that would elicit each statement and responding with the completed sentence.

quatre-vingt-sept **87**

STRUCTURES

6.1 Numbers 61–100

Numbers 61–100

61–69	80–89
61 soixante et un	**80** quatre-vingts
62 soixante-deux	**81** quatre-vingt-un
63 soixante-trois	**82** quatre-vingt-deux
64 soixante-quatre	**83** quatre-vingt-trois
65 soixante-cinq	**84** quatre-vingt-quatre
66 soixante-six	**85** quatre-vingt-cinq
67 soixante-sept	**86** quatre-vingt-six
68 soixante-huit	**87** quatre-vingt-sept
69 soixante-neuf	**88** quatre-vingt-huit
	89 quatre-vingt-neuf

Suggestion Review numbers 0–20 by having the class count with you. Then have them count by tens to 60.

70–79	90–100
70 soixante-dix	**90** quatre-vingt-dix
71 soixante et onze	**91** quatre-vingt-onze
72 soixante-douze	**92** quatre-vingt-douze
73 soixante-treize	**93** quatre-vingt-treize
74 soixante-quatorze	**94** quatre-vingt-quatorze
75 soixante-quinze	**95** quatre-vingt-quinze
76 soixante-seize	**96** quatre-vingt-seize
77 soixante-dix-sept	**97** quatre-vingt-dix-sept
78 soixante-dix-huit	**98** quatre-vingt-dix-huit
79 soixante-dix-neuf	**99** quatre-vingt-dix-neuf
	100 cent

BOÎTE À OUTILS

STUDY TIP: To say numbers **70–99**, remember the arithmetic behind them. For example, **quatre-vingt-douze (92)** is **4 (quatre)** x **20 (vingt)** + **12 (douze)**.

- Numbers that end in the digit **1** are not usually hyphenated. They use the conjunction **et** instead.

  trente et un   **cinquante et un**   **soixante et un**

- Note that **81** and **91** are exceptions:

  quatre-vingt-un   **quatre-vingt-onze**

  Suggestion Numbers 101 and greater are presented in **Leçon 10.**

- The number **quatre-vingts** ends in **-s**, but there is no **-s** when it is followed by another number.

  quatre-vingts   **quatre-vingt-cinq**   **quatre-vingt-dix-huit**

Essayez! What are these numbers in French?

1. 67	_soixante-sept_	**6.** 91	quatre-vingt-onze
2. 75	soixante-quinze	**7.** 66	soixante-six
3. 99	quatre-vingt-dix-neuf	**8.** 87	quatre-vingt-sept
4. 70	soixante-dix	**9.** 52	cinquante-deux
5. 82	quatre-vingt-deux	**10.** 60	soixante

SUPERSITE   **MISE EN PRATIQUE**

1 **Les numéros de téléphone** Write down these phone numbers, then read them aloud in French.

MODÈLE

C'est le zéro un, quarante-trois, soixante-quinze, quatre-vingt-trois, seize.
01.43.75.83.16

1 **Expansion** Dictate actual phone numbers to the class and tell them to write the numerals.

1. C'est le zéro deux, soixante-cinq, trente-trois, quatre-vingt-quinze, zéro six.
   02.65.33.95.06

2. C'est le zéro un, quatre-vingt-dix-neuf, soixante-quatorze, quinze, vingt-cinq.
   01.99.74.15.25

3. C'est le zéro cinq, soixante-cinq, onze, zéro huit, quatre-vingts.
   05.65.11.08.80

4. C'est le zéro trois, quatre-vingt-dix-sept, soixante-dix-neuf, cinquante-quatre, vingt-sept.
   03.97.79.54.27

5. C'est le zéro quatre, quatre-vingt-cinq, soixante-neuf, quatre-vingt-dix-neuf, quatre-vingt-onze.
   04.85.69.99.91

6. C'est le zéro un, vingt-quatre, quatre-vingt-trois, zéro un, quatre-vingt-neuf.
   01.24.83.01.89

2 **Les maths** Read these math problems aloud, then write out each answer in words.

MODÈLE

65 + 3 = _soixante-huit_

Soixante-cinq plus trois font (equals) soixante-huit.

1. 70 + 15 = quatre-vingt-cinq
2. 82 + 10 = quatre-vingt-douze
3. 76 + 3 = soixante-dix-neuf
4. 88 + 12 = cent
5. 40 + 27 = soixante-sept
6. 67 + 6 = soixante-treize
7. 43 + 54 = quatre-vingt-dix-sept
8. 78 + 5 = quatre-vingt-trois
9. 70 + 20 = quatre-vingt-dix
10. 64 + 16 = quatre-vingts

3 **Comptez** Read the following numbers aloud in French, then follow the pattern to provide the missing numbers.

1. 60, 62, 64, ... 80   66, 68, 70, 72, 74, 76, 78
2. 76, 80, 84, ... 100   88, 92, 96
3. 100, 95, 90, ... 60   85, 80, 75, 70, 65
4. 99, 96, 93, ... 69   90, 87, 84, 81, 78, 75, 72

3 **Expansion** Tell students to write three additional series of numbers. Then have them exchange papers with a classmate and take turns reading the series and filling in the numbers.

COMMUNICATION

4 **Questions indiscrètes** With a partner, take turns asking how old these people are. Answers will vary.

M. Hubert Mme Hubert M. Moreau Mme Moreau M. Durand Mme Durand

MODÈLE

Étudiant(e) 1: *Madame Hubert a quel âge?*
Étudiant(e) 2: *Elle a 70 ans.*

5 **Qui est-ce?** Interview as many classmates as you can in five minutes to find out the name, relationship, and age of their oldest family member. Identify the student with the oldest family member to the class. Answers will vary.

MODÈLE

Étudiant(e) 1: *Qui est le plus vieux (the oldest) dans ta famille?*
Étudiant(e) 2: *C'est ma tante Julie. Elle a soixante-dix ans.*

6 **Les pourcentages** Tally your classmates' responses to the questions below, then calculate the percentages for each affirmative answer. (To figure percentages, divide the number of affirmative answers by the number of people in your class.) Answers will vary.

MODÈLE

Soixante-seize pour cent des étudiants ont un chien.

1. Tu as un chien?
2. Tu as un chat?
3. Tu as un frère ou des frères?
4. Tu as une sœur ou des sœurs?
5. Tu as des cousins?
6. Tu as des oncles et des tantes?

6 **Expansion** Have students make a pie chart or bar graph that shows the percentages of affirmative answers to each question. Call on volunteers to present their graphs to the class and to explain them in French.

Le français vivant

As-tu envie d'être
- ingénieur,
- musicien,
- architecte,
- professeur?

la calculatrice 61€
le sac à dos 70€
la chaise 82€
le bureau 96€

Tu as besoin d'une calculatrice intelligente, d'un beau bureau, d'une chaise confortable et d'un bon sac à dos.

Tu trouves tout dans le Catalogue VPC!

Identifiez Scan this catalogue page, and identify the instances where the numbers 61–100 are used. Answers will vary.

Questions Answers will vary.

1. Qui sont les personnes sur la photo?
2. Où est-ce qu'ils habitent?
3. Qu'est-ce qu'ils ont dans leur maison?
4. Quels autres (*other*) objets trouve-t-on dans le Catalogue VPC? (Imaginez.)
5. Quels sont leurs prix (*prices*)?

Le français vivant
- Call on a volunteer to read the catalogue page aloud. Point out the prices in euros.
- Ask students: **Combien d'objets y a-t-il sur la photo?**

6.2 Prepositions of location

Point de départ You have already learned expressions in French containing prepositions like **à**, **de**, and **en**. Prepositions of location describe the location of something or someone in relation to something or someone else.

- Use the preposition **à** before the name of any city to express *in, to*. The preposition that accompanies the name of a country varies, but you can use **en** in many cases. In **Leçon 13**, you will learn more names of countries and their corresponding prepositions.

Il étudie **à Nice**.
He studies in Nice.

Je voyage **en France** et **en Belgique**.
I'm traveling in France and Belgium.

Prepositions of location

à côté de	*next to*	en face de	*facing, across from*
à droite de	*to the right of*	entre	*between*
à gauche de	*to the left of*	loin de	*far from*
dans	*in*	par	*by*
derrière	*behind*	près de	*close to, near*
devant	*in front of*	sous	*under*
en	*in*	sur	*on*

- Use the contractions **du** and **des** in prepositional expressions when they are appropriate.

Le resto U est **à côté du** gymnase.
The cafeteria is next to the gym.

Notre chien aime manger **près des** enfants.
Our dog likes to eat close to the children.

- You can further modify prepositions of location by using intensifiers such as **tout** (*very, really*) and **juste** (*just, right*).

Ma sœur habite **juste à côté de** l'université.
My sister lives right next to the university.

Jules et Alain travaillent **tout près de** la fac.
Jules and Alain work really close to campus.

- You may use prepositions without the word **de** when they are not followed by a noun.

Ma sœur habite **juste à côté**.
My sister lives right next door.

Elle travaille **tout près**.
She works really close by.

Il n'est pas sous les cahiers.

Pas derrière! Pas à droite!

Suggestion Remind students that they may need to use the contractions **du** and **des**.

SUPERSITE   **MISE EN PRATIQUE**

1 **Où est ma montre?** Claude has lost her watch. Choose the appropriate prepositions to complete her friend Pauline's questions.

1. Elle est (sur / entre) le bureau? sur
2. Elle est (par / derrière) la télévision? derrière
3. Elle est (entre / dans) le lit et la table? entre
4. Elle est (en / sous) la chaise? sous
5. Elle est (sur / à côté de) la fenêtre? à côté de
6. Elle est (près du / entre le) sac à dos? près du
7. Elle est (devant / sur) la porte? devant
8. Elle est (dans / sous) la corbeille? dans

2 **Complétez** Complete these sentences with the appropriate prepositions. Suggested answers

MODÈLE

Nous sommes _chez_ nos cousins.

1. Nous sommes _devant_ la maison de notre tante.
2. Michel est _loin de_ Béatrice.
3. _Entre_ Jasmine et Laure, il y a le petit cousin, Adrien.
4. Béatrice est _à côté de_ Jasmine.
5. Jasmine est tout _près de_ Béatrice.
6. Michel est _derrière_ Laure.
7. Un oiseau est _sur_ la maison.
8. Laure est _à droite d'_ Adrien.

2 **Suggestion** Before beginning the activity, have students identify the people, places, and other objects in the drawing. Example: **Il y a un oiseau.**

Michel

Laure

Adrien

Jasmine

Béatrice

2 **Expansion** Have students create additional sentences about the location of the people or objects in the drawing. To practice negation, have students describe where the people and other objects are not located. Example: **La famille n'est pas devant la bibliothèque.**

COMMUNICATION

3 Où est l'objet? In pairs, take turns asking where these items are in the classroom. Use prepositions of location. *Answers will vary.*

> **MODÈLE** la carte
> **Étudiant(e) 1:** *Où est la carte?*
> **Étudiant(e) 2:** *Elle est devant la classe.*

1. l'horloge
2. l'ordinateur
3. le tableau
4. la fenêtre
5. le bureau du professeur
6. ton livre de français
7. la corbeille
8. la porte

4 Qui est-ce? Choose someone in the room. The rest of the class will guess whom you chose by asking yes/no questions that use prepositions of location. *Answers will vary.*

> **MODÈLE**
> *Est-ce qu'il/elle est derrière Dominique?*
> *Est-ce qu'il/elle est entre Jean-Pierre et Suzanne?*

5 S'il vous plaît...? A tourist stops someone on the street to ask where certain places are located. In pairs, play these roles using the map to locate the places. *Answers will vary.*

> **MODÈLE** la Banque Nationale de Paris (BNP)
> **Étudiant(e) 1:** *La BNP, s'il vous plaît?*
> **Étudiant(e) 2:** *Elle est en face de l'hôpital.*

1. le cinéma Ambassadeur
2. le restaurant Chez Marlène
3. la librairie Antoine
4. le lycée Camus
5. l'hôtel Royal
6. le café de la Place

5 Suggestion Before beginning this activity, make sure that students understand that the numbers on the illustration correspond to the places on the list. Have two volunteers read the **modèle** aloud.

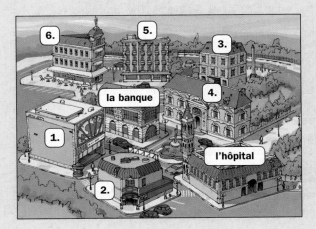

- The preposition **chez** has no exact English equivalent. It expresses the idea of *at* or *to someone's house* or *place*.

> Louise n'aime pas étudier **chez** Arnaud parce qu'il parle beaucoup.
> *Louise doesn't like studying at Arnaud's because he talks a lot.*
>
> Ce matin, elle n'étudie pas parce qu'elle est **chez** sa cousine.
> *This morning she's not studying because she's at her cousin's.*

- The preposition **chez** is also used to express the idea of *at* or *to a professional's office* or *business*.

> **chez** le docteur   **chez** la coiffeuse
> *at the doctor's*   *to the hairdresser's*

On travaille chez moi!

Stéphane est chez Rachid.

- Use disjunctive pronouns after prepositions instead of subject pronouns:

Suggestion Model the pronunciation of the disjunctive pronouns and have students repeat them. Explain that these pronouns are used in prepositional phrases.

	singular		plural
je	moi	nous	nous
tu	toi	vous	vous
il	lui	ils	eux
elle	elle	elles	elles

> Maryse travaille **à côté de moi**.
> *Maryse is working next to me.*

> J'aime mieux dîner **chez eux**.
> *I prefer to dine at their house.*

> Nous pensons **à lui**.
> *We're thinking about him.*

Essayez!   Provide the preposition indicated in parentheses.

1. La librairie est *derrière* (behind) le resto U.
2. J'habite *près de* (close to) leur lycée.
3. Le laboratoire est *à côté de* (next to) ma résidence.
4. Tu retournes *chez* (to the house of) tes parents ce week-end?
5. La fenêtre est *en face de* (across from) la porte.
6. Mon sac à dos est *sous* (under) la chaise.
7. Ses crayons sont *sur* (on) la table.
8. Votre ordinateur est *dans* (in) la corbeille!
9. Il n'y a pas de secrets *entre* (between) amis.
10. Le professeur est *devant* (in front of) les étudiants.

SYNTHÈSE

Révision

4 Suggestion To practice listening skills, tell students to cover the phone numbers with one hand and write the phone numbers down as their partner says them.

1 Le basket These basketball rivals are competing for the title. In pairs, predict the missing playoff scores. Then, compare your predictions with those of another pair. Be prepared to share your predictions with the class. *Answers will vary.*

1. Ohio State 76, Michigan _____
2. Florida _____, Florida State 84
3. Stanford _____, UCLA 79
4. Purdue 81, Indiana _____
5. Duke 100, Virginia _____
6. Kansas 95, Colorado _____
7. Texas _____, Oklahoma 88
8. Kentucky 98, Tennessee _____

1 Suggestion Point out that in France and most francophone countries (except Canada) the general public doesn't usually follow college sports.

2 La famille d'Édouard In pairs, take turns guessing how the members of Édouard's family are related to him and to each other by describing their locations in the photo. Compare your answers with those of another pair. *Answers will vary.*

Édouard

MODÈLE

Son père est derrière sa mère.

3 À la fac In pairs, take turns describing the location of a building (**un bâtiment**) on your campus. Your partner must guess which building you are describing in three tries. Keep score to determine the winner after several rounds. *Answers will vary.*

MODÈLE

Étudiant(e) 1: *C'est un bâtiment entre la bibliothèque et Sherman Hall.*
Étudiant(e) 2: *C'est le resto U?*
Étudiant(e) 1: *C'est ça!*

ressources

WB pp. 37–40	LM pp. 23–24	promenades.vhlcentral.com Leçon 6

4 C'est quel numéro? What courses would you take if you were studying at a French university? Take turns deciding and having your partner give you the phone number for enrollment information. *Answers will vary.*

MODÈLE

Étudiant(e) 1: *Je cherche un cours de philosophie.*
Étudiant(e) 2: *C'est le zéro quatre...*

Département	Numéro de téléphone
Architecture	04.76.65.74.92
Biologie	04.76.72.63.85
Chimie	04.76.84.79.64
Littérature anglaise	04.76.99.90.82
Mathématiques	04.76.86.66.93
Philosophie	04.76.75.99.80
Psychologie	04.76.61.88.91
Sciences politiques	04.76.68.96.81
Sociologie	04.76.70.83.97

5 À la librairie In pairs, role-play a customer at a campus bookstore and a clerk who points out where supplies are located. Then, switch roles. Each turn, the customer picks four items from the list. Use the drawing to find the supplies. *Answers will vary.*

MODÈLE

Étudiant(e) 1:
Je cherche des stylos.
Étudiant(e) 2: *Ils sont à côté des cahiers.*

des cahiers	un dictionnaire
une calculatrice	un iPhone®
une carte	du papier
des crayons	un sac à dos

6 Trouvez Your instructor will give you and your partner each a drawing of a family picnic. Ask each other questions to find out where all of the family members are located. *Answers will vary.*

MODÈLE

Étudiant(e) 1: *Qui est à côté du père?*
Étudiant(e) 2: *Le neveu est à côté du père.*

3 Suggestion You might want to make photocopies of your university's campus map and distribute them to the class for this activity since some students might not know the campus well.

Écriture

STRATÉGIE

Using idea maps

How do you organize ideas for a first draft? Often, the organization of ideas represents the most challenging part of the writing process. Idea maps are useful for organizing pertinent information. Here is an example of an idea map you can use when writing.

SCHÉMA D'IDÉES

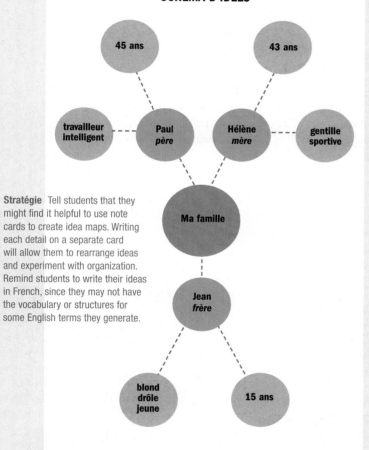

45 ans

43 ans

travailleur intelligent — Paul *père* — Hélène *mère* — gentille sportive

Ma famille

Jean *frère*

blond drôle jeune

15 ans

Stratégie Tell students that they might find it helpful to use note cards to create idea maps. Writing each detail on a separate card will allow them to rearrange ideas and experiment with organization. Remind students to write their ideas in French, since they may not have the vocabulary or structures for some English terms they generate.

Thème Introduce the common salutations and closings used in informal letters in French. Point out the difference between **cher** (masculine) and **chère** (feminine). Model the pronunciation to show students that the two words sound virtually the same. Explain that the closings **Grosses bises!** and **Bisous!** are often used with close friends. If the relationship is informal but the person is not a close friend, then **À plus** is an appropriate choice. **Amitiés** and **Cordialement** are less familiar than the other options.

Thème

Écrivez une lettre

A friend you met in a chat room for French speakers wants to know about your family. Using some of the verbs and adjectives you learned in this lesson, write a brief letter describing your family or an imaginary family, including:

- Names and relationships
- Physical characteristics
- Hobbies and interests

Here are some useful expressions for letter writing in French:

Salutations	
Cher Fabien,	*Dear Fabien,*
Chère Joëlle,	*Dear Joëlle,*

Asking for a response	
Réponds-moi vite.	*Write back soon.*
Donne-moi de tes nouvelles.	*Tell me all your news.*

Closings	
Grosses bises!	*Big kisses!*
Je t'embrasse!	*Kisses!*
Bisous!	*Kisses!*
À bientôt!	*See you soon!*
Amitiés,	*In friendship,*
Cordialement,	*Cordially,*
À plus (tard),	*Until later,*

Panorama

SUPERSITE

l'Arc de Triomphe

Paris

La ville en chiffres

▶ **Superficie:** *105 km² (cent cinq kilomètres carrés°)*

▶ **Population:** *plus de° 9.828.000 (neuf millions huit cent vingt-huit mille)*
SOURCE: Population Division, UN Secretariat

Paris est la capitale de la France. On a l'impression que Paris est une grande ville—et c'est vrai si on compte° ses environs°. Néanmoins°, elle mesure moins de° 10 kilomètres de l'est à l'ouest°, ainsi° on peut visiter la ville très facilement à pied°. Paris est divisée en 20 arrondissements°. Chaque° arrondissement a son propre maire° et son propre caractère.

▶ **Industries principales:** *haute couture, finances, transports, technologie, tourisme*

▶ **Musées:** *plus de 150 (cent cinquante): le musée° du Louvre, le musée d'Orsay, le centre Georges Pompidou et le musée Rodin*

Parisiens célèbres

▶ **Victor Hugo,** *écrivain° et activiste (1802–1885)*

▶ **Charles Baudelaire,** *poète (1821–1867)*

▶ **Auguste Rodin,** *sculpteur (1840–1917)*

▶ **Jean-Paul Sartre,** *philosophe (1905–1980)*

▶ **Simone de Beauvoir,** *écrivain (1908–1986)*

▶ **Édith Piaf,** *chanteuse (1915–1963)*

▶ **Emmanuelle Béart,** *actrice (1965–)*

Plan de Paris Point out that the Seine River (**La Seine**) divides Paris into two parts: the Left Bank (**la Rive Gauche**) and the Right Bank (**la Rive Droite**).

carrés *square* plus de *more than* si l'on compte *if one counts*
environs *surrounding areas* Néanmoins *Nevertheless* moins de *less than*
de l'est à l'ouest *from east to west* ainsi *in this way* à pied *on foot*
arrondissements *districts* Chaque *Each* son propre maire *its own mayor*
musée *museum* écrivain *writer* rues *streets* reposent *lie; rest*
provenant *from* repos *rest*

Paris
LA FRANCE

Basilique du Sacré-Cœur
Place du Tertre   18   19
Le Moulin Rouge
9
Parc Monceau   17
BOULEVARD HAUSSMANN
Arc de Triomphe   8   Opéra Garnier   BLVD. DES ITALIENS
La Madeleine   BLVD. DES CAPUCINES   AVE. DE L'OPÉRA   10
AVENUE DES CHAMPS-ÉLYSÉES   2
16   Jeu de Paume   BOULEVARD DE SEBASTOPOL
Bois de Boulogne   Grand Palais   Place de la Concorde   RUE DE RIVOLI   1   Les Halles   3   20
Jardins du Trocadéro   Seine   Orangerie   Jardin des Tuileries   Beaubourg/Centre Georges Pompidou-Centre National d'Art et de Culture   11
QUAI D'ORSAY   Assemblée Nationale   Musée du Louvre   RUE DE RIVOLI
Tour Eiffel   7   BLVD ST.-GERMAIN   Musée d'Orsay   Conciergerie   Hôtel de Ville   Place des Vosges
Parc du Champ de Mars   Hôtel des Invalides   Île de la Cité   4   Opéra de Paris Bastille
École Militaire   6   BOULEVARD   BOULEVARD   Cathédrale Notre-Dame   Île St.-Louis   12
Jardin du Luxembourg   Sorbonne   ST.-GERMAIN   Seine
14   Panthéon
Tour Montparnasse   5   13
BOULEVARD RASPAIL   BOULEVARD SAINT-MICHEL

0   0.5 mille
0   0.5 kilomètre

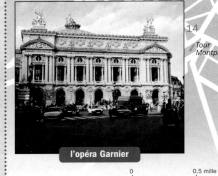

l'opéra Garnier

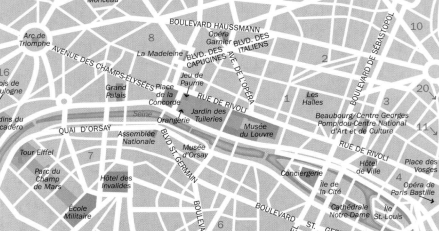

une terrasse de café

Incroyable mais vrai!

Sous les rues° de Paris, il y a une autre ville: les catacombes. Ici reposent° les squelettes d'environ 7.000.000 (sept millions) de personnes provenant° d'anciens cimetières de Paris et de ses environs. Plus de 100.000 (cent mille) touristes par an visitent cette ville de repos° éternel.

Les monuments
La tour Eiffel

La tour Eiffel a été construite° en 1889 (mille huit cent quatre-vingt-neuf) pour l'Exposition universelle, à l'occasion du centenaire° de la Révolution française. Elle mesure 324 (trois cent vingt-quatre) mètres de haut et pèse° 10.100 (dix mille cent) tonnes. La tour attire plus de° 6.000.000 (six millions) de visiteurs par an°.

Les gens
Paris-Plages

Pour les Parisiens qui ne voyagent pas pendant l'été°, la ville de Paris a créé° Paris-Plages pour apporter la plage° aux Parisiens! Inauguré en 2001 et installé sur les quais° de la Seine, Paris-Plages consiste en trois kilomètres de sable et d'herbe°, plein° d'activités comme la natation° et le volley. Ouvert en° juillet et en août, plus de 3.000.000 (trois millions) de personnes visitent Paris-Plages chaque° année.

Les musées
Le musée du Louvre

Ancien° palais royal, le musée du Louvre est aujourd'hui un des plus grands musées du monde° avec sa vaste collection de peintures°, de sculptures et d'antiquités orientales, égyptiennes, grecques et romaines. L'œuvre° la plus célèbre de la collection est *La Joconde*° de Léonard de Vinci. La pyramide de verre°, créée par l'architecte américain I.M. Pei, marque l'entrée° principale du musée.

Les transports
Le métro

L'architecte Hector Guimard a commencé à réaliser° des entrées du métro de Paris en 1898 (mille huit cent quatre-vingt-dix-huit). Ces entrées sont construites dans le style Art Nouveau: en forme de plantes et de fleurs°. Le métro est aujourd'hui un système très efficace° qui permet aux passagers de traverser° Paris rapidement.

 Qu'est-ce que vous avez appris? **Complétez les phrases.**

1. La ville de Paris est divisée en vingt ___arrondissements___.
2. Chaque arrondissement a ses propres ___maire___ et ___caractère___.
3. Charles Baudelaire est le nom d'un ___poète___ français.
4. Édith Piaf est une ___chanteuse___ française.
5. Plus de 100.000 personnes par an visitent ___les catacombes___ sous les rues de Paris.

6. La tour Eiffel mesure ___324___ mètres de haut.
7. En 2001, la ville de Paris a créé ___Paris-Plages___ au bord de (*banks*) la Seine.
8. Le musée du Louvre est un ancien ___palais___.
9. ___La pyramide de verre___ est une création de I.M. Pei.
10. Certaines entrées du métro sont de style ___Art Nouveau___.

WB pp. 41–42 | SUPERSITE promenades.vhlcentral.com Unité 3

 **SUPERSITE** | **SUR INTERNET**

Go to **promenades.vhlcentral.com** to find more cultural information related to this **PANORAMA**.

1. Quels sont les monuments les plus importants à Paris? Qu'est-ce qu'on peut faire (*can do*) dans la ville?
2. Trouvez des informations sur un des musées de Paris.
3. Recherchez la vie (*Research the life*) d'un(e) Parisien(ne) célèbre.
4. Cherchez un plan du métro de Paris et trouvez comment voyager du Louvre à la tour Eiffel.

construite *built* **centenaire** *100-year anniversary* **pèse** *weighs* **attire plus de** *attracts more than* **par an** *per year* **pendant l'été** *during the summer* **a créé** *created* **apporter la plage** *bring the beach* **quais** *banks* **de sable et d'herbe** *of sand and grass* **plein** *full* **natation** *swimming* **Ouvert en** *Open in* **chaque** *each* **Ancien** *Former* **monde** *world* **peintures** *paintings* **L'œuvre** *The work (of art)* **La Joconde** *The Mona Lisa* **verre** *glass* **entrée** *entrance* **a commencé à réaliser** *began to create* **fleurs** *flowers* **efficace** *efficient* **traverser** *to cross*

La famille

aîné(e)	elder
cadet(te)	younger
un beau-frère	brother-in-law
un beau-père	father-in-law; stepfather
une belle-mère	mother-in-law; stepmother
une belle-sœur	sister-in-law
un(e) cousin(e)	cousin
un demi-frère	half-brother; stepbrother
une demi-sœur	half-sister; stepsister
les enfants (m., f.)	children
un époux/ une épouse	spouse
une famille	family
une femme	wife; woman
une fille	daughter; girl
un fils	son
un frère	brother
une grand-mère	grandmother
un grand-père	grandfather
les grands-parents (m.)	grandparents
un mari	husband
une mère	mother
un neveu	nephew
une nièce	niece
un oncle	uncle
les parents (m.)	parents
un père	father
une petite-fille	granddaughter
un petit-fils	grandson
les petits-enfants (m.)	grandchildren
une sœur	sister
une tante	aunt
un chat	cat
un chien	dog
un oiseau	bird
un poisson	fish

Adjectifs descriptifs

antipathique	unpleasant
bleu(e)	blue
blond(e)	blond
brun(e)	dark (hair)
court(e)	short
drôle	funny
faible	weak
fatigué(e)	tired
fort(e)	strong
frisé(e)	curly
génial(e) (géniaux pl.)	great
grand(e)	big; tall
jeune	young
joli(e)	pretty
laid(e)	ugly
lent(e)	slow
mauvais(e)	bad
méchant(e)	mean
modeste	modest, humble
noir(e)	black
pauvre	poor, unfortunate
pénible	tiresome
petit(e)	small, short (stature)
prêt(e)	ready
raide	straight
rapide	fast
triste	sad
vert(e)	green
vrai(e)	true; real

Vocabulaire supplémentaire

divorcer	to divorce
épouser	to marry
célibataire	single
divorcé(e)	divorced
fiancé(e)	engaged
marié(e)	married
séparé(e)	separated
veuf/veuve	widowed
un(e) voisin(e)	neighbor

Expressions utiles	See pp. 71 and 85.
Possessive adjectives	See p. 76.
Numbers 61–100	See p. 88.
Prepositions of location	See p. 90.

Professions et occupations

un(e) architecte	architect
un(e) artiste	artist
un(e) athlète	athlete
un(e) avocat(e)	lawyer
un coiffeur/ une coiffeuse	hairdresser
un(e) dentiste	dentist
un homme/une femme d'affaires	businessman/ woman
un ingénieur	engineer
un(e) journaliste	journalist
un médecin	doctor
un(e) musicien(ne)	musician
un(e) propriétaire	owner; landlord/lady

Adjectifs irréguliers

actif/active	active
beau/belle	beautiful; handsome
bon(ne)	kind; good
châtain	brown (hair)
courageux/ courageuse	courageous, brave
cruel(le)	cruel
curieux/curieuse	curious
discret/discrète	discreet; unassuming
doux/douce	sweet; soft
ennuyeux/ennuyeuse	boring
étranger/étrangère	foreign
favori(te)	favorite
fier/fière	proud
fou/folle	crazy
généreux/généreuse	generous
gentil(le)	nice
gros(se)	fat
inquiet/inquiète	worried
intellectuel(le)	intellectual
jaloux/jalouse	jealous
long(ue)	long
(mal)heureux/ (mal)heureuse	(un)happy
marron	brown
naïf/naïve	naïve
nerveux/nerveuse	nervous
nouveau/nouvelle	new
paresseux/paresseuse	lazy
roux/rousse	red-haired
sérieux/sérieuse	serious
sportif/sportive	athletic
travailleur/ travailleuse	hard-working
vieux/vieille	old

Au café

Pour commencer

- Quelle heure est-il?
  a. 7h00 du matin   b. midi   c. minuit
- Qu'est-ce qu'il y a sur la table?
  a. une soupe   b. une limonade
  c. des sandwichs
- Qu'est-ce que Sandrine et David ont envie de faire (do)?
  a. manger   b. partager   c. échouer

Leçon **7**

You will learn how to...

- say where you are going
- say what you are going to do

Suggestion Have students look at the new vocabulary and identify the cognates.

Où allons-nous?

une montagne

une maison

Il passe chez quelqu'un. (passer)

Elle quitte la maison. (quitter)

Ils déjeunent. (déjeuner)

Poissonnerie

Café An

une place

une terrasse de café

Elles bavardent. (bavarder)

Vocabulaire

danser	to dance
explorer	to explore
fréquenter	to frequent; to visit
inviter	to invite
nager	to swim
patiner	to skate
une banlieue	suburbs
une boîte (de nuit)	nightclub
un bureau	office; desk
un centre commercial	shopping center, mall
un centre-ville	city/town center, downtown
un cinéma (ciné)	movie theater, movies
un endroit	place
un grand magasin	department store
un gymnase	gym
← un hôpital	hospital
un lieu	place
un magasin	store
un marché	market
un musée	museum
un parc	park
une piscine	pool
un restaurant	restaurant
une ville	city, town

animal p. 10

Suggestion Point out that **un gymnase** in France generally has a track, exercise equipment, basketball or tennis courts, showers, but no pool.

ressources

WB pp. 43–44	LM p. 25	promenades.vhlcentral.com Leçon 7

SUPERSITE

une église

une épicerie

euromarché

oine

JOURNAUX

un kiosque

Il dépense de l'argent (*m.*). (dépenser)

Mise en pratique

1 **Écoutez** 🎧 Jamila parle de sa journée à son amie Samira. Écoutez la conversation et mettez (*put*) les lieux listés dans l'ordre chronologique. Il y a deux lieux en trop (*extra*).

- 3 **a.** à l'hôpital
- 8 **b.** à la maison
- 1 **c.** à la piscine
- 5 **d.** au centre commercial
- 6 **e.** au cinéma
- NA **f.** à l'église
- 2 **g.** au musée
- 7 **h.** au bureau
- NA **i.** au parc
- 4 **j.** au restaurant

1 **Suggestion** Before beginning the activity, have students read the list of places and the **Coup de main.**

2 **Associez** Quels lieux associez-vous à ces activités?

1. nager _____une piscine_____
2. danser _____une boîte (de nuit)_____
3. dîner _____un restaurant_____
4. travailler _____un bureau_____
5. habiter _____une maison_____
6. épouser _____une église_____
7. voir (*to see*) un film _____un cinéma_____
8. acheter (*to buy*) des fruits _____un marché, une épicerie_____

2 **Expansions**
- For additional practice, give students these items.
  9. chanter (une église)
  10. manger (un restaurant/ un café) **11.** dessiner (un musée)
- Do this activity in reverse. Name places and have students say what activities can be done there.

3 **Logique ou illogique** Lisez chaque phrase et déterminez si l'action est logique ou illogique. Corrigez si nécessaire. Suggested answers

	logique	illogique
1. Maurice invite Delphine à une épicerie. *Maurice invite Delphine au musée.*	☐	☑
2. Caroline et Aurélie bavardent au marché.	☑	☐
3. Nous déjeunons à l'épicerie. *Nous déjeunons au restaurant.*	☐	☑
4. Ils dépensent beaucoup d'argent au centre commercial.	☑	☐
5. Vous explorez une ville.	☑	☐
6. Vous escaladez (*climb*) une montagne.	☑	☐
7. J'habite en banlieue.	☑	☐
8. Tu danses dans un marché. *Tu danses dans une boîte (de nuit).*	☐	☑

3 **Suggestion** Tell students to write their corrections. Then have volunteers write their sentences on the board.

CONTEXTES

Communication

4 **Conversez** Avec un(e) partenaire, échangez vos opinions sur ces activités. Utilisez un élément de chaque colonne dans vos réponses. Answers will vary.

> **MODÈLE**
>
> **Étudiant(e) 1:** Moi, j'adore bavarder au restaurant, mais je déteste parler au musée.
> **Étudiant(e) 2:** Moi aussi, j'adore bavarder au restaurant. Je ne déteste pas parler au musée, mais j'aime mieux bavarder au parc.

4 **Suggestion** Have two volunteers read the **modèle** aloud.

Opinion	Activité	Lieu
adorer	bavarder	au bureau
aimer (mieux)	danser	au centre commercial
ne pas tellement aimer	déjeuner	au centre-ville
détester	dépenser de l'argent	au cinéma
	étudier	au gymnase
	inviter	au musée
	nager	au parc
	parler	à la piscine
	patiner	au restaurant

4 **Expansion** After completing the activity, have students share their partner's opinions with the rest of the class.

5 **La journée d'Anne** Votre professeur va vous donner, à vous et à votre partenaire, une feuille d'activités partiellement illustrée. À tour de rôle, posez-vous des questions pour compléter vos feuilles respectives. Utilisez le vocabulaire de la leçon. Attention! Ne regardez pas la feuille de votre partenaire. Answers will vary.

> **MODÈLE**
>
> **Étudiant(e) 1:** À 7h30, Anne quitte la maison. Qu'est-ce qu'elle fait ensuite (do next)?
> **Étudiant(e) 2:** À 8h00, elle...

5 **Suggestion** Divide the class into pairs and distribute the Info Gap Handouts in the IRM on the IRCD-ROM for this activity. Give students ten minutes to complete the activity.

Anne

6 **Une lettre** Écrivez une lettre à un(e) ami(e) dans laquelle (*in which*) vous décrivez vos activités de la semaine. Utilisez les expressions de la boîte. Answers will vary.

bavarder	passer chez quelqu'un
déjeuner	travailler
dépenser de l'argent	quitter la maison
étudier	un centre commercial
manger au restaurant	une boîte de nuit

Cher Paul,

Comment vas-tu? Moi, tout va bien. Je suis très actif/active à l'université. Je travaille beaucoup et j'ai beaucoup d'amis. En général, le samedi à midi, je déjeune au restaurant Le Lion d'Or avec mes copains. L'après-midi, je bavarde avec mes amis...

6 **Suggestion** Tell students that they should use the salutation **chère** if they are writing to a female. Remind them to use expressions of time, such as **le lundi après-midi** and **le samedi soir** in their letters.

Les sons et les lettres

Oral vowels

French has two basic kinds of vowel sounds: oral vowels, the subject of this discussion, and nasal vowels, presented in **Leçon 8**. Oral vowels are produced by releasing air through the mouth. The pronunciation of French vowels is consistent and predictable.

In short words (usually two-letter words), **e** is pronounced similarly to the *a* in the English word *about*.

l**e**	q**ue**	c**e**	d**e**

The letter **a** alone is pronounced like the *a* in *father*.

l**a**	ç**a**	m**a**	t**a**

The letter **i** by itself and the letter **y** are pronounced like the vowel sound in the word *bee*.

ic**i**	l**i**vre	st**y**lo	l**y**cée

The letter combination **ou** sounds like the vowel sound in the English word *who*.

v**ou**s	n**ou**s	**ou**blier	éc**ou**ter

The French **u** sound does not exist in English. To produce this sound, say *ee* with your lips rounded.

t**u**	d**u**	**u**ne	ét**u**dier

Prononcez Répétez les mots suivants à voix haute.

1. je
2. chat
3. fou
4. ville
5. utile
6. place
7. jour
8. triste
9. mari
10. active
11. Sylvie
12. rapide
13. gymnase
14. antipathique
15. calculatrice
16. piscine

Articulez Répétez les phrases suivantes à voix haute.

1. Salut, Luc. Ça va?
2. La philosophie est difficile.
3. Brigitte est une actrice fantastique.
4. Suzanne va à son cours de physique.
5. Tu trouves le cours de maths facile?
6. Viviane a une bourse universitaire.

Dictons Répétez les dictons à voix haute.

Qui va à la chasse perd sa place.[1]

Plus on est de fous, plus on rit.[2]

[1] He who steps out of line loses his place.

[2] The more the merrier.

ressources

LM p. 26

promenades.vhlcentral.com
Leçon 7

ROMAN-PHOTO

Star du cinéma

Suggestion Ask students to read the title, glance at the video stills, and predict what they think the episode will be about. Record their predictions.

PERSONNAGES

Amina

David

Pascal

Sandrine

À l'épicerie...

DAVID Juliette Binoche? Pas possible! Je vais chercher Sandrine!

Suggestion Have students work in groups and read the **Roman-photo** conversation aloud.

Au café...

PASCAL Alors chérie, tu vas faire quoi de ton week-end?

SANDRINE Euh, demain je vais déjeuner au centre-ville.

PASCAL Bon... et quand est-ce que tu vas rentrer?

SANDRINE Euh, je ne sais pas. Pourquoi?

PASCAL Pour rien. Et demain soir, tu vas danser?

SANDRINE Ça dépend. Je vais passer chez Amina pour bavarder avec elle.

PASCAL Combien d'amis as-tu à Aix-en-Provence?

SANDRINE Oh, Pascal...

PASCAL Bon, moi, je vais continuer à penser à toi jour et nuit.

DAVID Mais l'actrice! Juliette Binoche!

SANDRINE Allons-y! Vite! C'est une de mes actrices préférées! J'adore le film *Chocolat*!

AMINA Et comme elle est chic! C'est une vraie star!

DAVID Elle est à l'épicerie! Ce n'est pas loin d'ici!

Dans la rue...

AMINA Mais elle est où, cette épicerie? Nous allons explorer toute la ville pour rencontrer Juliette Binoche?

SANDRINE C'est là, l'épicerie Pierre Dubois à côté du cinéma?

DAVID Mais non, elle n'est pas à l'épicerie Pierre Dubois, elle est à l'épicerie près de l'église, en face du parc.

AMINA Et combien d'églises est-ce qu'il y a à Aix?

SANDRINE Il n'y a pas d'église en face du parc!

DAVID Bon, hum, l'église sur la place.

AMINA D'accord, et ton église sur la place, elle est ici au centre-ville ou en banlieue?

ACTIVITÉS

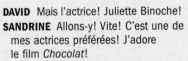

1 Vrai ou faux? Indiquez pour chaque phrase si l'affirmation est vraie ou fausse et corrigez si nécessaire.

1. David va chercher Pascal. Faux. David va chercher Sandrine.
2. Sandrine va déjeuner au centre-ville. Vrai.
3. Pascal va passer chez Amina. Faux. Sandrine va passer chez Amina.
4. Pascal va continuer à penser à Sandrine jour et nuit. Vrai.
5. Pascal va bien. Vrai.

6. Juliette Binoche est l'actrice préférée de Sandrine. Vrai.
7. L'épicerie est loin du café. Faux. L'épicerie n'est pas loin.
8. L'épicerie Pierre Dubois est à côté de l'église. Faux. L'épicerie Pierre Dubois est à côté du cinéma.
9. Il n'y a pas d'église en face du parc. Vrai.
10. Juliette Binoche fréquente le P'tit Bistrot. Faux. Juliette Binoche ne fréquente pas le P'tit Bistrot.

1 Expansion For additional practice, give students these items.
11. Juliette Binoche est vieille. (Faux. Elle n'est pas vieille.)
12. Amina pense que Juliette Binoche est chic. (Vrai.)

David et les filles à la recherche de (*in search of*) leur actrice préférée.

SANDRINE Oui. Génial.
Au revoir, Pascal.
AMINA Salut Sandrine. Comment va Pascal?
SANDRINE Il va bien mais il adore bavarder.

DAVID Elle est là, elle est là!
SANDRINE Mais, qui est là?
AMINA Et c'est où, «là»?
DAVID Juliette Binoche! Mais non, pas ici!
SANDRINE ET AMINA Quoi? Qui? Où?

Devant l'épicerie...
DAVID C'est elle, là! Hé, JULIETTE!
AMINA Oh, elle est belle!
SANDRINE Elle est jolie, élégante!
AMINA Elle est... petite?
DAVID Elle, elle... est... vieille?!?

AMINA Ce n'est pas du tout Juliette Binoche!
SANDRINE David, tu es complètement fou! Juliette Binoche, au centre-ville d'Aix?
AMINA Pourquoi est-ce qu'elle ne fréquente pas le P'tit Bistrot?

Expressions utiles

Talking about your plans

- **Tu vas faire quoi de ton week-end?**
  What are you doing this weekend?
- **Je vais déjeuner au centre-ville.**
  I'm going to have lunch downtown.
- **Quand est-ce que tu vas rentrer?**
  When are you coming back?
- **Je ne sais pas.**
  I don't know.
- **Je vais passer chez Amina.**
  I am going to Amina's (house).
- **Nous allons explorer toute la ville.**
  We're going to explore the whole city.

Additional vocabulary

- **C'est une de mes actrices préférées.**
  She's one of my favorite actresses.
- **Comme elle est chic!**
  She is so chic!
- **Ce n'est pas loin d'ici!**
  It's not far from here!
- **Ce n'est pas du tout...**
  It's not... at all.
- **Ça dépend.**
  It depends.
- **Pour rien.**
  No reason.
- **Vite!**
  Quick!, Hurry!

2 **Questions** À l'aide (*the help*) d'un dictionnaire, choisissez le bon mot pour chaque question.

1. (Avec qui, Quoi) Sandrine parle-t-elle au téléphone?
2. (Où, Parce que) Sandrine va-t-elle déjeuner?
3. (Qui, Pourquoi) Pascal demande-t-il à Sandrine quand elle va rentrer?
4. (Combien, Comment) d'amis Sandrine a-t-elle?
5. (Combien, À qui) Amina demande-t-elle comment va Pascal?
6. (Quand, Où) est Juliette Binoche?

3 **Écrivez** Pensez à votre acteur ou actrice préféré(e) et préparez un paragraphe où vous décrivez son apparence, sa personnalité et sa carrière. Comment est-il/elle? Dans quel(s) (*which*) film(s) joue-t-il/elle? Si un jour vous rencontrez cet acteur/cette actrice, qu'est-ce que vous allez lui dire (*say to him or her*)?

ressources

| VM pp. 199–200 | DVD Leçon 7 | promenades.vhlcentral.com Leçon 7 |

A C T I V I T É S

CULTURE À LA LOUPE

Les passe-temps des jeunes Français

Comment est-ce que les jeunes occupent leur temps libre° en France?
Les jeunes de 15 à 25 ans passent beaucoup de temps à regarder la télévision: environ° 14 heures par° semaine. Ils écoutent aussi beaucoup de musique: environ 16 heures par semaine, et surfent souvent° sur Internet (11 heures). Les jeux° vidéo sont aussi très populaires: les jeunes jouent° en moyenne° 12 heures par semaine.

En France, les jeunes aiment également° les activités culturelles, en particulier le cinéma: en moyenne, ils y° vont une fois° par semaine. Ils aiment aussi la littérature et l'art: presque° 50% (pour cent) visitent des musées ou des monuments historiques chaque année et plus de° 40% vont au théâtre ou à des concerts. Un jeune sur cinq° joue d'un instrument de musique ou chante°, et environ 20% d'entre eux° pratiquent une activité artistique, comme la danse, le théâtre, la sculpture, le dessin° ou la peinture°. La photographie et la vidéo sont aussi très appréciées.

Il ne faut pas° oublier de mentionner que les jeunes Français sont aussi très sportifs. Bien sûr, comme tous les jeunes, ils préfèrent parfois° simplement se détendre° et bavarder avec des amis.

Finalement, les passe-temps des jeunes Français sont similaires aux activités des jeunes Américains!

Les activités culturelles des Français	
(% des Français qui les° pratiquent)	
le dessin	7%
l'écriture°	4%
la peinture	4%
le piano	3%
autre instrument de musique	3%
la danse	2%
la guitare	2%
la sculpture	1%
le théâtre	1%

temps libre *free time* **environ** *around* **par** *per* **souvent** *often* **jeux** *games* **jouent** *play* **en moyenne** *on average* **également** *also* **y** *there* **fois** *time* **presque** *almost* **plus de** *more than* **un... sur cinq** *one... in five* **chante** *sings* **d'entre eux** *of them* **dessin** *drawing* **peinture** *painting* **Il ne faut pas** *One must not* **parfois** *sometimes* **se détendre** *relax* **les** *them* **écriture** *writing*

ACTIVITÉS

1 Vrai ou faux? Indiquez si les phrases sont **vraies** ou **fausses**.

1. Les jeunes Français n'écoutent pas de musique. Faux.
2. Les jeunes Français n'utilisent pas Internet. Faux.
3. Les jeunes Français aiment aller au musée. Vrai.
4. Les jeunes Français n'aiment pas beaucoup les livres. Faux.
5. Les jeunes Français n'aiment pas pratiquer d'activités artistiques. Faux.
6. Les Français entre 15 et 25 ans ne font pas de sport. Faux.
7. Les passe-temps des jeunes Américains sont similaires aux passe-temps des jeunes Français. Vrai.
8. L'instrument de musique le plus (*the most*) populaire en France est le piano. Vrai.
9. Plus de (*More*) gens pratiquent la peinture que la sculpture. Vrai.
10. Environ 10% des Français pratiquent la sculpture. Faux.

Après la lecture Working in small groups, have students compare French and American pastimes. Tell them to make a list of the similarities and differences in French. Then ask several groups to read their lists to the class.

Portrait Point out Astérix and Obélix in the photo. If possible, bring in an Astérix comic strip to show the students.

STRATÉGIE

Scanning

Scanning involves glancing over a text in search of specific information. For example, you can scan a document to identify its format, to find cognates, to locate visual clues about its content, or to find specific facts. Scanning allows you to learn a great deal about a text without having to read it word for word. Scan the **Portrait** selection and, in pairs, make a list of the cognates you find.

LE MONDE FRANCOPHONE

Où passer le temps

Voici quelques endroits typiques où les jeunes francophones aiment se restaurer° et passer du temps.

En Afrique de l'ouest

Le maquis Commun dans beaucoup de pays° d'Afrique de l'ouest°, le maquis est un restaurant où on peut manger à bas prix°. Situé en ville ou en bord de route°, le maquis est typiquement en plein air°.

Au Sénégal

Le tangana Le terme «tang» signifie «chaud» en wolof, une des langues nationales du Sénégal. Le tangana est un lieu populaire pour se restaurer. On trouve souvent les tanganas au coin de la rue°, en plein air, avec des tables et des bancs°.

se restaurer *have something to eat* **pays** *countries* **ouest** *west*
à bas prix *inexpensively* **en bord de route** *on the side of the road*
en plein air *outdoors* **coin de la rue** *street corner* **bancs** *benches*

PORTRAIT

Le parc Astérix

Situé° à 30 kilomètres de Paris, en Picardie, le parc Astérix est le premier parc à thème français. Le parc d'attractions°, ouvert° en 1989, est basé sur la bande dessinée° française, *Astérix le Gaulois*. Création de René Goscinny et d'**Albert Uderzo**, Astérix est un guerrier gaulois° qui lutte° contre l'invasion des Romains. Au parc Astérix, il y a des montagnes russes°, des petits trains et des spectacles, tous° basés sur les aventures d'Astérix et de son meilleur ami, Obélix. Une des attractions, *le Tonnerre° de Zeus*, est la plus grande° montagne russe en bois° d'Europe.

Situé *Located* **parc d'attractions** *amusement park*
ouvert *opened* **bande dessinée** *comic strip* **guerrier**
gaulois *Gallic warrior* **lutte** *fights* **montagnes russes** *roller*
coasters **tous** *all* **Tonnerre** *Thunder* **la plus grande**
the largest **en bois** *wooden*

SUR INTERNET

Comment sont les parcs d'attractions dans les autres pays francophones?

Go to promenades.vhlcentral.com to find more cultural information related to this **LECTURE CULTURELLE**.

---

2 **Compréhension** Complétez les phrases.

1. Le parc Astérix est basé sur *Astérix le Gaulois*, une <u>bande dessinée</u>.
2. Astérix le Gaulois est une <u>création</u> de René Goscinny et d'Albert Uderzo.
3. Le parc Astérix est près de la ville de <u>Paris</u>.
4. Astérix est un <u>guerrier</u> gaulois.
5. On mange à bas prix dans un <u>maquis</u>.
6. Au Sénégal, on parle aussi le <u>wolof</u>.

3 **Vos activités préférées** Posez des questions à trois ou quatre de vos camarades de classe à propos de leurs activités favorites. Comparez vos résultats avec ceux (*those*) d'un autre groupe.

3 **Expansion** Do a quick class survey to find out how many students like each activity and which one is the most popular. Tally the results on the board. Example: **Combien d'étudiants surfent sur Internet?**

ressources

promenades.vhlcentral.com
Leçon 7

A C T I V I T É S

7.1 The verb *aller*

Point de départ In **Leçon 1**, you saw a form of the verb **aller** (*to go*) in the expression **ça va**. Now you will use this verb to talk about going places and to express actions that take place in the immediate future.

aller			
je vais	*I go*	nous allons	*we go*
tu vas	*you go*	vous allez	*you go*
il/elle va	*he/she/it goes*	ils/elles vont	*they go*

- Note that **aller** is irregular. Only the **nous** and **vous** forms resemble the infinitive.

  Tu **vas** souvent au cinéma?
  Do you go often to the movies?

  Je **vais** à la piscine.
  I'm going to the pool.

  Nous **allons** au marché le samedi.
  We go to the market on Saturdays.

  Vous **allez** au parc aussi?
  Are you going to the park too?

- **Aller** can also be used with another verb to tell what is going to happen. This construction is called **le futur proche** (*immediate future*). Conjugate **aller** in the present tense and place the other verb's infinitive form directly after it.

  Nous **allons déjeuner** sur la terrasse.
  We're going to eat lunch on the terrace.

  Marc et Julie **vont explorer** le centre-ville.
  Marc and Julie are going to explore downtown.

Demain, je vais déjeuner au centre-ville.

Et quand est-ce que tu vas rentrer?

Suggestion Write the paradigm of **aller** on the board and model the pronunciation. Ask students what forms of **aller** are irregular.

- To negate an expression in **le futur proche**, place **ne/n'** before the conjugated form of **aller** and **pas** after it.

  Je **ne vais pas** faire mes devoirs.
  I'm not going to do my homework.

  Nous **n'allons pas** quitter la maison.
  We're not going to leave the house.

- Note that this construction can be used with the infinitive of **aller** to mean *going to go (somewhere)*.

  Elle **va aller** à la piscine.
  She's going to go to the pool.

  Vous **allez aller** au gymnase ce soir?
  You're going to go to the gym tonight?

Suggestion Ask individuals questions about their future plans using **aller**. Examples: **Allez-vous chez vos parents ce week-end? Allez-vous manger avec des copains vendredi soir?**

SUPERSITE   **MISE EN PRATIQUE**

1 **Questions parentales** Votre père est très curieux. Trouvez les questions qu'il pose.

MODÈLE **1** Suggestion To check students' answers, have a volunteer say the question, then call on another student to answer it.

tes frères / piscine *Tes frères vont à la piscine?*

1. tu / cinéma / ce soir
   Tu vas au cinéma ce soir?
2. tes amis et toi, vous / boîte
   Tes amis et toi, vous allez en boîte?
3. ta mère et moi, nous / ville / vendredi
   Ta mère et moi, nous allons en ville vendredi?
4. ta petite amie / souvent / marché
   Ta petite amie va souvent au marché?
5. je / musée / avec toi / demain
   Je vais au musée avec toi demain?
6. tes amis / parc
   Tes amis vont au parc?

2 **Samedi prochain** Voici ce que (*what*) vous et vos amis faites (*are doing*) aujourd'hui. Indiquez que vous allez faire les mêmes (*same*) choses samedi prochain.

MODÈLE

Je nage. *Samedi prochain aussi, je vais nager.*

1. Paul bavarde avec ses copains.
   Samedi prochain aussi, Paul va bavarder avec ses copains.
2. Nous dansons.
   ... nous allons danser.
3. Je dépense de l'argent dans un magasin.
   ... je vais dépenser de l'argent dans un magasin.
4. Luc et Sylvie déjeunent au restaurant.
   ... Luc et Sylvie vont déjeuner au restaurant.
5. Vous explorez le centre-ville.
   ... vous allez explorer le centre-ville.
6. Tu patines.
   ... tu vas patiner.

3 **Où vont-ils?** Avec un(e) partenaire, regardez les images et indiquez où vont les personnages. Answers will vary.

MODÈLE

Henri va au cinéma.

Henri

1. je

3. Paul et Luc

2. nous

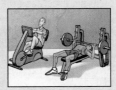

4. vous

3 Suggestion Have students take turns asking where the people in the drawings are going and answering the questions. Example: **Où va Henri?** (Henri va au cinéma.)

COMMUNICATION

4   **Activités du week-end** Avec un(e) partenaire, assemblez les éléments des colonnes pour poser des questions. Rajoutez (*Add*) d'autres éléments utiles. *Answers will vary.*

MODÈLE

Étudiant(e) 1: *Est-ce que tu vas déjeuner avec tes copains?*
Étudiant(e) 2: *Oui, je vais déjeuner avec mes copains.*

A	B	C	D
ta sœur	aller	voyager	professeur
vous		aller	cinéma
tes copains		déjeuner	boîte de nuit
nous		bavarder	piscine
tu		nager	centre commercial
ton petit ami		danser	café
ta petite amie		parler	parents
tes			copains
grands-parents			petit(e) ami(e)

5   **Le grand voyage** Vous avez gagné (*have won*) un voyage dans un lieu de votre choix. Par groupes de trois, expliquez à vos camarades ce que vous allez faire pendant (*during*) le voyage. Vos camarades vont deviner (*to guess*) où vous allez. *Answers will vary.*

MODÈLE

Étudiant(e) 1: *Je vais visiter le musée du Louvre.*
Étudiant(e) 2: *Est-ce que tu vas aller à Paris?*

6   **À Deauville** Votre professeur va vous donner, à vous et à votre partenaire, un plan (*map*) de Deauville. Attention! Ne regardez pas la feuille de votre partenaire. *Answers will vary.*

MODÈLE

Étudiant(e) 1: *Où va Simon?*
Étudiant(e) 2: *Il va au kiosque.*

6 Suggestion Tell students that Deauville is a fashionable seaside resort in Normandy frequented by the rich and famous.

The preposition *à*

- The preposition **à** contracts with the definite articles **le** and **les**. It does not contract with **la** or **l'**.

à + le ▶ **au**   **à + les** ▶ **aux**

Nous allons **au** magasin.   Ils parlent **aux** profs.
We're going to the store.   *They speak to the professors.*

Je rentre **à la** maison.   Il va **à l'**épicerie.
I'm going back home.   *He's going to the grocery store.*

- The preposition **à** can be translated in various ways in English: *to, in, at*. It often indicates a physical location, as with **aller à** and **habiter à**. However, it can have other meanings depending on the verb used.

Verbs with the preposition *à*			
commencer à [+ *infinitive*]	*to start (doing something)*	**penser à**	*to think about*
parler à	*to talk to*	**téléphoner à**	*to phone (someone)*

Elle va **parler au** professeur.   Il **commence à travailler** demain.
She's going to talk to the professor.   *He starts working tomorrow.*

- In general, **à** is used to mean *at* or *in*, whereas **dans** is used to mean *inside*. When learning a place name in French, learn the preposition that accompanies it.

Prepositions with place names			
à la maison	*at home*	**dans la maison**	*inside the house*
à Paris	*in Paris*	**dans Paris**	*inside Paris*
en ville	*in town*	**dans la ville**	*inside the town*
sur la place	*in the square*	**à/sur la terrasse**	*on the terrace*

Tu travailles **à la maison**?   On mange **dans la maison**.
Are you working at home?   *We'll eat inside the house.*

Essayez!   Utilisez la forme correcte du verbe **aller**.

1. Comment ça ___*va*___?
2. Tu ___vas___ à la piscine pour nager.
3. Ils ___vont___ au centre-ville.
4. Nous ___allons___ bavarder au café.
5. Vous ___allez___ aller au restaurant ce soir?
6. Elle ___va___ aller à l'église dimanche matin.
7. Ce soir, je ___vais___ danser en boîte.
8. On ne ___va___ pas passer par l'épicerie cet après-midi.

Essayez! Have students create a few additional sentences using the verb **aller**.

7.2 Interrogative words

Point de départ In **Leçon 3**, you learned four ways to formulate yes or no questions in French. However, many questions seek information that can't be provided by a simple yes or no answer.

- Use these words with **est-ce que** or inversion.

Interrogative words

à quelle heure?	*at what time?*	**quand?**	*when?*
combien (de)?	*how many?; how much?*	**que/qu'...?**	*what?*
		quel(le)(s)?	*which?; what?*
comment?	*how?; what?*	**(à/avec/pour)**	*(to/with/for)*
où?	*where?*	**qui?**	*who(m)?*
pourquoi?	*why?*	**quoi?**	*what?*

À qui le professeur parle-t-il ce matin?
Whom is the professor talking to this morning?

Combien de villes y **a-t-il** en Suisse?
How many cities are there in Switzerland?

Pourquoi est-ce que tu danses?
Why are you dancing?

Que vas-tu manger?
What are you going to eat?

- Although **quand?** and **à quelle heure?** can be translated as *when?* in English, they are not interchangeable. Use **quand** to talk about a day or date, and **à quelle heure** to talk about a particular time of day.

Quand est-ce que le cours commence?
When does the class start?

À quelle heure est-ce qu'il commence?
At what time does it begin?

Il commence **le lundi 28 août**.
It starts Monday, August 28.

Il commence **à dix heures et demie**.
It starts at 10:30.

- Another way to formulate questions with most interrogative words is by placing them after a verb. This kind of formulation is very informal but very common.

Tu t'appelles **comment**?
What's your name?

Tu habites **où**?
Where do you live?

- Note that **quoi?** (*what?*) must immediately follow a preposition in order to be used with **est-ce que** or inversion. If no preposition is necessary, place **quoi** after the verb.

À quoi pensez-vous?
What are you thinking about?

Elle étudie **quoi**?
What does she study?

De quoi est-ce qu'il parle?
What is he talking about?

Tu regardes **quoi**?
What are you looking at?

Suggestion Point out that in informal conversation interrogative words can be placed after the verb. Examples: **Tu vas où? Il s'appelle comment?**

SUPERSITE | **MISE EN PRATIQUE**

1 **Le français familier** Utilisez l'inversion pour refaire les questions. **1 Suggestion** Have one student say the question and call on another student to answer it.

MODÈLE

Tu t'appelles comment?
Comment t'appelles-tu?

1. Tu habites où? Où habites-tu?
2. Le film commence à quelle heure? À quelle heure le film commence-t-il?
3. Il est quelle heure? Quelle heure est-il?
4. Tu as combien de frères? Combien de frères as-tu?
5. Le prof parle quand? Quand le prof parle-t-il?
6. Vous aimez quoi? Qu'aimez-vous?
7. Elle téléphone à qui? À qui téléphone-t-elle?
8. Il étudie comment? Comment étudie-t-il?

2 **La paire** Trouvez la paire et formez des phrases complètes. Utilisez chaque (*each*) phrase une fois (*once*). Answers may vary.

1. À quelle heure d
2. Comment f
3. Combien de g
4. Avec qui h
5. Où b
6. Pourquoi c
7. Qu' a
8. Quelle e

a. est-ce que tu regardes?
b. habitent-ils?
c. est-ce que tu habites dans le centre-ville?
d. est-ce que le cours commence?
e. heure est-il?
f. vous appelez-vous?
g. villes est-ce qu'il y a aux États-Unis?
h. parlez-vous?

2 Suggestion Have students compare their answers with a classmate's.

3 **La question** Vous avez les réponses. Quelles sont les questions? Some answers will vary.

MODÈLE

Il est midi.
Quelle heure est-il?

3 Suggestion Before beginning the activity, point out that there is more than one way to form some of the questions. Have students work in pairs. Tell them to take turns asking and answering the questions.

1. Les cours commencent à huit heures.
   À quelle heure est-ce que les cours commencent?
2. Stéphanie habite à Paris.
   Où est-ce que Stéphanie habite?
3. Julien danse avec Caroline.
   Avec qui est-ce que Julien danse?
4. Elle s'appelle Julie.
   Comment s'appelle-t-elle?
5. Laetitia a deux chiens.
   Combien de chiens Laetitia a-t-elle?
6. Elle déjeune dans ce restaurant parce qu'il est à côté de son bureau.
   Pourquoi déjeune-t-elle dans ce restaurant?
7. Nous allons bien, merci.
   Comment allez-vous?
8. Je vais au marché mardi.
   Quand est-ce que tu vas au marché?

COMMUNICATION

4 Questions et réponses À tour de rôle, posez une question à un(e) partenaire au sujet de chaque (*each*) thème de la liste. Posez une deuxième (*second*) question basée sur sa réponse. Answers will vary.

MODÈLE

Étudiant(e) 1: Où est-ce que tu habites?
Étudiant(e) 2: J'habite chez mes parents.
Étudiant(e) 1: Pourquoi est-ce que tu habites chez tes parents?

4 Suggestion Have two volunteers read the **modèle** aloud. Tell students to jot down their partner's responses.

Thèmes

- où vous habitez
- ce que vous faites (*do*) le week-end
- à qui vous téléphonez
- combien de frères et sœurs vous avez
- les endroits que vous fréquentez avec vos copains

5 La montagne Par groupes de quatre, lisez (*read*) avec attention la lettre de Céline. Fermez votre livre. Une personne du groupe va poser une question basée sur l'information donnée. La personne qui répond pose une autre question au groupe, etc. Answers will vary.

Bonjour. Je m'appelle Céline. J'ai 20 ans. Je suis grande, mince et sportive. J'habite à Grenoble dans une maison agréable. Je suis étudiante à l'université. J'adore la montagne.

Tous les week-ends, je vais skier à Chamrousse avec mes trois amis Alain, Catherine et Pascal. Nous skions de midi à cinq heures. À six heures, nous prenons un chocolat chaud à la terrasse d'un café ou nous allons manger des crêpes dans un restaurant. Nous rencontrons souvent d'autres étudiants et nous allons en boîte tous ensemble.

5 Suggestion Circulate among the groups, lending help where necessary. You might want to have one person in each group keep the book open to verify answers.

- To answer a question formulated with **pourquoi**, use **parce que/qu'** (*because*).

Pourquoi habites-tu la banlieue?
Why do you live in the suburbs?

Parce que je n'aime pas le centre-ville.
Because I don't like downtown.

- It's impolite to use **Quoi?** to indicate that you don't understand what's being said. Use **Comment?** or **Pardon?** instead.

Vous allez voyager cette année?
Are you going to travel this year?

Comment?
I beg your pardon?

- Note that when **qui?** is used as a subject, the verb that follows is always singular.

Qui fréquente le café?
Who goes to the café?

Nora et Angélique fréquentent le café.
Nora and Angélique go to the café.

- **Quel(le)(s)** agrees in gender and number with the noun it modifies.

The interrogative adjective *quel(le)(s)*

	singular		plural	
masculine	**quel** hôpital?	*which hospital?*	**quels** restaurants?	*which restaurants?*
feminine	**quelle** place?	*which public square?*	**quelles** montagnes?	*which mountains?*

- **Quel(le)(s)?** can be placed before a form of the verb **être**.

Quels problèmes as-tu?   *but*   **Quels sont** tes problèmes?
What problems do you have?   *What are your problems?*

Tu es de quelle origine?

Quel jour sommes-nous?

Essayez!   Donnez les mots (*words*) interrogatifs.

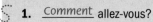

1. __Comment__ allez-vous?
2. ___Qu'___ est-ce que vous allez faire (*do*) après le cours?
3. Le cours de français commence à ___quelle___ heure?
4. __Pourquoi__ est-ce que tu ne travailles pas?
5. Avec ___qui___ est-ce qu'on va au cinéma ce soir?
6. __Combien__ d'étudiants y a-t-il dans la salle de classe?

Essayez! Have one student read the question aloud, then call on another student to respond.

Révision

4 Suggestion Before beginning the activity, give students a few minutes to make a list of possible activities in their hometown to discuss.

1 En ville Par groupes de trois, interviewez vos camarades. Où allez-vous en ville? Quand ils mentionnent un endroit de la liste, demandez des détails (quand? avec qui? pourquoi? etc.). Présentez les réponses à la classe. Answers will vary.

le café	le musée
le centre commercial	le parc
le cinéma	la piscine
le marché	le restaurant

2 La semaine prochaine Voici votre agenda (*day planner*). Parlez de votre semaine avec un(e) partenaire. Mentionnez trois activités associées au travail et trois activités d'un autre type. Deux des activités doivent (*must*) être des activités de groupe. Answers will vary.

MODÈLE

Lundi je vais préparer un examen, mais samedi je vais danser en boîte.

	L	M	M	J	V	S	D
8h30							
9h00							
9h30							
10h00							
10h30							
11h00							
11h30							
12h00							
12h30							

3 Le week-end Par groupes de trois, posez-vous des questions sur vos projets (*plans*) pour le week-end prochain. Donnez des détails. Mentionnez aussi des activités faites (*made*) pour deux personnes. Answers will vary.

MODÈLE

Étudiant(e) 1: *Quels projets avez-vous pour ce week-end?*
Étudiant(e) 2: *Nous allons au marché samedi.*
Étudiant(e) 3: *Et nous allons au café dimanche.*

3 Suggestion Before beginning the activity, have students make a list of possible activities for the weekend.

4 Ma ville À tour de rôle, vous invitez votre partenaire dans votre ville d'origine pour une visite d'une semaine. Proposez des activités variées et préparez une liste. Ensuite (*Then*), comparez vos villes et vos projets (*plans*) avec ceux (*those*) d'un autre groupe. Answers will vary.

MODÈLE

Étudiant(e) 1: *Samedi, on va au centre-ville.*
Étudiant(e) 2: *Nous allons dépenser de l'argent!*

5 Où passer un long week-end? Vous et votre partenaire avez la possibilité de passer un long week-end à Montréal ou à La Nouvelle-Orléans, mais vous préférez chacun(e) (*each one*) une ville différente. Jouez la conversation pour la classe. Answers will vary.

MODÈLE

Étudiant(e) 1: *À Montréal, on va visiter les librairies!*
Étudiant(e) 2: *Oui, mais à La Nouvelle-Orléans, je vais danser dans les boîtes cajuns!*

Montréal

- le jardin botanique
- le musée des Beaux-Arts
- le parc du Mont-Royal
- le Vieux-Montréal

La Nouvelle-Orléans

- le Café du Monde
- la cathédrale Saint-Louis
- la route des plantations
- le vieux carré (quartier français)

6 La semaine de Martine Votre professeur va vous donner, à vous et à votre partenaire, des informations sur la semaine de Martine. Attention! Ne regardez pas la feuille de votre partenaire. Answers will vary.

MODÈLE

Lundi matin, Martine va dessiner au parc.

6 Expansion Call on volunteers to read their descriptions aloud and have the class compare them.

ressources		
WB pp. 45–48	LM pp. 27–28	SUPERSITE promenades.vhlcentral.com Leçon 7

Le Zapping

SWISS made

La compagnie Swiss International Air Lines offre à ses passagers une alternative aux compagnies aériennes° contemporaines. En général, le public a des impressions négatives des compagnies: les gens° se plaignent° constamment du mauvais service et de la mauvaise cuisine. Voilà pourquoi Swiss International Air Lines propose à ses clients l'élégance et le confort. Sa stratégie de marketing bénéficie de l'excellente réputation des produits et des services suisses, dont° la qualité supérieure est reconnue° dans le monde entier.

—Le ventilateur doucement° murmure...   —Au micro° parle le copilote...

Compréhension Répondez aux questions.

Compréhension Have students work in pairs or groups for this activity. Tell them to write their answers. Then show the video again so that they can check their answers and add any missing information.

1. Quels endroits d'une ville trouve-t-on dans la publicité (*ad*)?
   On trouve un parc, un bureau, un restaurant et une piscine.
2. Quels types de personnes y a-t-il dans la publicité? Pourquoi est-ce important? Answers will vary.

 Discussion Par groupes de quatre, répondez aux questions. Answers will vary.

1. Avez-vous un produit fabriqué en Suisse? Si oui, quel produit? Décrivez sa qualité. Si non, quel produit suisse avez-vous envie de posséder? Pourquoi?
2. Vous allez fonder une compagnie aérienne différente des autres (*from the others*). Comment est-elle différente? Quelles destinations va-t-elle proposer?

SUPERSITE

SUR INTERNET

Go to **promenades.vhlcentral.com** to watch the TV clip featured in this **Le zapping**.

compagnies aériennes *airlines* souvent *often* les gens *people* se plaignent *complain* dont *whose* reconnue *recognized* avion *plane* Le ventilateur doucement *The fan gently* micro *microphone*

Discussion Take a quick class survey to find out what Swiss products students own or know about. Ask them to describe their quality.

Leçon 8

J'ai faim!

You will learn how to...
- order food and beverages
- ask for your check

Suggestion Point out the menu in the illustration. Explain the difference between **un menu** and **une carte**. Ask students what **soupe du jour** and **plat du jour** mean. Then ask: **Combien coûte le plat du jour? Et la soupe du jour?**

le prix

un serveur (serveuse f.)

une bouteille d'eau

l'addition (f.)

une soupe

Elle laisse un pourboire. (laisser)

les croissants (m.)

Il a faim.

Vocabulaire

apporter l'addition	to bring the check/bill
coûter	to cost
Combien coûte(nt)...?	How much is/are...?
une baguette	baguette (long, thin loaf of bread)
le beurre	butter
des frites (f.)	French fries
un fromage	cheese
le jambon	ham
un pain (de campagne)	(country-style) bread
un sandwich	sandwich
une boisson (gazeuse)	(soft) (carbonated) drink/ beverage
un chocolat (chaud)	(hot) chocolate
une eau (minérale)	(mineral) water
un jus (d'orange, de pomme, etc.)	(orange, apple, etc.) juice
le lait	milk
une limonade	lemon soda
un thé (glacé)	(iced) tea
(pas) assez (de)	(not) enough (of)
beaucoup (de)	a lot (of)
d'autres	others
un morceau (de)	piece, bit (of)
un peu (plus/moins) (de)	a little (more/less) (of)
plusieurs	several
quelque chose	something; anything
quelques	some
tous (m. pl.)	all
tout (m. sing.)	all
tout (tous) le/les (m.)	all the
toute(s) la/les (f.)	all the
trop (de)	too many/much (of)
un verre (de)	glass (of)

ressources

WB pp. 49–50

LM p. 29

SUPERSITE
promenades.vhlcentral.com
Leçon 8

Suggestion Tell students that a 15% tip is usually included in the price of a meal in a café or restaurant. If the service is particularly good, it is customary to leave a little bit extra.

Mise en pratique

1 Écoutez 🎧 Écoutez la conversation entre André et le serveur du café Gide, et décidez si les phrases sont **vraies** ou **fausses**.

1 Suggestion Have students correct the false items.

	Vrai	Faux
1. André n'a pas très soif.	☑	☐
2. André n'a pas faim.	☐	☑
3. Au café, on peut commander (*one may order*) un jus d'orange, une limonade, un café ou une boisson gazeuse.	☑	☐
4. André commande un sandwich au jambon avec du fromage.	☐	☑
5. André commande une tasse de chocolat.	☐	☑
6. André déteste le lait et le sucre.	☐	☑
7. André n'a pas beaucoup d'argent.	☑	☐
8. André ne laisse pas de pourboire.	☑	☐

2 Chassez l'intrus Trouvez le mot qui ne va pas avec les autres.

1. un croissant, le pain, (le fromage), une baguette
2. une limonade, un jus de pomme, un jus d'orange, (le beurre)
3. des frites, un sandwich, (le sucre), le jambon
4. (le jambon), un éclair, un croissant, une baguette
5. l'eau, la boisson, l'eau minérale, (la soupe)
6. l'addition, (un chocolat), le pourboire, coûter
7. (apporter), d'autres, plusieurs, quelques
8. (un morceau), une bouteille, un verre, une tasse

2 Expansion For additional practice, give students these items. **9.** beaucoup de, un verre de, assez de, un peu de (un verre de) **10.** le café, le jus, le thé, le chocolat chaud (le jus) **11.** l'addition, le prix, le serveur, le pourboire (le serveur)

3 Reliez Reliez (*Connect*) correctement les expressions de quantité suivantes aux produits de la liste.

3 Suggestion You may wish to introduce words for other types of containers, such as **une assiette, un bol,** and **un paquet.**

un morceau de	une bouteille de
un verre de	une tasse de

MODÈLE

un morceau de baguette

1. ___une bouteille d'___ eau
2. ___un morceau de___ sandwich
3. ___un morceau de___ fromage
4. ___une tasse de___ chocolat
5. ___une tasse de___ café
6. ___un verre de___ jus de pomme
7. ___une tasse de___ thé
8. ___un verre de___ limonade

3 Expansion For additional practice, give students these items. **9.** lait (une bouteille de, un verre de) **10.** beurre (un morceau de)

Il a soif.

le sucre

le thé

une tasse

Il mange quelque chose. (manger)

un café

un éclair

CONTEXTES

Communication

4 Suggestion Tell students that in conversation, the word **euro** is often omitted when giving prices that contain whole euros and cents. Example: **10,50€ = dix, cinquante.**

4 Combien coûte...? Regardez la carte et, à tour de rôle, demandez à votre partenaire combien coûte chaque élément. Répondez par des phrases complètes.

> **MODÈLE**
> **Étudiant(e) 1:** *Combien coûte un sandwich?*
> **Étudiant(e) 2:** *Un sandwich coûte 3,50€.*

1. Combien coûtent les frites? Les frites coûtent 2€.
2. Combien coûte une boisson gazeuse? Une boisson gazeuse coûte 2€.
3. Combien coûte une limonade? Une limonade coûte 1,75€.
4. Combien coûte une bouteille d'eau? Une bouteille d'eau coûte 2€.
5. Combien coûte une tasse de café? Une tasse de café coûte 3€.
6. Combien coûte une tasse de thé? Une tasse de thé coûte 2,50€.
7. Combien coûte un croissant? Un croissant coûte 1€.
8. Combien coûte un éclair? Un éclair coûte 1,95€.

5 Conversez Interviewez un(e) camarade de classe. Answers will vary.

1. Qu'est-ce que tu aimes boire (*drink*) quand tu as soif? Quand tu as froid? Quand tu as chaud?
2. Quand tu as faim, est-ce que tu manges au resto U? Qu'est-ce que tu aimes manger?
3. Est-ce que tu aimes le café ou le thé? Combien de tasses est-ce que tu aimes boire par jour?
4. Comment est-ce que tu aimes le café? Avec du lait? Avec du sucre? Noir (*black*)?
5. Comment est-ce que tu aimes le thé? Avec du lait? Avec du sucre? Nature (*black*)?
6. Dans ta famille, qui aime le thé? Et le café?
7. Quand tu manges dans un restaurant, est-ce que tu laisses un pourboire au serveur/à la serveuse?
8. Quand tu manges avec ta famille ou avec tes amis dans un restaurant, qui paie (*pays*) l'addition?

5 Suggestion Tell students to jot down notes during their interviews. Then have volunteers report their findings to the class.

6 Au café Choisissez deux partenaires et écrivez une conversation entre deux client(e)s de café et leur serveur/serveuse. Préparez-vous à jouer (*perform*) la scène devant la classe. Answers will vary.

Client(e)s

- Demandez des détails sur le menu et les prix.
- Choisissez des boissons et des plats (*dishes*).
- Demandez l'addition.

Serveur/Serveuse

- Parlez du menu et répondez aux questions.
- Apportez les plats et l'addition.

> ### Coup de main
> **Vous désirez?**
> *What can I get you?*
>
> **Je voudrais...**
> *I would like...*
>
> **C'est combien?**
> *How much is it/this/that?*

6 Suggestion Distribute photocopies of actual café menus for students to use or have students base their conversation on the menu in **Activité 4.**

7 Sept différences Votre professeur va vous donner, à vous et à votre partenaire, deux feuilles d'activités différentes. Attention! Ne regardez pas la feuille de votre partenaire.

> **MODÈLE**
> **Étudiant(e) 1:** *J'ai deux tasses de café.*
> **Étudiant(e) 2:** *Oh, j'ai une tasse de thé!*

7 Suggestion Divide the class into pairs and distribute the Info Gap Handouts in the IRM on the IRCD-ROM.

Les sons et les lettres

🎧 Nasal vowels

When vowels are followed by an **m** or an **n** in a single syllable, they usually become nasal vowels. Nasal vowels are produced by pushing air through both the mouth and the nose.

The nasal vowel sound you hear in **français** is usually spelled **an** or **en**.

an	fr**an**çais	**en**ch**an**té	**en**f**an**t

The nasal vowel sound you hear in **bien** may be spelled **en**, **in**, **im**, **ain**, or **aim**. The nasal vowel sound you hear in **brun** may be spelled **un** or **um**.

ex**am**en	améric**ain**	l**un**di	parf**um**

The nasal vowel sound you hear in **bon** is spelled **on** or **om**.

t**on**	all**on**s	c**om**bien	**on**cle

When **m** or **n** is followed by a vowel sound, the preceding vowel is not nasal.

i**m**age	i**n**utile	a**m**i	a**m**our

Suggestions
• Tell students that when an **m** or an **n** is followed by an unaccented **e** at the end of a word, the preceding vowel is not nasalized. Have them compare these words: **un/une, brun/brune**, and **faim/femme**.
• Ask students to provide more examples of words they know with nasal vowels. Examples: **croissant, boisson, jambon, inviter, quand, dépenser**, and **danser**.

Prononcez Répétez les mots suivants à voix haute.

1. blond
2. dans
3. faim
4. entre
5. garçon
6. avant
7. maison
8. cinéma
9. quelqu'un
10. différent
11. amusant
12. télévision
13. impatient
14. rencontrer
15. informatique
16. comment

Articulez Répétez les phrases suivantes à voix haute.

1. Mes parents ont cinquante ans.
2. Tu prends une limonade, Martin?
3. Le Printemps est un grand magasin.
4. Lucien va prendre le train à Montauban.
5. Pardon, Monsieur, l'addition s'il vous plaît!
6. Jean-François a les cheveux bruns et les yeux marron.

Dictons Répétez les dictons à voix haute.

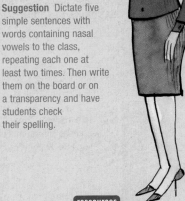

N'allonge pas ton bras au-delà de ta manche.[2]

L'appétit vient en mangeant.[1]

Suggestion Dictate five simple sentences with words containing nasal vowels to the class, repeating each one at least two times. Then write them on the board or on a transparency and have students check their spelling.

Dictons Ask students if they can think of a saying in English that is similar to **«L'appétit vient en mangeant.»** (*The more one has, the more one wants.*)

[2] Don't bite off more than you can chew. (lit. Don't stretch your arm out farther than your sleeve.)

[1] Appétite comes from eating.

ressources

LM p. 30

promenades.vhlcentral.com
Leçon 8

ROMAN-PHOTO

L'heure du déjeuner

 SUPERSITE

Suggestion Ask students to read the title, glance at the video stills, and predict what the episode will be about. Record their predictions.

PERSONNAGES

Amina

David

Michèle

Rachid

Sandrine

Valérie

Près du café...
AMINA J'ai très faim. J'ai envie de manger un sandwich.
SANDRINE Moi aussi, j'ai faim, et puis j'ai soif. J'ai envie d'une bonne boisson. Eh, les garçons, on va au café?

RACHID Moi, je rentre à l'appartement étudier pour un examen de sciences po. David, tu vas au café avec les filles?
DAVID Non, je rentre avec toi. J'ai envie de dessiner un peu.
AMINA Bon, alors, à tout à l'heure.

Au café...
VALÉRIE Bonjour, les filles! Alors, ça va, les études?
AMINA Bof, ça va. Qu'est-ce qu'il y a de bon à manger aujourd'hui?
VALÉRIE Et bien, j'ai une soupe de poisson maison délicieuse! Il y a aussi des sandwichs jambon-fromage, des frites... Et, comme d'habitude, j'ai des éclairs, euh...

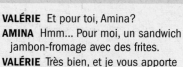

VALÉRIE Et pour toi, Amina?
AMINA Hmm... Pour moi, un sandwich jambon-fromage avec des frites.
VALÉRIE Très bien, et je vous apporte du pain tout de suite.
SANDRINE ET AMINA Merci!

Suggestion Have students volunteer to read the characters' parts in the **Roman-photo** aloud.

Au bar...
VALÉRIE Alors, pour la table d'Amina et Sandrine, une soupe du jour, un sandwich au fromage... Pour la table sept, une limonade, un café, un jus d'orange et trois croissants.
MICHÈLE D'accord! Je prépare ça tout de suite. Mais Madame Forestier, j'ai un problème avec l'addition de la table huit.

VALÉRIE Ah, bon?
MICHÈLE Le monsieur ne comprend pas pourquoi ça coûte onze euros cinquante. Je ne comprends pas non plus. Regardez.
VALÉRIE Ah, non! Avec tout le travail que nous avons cet après-midi, des problèmes d'addition aussi?!

ACTIVITÉS

1 **Identifiez** Trouvez à qui correspond chacune (*each*) des phrases suivantes. Écrivez **A** pour Amina, **D** pour David, **M** pour Michèle, **R** pour Rachid, **S** pour Sandrine et **V** pour Valérie.

1. _M_ Je ne comprends pas non plus.
2. _V_ Vous prenez du jus d'orange uniquement le matin.
3. _S_ Tu bois de l'eau aussi?
4. _M_ Je prépare ça tout de suite.
5. _A_ Je ne bois pas de limonade.

6. _S_ Je vais apprendre à préparer des éclairs.
7. _D_ J'ai envie de dessiner un peu.
8. _V_ Je vous apporte du pain tout de suite.
9. _R_ Moi, je rentre à l'appartement étudier pour un examen de sciences po.
10. _A_ Qu'est-ce qu'il y a de bon à manger aujourd'hui?

Suggestion After reading the **Roman-photo**, review students' predictions and ask them which ones are correct. Then help them summarize this episode.

Amina et Sandrine déjeunent au café.

Expressions utiles As you work through the list, point out the forms of the verbs **prendre** and **boire** and the partitive articles. Tell students that these verbs and the partitive articles will be formally presented in the **Structures** section.

SANDRINE Oh, Madame Forestier, j'adore! Un jour, je vais apprendre à préparer des éclairs. Et une bonne soupe maison. Et beaucoup d'autres choses.
AMINA Mais pas aujourd'hui. J'ai trop faim!
SANDRINE Alors, je prends la soupe et un sandwich au fromage.

VALÉRIE Et comme boisson?
SANDRINE Une bouteille d'eau minérale, s'il vous plaît. Tu bois de l'eau aussi? Avec deux verres, alors.

Expressions utiles Model the pronunciation of the **Expressions utiles** and have students repeat after you.

VALÉRIE Ah, ça y est! Je comprends! La boisson gazeuse coûte un euro vingt-cinq, pas un euro soixante-quinze. C'est noté, Michèle?
MICHÈLE Merci, Madame Forestier. Excusez-moi. Je vais expliquer ça au monsieur. Et voilà, tout est prêt pour la table d'Amina et Sandrine.
VALÉRIE Merci, Michèle.

À la table des filles...
VALÉRIE Voilà, une limonade, un café, un jus d'orange et trois croissants.
AMINA Oh? Mais Madame Forestier, je ne bois pas de limonade!
VALÉRIE Et vous prenez du jus d'orange uniquement le matin, n'est-ce pas? Ah! Excusez-moi, les filles!

Expressions utiles

Talking about food

- **Moi aussi, j'ai faim, et puis j'ai soif.**
  Me too, I am hungry, and I am thirsty as well.
- **J'ai envie d'une bonne boisson.**
  I feel like having a nice drink.
- **Qu'est-ce qu'il y a de bon à manger aujourd'hui?**
  What looks good on the menu today?
- **Une soupe de poisson maison délicieuse.**
  A delicious homemade fish soup.
- **Je vais apprendre à préparer des éclairs.**
  I am going to learn (how) to prepare éclairs.
- **Je prends la soupe.**
  I'll have the soup.
- **Tu bois de l'eau aussi?**
  Are you drinking water too?
- **Vous prenez du jus d'orange uniquement le matin.**
  You only have orange juice in the morning.

Additional vocabulary

- **On va au café?**
  Shall we go to the café?
- **Bof, ça va.**
  So-so.
- **comme d'habitude**
  as usual
- **Le monsieur ne comprend pas pourquoi ça coûte onze euros cinquante.**
  The gentleman doesn't understand why this costs 11,50€.
- **Je ne comprends pas non plus.**
  I don't understand either.
- **Je prépare ça tout de suite.**
  I am going to prepare this right away.
- **Ça y est! Je comprends!**
  That's it! I get it!
- **C'est noté?**
  Understood?/Got it?
- **Tout est prêt.**
  Everything is ready.

---

2   **Mettez dans l'ordre** Numérotez les phrases suivantes dans l'ordre correspondant à l'histoire.

- a. __5__ Michèle a un problème avec l'addition.
- b. __3__ Amina prend (*gets*) un sandwich jambon-fromage.
- c. __1__ Sandrine dit qu'elle (*says that she*) a soif.
- d. __2__ Rachid rentre à l'appartement.
- e. __4__ Valérie va chercher du pain.
- f. __6__ Tout est prêt pour la table d'Amina et Sandrine.

3   **Conversez** Au moment où Valérie apporte le plateau (*tray*) de la table sept à Sandrine et Amina, Michèle apporte le plateau de Sandrine et Amina à la table sept. Avec trois partenaires, écrivez la conversation entre Michèle et les client(e)s et jouez-la devant la classe.

ressources		
VM pp. 201–202	DVD Leçon 8	promenades.vhlcentral.com Leçon 8

A C T I V I T É S

---

2 **Expansion** Have students create sentences to fill in the missing parts of the story.

Avant la lecture Have students look at the photos and describe what they see. Then ask: **Allez-vous au café? Où? Quand?**

CULTURE À LA LOUPE

Le café français

À Toute Heure

Quiches	3,50€
Pâtisseries	3,50€
Omelettes	5,25€
Thé	1,50€
Glaces	5,50€
Café	1,50€
Cappuccino	2,00€
Chocolat chaud	2,30€

Le premier café français, le Procope, a ouvert° ses portes à Paris en 1686. Depuis°, passer du temps° au café est une tradition. C'est un lieu de rendez-vous pour beaucoup de personnes: le matin, on y° va pour un café et un croissant; à midi, on y déjeune pour le plaisir ou pour des rendez-vous d'affaires, parce que c'est moins cher° et plus rapide qu'°au restaurant. Après le travail, les gens y vont pour prendre l'apéritif°. Les étudiants ont souvent «leur» café où ils vont déjeuner, étudier ou se détendre° avec des amis.

Les cafés servent une grande variété de boissons: café, thé, chocolat chaud, eau minérale, sodas, jus de fruit, etc. En général, les cafés proposent aussi un menu: sandwichs, omelettes, quiches, soupes, salades, hot-dogs et, pour le dessert, des pâtisseries° et des glaces°. La terrasse d'un café est l'endroit° idéal pour se détendre, lire° ou pour observer la vie° de tous les jours et regarder passer les gens. Benjamin Franklin et Napoléon Bonaparte fréquentaient° le Procope. Alors, qui sait° sur qui vous allez tomber°!

a ouvert opened Depuis Since passer du temps spending time gens people y there moins cher less expensive plus rapide qu' faster than apéritif before-dinner drink se détendre relax pâtisseries pastries glaces ice cream endroit place lire read vie life fréquentaient used to frequent sait knows allez tomber are going to run into

A **C** **T** **I** **V** **I** **T** **É** **S**

1 **Vrai ou faux?** Indiquez si les phrases sont **vraies** ou **fausses**.

1. Le premier café parisien date des années 1600. Vrai.
2. Les Français vont au café uniquement aux grandes occasions. Faux.
3. Le matin, les Français prennent du jambon et du fromage. Faux.
4. En général, les cafés en France coûtent plus chers que les restaurants. Faux.
5. Les étudiants ont souvent un café où ils vont tous les jours (every day). Vrai.

6. Au café, on trouve des sandwichs et des salades, mais pas de desserts. Faux.
7. En France, on mange rarement (rarely) dans les cafés. Faux.
8. Les cafés ont une grande variété de boissons. Vrai.
9. On peut se détendre au café et observer la vie de tous les jours. Vrai.
10. Napoléon Bonaparte et Benjamin Franklin sont d'anciens clients du Procope. Vrai.

1 Expansion For additional practice, give students these items. 11. Aller au café est une tradition récente en France. (Faux.) 12. Les enfants et les adultes fréquentent les cafés en France. (Vrai.)

Le monde francophone Have students read the text. Tell them to choose a specialty they would like to eat from the list. Then ask: **Quelle spécialité préférez-vous manger? Pourquoi?**

STRATÉGIE

Key words

Key words are important words that give you a good idea of the reading's focus, which can help you understand subtler points. Always look out for key words, no matter how many times you've read a selection, because your interpretation of the text's meaning can change over time. A word or expression that occurs several times in a reading is almost certainly a key word. So are words that appear in the title or a photo caption, especially if you see them again in the text.

LE MONDE FRANCOPHONE

Des spécialités à grignoter°

Voici quelques spécialités à grignoter dans les pays et régions francophones.

En Afrique du Nord la merguez (saucisse épicée°) et le makroud (pâtisserie° au miel° et aux dattes)

En Côte d'Ivoire l'aloco (bananes plantains frites°)

En France le pan-bagnat (sandwich avec de la salade, des tomates, des œufs durs° et du thon°) et les crêpes (pâte° cuite° composée de farine° et de lait, de forme ronde)

À la Martinique les accras de morue° (beignets° à la morue)

Au Québec la poutine (frites avec du fromage fondu° et de la sauce)

Au Sénégal le chawarma (de la viande°, des oignons et des tomates dans du pain pita)

grignoter *snack on* saucisse épicée *spicy sausage* pâtisserie *pastry* miel *honey* frites *fried* œufs durs *hard-boiled eggs* thon *tuna* pâte *batter* cuite *cooked* farine *flour* morue *cod* beignets *fritters* fondu *melted* viande *meat*

PORTRAIT

Les cafés nord-africains

Comme en France, les cafés ont une grande importance culturelle en Afrique du Nord. C'est *le* lieu où les amis se rencontrent pour discuter° ou pour jouer aux cartes° ou aux dominos. Les cafés ont une variété de boissons, mais ils n'offrent pas d'alcool. La boisson typique, au café comme à la maison, est le

thé à la menthe°. Il a peu de caféine, mais il a des vertus énergisantes et il favorise la digestion. En général, ce sont les hommes qui le° préparent. C'est la boisson qu'on vous sert° quand vous êtes invité, et ce n'est pas poli de refuser!

pour discuter *to chat* **jouer aux cartes** *play cards* **offrent** *offer* **menthe** *mint* **le** *it* **on vous sert** *you are served*

SUPERSITE

SUR INTERNET

Comment prépare-t-on le thé à la menthe au Maghreb?

Go to promenades.vhlcentral.com to find more cultural information related to this **LECTURE CULTURELLE**. Then watch the corresponding **Flash culture.**

---

2 **Compréhension** Complétez les phrases.

1. Jouer aux ___cartes/dominos___ dans les cafés d'Afrique du Nord est une chose normale.

2. On ne peut pas y boire de/d' ___alcool___.

3. Les hommes préparent ___le thé à la menthe___ dans les pays d'Afrique du Nord.

4. Il n'est pas poli de ___refuser___ une tasse de thé en Afrique du Nord.

5. Si vous aimez les frites, vous allez aimer ___la poutine___ au Québec.

3 **Un café francophone** Un(e) ami(e) a envie de créer un café francophone. Par groupes de quatre, préparez une liste de suggestions pour aider votre ami(e): noms pour le café, idées (*ideas*) pour le menu, prix, heures, etc. Indiquez où le café va être situé et qui va fréquenter ce café.

3 **Expansion** Have groups present their suggestions to the class. Then have the class discuss the role that the country's culture played in forming their ideas. For example, did it affect the name, the hours of operation, the menu, or the prices?

ressources

VM
pp. 245–246

promenades.vhlcentral.com
Leçon 8

A C T I V I T É S

8.1 The verbs *prendre* and *boire*

Point de départ The verbs **prendre** (*to take, to have*) and **boire** (*to drink*), like **être**, **avoir**, and **aller**, are irregular.

Je prends la soupe et un sandwich au fromage.

Je ne bois pas de limonade.

prendre

je prends	I take	nous prenons	we take
tu prends	you take	vous prenez	you take
il/elle prend	he/she/it takes	ils/elles prennent	they take

Brigitte **prend** le métro le soir.
Brigitte takes the subway in the evening.

Nous **prenons** un café chez moi.
We are having a coffee at my house.

- The forms of the verbs **apprendre** (*to learn*) and **comprendre** (*to understand*) follow the same pattern as that of **prendre**.

Tu ne **comprends** pas l'espagnol?
Don't you understand Spanish?

Elles **apprennent** beaucoup.
They're learning a lot.

boire

je bois	I drink	nous buvons	we drink
tu bois	you drink	vous buvez	you drink
il/elle boit	he/she/it drinks	ils/elles boivent	they drink

Ton père **boit** un jus d'orange.
Your father is drinking an orange juice.

Vous **buvez** un chocolat, M. Dion?
Are you drinking hot chocolate, Mr. Dion?

Essayez! Utilisez la forme correcte du verbe entre parenthèses.

1. Ma sœur _____prend_____ (prendre) une salade au déjeuner.
2. Tes parents _____prennent_____ (prendre) un taxi ce soir?
3. Tu _____bois_____ (boire) une eau minérale?
4. Si vous êtes fatigués, vous _____buvez_____ (boire) un café.
5. Je vais _____apprendre_____ (apprendre) à parler japonais.
6. Vous _____apprenez_____ (apprendre) très vite (*fast*) les leçons.

Suggestion Ask students if they can think of any English words related to **apprendre** (*apprentice*) and **comprendre** (*comprehend*).

 SUPERSITE   **MISE EN PRATIQUE**

1 **À la bibliothèque** Un groupe d'amis parle des livres qu'ils cherchent à la bibliothèque. Complétez leurs phrases.

 MODÈLE

je / livre de sciences po
Je prends un livre de sciences po.

1 Suggestion Have volunteers write the sentences on the board.

1. nous / livre de psychologie
   Nous prenons un livre de psychologie.
2. moi, je / livres d'histoire
   Moi, je prends des livres d'histoire.
3. Micheline / deux livres d'art
   Micheline prend deux livres d'art.
4. vous / romans (*novels*) de Stendhal
   Vous prenez des romans de Stendhal.
5. tu / ne / pas / livre
   Tu ne prends pas de livre.
6. Marc et Abdel / livres sur le sport
   Marc et Abdel prennent des livres sur le sport.

2 **Au restaurant** Alain est au restaurant avec toute sa famille. Il note les préférences de tout le monde. Complétez ses phrases.

MODÈLE

Oncle Lucien aime bien le café. (prendre) *Il prend un café.*

1. Marie-Hélène et papa adorent le thé. (prendre)
   Ils prennent un thé.
2. Tu adores le chocolat chaud. (boire)
   Tu bois un chocolat chaud.
3. Vous aimez bien le jus de pomme. (prendre)
   Vous prenez un jus de pomme.
4. Mes nièces aiment la limonade. (boire)
   Elles boivent une limonade.
5. Tu aimes les boissons gazeuses. (prendre)
   Tu prends une boisson gazeuse.
6. Vous adorez le café. (boire)
   Vous buvez un café.

3 **Les langues étrangères** Avec un(e) partenaire, regardez les images et indiquez les langues étrangères parlées par (*spoken by*) les étudiants. Answers will vary.

MODÈLE

Étudiant(e) 1: Julie apprend l'espagnol?
Étudiant(e) 2: Non, mais elle comprend l'anglais.

Julie / espagnol

1. vous / français

3. Nicole / italien

2. tes cousins / anglais

4. nous / japonais

3 Expansion Ask students what languages they understand.
Examples: Comprenez-vous l'espagnol? _____ comprend-il l'anglais? Quelles langues comprenez-vous?

4 **Questions** Avec un(e) partenaire, posez-vous des questions en utilisant un élément de chaque (*each*) colonne. Si vous donnez une réponse négative, elle doit (*must*) correspondre à la réalité. Answers will vary.

MODÈLE

Étudiant(e) 1: *Est-ce que tu apprends l'italien cette année?*

Étudiant(e) 2: *Non, mais j'apprends le français.*

A	B	C
apprendre	dessiner	aujourd'hui
boire	parler japonais	cette année
comprendre	un café	cette semaine
prendre	un cahier	en classe
	les devoirs	à la fac
	l'italien	à la librairie
	un Orangina	au resto U
	les femmes	
	les hommes	
	le professeur	

5 **Échanges** Posez les questions à un(e) partenaire.
Answers will vary.

1. Qu'est-ce que tu bois quand tu as très soif?
2. Qu'est-ce que tu apprends à la fac?
3. Quelles langues est-ce que tes parents comprennent?
4. Est-ce que tu bois beaucoup de café? Pourquoi?
5. Qu'est-ce que tu prends pour aller en cours?
6. Quelle langue est-ce que ton/ta camarade de chambre apprend?
7. Où est-ce que tu prends tes repas (*meals*)?
8. Qu'est-ce que tu bois le matin? À midi? Le soir?

6 **Un ami et sa famille** Un ami va passer le week-end chez vous, et vous êtes au supermarché. Il va arriver avec sa femme, ses deux fils (âgés de deux et cinq ans) et sa belle-mère. Avec un(e) partenaire, imaginez ce qu'ils vont boire et prendre. Answers will vary.

Au supermarché, j'ai besoin de...
—deux bouteilles d'eau minérale

6 **Suggestion** When comparing lists, have pairs take turns stating items they need and asking the other pair if they need the same item. Example: **Nous avons besoin de trois bouteilles de lait. Vous aussi, avez-vous besoin de trois bouteilles de lait?**

Le français vivant

Buvez de l'eau.

Pure, claire, fraîche, elle arrive de la montagne. Vous avez soif, vous prenez un verre, vous buvez de l'eau et vous allez boire toute la bouteille!

Questions Avec un(e) partenaire, regardez la publicité (*ad*) et répondez aux questions. Some answers will vary.

1. Quelles formes des verbes **prendre** et **boire** trouvez-vous dans la pub? Buvez, prenez, boire
2. Selon (*According to*) la pub, pourquoi l'eau minérale est-elle bonne?
3. Buvez-vous de l'eau minérale? Pourquoi? Achetez-vous (*Do you buy*) une des eaux mentionnées dans la pub?
4. Avez-vous soif quand vous regardez la pub? Que buvez-vous quand vous avez soif?
5. Trouve-t-on toutes ces marques (*these brands*) d'eau minérale dans les supermarchés américains? Quelles autres marques trouve-t-on?

Le français vivant Call on a volunteer to read the ad aloud. Point out that there are two types of **eau minérale: gazeuse** (Perrier) and **non-gazeuse** (Vittel and Evian).

8.2 Partitives

- Use partitive articles in French to express *some* or *any*. To form the partitive, use the preposition **de** followed by a definite article. Although the words *some* and *any* are often omitted in English, the partitive must always be used in French.

Je bois **du** thé chaud.	Tu bois **de la** limonade?	Elle prend **de l'**eau?
I drink (some) hot tea.	*Are you drinking (any) lemon soda?*	*Is she having (some) water?*

- Note that partitive articles are only used with non-count nouns (nouns whose quantity cannot be expressed by a number).

PARTITIVE ARTICLE / NON-COUNT NOUN

Tu prends **de la** soupe tous les jours.
You have (some) soup every day.

INDEFINITE ARTICLE / COUNT NOUN

Tu prends **une** banane, aussi.
You have a banana, too.

- The article **des** also means *some,* but it is the plural form of the indefinite article, not the partitive.

PARTITIVE ARTICLE

Vous prenez **de la** limonade.
You're having (some) lemon soda.

INDEFINITE ARTICLE

Nous prenons **des** croissants.
We're having (some) croissants.

- To give a negative response to a question asked using the partitive structure, as with indefinite articles, always use **pas de.**

Est-ce qu'il y a **du** lait?	Non, il n'y a **pas de** lait.
Is there (any) milk?	*No, there isn't (any) milk.*
Prends-tu **de la** soupe?	Non, je ne prends **pas de** soupe.
Will you have (some) soup?	*No, I'm not having (any) soup.*

Suggestion Model the pronunciation of the example sentences and have students repeat them.

Suggestion Point out that some nouns can be both count and non-count, depending on context.

Essayez! Complétez les phrases. Choisissez le partitif, l'article indéfini ou pas de/d'.

1. Samira boit _____de l'_____ eau minérale tous les soirs.
2. Son frère mange _____des_____ éclairs.
3. Est-ce qu'il y a _____du_____ sucre pour le café?
4. Il y a _____un_____ kilo de sucre sur la table.
5. Non, merci, je ne prends _____pas de_____ frites.
6. Nous buvons _____de la_____ limonade.

MISE EN PRATIQUE

1 **Au café** Indiquez l'article correct.

MODÈLE

Prenez-vous _____du_____ thé glacé?

1. Avez-vous _____du_____ lait froid?
2. Je voudrais _____une_____ baguette, s'il vous plaît.
3. Elle prend _____un_____ croissant.
4. Nous ne prenons pas _____de_____ sucre dans le café.
5. Thérèse ne laisse pas _____de_____ pourboire.
6. Vous mangez _____des_____ frites.
7. Zeina commande _____une_____ boisson gazeuse.
8. Voici _____de l'_____ eau minérale.
9. Nous mangeons _____du_____ pain.
10. Je ne prends pas _____de_____ fromage.

1 **Expansion** Have students write two more fill-in-the-blank sentences. Tell them to exchange papers with a partner and complete the sentences.

2 **Des suggestions** Laurent est au café avec des amis et il fait (*makes*) des suggestions. Que suggère-t-il?

MODÈLE

On prend du jus d'orange?

2 **Suggestion** Have students say the questions, then call on other individuals to answer them. Examples: **Oui, on prend _____. Non, on ne prend pas de/d' _____.**

1. On prend de la limonade? _____
2. On prend de l'eau minérale? _____
3. On prend du thé? _____
4. On prend des sandwichs? _____

3 **Mauvais appétit** Gérard est difficile. Sa petite amie prépare le dîner, mais il refuse toutes ses suggestions. Avec un(e) partenaire, jouez (*play*) les deux rôles. Answers will vary.

MODÈLE

Étudiant(e) 1: *Je vais préparer du jambon.*
Étudiant(e) 2: *Mais, je ne mange pas de jambon!*

dessert	fromage	pain	sandwich
frites	hamburgers	pizza	soupe

3 **Suggestion** Have two volunteers read the **modèle** aloud. Remind students to switch roles after they complete four items.

COMMUNICATION

4   **Au menu** Vous allez dans un petit café où il y a peu de choix. Vous demandez au serveur/à la serveuse s'il/si elle a d'autres options. Avec un(e) partenaire, jouez (play) les deux rôles. Answers will vary.

CAFÉ "LE BON PRIX"

Soupe à l'oignon .... 3,50€
Sandwich fromage .... 4€
Frites maison .... 2,75€
Eau minérale .... 2€
Jus de pomme .... 2,50€

MODÈLE

Étudiant(e) 1: Vous avez du chocolat chaud?
Étudiant(e) 2: Non, je n'ai pas de chocolat chaud, mais j'ai...

5   **Je bois, je prends** Votre professeur va vous donner une feuille d'activités. Circulez dans la classe pour demander à vos camarades s'ils prennent rarement, une fois (once) par semaine ou tous les jours la boisson ou le plat (dish) indiqués. Écrivez (Write) les noms sur la feuille, puis présentez vos réponses à la classe. Answers will vary.

MODÈLE

Étudiant(e) 1: Est-ce que tu bois du café?
Étudiant(e) 2: Oui, je bois du café une fois par semaine. Et toi?

Boisson ou plat	rarement	une fois par semaine	tous les jours
1. café		Didier	
2. fromage			
3. thé			
4. soupe			
5. chocolat chaud			
6. jambon			

6   **Après les cours** Vous retrouvez des amis au café. Par groupes de quatre, jouez (play) les rôles d'un(e) serveur/serveuse et de trois clients. Utilisez les mots de la liste et présentez la scène à la classe. Answers will vary.

addition	chocolat chaud	frites
avoir faim	coûter	prix
avoir soif	croissant	sandwich
boisson	eau minérale	soupe

6 Suggestion Have volunteers perform their role plays for the class, then vote on the best one.

Le français vivant

Mangez du pain.

Prenez une baguette et du beurre. Le matin, du pain avec du café ou du chocolat chaud. À midi, un morceau de pain pour un sandwich, avec du jambon et du fromage. Le soir, du pain avec de la soupe. Vive le pain!

Savourez le pain. C'est si bon!

1€ LA PIÈCE
1,50€ LA PIÈCE
0,68€ LA PIÈCE
2,50€ LA PIÈCE
francine PAIN 1,77€ LA PIÈCE

Identifiez Regardez la publicité (ad) et trouvez les articles partitifs et les articles indéfinis. du, de la, un, une

Questions Avec un(e) partenaire, répondez aux questions. Answers will vary.

1. Selon (According to) la pub, de quelles façons (ways) mange-t-on du pain?

2. Mangez-vous souvent (often) du pain? À quelle heure? À quelles occasions?

3. Quand vous regardez la pub, avez-vous envie de manger du pain? Pourquoi?

Le français vivant
• Call on a volunteer to read the ad aloud.
• Have volunteers read the phrases with partitives first, and then those with indefinite articles. Write them on the board.

SYNTHÈSE

Révision

1 **Ils aiment apprendre** Vous demandez à Sylvie et à Jérôme pourquoi ils aiment apprendre. Un(e) partenaire va poser des questions et l'autre partenaire va jouer les rôles de Jérôme et de Sylvie. *Answers will vary.*

MODÈLE

Étudiant(e) 1: Pourquoi est-ce que tu apprends à travailler sur l'ordinateur?
Étudiant(e) 2: J'apprends parce que j'aime les ordinateurs.

1 **Expansion** Have students write three things they are learning to do. Then have them exchange papers with a partner and ask each other why they are learning to do those things.

1.

4.

2.

5.

3.

6.

2 **Quelle boisson?** Interviewez un(e) partenaire. Que boit-on dans ces circonstances? Ensuite (*Then*), posez les questions à un(e) partenaire différent(e). Présentez la comparaison à la classe. *Answers will vary.*

1. au café
2. au cinéma
3. en classe
4. le dimanche matin
5. le matin très tôt
6. quand il/elle passe des examens
7. quand il/elle a très soif
8. quand il/elle étudie toute la nuit

2 **Suggestion** Tell students to jot down notes during their interviews.

3 **Notre café** Vous et votre partenaire allez créer un café français. Sélectionnez le nom du café et huit boissons. Pour chaque (*each*) boisson, inventez deux prix, un pour le comptoir (*bar*) et un pour la terrasse. Comparez votre café au café d'un autre groupe. *Answers will vary.*

4 **La terrasse du café** Avec un(e) partenaire, observez les deux dessins et trouvez au minimum quatre différences. Comparez votre liste à la liste d'un autre groupe. *Answers will vary.*

MODÈLE

Étudiant(e) 1: Mylène prend une limonade.
Étudiant(e) 2: Mylène prend de la soupe.

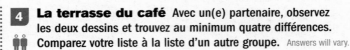

Patrick   Mylène   Djamel

5 **Elle prend...** Vous êtes dans un café avec cinq membres de votre famille. Quelles boissons et quels plats (*dishes*) de la liste prennent-ils? Parlez avec un(e) partenaire. Les membres de sa famille prennent-ils les mêmes (*same*) choses? *Answers will vary.*

boisson gazeuse	frites	limonade
café	fromage	pain
chocolat chaud	jambon	sandwich au...
croissant	jus de...	soupe
eau minérale	lait	thé

6 **La famille Arnal au café** Votre professeur va vous donner, à vous et à votre partenaire, des photos de la famille Arnal. Attention! Ne regardez pas la feuille de votre partenaire. *Answers will vary.*

MODÈLE

Étudiant(e) 1: Qui prend un sandwich?
Étudiant(e) 2: La grand-mère prend un sandwich.

ressources

| | | |
| WB pp. 51–54 | LM pp. 31–32 | promenades.vhlcentral.com Leçon 8 |

3 **Suggestion** Tell students that a few **centimes** are almost always added to the price of each item if the people sit on the **terrasse**.

124 *cent vingt-quatre*

Écriture

STRATÉGIE

Adding details

How can you make your writing more informative or more interesting? You can add details by answering the "W" questions: Who? What? When? Where? Why? The answers to these questions will provide useful and interesting details that can be incorporated into your writing. You can use the same strategy when writing in French. Here are some useful question words that you have already learned:

(À/Avec) Qui?	À quelle heure?
Quoi?	Où?
Quand?	Pourquoi?

Compare these two sentences.

Je vais aller nager.

Aujourd'hui, à quatre heures, je vais aller nager à la piscine du parc avec mon ami Paul, parce que nous avons chaud.

While both sentences give the same basic information (the writer is going to go swimming), the second, with its detail, is much more informative.

Thème

Un petit mot

Vous passez un an en France et vous vivez (*are living*) dans une famille d'accueil (*host family*). C'est samedi, et vous allez passer la journée en ville avec des amis. Écrivez un petit mot (*note*) pour informer votre famille de vos projets (*plans*) pour la journée. Listez cinq activités et répondez aux pronoms interrogatifs (**qui? quoi? quand? où? pourquoi?**) pour détailler votre description.

Chère famille,
Aujourd'hui, je vais visiter la ville avec Xavier et Laurent, deux étudiants belges de l'université.

Stratégie Discuss the importance of being informative when writing a note and answering the "W" questions. For example, someone calls while you are out, and your roommate answers the phone. If your note has enough information, your roommate can answer the person's questions about where you are or when you will return.

Thème Have students read the model note and identify the details. (**aujourd'hui; avec Xavier et Laurent, deux étudiants belges de l'université**)

Panorama

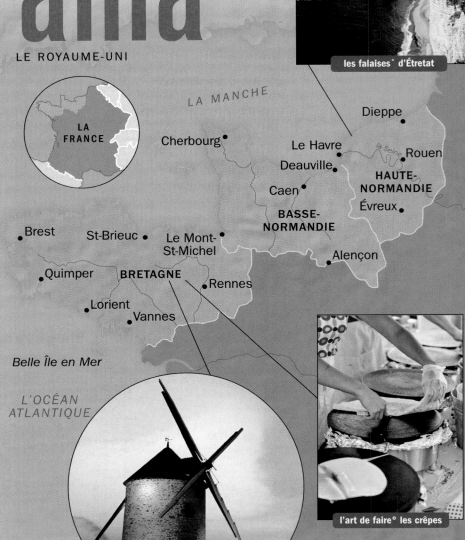

les falaises° d'Étretat

LE ROYAUME-UNI

LA MANCHE

LA FRANCE

Dieppe

Cherbourg

Le Havre
Deauville
Rouen
la Seine

Caen

HAUTE-NORMANDIE

Évreux

BASSE-NORMANDIE

Brest
St-Brieuc
Le Mont-St-Michel

Alençon

Quimper
BRETAGNE
Rennes

Lorient
Vannes

Belle Île en Mer

L'OCÉAN ATLANTIQUE

un moulin° en Bretagne

l'art de faire° les crêpes

0   50 milles
0   50 kilomètres

La Normandie

La région en chiffres

▶ **Superficie:** *29.906 km² (vingt-neuf mille neuf cent six kilomètres carrés°)*

▶ **Population:** *3.248.000 (trois millions deux cent quarante-huit mille)*
SOURCE: Institut National de la Statistique et des Études Économiques (INSEE)

▶ **Industries principales:** *élevage bovin°, énergie nucléaire, raffinage° du pétrole*

▶ **Villes principales:** *Alençon, Caen, Évreux, Le Havre, Rouen*

Personnages célèbres

▶ **la comtesse de Ségur,** *écrivain (1799–1874)*

▶ **Guy de Maupassant,** *écrivain (1850–1893)*

▶ **Christian Dior,** *couturier° (1905–1957)*

La Bretagne

La région en chiffres

▶ **Superficie:** *27.208 km² (vingt-sept mille deux cent huit kilomètres carrés)*

▶ **Population:** *3.011.000 (trois millions onze mille)*

▶ **Industries principales:** *agriculture, élevage°, pêche°, tourisme*

▶ **Villes principales:** *Brest, Quimper, Rennes, Saint-Brieuc, Vannes*

Personnages célèbres

▶ **Anne de Bretagne,** *reine° de France (1477–1514)*

▶ **Jacques Cartier,** *explorateur (1491–1557)*

▶ **Bernard Hinault,** *cycliste (1954–)*

carrés *squared* **élevage bovin** *cattle raising* **raffinage** *refining* **couturier** *fashion designer* **élevage** *livestock raising* **pêche** *fishing* **reine** *queen* **les plus grandes marées** *the highest tides* **presqu'île** *peninsula* **entourée de sables mouvants** *surrounded by quicksand* **basse** *low* **île** *island* **haute** *high* **chaque** *each* **onzième siècle** *11th century* **pèlerinage** *pilgrimage* **falaises** *cliffs* **faire** *make* **moulin** *mill*

Incroyable mais vrai!

C'est au Mont-Saint-Michel qu'il y a les plus grandes marées° d'Europe. Une presqu'île° entourée de sables mouvants° à marée basse°, le Mont-Saint-Michel est transformé en île° à marée haute°. Trois millions de touristes visitent chaque° année l'église du onzième siècle°, centre de pèlerinage° depuis 1000 (mille) ans.

La gastronomie

Les crêpes bretonnes et le camembert normand

Les crêpes sont une des spécialités culinaires de Bretagne; en Normandie, c'est le camembert. Les crêpes sont appréciées sucrées, salées°, flambées... Dans les crêperies°, le menu est complètement composé de crêpes! Le camembert normand est un des grands symboles gastronomiques de la France. Il est vendu° dans la fameuse boîte en bois ronde° pour une bonne conservation.

Les arts

Giverny et les impressionnistes

La maison° de Claude Monet, maître du mouvement impressionniste, est à Giverny, en Normandie. Après des rénovations, la résidence et les deux jardins° ont aujourd'hui leur ancienne° splendeur. Le légendaire jardin d'eau est la source d'inspiration pour les peintures° célèbres, «Les Nymphéas°» et «Le pont japonais°». Depuis la fin° du dix-neuvième siècle°, beaucoup d'artistes américains, influencés par les techniques impressionnistes, font de la peinture à Giverny.

Les monuments

Les menhirs et les dolmens

À Carnac, en Bretagne, il y a 3.000 (trois milles) menhirs et dolmens. Les menhirs sont d'énormes pierres° verticales. Alignés ou en cercle, ils ont une fonction rituelle associée au culte de la fécondité ou à des cérémonies en

l'honneur du soleil°. Les plus anciens° datent de 4.500 (quatre mille cinq cents) ans avant J.-C.° Les dolmens servent de° sépultures° collectives et ont une fonction culturelle comme° le rite funéraire du passage de la vie° à la mort°.

Les destinations

Deauville: station balnéaire de réputation internationale

Deauville, en Normandie, est une station balnéaire° de luxe et un centre de thalassothérapie°. La ville est célèbre pour sa marina, ses courses hippiques°, son casino, ses grands hôtels et son festival du film américain. La clientèle internationale apprécie beaucoup la plage°, le polo et le golf. L'hôtel le Royal Barrière est un palace° du début° du vingtième° siècle.

 Compréhension Complétez ces phrases.

1. __Jacques Cartier__ est un explorateur breton.
2. Le Mont-Saint-Michel est une _____île_____ à marée haute.
3. ____Les crêpes____ sont une spécialité bretonne.
4. Dans ___les crêperies___, on mange uniquement des crêpes.
5. __Le camembert__ est vendu dans une boîte en bois ronde.

6. Le ___jardin d'eau___ de Monet est la source d'inspiration de beaucoup de peintures.
7. Beaucoup d'artistes ___américains___ font de la peinture à Giverny.
8. Les menhirs ont une fonction ____rituelle____.
9. Les dolmens servent de ___sépultures___.
10. Deauville est une __station balnéaire__ de luxe.

ressources

WB pp. 55-56   promenades.vhlcentral.com Unité 4

SUPERSITE   **SUR INTERNET**

Go to **promenades.vhlcentral.com** to find more cultural information related to this **PANORAMA**.

1. Cherchez des informations sur les marées du Mont-Saint-Michel. À quelle heure est la marée haute aujourd'hui?
2. Cherchez des informations sur deux autres impressionnistes. Trouvez deux peintures que vous aimez et dites (say) pourquoi.

salées salty **crêperies** crêpes restaurants **vendu** sold **boîte en bois ronde** round, wooden box **maison** house **jardins** gardens **ancienne** former **peintures** paintings **Nymphéas** Waterlilies **pont japonais** Japanese Bridge **Depuis la fin** Since the end **dix-neuvième siècle** 19th century **pierres** stones **soleil** sun **Les plus anciens** The oldest **avant J.-C.** B.C. **servent de** serve as **sépultures** graves **comme** such as **vie** life **mort** death **station balnéaire** seaside resort **thalassothérapie** seawater therapy **courses hippiques** horse races **plage** beach **palace** luxury hotel **début** beginning **vingtième** twentieth

Dans la ville

une boîte (de nuit)	nightclub
un bureau	office; desk
un centre commercial	shopping center, mall
un cinéma (ciné)	movie theater, movies
une église	church
une épicerie	grocery store
un grand magasin	department store
un gymnase	gym
un hôpital	hospital
un kiosque	kiosk
un magasin	store
une maison	house
un marché	market
un musée	museum
un parc	park
une piscine	pool
une place	square; place
un restaurant	restaurant
une terrasse de café	café terrace
une banlieue	suburbs
un centre-ville	city/town center, downtown
un endroit	place
un lieu	place
une montagne	mountain
une ville	city, town

Les questions

à quelle heure?	at what time?
à qui?	to whom?
avec qui?	with whom?
combien (de)?	how many?; how much?
comment?	how?; what?
où?	where?
parce que	because
pour qui?	for whom?
pourquoi?	why?
quand?	when?
quel(le)(s)?	which?; what?
que/qu'...?	what?
qui?	who?; whom?
quoi?	what?

À table

avoir faim	to be hungry
avoir soif	to be thirsty
manger quelque chose	to eat something
une baguette	baguette (long, thin loaf of bread)
le beurre	butter
un croissant	croissant (flaky, crescent-shaped roll)
un éclair	éclair (pastry filled with cream)
des frites (f.)	French fries
un fromage	cheese
le jambon	ham
un pain (de campagne)	(country-style) bread
un sandwich	sandwich
une soupe	soup
le sucre	sugar
une boisson (gazeuse)	(soft) (carbonated) drink/beverage
un café	coffee
un chocolat (chaud)	(hot) chocolate
une eau (minérale)	(mineral) water
un jus (d'orange, de pomme, etc.)	(orange, apple, etc.) juice
le lait	milk
une limonade	lemon soda
un thé (glacé)	(iced) tea

Activités

bavarder	to chat
danser	to dance
déjeuner	to eat lunch
dépenser de l'argent (m.)	to spend money
explorer	to explore
fréquenter	to frequent; to visit
inviter	to invite
nager	to swim
passer chez quelqu'un	to stop by someone's house
patiner	to skate
quitter la maison	to leave the house

Expressions de quantité

(pas) assez (de)	(not) enough (of)
beaucoup (de)	a lot (of)
d'autres	others
une bouteille (de)	bottle (of)
un morceau (de)	piece, bit (of)
un peu (plus/moins) (de)	little (more/less) (of)
plusieurs	several
quelque chose	something; anything
quelques	some
une tasse (de)	cup (of)
tous (m. pl.)	all
tout (m. sing.)	all
tout (tous) le/les (m.)	all the
toute(s) la/les (f.)	all the
trop (de)	too many/much (of)
un verre (de)	glass (of)

Au café

apporter l'addition (f.)	to bring the check/bill
coûter	to cost
laisser un pourboire	to leave a tip
Combien coûte(nt)...?	How much is/are...?
un prix	price
un serveur/une serveuse	server

Verbes

aller	to go
apprendre	to learn
boire	to drink
comprendre	to understand
prendre	to take; to have

Expressions utiles	See pp. 103 and 117.
Prepositions	See p. 107.
Partitives	See p. 122.

Les loisirs

Pour commencer
- Où est Stéphane?
- A-t-il froid?
- Pensez-vous qu'il aime le sport?
- Quel sport pratique-t-il, le football ou le basket-ball?
- Quel mois sommes-nous? En septembre ou en décembre?

Savoir-faire

Leçon 9

You will learn how to...

- talk about activities
- tell how often and how well you do things

Le temps libre

Suggestion Have students look over the new vocabulary, covering the translations. Guide them to notice the numerous cognates for sports terms. See how many words students know without looking at the English.

Vocabulaire

aller à la pêche	to go fishing
bricoler	to tinker; to do odd jobs
désirer	to want
jouer (à/de)	to play
pratiquer	to practice
skier	to ski
le baseball	baseball
le cinéma	movies
le foot(ball)	soccer
le football américain	football
le golf	golf
un jeu	game
un loisir	leisure activity
un passe-temps	pastime, hobby
un spectacle	show
un stade	stadium
le temps libre	free time
le volley(-ball)	volleyball
une/deux fois	one/two time(s)
par jour, semaine, mois, an, etc.	per day, week, month, year, etc.
déjà	already
encore	again; still
jamais	never
longtemps	long time
maintenant	now
parfois	sometimes
rarement	rarely
souvent	often

ressources

WB pp. 57–58	LM p. 33	SUPERSITE promenades.vhlcentral.com Leçon 9

les joueuses (f.)

un match de tennis (m.)

Elle marche. (marcher)

le sport

une équipe

les joueurs (m.)

Il joue au foot. (jouer)

Il gagne. (gagner)

les cartes (f.)

une bande dessinée (B.D.)

Suggestion Use Transparency #28 to describe what people are doing. Examples: Ils jouent au football. Elles jouent au tennis. Encourage students to add their remarks.

Attention!

Use **jouer à** with games and sports.

Elle joue aux cartes/ au baseball.

She plays cards/baseball.

Use **jouer de** with musical instruments.

Vous jouez de la guitare/ du piano.

You play the guitar/piano.

Mise en pratique

1 **Écoutez** 🎧 Écoutez Sabine et Marc parler de leurs passe-temps préférés. Dans le tableau suivant, écrivez un **S** pour Sabine et un **M** pour Marc pour indiquer s'ils pratiquent ces activités **souvent, parfois, rarement ou jamais**. Attention, toutes les activités ne sont pas utilisées.

Activité	Souvent	Parfois	Rarement	Jamais
1. chanter	S			
2. le basket	S	M		
3. les cartes				
4. le tennis	M	S		
5. aller à la pêche			M	S
6. le golf				M
7. le cinéma	M, S			
8. le spectacle	M		S	

2 **Remplissez** Choisissez dans la liste le mot qui convient (*the word that fits*) et remplissez (*fill*) les espaces. N'oubliez pas de conjuguer les verbes.

2 **Suggestion** To review -er verb forms, conjugate on the board one of the verbs from the list.

aider	jeu	pratiquer
bande dessinée	jouer	skier
bricoler	marcher	sport
équipe		

1. Notre ___équipe___ joue un match cet après-midi.
2. Le ___jeu___ de cette équipe n'est pas très bon.
3. Mon livre préféré, c'est une ___bande dessinée___ de Tintin, *Le sceptre d'Ottokar*.
4. J'aime ___jouer___ aux cartes avec ma grand-mère.
5. Pour devenir (*To become*) champion de volley, je ___pratique___ tous les jours.
6. Le dimanche, nous ___marchons___ beaucoup, environ (*about*) cinq kilomètres.
7. Mon ___sport___ préféré, c'est le foot.
8. Mon père ___aide___ mon frère à préparer son match de tennis.
9. J'aime mieux ___skier___ dans les Alpes que dans le Colorado.
10. Il faut réparer la table, mais je n'aime pas ___bricoler___.

3 **Les loisirs** Utilisez un élément de chaque colonne pour former huit phrases au sujet des loisirs de ces personnes. N'oubliez pas les accords (*agreements*). Answers will vary.

Personnes	Activités	Fréquence
Je	jouer aux échecs	maintenant
Ma sœur	chanter	parfois
Mes parents	jouer au tennis	rarement
Christian	gagner le match	souvent
Sandrine et Cédric	skier	déjà
Les étudiants	regarder un spectacle	une fois par semaine
Élise	jouer au basket	une fois par mois
Mon ami(e)	aller à la pêche	encore

le basket(-ball)

Il aide le joueur. (aider)

Il chante. (chanter)

Il indique. (indiquer)

Suggestion Tell students that **pratiquer** can also mean *to play (on a regular basis).*

les échecs (m.)

3 **Expansion** Ask students how frequently they do each of the activities listed. Encourage them to use as many different adverbial expressions as possible.

CONTEXTES

Communication

4 Suggestion Follow up this activity by asking students about their partners' favorite sports and activities.

4 Répondez Avec un(e) partenaire, posez-vous (*ask each other*) les questions suivantes et répondez (*answer*) à tour de rôle. Answers will vary.

4 Expansion Have students conduct an informal survey by circulating around the room and asking these questions to five other students. Tell them to write down all of the responses for each question. As a class, share and compare students' findings.

1. Quel est votre loisir préféré?
2. Quel est votre sport préféré à la télévision?
3. Êtes-vous sportif/sportive? Si oui, quel sport pratiquez-vous?
4. Qu'est-ce que vous désirez faire (*to do*) ce week-end?
5. Combien de fois par mois allez-vous au cinéma?
6. Que faites-vous (*do you do*) quand vous avez du temps libre?
7. Est-ce que vous aidez quelqu'un? Qui? À faire quoi? Comment?
8. Quel est votre jeu de société (*board game*) préféré? Pourquoi?

5 Conversez Avec un(e) partenaire, utilisez les expressions de la liste et les mots de la section **CONTEXTES** et écrivez une conversation au sujet de vos loisirs. Présentez votre travail au reste de la classe. Answers will vary.

Avec qui?	Pourquoi?
Combien de fois par...?	Quand?
Comment?	Quel(le)(s)?
Où?	Quoi?

5 Suggestion Call on two students to read the **modèle** before assigning this activity.

MODÈLE

Jacques: *Que fais-tu (do you do) comme sport?*
Clothilde: *Je joue au volley.*
Jacques: *Tu joues souvent?*
Clothilde: *Oui, trois fois par semaine, avec mon amie Julie. C'est un sport que j'adore. Et toi, quel est ton passe-temps préféré?*

6 Sondage Avec la feuille d'activités que votre professeur va vous donner, circulez dans la classe et demandez à vos camarades s'ils pratiquent ces activités et si oui (*if so*), à quelle fréquence. Quelle est l'activité la plus pratiquée (*the most practiced*) de la classe? Answers will vary.

MODÈLE

6 Expansion Tally the results of the survey to determine the most and least popular activities among your students.

aller à la pêche
Simone: *Est-ce que tu vas à la pêche?*
François: *Oui, je vais parfois à la pêche.*

Activité	Nom	Fréquence
1. aller à la pêche	François	parfois
2. jouer au tennis		
3. jouer au foot		
4. skier		

7 La lettre Écrivez une lettre à un(e) ami(e). Dites ce que vous faites (*do*) pendant vos loisirs, quand, avec qui et avec quelle fréquence.

Cher Marc,

Pendant (during) mon temps libre, j'aime bien jouer au basket et au tennis. J'aime gagner, mais ce n'est pas souvent! Je joue au tennis avec mes amis deux fois par semaine, le mardi et le vendredi, et au basket le samedi. J'adore les films et je vais souvent au cinéma avec ma sœur ou mes amis. Le soir...

7 Suggestion Have students exchange letters with a classmate. Remind them to begin the letter with **chère** if they are writing to a woman.

Les sons et les lettres

🎧 Intonation

In short, declarative sentences, the pitch of your voice, or intonation, falls on the final word or syllable.

Nathalie est française.   **Hector joue au football.**

In longer, declarative sentences, intonation rises, then falls.

À trois heures et demie, j'ai sciences politiques.

In sentences containing lists, intonation rises for each item in the list and falls on the last syllable of the last one.

Martine est jeune, blonde et jolie.

In long, declarative sentences, such as those containing clauses, intonation may rise several times, falling on the final syllable.

Le samedi, à dix heures du matin, je vais au centre commercial.

Questions that require a yes or no answer have rising intonation. Information questions have falling intonation.

C'est ta mère?   **Est-ce qu'elle joue au tennis?**

Quelle heure est-il?   **Quand est-ce que tu arrives?**

Suggestion Make sure students can recognize an information question. Tell them that information questions contain question words: **qui, qu'est-ce que, quand, comment, pourquoi**, etc. Remind students that the question word is not always the first word of the sentence. Examples: **À qui parles-tu? Ils arrivent quand?**

Prononcez Répétez les phrases suivantes à voix haute.

1. J'ai dix-neuf ans.
2. Tu fais du sport?
3. Quel jour sommes-nous?
4. Sandrine n'habite pas à Paris.
5. Quand est-ce que Marc arrive?
6. Charlotte est sérieuse et intellectuelle.

Articulez Répétez les dialogues à voix haute.

1. —Qu'est-ce que c'est?
   —C'est un ordinateur.
2. —Tu es américaine?
   —Non, je suis canadienne.
3. —Qu'est-ce que Christine étudie?
   —Elle étudie l'anglais et l'espagnol.
4. —Où est le musée?
   —Il est en face de l'église.

Dictons Répétez les dictons à voix haute.

Si le renard court, le poulet a des ailes.[1]

Petit à petit, l'oiseau fait son nid.[2]

Dictons Have students discuss the meaning of «**Si le renard court, le poulet a des ailes.**» (Students may mention *To each his own.*)

[2] Little by little, a bird builds its nest.

[1] Though the fox runs, the chicken has wings.

ressources

LM
p. 34

promenades.vhlcentral.com
Leçon 9

ROMAN-PHOTO

NATIONAL communication cultures STANDARDS

Au parc

SUPERSITE

Suggestion Have pairs of students list words they expect to hear in a video about sports and activities. As they watch, have them mark the words and expressions they hear.

PERSONNAGES

David

Rachid

Sandrine

Stéphane

DAVID Oh, là, là... On fait du sport aujourd'hui!

RACHID C'est normal! On est dimanche. Tous les week-ends à Aix, on fait du vélo, on joue au foot...

SANDRINE Oh, quelle belle journée! Faisons une promenade!

DAVID D'accord.

DAVID Moi, le week-end, je sors souvent. Mon passe-temps favori, c'est de dessiner la nature et les belles femmes. Mais Rachid, lui, c'est un grand sportif.

RACHID Oui, je joue au foot très souvent et j'adore.

RACHID Tiens, Stéphane! Déjà? Il est en avance.

SANDRINE Salut.

STÉPHANE Salut. Ça va?

DAVID Ça va.

STÉPHANE Salut.

RACHID Salut.

Suggestion Have students scan the captions to find phrases used to talk about sports and activities. Examples: **Rachid, lui, c'est un grand sportif. Je fais du ski, de la planche à voile, du vélo... et j'adore nager.**

STÉPHANE Pfft! Je n'aime pas l'histoire-géo.

RACHID Mais, qu'est-ce que tu aimes alors, à part le foot?

STÉPHANE Moi? J'aime presque tous les sports. Je fais du ski, de la planche à voile, du vélo... et j'adore nager.

RACHID Oui, mais tu sais, le sport ne joue pas un grand rôle au bac.

RACHID Et puis les études, c'est comme le sport. Pour être bon, il faut travailler!

STÉPHANE Ouais, ouais.

RACHID Allez, commençons. En quelle année Napoléon a-t-il...

Suggestion Ask students to read the **Roman-photo** in groups of four. Ask groups to present their dramatic readings to the class.

SANDRINE Dis-moi David, c'est comment chez toi, aux États-Unis? Quels sont les sports favoris des Américains?

DAVID Euh... chez moi? Beaucoup pratiquent le baseball ou le basket et surtout, on adore regarder le football américain. Mais toi, Sandrine, qu'est-ce que tu fais de tes loisirs? Tu aimes le sport? Tu sors?

A C T I V I T É S

1 **Les événements** Mettez les événements suivants dans l'ordre chronologique.

a. __10__ David dessine un portrait de Sandrine.

b. __6__ Stéphane se plaint (*complains*) de ses cours.

c. __4__ Rachid parle du match de foot.

d. __9__ David complimente Sandrine.

e. __2__ David mentionne une activité que Rachid aime faire.

f. __7__ Sandrine est curieuse de savoir (*to know*) quels sont les sports favoris des Américains.

g. __5__ Stéphane dit (*says*) qu'il ne sait (*knows*) pas s'il va gagner son prochain match.

h. __3__ Stéphane arrive.

i. __1__ David parle de son passe-temps favori.

j. __8__ Sandrine parle de sa passion.

1 **Expansion** Have students make sentences to fill in parts of the story not mentioned in this activity.

Les amis parlent de leurs loisirs.

Expressions utiles Draw attention to the forms of the verb **faire** and irregular **-ir** verbs in the captions, in the **Expressions utiles** box, and as they occur in your conversation with students. Tell students that this material will be presented in **Structures**.

RACHID Alors, Stéphane, tu crois que tu vas gagner ton prochain match?
STÉPHANE Hmm, ce n'est pas garanti! L'équipe de Marseille est très forte.
RACHID C'est vrai, mais tu es très motivé, n'est-ce pas?
STÉPHANE Bien sûr.

RACHID Et, pour les études, tu es motivé? Qu'est-ce que vous faites en histoire-géo en ce moment?
STÉPHANE Oh, on étudie Napoléon.
RACHID C'est intéressant! Les cent jours, la bataille de Waterloo...

Expressions utiles Remind students that the **nous** form of a verb can be used to say *Let's...* Example: **Faisons une promenade!** = *Let's take a walk!*

SANDRINE Bof, je n'aime pas tellement le sport, mais j'aime bien sortir le week-end. Je vais au cinéma ou à des concerts avec mes amis. Ma vraie passion, c'est la musique. Je désire être chanteuse professionnelle.

DAVID Mais tu es déjà une chanteuse extraordinaire! Eh! J'ai une idée. Je peux faire un portrait de toi?
SANDRINE De moi? Vraiment? Oui, si tu insistes!

Expressions utiles

Talking about your activities

- **Qu'est-ce que tu fais de tes loisirs? Tu sors?**
  What do you do in your free time? Do you go out?

- **Le week-end, je sors souvent.**
  On weekends I often go out.

- **J'aime bien sortir.**
  I like to go out.

- **Tous les week-ends, on/tout le monde fait du sport.**
  Every weekend, people play/everyone plays sports.

- **Qu'est-ce que tu aimes alors, à part le foot?**
  What else do you like then, besides soccer?

- **J'aime presque tous les sports.**
  I like almost all sports.

- **Je peux faire un portrait de toi?**
  Can/May I do a portrait of you?

- **Qu'est-ce que vous faites en histoire-géo en ce moment?**
  What are you doing in history-geography at this moment?

- **Les études, c'est comme le sport. Pour être bon, il faut travailler!**
  Studies are like sports. To be good, you have to work!

- **Faisons une promenade!**
  Let's take a walk!

Additional vocabulary

- **Dis-moi.**
  Tell me.
- **Bien sûr.**
  Of course.

- **Tu sais.**
  You know.
- **Tiens.**
  Hold on./Here you are.

- **Ce n'est pas garanti!**
  It's not guaranteed!

- **Vraiment?**
  Really?

---

2 **Questions** Choisissez la traduction (*translation*) qui convient pour chaque activité. Essayez de ne pas utiliser de dictionnaire. Combien de traductions y a-t-il pour le verbe **faire**?

1. __c__ faire du ski
2. __d__ faire une promenade
3. __b__ faire du vélo
4. __a__ faire du sport

a. to play sports
b. to go biking
c. to ski
d. to take a walk

2 **Suggestion** Remind students that **faire** has several English translations.

3 **À vous!** David et Rachid parlent de faire des projets (*plans*) pour le week-end, mais les loisirs qu'ils aiment sont très différents. Ils discutent de leurs préférences et finalement choisissent (*choose*) une activité qu'ils vont pratiquer ensemble (*together*). Avec un(e) partenaire, écrivez la conversation et jouez la scène devant la classe.

ressources		
VM pp. 203–204	DVD Leçon 9	promenades.vhlcentral.com Leçon 9

A C T I V I T É S

Avant la lecture Before opening their books, ask students to call out as many sports-related words as they can remember in French. Ask them to name the most popular sports in the United States and those that they associate with the French.

CULTURE À LA LOUPE

Le football

Le football est le sport le plus° populaire dans la majorité° des pays francophones. Tous les quatre ans°, des centaines de milliers de° fans, ou «supporters», regardent la Coupe du Monde°: le championnat de foot(ball) le plus important du monde. En 1998 (mille neuf cent quatre-vingt-dix-huit), l'équipe de France gagne la Coupe du Monde et en 2000 (deux mille), elle gagne la Coupe d'Europe, autre championnat important.

Le Cameroun a aussi une grande équipe de football. «Les Lions Indomptables°» gagnent la médaille d'or° aux Jeux Olympiques de Sydney en 2000. En 2007, l'équipe camerounaise est la première équipe africaine à être dans le classement mondial° de la FIFA (Fédération Internationale de Football Association). Certains «Lions» jouent dans les clubs français et européens.

les Lions Indomptables

En France, il y a deux ligues professionnelles de vingt équipes chacune°. Ça fait° quarante équipes professionnelles de football pour un pays plus petit que° le Texas! Certaines équipes, comme le Paris Saint-Germain («le P.S.G.») ou l'Olympique de Marseille («l'O.M.»), ont beaucoup de supporters.

Les Français, comme les Camerounais, adorent regarder le football, mais ils sont aussi des joueurs très sérieux: aujourd'hui en France, il y a plus de 19.000 (dix-neuf mille) clubs amateurs de football et plus de deux millions de joueurs.

Nombre° de membres des fédérations sportives en France	
Football	2.066.000
Tennis	1.068.000
Judo-jujitsu	577.000
Basket-ball	427.000
Golf	325.000
Rugby	253.000
Natation°	214.000
Ski	152.000
Escrime°	116.000
Vélo°	99.000

le plus *the most* pays *countries* Tous les quatre ans *Every four years* centaines de milliers de *hundreds of thousands of* Coupe du Monde *World Cup* Indomptables *Untamable* or *gold* classement mondial *world ranking* chacune *each* Ça fait *That makes* un pays plus petit que *a country smaller than* Nombre *Number* Natation *Swimming* Escrime *Fencing* Vélo *Cycling*

A C T I V I T É S

1 **Vrai ou faux?** Indiquez si ces phrases sont **vraies** ou **fausses.**

1. Le football est le sport le plus populaire en France. Vrai.
2. La Coupe du Monde a lieu (*takes place*) tous les deux ans. Faux.
3. En 2000, l'équipe de France gagne la Coupe du Monde. Faux.
4. Le Cameroun gagne le tournoi de football aux Jeux Olympiques de Sydney. Vrai.
5. Le Cameroun est la première équipe européenne à être au classement mondial de la FIFA. Faux.
6. Certains «Tigres Indomptables» jouent dans des clubs français et européens. Faux.
7. En France, il y a vingt équipes professionnelles de football. Faux.
8. La France est plus petite que le Texas. Vrai.
9. L'Olympique de Marseille est un stade de football célèbre. Faux.
10. Les Français aiment jouer au football. Vrai.

Après la lecture Have students prepare a list of questions with **jouer** and frequency expressions to ask a classmate. Have them present the other person's preferences to the class.

Portrait Zinédine Zidane became the most expensive player in the history of soccer when Real Madrid acquired him for the equivalent of about $66 million American dollars. «Zizou» also made history as Christian Dior's first male model. Laura Flessel is a left-handed fencer called «la Guêpe» because of her competitive and dangerous attack. She works at **l'Office du tourisme** in Paris when not competing.

STRATÉGIE

Familiarizing yourself with activities

The activities associated with a reading were written specifically to help you discover the writer's intentions as well as form your own opinions. Before you read the selections on these two pages, familiarize yourself with the activity items. You don't need to provide answers at this stage, but the activities will give you clues about the selections' content to keep in mind as you read them. This will help you make better sense of the readings.

LE MONDE FRANCOPHONE

Des champions

Voici quelques champions olympiques récents.

Algérie Nouria Merah-Benida, athlétisme°, or°, Sydney, 2000

Burundi Venuste Niyongabo, athlétisme, or, Atlanta, 1996

Cameroun Patrick Mboma Dem, football, or, Sydney, 2000

Canada Jamie Salé et David Pelletier, patinage artistique°, or, Salt Lake City, 2002

France Laure Manaudou, natation, or, Athènes, 2004

Maroc Hicham El Guerrouj, athlétisme, or, Athènes, 2004

Suisse Simon Ammann, saut à skis°, or, Salt Lake City, 2002

Tunisie Fathi Missaoui, boxe°, bronze, Atlanta, 1996

athlétisme track and field **or** gold **patinage artistique** figure skating
saut à skis ski jumping **boxe** boxing

PORTRAIT

Zinédine Zidane et Laura Flessel

Zinédine Zidane, ou «Zizou», est un footballeur français. Né° à Marseille de parents algériens, il joue dans différentes équipes françaises. Nommé trois fois «Joueur de l'année» par la FIFA (la Fédération Internationale de Football Association), il gagne la Coupe du Monde avec l'équipe de France en 1998 (mille neuf cent quatre-vingt-dix-huit). Pendant° sa carrière, il joue aussi pour une équipe italienne et pour le Real Madrid, en Espagne°.

Née à la Guadeloupe, **Laura Flessel** commence l'escrime à l'âge de sept ans. Après plusieurs titres° de championne de Guadeloupe, elle va en France pour continuer sa carrière. En 1991 (mille neuf cent quatre-vingt-onze), à 20 ans, elle est championne de France et cinq ans plus tard, elle est double championne olympique à Atlanta en 1996.

Né Born **Pendant** During **Espagne** Spain **plusieurs titres** several titles

SUR INTERNET

SUPERSITE

Qu'est-ce que le «free-running»?

Go to **promenades.vhlcentral.com** to find more cultural information related to this **LECTURE CULTURELLE**. Then watch the corresponding **Flash culture**.

---

2 **Zinédine ou Laura?** Indiquez de qui on parle.

1. ___Zinédine___ est de France métropolitaine.
2. ___Laura___ est née à la Guadeloupe.
3. ___Zinédine___ gagne la Coupe du Monde pour la France en 1998.
4. ___Laura___ est championne de Guadeloupe en 1991.
5. ___Laura___ est double championne olympique en 1996.
6. ___Zinédine___ a été trois fois joueur de l'année.

3 **Une interview** Avec un(e) partenaire, préparez une interview entre un(e) journaliste et un(e) athlète que vous aimez. Jouez la scène devant la classe. Est-ce que vos camarades peuvent deviner (can guess) le nom de l'athlète?

3 **Expansion** Have students prepare five sentences in the first person for homework, describing themselves as a well-known athlete. Ask students to introduce themselves to the class. The class tries to guess the presenter's identity.

ressources

VM
pp. 247–248

SUPERSITE
promenades.vhlcentral.com
Leçon 9

ACTIVITÉS

---

2 **Expansion** Continue the activity with additional fill-in-the-blank statements such as these. 7. ____ joue aussi pour une équipe espagnole. (Zinédine) 8. ____ est championne aux Jeux Olympiques de 1996. (Laura)

9.1 The verb *faire*

Point de départ Like other commonly used verbs, the verb **faire** (*to do, to make*) is irregular in the present tense.

faire (to do, to make)

Suggestion Ask students where they have seen the -s, -s, -t pattern. (**boire: je bois, tu bois, il/elle boit**)

je fais	nous faisons
tu fais	vous faites
il/elle fait	ils/elles font

Il ne **fait** pas ses devoirs.
He's not doing his homework.

Qu'est-ce que vous **faites** ce soir?
What are you doing this evening?

Suggestion Point out that students have seen **faire** in previous lessons. Example: **faire ses devoirs** in **Leçon 4 Roman-photo.**

On fait du sport aujourd'hui!

Qu'est-ce que vous faites en histoire-géo?

- Use the verb **faire** in these idiomatic expressions. Note that it is not always translated into English as *to do* or *to make.*

Expressions with *faire*

faire de l'aérobic	to do aerobics	faire de la planche à voile	to go wind-surfing
faire attention (à)	to pay attention (to)	faire une promenade	to go for a walk
faire du camping	to go camping		
faire du cheval	to go horseback riding	faire une randonnée	to go for a hike
faire la connaissance de...	to meet (someone)	faire du ski	to go skiing
		faire du sport	to do sports
faire la cuisine	to cook	faire un tour	to go for a walk
faire de la gym	to work out	(en voiture)	(drive)
faire du jogging	to go jogging	faire du vélo	to go bike riding

Tu **fais** souvent **du sport**?
Do you do sports often?

Nous **faisons attention** en classe.
We pay attention in class.

Elles **font du camping**.
They go camping.

Yves **fait la cuisine**.
Yves is cooking.

Je **fais de la gym**.
I'm working out.

Faites-vous **une promenade**?
Are you going for a walk?

Suggestion Point out that **fai-** in **nous faisons** is pronounced differently than **fai-** in all other forms. Underline the first syllable of the **nous** form and have students repeat.

---

1 **Que font-ils?** Regardez les dessins. Que font les personnages?

MODÈLE

Julien fait du jogging.

1 Suggestion Bring in images of people doing other activities with **faire** expressions. Ask: **Que fait-il/elle?**

Julien

1. je Je fais du cheval. **3. Anne** Anne fait de l'aérobic.

2. tu Tu fais de la planche à voile. **4. Louis et Paul** Louis et Paul font du camping.

2 **Chassez l'intrus** Quelle activité ne fait pas partie du groupe?

1. a. faire du jogging b. faire une randonnée
   c. faire de la planche à voile

2. a. faire du vélo b. faire du camping
   c. faire du jogging

3. a. faire une promenade b. faire la cuisine
   c. faire un tour

4. a. faire du sport b. faire du vélo
   c. faire la connaissance

5. a. faire ses devoirs b. faire du ski
   c. faire du camping

6. a. faire la cuisine b. faire du sport
   c. faire de la planche à voile

2 Suggestion Have pairs of students drill each other on the meanings of expressions with **faire** (that are not cognates). Then tell them to cover that half of the page with paper or a book before doing this activity.

3 **La paire** Faites correspondre (*Match*) les éléments des deux colonnes et rajoutez (*add*) la forme correcte du verbe **faire**.

1. Elle aime courir (*to run*), alors elle...
   e. fait du jogging.
2. Ils adorent les animaux. Ils...
   d. font du cheval.
3. Quand j'ai faim, je...
   b. fais la cuisine.
4. L'hiver, vous...
   g. faites du ski.
5. Pour marcher, nous...
   f. faisons une promenade.
6. Tiger Woods...
   a. fait du golf.

a. du golf.
b. la cuisine.
c. les devoirs.
d. du cheval.
e. du jogging.
f. une promenade.
g. du ski.
h. de l'aérobic.

COMMUNICATION

4 **Ce week-end** Que faites-vous ce week-end? Avec un(e) partenaire, posez les questions à tour de rôle. *Some answers will vary.*

MODÈLE

tu / jogging

Étudiant(e) 1: Est-ce que tu fais du jogging ce week-end?

Étudiant(e) 2: Non, je ne fais pas de jogging. Je fais un tour en voiture.

1. tu / le vélo
Est-ce que tu fais du vélo ce week-end?
2. tes amis / la cuisine
Est-ce que tes amis font la cuisine ce week-end?
3. ton/ta petit(e) ami(e) et toi, vous / le jogging
Est-ce que ton/ta petit(e) ami(e) et toi, vous faites du jogging ce week-end?
4. toi et moi, nous / une randonnée
Est-ce que toi et moi, nous faisons une randonnée ce week-end?
5. tu / la gym
Est-ce que tu fais de la gym ce week-end?
6. ton/ta camarade de chambre / le sport
Est-ce que ton/ta camarade de chambre fait du sport ce week-end?

5 **De bons conseils** Avec un(e) partenaire, donnez de bons conseils (*advice*). À tour de rôle, posez des questions et utilisez les éléments de la liste. Présentez vos idées à la classe. *Answers will vary.*

MODÈLE

Étudiant(e) 1: Qu'est-ce qu'il faut faire pour avoir de bonnes notes?

Étudiant(e) 2: Il faut étudier jour et nuit.

être en pleine forme (*great shape*)	avoir de bonnes notes
avoir de l'argent	gagner une course (*race*)
avoir beaucoup d'amis	bien manger
être champion de ski	réussir (*succeed*) aux examens

6 **Les sportifs** Votre professeur va vous donner une feuille d'activités. Faites une enquête sur le nombre d'étudiants qui pratiquent certains sports dans votre classe. Présentez les résultats à la classe. *Answers will vary.*

MODÈLE

Étudiant(e) 1: Est-ce que tu fais du jogging?

Étudiant(e) 2: Oui, je fais du jogging.

Sport	Nom
1. jogging	Carole
2. vélo	
3. planche à voile	
4. cuisine	
5. camping	
6. cheval	

6 **Suggestion** Have students say how popular these activities are among classmates. Tell them to be prepared to justify their statements by citing how many students participate in each.

- Make sure to learn the correct article with each **faire** expression that calls for one. For **faire** expressions requiring a partitive or indefinite article, the article is replaced with **de** when the expression is negated.

Elles font **de la** gym trois fois par semaine.
They work out three times a week.

Elles ne font pas **de** gym le dimanche.
They don't work out on Sundays.

- Use **faire la connaissance de** before someone's name or another noun that identifies a person.

Je vais **faire la connaissance de Martin**.
I'm going to meet Martin.

Je vais **faire la connaissance des joueurs**.
I'm going to meet the players.

The expression *il faut*

Pour être bon, il faut travailler!

Il ne faut pas regarder la télé.

- When followed by a verb in the infinitive, the expression **il faut...** means *it is necessary to...* or *one must...*

Il faut faire attention en cours de maths.
It is necessary to pay attention in math class.

Il ne faut pas manger après dix heures.
One must not eat after 10 o'clock.

Faut-il laisser un pourboire?
Is it necessary to leave a tip?

Il faut gagner le match!
We must win the game!

Suggestion Explain that **il faut** is a very common expression in French even though its English translations are not as widely used in everyday language.

Essayez! **Complétez chaque phrase avec la forme correcte du verbe faire au présent.**

1. Tu _____ *fais* _____ tes devoirs le samedi?
2. Vous ne _____ faites _____ pas attention au professeur.
3. Nous _____ faisons _____ du camping.   **Essayez!** Have students check each other's answers.
4. Ils _____ font _____ du jogging.
5. On _____ fait _____ une promenade au parc.
6. Il _____ fait _____ du ski en montagne.
7. Je _____ fais _____ de l'aérobic.
8. Elles _____ font _____ un tour en voiture.
9. Est-ce que vous _____ faites _____ la cuisine?
10. Nous ne _____ faisons _____ pas de sport.

STRUCTURES

9.2 Irregular *-ir* verbs

Point de départ You are familiar with the class of French verbs whose infinitives end in **-er**. The infinitives of a second class of French verbs end in **-ir**. Some of the most commonly used verbs in this class are irregular.

- **Sortir** is used to express leaving a room or a building. It also expresses the idea of going out, as with friends or on a date. The preposition **de** is used after **sortir** when the place someone is leaving is expressed.

sortir	
Suggestion Point out the recurrence of the -s, -s, -t pattern in singular forms.	je sors nous sortons
	tu sors vous sortez
	il/elle sort ils/elles sortent

Tu **sors** souvent avec tes copains?
Do you go out often with your friends?

Pierre et moi **sortons de** la salle de classe.
Pierre and I leave the classroom.

Suggestion Model the pronunciation of forms for **sortir** and **partir**. Ask students simple questions.

Le week-end, je sors souvent.

Ils partent pour la fac.

- **Partir** is generally used to say someone is leaving a large place such as a city, country, or region. Often, a form of **partir** is accompanied by the preposition **pour** and a destination name to say *to leave for (a place)*.

partir	
	je pars nous partons
	tu pars vous partez
	il/elle part ils/elles partent

Je **pars pour** l'Algérie.
I'm leaving for Algeria.

Ils **partent pour** Genève demain.
They're leaving for Geneva tomorrow.

BOÎTE À OUTILS
As you learned in **Leçon 7**, **quitter** is used to say that someone leaves a place or another person: **Tu quittes la maison?** (*Are you leaving the house?*)

 SUPERSITE   **MISE EN PRATIQUE**

1 **Choisissez** Monique et ses amis aiment bien sortir. Choisissez la forme correcte des verbes **partir** ou **sortir** pour compléter la description de leurs activités.

1. Samedi soir, je ___sors___ avec mes copains.
2. Mes copines Magali et Anissa ___partent___ pour New York.
3. Nous ___sortons___ du cinéma.
4. Nicolas ___part___ pour Dakar vers 10 heures du soir.
5. À minuit, vous ___partez___ pour la boîte.
6. Je ___pars___ pour le Maroc dans une semaine.
7. Tu ___sors___ avec ton petit ami ce week-end.
8. Olivier et Bernard ___sortent___ tard du bureau.

2 **Vos habitudes** Utilisez les éléments des colonnes pour décrire (*describe*) les habitudes de votre famille et de vos amis. Answers will vary.

A	B	C
je	(ne pas) courir	jusqu'à (*until*) midi
mon frère	(ne pas) dormir	
ma sœur	(ne pas) partir	tous les week-ends
mes parents	(ne pas) sortir	tous les jours
mes cousins		souvent
mon petit ami		rarement
ma petite amie		jamais
mes copains		une (deux, etc.) fois par jour/ semaine
?		?

3 **La question** Vincent parle au téléphone avec sa mère. Vous entendez (*hear*) ses réponses, mais pas les questions. Avec un(e) partenaire, reconstruisez la conversation. Answers will vary.

MODÈLE
Comment vas-tu? Ça va bien, merci.

1. _____ Oui, je sors avec mes amis ce soir.
2. _____ Nous partons à six heures.
3. _____ Oui, nous allons jouer au tennis.
4. _____ Après, nous allons au restaurant.
5. _____ Nous sortons du restaurant à neuf heures.
6. _____ Marc et Audrey partent pour Nice le week-end prochain.

3 **Expansion** Ask students to imagine they are on the telephone and a classmate can overhear them. Have students write three answers to say in front of a partner who will guess the questions.

Suggestion Go over other irregular -ir verbs, pointing out that they are all in the same grammatical "verb family" as **sortir** and **partir**.

COMMUNICATION

4 Descriptions Avec un(e) partenaire, complétez les phrases avec la forme correcte d'un verbe de la liste.

courir	dormir	partir	sentir	servir	sortir

1. Véronique / / tard
   Véronique dort tard.

2. je / / sandwichs
   Je sers des sandwichs.

3. les enfants / / le chocolat chaud
   Les enfants sentent le chocolat chaud.

4. nous / / souvent
   Nous courons souvent.

5. tu / / de l'hôpital
   Tu sors de l'hôpital.

6. vous /  / pour la France demain
   Vous partez pour la France demain.

5 Indiscrétions Votre partenaire est curieux/curieuse et désire savoir (*to know*) ce que vous faites chez vous. Répondez à ses questions. Answers will vary.

1. Jusqu'à (*Until*) quelle heure dors-tu le week-end?

2. Dors-tu pendant (*during*) les cours à la fac? Pendant quels cours? Pourquoi?

3. À quelle heure sors-tu le samedi soir?

4. Avec qui sors-tu le samedi soir?

5. Que sers-tu quand tu as des invités à la maison?

6. Pars-tu bientôt en vacances (*vacation*)? Où?

6 Dispute Laëtitia est très active. Son petit ami Bertrand ne sort pas beaucoup, alors ils ont souvent des disputes. Avec un(e) partenaire, jouez les deux rôles. Utilisez les mots et les expressions de la liste.
Answers will vary.

dormir	partir
faire des promenades	un passe-temps
	sentir
faire un tour (en voiture)	sortir
	rarement
par semaine	souvent

6 Suggestion Have a couple of volunteer pairs act out their conversations for the class.

Other irregular -ir verbs

	dormir *(to sleep)*	servir *(to serve)*	sentir *(to feel)*	courir *(to run)*
je	dors	sers	sens	cours
tu	dors	sers	sens	cours
il/elle	dort	sert	sent	court
nous	dormons	servons	sentons	courons
vous	dormez	servez	sentez	courez
ils/elles	dorment	servent	sentent	courent

Rachid dort.

Nous courons.

Elles **dorment** jusqu'à midi.
They sleep until noon.

Vous **courez** vite!
You run fast!

Je **sers** du fromage à la fête.
I'm serving cheese at the party.

Nous **servons** du thé glacé.
We are serving iced tea.

- **Sentir** can mean *to feel*, *to smell*, or *to sense*.

Je **sens** qu'il arrive.
I sense that he's arriving.

Ça **sent** bon!
That smells good!

Vous **sentez** le café?
Do you smell the coffee?

Ils **sentent** sa présence.
They feel his presence.

Essayez! Complétez les phrases avec la forme correcte du verbe.

1. Nous __sortons__ (sortir) vers neuf heures.

2. Je __sers__ (servir) des boissons gazeuses aux invités.

3. Tu __pars__ (partir) quand pour le Canada?

4. Nous ne __dormons__ (dormir) pas en cours.

5. Ils __courent__ (courir) pour attraper (*to catch*) le bus.

6. Tu manges des oignons? Ça __sent__ (sentir) mauvais.

7. Vous __sortez__ (sortir) avec des copains ce soir.

8. Elle __part__ (partir) pour Dijon ce week-end.

SYNTHÈSE

Révision

4 Suggestion Call on two volunteers to do the **modèle**.

4 Expansion Have students continue the activity with additional places, such as **à la faculté, au resto U, au centre-ville**, etc.

1 Au parc C'est dimanche au parc. Avec un(e) partenaire, décrivez les activités de tous les personnages. Comparez vos observations avec les observations d'un autre groupe pour compléter votre description. Answers will vary.

2 Mes habitudes Avec un(e) partenaire, parlez de vos habitudes de la semaine. Que faites-vous régulièrement? Utilisez tous les mots de la liste. Answers will vary.

> **MODÈLE**
>
> **Étudiant(e) 1:** Je fais de la gym parfois le lundi. Et toi?
> **Étudiant(e) 2:** Moi, je fais la cuisine parfois le lundi.

parfois le lundi	souvent à midi
le mercredi à midi	toujours le vendredi
le jeudi soir	tous les jours
le vendredi matin	trois fois par semaine
rarement le matin	une fois par semaine

3 Mes vacances Parlez de vos prochaines vacances (*vacation*) avec un(e) partenaire. Mentionnez cinq de vos passe-temps habituels en vacances et cinq nouvelles activités que vous allez essayer (*to try*). Comparez votre liste avec la liste de votre partenaire puis présentez les réponses à la classe. Answers will vary.

3 Suggestion Have students say what their partners are going to do on vacation, when, where, and with whom.

4 Que faire ici? Avec un(e) partenaire, trouvez au minimum quatre choses à faire dans chaque (*each*) endroit. Quel endroit préférez-vous et pourquoi? Comparez votre liste avec un autre groupe et parlez de vos préférences avec la classe. Answers will vary.

> **MODÈLE**
>
> **Étudiant(e) 1:** À la montagne, on fait des randonnées à cheval.
> **Étudiant(e) 2:** Oui, et il faut marcher.

1. à la campagne

3. au parc

2. à la plage

4. au gymnase

5 Le conseiller Un(e) conseiller/conseillère à la fac suggère des stratégies à un(e) étudiant(e) pour l'aider (*help him or her*) à préparer les examens. Avec un(e) partenaire, jouez les deux rôles. Vos camarades vont sélectionner les meilleurs conseils (*best advice*). Answers will vary.

5 Suggestion Tell students to use as many irregular **-ir** verbs and **faire** expressions as possible.

> **MODÈLE**
>
> Il faut faire tous ses devoirs.

6 Quelles activités? Votre professeur va vous donner, à vous et à votre partenaire, deux feuilles d'activités différentes pour le week-end. Attention! Ne regardez pas la feuille de votre partenaire. Answers will vary.

> **MODÈLE**
>
> **Étudiant(e) 1:** Est-ce que tu fais une randonnée dimanche après-midi?
> **Étudiant(e) 2:** Oui, je fais une randonnée dimanche après-midi.

ressources		
WB pp. 59–62	LM pp. 35–36	promenades.vhlcentral.com Leçon 9

Sponsors de demain

Fondée en 1857, SwissLife est la plus grande° compagnie d'assurance vie° de Suisse, avec des filiales° aussi dans d'autres pays européens. C'est une entreprise° consciente de l'importance de la vie culturelle et sportive des communautés. SwissLife sponsorise des associations et des programmes aux niveaux° national et communautaire parce qu'elle reconnaît° qu'ils ont un effet positif sur les générations futures. En 2004, SwissLife commence à soutenir° l'équipe nationale suisse de football et, en 2007, le Kids Festival, tournois de football pour les enfants de six à dix ans.

—Gagner la Ligue des Champions...

—Jouer en finale de la Coupe du Monde...

Compréhension Répondez aux questions. Some answers will vary.

1. Qui sont les personnes dans la publicité (*ad*)? Ce sont des joueurs de football.

2. Quel âge le narrateur a-t-il à peu près (*approximately*)? Il a entre six et dix ans.

3. Qu'est-ce que le narrateur a envie de faire un jour? Some answers will vary.
Suggested answers: Il a envie de gagner la Ligue des Champions et de jouer en finale de la Coupe du Monde.

 Discussion Par groupes de trois, répondez aux questions. Answers will vary.

1. Pourquoi est-ce un enfant qui parle dans la pub, et non les adultes? Quel est le rôle des adultes?

2. Quelle personne est un modèle pour vous? Que fait-elle?

Compréhension Have students work in pairs or groups for this activity. Tell them to write their answers. Then show the video again so that they can check their answers and add any missing information.

SUPERSITE

SUR INTERNET

Go to **promenades.vhlcentral.com** to watch the TV clip featured in this **Le zapping**.

la plus grande *the largest* **assurance vie** *life insurance* **filiales** *branches* **entreprise** *company* **niveaux** *levels* **reconnaît** *recognizes* **soutenir** *to support*

Discussion Ask students if they believe that a large company that sponsors cultural activities genuinely does so for the community's sake. Have them explain their answers.

Leçon 10

You will learn how to...

- talk about seasons and the date
- discuss the weather

Suggestion Introduce weather-related vocabulary by describing the weather in your area today. Example: **Aujourd'hui, il pleut et il fait du vent.**

Quel temps fait-il?

Vocabulaire

Il fait 18 degrés.	*It is 18 degrees.*
Il fait beau.	*The weather is nice.*
Il fait bon.	*The weather is good/warm.*
Il fait mauvais.	*The weather is bad.*
Il fait un temps épouvantable.	*The weather is dreadful.*
Le temps est orageux.	*It is stormy.*
Quel temps fait-il?	*What is the weather like?*
Quelle température fait-il?	*What is the temperature?*
une saison	*season*
à l'automne	*in the fall*
en été	*in the summer*
en hiver	*in the winter*
au printemps	*in the spring*
Quelle est la date?	*What's the date?*
C'est le 1er (premier) octobre.	*It's the first of October.*
C'est quand votre/ton anniversaire?	*When is your birthday?*
C'est le 2 mai.	*It's the second of May.*
C'est quand l'anniversaire de Paul?	*When is Paul's birthday?*
C'est le 15 mars.	*It's March 15th.*
un anniversaire	*birthday*

Suggestions

- Point out that the expressions **avoir froid** and **avoir chaud** refer to people, but **faire froid** and **faire chaud** describe weather. Bring in photos that include people to illustrate this distinction.
- Mention to students that **temps** in this context means *weather*, not *time*.

ressources

WB pp. 63–64	LM p. 37	SUPERSITE promenades.vhlcentral.com Leçon 10

Il neige. (neiger)

Il fait froid.

L'hiver: décembre, janvier, février

Il fait (du) soleil.

Bal du 14 juillet

Il fait chaud.

Quelle est la date d'aujourd'hui? C'est le 14 juillet.

L'été: juin, juillet, août

Suggestion Tell students that most weather expressions use the verb **faire**, but **neiger** and **pleuvoir** stand alone. Point out that they are only used in the third person singular.

Attention!

In France and in most of the francophone world, temperature is given in Celsius. Convert from Celsius to Fahrenheit with this formula: $F = (C \times 1.8) + 32$. Convert from Fahrenheit to Celsius with this formula: $C = (F - 32) \times 0.56$.

$11°C = 52°F$ $78°F = 26°C$

Il pleut. (pleuvoir)

un parapluie

un imperméable

Le printemps: mars, avril, mai

Il fait frais.

Le temps est nuageux.

Il fait du vent.

13°c

L'automne: septembre, octobre, novembre

Mise en pratique

1 **Écoutez** 🎧 Écoutez le bulletin météorologique et répondez aux questions suivantes.

1 **Suggestion** Have students correct the false items.

	Vrai	Faux
1. C'est l'été.	☐	☑
2. Le printemps commence le 21 mars.	☑	☐
3. Il fait 11 degrés vendredi.	☑	☐
4. Il fait du vent vendredi.	☐	☑
5. Il va faire soleil samedi.	☐	☑
6. Il faut utiliser le parapluie et l'imperméable vendredi.	☐	☑
7. Il va faire un temps épouvantable dimanche.	☑	☐
8. Il ne va pas faire chaud samedi.	☑	☐

2 **Les fêtes et les jours fériés** Indiquez la date et la saison de chaque jour férié.

		Date	Saison
1.	la fête nationale française	le 14 juillet	l'été
2.	l'indépendance des États-Unis	le 4 juillet	l'été
3.	la Saint-Patrick	le 17 mars	l'hiver/le printemps
4.	Noël	le 25 décembre	l'hiver
5.	la Saint-Valentin	le 14 février	l'hiver
6.	le Nouvel An	le 1er janvier	l'hiver
7.	Halloween	le 31 octobre	l'automne
8.	l'anniversaire de Washington	le 22 février	l'hiver

3 **Quel temps fait-il?** Répondez aux questions suivantes par des phrases complètes. Answers will vary.

1. Quel temps fait-il en été?
2. Quel temps fait-il à l'automne?
3. Quel temps fait-il au printemps?
4. Quel temps fait-il en hiver?
5. Où est-ce qu'il neige?
6. Quel est votre mois préféré de l'année? Pourquoi?
7. Quand est-ce qu'il pleut où vous habitez?
8. Quand est-ce que le temps est orageux où vous habitez?

3 **Suggestion** Explain that both **en automne** and **à l'automne** can be used to mean *in the fall*. For other seasons, make sure they know to use **en** before those starting with a vowel sound and **au** with **printemps**, as it starts with a consonant.

3 **Suggestion** Have students work in pairs or small groups to answer these questions.

Communication

4 **Conversez** Interviewez un(e) camarade de classe. Answers will vary.

1. C'est quand ton anniversaire? C'est quand l'anniversaire de ton père? Et de ta mère?
2. En quelle saison est ton anniversaire? Quel temps fait-il?
3. Quelle est ta saison préférée? Pourquoi? Quelles activités aimes-tu pratiquer?
4. En quelles saisons utilises-tu un parapluie et un imperméable? Pourquoi?
5. À quel moment de l'année es-tu en vacances? Précise les mois. Pendant (*During*) quels mois de l'année préfères-tu voyager? Pourquoi?
6. À quelle période de l'année étudies-tu? Précise les mois.
7. Quelle saison détestes-tu le plus (*the most*)? Pourquoi?
8. Quand tu vas au café en janvier, qu'est-ce que tu bois? En juillet? En septembre?

4 **Suggestion** Have students share what they've learned about their partners with another pair of students or with the rest of the class.

5 **Une lettre** Vous avez un correspondant (*pen pal*) en France qui veut (*wants*) vous rendre visite (*to visit you*). Écrivez une lettre à votre ami(e) où vous décrivez le temps qu'il fait à chaque saison et les activités que vous pouvez (*can*) pratiquer ensemble (*together*). Comparez votre lettre avec la lettre d'un(e) camarade de classe. Answers will vary.

> Cher Thomas,
>
> Ici à Boston, il fait très froid en hiver et il neige souvent. Est-ce que tu aimes la neige? Moi, j'adore parce que je fais du ski tous les week-ends.
>
> Et toi, tu fais du ski? ...

5 **Suggestion** Encourage students to use a wide variety of expressions for seasons and activities. Have them exchange papers for peer editing.

6 **Quel temps fait-il en France?** Votre professeur va vous donner, à vous et à votre partenaire, deux feuilles d'activités différentes. Attention! Ne regardez pas la feuille de votre partenaire.

MODÈLE

Étudiant(e) 1: *Quel temps fait-il à Paris?*
Étudiant(e) 2: *À Paris, le temps est nuageux et la température est de dix degrés.*

7 **La météo** Préparez avec un(e) camarade de classe une présentation où vous: Answers will vary.

- mentionnez le jour, la date et la saison.
- présentez la météo d'une ville francophone.
- présentez les prévisions météo (*weather forecasts*) pour le reste de la semaine.
- préparez une affiche pour illustrer votre présentation.

La météo d'Haïti en juillet — Port-au-Prince

samedi 23	dimanche 24	lundi 25
27°C	35°C	37°C
☀	⛅	⛈
soleil	nuageux	orageux

Aujourd'hui samedi, c'est le 23 juillet.
C'est l'été et il fait soleil...

Les sons et les lettres

🎧 Open vs. closed vowels: Part 1

You have already learned that **é** is pronounced like the vowel *a* in the English word *cake*. This is a closed **e** sound.

étudiant	agr**é**able	nationalit**é**	enchant**é**

The letter combinations **–er** and **–ez** at the end of a word are pronounced the same way, as is the vowel sound in single-syllable words ending in **-es**.

travaill**er**	av**ez**	m**es**	l**es**

The vowels spelled **è** and **ê** are pronounced like the vowel in the English word *pet*, as is an **e** followed by a double consonant. These are open **e** sounds.

rép**è**te	prem**iè**re	p**ê**che	ital**ie**nne

The vowel sound in *pet* may also be spelled **et**, **ai**, or **ei**.

secr**et**	fran**ç**ais	f**ai**t	s**ei**ze

Compare these pairs of words. To make the vowel sound in *cake*, your mouth should be slightly more closed than when you make the vowel sound in *pet*.

mes mais	ces cette	théâtre thème

Suggestions
- Dictate five familiar words containing the open and closed vowels presented on this page, repeating each one at least two times. Then write them on the board or on a transparency and have students check and correct their spelling.
- Remind students that **ai** and **ei** are nasalized when followed by **m** or **n**. Compare the following words: **français** / **faim**, **seize** / **hein**.
- Point out that, unlike English, there is no diphthong or glide in these vowel sounds. To illustrate this, contrast the pronunciation of the English word *may* with that of the French word **mai**.

Prononcez Répétez les mots suivants à voix haute.

1. thé
2. lait
3. belle
4. été
5. neige
6. aider
7. degrés
8. anglais
9. cassette
10. discret
11. treize
12. mauvais

Articulez Répétez les phrases suivantes à voix haute.

1. Hélène est très discrète.
2. Céleste achète un vélo laid.
3. Il neige souvent en février et en décembre.
4. Désirée est canadienne; elle n'est pas française.

Dictons Répétez les dictons à voix haute.

Qui sème le vent récolte la tempête.[2]

Péché avoué est à demi pardonné.[1]

[1] An offense admitted is half pardoned.
[2] You reap what you sow. (lit. He who sows the wind reaps a storm.)

ressources

LM p. 38

promenades.vhlcentral.com
Leçon 10

ROMAN-PHOTO

Quel temps!

SUPER**SITE**

Suggestions
- Ask students to predict what the episode will be about.
- Have students make a list of vocabulary they expect to see in an episode about weather and seasons.

PERSONNAGES

David

Rachid

Sandrine

Stéphane

Au parc...

RACHID Napoléon établit le Premier Empire en quelle année?

STÉPHANE Euh... mille huit cent quatre?

RACHID Exact! On est au mois de novembre et il fait toujours chaud.

STÉPHANE Oui, il fait bon!... dix-neuf, dix-huit degrés!

RACHID Et on a chaud aussi parce qu'on court.

STÉPHANE Bon, allez, je rentre faire mes devoirs d'histoire-géo.

RACHID Et moi, je rentre boire une grande bouteille d'eau.

RACHID À demain, Stéph! Et n'oublie pas: le cours du jeudi avec ton professeur, Monsieur Rachid Kahlid, commence à dix-huit heures, pas à dix-huit heures vingt!

STÉPHANE Pas de problème! Merci et à demain!

Suggestion Ask students to read the **Roman-photo** conversation in groups of four. Ask one or two groups to present their dramatic readings to the class.

SANDRINE Et puis, en juillet, le Tour de France commence. J'aime bien regarder à la télévision. Et après, c'est mon anniversaire, le 20. Cette année, je fête mes vingt et un ans. Tous les ans, pour célébrer mon anniversaire, j'invite mes amis et je prépare une super soirée. J'adore faire la cuisine, c'est une vraie passion!

DAVID Ah, oui?

SANDRINE En parlant d'anniversaire, Stéphane célèbre ses dix-huit ans samedi prochain. C'est un anniversaire important. ...On organise une surprise. Tu es invité!

DAVID Hmm, c'est très gentil, mais... Tu essaies de ne pas parler deux minutes, s'il te plaît? Parfait!

SANDRINE Pascal! Qu'est-ce que tu fais aujourd'hui? Il fait beau à Paris?

DAVID Encore un peu de patience! Allez, encore dix secondes... Voilà!

ACTIVITÉS

1 **Qui?** Identifiez les personnages pour chaque phrase. Écrivez **S** pour Sandrine, **St** pour Stéphane, **R** pour Rachid et **D** pour David.

1. Cette personne aime faire la cuisine. S
2. Cette personne sort quand il fait froid. D
3. Cette personne aime le Tour de France. S
4. Cette personne n'aime pas la pluie. S
5. Cette personne va boire de l'eau. R
6. Ces personnes ont rendez-vous tous les jeudis. R, St
7. Cette personne fête son anniversaire en janvier. D
8. Ces personnes célèbrent un joli portrait. D, R, S
9. Cette personne fête ses dix-huit ans samedi prochain. St
10. Cette personne prépare des crêpes pour le dîner. S

1 **Expansion** Assign one of the four main characters in this episode to a small group. Each group should write a brief description of their character's likes, dislikes, and preferences.

Les anniversaires à travers (*through*) les saisons.

Expressions utiles Draw attention to numbers 101 and higher and spelling-change **-er** verbs in the video-still captions, in the **Expressions utiles** box, and as they occur in your conversation with students.

À l'appartement de David et de Rachid...

SANDRINE C'est quand, ton anniversaire?

DAVID Qui, moi? Oh, c'est le quinze janvier.

SANDRINE Il neige en janvier, à Washington?

DAVID Parfois... et il pleut souvent à l'automne et en hiver.

SANDRINE Je déteste la pluie. C'est pénible. Qu'est-ce que tu aimes faire quand il pleut, toi?

DAVID Oh, beaucoup de choses! Dessiner, écouter de la musique. J'aime tellement la nature, je sors même quand il fait très froid.

SANDRINE Moi, je préfère l'été. Il fait chaud. On fait des promenades.

RACHID Oh là, là, j'ai soif! Mais... qu'est-ce que vous faites, tous les deux?

DAVID Oh, rien! Je fais juste un portrait de Sandrine.

RACHID Bravo, c'est pas mal du tout! Hmm, mais quelque chose ne va pas, David. Sandrine n'a pas de téléphone dans la main!

SANDRINE Oh, Rachid, ça suffit! C'est vrai, tu as vraiment du talent, David. Pourquoi ne pas célébrer mon joli portrait? Vous avez faim, les garçons?

RACHID ET DAVID Oui!

SANDRINE Je prépare le dîner. Vous aimez les crêpes ou vous préférez une omelette?

RACHID ET DAVID Des crêpes... Miam!

Suggestion Quickly review the predictions and confirm the correct ones.

---

2 **Faux!** Toutes ces phrases contiennent une information qui est fausse. Corrigez chaque phrase. Answers will vary. Suggested answers below.

1. Stéphane a dix-huit ans. Stéphane a dix-sept ans.

2. David et Rachid préfèrent une omelette. Ils préfèrent des crêpes.

3. Il fait froid et il pleut. Il fait beau/bon.

4. On n'organise rien (*anything*) pour l'anniversaire de Stéphane.
On organise une surprise pour l'anniversaire de Stéphane.

5. L'anniversaire de Stéphane est au printemps.
L'anniversaire de Stéphane est à l'automne.

6. Rachid et Stéphane ont froid.
Ils ont chaud.

3 **Conversez** Parlez avec vos camarades de classe pour découvrir (*find out*) qui a l'anniversaire le plus proche du vôtre (*closest to yours*). Qui est-ce? Quand est son anniversaire? En quelle saison? Quel mois? En général, quel temps fait-il le jour de son anniversaire?

3 **Suggestion** Brainstorm questions students might ask to find the person whose birthday is closest to their own. Once they have found that person, have them do this activity in pairs.

ressources		
VM pp. 205–206	DVD Leçon 10	promenades.vhlcentral.com Leçon 10

2 **Suggestion** Have students correct false statements on the board.

Avant la lecture Take a poll of students to find out how many of them come from towns with or without public parks.

CULTURE À LA LOUPE

Avant la lecture Ask if students know of any French parks or if anyone visited a park in Paris. If so, ask what they remember about them.

Les jardins publics français

le jardin du Luxembourg

Dans toutes les villes françaises, la plupart° du temps au centre-ville, on trouve des jardins° publics. Ils sont en général entourés° d'une grille° et ouverts° au public pendant° la journée. Certains sont très petits et très simples; d'autres sont très grands avec d'immenses pelouses°, des plantes, des arbres° et de jolis parterres de fleurs°. Il y a aussi des sentiers° pour faire des promenades, des bancs°, des aires de jeux° pour les enfants, des statues, des fontaines ou des bassins°. On y° trouve des parents avec leurs enfants, des personnes qui font un pique-nique, qui jouent à la pétanque° ou au football, etc.

À Paris, le jardin des Tuileries et le jardin du Luxembourg sont deux jardins publics de style classique, très appréciés des Parisiens. Il y a aussi deux grands parcs à côté de Paris: le bois° de Vincennes, à l'est°, qui a un zoo, un jardin tropical et la foire° du Trône, la plus grande fête foraine° de France; et le bois de Boulogne, à l'ouest°, qui a un parc d'attractions° pour les enfants. Tous les deux ont aussi des cafés et des restaurants. Quand il fait beau, on peut faire du canotage° sur leurs lacs° ou pratiquer des activités sportives diverses.

Le bois de Vincennes et le bois de Boulogne

VINCENNES	BOULOGNE
• une superficie° totale de 995 hectares	• une superficie totale de 863 hectares
• un zoo de 15 hectares	• cinq entrées°
• 19 km de sentiers pour les promenades à cheval et à vélo	• 95 km d'allées
• 32 km d'allées pour le jogging	• une cascade° de 10 mètres de large° et 14 mètres de haut°
• la Ferme° de Paris, une ferme de 5 hectares	• deux hippodromes°

la plupart *most* **jardins** *gardens/parks* **entourés** *surrounded* **grille** *fence* **ouverts** *open* **pendant** *during* **pelouses** *lawns* **arbres** *trees* **parterres de fleurs** *flower beds* **sentiers** *paths* **bancs** *benches* **aires de jeux** *playgrounds* **bassins** *ponds* **y** *there* **pétanque** *a popular game similar to the Italian game of bocce* **bois** *forest/wooded park* **est** *east* **foire** *fair* **fête foraine** *carnival* **ouest** *west* **parc d'attractions** *amusement park* **canotage** *boating* **lacs** *lakes* **superficie** *area* **Ferme** *Farm* **entrées** *entrances* **cascade** *waterfall* **de large** *wide* **de haut** *high* **hippodromes** *horse racetracks*

Coup de main

In France and elsewhere, units of measurement are different than those used in the United States.

1 hectare = *2.47 acres*

1 kilomètre = *0.62 mile*

1 mètre = *approximately 1 yard (3 feet)*

A C T I V I T É S

1 Répondez Répondez aux questions par des phrases complètes.

1. Où trouve-t-on, en général, des jardins publics? En général, on trouve des jardins publics dans toutes les villes françaises, la plupart du temps au centre-ville.
2. Quel type de végétation y a-t-il dans les jardins publics français? Il y a des pelouses, des arbres, des plantes et des parterres de fleurs.
3. Qu'y a-t-il pour les enfants dans les jardins et les parcs français? Il y a des aires de jeux, des parcs d'attractions et des zoos.
4. Où va-t-on, à Paris, si on a envie de voir des animaux? On va au zoo du bois de Vincennes.
5. Quel type de plantes, en particulier, peut-on trouver au bois de Vincennes? On peut trouver des plantes tropicales au bois de Vincennes.
6. Comment s'appelle la plus grande fête foraine de France? Elle s'appelle la foire du Trône.
7. Où les enfants peuvent-ils visiter un parc d'attractions? Les enfants peuvent visiter un parc d'attractions au bois de Boulogne.
8. Que peut-on faire au bois de Vincennes? Answers may vary. Possible answers: On peut faire du jogging, ou des promenades à cheval ou à vélo.
9. Citez deux activités que les Français aiment faire dans les jardins publics. Answers may vary. Possible answers: Ils font des promenades et des pique-niques.
10. Est-il possible de manger dans les jardins et les parcs? Expliquez votre réponse. Answers may vary. Possible answer: Oui. Il y a parfois des restaurants et des cafés, et des personnes font aussi des pique-niques.

Après la lecture Have students think of parks in the United States. Have them compare the roles and levels of popularity between French and American parks.

STRATÉGIE

Skimming

Skimming involves quickly reading through a text to absorb its general meaning. Reading quickly in this way allows you to understand the main ideas without having to read word for word. You can skim a text as a preliminary step before an in-depth reading, as when reading once through without stopping. You can also skim an individual paragraph or section at any stage of the reading process to remind yourself of how it fits into the selection as a whole.

LE MONDE FRANCOPHONE

Des parcs publics

Voici quelques parcs publics du monde francophone.

Bruxelles, Belgique
le bois de la Cambre 123 hectares, un lac° avec une île° au centre

Casablanca, Maroc
le parc de la Ligue Arabe des palmiers°, un parc d'attractions pour enfants, des cafés et restaurants

Québec, Canada
le parc des Champs de Batailles («Plaines d'Abraham») 107 hectares, 6.000 arbres°

Tunis, Tunisie
le parc du Belvédère 110 hectares, un zoo de 13 hectares, 230.000 arbres (80 espèces° différentes), situé° sur une colline°

lac *lake* île *island* palmiers *palm trees* arbres *trees* espèces *species* situé *located* colline *hill*

PORTRAIT

Les Français et le vélo

Tous les étés, la course° cycliste du Tour de France attire° un grand nombre de spectateurs, Français et étrangers, surtout lors de° son arrivée sur les Champs-Élysées, à Paris. C'est le grand événement° sportif de l'année pour les amoureux du cyclisme. Les Français adorent aussi faire du vélo pendant° leur temps libre. Beaucoup de clubs organisent des randonnées en vélo de course° le week-end. Pour les personnes qui préfèrent le vélo tout terrain (VTT)°, il y a des sentiers° adaptés dans les parcs régionaux et nationaux. Certaines agences de voyages proposent aussi des vacances «vélo» en France ou à l'étranger°.

course *race* attire *attracts* lors de *at the time of* événement *event* pendant *during* vélo de course *road bike* vélo tout terrain (VTT) *mountain biking* sentiers *paths* à l'étranger *abroad*

le Tour de France sur les Champs-Élysées

SUPERSITE

SUR INTERNET

Qu'est-ce que Jacques Anquetil, Eddy Merckx et Bernard Hinault ont en commun?

Go to promenades.vhlcentral.com to find more cultural information related to this **LECTURE CULTURELLE**.

---

2 **Vrai ou faux?** Indiquez si les phrases sont **vraies** ou **fausses**. Corrigez les phrases fausses.

1. Les Français ne font pas de vélo. Faux. Les Français adorent faire du vélo pendant leur temps libre.
2. Les membres de clubs de vélo font des promenades le week-end. Vrai.
3. Les agences de voyages offrent des vacances «vélo». Vrai.
4. On utilise un VTT quand on fait du vélo sur la route. Faux. On utilise un vélo de course.
5. Le Tour de France arrive sur les Champs-Élysées à Paris. Vrai.

3 **Les parcs publics** Avec un(e) partenaire, parlez des parcs publics du monde francophone. Quel temps fait-il dans les parcs pendant (*during*) les différentes saisons de l'année? Choisissez un parc et décrivez-le à vos camarades. Peuvent-ils deviner (*Can they guess*) de quel parc vous parlez?

ressources

SUPERSITE

promenades.vhlcentral.com
Leçon 10

ACTIVITÉS

STRUCTURES

10.1 Numbers 101 and higher

Numbers 101 and higher

101 cent un	**800** huit cents	**Suggestion** Review numbers 0–100 by asking students questions that call for a number in the answer.
125 cent vingt-cinq	**900** neuf cents	
198 cent quatre-vingt-dix-huit	**1.000** mille	
200 deux cents	**1.100** mille cent	
245 deux cent quarante-cinq	**2.000** deux mille	
300 trois cents	**5.000** cinq mille	
400 quatre cents	**100.000** cent mille	
500 cinq cents	**550.000** cinq cent cinquante mille	
600 six cents	**1.000.000** un million	
700 sept cents	**8.000.000** huit millions	

- Note that French uses a period, rather than a comma, to indicate thousands and millions.

- The word **cent** does not take a final **-s** when it is followed by the numbers **1–99**.

  Il y a **deux cent cinquante** jours de soleil.
  There are 250 sunny days.

  but J'ai **quatre cents** bandes dessinées.
  I have 400 comic books.

- The number **un** is not used before the word **mille** to mean *a/one thousand*. It is used, however, before **million** to say *a/one million*.

  Mille personnes habitent le village.
  One thousand people live in the village.

  but **Un million** de personnes habitent la région.
  One million people live in the region.

- **Mille**, unlike **cent** and **million**, is invariable. It never takes an **-s**.

  Aimez-vous *les Mille et Une Nuits*?
  Do you like "The Thousand and One Nights"?

  Onze mille étudiants sont inscrits.
  Eleven thousand students are registered.

- Before a noun, **million** and **millions** are followed by **de/d'**.

  Deux millions de personnes sont en vacances.
  Two million people are on vacation.

  Il y a **onze millions d'habitants** dans la capitale.
  There are 11,000,000 inhabitants in the capital.

Essayez! Donnez les équivalents en français.

1. 10.000 ___dix mille___
2. 620 ___six cent vingt___
3. 365 ___trois cent soixante-cinq___
4. 42.000 ___quarante-deux mille___
5. 200.000.000 ___deux cents millions___
6. 480 ___quatre cent quatre-vingts___
7. 1.789 ___mille sept cent quatre-vingt-neuf___
8. 400 ___quatre cents___

Essayez! Have students think of four more numbers for their partner to write out in French.

SUPERSITE **MISE EN PRATIQUE**

1 **Quelle adresse?** Vous allez distribuer des journaux (*newspapers*) et vous téléphonez aux clients pour avoir leur adresse. Écrivez les adresses.

MODÈLE

cent deux, rue Lafayette
102, rue Lafayette

1 Suggestion For listening comprehension, have students read numbers from the activity to a partner.

1. deux cent cinquante-deux, rue de Bretagne
   252, rue de Bretagne
2. quatre cents, avenue Malbon
   400, avenue Malbon
3. cent soixante-dix-sept, rue Jeanne d'Arc
   177, rue Jeanne d'Arc
4. cinq cent quarante-six, boulevard St. Marc
   546, boulevard St. Marc
5. six cent quatre-vingt-huit, avenue des Gaulois
   688, avenue des Gaulois
6. trois cent quatre-vingt-douze, boulevard Micheline
   392, boulevard Micheline
7. cent vingt-cinq, rue des Pierres
   125, rue des Pierres
8. trois cent quatre, avenue St. Germain
   304, avenue St. Germain

2 **Faisons des calculs** Faites les additions et écrivez les réponses.

2 Suggestions
- Call on pairs of students to say some of the calculations aloud.
- Give additional math problems if more practice is needed.

MODÈLE

200 + 300 =
Deux cents plus trois cents font cinq cents.

1. 5.000 + 3.000 = Cinq mille plus trois mille font huit mille.
2. 650 + 750 = Six cent cinquante plus sept cent cinquante font mille quatre cents.
3. 2.000.000 + 3.000.000 = Deux millions plus trois millions font cinq millions.
4. 4.400 + 3.600 = Quatre mille quatre cents plus trois mille six cents font huit mille.
5. 155 + 310 = Cent cinquante-cinq plus trois cent dix font quatre cent soixante-cinq.
6. 7.000 + 3.000 = Sept mille plus trois mille font dix mille.
7. 9.000.000 + 2.000.000 = Neuf millions plus deux millions font onze millions.
8. 1.250 + 2.250 = Mille deux cent cinquante plus deux mille deux cent cinquante font trois mille cinq cents.

3 **Combien d'habitants?** À tour de rôle, demandez à votre partenaire combien d'habitants il y a dans chaque ville d'après (*according to*) les statistiques.

MODÈLE

Dijon: 153.813
Étudiant(e) 1: *Combien d'habitants y a-t-il à Dijon?*
Étudiant(e) 2: *Il y a cent cinquante-trois mille huit cent treize habitants.*

1. Toulouse: 398.423 Il y a trois cent quatre-vingt-dix-huit mille quatre cent vingt-trois habitants.
2. Abidjan: 2.877.948 Il y a deux millions huit cent soixante-dix-sept mille neuf cent quarante-huit habitants.
3. Lyon: 453.187 Il y a quatre cent cinquante-trois mille cent quatre-vingt-sept habitants.
4. Québec: 510.559 Il y a cinq cent dix mille cinq cent cinquante-neuf habitants.
5. Marseille: 807.071 Il y a huit cent sept mille soixante et onze habitants.
6. Papeete: 26.181 Il y a vingt-six mille cent quatre-vingt-un habitants.

3 Expansion Write on the board some well-known American cities and your university's city or town. Ask students: **Combien d'habitants…?** Have them guess if they don't know. Then write the accurate number next to each city. Have students come to the board to write out the populations in French.

4 Expansion Ask students to brainstorm other famous years throughout history.

COMMUNICATION

4 Quand? Avec un(e) partenaire, regardez les dates et dites quand ces événements ont lieu (*take place*).

1776 — l'Indépendance des États-Unis
1789 — La Révolution française
1914-1918 — la Première Guerre mondiale
1939-1945 — la Seconde Guerre mondiale
1968 — Martin Luther King, Jr. est assassiné.
1997 — Le Pathfinder arrive sur la planète Mars

1. Le Pathfinder arrive sur la planète Mars.
   Il arrive en mille neuf cent quatre-vingt-dix-sept.
2. La Première Guerre mondiale commence.
   Elle commence en mille neuf cent quatorze.
3. La Seconde Guerre mondiale prend fin (*ends*).
   Elle prend fin en mille neuf cent quarante-cinq.
4. L'Amérique déclare son indépendance.
   Elle déclare son indépendance en mille sept cent soixante-seize.
5. Martin Luther King, Jr. est assassiné.
   Il est assassiné en mille neuf cent soixante-huit.
6. La Première Guerre Mondiale prend fin.
   Elle prend fin en mille neuf cent dix-huit.

5 Combien ça coûte? Vous regardez un catalogue avec un(e) ami(e). À tour de rôle, demandez à votre partenaire le prix des choses. Answers will vary.

MODÈLE

Étudiant(e) 1: *Combien coûte l'ordinateur?*
Étudiant(e) 2: *Il coûte mille huit cents euros.*

1800€

1. É1: ... la montre?
   É2: Elle ... quatre cent trente-deux ...

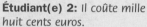

1. 432€

3. É1: ... le sac à dos?
   É2: Il ... cent dix-huit ...

118€

3.

2. É1: ... les dictionnaires?
   É2: Ils ... cent seize ...

116€

2.

4. É1: ... le vélo?
   É2: Il ... six cent soixante-quinze ...

675€

4.

6 Dépensez de l'argent Vous et votre partenaire avez 100.000€. Décidez quels articles de la liste vous allez prendre. Justifiez vos choix à la classe. Answers will vary.

MODÈLE

Étudiant(e) 1: *On prend un rendez-vous avec Brad Pitt.*
Étudiant(e) 2: *Alors, nous n'avons pas assez d'argent pour la voiture!*

un ordinateur... 2.000€	des vacances à Tahiti... 7.000€
un rendez-vous avec Brad Pitt... 50.000€	un vélo... 1.000€
un rendez-vous avec Madonna... 50.000€	une voiture de luxe... 60.000€

5 & 6 Suggestion Before beginning each activity, make sure students know the vocabulary.

Le français vivant

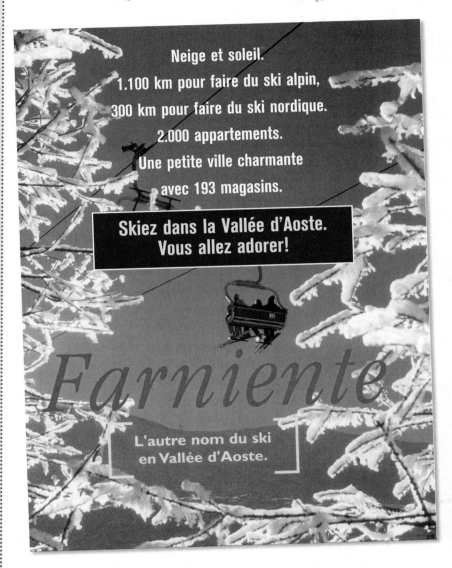

Neige et soleil.
1.100 km pour faire du ski alpin,
300 km pour faire du ski nordique.
2.000 appartements.
Une petite ville charmante
avec 193 magasins.

Skiez dans la Vallée d'Aoste.
Vous allez adorer!

Farniente

L'autre nom du ski
en Vallée d'Aoste.

Questions Avec un(e) partenaire, regardez la publicité (*ad*) et répondez aux questions. Écrivez les nombres en toutes lettres. (*Write out the numbers.*) Some answers will vary.

1. Combien de kilomètres y a-t-il pour faire du ski alpin? Pour faire du ski nordique? mille cent kilomètres; trois cents kilomètres

2. Combien d'appartements y a-t-il dans la ville? Combien de magasins? deux mille appartements; cent quatre-vingt-treize magasins

3. Quelles autres activités sportives sont possibles, à votre avis (*in your opinion*), dans la Vallée d'Aoste?

4. Faites-vous du ski? Avez-vous envie de faire du ski en Vallée d'Aoste? Pourquoi?

5. Quel temps fait-il en Vallée d'Aoste?

Le français vivant Have students look at the picture and guess what the ad is for. Call on a volunteer to read the text aloud. Have other students help if the volunteer has trouble with the numbers.

10.2 Spelling-change *-er* verbs

Point de départ Some **-er** verbs, though regular with respect to their verb endings, have spelling changes that occur in the verb stem (what remains after the **-er** is dropped).

- Most infinitives whose next-to-last syllable contains an **e** (no accent) change this letter to **è** in all forms except **nous** and **vous**.

acheter (to buy)

j'achète	nous achetons
tu achètes	vous achetez
il/elle achète	ils/elles achètent

Où est-ce que tu **achètes** des skis?
Where do you buy skis?

Ils **achètent** beaucoup sur Internet.
They buy a lot on the Internet.

- Infinitives whose next-to-last syllable contains an **é** change this letter to **è** in all forms except **nous** and **vous**.

espérer (to hope)

j'espère	nous espérons
tu espères	vous espérez
il/elle espère	ils/elles espèrent

Elle **espère** arriver tôt aujourd'hui.
She hopes to arrive early today.

Nos profs **espèrent** commencer les cours.
Our professors hope to start classes.

Elle achète quelque chose.

Ils répètent.

- Infinitives ending in **-yer** change **y** to **i** in all forms except **nous** and **vous**.

envoyer (to send)

j'envoie	nous envoyons
tu envoies	vous envoyez
il/elle envoie	ils/elles envoient

J'**envoie** une lettre.
I'm sending a letter.

Tes amis **envoient** un e-mail.
Your friends send an e-mail.

Suggestion Ask questions using verbs from this section, encouraging student responses. Examples: **Où est-ce que vous achetez du pain? Quelle saison préférez-vous: l'été ou l'hiver?**

---

1 Suggestion Ask for a volunteer to demonstrate the **modèle**.

SUPERSITE — **MISE EN PRATIQUE**

1 Passe-temps Chaque membre de la famille Desrosiers a son passe-temps préféré. Utilisez les éléments pour dire comment ils préparent leur week-end.

MODÈLE

Tante Manon fait une randonnée. (acheter / sandwichs)
Elle achète des sandwichs.

1. Nous faisons du vélo. (essayer / vélo)
   Nous essayons le vélo.
2. Christiane aime chanter. (répéter)
   Elle répète.
3. Les filles jouent au foot. (espérer / gagner)
   Elles espèrent gagner.
4. Vous allez à la pêche. (emmener / enfants)
   Vous emmenez les enfants.
5. Papa fait un tour en voiture. (nettoyer / voiture)
   Il nettoie la voiture.
6. Mes frères font du camping. (préférer / partir tôt)
   Ils préfèrent partir tôt.

2 Que font-ils? Dites ce que font les personnages.
Answers will vary.

MODÈLE

Il achète une baguette.

2 Expansion Show additional pictures of people cleaning, using something, trying, sending, etc. Ask a yes/no question about each picture.

acheter

1. envoyer

3. répéter

2. payer

4. nettoyer

3 Invitation au cinéma Avec un(e) partenaire, jouez les rôles de Halouk et de Thomas. Ensuite, présentez la scène à la classe.

THOMAS J'ai envie d'aller au cinéma.

HALOUK Bonne idée. Nous (1) ___emmenons___ (emmener, protéger) Véronique avec nous?

THOMAS J' (2) ___espère___ (acheter, espérer) qu'elle a du temps libre.

HALOUK Peut-être, mais j' (3) ___envoie___ (envoyer, payer) des e-mails tous les jours et elle ne répond pas.

THOMAS Parce que son ordinateur ne fonctionne pas. Elle (4) ___préfère___ (essayer, préférer) parler au téléphone.

HALOUK D'accord. Alors toi, tu (5) ___achètes___ (acheter, répéter) les tickets au cinéma et moi, je vais chercher Véronique.

3 Suggestion Explain that students must first choose the logical verb, then write the correct form.

4 Expansion Have students write two more questions containing spelling-change **-er** verbs that they would like to ask their partner.

COMMUNICATION

4 **Questions** À tour de rôle, posez les questions à un(e) partenaire. Answers will vary.

1. Qu'est-ce que tu achètes tous les jours?
2. Qu'est-ce que tu achètes tous les mois?
3. Quand tu sors avec ton/ta petit(e) ami(e), qui paie?
4. Est-ce que toi et ton/ta camarade de chambre partagez les frais (*expenses*)? Qui paie quoi?
5. Est-ce que tu possèdes une voiture?
6. Qui nettoie ta chambre?
7. À qui est-ce que tu envoies des e-mails?
8. Qu'est-ce que tu espères faire cet été?

5 **Réponses affirmatives** Votre professeur va vous donner une feuille d'activités. Trouvez au moins deux camarades de classe qui répondent oui à chaque question. Et si vous aussi, vous répondez oui aux questions, écrivez votre nom. Answers will vary.

MODÈLE

Étudiant(e) 1: Est-ce que tu achètes exclusivement sur Internet?
Étudiant(e) 2: Oui, j'achète exclusivement sur Internet.

Questions	Noms
1. acheter exclusivement sur Internet	Virginie, Éric
2. posséder un ordinateur	
3. envoyer des lettres à ses grands-parents	
4. célébrer une occasion spéciale demain	

6 **E-mail à l'oncle Marcel** Xavier va écrire un e-mail à son oncle pour raconter (*to tell*) ses activités de la semaine prochaine. Il prépare une liste des choses qu'il veut dire (*wants to say*). Avec un(e) partenaire, écrivez son e-mail. Answers will vary.

- lundi: emmener maman chez le médecin
- mercredi: fac envoyer notes
- jeudi: répéter rôle Roméo et Juliette
- vendredi: célébrer anniversaire papa
- vendredi: essayer faire gym
- samedi: parents acheter voiture

6 Expansion Have students think of a family member or friend to whom they would likely write an e-mail. Tell them to first list at least five ideas using as many spelling-change **-er** verbs as possible. Then have them write an e-mail of at least five sentences.

- The change of **y** to **i** is optional in verbs whose infinitives end in **-ayer**.

Je **paie** avec une carte de crédit.
I pay with a credit card.

Comment est-ce que tu **payes**?
How do you pay?

Other spelling-change *-er* verbs

like espérer

célébrer	to celebrate
considérer	to consider
posséder	to possess, to own
préférer	to prefer
protéger	to protect
répéter	to repeat; to rehearse

like acheter

| amener | to bring (someone) |
| emmener | to take (someone) |

like envoyer

employer	to use
essayer (de + inf.)	to try (to)
nettoyer	to clean
payer	to pay

Je préfère l'été. Il fait chaud.

Tu essaies de ne pas parler?

- Note that the **nous** and **vous** forms of the verbs presented in this section have no spelling changes.

Vous **achetez** des sandwichs aussi.
You're buying sandwiches, too.

Nous **espérons** partir à huit heures.
We hope to leave at 8 o'clock.

Nous **envoyons** les enfants à l'école.
We're sending the children to school.

Vous **payez** avec une carte de crédit.
You pay with a credit card.

Essayez! Complétez les phrases avec la forme correcte du verbe.

1. Les bibliothèques _emploient_ (employer) beaucoup d'étudiants.
2. Vous _répétez_ (répéter) les phrases en français.
3. Nous _payons_ (payer) assez pour les livres.
4. Mon camarade de chambre ne _nettoie_ (nettoyer) pas son bureau.
5. Est-ce que tu _espères_ (espérer) gagner?
6. Vous _essayez_ (essayer) parfois d'arriver à l'heure.
7. Tu _préfères_ (préférer) prendre du thé ou du café?
8. Elle _emmène_ (emmener) sa mère au cinéma.
9. On _célèbre_ (célébrer) une occasion spéciale.
10. Les parents _protègent_ (protéger) leurs enfants?

SYNTHÈSE

Révision

4 Expansion For additional numbers practice, have students ask each other: **Combien coûte** _____ (type de voyage) avec la commission?

---

1 Le basket Avec un(e) partenaire, utilisez les verbes de la liste pour compléter le paragraphe.

acheter	considérer	envoyer	essayer	préférer
amener	employer	espérer	payer	répéter

Je m'appelle Stéphanie et je joue au basket. J' (1) __amène__ toujours (*always*) mes parents avec moi aux matchs le samedi. Ils (2) __considèrent__ que les filles sont de très bonnes joueuses. Mes parents font aussi du sport. Ma mère fait du vélo et mon père (3) __espère__ gagner son prochain match de foot! Le vendredi matin, j' (4) __envoie__ un e-mail à ma mère pour lui rappeler (*remind her of*) le match. Mais elle n'oublie jamais! Ils n' (5) __achètent__ pas de tickets pour les matchs, parce que les parents des joueurs ne (6) __paient__ pas. Nous (7) __essayons__ toujours d'arriver une demi-heure avant le match, parce que maman et papa (8) __préfèrent, espèrent__ s'asseoir (*to sit*) tout près du terrain (*court*). Ils sont tellement fiers!

2 Que font-ils? Avec un(e) partenaire, parlez des activités des personnages et écrivez une phrase par illustration.

Answers will vary.

1. _____ 2. _____ 3. _____

4. _____ 5. _____ 6. _____

3 Où partir? Avec un(e) partenaire, choisissez cinq endroits intéressants à visiter où il fait le temps indiqué sur la liste. Ensuite, répondez aux questions. Answers will vary.

Il fait chaud.	Il fait soleil.	Il fait du vent.	Il neige.	Il pleut.

1. Où essayez-vous d'aller cet été? Pourquoi?
2. Où préférez-vous partir cet hiver? Pourquoi?
3. Quelle est la première destination que vous espérez visiter? La dernière? Pourquoi?
4. Qui emmenez-vous avec vous? Pourquoi?

---

4 J'achète Vous allez payer un voyage aux membres de votre famille et à vos amis. À tour de rôle, choisissez un voyage et donnez à votre partenaire la liste des personnes qui partent. Votre partenaire va vous donner le prix à payer. Answers will vary.

MODÈLE

Étudiant(e) 1: *J'achète un voyage de dix jours dans les Pays de la Loire à ma cousine Pauline et à mon frère Alexandre.*
Étudiant(e) 2: *D'accord. Tu paies deux mille cinq cent soixante-deux euros.*

Voyages	Prix par personne	Commission
Dix jours dans les Pays de la Loire ....1.250.......................		62
Deux semaines de camping...................660..........................		35
Sept jours au soleil en hiver ....2.100......................		78
Trois jours à Paris en avril.....................500.......................		55
Trois mois en Europe en été ....10.400.....................		47
Un week-end à Nice en septembre........350.........................		80
Une semaine à la montagne en juin........990..........................		66
Une semaine à la neige ....1.800.......................		73

5 La vente aux enchères Par groupes de quatre, organisez une vente aux enchères (*auction*) pour vendre les affaires (*things*) du professeur. À tour de rôle, un(e) étudiant(e) joue le rôle du/de la vendeur/vendeuse et les autres étudiants jouent le rôle des enchérisseurs (*bidders*). Vous avez 5.000 euros et toutes les enchères (*bids*) commencent à cent euros. Answers will vary.

MODÈLE

Étudiant(e) 1: *J'ai le cahier du professeur. Qui paie cent euros?*
Étudiant(e) 2: *Moi, je paie cent euros.*
Étudiant(e) 1: *Qui paie cent cinquante euros?*

6 À la bibliothèque Votre professeur va vous donner, à vous et à votre partenaire, deux feuilles d'activités différentes. Attention! Ne regardez pas la feuille de votre partenaire. Answers will vary.

MODÈLE

Étudiant(e) 1: *Est-ce que tu as le livre «Candide»?*
Étudiant(e) 2: *Oui, son numéro de référence est P, Q, deux cent soixante-six, cent quarante-sept, cent dix.*

6 Suggestion Act out the **modèle** with a student volunteer playing the role of **Étudiant(e) 2**.

ressources		
WB pp. 65–68	LM pp. 39–40	promenades.vhlcentral.com Leçon 10

Écriture

STRATÉGIE

Using a dictionary

A common mistake made by beginning language learners is to embrace the dictionary as the ultimate resource for reading, writing, and speaking. While it is true that the dictionary is a useful tool that can provide valuable information about vocabulary, using the dictionary correctly requires that you understand the elements of each entry.

If you glance at a French-English dictionary, you will notice that its format is similar to that of an English dictionary. The word is listed first, usually followed by its pronunciation. Then come the definitions, organized by parts of speech. Sometimes, the most frequently used meanings are listed first.

To find the best word for your needs, you should refer to the abbreviations and the explanatory notes that appear next to the entries. For example, imagine that you are writing about your pastimes. You want to write *I want to buy a new racket for my match tomorrow*, but you don't know the French word for *racket*.

In the dictionary, you might find an entry like this one:

> **racket** n 1. boucan; 2. raquette (sport)

The abbreviation key at the front of the dictionary says that *n* corresponds to **nom** (*noun*). Then, the first word you see is **boucan**. The definition of **boucan** is *noise* or *racket,* so **boucan** is probably not the word you want. The second word is **raquette**, followed by the word *sport*, which indicates that it is related to **sports**. This detail indicates that the word **raquette** is the best choice for your needs.

Thème

Écrire une brochure

Choisissez un sujet:

1. Vous travaillez à la Chambre de Commerce de votre région pour l'été. Des hommes et des femmes d'affaires québécois vont visiter votre région cette année, mais ils n'ont pas encore décidé (*have not yet decided*) quand. La Chambre de Commerce vous demande de créer (*asks you to create*) une petite brochure sur le temps qu'il fait dans votre région aux différentes saisons de l'année. Dites quelle saison, à votre avis (*in your opinion*), est idéale pour visiter votre région et expliquez pourquoi.

2. Vous avez une réunion familiale pour décider où aller en vacances cette année, mais chaque membre de la famille suggère un endroit différent. Choisissez un lieu de vacances où vous avez envie d'aller et créez une brochure pour montrer à votre famille pourquoi vous devriez (*should*) tous y aller (*go there*). Décrivez la météo de l'endroit et indiquez les différentes activités culturelles et sportives qu'on peut y faire.

3. Vous passez un semestre/trimestre dans le pays francophone de votre choix (*of your choice*). Deux étudiants de votre cours de français ont aussi envie de visiter ce pays. Créez une petite brochure pour partager vos impressions du pays. Présentez le pays, donnez des informations météorologiques et décrivez vos activités préférées.

Stratégie Explain to students that when they look up a translation of an English word in a French-English dictionary, they will frequently find more than one translation. They must decide which one best fits the context. Discuss the meanings of *racket* that might be found in an entry in a French-English dictionary and the usefulness of the explanatory notes and abbreviations found in dictionary entries. Tell them that a good way of checking the meaning of a French translation of an English word is to look up the French word and see how it is translated in English.

Thème Discuss the three topics students may wish to write about. You may wish to introduce terms like **comité, guide d'orientation**, and **chambre de commerce**. Remind students of some of the common graphic features used in brochures: headings, times and places, brief descriptions of events, and prices.

SAVOIR-FAIRE

Panorama

un pèlerinage° à la cathédrale de Chartres

LA FRANCE

Chartres

Laval • • Le Mans

PAYS DE LA LOIRE

St.-Nazaire • Angers

la Sarthe

la Mayenne

le Loir

Orléans

la Loire • Chambord

Tours

Nantes • Chenonceaux

Cholet • Saumur

la Loire

le Cher • Vierzon

CENTRE • Bourges

l'Indre

L'île de Noirmoutier

L'île d'Yeu

La Roche-sur-Yon

Châteauroux

la Vienne

Les Sables-d'Olonne

L'OCÉAN ATLANTIQUE

Les Pays de la Loire

La région en chiffres

▶ **Superficie:** *32.082 km²°*

▶ **Population:** *3.344.000*
SOURCE: INSEE

▶ **Industries principales:** *aéronautique, agriculture, informatique, tourisme, viticulture°*

▶ **Villes principales:** *Angers, Laval, Le Mans, Nantes, Saint Nazaire*

Personnages célèbres

▶ **Claire Bretécher,** *dessinatrice de bandes dessinées (1940–)*

▶ **Léon Bollée,** *inventeur d'automobiles (1870–1913)*

▶ **Jules Verne,** *écrivain° (1828–1905)*

Le Centre

La région en chiffres

▶ **Superficie:** *39.152 km²*

▶ **Population:** *2.480.000*

▶ **Industrie principale:** *tourisme*

▶ **Villes principales:** *Bourges, Chartres, Orléans, Tours, Vierzon*

Personnages célèbres

▶ **Honoré de Balzac,** *écrivain (1799–1850)*

▶ **George Sand,** *écrivain (1804–1876)*

▶ **Gérard Depardieu,** *acteur (1948–)*

Incroyable mais vrai! Chambord's construction began in 1519 under François Ier, continued under Henri II, and was finally completed in 1685 under Louis XIV.

km² (kilomètres carrés) *square kilometers* **viticulture** *wine-growing* **écrivain** *writer* **Construit** *Constructed* **siècle** *century* **pièces** *rooms* **escaliers** *staircases* **chaque** *each* **logis** *living area* **hélice** *helix* **même** *same* **ne se croisent jamais** *never cross* **pèlerinage** *pilgrimage* **course** *race*

le Vendée Globe, course° nautique

la Loire

```
0                    50 milles
0                    50 kilomètres
```

Incroyable mais vrai!

Construit° au XVIe (seizième) siècle°, l'architecture du château de Chambord est influencée par Léonard de Vinci. Le château a 440 pièces°, 84 escaliers° et 365 cheminées (une pour chaque° jour de l'année). Le logis° central a deux escaliers en forme de double hélice°. Les escaliers vont dans la même° direction, mais ne se croisent jamais°.

Les monuments

La vallée des rois

La vallée de la Loire, avec ses châteaux, est appelée la vallée des rois°. C'est au XVIᵉ (seizième) siècle° que les Valois° quittent Paris pour habiter dans la région, où ils construisent° de nombreux° châteaux de style Renaissance. François Iᵉʳ inaugure le siècle des «rois voyageurs»: ceux° qui vont d'un château à l'autre avec leur cour° et toutes leurs possessions. Chenonceau, Chambord et Amboise sont aujourd'hui les châteaux les plus° visités.

Les festivals

Le Printemps de Bourges

Le Printemps de Bourges est un festival de musique qui a lieu° chaque année, en avril. Pendant° une semaine, tous les styles de musique sont représentés: variété française, musiques du monde°, rock, musique électronique, reggae, hip-hop, etc... Il y a des dizaines° de spectacles, de nombreux artistes, des milliers de spectateurs et des noms légendaires comme Serge Gainsbourg, Yves Montand, Ray Charles et Johnny Clegg.

Les sports

Les 24 heures du Mans

Les 24 heures du Mans, c'est la course° d'endurance automobile la plus célèbre° du monde. Depuis° 1923, de prestigieuses marques° y° participent. C'est sur ce circuit de 13,6 km que Ferrari gagne neuf victoires et que Porsche détient° le record de 16 victoires avec une vitesse moyenne° de 222 km/h sur 5.335 km. Il existe aussi les 24 heures du Mans moto°.

Les destinations

La route des vins

La vallée de la Loire est réputée pour ses vignobles°, en particulier pour ses vins blancs°. Le Sauvignon et le Chardonnay, par exemple, constituent environ° 75% (pour cent) de la production. La vigne est cultivée dans la vallée depuis l'an 380. Aujourd'hui, les vignerons° de la région produisent 400 millions de bouteilles par an. Pour apprécier le vin, il est nécessaire de l'observer°, de le sentir, de le goûter° et de le déguster°. C'est tout un art!

 Qu'est-ce que vous avez appris? Répondez aux questions par des phrases complètes.

1. Quel événement peut-on voir aux Sables d'Olonne?
   On peut voir le Vendée Globe, une course nautique, aux Sables d'Olonne.
2. Au seizième siècle, qui influence le style de construction de Chambord? Léonard de Vinci influence le style de construction de Chambord.
3. Combien de cheminées y a-t-il à Chambord?
   Il y a 365 cheminées à Chambord.
4. De quel style sont les châteaux de la Loire?
   Les châteaux de la Loire sont de style Renaissance.
5. Pourquoi les Valois sont-ils «les rois voyageurs»?
   Ils sont «les rois voyageurs» parce qu'ils vont d'un château à l'autre avec toutes leurs possessions.

6. Combien de spectateurs vont au Printemps de Bourges chaque année? Des milliers de spectateurs vont au Printemps de Bourges chaque année.
7. Qu'est-ce que les 24 heures du Mans?
   C'est une course d'endurance automobile.
8. Quel autre type de course existe-t-il au Mans?
   Il existe aussi une course de moto.
9. Quels vins sont produits dans la vallée de la Loire?
   Les vins blancs sont principalement produits dans la vallée de la Loire.
10. Combien de bouteilles y sont produites chaque année? 400 millions de bouteilles de vin sont produites chaque année dans la vallée de la Loire.

ressources

WB pp. 69–70

promenades.vhlcentral.com
Unité 5

SUPERSITE — **SUR INTERNET**

Go to **promenades.vhlcentral.com** to find more cultural information related to this **PANORAMA**.

1. Trouvez des informations sur le Vendée Globe. Quel est l'itinéraire de la course? Combien de bateaux (boats) y participent chaque année?
2. Qui étaient (were) les artistes invités au dernier Printemps de Bourges? En connaissez-vous quelques-uns? (Do you know some of them?)

rois *kings* **siècle** *century* **les Valois** *name of a royal dynasty* **construisent** *build* **de nombreux** *numerous* **ceux** *those* **cour** *court* **les plus** *the most* **a lieu** *takes place* **Pendant** *For* **monde** *world* **dizaines** *dozens* **course** *race* **célèbre** *famous* **Depuis** *Since* **marques** *brands* **y** *there* **détient** *holds* **vitesse moyenne** *average speed* **moto** *motorcycle* **vignobles** *vineyards* **vins blancs** *white wines* **environ** *around* **vignerons** *wine-growers* **l'observer** *observe it* **le goûter** *taste it* **le déguster** *savor it*

VOCABULAIRE

UNITÉ 5

Activités sportives et loisirs

aider	to help
aller à la pêche	to go fishing
bricoler	to tinker; to do odd jobs
chanter	to sing
désirer	to want
gagner	to win
indiquer	to indicate
jouer (à/de)	to play
marcher	to walk (person); to work (thing)
pratiquer	to practice
skier	to ski
une bande dessinée (B.D.)	comic strip
le baseball	baseball
le basket(-ball)	basketball
les cartes (f.)	cards
le cinéma	movies
les échecs (m.)	chess
une équipe	team
le foot(ball)	soccer
le football américain	football
le golf	golf
un jeu	game
un joueur/une joueuse	player
un loisir	leisure activity
un match	game
un passe-temps	pastime, hobby
un spectacle	show
le sport	sport
un stade	stadium
le temps libre	free time
le tennis	tennis
le volley(-ball)	volleyball

Verbes irréguliers en –ir

courir	to run
dormir	to sleep
partir	to leave
sentir	to feel; to smell; to sense
servir	to serve
sortir	to go out, to leave

Le temps qu'il fait

Il fait 18 degrés.	It is 18 degrees.
Il fait beau.	The weather is nice.
Il fait bon.	The weather is good/warm.
Il fait chaud.	It is hot (out).
Il fait (du) soleil.	It is sunny.
Il fait du vent.	It is windy.
Il fait frais.	It is cool.
Il fait froid.	It is cold.
Il fait mauvais.	The weather is bad.
Il fait un temps épouvantable.	The weather is dreadful.
Il neige. (neiger)	It is snowing. (to snow)
Il pleut. (pleuvoir)	It is raining. (to rain)
Le temps est nuageux.	It is cloudy.
Le temps est orageux.	It is stormy.
Quel temps fait-il?	What is the weather like?
Quelle température fait-il?	What is the temperature?
un imperméable	rain jacket
un parapluie	umbrella

Verbes

acheter	to buy
amener	to bring (someone)
célébrer	to celebrate
considérer	to consider
emmener	to take (someone)
employer	to use
envoyer	to send
espérer	to hope
essayer (de + inf.)	to try (to)
nettoyer	to clean
payer	to pay
posséder	to possess, to own
préférer	to prefer
protéger	to protect
répéter	to repeat; to rehearse

La fréquence

une/deux fois	one/two time(s)
par jour, semaine, mois, an, etc.	per day, week, month, year, etc.
déjà	already
encore	again; still
jamais	never
longtemps	long time
maintenant	now
parfois	sometimes
rarement	rarely
souvent	often

Les saisons, les mois, les dates

une saison	season
l'automne (m.)/ à l'automne	fall/in the fall
l'été (m.)/en été	summer/in the summer
l'hiver (m.)/en hiver	winter/in the winter
le printemps (m.)/ au printemps	spring/in the spring
Quelle est la date?	What's the date?
C'est le 1er (premier) octobre.	It's the first of October.
C'est quand votre/ton anniversaire?	When is your birthday?
C'est le 2 mai.	It's the second of May.
C'est quand l'anniversaire de Paul?	When is Paul's birthday?
C'est le 15 mars.	It's March 15th.
un anniversaire	birthday
janvier	January
février	February
mars	March
avril	April
mai	May
juin	June
juillet	July
août	August
septembre	September
octobre	October
novembre	November
décembre	December

Expressions utiles	See pp. 135 and 149.
Expressions with faire	See p. 138.
faire	See p. 138.
Il faut...	See p. 139.
Numbers 101 and higher	See p. 152.

promenades.vhlcentral.com
Unité 5

Les fêtes

Pour commencer

- Qui est la propriétaire sur la photo?
- Qu'est-ce qu'Amina et Valérie vont faire?
- Qu'est-ce qu'elles vont manger, du jambon ou un dessert?
- De quelle couleur est le tee-shirt d'Amina, orange ou violet?

Savoir-faire
pages 190–191

Panorama: Aquitaine, Midi-Pyrénées, and Languedoc-Roussillon

Leçon 11

You will learn how to...
- talk about celebrations
- talk about the stages of life

Suggestion Have students look over the new vocabulary and identify the cognates.
Examples: **organiser, fiancé(e), mariage,** and **divorce.**

Surprise!

les invitées (f.)

les invités (m.)

l'hôte (m.)

l'hôtesse (f.)

le gâteau

la glace

les biscuits (m.)

les bonbons (m.)

le champagne

les desserts (m.)

les glaçons (m.)

Vocabulaire

faire la fête	to party
faire une surprise (à quelqu'un)	to surprise (someone)
fêter	to celebrate
organiser une fête	to organize a party
une fête	party; celebration
un jour férié	holiday
une bière	beer
le vin	wine
une amitié	friendship
un amour	love
le bonheur	happiness
un(e) fiancé(e)	fiancé
des jeunes mariés (m.)	newlyweds
un rendez-vous	date; appointment
l'adolescence (f.)	adolescence
l'âge adulte (m.)	adulthood
un divorce	divorce
l'enfance (f.)	childhood
une étape	stage
l'état civil (m.)	marital status
la jeunesse	youth
un mariage	marriage; wedding
la mort	death
la naissance	birth
la vie	life
la vieillesse	old age
prendre sa retraite	to retire
tomber amoureux/ amoureuse	to fall in love
ensemble	together

ressources

| WB pp. 71–72 | LM p. 41 | **SUPERSITE** promenades.vhlcentral.com Leçon 11 |

Mise en pratique

1 **Écoutez** 🎧 Écoutez la conversation entre Anne et Nathalie. Indiquez si les affirmations sont **vraies** ou **fausses**.

	Vrai	Faux
1. Jean-Marc va prendre sa retraite dans six mois.	☐	☑
2. Nathalie a l'idée d'organiser une fête pour Jean-Marc.	☐	☑
3. Anne et Nathalie essaient de trouver un cadeau original.	☑	☐
4. Anne va acheter un gâteau.	☑	☐
5. Nathalie va apporter de la glace.	☐	☑
6. La fête est une surprise.	☑	☐
7. Nathalie va envoyer les invitations par e-mail.	☑	☐
8. La fête va avoir lieu (*take place*) dans le bureau d'Anne.	☐	☑
9. Elles ont besoin de beaucoup de décorations.	☐	☑
10. Tout le monde va donner des idées pour le cadeau.	☑	☐

2 **Chassez l'intrus** Indiquez le mot ou l'expression qui n'appartient pas (*doesn't belong*) à la liste.

1. l'amour, tomber amoureux, un fiancé, (un divorce)
2. un mariage, un couple, (un jour férié), un fiancé
3. un biscuit, (une bière), un dessert, un gâteau
4. (une glace), une bière, le champagne, le vin
5. (la vieillesse), la naissance, l'enfance, la jeunesse
6. faire la fête, un hôte, des invités, (une étape)
7. fêter, un cadeau, (la vie), une surprise
8. (l'état civil), la naissance, la mort, l'adolescence

2 **Suggestion** Have students create one or two additional items using at least three of the new vocabulary words in each one. Collect their papers and write some of their items on the board.

3 **Associez** Faites correspondre les mots et expressions de la colonne de gauche avec les définitions de la colonne de droite. Notez que tous les éléments ne sont pas utilisés. Ensuite (*Then*), avec un(e) partenaire, donnez votre propre définition de quatre expressions de la première colonne. Votre partenaire doit deviner (*must guess*) de quoi vous parlez.

1. __b__ la naissance
2. ____ l'enfance
3. __c__ l'adolescence
4. ____ l'âge adulte
5. __e__ tomber amoureux
6. __a__ un jour férié
7. __g__ le mariage
8. __f__ le divorce
9. __h__ prendre sa retraite
10. __d__ la mort

a. C'est une date importante, comme le 4 juillet aux États-Unis.
b. C'est la fin de l'étape prénatale.
c. C'est l'étape de la vie pendant laquelle (*during which*) on va au lycée.
d. C'est un événement très triste.
e. C'est faire une rencontre romantique comme dans un conte de fées (*fairy tale*).
f. C'est le futur probable d'un couple qui se dispute (*fights*) tout le temps.
g. C'est un jour de bonheur et de célébration de l'amour.
h. C'est quand une personne décide de ne plus travailler.

3 **Suggestion** Have volunteers share their definitions with the class.

CONTEXTES

Communication

4 Le mot juste

Remplissez les espaces avec le mot illustré. Faites les accords nécessaires. Ensuite (*Then*), avec un(e) partenaire, créez (*create*) une phrase pour laquelle (*for which*) vous illustrez trois mots de **CONTEXTES**. Échangez votre phrase avec celle d'un autre groupe et résolvez le rébus.

4 Suggestions
• Go over the answers to the activity with the class before students write their own sentences.
• Ask volunteers to write their sentences on the board and have the class make corrections as needed.

1. Caroline est une amie d' <u>enfance</u> . Je vais lui faire <u>une surprise</u> samedi.

   C'est son anniversaire.

2. Marc et Sophie sont inséparables. Ils sont toujours <u>ensemble</u> . C'est le bonheur et

   le grand <u>amour</u> .

3. Le <u>vin</u> rouge va bien avec les viandes rouges alors que le <u>champagne</u> va

   mieux avec les <u>desserts</u> .

4. Les <u>(jeunes) mariés</u> ont beaucoup de <u>cadeaux</u> .

5. La <u>naissance</u> de ma sœur est un grand <u>bonheur</u> pour mes parents.

5 C'est la fête!

Vous avez terminé (*have finished*) les examens de fin d'année et vouz allez faire la fête! Avec un(e) partenaire, écrivez une conversation au sujet de la préparation de cette fête. N'oubliez pas de répondre aux questions suivantes. Ensuite (*Then*), jouez (*act out*) votre dialogue devant la classe. Answers will vary.

5 Suggestion Tell students that they should plan the party first by answering the questions. Then they should use those answers to write the conversation discussing the details of the party.

1. Quand et où allez-vous organiser la fête?
2. Qui vont être les invités?
3. Qui est l'hôte?
4. Qu'allez-vous manger? Qu'allez-vous boire?
5. Qui va apporter quoi?
6. Qui est responsable de la musique? De la décoration?
7. Qu'allez-vous faire pendant (*during*) la fête?
8. Qui va nettoyer après la fête?

6 Sept différences

Votre professeur va vous donner, à vous et à votre partenaire, deux feuilles d'activités différentes. À tour de rôle, posez-vous des questions pour trouver les sept différences entre les illustrations de l'anniversaire des jumeaux (*twins*) Boniface. Attention! Ne regardez pas la feuille de votre partenaire.

> **MODÈLE**
>
> **Étudiant(e) 1:** *Sur mon image, il y a trois cadeaux. Combien de cadeaux y a-t-il sur ton image?*
> **Étudiant(e) 2:** *Sur mon image, il y a quatre cadeaux.*

6 Suggestion Have two volunteers read the **modèle** aloud. Then divide the class into pairs and distribute the Info Gap Handouts in the IRM on the IRCD-ROM for this activity. Give students ten minutes to complete the activity.

Les sons et les lettres

Open vs. closed vowels: Part 2

The letter combinations **au** and **eau** are pronounced like the vowel sound in the English word *coat*, but without the glide heard in English. These are closed **o** sounds.

chaud	aussi	beaucoup	tableau

When the letter **o** is followed by a consonant sound, it is usually pronounced like the vowel in the English word *raw*. This is an open **o** sound.

homme	téléphone	ordinateur	orange

When the letter **o** occurs as the last sound of a word or is followed by a *z* sound, such as a single **s** between two vowels, it is usually pronounced with the closed **o** sound.

trop	héros	rose	chose

When the letter **o** has an **accent circonflexe**, it is usually pronounced with the closed **o** sound.

drôle	bientôt	pôle	côté

Suggestions
- Remind students that **o** is sometimes nasalized when followed by **m** or **n**. Compare the following words: **bon**, **nom**, and **bonne**, **homme**.
- Ask students to provide more examples of words from this lesson or previous lessons with these vowel sounds. Examples: **cadeau**, **gâteau**, **hôte**, **octobre**, and **beau**.
- Dictate five familiar words containing the open and closed vowels presented here, repeating each one at least two times. Then write them on the board or on a transparency and have students check their spelling.

Prononcez Répétez les mots suivants à voix haute.

1. rôle
2. porte
3. dos
4. chaud
5. prose
6. gros
7. oiseau
8. encore
9. mauvais
10. nouveau
11. restaurant
12. bibliothèque

Articulez Répétez les phrases suivantes à voix haute.

1. À l'automne, on n'a pas trop chaud.
2. Aurélie a une bonne note en biologie.
3. Votre colocataire est d'origine japonaise?
4. Sophie aime beaucoup l'informatique et la psychologie.
5. Nos copains mangent au restaurant marocain aujourd'hui.
6. Comme cadeau, Robert et Corinne vont préparer un gâteau.

Dictons Répétez les dictons à voix haute.

La fortune vient en dormant.[2]

Tout nouveau, tout beau.[1]

[1] Shiny and new.
[2] Fortune comes while you sleep.

ressources

LM p. 42

promenades.vhlcentral.com
Leçon 11

ROMAN-PHOTO

Les cadeaux

Suggestion Ask students to read the title, glance at the video stills, and predict what they think the episode will be about. Record their predictions.

PERSONNAGES

Amina

Astrid

Rachid

Sandrine

Valérie

Vendeuse

À l'appartement de Sandrine...
SANDRINE Allô, Pascal? Tu m'as téléphoné? Écoute, je suis très occupée là. Je prépare un gâteau d'anniversaire pour Stéphane... Il a dix-huit ans aujourd'hui... On organise une fête surprise au P'tit Bistrot.

SANDRINE J'ai fait une mousse au chocolat, comme pour ton anniversaire. Stéphane adore ça! J'ai aussi préparé des biscuits que David aime bien.

SANDRINE Quoi? David!... Mais non, il n'est pas marié. C'est un bon copain, c'est tout!... Désolée, je n'ai pas le temps de discuter. À bientôt.

Suggestion Have students scan the video-still captions and find sentences with words or expressions related to party preparations. Have volunteers read their phrases.

RACHID Écoute, Astrid. Il faut trouver un cadeau... un *vrai* cadeau d'anniversaire.
ASTRID Excusez-moi, Madame. Combien coûte cette montre, s'il vous plaît?
VENDEUSE Quarante euros.
ASTRID Que penses-tu de cette montre, Rachid?
RACHID Bonne idée.

VENDEUSE Je fais un paquet cadeau?
ASTRID Oui, merci.
RACHID Eh, Astrid, il faut y aller!
VENDEUSE Et voilà dix euros. Merci, Mademoiselle, bonne fin de journée.

Suggestion After reading the Roman-photo, review their predictions and ask which ones were correct.

Au café...
VALÉRIE Ah, vous voilà! Astrid, aide-nous avec les décorations, s'il te plaît. La fête commence à six heures. Sandrine a tout préparé.
ASTRID Quelle heure est-il? Zut, déjà? En tout cas, on a trouvé des cadeaux.
RACHID Je vais chercher Stéphane.

A C T I V I T É S

1 Vrai ou faux? Indiquez si les affirmations suivantes sont **vraies** ou **fausses**.

1. Sandrine prépare un gâteau d'anniversaire pour Stéphane. Vrai.
2. Sandrine est désolée parce qu'elle n'a pas le temps de discuter avec Rachid. Faux.
3. Rachid ne comprend pas la blague. Vrai.
4. Pour aider Sandrine, Valérie va apporter les desserts. Vrai.

5. Rachid et Astrid trouvent un cadeau pour Valérie. Faux.
6. Rachid n'aime pas l'idée de la montre pour Stéphane. Faux.
7. La fête d'anniversaire surprise pour Stéphane commence à huit heures. Faux.
8. Sandrine va chercher Stéphane. Faux.
9. Amina a apporté de la glace au chocolat. Vrai.
10. Les parents d'Amina vont passer l'été à Aix-en-Provence. Vrai.

Tout le monde prépare la surprise pour Stéphane.

Expressions utiles As you work through the list, point out forms of the **passé composé** and demonstrative adjectives. Tell students that these grammar structures will be formally presented in the **Structures** section.

VALÉRIE Oh là là! Tu as fait tout ça pour Stéphane?!

SANDRINE Oh, ce n'est pas grand-chose.

VALÉRIE Tu es un ange! Stéphane va bientôt arriver. Je t'aide à apporter ces desserts?

SANDRINE Oh, merci, c'est gentil.

Dans un magasin...

ASTRID Eh Rachid, j'ai eu une idée géniale... Des cadeaux parfaits pour Stéphane. Regarde! Ce matin, j'ai acheté cette calculatrice et ces livres.

RACHID Mais enfin, Astrid, Stéphane n'aime pas les livres.

ASTRID Oh Rachid, tu ne comprends rien, c'est une blague.

AMINA Bonjour! Désolée, je suis en retard!

VALÉRIE Ce n'est pas grave. Tu es toute belle ce soir!

2 **Suggestion** Before beginning the activity, point out the gender of each demonstrative adjective given. Tell students that demonstrative adjectives must agree with the noun they modify just like articles and descriptive adjectives.

AMINA Vous trouvez? J'ai acheté ce cadeau pour Stéphane. Et j'ai apporté de la glace au chocolat aussi.

VALÉRIE Oh, merci! Il faut aider Astrid avec les décorations.

ASTRID Salut, Amina. Ça va?

AMINA Oui, super. Mes parents ont téléphoné du Sénégal ce matin! Ils vont passer l'été ici. C'est le bonheur!

Expressions utiles

Talking about celebrations

- **J'ai fait une mousse au chocolat, comme pour ton anniversaire.**
  I made a chocolate mousse, (just) like for your birthday.
- **J'ai aussi préparé des biscuits que David aime bien.**
  I have also prepared cookies that David likes.
- **Je fais un paquet cadeau?**
  Shall I wrap the present?
- **En tout cas, on a trouvé des cadeaux.**
  In any case, we have found some presents.
- **Et j'ai apporté de la glace au chocolat.**
  And I brought some chocolate ice cream.

Talking about the past

- **Tu m'as téléphoné?**
  Did you call me?
- **Tu as fait tout ça pour Stéphane?!**
  You did all that for Stéphane?!
- **J'ai eu une idée géniale.**
  I had a great idea.
- **Sandrine a tout préparé.**
  Sandrine prepared everything.

Pointing out things

- **Je t'aide à apporter ces desserts?**
  Can I help you to bring these desserts?
- **J'ai acheté cette calculatrice et ces livres.**
  I bought this calculator and these books.
- **J'ai acheté ce cadeau pour Stéphane.**
  I bought this present for Stéphane.

Additional vocabulary

- **Ce n'est pas grave.** *It's okay./No problem.*
- **Tu ne comprends rien.** *You don't understand a thing.*
- **désolé(e)** *sorry*
- **discuter** *to talk*
- **zut** *darn*

---

2 **Le bon mot** Choisissez le bon mot entre **ce** (*m.*), **cette** (*f.*) et **ces** (*pl.*) pour compléter les phrases. Utilisez un dictionnaire. Attention, les phrases ne sont pas identiques aux dialogues!

1. Je t'aide à apporter __ce__ gâteau?
2. Ce matin, j'ai acheté __ces__ calculatrices et __ce__ livre.
3. Rachid ne comprend pas __cette__ blague.
4. Combien coûtent __ces__ montres?
5. À quelle heure commence __cette__ classe?

3 **Imaginez** Avec un(e) partenaire, imaginez qu'Amina est dans un grand magasin et qu'elle téléphone à Madame Forestier pour l'aider à choisir le cadeau idéal pour Stéphane. Amina propose et décrit plusieurs possibilités de cadeaux et Madame Forestier donne son avis (*opinion*) sur chacune d'entre elles (*each of them*).

ressources		
VM pp. 207–208	DVD Leçon 11	promenades.vhlcentral.com Leçon 11

A C T I V I T É S

CULTURE À LA LOUPE

Le carnaval

Tous les ans, beaucoup de pays° et de régions francophones célèbrent le carnaval. Cette tradition est l'occasion de fêter la fin° de l'hiver et l'arrivée° du printemps. En général, la période de fête commence la semaine avant le Carême° et se termine° le jour du Mardi gras. Le carnaval demande très souvent des mois de préparation. La ville organise des défilés° de musique, de masques, de costumes et de chars fleuris°. La fête finit souvent par la crémation du roi° Carnaval, personnage de papier qui représente le carnaval et l'hiver.

le roi du carnaval de Nice

Certaines villes et certaines régions sont réputées° pour leur carnaval: Nice, en France, la ville de Québec, au Canada, la Nouvelle-Orléans, aux États-Unis et la Martinique. Chaque ville a ses traditions particulières. La ville de Nice, lieu du plus grand carnaval français, organise une grande bataille de fleurs° où des jeunes, sur des chars, envoient des milliers° de fleurs aux spectateurs. À Québec, le climat intense transforme le carnaval en une célébration de l'hiver. Le symbole officiel de la fête est le «Bonhomme» (de neige°) et les gens font du ski, de la pêche sous la glace ou des courses de traîneaux à chiens°. À la Martinique, le carnaval continue jusqu'au° mercredi des Cendres°, à minuit: les gens, tout en noir° et blanc°,

le carnaval de Québec

regardent la crémation de Vaval, le roi Carnaval. Le carnaval de la Nouvelle-Orléans est célébré avec de nombreux bals° et défilés costumés. Ses couleurs officielles sont l'or°, le vert et le violet.

Le carnaval en chiffres

Martinique	Chaque ville choisit° une reine°.
Nice	La première bataille de fleurs a eu lieu° en 1876. On envoie entre 80.000 et 100.000 fleurs aux spectateurs.
la Nouvelle-Orléans	Il y a plus de 70 défilés pendant° le carnaval.
la ville de Québec	Le premier carnaval a eu lieu en 1894.

pays *countries* **fin** *end* **arrivée** *arrival* **Carême** *Lent* **se termine** *ends* **défilés** *parades* **chars fleuris** *floats decorated with flowers* **roi** *king* **réputées** *famous* **bataille de fleurs** *flower battle* **milliers** *thousands* **«Bonhomme» (de neige)** *snowman* **courses de traîneaux à chiens** *dogsled races* **jusqu'au** *until* **mercredi des Cendres** *Ash Wednesday* **noir** *black* **blanc** *white* **bals** *balls (dances)* **or** *gold* **choisit** *chooses* **reine** *queen* **a eu lieu** *took place* **pendant** *during*

---

1 Compréhension Répondez par des phrases complètes.

1. En général, quel est le dernier jour du carnaval?
   En général, le dernier jour du carnaval est le jour du Mardi gras.
2. Dans quelle ville des États-Unis est-ce qu'on célèbre le carnaval?
   On célèbre le carnaval à la Nouvelle-Orléans.
3. Où a lieu le plus grand carnaval français?
   Le plus grand carnaval français a lieu à Nice.
4. Qu'est-ce que les jeunes envoient aux spectateurs du carnaval de Nice?
   Les jeunes envoient des fleurs aux spectateurs.
5. Quel est le symbole officiel du carnaval de Québec?
   Le «Bonhomme» est le symbole officiel du carnaval de Québec.

6. Que fait-on pendant (*during*) le carnaval de Québec?
   On pratique des activités d'hiver pendant le carnaval de Québec.
7. Qu'est-ce qui est différent au carnaval de la Martinique?
   Il continue jusqu'au mercredi des Cendres.
8. Qui est Vaval?
   Vaval est le roi du carnaval à la Martinique.
9. Comment est-ce qu'on célèbre le carnaval à la Nouvelle-Orléans?
   On célèbre le carnaval à la Nouvelle-Orléans avec des bals et des défilés.
10. Quelles sont les couleurs officielles du carnaval de la Nouvelle-Orléans?
    Les couleurs officielles du carnaval de la Nouvelle-Orléans sont l'or, le vert et le violet.

Portrait Have students look at the photos and identify the monuments.
If possible, bring in a photo of the Bastille.

STRATÉGIE

Recognizing word families

Recognizing how words are related to one another can help you guess their meaning, improving comprehension of a reading selection. The related words often belong to different parts of speech. For example, **fête** (*party*) is a noun, and **fêter** (*to celebrate*) is a verb. Both words in each pair are in the same word family. List at least two other pairs of related words from the selections in this **Lecture culturelle**.

LE MONDE FRANCOPHONE

Fêtes et festivals

Voici d'autres fêtes et festivals francophones.

En Côte d'Ivoire
La fête des Ignames (plusieurs dates) On célèbre la fin° de la récolte° des ignames°, une ressource très importante pour les Ivoiriens.

Au Maroc
La fête du Trône (le 30 juillet) Tout le pays honore le roi° avec des parades et des spectacles.

À la Martinique/À la Guadeloupe
La fête des Cuisinières (en août) Les femmes défilent° en costumes traditionnels et présentent des spécialités locales qu'elles ont préparées pour la fête.

Dans de nombreux pays
L'Aïd el-Fitr C'est la fête musulmane° de la rupture du jeûne° à la fin du Ramadan.

fin *end* récolte *harvest* ignames *yams* roi *king* défilent *parade* musulmane *Muslim* jeûne *fast*

PORTRAIT

Le 14 juillet

Le 14 juillet 1789, sous le règne° de Louis XVI, les Français se sont rebellés contre° la monarchie et ont pris° la Bastille, une forteresse utilisée comme prison. Cette date est très importante dans l'histoire de France parce qu'elle représente le début de la Révolution. Le 14 juillet symbolise la fondation de la République française et a donc° été sélectionné comme date de la Fête nationale. Tous les ans, il y a un grand défilé° militaire sur les Champs-Élysées, la plus grande° avenue parisienne. Partout° en France, les gens assistent à des défilés et à des fêtes dans les rues°. Le soir, il y a de nombreux bals populaires° où les Français dansent et célèbrent cette date historique. À minuit, on assiste aux feux d'artifices° traditionnels.

règne *reign* se sont rebellés contre *rebelled against* ont pris *stormed* donc *therefore* défilé *parade* la plus grande *the largest* Partout *Everywhere* rues *streets* bals populaires *street dances* feux d'artifices *fireworks*

SUPERSITE

SUR INTERNET

Qu'est-ce que c'est, la fête des Rois?

Go to **promenades.vhlcentral.com** to find more cultural information related to this **LECTURE CULTURELLE**. Then watch the corresponding **Flash culture.**

---

2 Les fêtes Complétez les phrases.

1. Le 14 juillet 1789, c'est la date <u>du début de la Révolution française</u>
2. Aujourd'hui, le 14 juillet, c'est la <u>Fête nationale de la République française</u>
3. En France, le soir du 14 juillet, il y a <u>des bals populaires et des feux d'artifices</u>
4. À plusieurs dates, les Ivoiriens fêtent <u>la fin de la récolte des ignames</u>
5. Au Maroc, il y a un festival au mois de <u>juillet</u>
6. Dans les pays musulmans, l'Aïd el-Fitr célèbre <u>la fin du Ramadan</u>

3 Faisons la fête ensemble! Vous êtes en vacances dans un pays francophone et vous invitez un(e) ami(e) à aller à une fête ou à un festival francophone avec vous. Expliquez à votre partenaire ce que vous allez faire. Votre partenaire va vous poser des questions.

3 Suggestion Before beginning the activity, have students choose a holiday or festival to discuss.

ressources

VM pp. 249–250 | promenades.vhlcentral.com Leçon 11

ACTIVITÉS

STRUCTURES

11.1 Demonstrative adjectives

Point de départ To identify or point out a noun with the French equivalent of *this/these* and *that/those*, you use a demonstrative adjective before the noun.

Demonstrative adjectives		
	singular	**plural**
	Before consonant	Before vowel sound	
masculine	**ce** café	**cet** éclair	**ces** cafés, **ces** éclairs
feminine	**cette** surprise	**cette** amie	**ces** surprises, **ces** amies

Ce copain organise une fête.
This friend is organizing a party.

Cet hôpital est trop loin du centre-ville.
That hospital is too far from downtown.

Cette glace est excellente.
This ice cream is excellent.

Je préfère **ces** cadeaux.
I prefer those gifts.

Combien coûte cette montre?

J'ai ce cadeau pour Stéphane.

- Although the forms of **ce** can refer to a noun that is near (*this/these*) and one that is far (*that/those*), the meaning will usually be clear from context.

Ce dessert est délicieux.
This dessert is delicious.

Joël préfère **cet** éclair.
Joël prefers that éclair.

Ils vont aimer **cette** surprise.
They're going to like this surprise.

Ces glaçons sont pour la limonade.
Those ice cubes are for the lemon soda.

La maison Julien

Pour toutes ces occasions...

pour célébrer tout ce bonheur...

nous pensons à tous les détails.

SUPERSITE **MISE EN PRATIQUE**

1 **Remplacez** Remplacez les noms au singulier par des noms au pluriel et vice versa.

MODÈLE

J'aime mieux ce dessert.
J'aime mieux ces desserts.

1 **Expansion** For additional practice, give students these items. **7. Ces bonbons sont trop sucrés. 8. Ces vins sont rouges. 9. J'ai besoin de ce glaçon.**

1. Ces glaces au chocolat sont délicieuses.
   Cette glace au chocolat est délicieuse.
2. Ce gâteau est énorme.
   Ces gâteaux sont énormes.
3. Ces biscuits ne sont pas bons.
   Ce biscuit n'est pas bon.
4. Ces invitées sont gentilles.
   Cette invitée est gentille.
5. Ces hôtes parlent japonais.
   Cet hôte parle japonais.
6. Cette bière est allemande.
   Ces bières sont allemandes.

2 **Monsieur Parfait** Juste avant la fête, l'hôte fait le tour de la salle et donne son opinion. Complétez ce texte avec **ce**, **cette** ou **ces**.

Mmm! (1) __Ce__ champagne est parfait. Ah! (2) __Ces__ gâteaux sont magnifiques, (3) __ces__ biscuits sont délicieux et j'adore (4) __cette__ glace. Beurk! (5) __Ces__ bonbons sont originaux, mais pas très bons. Ouvrez (*Open*) (6) __cette__ bouteille. (7) __Ce__ café sur (8) __cette__ table sent très bon. (9) __Cette__ plante a besoin d'eau. (10) __Ce__ tableau n'est pas droit (*straight*)! Oh là là! Arrangez (11) __ces__ chaises autour de (*around*) (12) __ces__ trois tables!

3 **Magazine** Vous regardez un vieux magazine. Complétez les phrases.

MODÈLE

Ce cheval est très grand.

3 **Suggestion** Before beginning the activity, have students identify in French the items pictured.

1. __Ce gâteau__ au chocolat et __cette glace__ sont délicieux.

3. __Ces jeunes mariés__ sont très heureux.

2. __Cette fille__ aime beaucoup __ces bonbons__.

4. __Cet homme__ va prendre sa retraite.

COMMUNICATION

4 **Comparez** Avec un(e) partenaire, regardez les illustrations. À tour de rôle, comparez les personnages et les objets. Answers will vary.

MODÈLE

Étudiant(e) 1: *Comment sont ces hommes?*
Étudiant(e) 2: *Cet homme-ci est petit et cet homme-là est grand.*

1.

3.

2.

4.

5 **Préférences** Demandez à votre partenaire ses préférences, puis donnez votre opinion. Employez des adjectifs démonstratifs et présentez vos réponses à la classe. Answers will vary.

MODÈLE

Étudiant(e) 1: *Quel film est-ce que tu aimes?*
Étudiant(e) 2: *J'aime bien Casablanca.*
Étudiant(e) 1: *Moi, je n'aime pas du tout ce vieux film.*

acteur/actrice	passe-temps
chanteur/chanteuse	restaurant
dessert	saison
film	sport
magasin	ville
?	?

6 **Invitation** Vous organisez une fête et vous êtes au supermarché avec un(e) ami(e). Vous n'êtes pas d'accord sur ce que (*what*) vous allez acheter. Avec un(e) partenaire, jouez les rôles. Answers will vary.

MODÈLE

Étudiant(e) 1: *On achète cette glace-ci?*
Étudiant(e) 2: *Je n'aime pas cette glace-ci. Je préfère cette glace-là!*
Étudiant(e) 1: *Mais cette glace-là coûte dix euros!*
Étudiant(e) 2: *D'accord! On prend cette glace-ci.*

6 **Suggestion** Before beginning the activity, have students brainstorm items they might buy for the party and write them on the board.

- To make it especially clear that you're referring to something near versus something far, add **-ci** or **-là**, respectively, to the noun following the demonstrative adjective.

ce couple-**ci**	**ces** biscuits-**ci**
this couple (here)	*these cookies (here)*
cette invitée-**là**	**ces** bières-**là**
that guest (there)	*those beers (there)*

- Use **-ci** and **-là** in the same sentence to contrast similar items.

On prend **cette glace-ci**, pas **cette glace-là**.	Tu achètes **ce fromage-ci** ou **ce fromage-là**?
We'll have this ice cream, not that ice cream.	*Are you buying this cheese or that cheese?*

Suggestion Place a short pencil close to you and a long pencil far away. Say: **Ce crayon-ci est court. Ce crayon-là est long.** Continue with other objects until students grasp the concept.

Ce gâteau-ci, s'il vous plaît.

Ce gâteau-là, s'il vous plaît.

Essayez! **Complétez les phrases avec la forme correcte de l'adjectif démonstratif.**

1. __Cette__ glace au chocolat est très bonne!
2. Qu'est-ce que tu penses de __ce__ cadeau?
3. __Cet__ homme-là est l'hôte de la fête.
4. Tu préfères __ces__ biscuits-ci ou __ces__ biscuits-là?
5. Vous aimez mieux __ce__ dessert-ci ou __ce__ dessert-là?
6. __Cette__ année-ci, on va fêter l'anniversaire de mariage de nos parents en famille.
7. Tu achètes __cet__ éclair-là.
8. Vous achetez __cette__ montre?
9. __Cette__ surprise va être géniale!
10. __Cet__ invité-là est antipathique.

Essayez! Have students create new sentences orally by changing the singular nouns to the plural or vice versa in items 1–5.

11.2 The *passé composé* with *avoir*

Point de départ In order to talk about events in the past, French uses two principal tenses: the **passé composé** and the imperfect. In this lesson, you will learn how to form the **passé composé**, which is used to express actions or states completed in the past. You will learn about the imperfect in **Leçon 15**.

- For most verbs, the **passé composé** is formed with a present-tense form of **avoir** (the auxiliary verb) followed by the past participle of the verb expressing the action.

PRESENT TENSE PAST PARTICIPLE

Nous **avons fêté**.
We celebrated / have celebrated.

- The past participle of a regular **-er** verb is formed by replacing the **-er** ending of the infinitive with **-é**.

Suggestion Explain that the **passé composé** has three English equivalents. Example: **Nous avons mangé.** = *We ate. We did eat. We have eaten.*

infinitive	past participle
fêt**er**	fêt**é**
oubli**er**	oubli**é**
cherch**er**	cherch**é**

- Most regular **-er** verbs are conjugated in the **passé composé** as shown below for the verb **parler**.

The *passé composé*

j'ai parlé	*I spoke/have spoken*	nous avons parlé	*we spoke/ have spoken*
tu as parlé	*you spoke/ have spoken*		
		vous avez parlé	*you spoke/ have spoken*
il/elle a parlé	*he/she/it spoke/ has spoken*		
		ils/elles ont parlé	*they spoke/ have spoken*

- To make a verb negative in the **passé composé**, place **ne/n'** and **pas** around the conjugated form of **avoir**.

On **n'**a **pas** fêté
  mon anniversaire.
*We didn't celebrate
  my birthday.*

Elles **n'**ont **pas** acheté
  de biscuits hier?
*They didn't buy any cookies
  yesterday?*

- To ask questions using inversion in the **passé composé**, invert the subject pronoun and the conjugated form of **avoir**. Note that this does not apply to other types of question formation.

Avez-vous fêté votre
  anniversaire?
Did you celebrate your birthday?

Est-ce qu'elles **ont acheté**
  des biscuits?
Did they buy any cookies?

MISE EN PRATIQUE

1 **Qu'est-ce qu'ils ont fait?** Laurent parle de son week-end en ville avec sa famille. Complétez ses phrases avec le **passé composé** du verbe correct.

1. Nous ___avons mangé___ (nager, manger) des escargots.
2. Papa ___a acheté___ (acheter, apprendre) une nouvelle montre.
3. J'___ai pris___ (prendre, oublier) une glace à la terrasse d'un café.
4. Vous ___avez essayé___ (enseigner, essayer) un nouveau restaurant.
5. Mes parents ___ont célébré___ (dessiner, célébrer) leur anniversaire de mariage.
6. Ils ___ont fait___ (fréquenter, faire) une promenade.
7. Ma sœur ___a bu___ (boire, nettoyer) un chocolat chaud.
8. Le soir, nous ___avons eu___ (écouter, avoir) sommeil.

2 **Pas encore** Un copain pose des questions pénibles. Écrivez ses questions puis donnez des réponses négatives.

MODÈLE

inviter vos amis (vous)
Vous avez déjà invité vos amis? Non, nous n'avons pas encore invité nos amis.

1. écouter mon CD (tu)
   Tu as déjà écouté mon CD? Non, je n'ai pas encore écouté ton CD.
2. faire ses devoirs (Matthieu)
   Matthieu a déjà fait ses devoirs? Non, il n'a pas encore fait ses devoirs.
3. courir dans le parc (elles)
   Elles ont déjà couru dans le parc? Non, elles n'ont pas encore couru dans le parc.
4. parler aux profs (tu)
   Tu as déjà parlé aux profs? Non, je n'ai pas encore parlé aux profs.
5. apprendre les verbes irréguliers (Yassim) Yassim a déjà appris les verbes irréguliers? Non, il n'a pas encore appris les verbes irréguliers.
6. être à la piscine (Marie et Lise) Marie et Lise ont déjà été à la piscine? Non, elles n'ont pas encore été à la piscine.
7. emmener André au cinéma (vous) Vous avez déjà emmené André au cinéma? Non, nous n'avons pas encore emmené André au cinéma.
8. avoir le temps d'étudier (tu) Tu as déjà eu le temps d'étudier? Non, je n'ai pas encore eu le temps d'étudier.

3 **Vendredi soir** Vous et votre partenaire avez assisté à une fête vendredi soir. Parlez de la fête à tour de rôle. Qu'est-ce que les invités ont fait? Quelle a été l'occasion? Answers will vary.

COMMUNICATION

4 **La semaine** À tour de rôle, assemblez les éléments des colonnes pour raconter (*to tell*) à votre partenaire ce que (*what*) tout le monde (*everyone*) a fait cette semaine. Answers will vary.

A	B	C
je	acheter	bonbons
Luc	apprendre	café
mon prof	boire	cartes
Sylvie	enseigner	l'espagnol
mes parents	étudier	famille
mes copains et moi	faire	foot
tu	jouer	glace
vous	manger	jogging
?	parler	les maths
	prendre	promenade
	regarder	vélo
	?	?

5 **L'été dernier** Vous avez passé l'été dernier avec deux amis, mais vos souvenirs (*memories*) diffèrent. Par groupes de trois, utilisez les expressions de la liste et imaginez le dialogue. Answers will vary.

MODÈLE

Étudiant(e) 1: *Nous avons fait du cheval tous les matins.*
Étudiant(e) 2: *Mais non! Moi, j'ai fait du cheval. Vous deux, vous avez fait du jogging.*
Étudiant(e) 3: *Je n'ai pas fait de jogging. J'ai dormi!*

acheter	essayer	faire une promenade
courir	faire du cheval	jouer aux cartes
dormir	faire du jogging	jouer au foot
emmener	faire la fête	manger

6 **Qu'est-ce que tu as fait?** Avec un(e) partenaire, posez-vous les questions à tour de rôle. Ensuite, présentez vos réponses à la classe. Answers will vary.

1. As-tu fait la fête samedi dernier? Où? Avec qui?
2. Est-ce que tu as célébré une occasion importante cette année? Quelle occasion?
3. As-tu organisé une fête? Pour qui?
4. Qui est-ce que tu as invité à ta dernière fête?
5. Qu'est-ce que tu as fait pour fêter ton dernier anniversaire?
6. Est-ce que tu as préparé quelque chose à manger pour une fête ou un dîner? Quoi?

6 **Suggestion** Tell students to jot down notes on their partners' responses and to add two of their own questions to the list.

- The adverbs **hier** (*yesterday*) and **avant-hier** (*the day before yesterday*) are used often with the **passé composé**.

- Place the adverbs **déjà**, **encore**, **bien**, **mal**, and **beaucoup** between the auxiliary verb or **pas** and the past participle.

  Tu as **déjà** mangé ta part de gâteau.
  You already ate your piece of cake.

  Elle n'a pas **encore** visité notre ville.
  She hasn't visited our town yet.

- The past participles of spelling-change **-er** verbs have no spelling changes.

  Laurent a-t-il **acheté** le champagne?
  Did Laurent buy the champagne?

  Vous avez **envoyé** des bonbons.
  You sent candy.

- The past participle of most **-ir** verbs is formed by replacing the **-ir** ending with **-i**.

  Sylvie a **dormi** jusqu'à dix heures.
  Sylvie slept until 10 o'clock.

  On a **senti** leurs regards.
  We felt their stares.

Some irregular past participles

apprendre	appris	être	été
avoir	eu	faire	fait
boire	bu	pleuvoir	plu
comprendre	compris	prendre	pris
courir	couru	surprendre	surpris

Nous avons **bu** du vin.
We drank wine.

Ils ont **été** très en retard.
They have been very late.

- The **passé composé** of **il faut** is **il a fallu**; that of **il y a** is **il y a eu**.

  Il a fallu passer par le supermarché.
  It was necessary to stop by the supermarket.

  Il y a eu deux fêtes hier soir.
  There were two parties last night.

BOÎTE À OUTILS
Some verbs, like **aller**, use **être** instead of **avoir** to form the **passé composé**. You will learn more about these verbs in **Leçon 13**.

Suggestion Ask students some questions about their activities. Examples: **Avez-vous écouté de la musique hier? Avez-vous regardé la télé?** Ask other students about their classmates' activities.

Essayez! Indiquez les formes du passé composé des verbes.

1. j' _ai commencé, ai payé, ai bavardé_ (commencer, payer, bavarder)
2. tu ___as servi, as compris, as donné___ (servir, comprendre, donner)
3. on ___a parlé, a eu, a dormi___ (parler, avoir, dormir)
4. nous ___avons adoré, avons fait, avons amené___ (adorer, faire, amener)
5. vous ___avez pris, avez employé, avez couru___ (prendre, employer, courir)
6. elles ___ont espéré, ont bu, ont appris___ (espérer, boire, apprendre)

SYNTHÈSE

Révision

4 **Suggestion** Distribute the **Feuilles d'activités** from the IRM on the IRCD-ROM.

1 **L'année dernière et cette année** Décrivez vos dernières fêtes du jour d'Action de Grâces (*Thanksgiving*) à votre partenaire. Utilisez les verbes de la liste. Parlez aussi de vos projets (*plans*) pour le prochain jour d'Action de Grâces.
Answers will vary.

MODÈLE

Étudiant(e) 1: *L'année dernière, nous avons fêté le jour d'Action de Grâces chez mes grands-parents. Cette année, je vais manger au restaurant avec mes parents.*

Étudiant(e) 2: *Moi, j'ai fait la fête avec mes amis l'année dernière. Cette année, je vais visiter New York avec ma sœur.*

acheter	dormir	manger	regarder
boire	faire	prendre	téléphoner
donner	fêter	préparer	visiter

2 **Ce musée, cette ville** Faites par écrit (*Write*) une liste de cinq lieux (villes, musées, restaurants, etc.) que vous avez visités. Avec un(e) partenaire, comparez vos listes. Utilisez des adjectifs démonstratifs dans vos phrases. Answers will vary.

MODÈLE

Étudiant(e) 1: *Ah, tu as visité Bruxelles. Moi aussi, j'ai visité cette ville. Elle est charmante.*

Étudiant(e) 2: *Tu as mangé au restaurant La Douce France. Je n'aime pas du tout ce restaurant!*

3 **La fête** Vous et votre partenaire avez préparé une fête avec vos amis. Vous avez acheté des cadeaux, des boissons et des snacks. À tour de rôle, parlez de ce qu'il y a sur l'illustration.
Answers will vary.

MODÈLE

Étudiant(e) 1: *J'aime bien ces biscuits-là.*

Étudiant(e) 2: *Moi, j'ai apporté cette glace-ci.*

3 **Suggestion** Before beginning the activity, have students identify the items on the table.

4 **Enquête** Qu'est-ce que vos camarades ont fait de différent dans leur vie? Votre professeur va vous donner une feuille d'activités. Parlez à vos camarades pour trouver une personne différente pour chaque expérience, puis écrivez son nom.
Answers will vary.

MODÈLE

Étudiant(e) 1: *As-tu parlé à un acteur?*

Étudiant(e) 2: *Oui! Une fois, j'ai parlé à Bruce Willis!*

Expérience	Nom
1. parler à un(e) acteur/actrice	Julien
2. passer une nuit entière sans dormir	
3. dépenser plus de $100 pour des CD en une fois	
4. faire la fête un lundi soir	
5. courir cinq kilomètres ou plus	
6. surprendre un(e) ami(e) pour son anniversaire	

5 **Conversez** Avec un(e) partenaire, préparez une conversation où un(e) copain/copine demande à un(e) autre copain/copine les détails d'un dîner romantique du week-end dernier. N'oubliez pas de mentionner dans la conversation:
Answers will vary.

- où ils ont mangé
- les thèmes de la conversation
- qui a payé
- qui a parlé de quoi
- la date du prochain rendez-vous

5 **Suggestion** Tell students that they can talk about a real or imaginary dinner. Encourage students to be creative.

6 **Magali fait la fête** Votre professeur va vous donner, à vous et à votre partenaire, deux feuilles d'activités différentes. Attention! Ne regardez pas la feuille de votre partenaire.
Answers will vary.

MODÈLE

Étudiant(e) 1: *Magali a parlé avec un homme. Cet homme n'a pas l'air intéressant du tout!*

Étudiant(e) 2: *Après,...*

6 **Suggestion** Divide the class into pairs and distribute the Info Gap Handouts in the IRM on the IRCD-ROM for this activity. Give students ten minutes to complete the activity.

ressources		
WB pp. 73–76	LM pp. 43–44	**SUPERSITE** promenades.vhlcentral.com Leçon 11

La Poste

La Poste, le service postal belge, distribue les cartes de vœux° (et l'autre courrier°) chez ses clients tous les jours, comme la poste des États-Unis et du Canada. Pourtant°, en Belgique, La Poste offre aussi à ses clients une vaste gamme° de services pour la gestion° de leur argent. Par l'intermédiaire de° la Banque de La Poste, les Belges ont la possibilité d'ouvrir° des comptes° de chèques et de posséder des cartes de crédit comme avec une banque traditionnelle. Il existe aussi des prêts° variés pour les grandes dépenses, comme des vacances ou même une maison. Tout ça à La Poste!

Envoyez vos cartes de voeux.

—Une bonne année commence toujours°...

—... par quelqu'un qui vous la souhaite°.

Compréhension Répondez aux questions. Some answers will vary.

1. Qui est l'homme dans la publicité (*ad*)? Comment est son année?
   C'est un jeune père. Il a beaucoup de chance cette année.
2. Que fête-t-il cette année?
   Il fête la naissance de son enfant. Il gagne un match de football et un gros contrat au bureau.
3. Pourquoi l'année commence-t-elle par la fin (*end*)?
   C'est pour indiquer que l'homme a eu de la chance toute l'année, parce que quelqu'un a envoyé une carte de vœux.

Discussion Avec un(e) partenaire, répondez aux questions et discutez. Answers will vary.

1. Quelles sortes d'événements fêtez-vous? Comment?
2. Envoyez-vous des cartes de vœux? Quel effet ont-elles sur le/la destinataire (*recipient*)?

Compréhension Have students work in pairs or groups for this activity. Tell them to write their answers. Then show the video again so that they can check their answers and add any missing information.

cartes de vœux *greeting cards* **courrier** *mail* **Pourtant** *However* **gamme** *range* **gestion** *management* **Par l'intermédiaire de** *Through* **ouvrir** *to open* **comptes** *accounts* **prêts** *loans* **toujours** *always* **par quelqu'un qui vous la souhaite** *with someone who wishes it for you*

Discussion Ask students to share their partner's answers. Keep track of them on the board to determine how many of the same special occasions they celebrate and which one is most common.

SUR INTERNET

Go to **promenades.vhlcentral.com** to watch the TV clip featured in this **Le zapping**.

Leçon **12**

You will learn how to...
- describe clothing
- offer and accept gifts

Très chic!

Vocabulaire

aller avec	to go with
un anorak	ski jacket, parka
une chaussette	sock
une chemise (à manches courtes/longues)	shirt (short-/long-sleeved)
un chemisier	blouse
un gant	glove
un jean	jeans
une jupe	skirt
un manteau	coat
un pantalon	pants
un pull	sweater
un sous-vêtement	underwear
une taille	clothing size
un tailleur	(woman's) suit; tailor
un tee-shirt	tee shirt
un vendeur/une vendeuse	salesman/saleswoman
des vêtements (m.)	clothing
De quelle couleur...?	In what color...?
des soldes (m.)	sales
chaque	each
large	loose; big
serré(e)	tight

Suggestion Point out the difference between **une écharpe** (a heavier scarf or wrap worn in fall or winter) and **un foulard** (a lighter scarf usually worn in spring or summer).

ressources

WB pp. 77-78	LM p. 45	SUPERSITE promenades.vhlcentral.com Leçon 12

un chapeau (chapeaux *pl.*)

un maillot de bain

cher (chère *f.*)

une cravate

une robe

une ceinture

un short

des baskets (*f.*)

Il porte un costume. (porter)

un sac à main

des chaussures (*f.*)

violet (violette *f.*)

rose

gris (grise *f.*)

vert (verte *f.*)

jaune

noir (noire *f.*)

orange

bleu (bleue *f.*)

marron

blanc (blanche *f.*)

rouge

Attention!

Note that the adjectives **orange** and **marron** are invariable; they do not vary in gender or number to match the noun they modify.

J'aime l'anorak orange.

Il porte des chaussures marron.

Mise en pratique

1 **Écoutez** 🎧 Guillaume prépare ses vacances d'hiver (*winter vacation*). Indiquez quels vêtements il va acheter pour son voyage.

	Oui	Non
1. des baskets	☑	☐
2. un maillot de bain	☐	☑
3. des chemises	☐	☑
4. un pantalon noir	☑	☐
5. un manteau	☑	☐
6. un anorak	☐	☑
7. un jean	☑	☐
8. un short	☐	☑
9. un pull	☐	☑
10. une robe	☐	☑

Guillaume

2 **Les vêtements** Chassez l'intrus et choisissez le mot qui ne va pas avec les autres.

1. des baskets, (une cravate,) une chaussure
2. un jean, un pantalon, (une jupe)
3. un tailleur, un costume, (un short)
4. (des lunettes,) un chemisier, une chemise
5. (un tee-shirt,) un pull, un anorak
6. une casquette, (une ceinture,) un chapeau
7. un sous-vêtement, une chaussette, (un sac à main)
8. une jupe, une robe, (une écharpe)

3 **De quelle couleur?** Indiquez de quelle(s) couleur(s) sont les choses suivantes.

MODÈLE

l'océan
Il est bleu.
la statue de la Liberté
Elle est grise.

1. le drapeau français   Il est bleu, blanc et rouge.
2. les dollars américains   Ils sont verts.
3. les pommes (*apples*)   Answers will vary. Elles sont rouges, vertes ou jaunes.
4. le soleil   Il est jaune.
5. la nuit   Elle est noire.
6. le zèbre   Il est blanc et noir.
7. la neige   Elle est blanche.
8. les oranges   Elles sont orange.
9. le vin   Answers will vary. Il est blanc, rouge ou rosé.
10. les bananes   Elles sont jaunes.

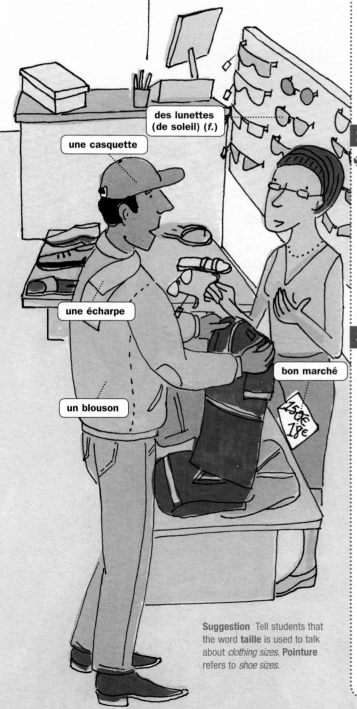

des lunettes (de soleil) (*f.*)

une casquette

une écharpe

un blouson

bon marché

150€
18€

Communication

4 **Qu'est-ce qu'ils portent?** Avec un(e) camarade de classe, regardez les images et à tour de rôle, décrivez ce que les personnages portent. *Answers will vary.*

> **MODÈLE**
>
> *Elle porte un maillot de bain rouge.*

4 Suggestion Tell students to write their descriptions. Then have volunteers write a description for each picture on the board.

4 Expansion Have students describe what they are wearing in detail, including accessories and colors of each item.

1.

2.

3.

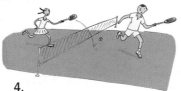

4.

5 **On fait du shopping** Choisissez deux partenaires et préparez une conversation. Deux client(e)s et un vendeur/une vendeuse sont dans un grand magasin; les client(e)s sont invité(e)s à un événement très chic, mais ils ou elles ne veulent pas (*don't want*) dépenser beaucoup d'argent. *Answers will vary.*

5 Suggestion Remind students to include greetings and other polite expressions in their role plays. Have volunteers perform their role plays for the rest of the class.

Client(e)s
- Décrivez l'événement auquel (*to which*) vous êtes invité(e)s.
- Parlez des vêtements que vous cherchez, de vos couleurs préférées, de votre taille. Trouvez-vous le vêtement trop large, trop serré, etc.?
- Demandez les prix et dites si vous trouvez que c'est cher, bon marché, etc.

Vendeur/Vendeuse
- Demandez les tailles, préférences, etc. des client(e)s.
- Répondez à toutes les questions de vos client(e)s.
- Suggérez des vêtements appropriés.

> **Coup de main**
>
> To compare French and American sizes, see the chart on p. 182.

6 **Conversez** Interviewez un(e) camarade de classe. *Answers will vary.*
1. Qu'est-ce que tu portes l'hiver? Et l'été?
2. Qu'est-ce que tu portes pour aller à l'université?
3. Qu'est-ce que tu portes pour aller à la plage (*beach*)?
4. Qu'est-ce que tu portes pour faire une randonnée?
5. Qu'est-ce que tu portes pour aller en boîte de nuit?
6. Qu'est-ce que tu portes pour un entretien d'embauche (*job interview*)?
7. Quelle est ta couleur préférée? Pourquoi?
8. Qu'est-ce que tu portes pour aller dans un restaurant très élégant?
9. Où est-ce que tu achètes tes vêtements? Pourquoi?
10. Est-ce que tu prêtes (*lend*) tes vêtements à tes ami(e)s?

7 **Défilé de mode** Votre classe a organisé un défilé de mode (*fashion show*). Votre partenaire est mannequin (*model*) et vous représentez la marque (*brand*) de vêtements. Pendant que votre partenaire défile, vous décrivez à la classe les vêtements qu'il ou elle porte. Après, échangez les rôles. *Answers will vary.*

> **MODÈLE**
>
> *Et voici la charmante Julie, qui porte les modèles de la dernière collection H&M: une chemise à manches courtes et un pantalon noir, ensemble idéal pour aller en boîte de nuit. Ses chaussures blanches vont parfaitement avec l'ensemble. Cette collection H&M est très à la mode et très bon marché.*

7 Suggestion Have a volunteer read the **modèle** aloud.

Les sons et les lettres

🎧 **Open vs. closed vowels: Part 3**

The letter combination **eu** can be pronounced two different ways, open and closed. Compare the pronunciation of the vowel sounds in these words.

heure	**meilleur**	**cheveux**	**neveu**

When **eu** is the last sound of a syllable, it has a closed vowel sound, sort of like the vowel sound in the English word *full*. While this exact sound does not exist in English, you can make the closed **eu** sound by saying **é** with your lips rounded.

deux	**bleu**	**peu**	**mieux**

When **eu** is followed by a *z* sound, such as a single **s** between two vowels, it is usually pronounced with the closed **eu** sound.

chanteuse	**généreuse**	**sérieuse**	**curieuse**

When **eu** is followed by a pronounced consonant, it has a more open sound. The open **eu** sound does not exist in English. To pronounce it, say **è** with your lips only slightly rounded.

peur	**jeune**	**chanteur**	**beurre**

The letter combination **œu** is usually pronounced with an open **eu** sound.

sœur	**bœuf**	**œuf**	**chœur**

Suggestions
- Point out that the letters **o** and **e** together are usually written as the single character **œ**.
- Ask students to provide more examples of words from this lesson or previous lessons with these vowel sounds. Examples: **tailleur**, **vendeuse**, **peur**, **sœur**, and **chanteuse**.

Prononcez Répétez les mots suivants à voix haute.

1. leur
2. veuve
3. neuf
4. vieux
5. curieux
6. acteur
7. monsieur
8. coiffeuse
9. ordinateur
10. tailleur
11. vendeuse
12. couleur

Articulez Répétez les phrases suivantes à voix haute.

1. Le professeur Heudier a soixante-deux ans.
2. Est-ce que Matthieu est jeune ou vieux?
3. Monsieur Eustache est un chanteur fabuleux.
4. Eugène a les yeux bleus et les cheveux bruns.

Dictons Répétez les dictons à voix haute.

Qui vole un œuf, vole un bœuf.[1]

Les conseilleurs ne sont pas les payeurs.[2]

Dictons Ask students to explain the two sayings in their own words.

ressources

LM p. 46	promenades.vhlcentral.com Leçon 12

² Those who give advice are not the ones who pay the price.

¹ He who steals an egg would steal an ox.

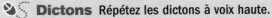

ROMAN-PHOTO

L'anniversaire

Suggestion Have students read the title, glance at the video stills, and predict what the episode will be about. Record their predictions.

PERSONNAGES

Amina

Astrid

Rachid

Sandrine

Stéphane

Valérie

Au café...

VALÉRIE, SANDRINE, AMINA, ASTRID ET RACHID Surprise! Joyeux anniversaire, STÉPHANE!

STÉPHANE Alors là, je suis agréablement surpris!

VALÉRIE Bon anniversaire, mon chéri!

SANDRINE On a organisé cette surprise ensemble...

VALÉRIE Pas du tout! C'est Sandrine qui a presque tout préparé.

SANDRINE Oh, je n'ai fait que les desserts et ton gâteau d'anniversaire.

STÉPHANE Tu es un ange.

RACHID Bon anniversaire, Stéphane. Tu sais, à ton âge, il ne faut pas perdre son temps, alors cette année, tu travailles sérieusement, c'est promis?

STÉPHANE Oui, oui.

AMINA Rachid a raison. Dix-huit ans, c'est une étape importante dans la vie! Il faut fêter ça.

ASTRID Joyeux anniversaire, Stéphane.

STÉPHANE Oh, et en plus, vous m'avez apporté des cadeaux!

Suggestion Have students read the Roman-photo conversation in groups of six.

AMINA Oui. J'ai tout fait moi-même: ce t-shirt, cette jupe et j'ai acheté ces chaussures.

SANDRINE Tu es une véritable artiste, Amina! Ta jupe est très originale! J'adore!

AMINA J'ai une idée. Tu me prêtes ta robe grise samedi et je te prête ma jupe. D'accord?

SANDRINE Bonne idée!

STÉPHANE Eh! C'est super cool, ce blouson en cuir noir. Avec des gants en plus! Merci, maman!

AMINA Ces gants vont très bien avec le blouson! Très à la mode!

STÉPHANE Tu trouves?

Suggestion Have students scan the captions for vocabulary related to clothing and colors.

RACHID Tiens, Stéphane.

STÉPHANE Mais qu'est-ce que c'est? Des livres?

RACHID Oui, la littérature, c'est important pour la culture générale!

VALÉRIE Tu as raison, Rachid.

STÉPHANE Euh oui... euh... c'est gentil... euh... merci, Rachid.

A C T I V I T É S

1 **Vrai ou faux?** Indiquez si les affirmations suivantes sont **vraies** ou **fausses**. Corrigez les phrases fausses.

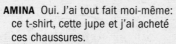

1. David ne veut pas (*doesn't want*) aller à la fête.
   Faux. David est désolé de ne pas être là.
2. Sandrine porte une jupe bleue.
   Faux. Sandrine porte une robe grise.
3. Amina a fait sa jupe elle-même (*herself*).
   Vrai.
4. La jupe d'Amina est en soie.
   Vrai.
5. Valérie donne un blouson en cuir et une ceinture à Stéphane.
   Faux. Valérie donne un blouson en cuir et des gants à Stéphane.

6. Sandrine n'aime pas partager ses vêtements.
   Faux. Sandrine va prêter sa robe à Amina.
7. Pour Amina, 18 ans, c'est une étape importante.
   Vrai.
8. Sandrine n'a rien fait (*didn't do anything*) pour la fête.
   Faux. Sandrine a fait le gâteau et les desserts.
9. Rachid donne des livres de littérature à Stéphane.
   Vrai.
10. Stéphane pense que ses amis sont drôles.
    Faux. Stéphane pense que ses amis ne sont pas drôles.

1 **Suggestion** Have students write their corrections for false statements on the board.

Les amis fêtent l'anniversaire de Stéphane.

Expressions utiles As you work through the list, point out expressions with indirect object pronouns, disjunctive pronouns, and -re verbs. Tell students that these grammar structures will be formally presented in the **Structures** section.

SANDRINE Ah au fait, David est désolé de ne pas être là. Ce week-end, il visite Paris avec ses parents. Mais il pense à toi.
STÉPHANE Je comprends tout à fait. Les parents de David sont de Washington, n'est-ce pas?
SANDRINE Oui, c'est ça.

AMINA Merci, Sandrine. Je trouve que tu es très élégante dans cette robe grise! La couleur te va très bien.
SANDRINE Vraiment? Et toi, tu es très chic. C'est du coton?
AMINA Non, de la soie.
SANDRINE Cet ensemble, c'est une de tes créations, n'est-ce pas?

STÉPHANE Une calculatrice rose... pour moi?
ASTRID Oui, c'est pour t'aider à répondre à toutes les questions en maths et avec le sourire.
STÉPHANE Euh, merci beaucoup! C'est très... utile.
ASTRID Attends! Il y a encore un cadeau pour toi...

STÉPHANE Ouah, cette montre est géniale, merci!
ASTRID Tu as aimé notre petite blague? Nous, on a bien ri.
RACHID Eh Stéphane! Tu as vraiment aimé tes livres et ta calculatrice?
STÉPHANE Ouais, vous deux, ce que vous êtes drôles.

Expressions utiles

Talking about your clothes

- **Et toi, tu es très chic. C'est du coton/ de la soie?**
  And you, you are very chic. Is it cotton/silk?
- **J'ai tout fait moi-même.**
  I did/made everything myself.
- **La couleur te va très bien.**
  The color suits you well.
- **Tu es une véritable artiste! Ta jupe est très originale!**
  You are a true artist! Your skirt is very original!
- **Tu me prêtes ta robe grise samedi et je te prête ma jupe.**
  You lend me your gray dress Saturday and I'll lend you my skirt.
- **C'est super cool, ce blouson en cuir/laine/ velours noir(e). Avec des gants en plus!**
  It's really cool, this black leather/wool/velvet jacket. With gloves as well!

Additional vocabulary

- **Vous m'avez apporté des cadeaux!**
  You brought me gifts!
- **Tu sais, à ton âge, il ne faut pas perdre son temps.**
  You know, at your age, one should not waste time.
- **C'est pour t'aider à répondre à toutes les questions en maths et avec le sourire.**
  It's to help you answer all math questions with a smile.

- **agréablement surpris(e)**
  pleasantly surprised
- **C'est promis?**
  Promise?
- **Il pense à toi.**
  He's thinking of you.
- **tout à fait**
  absolutely
- **Vraiment?**
  Really?

- **véritable**
  true, genuine
- **Pour moi?**
  For me?
- **Attends!**
  Wait!
- **On a bien ri.**
  We had a good laugh.

---

2 **Identifiez** Indiquez qui a dit (*said*) les phrases suivantes: Valérie (**V**), Sandrine (**S**), Amina (**A**), Astrid (**As**), Rachid (**R**) ou Stéphane (**St**).

<u>S</u> 1. Tu es une véritable artiste.

<u>As</u> 2. On a bien ri.

<u>A</u> 3. Très à la mode.

<u>St</u> 4. Je comprends tout à fait.

<u>V</u> 5. C'est Sandrine qui a presque tout préparé.

<u>R</u> 6. C'est promis?

3 **À vous!** Ce sont les soldes. Sandrine, David et Amina vont dans un magasin pour acheter des vêtements. Ils essaient différentes choses, donnent leurs avis (*opinions*) et parlent de leurs préférences, des prix et des matières (*fabrics*). Avec un(e) partenaire, écrivez la conversation et jouez la scène devant la classe.

3 **Suggestion** Tell students to use an idea map or outline to plan their conversation before they begin to write it.

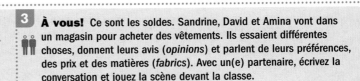

ressources		
VM pp. 209–210	DVD Leçon 12	promenades.vhlcentral.com Leçon 12

A C T I V I T É S

LECTURE CULTURELLE

SUPERSITE **Avant la lecture** Have students read the title, look at the photos, and predict what this reading is about. Then ask them to share any information they know about French fashion or the fashion industry in France.

CULTURE À LA LOUPE

La mode en France

Paris est la capitale de la mode et les maisons de haute couture° françaises, comme Chanel, Yves Saint Laurent, Dior ou Christian Lacroix, sont connues° dans le monde entier°. Pendant° une semaine, en été et en hiver, elles présentent leurs collections à la presse et à un public privilégié, au cours de° défilés de mode°. Les modèles° sont uniques et très chers. Certains couturiers° dessinent° aussi des modèles pour le prêt-à-porter°. Ils vendent° ces collections plus abordables° dans leurs boutiques et parfois dans les grands magasins, comme les Galeries Lafayette ou le Printemps à Paris.

Pour la majorité des Français, la mode est un moyen° d'expression. Beaucoup de jeunes, par exemple, personnalisent leurs vêtements «basiques», ce qu'on appelle «customiser». Les magasins préférés des Français sont les boutiques indépendantes et, pour les jeunes, les chaînes de magasins spécialisés, comme Naf Naf ou Kookaï. Les Français achètent également° des vêtements dans les hypermarchés° et les centres commerciaux, comme Auchan ou Carrefour. Des vêtements sont aussi vendus° sur les marchés aux puces°, et par correspondance, dans des catalogues et sur Internet.

maisons de haute couture *high fashion houses* connues *known* monde entier *entire world* Pendant *For* au cours de *during* défilés de mode *fashion shows* modèles *creations (clothing)* couturiers *fashion designers* dessinent *design* prêt-à-porter *ready-to-wear* vendent *sell* plus abordables *more affordable* moyen *means* également *also* hypermarchés *large supermarkets* vendus *sold* marchés aux puces *flea markets* tailles *sizes (clothing)*

Coup de main

Comparaison des tailles°

FEMMES

France	36	38	40	42	44	46
USA	6	8	10	12	14	16

HOMMES (PANTALONS)

France	36	38	40	42	44	46
USA	26	28	30	32	34	36

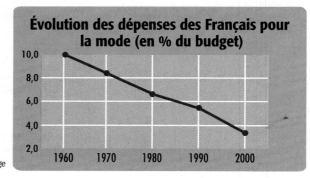

Évolution des dépenses des Français pour la mode (en % du budget)

ACTIVITÉS

1 **Vrai ou faux?** Indiquez si les phrases sont **vraies** ou **fausses**. Corrigez les phrases fausses.

1. Les grands couturiers français dessinent des modèles de haute couture. Vrai.

2. Les défilés de haute couture ont lieu (*take place*) en mai. Faux. Ils ont lieu en été et en hiver.

3. Le prêt-à-porter est plus cher que (*more expensive than*) la haute couture. Faux. La haute couture est plus chère.

4. Les vêtements de prêt-à-porter sont parfois vendus dans les grands magasins. Vrai.

5. Les jeunes Français aiment personnaliser leurs vêtements. Vrai.

6. En France, on vend des vêtements par correspondance. Vrai.

7. Aujourd'hui, les Français dépensent plus (*more*) d'argent pour leurs vêtements qu'en (*than in*) 1980. Faux. Ils dépensent moins d'argent aujourd'hui.

8. Naf Naf est une maison de haute couture française. Faux. Naf Naf est une chaîne de magasins.

9. On vend des vêtements dans les hypermarchés en France. Vrai.

10. Les Français n'achètent pas de vêtements sur Internet. Faux. Ils achètent des vêtements sur Internet.

Portrait Have students look at the photos of Coco Chanel and describe her appearance and clothing.

STRATÉGIE

Predicting content from titles

Predicting content from the title will help you increase your reading comprehension in French. We can usually predict the content of a newspaper article from its headline, for example. More often than not, we decide whether to read the article based on its headline. In pairs, read the titles of the selections in this **Lecture culturelle**, and try to guess what they are about.

LE MONDE FRANCOPHONE

Vêtements et tissus

Voici quelques vêtements et tissus traditionnels du monde francophone.

En Afrique centrale et de l'ouest
Le boubou tunique plus ou moins° longue et souvent très colorée portée par les hommes et les femmes
Les batiks tissus° traditionnels très colorés

En Afrique du Nord
La djellaba longue tunique à capuche° portée par les hommes et les femmes
Le kaftan sorte de djellaba portée à la maison

À la Martinique
Le madras tissu typique aux couleurs vives

À Tahiti
Le paréo morceau° de tissu attaché au-dessus de la poitrine° ou à la taille°

plus ou moins *more or less* tissus *fabrics* à capuche *hooded* morceau *piece* poitrine *chest* taille *waist*

PORTRAIT

Coco Chanel, styliste parisienne

«La mode se démode°, le style jamais.»
—*Coco Chanel*

Coco Chanel (1883–1971) est considérée comme étant° l'icône du parfum et de la mode du vingtième siècle°. Dans les années 1910, elle a l'idée audacieuse° d'intégrer la mode «à la garçonne» dans ses créations: les lignes féminines empruntent aux° éléments de la mode masculine. C'est la naissance du fameux tailleur Chanel. Pour «Mademoiselle Chanel», l'important dans la mode, c'est que les vêtements permettent de bouger°; ils doivent° être simples et confortables. Son invention de «la petite robe noire» illustre l'esprit° classique et élégant de ses collections. De nombreuses célébrités ont immortalisé le nom de Chanel: Jacqueline Kennedy avec le tailleur et Marilyn Monroe avec le parfum No. 5 par exemple.

se démode *goes out of fashion* étant *being* vingtième siècle *twentieth century* idée audacieuse *daring idea* empruntent aux *borrow* bouger *move* doivent *have to* esprit *spirit*

SUPERSITE

SUR INTERNET

Combien de couturiers présentent leurs collections dans les défilés de mode, à Paris, chaque hiver?

Go to **promenades.vhlcentral.com** to find more cultural information related to this **LECTURE CULTURELLE.**

---

2 Coco Chanel Complétez les phrases.

1. Coco Chanel était (*was*) __styliste de mode__.
2. Le style Chanel est inspiré de __la mode masculine__.
3. Les vêtements Chanel sont __simples et confortables__.
4. Jacqueline Kennedy portait souvent des __tailleurs__ Chanel.
5. D'après «Mademoiselle Chanel», il est très important de pouvoir (*to be able to*) __bouger__ dans ses vêtements.
6. C'est Coco Chanel qui a inventé __la petite robe noire__.

3 Le «relookage» Vous êtes conseillers/conseillères en image (*image counselors*), spécialisé(es) dans le «relookage». Votre nouveau (nouvelle) client(e), une célébrité, vous demande de l'aider à sélectionner un nouveau style. Discutez de ce nouveau look avec un(e) partenaire.

3 Suggestion Have students write their descriptions and read them aloud for the class.

ressources

SUPERSITE
promenades.vhlcentral.com
Leçon 12

A C T I V I T É S

12.1 Indirect object pronouns

- An indirect object expresses *to whom* or *for whom* an action is done. In the example below, the indirect object answers this question: **À qui parle Gisèle?** (*To whom does Gisèle speak?*)

Suggestion Explain that indirect object nouns are introduced by the preposition **à**.

SUBJECT	VERB	INDIRECT OBJECT NOUN

Gisèle parle à sa mère.
Gisèle speaks to her mother.

Indirect object pronouns

singular			plural		
me	te	lui	nous	vous	leur

- Indirect object pronouns replace indirect object nouns.

Gisèle parle à **sa mère**.
Gisèle speaks to her mother.

Gisèle **lui** parle.
Gisèle speaks to her.

J'envoie des cadeaux à **mes nièces**.
I send gifts to my nieces.

Je **leur** envoie des cadeaux.
I send them gifts.

Vous m'avez apporté des cadeaux!

Je te prête ma jupe. D'accord?

- The indirect object pronoun usually precedes the conjugated verb.

Antoine, je **te** parle.
Antoine, I'm speaking to you.

Notre père **nous** a envoyé un poème.
Our father sent us a poem.

- In a negative statement, place the indirect object pronoun between **ne** and the conjugated verb.

Antoine, je **ne te parle** pas de ça.
Antoine, I'm not speaking to you about that.

Notre père **ne nous a** pas envoyé de poème.
Our father didn't send us a poem.

- When an infinitive follows a conjugated verb, the indirect object pronoun precedes the infinitive.

Nous allons **lui donner** la cravate.
We're going to give him the tie.

Ils espèrent **vous prêter** le costume.
They hope to lend you the suit.

SUPERSITE

MISE EN PRATIQUE

1 **Complétez** Corinne fait du shopping avec sa copine Célia. Trouvez le bon pronom d'objet indirect pour compléter ses phrases.

1. Je __leur__ achète des baskets. (à mes cousins)
2. Je __te__ prends une ceinture. (à toi, Célia)
3. Nous __lui__ achetons une jupe. (à notre copine Christelle)
4. Célia __nous__ prend des lunettes de soleil. (à ma mère et à moi)
5. Je __vous__ achète des gants. (à ta mère et à toi, Célia)
6. Célia __m'__ achète un pantalon. (à moi)

2 **Dialogues** Complétez les dialogues.

1. M. SAUNIER Tu m'as posé une question, chérie?
   MME SAUNIER Oui. Je __t'__ ai demandé l'heure.
2. CLIENT Je cherche un beau pull.
   VENDEUSE Je vais __vous__ montrer ce pull noir.
3. PROF 1 Mes étudiants ont passé l'examen.
   PROF 2 Tu __leur__ envoies les résultats?
4. MÈRE Qu'est-ce que vous allez faire?
   ENFANTS On va aller au cinéma. Tu __nous__ donnes de l'argent?
5. PIERRE Tu __me__ téléphones ce soir?
   CHARLOTTE D'accord. Je te téléphone.
6. GÉRARD Christophe a oublié son pull. Il a froid!
   VALENTIN Je __lui__ prête mon blouson.

3 **Assemblez** Avec un(e) partenaire, assemblez les éléments pour comparer vos familles et vos amis.

Answers will vary.

MODÈLE

Étudiant(e) 1: *Mon père me prête souvent sa voiture.*
Étudiant(e) 2: *Mon père, lui, il nous prête de l'argent.*

A	B	C
je	acheter	argent
tu	apporter	biscuits
mon père	envoyer	cadeaux
ma mère	expliquer	devoirs
mon frère	faire	e-mails
ma sœur	montrer	problèmes
mon/ma petit(e) ami(e)	parler	vêtements
	payer	voiture
mes copains	prêter	?
?	?	

3 **Expansion** Have students convert three of their statements into questions for their partner, using **Qui...?** or **À qui...?** Example: **Qui te prête sa voiture?**

COMMUNICATION

4 Qu'allez-vous faire? Avec un(e) partenaire, dites ce que vous allez faire pour aider ces personnes. Employez les verbes de la liste et présentez vos réponses à la classe. Answers will vary.

MODÈLE

Un ami a soif.
On va lui donner de l'eau.

4 Suggestion Have pairs write their suggestions. Encourage them to come up with multiple responses for each item.

apporter	parler
demander	poser des questions
donner	préparer
envoyer	prêter
faire	téléphoner

1. Une personne âgée a froid.
2. Des touristes sont perdus (*lost*).
3. Un homme est sans abri (*homeless*).
4. Votre professeur est à l'hôpital.
5. Des amis vous invitent à manger chez eux.
6. Vos nièces ont faim.
7. Votre petit(e) ami(e) fête son anniversaire.
8. Votre meilleur(e) (*best*) ami(e) a des problèmes.

5 Les cadeaux de l'année dernière Par groupes de trois, parlez des cadeaux que vous avez achetés à votre famille et à vos amis l'année dernière. Que vous ont-ils acheté? Présentez vos réponses à la classe. Answers will vary.

MODÈLE

Étudiant(e) 1: Qu'est-ce que tu as acheté à ta mère?
Étudiant(e) 2: Je lui ai acheté un ordinateur.
Étudiant(e) 3: Ma copine Dominique m'a donné une montre.

6 Au grand magasin Par groupes de trois, jouez les rôles de deux client(e)s et d'un(e) vendeur/vendeuse. Les client(e)s cherchent des vêtements pour faire des cadeaux. Ils parlent de ce qu'ils (*what they*) cherchent et le/la vendeur/vendeuse leur fait des suggestions. Answers will vary.

6 Suggestion Before beginning the activity, have students describe what is happening in the photo.

Verbs used with indirect object pronouns

demander à	to ask, to request	parler à	to speak to
donner à	to give to	poser une question à	to pose/ ask a question (to)
envoyer à	to send to	prêter à	to lend to
montrer à	to show to	téléphoner à	to phone, to call

- The indirect object pronouns **me** and **te** become **m'** and **t'** before a verb beginning with a vowel sound.

Ton petit ami **t'envoie** des e-mails.
Your boyfriend sends you e-mails.

Isabelle **m'a** prêté son sac à main.
Isabelle lent me her handbag.

Suggestion Point out that they should use m' and t' before a verb beginning with a vowel sound. Example: **Ma mère m'achète des baskets**.

Disjunctive pronouns

 BOÎTE À OUTILS
In **Leçon 6**, you learned to use disjunctive pronouns (**moi, toi, lui, elle, nous, vous, eux, elles**) after prepositions: **J'ai une écharpe pour ton frère/pour lui.** (*I have a scarf for your brother/for him.*)

- Disjunctive pronouns can also be used alone or in phrases without a verb.

Qui prend du café?   **Moi**!   **Eux** aussi?
Who's having coffee?   *Me!*   *Them, too?*

- Disjunctive pronouns emphasize the person to whom they refer.

Moi, je porte souvent une casquette.
Me, I often wear a cap.

Mon frère, **lui**, il déteste les casquettes.
My brother, him, he hates caps.

- To say *myself, ourselves*, etc., add **-même(s)** after the disjunctive pronoun.

Tu fais ça **toi-même**?
Are you doing that yourself?

Ils organisent la fête **eux-mêmes**.
They're organizing the party themselves.

Essayez!   Complétez les phrases avec le pronom d'objet indirect approprié.

1. Tu __nous__ montres tes photos? (*us*)
2. Luc, je __te__ donne ma nouvelle adresse. (*you, fam.*)
3. Vous __me__ posez de bonnes questions. (*me*)
4. Nous __leur__ avons demandé. (*them*)
5. On __vous__ achète une nouvelle robe. (*you, form.*)
6. Ses parents __lui__ ont acheté un tailleur. (*her*)
7. Je vais __lui__ téléphoner à dix heures. (*him*)
8. Elle va __me__ prêter sa jupe. (*me*)

Essayez! Have students restate items 1, 2, 4, 5, and 6 using the **futur proche**. Example: 1. Tu vas nous montrer tes photos?

12.2 Regular and irregular -re verbs

comparisons
NATIONAL STANDARDS

Point de départ You've already seen infinitives that end in **-er** and **-ir**. The infinitive forms of some French verbs end in **-re**.

- Many **-re** verbs, such as **attendre** (*to wait*), follow a regular pattern of conjugation, as shown below.

attendre		
Suggestion Model the pronunciation of the **-re** verbs and have students repeat them.	**j'attends**	**nous attendons**
	tu attends	**vous attendez**
	il/elle attend	**ils/elles attendent**

Tu **attends** des soldes?
Are you waiting for a sale?

Nous **attendons** dans le magasin.
We're waiting in the store.

Other regular -re verbs			
descendre	to go down; to take down	rendre (à)	to give back, to return (to)
entendre	to hear	rendre visite (à)	to visit someone
perdre (son temps)	to lose (one's time)	répondre (à)	to respond, to answer (to)
		vendre	to sell

- The verb **attendre** means *to wait* or *to wait for*. Unlike English, it does not require a preposition.

Marc **attend** le bus.
Marc is waiting for the bus.

Ils **attendent** Robert.
They're waiting for Robert.

- To form the past participle of regular **-re** verbs, drop the **-re** from the infinitive and add **-u**.

Les étudiants ont **vendu** leurs livres.
The students sold their books.

Il a **entendu** arriver la voiture de sa femme.
He heard his wife's car arrive.

J'ai **répondu** à ton e-mail.
I answered your e-mail.

Nous avons **perdu** patience.
We lost patience.

- **Rendre visite à** means *to visit a person*, while **visiter** means *to visit a place*.

Tu **rends visite à** ta grand-mère le lundi.
You visit your grandmother on Mondays.

Cécile va **visiter** le musée aujourd'hui.
Cécile is going to visit the museum today.

Suggestion Explain that the past participles of regular **-re** verbs add **-u** to the stem. Example: **attendre: attendu**. Then say the verbs listed and have students respond with the past participles.

SUPERSITE **MISE EN PRATIQUE**

1 **Qui fait quoi?** Quelles phrases vont avec les illustrations?

1.

3.

2.

4.

___3___ **a.** Martin attend ses copains.

___4___ **b.** Nous rendons visite à notre grand-mère.

___1___ **c.** Tu vends de jolis vêtements.

___2___ **d.** Je ris en regardant un film.

2 **Les clients difficiles** Henri et Gilbert travaillent pour un grand magasin. Complétez leur conversation.

GILBERT Tu n'as pas encore mangé?

HENRI Non, j' (1) __attends__ (attendre) Jean-Michel.

GILBERT Il ne (2) __descend__ (descendre) pas tout de suite. Il (3) __perd__ (perdre) son temps avec un client difficile. Il (4) __met__ (mettre) des cravates, des costumes, des chaussures...

HENRI Nous ne (5) __vendons__ (vendre) pas souvent à des clients comme ça.

GILBERT C'est vrai. Ils (6) __promettent__ (promettre) d'acheter quelque chose, puis ils partent les mains vides (*empty*).

3 **La journée de Béatrice** Hier, Béatrice a fait une liste des choses à faire. Avec un(e) partenaire, utilisez les verbes de la liste au passé composé pour dire (*to say*) tout ce qu'elle a fait. Answers will vary.

attendre	mettre
conduire	rendre visite
entendre	traduire

1. devoir d'espagnol	4. tante Albertine
2. mon nouveau CD	5. gants dans mon sac
3. e-mail de Sébastien	6. vieille voiture

3 **Expansion** Have students also say what Béatrice did not do.

COMMUNICATION

4 Fréquence Employez les verbes de la liste et d'autres verbes pour dire (*to tell*) à un(e) partenaire ce que (*what*) vous faites tous les jours, une fois par mois et une fois par an. Alternez les rôles. *Answers will vary.*

MODÈLE

Étudiant(e) 1: *J'attends mes copains au resto U tous les jours.*
Étudiant(e) 2: *Moi, je rends visite à mes grands-parents une fois par mois.*

4 Suggestion Have two volunteers read the **modèle** aloud.

attendre	perdre
conduire	rendre
entendre	répondre
mettre	sourire
?	?

5 Les charades Par groupes de quatre, jouez aux charades. Chaque étudiant(e) pense à une phrase différente avec un des verbes en **-re**. La première personne qui devine (*guesses*) propose la prochaine charade. *Answers will vary.*

5 Suggestion This activity can also be used as a game by dividing the class into two teams with players from each team acting out the charades.

6 La journée des vendeuses Votre professeur va vous donner, à vous et à votre partenaire, une série d'illustrations qui montrent la journée d'Aude et d'Aurélie. Attention! Ne regardez pas la feuille de votre partenaire. *Answers will vary.*

MODÈLE

Étudiant(e) 1: *Le matin, elles ont conduit pour aller au magasin.*
Étudiant(e) 2: *Après,...*

6 Suggestion Divide the class into pairs and distribute the Info Gap Handouts in the IRM on the IRCD-ROM for this activity.

- Some verbs whose infinitives end in **-re** are irregular.

Irregular *-re* verbs

	conduire (*to drive*)	mettre (*to put (on)*)	rire (*to laugh*)	
je	conduis	mets	ris	**Suggestion** Point out that many irregular -re verbs have two stems. Examples: **conduire** (condui-, conduis-) and **mettre** (met-, mett-).
tu	conduis	mets	ris	
il/elle	conduit	met	rit	
nous	conduisons	mettons	rions	
vous	conduisez	mettez	riez	
ils/elles	conduisent	mettent	rient	

Je **conduis** la voiture.
I'm driving the car.

Thérèse **met** ses gants.
Thérèse puts on her gloves.

Elles **rient** pendant le spectacle.
They laugh during the show.

Other irregular *-re* verbs

	like *conduire*		like *mettre*
construire	*to build, to construct*	permettre	*to allow*
détruire	*to destroy*	promettre	*to promise*
produire	*to produce*		like *rire*
réduire	*to reduce*		
traduire	*to translate*	sourire	*to smile*

- The past participle of the verb **mettre** is **mis**. Verbs derived from **mettre** (**permettre**, **promettre**) follow the same pattern: **permis**, **promis**.

- The past participle of **conduire** is **conduit**. Verbs like it follow the same pattern: **construire → construit**; **détruire → détruit**; **produire → produit**; **réduire → réduit**; **traduire → traduit**.

- The past participle of **rire** is **ri**. The past participle of **sourire** is **souri**.

Essayez!   **Complétez les phrases avec la forme correcte du présent du verbe.**

1. Ils <u>attendent</u> (attendre) l'arrivée du train.
2. Nous <u>répondons</u> (répondre) aux questions du professeur.
3. Je <u>souris</u> (sourire) quand je suis heureuse.
4. Si on <u>construit</u> (construire) trop, on <u>détruit</u> (détruire) la nature.
5. Quand il fait froid, vous <u>mettez</u> (mettre) un pull.
6. Est-ce que les étudiants <u>entendent</u> (entendre) le professeur?
7. Keiko <u>conduit</u> (conduire) sa voiture ce week-end.
8. Si le café n'est pas bon, je <u>mets</u> (mettre) du sucre (*sugar*).

SYNTHÈSE
Révision

NATIONAL communication STANDARDS

4 **Suggestion** Before beginning, have the class identify the items in each **ensemble**.

4 **Expansion** Have students think of two new destinations. Tell them to switch roles and repeat the activity.

1 **Je leur téléphone** Par groupes de quatre, interviewez vos camarades. Comment entrent-ils en contact avec les personnes de la liste? Préparez dix questions avec un verbe et une personne de la liste. Écrivez les réponses. Answers will vary.

MODÈLE

Étudiant(e) 1: Est-ce que tu parles souvent à ton frère?
Étudiant(e) 2: Oui, je lui parle le lundi.

verbes	personnes
donner un cadeau	copain ou copine d'enfance
envoyer une carte/un e-mail	cousin ou cousine
parler	grands-parents
rendre visite	petit(e) ami(e)
téléphoner	sœur ou frère

2 **Mes e-mails** Ces personnes vous envoient des e-mails. Que faites-vous? Vous ne répondez pas, vous attendez quelques jours, vous leur téléphonez? Par groupes de trois, comparez vos réactions. Answers will vary.

MODÈLE

Étudiant(e) 1: Ma mère m'envoie un e-mail tous les jours.
Étudiant(e) 2: Tu lui réponds tout de suite?
Étudiant(e) 3: Tu préfères lui téléphoner?

1. un e-mail anonyme
2. un e-mail d'un(e) camarade de classe
3. un e-mail d'un professeur
4. un e-mail d'un(e) ami(e) d'enfance
5. un e-mail d'un(e) ex-petit(e) ami(e)
6. un e-mail de vos parents

3 **Une liste** Des membres de votre famille ou des amis vous ont donné ou acheté des vêtements que vous n'aimez pas du tout. Faites une liste de quatre ou cinq de ces vêtements. Comparez votre liste à la liste d'un(e) camarade. Answers will vary.

MODÈLE

Étudiant(e) 1: Ma sœur m'a donné une écharpe verte et laide et mon père m'a acheté des chaussettes marron trop petites!
Étudiant(e) 2: L'année dernière, mon petit ami m'a donné...

2 **Expansion** Take a quick class survey of students' reactions to each type of e-mail. Tally the results on the board.

3 **Suggestion** Before beginning the activity, have students jot down a list of objects.

4 **Quoi mettre?** Vous et votre partenaire allez faire des choses différentes. Un(e) partenaire va fêter la retraite de ses grands-parents à Tahiti. L'autre va skier dans les Alpes. Qu'allez-vous porter? Demandez des vêtements à votre partenaire si vous n'aimez pas tous les vêtements de votre ensemble. Answers will vary.

MODÈLE

Done in 03

Étudiant(e) 1: Est-ce que tu me prêtes ton blouson jaune?
Étudiant(e) 2: Ah non, j'ai besoin de ce blouson. Tu me prêtes ton pantalon?

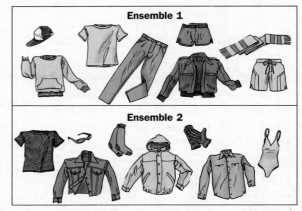

Ensemble 1

Ensemble 2

5 **S'il te plaît** Votre ami(e) a acheté un nouveau vêtement que vous aimez beaucoup. Vous essayez de convaincre (to convince) cet(te) ami(e) de vous prêter ce vêtement. Préparez un dialogue avec un(e) partenaire où vous employez tous les verbes. Jouez la scène pour la classe. Answers will vary.

aller avec	montrer
aller bien	prêter
donner	promettre
mettre	rendre

6 **Bon anniversaire, Nicolas!** Votre professeur va vous donner, à vous et à votre partenaire, deux feuilles d'activités différentes. Attention! Ne regardez pas la feuille de votre partenaire. Answers will vary.

MODÈLE

Étudiant(e) 1: Les amis de Nicolas lui téléphonent.
Étudiant(e) 2: Ensuite,...

ressources		
WB pp. 79–82	LM pp. 47–48	SUPERSITE promenades.vhlcentral.com Leçon 12

Écriture

STRATÉGIE

How to report an interview

There are several ways to prepare a written report about an interview. For example, you can transcribe the interview verbatim, or you can summarize it. In any event, the report should begin with an interesting title and a brief introduction including the five *W*'s (*who, what, when, where, why*) and the H (*how*) of the interview. The report should end with an interesting conclusion. Note that when you transcribe a conversation in French, you should pay careful attention to format and punctuation.

Écrire une conversation en français

- Pour indiquer qui parle dans une conversation, on peut mettre le nom de la personne qui parle devant sa phrase.

  MONIQUE Lucie, qu'est-ce que tu vas mettre pour l'anniversaire de Jean-Louis?

  LUCIE Je vais mettre ma robe en soie bleue à manches courtes. Et toi, tu vas mettre quoi?

  MONIQUE Eh bien, une jupe en coton et un chemisier, je pense. Ou peut-être mon pantalon en cuir avec... Tiens, tu me prêtes ta chemise jaune et blanche?

  LUCIE Oui, si tu me la rends (*return it to me*) dimanche. Elle va avec le pantalon que je vais porter la semaine prochaine.

- On peut aussi commencer les phrases avec des tirets (*dashes*) pour indiquer quand une nouvelle personne parle.

— Qu'est-ce que tu as acheté comme cadeau pour Jean-Louis?

— Une cravate noire et violette. Elle est très jolie. Et toi?

— Je n'ai pas encore acheté son cadeau. Des lunettes de soleil peut-être?

— Oui, c'est une bonne idée! Et il y a des soldes à Saint-Louis Lunettes.

Stratégie Play the role of an interviewee. Tell students to interview you about your clothing preferences. Allow recording so students can transcribe the interview.

Thème

Écrire une interview

Clarisse Deschamps est une styliste de mode suisse. Elle dessine des vêtements pour les jeunes et va présenter sa nouvelle collection sur votre campus. Vous allez interviewer Clarisse pour le journal de votre université.

- Commencez par une courte introduction.

  MODÈLE *Voici une interview de Clarisse Deschamps, une styliste de mode suisse.*

- Préparez une liste de questions à poser à Clarisse Deschamps sur sa nouvelle collection. Vous pouvez (*can*) poser des questions sur:

  - les types de vêtements
  - les couleurs
  - le style
  - les prix

- Inventez une conversation de 10 à 12 lignes entre vous et Clarisse. Indiquez qui parle, avec des tirets ou avec les noms des personnes.

- Terminez par une brève (*brief*) conclusion.

  MODÈLE *On vend la collection de Clarisse Deschamps à Fun Clothes à côté de l'université. Cette semaine, il y a des soldes!*

Proofreading Activity Have the class correct these sentences. 1. Quand est-ce vous avez achete ces vetements? 2. Cette blouson-la est tres cher, mais c'est parfait. 3. Est-ce que vous déjà avez travaille comme styliste? 4. Vous allez parler moi de votre travail?

LA FRANCE

Panorama

Aquitaine

La région en chiffres

▶ **Superficie:** *41.308 km²*
▶ **Population:** *3.049.000*
▶ **Industrie principale:** *agriculture*
▶ **Villes principales:** *Bordeaux, Pau, Périgueux*

Midi-Pyrénées

La région en chiffres

▶ **Superficie:** *45.348 km²*
▶ **Population:** *2.687.000*
▶ **Industries principales:** *aéronautique, agriculture*
▶ **Villes principales:** *Auch, Toulouse, Rodez*

Languedoc-Roussillon

La région en chiffres

▶ **Superficie:** *27.376 km²*
▶ **Population:** *2.458.000*
▶ **Industrie principale:** *agriculture*
▶ **Villes principales:** *Montpellier, Nîmes, Perpignan*

Personnages célèbres

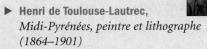

▶ **Aliénor d'Aquitaine,** *Aquitaine, reine° de France (1122–1204)*

▶ **Jean Jaurès,** *Midi-Pyrénées, homme politique (1859–1914)*

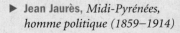

▶ **Henri de Toulouse-Lautrec,** *Midi-Pyrénées, peintre et lithographe (1864–1901)*

▶ **Georges Brassens,** *Languedoc-Roussillon, chanteur (1921–1981)*

▶ **Francis Cabrel,** *Aquitaine, chanteur (1953–)*

reine *queen* **grotte** *cave* **gravures** *carvings* **peintures** *paintings* **découvrent** *discover*

L'OCÉAN ATLANTIQUE

Périgueux
Bordeaux
la Garonne
AQUITAINE
Agen
Rodez
Mende
le Tarn
LES CÉVENNES
Nîmes
Auch
MIDI-PYRÉNÉES
Montpellier
Bayonne
Toulouse
Béziers
Pau
Tarbes
la Garonne
LANGUEDOC-ROUSSILLON
LES PYRÉNÉES
L'ESPAGNE
ANDORRE
Perpignan
LA MER MÉDITERRANÉE

la dune du Pilat

0   50 milles
0   50 kilomètres

le canal du Midi

la cité de Carcassonne

Incroyable mais vrai!

Appelée parfois «la chapelle Sixtine préhistorique», la grotte° de Lascaux, en Aquitaine, est décorée de 1.500 gravures° et de 600 peintures°, vieilles de plus de 17.000 ans. En 1940, quatre garçons découvrent° ce sanctuaire. Les fresques, composées de plusieurs animaux, ont jusqu'à ce jour une signification mystérieuse.

La gastronomie

Le foie gras et le cassoulet

Le foie gras° et le cassoulet sont des spécialités du Sud-Ouest° de la France. Le foie gras est un produit° de luxe, en général réservé aux grandes occasions. On le mange sur du pain grillé ou comme ingrédient d'un plat° élaboré. Le cassoulet est un plat populaire, préparé à l'origine dans une «cassole°». Les ingrédients varient, mais en général cette spécialité est composée d'haricots° blancs, de viande° de porc et de canard, de saucisses°, de tomates, d'ail° et d'herbes.

Les monuments

Les arènes de Nîmes

Inspirées du Colisée de Rome, les arènes° de Nîmes, en Languedoc-Roussillon, datent de la fin du premier siècle. C'est l'amphithéâtre le plus grand° de France et le mieux° conservé de l'ère° romaine. Les spectacles de gladiateurs d'autrefois°, appréciés par plus de° 20.000 spectateurs, sont aujourd'hui remplacés° par des corridas° et des spectacles musicaux pour le plaisir de 15.000 spectateurs en été et 7.000 spectateurs en hiver.

Le sport

La pelote basque

L'origine de la pelote est ancienne°: on retrouve des versions du jeu chez les Mayas, les Grecs et les Romains. C'est au Pays Basque, à la frontière° entre la France et l'Espagne, en Aquitaine, que le jeu se transforme en véritable sport. La pelote basque existe sous sept formes différentes; le principe de base est de lancer° une balle en cuir°, la «pelote», contre un mur° avec la «paleta», une raquette en bois°, et le «chistera», un grand gant en osier°.

La langue d'Oc The troubadours of southern France were traveling poet-musicians. They wrote and performed courtly love poems or songs for the ladies of the courts in the Occitan dialect Provençal.

Les traditions

La langue d'Oc

La langue d'Oc (l'occitan) est une langue romane° développée dans le sud de la France. Cette langue a donné son nom à la région: Languedoc-Roussillon. La poésie lyrique occitane et l'idéologie des troubadours° du Moyen Âge° influencent les valeurs° culturelles et intellectuelles européennes. Il existe plusieurs dialectes de l'occitan. «Los cats fan pas de chins» (les chats ne font pas des chiens) et «la bornicarié porta pas pa a casa» (la beauté n'apporte pas de pain à la maison) sont deux proverbes occitans connus°.

 Qu'est-ce que vous avez appris? Répondez aux questions par des phrases complètes.

1. Qui était (*was*) peintre, lithographe et d'origine midi-pyrénéenne?
   Henri de Toulouse-Lautrec était peintre, lithographe et d'origine midi-pyrénéenne.
2. Quel est le surnom (*nickname*) de la grotte de Lascaux?
   Le surnom de la grotte de Lascaux est «la chapelle Sixtine».
3. Que trouve-t-on dans la grotte de Lascaux?
   On trouve des peintures et des gravures dans la grotte de Lascaux.
4. Quand mange-t-on du foie gras en général?
   En général, le foie gras est réservé aux grandes occasions.
5. Quels ingrédients utilise-t-on pour le cassoulet?
   On utilise des haricots blancs, de la viande, des saucisses, des tomates, de l'ail et des herbes.
6. Quand les arènes de Nîmes ont-elles été construites?
   Les arènes de Nîmes datent de la fin du premier siècle.

7. Combien de spectateurs y a-t-il dans les arènes de Nîmes en hiver?
   Il y a 7.000 personnes dans les arènes de Nîmes en hiver.
8. Quelles civilisations ont une version de la pelote?
   Les civilisations des Mayas, des Romains et des Grecs ont une version de la pelote.
9. Combien de formes différentes de pelote basque y a-t-il?
   Il y a sept formes différentes de pelote basque.
10. Qu'est-ce qui influence les valeurs culturelles et intellectuelles européennes? Ce sont la poésie occitane et l'idéologie des troubadours du Moyen Âge.

ressources	
WB pp. 83–84	promenades.vhlcentral.com Unité 6

SUPERSITE | **SUR INTERNET**

Go to **promenades.vhlcentral.com** to find more cultural information related to this **PANORAMA**.

1. Il existe une forme de la pelote basque aux États-Unis. Comment s'appelle ce sport?

2. Cherchez des peintures de la grotte de Lascaux. Quelles sont vos préférées? Pourquoi?

3. Cherchez plus d'informations sur Henri de Toulouse-Lautrec. Avez-vous déjà vu quelques-unes de ses peintures? Où?

foie gras *fatted liver of an animal served in the form of a pâté* **Sud-Ouest** *Southwest* **produit** *product* **plat** *dish* **cassole** *pottery dish* **haricots** *beans* **viande** *meat* **saucisses** *sausages* **ail** *garlic* **arènes** *amphitheaters* **le plus grand** *the largest* **le mieux** *the most* **ère** *era* **autrefois** *long ago* **plus de** *more than* **remplacés** *replaced* **corridas** *bullfights* **ancienne** *ancient* **frontière** *border* **lancer** *throw* **cuir** *leather* **mur** *wall* **bois** *wood* **osier** *wicker* **langue romane** *romance language* **troubadours** *minstrels* **Moyen Âge** *Middle Ages* **valeurs** *values* **connus** *well-known*

Les vêtements

aller avec	to go with
porter	to wear
un anorak	ski jacket, parka
des baskets (f.)	tennis shoes
un blouson	jacket
une casquette	(baseball) cap
une ceinture	belt
un chapeau	hat
une chaussette	sock
une chaussure	shoe
une chemise (à manches courtes/longues)	shirt (short-/long-sleeved)
un chemisier	blouse
un costume	(man's) suit
une cravate	tie
une écharpe	scarf
un gant	glove
un jean	jeans
une jupe	skirt
des lunettes (de soleil) (f.)	(sun)glasses
un maillot de bain	swimsuit, bathing suit
un manteau	coat
un pantalon	pants
un pull	sweater
une robe	dress
un sac à main	purse, handbag
un short	shorts
un sous-vêtement	underwear
une taille	clothing size
un tailleur	(woman's) suit; tailor
un tee-shirt	tee shirt
des vêtements (m.)	clothing
des soldes (m.)	sales
un vendeur/ une vendeuse	salesman/ saleswoman
bon marché	inexpensive
chaque	each
cher/chère	expensive
large	loose; big
serré(e)	tight

Les fêtes

faire la fête	to party
faire une surprise (à quelqu'un)	to surprise (someone)
fêter	to celebrate
organiser une fête	to organize a party
une bière	beer
un biscuit	cookie
un bonbon	candy
le champagne	champagne
un dessert	dessert
un gâteau	cake
la glace	ice cream
un glaçon	ice cube
le vin	wine
un cadeau	gift
une fête	party; celebration
un hôte/une hôtesse	host(ess)
un(e) invité(e)	guest
un jour férié	holiday
une surprise	surprise

Périodes de la vie

l'adolescence (f.)	adolescence
l'âge adulte (m.)	adulthood
un divorce	divorce
l'enfance (f.)	childhood
une étape	stage
l'état civil (m.)	marital status
la jeunesse	youth
un mariage	marriage; wedding
la mort	death
la naissance	birth
la vie	life
la vieillesse	old age
prendre sa retraite	to retire
tomber amoureux/ amoureuse	to fall in love
avant-hier	the day before yesterday
hier	yesterday

Expressions utiles	See pp. 167 and 181.
Demonstrative adjectives	See p. 170.
Indirect object pronouns	See p. 184.
Disjunctive pronouns	See p. 185.

Les relations

une amitié	friendship
un amour	love
le bonheur	happiness
un couple	couple
un(e) fiancé(e)	fiancé
des jeunes mariés (m.)	newlyweds
un rendez-vous	date; appointment
ensemble	together

Les couleurs

De quelle couleur...?	In what color...?
blanc(he)	white
bleu(e)	blue
gris(e)	gray
jaune	yellow
marron	brown
noir(e)	black
orange	orange
rose	pink
rouge	red
vert(e)	green
violet(te)	purple; violet

Verbes en –re

attendre	to wait
conduire	to drive
construire	to build; to construct
descendre	to go down; to take down
détruire	to destroy
entendre	to hear
mettre	to put (on); to place
perdre (son temps)	to lose (one's time)
permettre	to allow
produire	to produce
promettre	to promise
réduire	to reduce
rendre (à)	to give back; to return (to)
rendre visite (à)	to visit someone
répondre (à)	to respond, to answer (to)
rire	to laugh
sourire	to smile
traduire	to translate
vendre	to sell

En vacances

Pour commencer

- Indiquez les couleurs qu'on voit (*sees*) sur la photo.
- Quel temps fait-il?
- Quel(s) vêtement(s) Stéphane porte-t-il?
- Quelle(s) activité(s) Stéphane peut-il pratiquer là où il se trouve?

Leçon **13**

You will learn how to...

- describe trips you have taken
- tell where you went

Suggestion Tell students that **un plan** is a city or town map; **une carte** is a map of a larger area, such as a region or country.

Bon voyage!

une sortie

Il utilise un plan. (utiliser)

le soleil!

Elle bronze. (bronzer)

la plage

la mer

les gens (m.)

Le Figaro

le journal

Vocabulaire

faire du shopping	to go shopping
faire un séjour	to spend time (somewhere)
partir en vacances	to go on vacation
prendre un train (un taxi, un (auto)bus, un bateau)	to take a train (taxi, bus, boat)
rouler en voiture	to ride in a car
un aéroport	airport
un arrêt d'autobus (de bus)	bus stop
un billet aller-retour	round-trip ticket
un billet (d'avion, de train)	(plane/train) ticket
un (jour de) congé	day off
une douane	customs
une gare (routière)	train station (bus station)
une station (de métro, de train)	(subway/train) station
une station de ski	ski resort
un ticket (de bus, de métro)	(bus/subway) ticket
des vacances (f.)	vacation
un vol	flight
à l'étranger	abroad, overseas
la campagne	country(side)
une capitale	capital
un pays	country
(en/l') Allemagne (f.)	(to, in) Germany
(en/l') Angleterre (f.)	(to, in) England
(en/la) Belgique (belge)	(to, in) Belgium (Belgian)
(au/le) Brésil (brésilien(ne))	(to, in) Brazil (Brazilian)
(en/la) Chine (chinois(e))	(to, in) China (Chinese)
(en/l') Espagne (f.)	(to, in) Spain
(en/l') Irlande (irlandais(e)) (f.)	(to, in) Ireland (Irish)
(en/l') Italie (f.)	(to, in) Italy
(au/le) Japon	(to, in) Japan
(en/la) Suisse	(to, in) Switzerland

ressources

WB pp. 85–86

LM p. 49

SUPERSITE
promenades.vhlcentral.com
Leçon 13

Suggestion Explain that the word **un ticket** is used for a bus, subway, or other small ticket. A plane or train ticket or a ticket to an event, such as a concert, is called **un billet**.

Mise en pratique

1 **Écoutez** 🎧 Écoutez Cédric et Nathalie parler de leurs vacances. Ensuite (*Then*), complétez les phrases avec un mot ou une expression de la section **CONTEXTES**. Notez que toutes les options ne sont pas utilisées.

1. __f__ Nathalie va partir...
2. __b__ Nathalie a déjà...
3. __j__ Nathalie va peut-être...
4. __g__ La famille de Cédric...
5. __h__ Paul pense que l'Espagne est...
6. __a__ Pour Cédric, les plages du Brésil...
7. __e__ Un jour, Cédric va faire...
8. __c__ Nathalie va utiliser...

a. sont idéales pour bronzer.
b. son billet d'avion.
c. le plan de Paris de Cédric.
d. la capitale du Mexique.
e. le tour du monde.
f. à l'étranger.
g. n'a pas encore décidé entre l'Espagne, le Mexique et le Brésil.
h. un pays superbe.
i. conduire Nathalie à l'aéroport.
j. faire un séjour en Italie.

1 **Suggestion** Before students listen, have them scan the sentence fragments in this activity and pick out new words.

2 **Chassez l'intrus** Indiquez le mot ou l'expression qui ne convient pas.

1. faire un séjour, partir en vacances, un jour de congé, (une station de ski)
2. un aéroport, une station de métro, (une arrivée), une gare routière
3. (une douane) un départ, une arrivée, une sortie
4. le monde, un pays, (le journal,) une capitale
5. la campagne, la mer, la plage, (des gens)
6. prendre un bus, un arrêt de bus, (utiliser un plan,) une gare routière
7. (bronzer,) prendre un avion, un vol, un aéroport
8. prendre un taxi, rouler en voiture, (un vol,) une gare routière

3 **Les vacances** Justine va partir en vacances demain. Complétez le paragraphe avec les mots et expressions de la liste. Notez que toutes les options ne sont pas utilisées.

aller-retour	faire ma valise	sortie
une arrivée	pays	station
faire un séjour	plage	taxi
faire du shopping	prendre un bus	vol

Demain, je pars en vacances. Je vais (1) ___faire un séjour___ avec mon frère à l'île Maurice, une petite île (*island*) tropicale dans l'océan Indien. Nous allons (2) ___prendre un bus___ pour l'aéroport à 7h. Mon frère veut (*wants*) prendre un (3) ___taxi___, mais moi, je pense qu'il faut économiser parce que j'ai envie de (4) ___faire du shopping___ au marché et dans les boutiques de Port-Louis, la capitale. Le (5) ___vol___ est à 10h. Nous n'avons pas besoin de visa pour le voyage; pour entrer dans le (6) ___pays___, il faut seulement montrer un passeport et un billet (7) ___aller-retour___. J'ai acheté un nouveau maillot de bain pour aller à la (8) ___plage___. Et maintenant, je vais (9) ___faire ma valise___!

une arrivée
un départ
un avion
Elle fait les valises.
Ils vont faire un voyage.
la France (en France)
le Canada (au Canada)
les États-Unis (*m.*) (aux États-Unis)
le Mexique (au Mexique)
Le Monde

CONTEXTES

Communication

4 Suggestion After completing this activity in pairs, combine pairs of students to form groups of four. Have students share what they learned about their partners with the other pair.

4 **Répondez** Avec un(e) partenaire, posez-vous les questions suivantes et répondez-y à tour de rôle. *Answers will vary.*

1. Où pars-tu en vacances cette année? Quand?
2. Quand fais-tu tes valises? Avec combien de valises voyages-tu?
3. Préfères-tu la mer, la campagne ou les stations de ski?
4. Comment vas-tu à l'aéroport? Prends-tu l'autobus? Le métro?
5. Quelles sont tes vacances préférées?
6. Quand utilises-tu un plan?
7. Quel est ton pays favori? Pourquoi?
8. Dans quel(s) pays as-tu envie de voyager?

5 **Décrivez** Avec un(e) partenaire, écrivez une description des images. Donnez autant de (*as many*) détails que possible. Ensuite (*Then*), rejoignez un autre groupe et lisez vos descriptions. L'autre groupe doit deviner (*must guess*) quelle image vous décrivez. *Answers will vary.*

1.

2.

3.

5 Suggestion Ask volunteers to write their descriptions on the board.

4.

5.

6.

6 **Conversez** Votre professeur va vous donner, à vous et à votre partenaire, une feuille d'activités. L'un de vous est un(e) client(e) qui a besoin de faire une réservation pour des vacances, l'autre est l'agent de voyages. Travaillez ensemble pour finaliser la réservation et compléter vos feuilles respectives. Attention! Ne regardez pas la feuille de votre partenaire. *Answers will vary.*

7 **Un voyage** Vous allez faire un voyage en Europe et rendre visite à votre cousin, Jean-Marc, qui étudie en Belgique. Écrivez-lui une lettre et utilisez les mots de la liste. *Answers will vary.*

un aéroport	la France
la Belgique	prendre un taxi
un billet	la Suisse
faire un séjour	un vol
faire les valises	un voyage

- Parlez des détails de votre départ.
- Expliquez votre tour d'Europe.
- Organisez votre arrivée en Belgique.
- Parlez de ce que vous allez faire ensemble.

Les sons et les lettres

ch, qu, ph, th, and gn

The letter combination **ch** is usually pronounced like the English *sh*, as in the word *shoe*.

| **ch**at | **ch**ien | **ch**ose | en**ch**anté |

In words borrowed from other languages, the pronunciation of **ch** may be irregular. For example, in words of Greek origin, **ch** is pronounced **k**.

| psy**ch**ologie | te**ch**nologie | ar**ch**aïque | ar**ch**éologie |

The letter combination **qu** is almost always pronounced like the letter **k**.

| **qu**and | prati**qu**er | kios**qu**e | **qu**elle |

The letter combination **ph** is pronounced like an **f**.

| télé**ph**one | **ph**oto | pro**ph**ète | géogra**ph**ie |

The letter combination **th** is pronounced like the letter **t**. English *th* sounds, as in the words *this* and *with*, never occur in French.

| **th**é | a**th**lète | biblio**th**èque | sympa**th**ique |

The letter combination **gn** is pronounced like the sound in the middle of the English word *onion*.

| monta**gn**e | espa**gn**ol | ga**gn**er | Allema**gn**e |

Suggestion Mention words and expressions from the **Vocabulaire** that contain the consonant clusters presented on this page. Then have students repeat after you. Alternatively, ask students to recall such vocabulary. Examples: **campagne, Mexique, Chine**, etc. See if a volunteer is able to recall any words from previous lessons. Examples: **géographie, enseigner, prochain, quatre.**

Prononcez Répétez les mots suivants à voix haute.

1. thé
2. quart
3. chose
4. question
5. cheveux
6. parce que
7. champagne
8. casquette
9. philosophie
10. fréquenter
11. photographie
12. sympathique

Articulez Répétez les phrases suivantes à voix haute.

1. Quentin est martiniquais ou québécois?
2. Quelqu'un explique la question à Joseph.
3. Pourquoi est-ce que Philippe est inquiet?
4. Ignace prend une photo de la montagne.
5. Monique fréquente un café en Belgique.
6. Théo étudie la physique.

Dictons Répétez les dictons à voix haute.

Suggestion Explain that in the words **pourquoi** and **quoi** there is a **w** sound, which is an effect of **oi** (**moi, toi**), not **qu**.

N'éveillez pas le chat qui dort.[2]

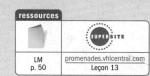

La vache la première au pré lèche la rosée.[1]

[1] The early bird gets the worm. (lit. The cow who arrives at the pasture first licks the dew.)
[2] Let sleeping dogs lie. (lit. Don't wake a sleeping cat.)

ressources

LM
p. 50

promenades.vhlcentral.com
Leçon 13

ROMAN-PHOTO

De retour au P'tit Bistrot

Suggestion Ask students to read the title, glance at the video stills, and predict what the episode will be about. Record their predictions.

PERSONNAGES

David

Rachid

Sandrine

Stéphane

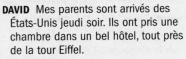

À la gare...

RACHID Tu as fait bon voyage?
DAVID Salut! Excellent, merci.
RACHID Tu es parti pour Paris avec une valise et te voici avec ces énormes sacs en plus!
DAVID Mes parents et moi sommes allés aux Galeries Lafayette. On a acheté des vêtements et des trucs pour l'appartement aussi.

RACHID Ah ouais?
DAVID Mes parents sont arrivés des États-Unis jeudi soir. Ils ont pris une chambre dans un bel hôtel, tout près de la tour Eiffel.
RACHID Génial!
DAVID Moi, je suis arrivé à la gare vendredi soir. Et nous sommes allés dîner dans une excellente brasserie. Mmm!

DAVID Samedi, on a pris un bateau-mouche sur la Seine. J'ai visité un musée différent chaque jour: le musée du Louvre, le musée d'Orsay...
RACHID En résumé, tu as passé de bonnes vacances dans la capitale... Bon, on y va?
DAVID Ah, euh, oui, allons-y!

Suggestion Have students read the **Roman-photo** aloud in groups of four.

STÉPHANE Pour moi, les vacances idéales, c'est un voyage à Tahiti. Ahhh... la plage, et moi en maillot de bain avec des lunettes de soleil... et les filles en bikini!
DAVID Au fait, je n'ai pas oublié ton anniversaire.
STÉPHANE Ouah! Super, ces lunettes de soleil! Merci, David, c'est gentil.

DAVID Désolé de ne pas avoir été là pour ton anniversaire, Stéphane. Alors, ils t'ont fait la surprise?
STÉPHANE Oui, et quelle belle surprise! J'ai reçu des cadeaux trop cool. Et le gâteau de Sandrine, je l'ai adoré.
DAVID Ah, Sandrine... elle est adorable... Euh, Stéphane, tu m'excuses une minute?

DAVID Coucou! Je suis de retour!
SANDRINE Oh! Salut, David. Alors, tu as aimé Paris?
DAVID Oui! J'ai fait plein de choses... de vraies petites vacances! On a fait...

Suggestion Point out the expressions **bon voyage** and **bon séjour**. Explain that **un voyage** refers to travel to and from a destination; **un séjour** is time spent at the place itself.

A C T I V I T É S

1 **Les événements** Mettez les événements suivants dans l'ordre chronologique.

  __1__ **a.** Rachid va chercher David.
  __6__ **b.** Stéphane parle de son anniversaire.
  __10__ **c.** Sandrine va faire une réservation.
  __5__ **d.** David donne un cadeau à Stéphane.
  __2__ **e.** Rachid mentionne que David a beaucoup de sacs.

  __7__ **f.** Stéphane met les lunettes de soleil.
  __4__ **g.** Stéphane décrit (*describes*) ses vacances idéales.
  __8__ **h.** David parle avec Sandrine.
  __9__ **i.** Sandrine pense à ses vacances.
  __3__ **j.** Rachid et David repartent en voiture.

1 **Expansion** Have students write sentences to fill in parts of the story not mentioned in this activity.

David parle de ses vacances.

Expressions utiles Draw attention to expressions with direct object pronouns and the **passé composé** with **être** in the video-still captions, in the **Expressions utiles** box, and as they occur in your conversation with students. Point out that this material will be formally presented in **Structures**.

STÉPHANE Alors, ces vacances? Tu as fait un bon séjour?
DAVID Oui, formidable!
STÉPHANE Alors, vous êtes restés combien de temps à Paris?
DAVID Quatre jours. Ce n'est pas très long, mais on a visité pas mal d'endroits.
STÉPHANE Comment est-ce que vous avez visité la ville? En voiture?

DAVID En voiture!? Tu es fou! On a pris le métro, comme tout le monde.
STÉPHANE Tes parents n'aiment pas conduire?
DAVID Si, à la campagne, mais pas en ville, surtout une ville comme Paris. On a visité les monuments, les musées...
STÉPHANE Et Monsieur l'artiste a aimé les musées de Paris?
DAVID Je les ai adorés!

SANDRINE Oh! Des vacances!
DAVID Oui... Des vacances? Qu'est-ce qu'il y a?
SANDRINE Je vais à Albertville pour les vacances d'hiver. On va faire du ski!

SANDRINE Est-ce que tu skies?
DAVID Un peu, oui...
SANDRINE Désolée, je dois partir. J'ai une réservation à faire! Rendez-vous ici demain, David. D'accord? Ciao!

Suggestion Review predictions and ask which ones were correct.

Expressions utiles

Talking about vacations

- **Tu es parti pour Paris avec une valise et te voici avec ces énormes sacs en plus!**
  You left for Paris with one suitcase and here you are with these huge extra bags!
- **Nous sommes allés aux Galeries Lafayette.**
  We went to the Galeries Lafayette.
- **On a acheté des trucs pour l'appartement aussi.**
  We also bought some things for the apartment.
- **Moi, je suis arrivé à la gare vendredi soir et nous sommes allés dîner.**
  I got to/arrived at the station Friday night and we went to dinner.
- **On a pris un bateau-mouche sur la Seine.**
  We took a sightseeing boat on the Seine.
- **Vous êtes restés combien de temps à Paris?**
  How long did you stay in Paris?
- **On a pris le métro, comme tout le monde.**
  We took the subway, like everyone else.
- **J'ai fait plein de choses.**
  I did a lot of things.
- **Les musées de Paris, je les ai adorés!**
  The museums in Paris, I loved them!

Additional vocabulary

- **Alors, ils t'ont fait la surprise?**
  So, they surprised you?
- **J'ai reçu des cadeaux trop cool.**
  I got the coolest gifts.
- **Le gâteau, je l'ai adoré.**
  The cake, I loved it.
- **Tu m'excuses une minute?**
  Would you excuse me a minute?
- **Oui, formidable!**
  Yes, wonderful!
- **Qu'est-ce qu'il y a?**
  What is the matter?
- **Désolé(e), je dois partir.**
  Sorry, I have to leave.

2 **Questions** Répondez aux questions suivantes. Answers may vary slightly.

1. David est parti pour Paris avec combien de valises? À son retour (*Upon his return*), est-ce qu'il a le même nombre de valises?
   Il est parti avec une valise. Non, à son retour, il a des sacs en plus.
2. Qu'est-ce que David a fait pour ses vacances?
   Il a visité Paris avec ses parents.
3. Qu'est-ce que David donne à Stéphane comme cadeau d'anniversaire? Stéphane aime-t-il le cadeau?
   Il donne des lunettes de soleil à Stéphane. Oui, Stéphane aime beaucoup le cadeau.
4. Quelles sont les vacances idéales de Stéphane? C'est un voyage à Tahiti.
   Stéphane est à la plage en maillot de bain avec des lunettes de soleil.
5. Qu'est-ce que Sandrine va faire pour ses vacances d'hiver?
   Elle va faire du ski à Albertville.

3 **Écrivez** Imaginez: vous êtes David, Stéphane ou Sandrine et vous allez en vacances à Paris, Tahiti ou Albertville. Écrivez un e-mail à Madame Forestier. Quel temps fait-il? Où est-ce que vous restez? Quels vêtements est-ce que vous avez apportés? Qu'est-ce que vous faites chaque jour?

3 **Suggestion** Before starting this activity, review vocabulary for weather, clothing, and activities by asking questions.

ressources		
VM pp. 211–212	DVD Leçon 13	promenades.vhlcentral.com Leçon 13

A C T I V I T É S

CULTURE À LA LOUPE

Tahiti

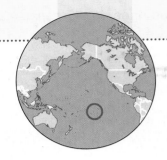

Avant la lecture Ask students: **Où est Tahiti? Quelle(s) langue(s) parle-t-on à Tahiti?** Ask if anyone can explain Tahiti's relationship to France.

Tahiti, dans le sud° de l'océan Pacifique, est la plus grande île° de la Polynésie française. Elle devient° un protectorat français en 1842, puis° une colonie française en 1880. Depuis 1959, elle fait partie de la collectivité d'outre-mer° de Polynésie française. Les langues officielles de Tahiti sont le français et le tahitien.

Le tourisme est une activité très importante pour l'île. Ses hôtels de luxe et leurs fameux bungalows sur l'eau accueillent° près de 200.000 visiteurs par an. Les touristes apprécient Tahiti pour son climat chaud, ses plages superbes et sa culture riche en traditions. À Tahiti, il y a la possibilité de faire toutes sortes d'activités aquatiques comme du bateau, de la pêche, de la planche à voile ou de la plongée°. On peut aussi faire des randonnées en montagne ou explorer les nombreux lagons bleus de l'île. Si on n'a pas envie de faire de sport, on peut se relaxer dans un spa, bronzer à la plage ou se promener° sur l'île. Papeete, capitale de la Polynésie française et ville principale de Tahiti, offre de bons restaurants, des boîtes de nuit, des boutiques variées et un marché.

sud *south* **la plus grande île** *the largest island* **devient** *becomes* **puis** *then* **collectivité d'outre-mer** *overseas territory* **accueillent** *welcome* **plongée** *scuba diving* **se promener** *go for a walk*

Après la lecture Ask students to say something they learned from the passage that inspires them to visit Tahiti or that dissuades them from visiting.

Coup de main

Si introduces a hypothesis. It may come at the beginning or at the middle of a sentence.

si + *subject* + *verb* + *subject* + *verb*

Si on n'a pas envie de faire de sport, on peut se relaxer dans un spa.

subject + *verb* + **si** + *subject* + *verb*

On peut se relaxer dans un spa si on n'a pas envie de faire de sport.

A C T I V I T É S

1 **Répondez** Répondez aux questions par des phrases complètes.

1. Où est Tahiti?
   Tahiti est dans le sud de l'océan Pacifique.
2. Quand est-ce que Tahiti devient une colonie française?
   Tahiti devient une colonie en 1880.
3. De quoi fait partie Tahiti?
   Tahiti fait partie de la collectivité d'outre-mer de Polynésie française.
4. Quelles langues parle-t-on à Tahiti?
   On parle français et tahitien.
5. Quelle particularité ont les hôtels de luxe à Tahiti?
   Les hôtels de luxe ont des bungalows sur l'eau.

6. Combien de personnes par an visitent Tahiti?
   Près de 200.000 touristes par an visitent Tahiti.
7. Pourquoi est-ce que les touristes aiment visiter Tahiti? Les touristes aiment visiter Tahiti parce qu'il fait chaud et parce que les plages sont superbes.
8. Quelles sont deux activités sportives que les touristes aiment faire à Tahiti?
   Answers may vary. Possible answer: Ils aiment faire du bateau et de la plongée.
9. Comment s'appelle la ville principale de Tahiti?
   La ville principale de Tahiti s'appelle Papeete.
10. Où va-t-on à Papeete pour acheter un cadeau pour un ami?
    On va au marché ou dans les boutiques.

Portrait Show photos of Claude Monet's train paintings *La Gare Saint-Lazare*, *Le train dans la neige*, and *Un train dans la campagne*, the last of which is in **le musée d'Orsay**.

STRATÉGIE

Breaking up the reading

Once you have finished the preliminary reading activities such as examining the visuals and skimming, you are ready for an in-depth reading. Here again, the goal is not to understand everything. Consider the divisions of the text (for example, the stanzas in a poem or paragraphs in a short story), and use them to break up the selection. During a close reading, smaller blocks of text will make the experience feel more manageable.

LE MONDE FRANCOPHONE

Les transports

Voici quelques faits insolites° dans les transports.

Au Canada Inauguré en 1966, le métro de Montréal est le premier du monde à rouler° sur des pneus° plutôt que° sur des roues° en métal. Chaque station a été conçue° par un architecte différent.

En France L'Eurotunnel (le tunnel sous la Manche°) permet aux trains Eurostar de transporter des voyageurs et des marchandises entre la France et l'Angleterre.

En Mauritanie Le train du désert, en Mauritanie, en Afrique, est peut-être le train de marchandises le plus long° du monde. Long de 3 km en général, le train fait deux ou trois voyages chaque jour du Sahara à la côte ouest°. C'est un voyage de plus de 600 km qui dure° 12 heures. Un des seuls moyens° de transport dans la région, ce train est aussi un train de voyageurs.

faits insolites *unusual facts* **rouler** *ride* **pneus** *tires* **plutôt que** *rather than* **roues** *wheels* **conçue** *designed* **Manche** *English Channel* **le plus long** *the longest* **côte ouest** *west coast* **dure** *lasts* **seuls moyens** *only means*

PORTRAIT

Le musée d'Orsay

Le musée d'Orsay est un des musées parisiens les plus° visités. Le lieu n'a pourtant° pas toujours été un musée. À l'origine, ce bâtiment° est une gare, construite par l'architecte Victor Laloux et inaugurée en 1900 à l'occasion de l'Exposition universelle. Les voies° de la gare d'Orsay deviennent° trop courtes et en 1939, on décide de limiter le service aux trains de banlieue. Plus tard, la gare sert de décor à des films, comme *Le Procès* de Kafka adapté par Orson Welles, puis° elle devient théâtre, puis salle de ventes aux enchères°. En 1986, le bâtiment est transformé en musée. Il est principalement dédié° à l'art du dix-neuvième siècle°, avec une collection magnifique d'art impressionniste.

les plus *the most* **pourtant** *however* **bâtiment** *building* **voies** *tracks* **deviennent** *become* **puis** *then* **ventes aux enchères** *auction* **principalement dédié** *mainly dedicated* **siècle** *century*

Danseuses en bleu,
Edgar Degas

SUPERSITE

SUR INTERNET

Qu'est-ce que le funiculaire de Montmartre?

Go to **promenades.vhlcentral.com** to find more cultural information related to this **LECTURE CULTURELLE.** Then watch the corresponding **Flash culture**.

---

2 **Vrai ou faux?** Indiquez si les phrases sont **vraies** ou **fausses**. Corrigez les phrases fausses.

1. Le musée d'Orsay a été un théâtre.
   Vrai.
2. Le musée d'Orsay a été une station de métro.
   Faux. Il a été une gare.
3. Le musée d'Orsay est dédié à la sculpture moderne.
   Faux. Le musée d'Orsay est dédié à l'art du dix-neuvième siècle.
4. Il y a un tunnel entre la France et la Guyane française.
   Faux. Il y a un tunnel entre la France et l'Angleterre.
5. Le métro de Montréal roule sur des roues en métal.
   Faux. Le métro de Montréal roule sur des pneus.
6. Le train du désert transporte aussi des voyageurs.
   Vrai.

3 **Comment voyager?** Vous allez passer deux semaines en France. Vous avez envie de visiter Paris et deux autres régions. Par petits groupes, parlez des moyens (*means*) de transport que vous allez utiliser pendant votre voyage. Expliquez vos choix (*choices*).

3 **Expansion** Once students have agreed on the areas they would like to visit, they should consult road and train maps to see which **moyen de transport** would work best.

ressources

| VM pp. 251–252 | promenades.vhlcentral.com Leçon 13 |

ACTIVITÉS

STRUCTURES

13.1 The *passé composé* with *être*

Point de départ In **Leçon 11**, you learned to form the **passé composé** with **avoir**. Some verbs, however, form the **passé composé** with **être**.

- To form the **passé composé** of these verbs, use a present-tense form of **être** and the past participle of the verb that expresses the action.

Suggestion Quickly review the **passé composé** with **avoir**.

PRESENT TENSE	PAST PARTICIPLE	PRESENT TENSE	PAST PARTICIPLE
Je suis	allé.	Il est	sorti.

- Many of the verbs that take **être** in the **passé composé** involve motion. You have already learned a few of them: **aller**, **arriver**, **descendre**, **partir**, **passer**, **rentrer**, **sortir**, and **tomber**.

Jean-Luc **est parti** en vacances.
Jean-Luc left on vacation.

Je **suis tombé** de la chaise.
I fell from the chair.

Tu es parti pour Paris.

Suggestion Introduce the **passé composé** with **être** by describing where you went yesterday.

Mes parents sont arrivés des États-Unis.

- The past participles of verbs conjugated with **être** agree with their subjects in number and gender.

Charles, tu **es allé** à Montréal?
Charles, did you go to Montreal?

Florence **est partie** en vacances.
Florence left on vacation.

Mes frères **sont rentrés**.
My brothers came back.

Elles **sont arrivées** hier soir.
They arrived last night.

- To make a verb negative in the **passé composé**, place **ne/n'** and **pas** around the auxiliary verb, in this case, **être**.

Marie-Thérèse **n'est pas sortie**?
Marie-Thérèse didn't go out?

Nous **ne sommes pas allées** à la plage.
We didn't go to the beach.

Je **ne suis pas passé** chez mon amie.
I didn't drop by my friend's house.

Tu **n'es pas rentré** à la maison hier.
You didn't come home yesterday.

3 Expansion Have two volunteers play the roles of Djénaba and Safiatou. Tell the rest of the class to ask them questions about their trip. Example: **Quand êtes-vous arrivées à Dakar?**

MISE EN PRATIQUE

1 **Un week-end sympa** Carole raconte son week-end à Paris. Complétez l'histoire avec les formes correctes des verbes au passé composé.

Thomas et moi, nous (1) __sommes partis__ (partir) de Lyon samedi et nous (2) __sommes arrivés__ (arriver) à Paris à onze heures. Nous (3) __sommes passés__ (passer) à l'hôtel et puis je (4) __suis allée__ (aller) au Louvre. En route, je (5) __suis tombée__ (tomber) sur un vieil ami, et nous (6) __sommes allés__ (aller) prendre un café. Ensuite, je (7) __suis entrée__ (entrer) dans le musée. Samedi soir, Thomas et moi (8) __sommes montés__ (monter) au sommet de la tour Eiffel et après nous (9) __sommes sortis__ (sortir) en boîte. Dimanche, nous (10) __sommes retournés__ (retourner) au Louvre. Ouf... je suis fatiguée.

2 **Dimanche dernier** Dites ce que (*what*) ces personnes ont fait dimanche dernier. Utilisez les verbes de la liste. Suggested answers

MODÈLE

Laure est allée à la piscine.

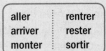

Laure

aller	rentrer
arriver	rester
monter	sortir

1. je Je suis rentré tard.

3. nous Nous sommes allés à l'église.

2. tu Tu es restée à l'hôtel.

4. Pamela et Caroline Pamela et Caroline sont sorties.

3 **L'accident** Le mois dernier, Djénaba et Safiatou sont allées au Sénégal. Racontez (*Tell*) leur histoire. Avec un(e) partenaire, complétez les phrases au passé composé. Ensuite, mettez-les dans l'ordre chronologique.

__1__ a. les filles / partir pour Dakar en avion
Les filles sont parties pour Dakar en avion.

__5__ b. Djénaba / tomber de vélo
Djénaba est tombée de vélo.

__4__ c. elles / aller faire du vélo dimanche matin
Elles sont allées faire du vélo dimanche matin.

__2__ d. elles / arriver à Dakar tard le soir
Elles sont arrivées à Dakar tard le soir.

__3__ e. elles / rester à l'hôtel Sofitel
Elles sont restées à l'hôtel Sofitel.

__6__ f. elle / aller à l'hôpital
Elle est allée à l'hôpital.

COMMUNICATION

4 **Les vacances de printemps** Avec un(e) partenaire, parlez de vos dernières vacances de printemps. Répondez à toutes ses questions. Answers will vary.

MODÈLE

4 **Suggestion** Have two volunteers read the **modèle** aloud.

quand / partir
Étudiant(e) 1: *Quand es-tu parti(e)?*
Étudiant(e) 2: *Je suis parti(e) vendredi soir.*

1. où / aller
2. avec qui / partir
3. comment / voyager
4. à quelle heure / arriver
5. où / rester
6. combien de temps / rester
7. que / visiter
8. sortir / souvent le soir
9. que / acheter
10. quand / rentrer

5 **Enquête** Votre professeur va vous donner une feuille d'activités. Circulez dans la classe et demandez à des camarades différents s'ils ont fait ces choses récemment (*recently*). Présentez les résultats de votre enquête à la classe. Answers will vary.

MODÈLE

Étudiant(e) 1: *Es-tu allé(e) au musée récemment?*
Étudiant(e) 2: *Oui, je suis allé(e) au musée jeudi dernier.*

Questions	Nom
1. aller au musée	François
2. passer chez ses amis	
3. sortir en boîte	
4. rester à la maison pour écouter de la musique	
5. partir en week-end avec un copain	
6. monter en avion	

6 **À l'aéroport** Par groupes de quatre, parlez d'une mauvaise expérience dans un aéroport. À tour de rôle, racontez (*tell*) vos aventures et posez le plus (*most*) de questions possible. Utilisez les expressions de la liste et d'autres aussi. Answers will vary.

MODÈLE

Étudiant(e) 1: *Quand je suis rentré(e) de la Martinique, j'ai attendu trois heures à la douane.*
Étudiant(e) 2: *Quelle horreur! Pourquoi?*

arriver	partir
attendre	perdre
avion	prendre un avion
billet (aller-retour)	sortir
douane	vol

Suggestion Tell students that the present tense forms of **naître** and **mourir** are rarely used.

- Here are a few more verbs that take **être** instead of **avoir** in the **passé composé**.

Some verbs used with *être*

entrer	to enter	naître	to be born
monter	to go up; to get in/on	rester	to stay
mourir	to die	retourner	to return

Mes parents **sont nés** en 1958 à Paris.
My parents were born in 1958 in Paris.

Ma grand-mère maternelle **est morte** l'année dernière.
My maternal grandmother died last year.

- Note that the verb **passer** takes **être** when it means *to pass by*, but it takes **avoir** when it means *to spend time*.

Maryse **est passée** par la douane.
Maryse passed through customs.

Maryse **a passé** trois jours à la campagne.
Maryse spent three days in the country.

- To form a question using inversion in the **passé composé**, invert the subject pronoun and the conjugated form of **être**. Note that this does not apply to other types of question formation.

Est-elle restée à l'hôtel Aquabella?
Did she stay at the Hotel Aquabella?

Vous êtes arrivée ce matin, Madame Roch?
Did you arrive this morning, Mrs. Roch?

- Place short adverbs such as **déjà**, **encore**, **bien**, **mal**, and **beaucoup** between the auxiliary verb **être** or **pas** and the past participle.

Elle **est déjà rentrée** de vacances?
She already came back from vacation?

Nous **ne sommes pas encore arrivés** à Aix-en-Provence.
We haven't arrived in Aix-en-Provence yet.

Essayez! Choisissez le participe passé approprié.

1. Vous êtes (nés/né) en 1959, Monsieur?
2. Les élèves sont (partis/parti) le 2 juin.
3. Les filles sont (rentrées/rentrés) de vacances.
4. Simone de Beauvoir est-elle (mort/morte) en 1986?
5. Mes frères sont (sortis/sortie).
6. Paul n'est pas (resté/restée) chez sa grand-mère.
7. Tu es (arrivés/arrivée) avant dix heures, Sophie.
8. Jacqueline a (passée/passé) une semaine en Suisse.

Essayez! For additional practice, change the subjects of the sentences (except items 1 and 7), and have students restate or rewrite them.

13.2 Direct object pronouns

comparisons

NATIONAL STANDARDS

Point de départ In **Leçon 12**, you learned about indirect objects. You are now going to learn about direct objects.

DIRECT OBJECT   INDIRECT OBJECT

J'ai donné **un cadeau à ma sœur**.
I gave a gift to my sister.

- Note that a direct object receives the action of a verb directly and an indirect object receives the action of a verb indirectly. While indirect objects are frequently preceded by the preposition **à**, no preposition is needed before the direct object.

J'emmène **mes parents**.   *but*   Je parle **à mes parents**.
I'm taking my parents.   *I'm speaking to my parents.*

Tes parents sont allés te chercher?

Tu m'excuses une minute?

Direct object pronouns

singular		plural	
me/m'	*me*	nous	*us*
te/t'	*you*	vous	*you*
le/la/l'	*him/her/it*	les	*them*

- You can use a direct object pronoun in the place of a direct object noun.

Tu fais **les valises**?
Are you packing the suitcases?

Ils retrouvent **Luc** à la gare.
They're meeting Luc at the station.

Tu **les** fais?
Are you packing them?

Ils **le** retrouvent à la gare.
They're meeting him at the station.

- Place a direct object pronoun before the conjugated verb.

Les langues? Laurent et Xavier **les** étudient.
Languages? Laurent and Xavier study them.

Les étudiants **vous** ont entendu.
The students heard you.

Suggestion Take various objects from students' desks and ask: **Qui a _____?** Have students respond using the direct object pronoun: **Vous _____ avez.**

1 **On fait beaucoup** Dites ce que (*what*) ces gens font le week-end. Employez les pronoms d'objet direct.

MODÈLE

Il l'écoute.

1 Suggestion Have students ask questions with a direct object pronoun for each item. Example: **Qui l'écoute?**

Dominique écoute ce CD.

1. Benoît regarde ses films.
Il les regarde.

3. Il mange son gâteau.
Il le mange.

2. Ma mère admire cette robe.
Elle l'admire.

4. Ils achètent ces lunettes.
Ils les achètent.

2 **À la plage** La famille de Dalila a passé une semaine à la mer. Dalila parle de ce que (*what*) chaque membre de sa famille a fait. Employez des pronoms d'objet direct.

MODÈLE

J'ai conduit Yassim à la plage. *Je l'ai conduit à la plage.*

1. Mon père a acheté le journal tous les matins.
Il l'a acheté tous les matins.
2. Ma sœur a retrouvé son petit ami au café.
Elle l'a retrouvé au café.
3. Mes parents ont emmené les enfants au cinéma.
Ils les ont emmenés au cinéma.
4. Mon frère a invité sa fiancée au restaurant.
Il l'a invitée au restaurant.
5. Anissa a porté ses lunettes de soleil.
Elle les a portées.
6. À midi, Chekib a pris des baguettes.
À midi, il les a prises.

3 **Des doutes** Julien et sa petite amie Caroline sont au café. Il est inquiet et lui pose des questions sur leurs vacances avec ses parents. Avec un(e) partenaire, jouez les deux rôles. Ensuite, présentez la scène à la classe.
Suggested answers

1. Tes parents m'invitent au bord de la mer?
Oui, ils t'invitent au bord de la mer.
2. Tes parents vont m'écouter?
Oui, ils vont t'écouter.
3. Quelqu'un va m'attendre à l'aéroport?
Oui, je vais t'attendre à l'aéroport.
4. Ton frère va nous emmener sur son bateau?
Oui, il va nous emmener sur son bateau.
5. Tu penses que ta famille va m'aimer?
Oui, je pense qu'elle va t'aimer.
6. Tu m'adores?
Oui, je t'adore.

3 Suggestion Tell students to add two of their own questions to the list.

COMMUNICATION

4 Le départ Clémentine va partir au Cameroun chez sa correspondante (*pen pal*) Léa. Sa mère est avec elle et veut (*wants*) être sûre qu'elle n'a pas oublié un objet important, mais sa fille n'a presque rien (*nothing*) fait. Avec un(e) partenaire, jouez leur conversation en utilisant les phrases de la liste. Answers will vary.

MODÈLE

Étudiant(e) 1: Tu as acheté le cadeau pour ton amie?
Étudiant(e) 2: Non, je ne l'ai pas encore acheté.
Étudiant(e) 1: Quand vas-tu l'acheter?
Étudiant(e) 2: Je vais l'acheter cet après-midi.

acheter ton billet d'avion	faire tes valises
avoir l'adresse de Léa	prendre tes lunettes
chercher un maillot de bain	préparer tes vêtements
confirmer l'heure de l'arrivée	trouver ton passeport

5 À Tahiti Imaginez que vous allez partir à Tahiti. Avec un(e) partenaire, posez-vous ces questions. Il/Elle vous répond en utilisant le pronom d'objet direct approprié. Ensuite, alternez les rôles. Answers will vary.

MODÈLE

Est-ce que tu prends le bus pour aller à la plage?
Non, je ne le prends pas.

1. Est-ce que tu prends l'avion?
2. Qui va t'attendre à l'aéroport?
3. Quand as-tu fait tes valises?
4. Est-ce que tu as acheté ton maillot de bain?
5. Est-ce que tu prends ton appareil photo?
6. Où as-tu acheté tes vêtements?
7. Tu vas regarder la télévision tahitienne?
8. Vas-tu essayer les plats typiques de Tahiti?

5 Suggestion Before beginning the activity, have students describe the photo.

Suggestion Point out that direct objects are never preceded by a preposition.

- In a negative statement, place the direct object pronoun between **ne/n'** and the conjugated verb.

Le chinois? Je **ne le parle pas**.
Chinese? I don't speak it.

Elle **ne l'a pas** pris à 14 heures?
She didn't take it at 2 o'clock?

- When an infinitive follows a conjugated verb, the direct object pronoun precedes the infinitive.

Marcel va **nous écouter**.
Marcel is going to listen to us.

Tu ne préfères pas **la porter** demain?
Don't you prefer to wear it tomorrow?

Et le gâteau, je l'ai adoré!

Les musées, je les ai adorés!

- When a direct object pronoun is used with the **passé composé**, the past participle must agree with it in both gender and number.

J'ai mis **la valise** dans la voiture ce matin.
I put the suitcase in the car this morning.

Je **l'ai mise** dans la voiture ce matin.
I put it in the car. this morning.

J'ai attendu **les filles** à la gare.
I waited for the girls at the station.

Je **les** ai **attendues** à la gare.
I waited for them at the station.

Essayez! For additional practice, have students restate or rewrite the answers in the negative.

Essayez! Répondez aux questions en remplaçant l'objet direct par un pronom d'objet direct.

1. Thierry prend le train? Oui, il __le__ prend.
2. Tu attends ta mère? Oui, je __l'__ attends.
3. Vous entendez Olivier et Vincent? Oui, on __les__ entend.
4. Le professeur te cherche? Oui, il __me__ cherche.
5. Barbara et Caroline retrouvent Linda? Oui, elles __la__ retrouvent.
6. Vous m'invitez? Oui, nous __t'__ invitons.
7. Tu nous comprends? Oui, je __vous__ comprends.
8. Elles regardent la mer? Oui, elles __la__ regardent.
9. Chloé aime écouter la musique classique? Oui, elle aime __l'__ écouter.
10. Vous avez regardé le film *Chacun cherche son chat*? Oui, nous __l'__ avons regardé.

Révision

NATIONAL communication STANDARDS

4 **Expansion** To practice **vous** forms, bring in a small suitcase with various items and tell the class you just returned from a trip. Students must ask you questions about your vacation based on the items and figure out where you went. Example: a suitcase with gloves, a hat, a parka, and ski goggles.

1 **Il y a dix minutes** Avec un(e) partenaire, décrivez dans cette scène les actions qui se sont passées (*happened*) il y a dix minutes. Utilisez les verbes de la liste pour faire des phrases. Ensuite, comparez vos phrases avec les phrases d'un autre groupe. Answers will vary.

MODÈLE

Étudiant(e) 1: *Il y a dix minutes, M. Hamid est parti.*
Étudiant(e) 2: *Il y a dix minutes,…*

aller	partir
arriver	rentrer
descendre	sortir
monter	tomber

2 **Qui aime quoi?** Votre professeur va vous donner une feuille d'activités. Circulez dans la classe pour trouver un(e) camarade différent(e) qui aime ou qui n'aime pas chaque lieu de la liste. Answers will vary.

MODÈLE

Étudiant(e) 1: *Est-ce que tu aimes les aéroports?*
Étudiant(e) 2: *Je ne les aime pas du tout, je les déteste.*

3 **Les pays étrangers** Par groupes de quatre, interviewez vos camarades. Dans quels pays étrangers sont-ils déjà allés? Dans quelles villes? Comparez vos destinations puis présentez toutes les réponses à la classe. N'oubliez pas de demander: Answers will vary.

• quand vos camarades sont parti(e)s

• où ils/elles sont allé(e)s

• où ils/elles sont resté(e)s

• combien de temps ils/elles ont passé là-bas

3 **Suggestion** Tell students to jot down notes during their interviews.

4 **La valise** Sandra et Jean sont partis en vacances. Voici leur valise. Avec un(e) partenaire, faites une description écrite (*written*) de leurs vacances. Où sont-ils allés? Comment sont-ils partis? Answers will vary.

5 **Un long week-end** Avec un(e) partenaire, préparez huit questions sur le dernier long week-end. Utilisez les verbes de la liste. Ensuite, par groupes de quatre, répondez à toutes les questions. Answers will vary.

MODÈLE

Étudiant(e) 1: *Où es-tu allé(e) vendredi soir?*
Étudiant(e) 2: *Vendredi soir je suis resté(e) chez moi. Mais samedi je suis sorti(e)!*

5 **Expansion** Have groups decide who had the best or most interesting weekend, then ask them to tell the class about it.

aller	sortir
arriver	rentrer
partir	rester
passer	retourner

6 **Mireille et les Girard** Votre professeur va vous donner, à vous et à votre partenaire, une feuille sur le week-end de Mireille et de la famille Girard. Attention! Ne regardez pas la feuille de votre partenaire. Answers will vary.

MODÈLE

Étudiant(e) 1: *Qu'est-ce que Mireille a fait vendredi soir?*
Étudiant(e) 2: *Elle est allée au cinéma.*

6 **Suggestion** Divide the class into pairs and distribute the Info Gap Handouts in the IRM on the IRCD-ROM for this activity. Give students ten minutes to complete the activity.

ressources		
WB pp. 87–90	LM pp. 51–52	promenades.vhlcentral.com Leçon 13

Le Zapping

Le TER

En 1984, la SNCF (Société nationale des chemins de fer° Français) met en place dans 20 régions le TER (Transport Express Régional). Les trains TER relient° les villes d'une même région ou de différentes régions. Il y a, entre autres, le TER Picardie et le TER Alsace. Ces trains sont rapides, confortables et pratiques pour éviter° les embouteillages° du matin et du soir. Les TER concrétisent la décentralisation des chemins de fer français, parce que ce sont les Conseils Régionaux qui financent et décident des trajets°, des dessertes° et des horaires°.

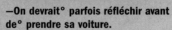

—On devrait° parfois réfléchir avant de° prendre sa voiture.

—Pour être bien, bougeons mieux°.

Compréhension Répondez aux questions. Some answers will vary.

1. Comment le guépard (*cheetah*) chasse-t-il la gazelle? Il roule en voiture.

2. Quelle mauvaise surprise rencontre-t-il? Il rencontre un énorme embouteillage.

3. Pourquoi l'autre guépard va-t-il attraper la gazelle? Il prend le train et évite l'embouteillage.

Compréhension Have students work in pairs or groups for this activity. Tell them to write their answers. Then show the video again so that they can check their answers and add any missing information.

 Discussion Par groupes de trois, répondez ensemble aux questions. Answers will vary.

1. Quelle est l'importance du guépard dans cette publicité (*ad*)? Pourquoi pas un autre animal?

2. Quels moyens (*means*) de transport prenez-vous souvent? Pourquoi? Quels sont leurs avantages?

SUPERSITE

SUR INTERNET

Go to promenades.vhlcentral.com to watch the TV clip featured in this **Le zapping**.

chemins de fer *railroads* relient *link* éviter *to avoid* embouteillages *traffic jams* trajets *routes* dessertes *service* horaires *schedules* devrait *should* réfléchir avant de *think before* bougeons mieux *let's move better*

Discussion Ask students if they have ever found themselves in a situation where driving turned out unexpectedly to be the slowest option. What type of public transportation would they have picked instead?

Leçon 14

You will learn how to...
- make hotel reservations
- give instructions

À l'hôtel

Suggestion Use **Transparency #35.** Point out people and things in the illustration and describe what the people are doing.

la réception

Bienvenue!

le lit

l'hôtelière (f.)

l'hôtelier (m.)

le passeport

la clé

les client(e)s

Vocabulaire

annuler une réservation	to cancel a reservation
réserver	to reserve
premier/première	first
cinquième	fifth
neuvième	ninth
vingt et unième	twenty-first
vingt-deuxième	twenty-second
trente et unième	thirty-first
centième	hundredth
une agence/un agent de voyages	travel agency/agent
une auberge de jeunesse	youth hostel
une chambre individuelle	single room
un hôtel	hotel
un passager/une passagère	passenger
complet/complète	full (no vacancies)
libre	available
alors	so, then; at that moment
après (que)	after
avant (de)	before
d'abord	first
donc	therefore
enfin	finally, at last
ensuite	then, next
finalement	finally
pendant (que)	during, while
puis	then
tout à coup	suddenly
tout de suite	right away

Suggestions
- Have students look over the new vocabulary. They should notice that many terms related to hotels and travel are cognates (**réservation, réception, passeport,** and **passager**).
- Point out that **passeport** has an **e** and **passager/passagère** have no **n**.

Suggestion Model the difference in pronunciation between **deuxième** and **douzième**, and have students repeat.

ressources

WB pp. 91–92	LM p. 53	SUPERSITE promenades.vhlcentral.com Leçon 14

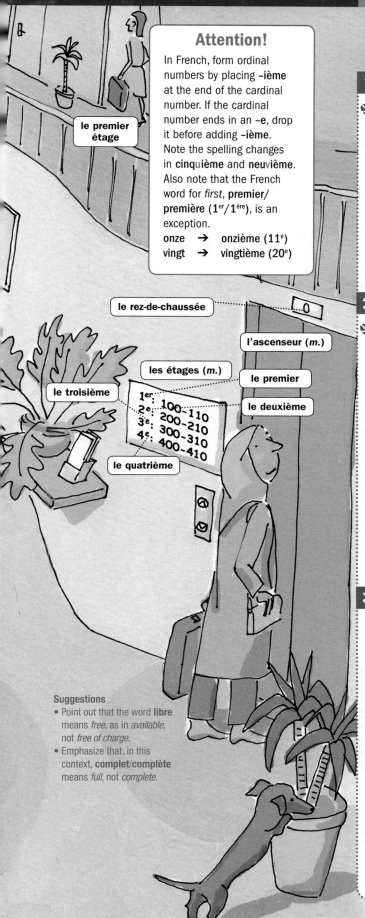

Attention!

In French, form ordinal numbers by placing –ième at the end of the cardinal number. If the cardinal number ends in an –e, drop it before adding –ième. Note the spelling changes in **cinquième** and **neuvième**. Also note that the French word for *first*, **premier/première (1er/1ère)**, is an exception.

onze → onzième (11e)
vingt → vingtième (20e)

le premier étage

le rez-de-chaussée

l'ascenseur (m.)

les étages (m.)

le premier

le troisième

le deuxième

1er 100–110
2e 200–210
3e 300–310
4e 400–410

le quatrième

Suggestions
• Point out that the word **libre** means *free*, as in *available*, not *free of charge*.
• Emphasize that, in this context, **complet/complète** means *full*, not *complete*.

Mise en pratique

1 Écoutez 🎧 Écoutez la conversation entre Mme Renoir et un hôtelier et décidez si les phrases sont **vraies** ou **fausses**.

		Vrai	Faux
1.	Mme Renoir est à l'agence de voyages.	☐	☑
2.	Mme Renoir a fait une réservation.	☑	☐
3.	Mme Renoir prend la chambre au cinquième étage.	☐	☑
4.	Il y a un ascenseur dans l'hôtel.	☐	☑
5.	Mme Renoir a réservé une chambre à deux lits.	☐	☑
6.	La cliente s'appelle Margot Renoir.	☑	☐
7.	L'hôtel a des chambres libres.	☐	☑
8.	L'hôtelier donne à Mme Renoir la clé de la chambre 27.	☑	☐

2 Hôtel Paradis Virginie téléphone à l'hôtel Paradis pour faire une réservation. Mettez les phrases dans l'ordre chronologique.

a. __6__ Finalement, il me demande le numéro de ma carte de crédit (*credit card*) pour finaliser la réservation.

b. __2__ Pendant la conversation, je demande une chambre individuelle au troisième étage.

c. __1__ D'abord, j'appelle l'hôtel Paradis pour faire une réservation.

d. __4__ Je ne veux (*want*) pas dormir au rez-de-chaussée, donc je demande une chambre au deuxième étage.

e. __3__ Ensuite, l'hôtel me rappelle (*calls me back*) pour annoncer qu'il n'y a plus de chambre libre au troisième étage, donc ma première réservation est annulée.

f. __5__ C'est alors que l'hôtelier me donne une chambre au deuxième étage à côté de l'ascenseur.

3 Complétez Remplissez les espaces avec le nombre ordinal qui convient (*fits*).

3 Expansion Have students invent riddles using ordinal numbers. Example: **Je suis le seizième président des États-Unis. Qui suis-je?** (Abraham Lincoln)

MODÈLE

B est la _deuxième_ lettre de l'alphabet.

1. Décembre est le ___douzième___ mois de l'année.
2. Mercredi est le ___troisième___ jour de la semaine.
3. Aux États-Unis, le rez-de-chaussée est le ___premier___ étage.
4. Ma classe de français est au ~Answers will vary.~ étage.
5. Octobre est le ___dixième___ mois de l'année.
6. Z est la ___vingt-sixième___ lettre de l'alphabet.
7. Samedi est le ___sixième___ jour de la semaine.
8. Je suis le/la ~Answers will vary.~ enfant dans ma famille.
9. Mon prénom (*first name*) commence avec la ~Answers will vary.~ lettre de l'alphabet.
10. La fête nationale américaine est le ___quatrième___ jour du mois de juillet.

Communication

4 **Conversez** Imaginez que vous prenez des vacances idéales dans un hôtel. Interviewez un(e) camarade de classe. Answers will vary.

1. Quelles sont les dates de ton séjour?
2. Où vas-tu? Dans quel pays, région ou ville? Vas-tu à la plage, à la campagne, etc.?
3. À quel hôtel descends-tu (*do you stay*)?
4. Qui fait la réservation?
5. Comment est l'hôtel? Est-ce que l'hôtel a un ascenseur, une piscine, etc.?
6. À quel étage est ta chambre?
7. Combien de lits a ta chambre?
8. Laisses-tu ton passeport à la réception?

4 **Expansions**
• After students have answered the questions, have them make up a conversation between a customer and a travel agent to arrange the trip.
• Ask volunteers to describe their **vacances idéales** to the class.

5 **Notre réservation** Travaillez avec deux partenaires pour préparer une présentation où deux touristes font une réservation dans un hôtel francophone ou une auberge de jeunesse. N'oubliez pas d'ajouter (*add*) les informations de la liste. Answers will vary.

- le nom de l'hôtel
- le type de chambre(s)
- l'étage
- le nombre de lits
- les dates
- le prix

5 **Suggestion** Have students consider other details that might come up while making a hotel reservation and include them in their conversation. Examples: **Est-ce qu'il y a un ascenseur? Il y a une télévision dans la chambre?**

6 **Mon hôtel** Vous allez ouvrir (*open*) votre propre hôtel. Avec trois partenaires, créez un poster pour le promouvoir (*promote*) avec l'information de la liste et présentez votre hôtel au reste de la classe. Votre professeur va ensuite donner à chaque groupe un budget. Avec ce budget, vous allez faire la réservation à l'hôtel qui convient le mieux (*best suits*) à votre groupe. Answers will vary.

- le nom de votre hôtel
- le nombre d'étoiles (*stars*)
- les services offerts
- le prix pour une nuit

6 **Expansion** Tell students to include any nearby attractions (**la plage, la campagne, le centre-ville**) and hotel amenities (**la piscine, le restaurant**) in their poster.

★ une étoile	★★ deux étoiles	★★★ trois étoiles	★★★★ quatre étoiles	★★★★★ cinq étoiles

7 **Votre dernière réservation** Écrivez un paragraphe où vous décrivez (*describe*) ce que vous avez fait la dernière fois que vous avez réservé une chambre. Utilisez au moins cinq des mots de la liste. Échangez et comparez votre paragraphe avec un camarade de classe. Answers will vary.

alors	d'abord	puis
après (que)	donc	tout à coup
avant (de)	enfin	tout de suite

7 **Suggestion** Before starting this activity, have students brainstorm a list of steps involved in making a hotel reservation. If students have never reserved a room before, have them make up a scenario that includes at least one complication, for instance, their first choice of hotel is full.

Les sons et les lettres

🎧 **ti**, **sti**, and **ssi**

The letters **ti** followed by a consonant are pronounced like the English word *tea*, but without the puff released in the English pronunciation.

| ac**ti**f | pe**ti**t | **ti**gre | u**ti**les |

When the letter combination **ti** is followed by a vowel sound, it is often pronounced like the sound linking the English words *miss you*.

| dic**ti**onnaire | pa**ti**ent | ini**ti**al | addi**ti**on |

Regardless of whether it is followed by a consonant or a vowel, the letter combination **sti** is pronounced *stee*, as in the English word *steep*.

| ge**sti**on | que**sti**on | Séba**sti**en | arti**sti**que |

The letter combination **ssi** followed by another vowel or a consonant is usually pronounced like the sound linking the English words *miss you*.

| pa**ssi**on | expre**ssi**on | mi**ssi**on | profe**ssi**on |

Words that end in **-sion** or **-tion** are often cognates with English words, but they are pronounced quite differently. In French, these words are never pronounced with a *sh* sound.

| compre**ssi**on | na**ti**on | atten**ti**on | addi**ti**on |

Suggestion To practice **ti**, have students put the palm of their hand in front of their lips and say the English word *tea*. Ask them if they felt the puff of air when they pronounced the letter **t**. Then have them pronounce the French word **petit** holding their hand in front of their mouth. Explain that they should not feel a puff of air when they pronounce the letters **ti** in French.

Prononcez Répétez les mots suivants à voix haute.

1. artiste
2. mission
3. réservation
4. impatient
5. position
6. initiative
7. possession
8. nationalité
9. compassion
10. possible

Articulez Répétez les phrases suivantes à voix haute.

1. L'addition, s'il vous plaît.
2. Christine est optimiste et active.
3. Elle a fait une bonne première impression.
4. Laëtitia est impatiente parce qu'elle est fatiguée.
5. Tu cherches des expressions idiomatiques dans le dictionnaire.

Dictons Répétez les dictons à voix haute.

Il n'est de règle sans exception.[2]

De la discussion jaillit la lumière.[1]

Dictons Tell students that the word **lumière** is used figuratively in the proverb «**De la discussion jaillit la lumière.**» Ask students what they think it means in this context (*clarity, ideas*).

[1] Discussion brings light.
[2] The exception proves the rule.

ressources

LM p. 54

promenades.vhlcentral.com
Leçon 14

ROMAN-PHOTO

La réservation d'hôtel

Suggestion Ask students to read the title, glance at the video stills, and predict what the episode will be about.

PERSONNAGES

Agent de voyages

Amina

Pascal

Sandrine

À l'agence de voyages...

SANDRINE J'ai besoin d'une réservation d'hôtel, s'il vous plaît. C'est pour les vacances de Noël.

AGENT Où allez-vous? En Italie?

SANDRINE Nous allons à Albertville.

AGENT Et c'est pour combien de personnes?

SANDRINE Nous sommes deux, mais il nous faut deux chambres individuelles.

AGENT Très bien. Quelles sont les dates du séjour, Mademoiselle?

SANDRINE Alors, le 25, c'est Noël donc je fête en famille. Disons du 26 décembre au 2 janvier.

AGENT Ce n'est pas possible à Albertville, mais à Megève j'ai deux chambres à l'hôtel Le Vieux Moulin pour 143 euros par personne. Ou alors à l'hôtel Le Mont Blanc pour 171 euros par personne.

SANDRINE Oh non, mais Megève, ce n'est pas Albertville... et ces prix! C'est vraiment trop cher.

AGENT C'est la saison, Mademoiselle. Les hôtels les moins chers sont déjà complets.

SANDRINE Oh là là. Je ne sais pas quoi faire... J'ai besoin de réfléchir. Merci, Monsieur. Au revoir!

AGENT Au revoir, Mademoiselle.

Chez Sandrine...

SANDRINE Oui, Pascal. Amina nous a trouvé une auberge à Albertville. C'est génial, non? En plus, c'est pas cher!

PASCAL Euh, en fait... Albertville, maintenant c'est impossible.

SANDRINE Qu'est-ce que tu dis?

Suggestion Have students scan the captions to find at least three sentences that contain words and expressions related to travel and accommodations.

PASCAL C'est que... j'ai du travail.

SANDRINE Du travail! Mais c'est Noël! On ne travaille pas à Noël! Et Amina a déjà tout réservé... Oh! C'est pas vrai!

PASCAL *(à lui-même)* Elle n'est pas très heureuse maintenant, mais quelle surprise en perspective!

Un peu plus tard...

AMINA On a réussi, Sandrine! La réservation est faite. Tu as de la chance! Mais, qu'est-ce qu'il y a?

SANDRINE Tu es super gentille, Amina, mais Pascal a annulé pour Noël. Il dit qu'il a du travail... Lui et moi, c'est fini. Tu as fait beaucoup d'efforts pour faire la réservation, je suis désolée.

A C T I V I T É S

1 **Vrai ou faux?** Indiquez si les affirmations suivantes sont **vraies** ou **fausses**.

1. Sandrine fait une réservation à l'agence de voyages.
   Faux.
2. Pascal dit un mensonge (*lie*).
   Vrai.
3. Amina fait une réservation à l'hôtel Le Mont Blanc.
   Faux.
4. Il faut annuler la réservation à l'auberge de la Costaroche.
   Vrai.
5. Amina est fâchée (*angry*) contre Sandrine.
   Faux.

6. Pascal est fâché contre Sandrine.
   Faux.
7. Sandrine est fâchée contre Pascal.
   Vrai.
8. Sandrine a envie de voyager le 25 décembre.
   Faux.
9. Cent soixante et onze euros, c'est beaucoup d'argent pour Sandrine.
   Vrai.
10. Il y a beaucoup de touristes à Albertville en décembre.
    Vrai.

1 **Suggestion** Have students correct the items that are false.

Sandrine essaie d'organiser son voyage.

Expressions utiles Draw attention to *-ir* verbs and expressions used to ask for help in the captions, in the **Expressions utiles** box, and as they occur in your conversation with students. Point out that this material will be formally presented in the **Structures** section.

Au P'tit Bistrot...

SANDRINE Amina, je n'ai pas réussi à faire une réservation pour Albertville. Tu peux m'aider?

AMINA C'est que... je suis connectée avec Cyberhomme.

SANDRINE Avec qui?

AMINA J'écris un e-mail à... Bon, je t'explique plus tard. Dis-moi, comment est-ce que je peux t'aider?

Un peu plus tard...

AMINA Bon, alors... Sandrine m'a demandé de trouver un hôtel pas cher à Albertville. Pas facile à Noël... Je vais essayer... Voilà! L'auberge de la Costaroche... 39 euros la nuit pour une chambre individuelle. L'hôtel n'est pas complet et il y a deux chambres libres. Quelle chance cette Sandrine! Bon, nom... Sandrine Aubry...

AMINA Bon, la réservation, ce n'est pas un problème. Mais toi, Sandrine, c'est évident, ça ne va pas.

SANDRINE C'est vrai. Mais, alors, c'est qui, ce «Cyberhomme»?

AMINA Oh, c'est juste un ami virtuel. On correspond sur Internet, c'est tout. Ce soir, c'est son dixième message!

SANDRINE Lis-le-moi!

AMINA Euh non, c'est personnel...

SANDRINE Alors, dis-moi comment il est!

AMINA D'accord... Il est étudiant, sportif mais sérieux. Très intellectuel.

SANDRINE S'il te plaît, écris-lui: «Sandrine cherche aussi un cyberhomme»!

Suggestion Review students' predictions and ask which ones were correct.

Expressions utiles

Getting help

- **Je ne sais pas quoi faire... J'ai besoin de réfléchir.**
  I don't know what to do... I have to think.

- **Je n'ai pas réussi à faire une réservation pour Albertville.**
  I didn't manage to make a reservation for Albertville.

- **Tu peux m'aider?**
  Can you help me?

- **Dis-moi, comment est-ce que je peux t'aider?**
  Tell me, how can I help you?

- **Qu'est-ce que tu dis?**
  What are you saying/did you say?

- **On a réussi.**
  We succeeded./We got it.

- **S'il te plaît, écris-lui.**
  Please, write to him.

Additional vocabulary

- **C'est trop tard?**
  Is it too late?

- **Disons...**
  Let's say...

- **La réservation est faite.**
  The reservation has been made.

- **C'est fini.**
  It's over.

- **Je suis connectée avec...**
  I am online with...

- **Lis-le-moi.**
  Read it to me.

- **Il dit que...**
  He says that...

- **les moins chers**
  the least expensive

- **en fait**
  in fact

Expressions utiles Contrast the pronunciation of the following expressions: **en fait, on fait.**

---

2 **Questions** Répondez aux questions suivantes.

1. Pourquoi est-il difficile de faire une réservation pour Albertville?
   C'est difficile parce que c'est Noël.
2. Pourquoi est-ce que Sandrine ne veut pas (*doesn't want*) rester à l'hôtel Le Vieux Moulin?
   L'hôtel Le Vieux Moulin est très cher.
3. Pourquoi est-ce que Pascal ne peut pas (*can't*) aller à Albertville?
   Il a du travail.
4. Qui est Cyberhomme?
   C'est l'ami virtuel d'Amina.
5. À ton avis (*In your opinion*), Sandrine va-t-elle rester (*stay*) avec Pascal? *Answers will vary.*

3 **Devinez** Inventez-vous une identité virtuelle. Écrivez un paragraphe dans lequel (*in which*) vous vous décrivez, vous et vos occupations préférées. Donnez votre nom d'internaute (*cybername*). Votre professeur va afficher (*post*) vos messages. Devinez (*Guess*) quelle description correspond à quel(le) camarade de classe.

3 **Suggestion** Without revealing students' identities, match students with common interests and have them write back to one another.

ressources		
VM pp. 213–214	DVD Leçon 14	promenades.vhlcentral.com Leçon 14

LECTURE CULTURELLE

Avant la lecture Ask students how much vacation their parents can take annually, how much is typical in this country, and how much they think working people need to be happy in their work.

CULTURE À LA LOUPE

Les vacances des Français

une plage à Biarritz, en France

En 1936, les Français obtiennent° leurs premiers congés payés: deux semaines par an. En 1956, les congés payés passent à trois semaines, puis à quatre en 1969, et enfin à cinq semaines en 1982. Aujourd'hui, ce sont les Français qui ont le plus de vacances en Europe. Pendant longtemps, les Français prennent un mois de congés l'été, en août, et beaucoup d'entreprises°, de bureaux et de magasins ferment° tout le mois (la fermeture annuelle). Aujourd'hui, les Français ont tendance à prendre des vacances plus courtes (sept jours en moyenne°) mais plus souvent. Quant aux° destinations de vacances, 90% (pour cent) des Français restent en France. S'ils partent à l'étranger, leurs destinations préférées sont l'Espagne, l'Afrique et l'Italie. Environ° 35% des Français vont à la campagne, 30% vont en ville, 25% vont à la mer et 10% vont à la montagne.

Ce sont les personnes âgées et les agriculteurs° qui partent le moins souvent en vacances et les étudiants qui voyagent le plus, parce qu'ils ont beaucoup de congés. Pour eux, les cours commencent en septembre ou octobre avec la rentrée des classes. Puis, il y a deux semaines de vacances plusieurs fois dans l'année: les vacances de la Toussaint en octobre-novembre, les vacances de Noël en décembre-janvier, les vacances d'hiver en février-mars et les vacances de printemps en avril-mai. L'été, les étudiants ont les grandes vacances de juin jusqu'à° la rentrée.

PAYS / CONTINENT	SÉJOURS (EN %)
France	90,1
Espagne	1,9
Afrique	1,8
Italie	1,6
Amérique	1,3
Belgique / Luxembourg	0,9
Grande-Bretagne / Irlande	0,9
Allemagne	0,8
Asie / Océanie	0,7

Les destinations de vacances des Français aujourd'hui

obtiennent *obtain* **entreprises** *companies* **ferment** *close* **en moyenne** *on average* **Quant aux** *As for* **Environ** *Around* **agriculteurs** *farmers* **jusqu'à** *until*

Coup de main

To form the superlative of nouns, use **le plus (de)** + (*noun*) to say *the most* and **le moins (de)** + (*noun*) to say *the least*.

Les étudiants ont le plus de congés.

Les personnes âgées prennent le moins de congés.

ACTIVITÉS

1 Complétez Complétez les phrases.

1. C'est en 1936 que les Français obtiennent leurs premiers _congés payés_.

2. Depuis (*Since*) 1982, les Français ont _cinq semaines_ de congés payés.

3. Pendant longtemps, les Français prennent leurs vacances au mois _d'août_.

4. Pendant _la fermeture annuelle_ beaucoup de magasins sont fermés.

5. _La France_ est la destination de vacances préférée de 90% des Français.

6. Les destinations étrangères préférées des Français sont _l'Espagne, l'Afrique et l'Italie_.

7. Le lieu de séjour favori des Français est _la campagne_.

8. _Les personnes âgées et les agriculteurs_ ne partent pas souvent en vacances.

9. Ce sont _les étudiants_ qui ont le plus de vacances.

10. Les étudiants ont _deux semaines de vacances_ plusieurs fois par an.

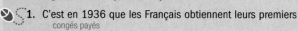

Portrait Explain that the Pyrenees are another important ski destination in France. Show their geographical relationship to the Alps on a map and point out that the Pyrenees create a natural border between France and Spain.

STRATÉGIE

Guessing meaning from context

As you read in French, you will often see words you have not learned. You can guess what they mean by looking at familiar words around them. You can also make assumptions about unknown words based on other details that you have understood in the selection. Context clues such as a theme, a person's actions, or a place can all shed light on a word's meaning. Always try to guess meaning from context before resorting to an English translation.

LE MONDE FRANCOPHONE

Des vacances francophones

Voici quelques idées de vacances francophones:

Au soleil

- un séjour ou une croisière (un voyage en bateau) dans les îles° des Antilles, dans la mer des Caraïbes: la Martinique, la Guadeloupe
- un séjour ou une croisière dans les îles de la Polynésie française, dans l'océan Pacifique: les îles de la Société (avec Tahiti), les Marquises, les Tuamotu, les îles Gambier et les îles Australes

Pour de l'aventure

- un trekking (une randonnée à pied) ou une randonnée à dos de chameau° dans le désert du Sahara: Maroc, Tunisie, Algérie
- un circuit-aventure dans les forêts de Madagascar, dans l'océan Indien, ou dans la forêt équatoriale de la Guyane française, en Amérique du sud°

îles *islands* **à dos de chameau** *camelback* **sud** *South*

PORTRAIT

Les Alpes et le ski

Près de 40% des Français partent à la montagne pour deux semaines en moyenne° pendant les vacances d'hiver. Soixante-dix pour cent d'entre eux° choisissent° une station de ski des Alpes françaises. La chaîne° des Alpes est la plus grande chaîne de montagnes d'Europe. Elle fait plus de 1.000 km de long et va de la Méditerranée à l'Autriche°. Plusieurs pays la partagent: entre autres° la France, la Suisse, l'Allemagne et l'Italie. Le Mont-Blanc, le sommet° le plus haut° d'Europe occidentale°, est à 4.808 mètres d'altitude. On trouve d'excellentes pistes° de ski dans les Alpes, comme à Chamonix, Tignes, Val d'Isère et aux Trois Vallées.

en moyenne *on average* **d'entre eux** *of them* **choisissent** *choose* **chaîne** *range* **l'Autriche** *Austria* **entre autres** *among others* **sommet** *peak* **le plus haut** *the highest* **occidentale** *Western* **pistes** *trails*

SUPERSITE

SUR INTERNET

Chaque année, depuis (*since*) 1982, plus de 4 millions de Français utilisent des Chèques-Vacances pour payer leurs vacances. Qu'est-ce que c'est, un Chèque-Vacances?

Go to **promenades.vhlcentral.com** to find more cultural information related to this **LECTURE CULTURELLE**.

---

2 Répondez Répondez aux questions par des phrases complètes.

1. Quel pourcentage des Français partent à la montagne en hiver?
   40% des Français partent à la montagne en hiver.
2. Des Français qui vont à la montagne en hiver, combien choisissent les Alpes?
   70% choisissent les Alpes.
3. Qu'est-ce que c'est, les Alpes?
   C'est une grande chaîne de montagnes partagée entre plusieurs pays d'Europe.
4. Quel est le sommet le plus haut d'Europe occidentale?
   Le Mont-Blanc est le sommet le plus haut d'Europe occidentale.
5. Quel séjour est-ce que vous suggérez à un jeune Américain qui aime l'aventure et qui a envie de pratiquer son français?
   Answers will vary.

3 À l'agence de voyages Vous travaillez dans une agence de voyages en France. Votre partenaire, un(e) client(e), va vous parler des activités et du climat qu'il/elle aime. Faites quelques suggestions de destinations. Votre client(e) va vous poser des questions sur les différents voyages que vous suggérez.

3 Expansion After the trip, the **client(e)** returns to the **agent(e)** to discuss what he or she did on the trip. The **agent(e)** asks: **Qu'est-ce que vous avez fait? Et puis, qu'est-ce que vous avez vu? Ensuite, où êtes-vous allé(e)?**

ressources

SUPERSITE

promenades.vhlcentral.com
Leçon 14

ACTIVITÉS

14.1 Regular *-ir* verbs

Point de départ In **Leçon 9**, you learned several irregular -ir verbs. Some -ir verbs, like **finir** (*to finish*), are regular in their conjugation.

finir		
je finis	**nous finissons**	
tu finis	**vous finissez**	
il/elle finit	**ils/elles finissent**	

Suggestion Model the pronunciation of -ir verbs and have students repeat them.

Je **finis** mes devoirs.   Alain et Chloé **finissent** de manger.
I finish my homework.   *Alain and Chloé finish eating.*

● Here are some other verbs that follow the same pattern as **finir**.

Other regular *-ir* verbs			
choisir	*to choose*	**réfléchir (à)**	*to think (about), to reflect (on)*
grossir	*to gain weight*		
maigrir	*to lose weight*	**réussir (à)**	*to succeed in doing something*

Marc **grossit** pendant les vacances.   Elles **réussissent** à trouver un hôtel au centre-ville.
Marc gains weight during vacation.   *They succeed in finding a hotel downtown.*

● To form the past participle of regular **-ir** verbs, drop the **-r** from the infinitive.

M. Leroy **a** beaucoup **maigri**.   Vous **avez choisi** une chambre?
Mr. Leroy lost a lot of weight.   *Did you choose a room?*

Une minute... je réfléchis.

On a réussi!

Essayez!   Complétez les phrases.

1. Si tu manges de la salade, tu <u>maigris</u> (maigrir).
2. Il <u>réussit</u> (réussir) tous ses projets.
3. Vous <u>finissez</u> (finir) vos devoirs?
4. Lundi prochain nous <u>finissons</u> (finir) le livre.
5. Les enfants <u>grossissent</u> (grossir).
6. Vous <u>choisissez</u> (choisir) quel magazine?
7. Son jean est trop grand parce qu'il <u>maigrit</u> (maigrir).
8. Je <u>réfléchis</u> (réfléchir) beaucoup à ce problème.

1 **Notre voyage** Complétez le dialogue avec le présent des verbes.

FRÉDÉRIQUE L'agence de voyages (1) <u>finit</u> (finir) d'organiser notre séjour aujourd'hui, n'est-ce pas?

MARC Oui, et elle (2) <u>choisit</u> (choisir) aussi notre hôtel.

LINDA Avez-vous assez d'argent? Est-ce que vous (3) <u>réfléchissez</u> (réfléchir) un peu à ça?

MARC Bien sûr, nous (4) <u>réfléchissons</u> (réfléchir) à ça!

FRÉDÉRIQUE Moi, je (5) <u>réussis</u> (réussir) toujours à dépenser tout mon argent.

LINDA Eh bien moi, je ne dépense pas d'argent pour manger. Je (6) <u>maigris</u> (maigrir) quand je vais à l'étranger.

MARC Moi, je (7) <u>grossis</u> (grossir) quand je voyage parce que je mange trop.

LINDA Est-ce que vous (8) <u>finissez</u> (finir) tous vos devoirs avant de voyager?

FRÉDÉRIQUE Moi, je les (9) <u>finis</u> (finir) rarement!

MARC Et moi, je (10) <u>choisis</u> (choisir) de les finir.

2 **Saïda part en voyage** Saïda a préparé une liste de choses qu'elle et ses copines, Leyla et Patricia, doivent (*must*) faire avant leur voyage. Elles ont déjà fait plusieurs choses, mais pas toutes. Dites qui a fait quoi. Answers may vary.

	moi	Leyla	Patricia
1. faire une réservation à l'auberge		✓	
2. réfléchir aux vêtements qu'on va apporter		✓	✓
3. maigrir	✓	✓	
4. choisir une chambre au rez-de-chaussée	✓		✓
5. réussir à trouver un maillot de bain	✓	✓	✓
6. choisir une camarade de chambre			✓

1. Leyla a déjà fait une réservation à l'auberge.
2. Leyla et Patricia ont déjà réfléchi aux vêtements qu'elles vont apporter.
3. J'ai déjà maigri.
4. Patricia et moi, nous avons déjà choisi une chambre au rez-de-chaussée.
5. Nous avons déjà toutes réussi à trouver un maillot.
6. Patricia a déjà choisi une camarade de chambre.

2 **Expansion** Have students create additional sentences describing what these people have already done.

COMMUNICATION

3 **Assemblez** Avec un(e) partenaire, assemblez les éléments des trois colonnes pour créer des phrases. Attention! Quelques verbes sont irréguliers. Answers will vary.

A	B	C
je	choisir	copains/copines
tu	finir	cours pour
le prof	grossir	l'année prochaine décision importante
mon frère	maigrir	
mes parents	partir	devoirs
ma sœur	réfléchir (à)	manger (peu, beaucoup, trop)
mon/ma petit(e) ami(e)	réussir	restaurant
	sortir	vacances
mon/ma camarade de chambre	?	vêtements
?		voyage
		?

4 **Votre vie à la fac** Posez ces questions à un(e) partenaire puis présentez vos réponses à la classe. Answers will vary.

1. As-tu beaucoup réfléchi avant de choisir cette université? Pourquoi l'as-tu choisie?

2. Comment est-ce que tu as choisi ton/ta camarade de chambre?

3. Pendant ce semestre, dans quel cours as-tu le mieux (*best*) réussi?

4. En général, est-ce que tu réussis aux examens de français? Comment les trouves-tu?

5. Est-ce que tu maigris ou grossis à la fac? Pourquoi?

6. À quelle heure est-ce que tes cours finissent le vendredi? Que fais-tu après les cours?

7. Que font tes parents pour toi quand tu réussis tes examens?

8. Quand fais-tu tes devoirs? Est-ce que tu as déjà fini tes devoirs pour aujourd'hui?

5 **Libres** Vous partez en vacances avec un(e) ami(e). Vous avez des opinions très différentes. L'un(e) préfère la plage et l'autre préfère la campagne. Mettez-vous d'accord et prenez des décisions. Où allez-vous? Qu'est-ce que vous apportez? Où descendez-vous? Préparez un dialogue puis jouez la scène pour la classe. Utilisez les verbes de la page précédente. Answers will vary.

5 **Suggestion** Before beginning this activity, write the headings **la plage** and **la campagne** on the board. Have students brainstorm words or activities associated with these places and list them on the board. Alternatively, you can have students do this individually.

Le français vivant

Je choisis la Guadeloupe pour mes vacances.
Je réussis à trouver un paradis pour mes enfants!
Les îles de Guadeloupe.
Les îles où tout finit par arriver!

ÎLES DE GUADELOUPE

LES ÎLES DE GUADELOUPE
Les îles de toutes les découvertes

Identifiez Regardez la publicité (*ad*) et trouvez les formes des verbes en **-ir.** choisis, réussis, finit

Répondez Par groupes de trois, répondez aux questions. Answers will vary.

1. Qui parle dans la pub?

2. Que vend-on dans la pub?

3. Où sont les îles de Guadeloupe? Regardez sur une carte si vous ne savez (*know*) pas.

4. Pourquoi choisit-on de passer ses vacances à la Guadeloupe?

5. Avez-vous passé des vacances dans un endroit comme la Guadeloupe? Où?

Le français vivant Have students locate the islands of Guadeloupe on the map of the French-speaking world in **Appendice A.**

14.2 The *impératif*

comparisons
NATIONAL STANDARDS

Point de départ The **impératif** is the form of a verb that is used to give commands or to offer directions, hints, and suggestions. With command forms, you do not use subject pronouns.

- Form the **tu** command of **-er** verbs by dropping the **-s** from the present tense form. Note that **aller** also follows this pattern.

  Réserve deux chambres.
  Reserve two rooms.

  Ne travaille pas.
  Don't work.

  Va au marché.
  Go to the market.

- The **nous** and **vous** command forms of **-er** verbs are the same as the present tense forms.

  Nettoyez votre chambre.
  Clean your room.

  Mangeons au restaurant ce soir.
  Let's eat at the restaurant tonight.

- For **-ir** verbs, **-re** verbs, and most irregular verbs, the command forms are identical to the present tense forms.

  Finis la salade.
  Finish the salad.

  Attendez dix minutes.
  Wait ten minutes.

  Faisons du yoga.
  Let's do some yoga.

The *impératif* of *avoir* and *être*		avoir	être
Suggestion Point out that **avoir** and **être** have irregular command forms.	(tu)	aie	sois
	(nous)	ayons	soyons
	(vous)	ayez	soyez

- The forms of **avoir** and **être** in the **impératif** are irregular.

  Aie confiance.
  Have confidence.

  Ne **soyons** pas en retard.
  Let's not be late.

- An object pronoun can be added to the end of an affirmative command. Use a hyphen to separate them. Use **moi** and **toi** for the first- and second-person object pronouns.

  Ne me permettez pas — être — les

  Permettez-moi de vous aider.
  Allow me to help you.
  Indirect

  Achète le dictionnaire et **utilise-le**.
  Buy the dictionary and use it.
  Direct

- In negative commands, place object pronouns between **ne** and the verb. Use **me** and **te** for the first- and second-person object pronouns.

  à moi

  Ne **me** montre pas les réponses, s'il te plaît.
  Please don't show me the answers.

  Cette photo est fragile. Ne **la touchez** pas. *la photo*
  That picture is fragile. Don't touch it.

BOÎTE À OUTILS
You will learn more about how to use **toi** and **te** with commands when you study reflexive verbs in **Leçon 19**.

Permettez-lui (margin note)

SUPERSITE

MISE EN PRATIQUE

1 **Dites à...** Mettez les verbes à l'impératif.

MODÈLE
Dites à votre petite sœur de nettoyer sa chambre.
Nettoie ta chambre.

Neg + aff.

Dites à votre petite sœur...
1. d'aller à l'école. *Ne Va pas à l'école.*
2. de ne pas regarder la télé. *Ne regarde pas la télé.*
3. de vous attendre. *Attends-moi.*

Dites à vos camarades de chambre...
4. de ne pas mettre la radio. *Ne mettez pas la radio.*
5. d'être gentils. *Soyez gentils.*
6. de réfléchir avant de parler. *Réfléchissez avant de parler.*

2 **Écoutez** Marilyne et Nicole sont des adolescentes difficiles. Leur mère leur demande de faire le contraire de ce qu'elles (*what they*) proposent.

MODÈLE
Nous allons regarder la télé.
Ne la regardez pas.

2 Suggestion Have students do this activity in pairs. Tell them that one person should play the role of Marilyne and Nicole, the other person plays their mother.

1. Nous allons téléphoner à nos copines. *Ne leur téléphonez pas.* *Téléphonez-leur*
2. Je ne vais pas parler à mon prof. *Parle-lui.*
3. Nous n'allons pas lire ce livre. *Lisez-le.*
4. Nous n'allons pas faire nos devoirs. *Faites-les.*
5. Je vais acheter une nouvelle jupe. *Ne l'achète pas.*
6. Je ne vais pas écrire à mes grands-parents. *Écris-leur.*

3 **Que dites-vous?** Que dites-vous à ces personnes? Avec un(e) partenaire, employez des verbes à l'impératif.
Answers will vary.

MODÈLE
Ne mangez pas trop.

1.

3.

2.

4.

3 Suggestion Give students four minutes to write as many commands as they can for each illustration. Then ask volunteers to read their suggestions to the class.

COMMUNICATION

4 **Fais-le** Dites à un(e) camarade de classe de faire certaines choses. Ensuite, changez de rôle. Utilisez ces verbes ou d'autres. Answers will vary.

MODÈLE

donner
Charles, donne-moi un crayon.

4 **Expansion** Have volunteers report to the class what they were told to do.

chanter	écrire
danser	essayer
décrire	faire
dessiner	lire
dire	nettoyer
donner	regarder

5 **Un voyage aux États-Unis** Un(e) étudiant(e) français(e) visite les États-Unis. Avec un(e) partenaire, suggérez des activités dans ces villes. Answers will vary.

MODÈLE

À New York, va à la statue de la Liberté.

villes	verbes utiles
Boston	acheter
Chicago	aller
Los Angeles	faire
Miami	manger
New York	prendre
San Francisco	regarder
Washington, D.C.	réserver
	rester
	visiter

6 **Mme Réponsatout** Vous téléphonez à l'émission de Madame Réponsatout, qui donne des conseils (*advice*) au public. Avec un(e) partenaire, imaginez les dialogues pour les problèmes de la liste. Employez des verbes à l'impératif et alternez les rôles. Answers will vary.

MODÈLE

Étudiant(e) 1: *J'ai un problème d'argent.*
Étudiant(e) 2: *N'achetez pas de vêtements chers.*

- un problème d'argent
- un problème sentimental (*romantic*)
- où aller en vacances
- un(e) camarade de chambre pénible
- mauvaises notes à tous les cours
- un professeur difficile

6 **Suggestion** If time is limited, assign different situations to each pair.

The verbs *dire*, *lire*, and *écrire*

	dire *(to say)*	lire *(to read)*	écrire *(to write)*
je/j'	dis	lis	écris
tu	dis	lis	écris
il/elle	dit	lit	écrit
nous	disons	lisons	écrivons
vous	dites	lisez	écrivez
ils/elles	disent	lisent	écrivent

Disons du 26 décembre au 2 janvier.

J'écris un e-mail à…

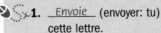

Elle m'**écrit**.   Ne **dis** pas ton secret.   **Lisez** cet e-mail.
She writes to me.   *Don't tell your secret.*   *Read that e-mail.*

- The verb **décrire** (*to describe*) is conjugated like **écrire**.

  Elle **décrit** l'accident.   Ils **décrivent** leurs vacances.
  She's describing the accident.   *They describe their vacation.*

- The past participles of **dire**, **écrire**, and **décrire**, respectively, are **dit**, **écrit**, and **décrit**. The past participle of **lire** is **lu**.

  Ils l'**ont dit**.   Tu l'**as écrit**.   Nous l'**avons lu**.
  They said it.   *You wrote it.*   *We read it.*

Essayez! For additional practice, change the command forms and have students restate the sentences without mentioning the people's names.

Essayez!   **Employez l'impératif pour compléter ces phrases.**

1. _Envoie_ (envoyer: tu) cette lettre.
2. Ne _quittons_ (quitter: nous) pas la maison ce soir.
3. _Attendez_ (attendre: vous) à l'aéroport.
4. Sébastien, _va_ (aller: tu) à la bibliothèque.
5. Christine et Serena, ne _soyez_ (être: vous) pas impatientes.
6. Chérie, n'_aie_ (avoir: tu) pas peur.
7. _Prenez_ (prendre: vous) des fraises.
8. _Écris_ (écrire: tu) ton devoir pour demain.
9. Ne me _dites_ (dire: vous) pas comment le film finit!
10. _Lis_ (lire: tu) ce livre.

Révision

4 Expansion Have volunteers present real problems they have had and ask the class for advice or a solution.

1 Oui ou non? Votre professeur va vous donner une feuille d'activités. Circulez dans la classe pour trouver deux camarades différent(e)s pour chaque situation, l'un(e) qui dit oui et l'autre qui dit non. Écrivez leur nom. Answers will vary.

MODÈLE

Étudiant(e) 1: Est-ce que tu écris des e-mails à tes grands-parents?

Étudiant(e) 2: Oui, je leur écris des e-mails parfois.

Situation	Oui	Non
1. écrire des e-mails à ses grands-parents	Lionel	
2. dire la vérité (truth) dans toutes les circonstances		
3. grossir en été		
4. lire le journal tous les matins		
5. maigrir en hiver		
6. réussir à faire la fête tous les week-ends		

2 Faites attention Vous êtes médecin. Quels conseils (advice) donnez-vous à ces personnes? Employez des verbes à l'impératif. Ensuite, comparez vos suggestions aux suggestions de deux camarades. Answers will vary.

Quels conseils donnez-vous à une personne...

1. fatiguée?
2. nerveuse?
3. sans énergie?
4. faible?
5. trop grosse?
6. trop mince?

2 Suggestion Have students write their advice.

3 Apprenons le français Vous et votre partenaire cherchez à progresser en français. Trouvez huit idées d'activités à faire en français et utilisez des verbes à l'impératif avec des pronoms d'objet direct ou indirect. Ensuite, comparez votre liste avec la liste d'un autre groupe. Answers will vary.

MODÈLE

Étudiant(e) 1: Regardons le dernier film de Catherine Deneuve.

Étudiant(e) 2: Oui, regardons-le.

3 Expansion Take a quick class survey to find out which ideas are the best. Tally the results on the board.

ressources

WB pp. 93–96	LM pp. 55–56	promenades.vhlcentral.com Leçon 14

4 Des solutions Parlez de ces problèmes avec un(e) partenaire. Un(e) étudiant(e) présente les problèmes de la colonne A et l'autre les problèmes de la colonne B. Employez des impératifs et alternez les rôles. Answers will vary.

MODÈLE J'ai perdu mon cahier de français.

Étudiant(e) 1: J'ai perdu mon cahier de français.

Étudiant(e) 2: Nettoie ta chambre et puis cherche-le.

A	B
1. Je ne trouve pas de billet aller-retour pour la Guadeloupe.	1. Mon/Ma petit(e) ami(e) est allé(e) à une fête avec une autre personne.
2. Demain c'est l'anniversaire de ma mère et je n'ai pas son cadeau.	2. Je n'ai pas acheté de billet de train pour aller à Genève demain.
3. Je n'ai pas d'argent pour payer l'addition.	3. Il est 11h00 du matin, mais j'ai déjà faim.
4. L'avion est parti sans moi.	4. Il neige et j'ai très froid.

5 La publicité Par groupes de trois, créez le texte d'une publicité pour le magazine *Mer et soleil*. Décidez quel endroit l'illustration représente, puis employez des verbes à l'impératif pour attirer (to attract) des touristes. Ensuite, présentez vos pubs (ads) à la classe. Answers will vary.

6 Un week-end en vacances Votre professeur va vous donner, à vous et à votre partenaire, une feuille de dessins sur le week-end de M. et Mme Bardot et de leur fille Alexandra. Attention! Ne regardez pas la feuille de votre partenaire. Answers will vary.

MODÈLE

Étudiant(e) 1: D'abord, ils sont arrivés à l'hôtel.

Étudiant(e) 2: Après, ...

6 Suggestion Divide the class into pairs and distribute the Info Gap Handouts in the IRM on the IRCD-ROM for this activity.

Écriture

STRATÉGIE

Making an outline

When we write to share information, an outline can serve to separate topics and subtopics, providing a framework for presenting the data. Consider the following excerpt from an outline of a tourist brochure.

I. Itinéraire et description du voyage
- A. Jour 1
  1. ville: Ajaccio
  2. visites: visite de la ville à pied
  3. activités: dîner
- B. Jour 2
  1. ville: Bonifacio
  2. visites: la ville de Bonifacio
  3. activités: promenade en bateau, dîner

II. Description des hôtels et des transports
- A. Hôtels
- B. Transports

Schéma d'idées

Idea maps can be used to create outlines. The major sections of an idea map correspond to the Roman numerals in an outline. The minor sections correspond to the outline's capital letters, and so on. Consider the idea map that led to the outline above.

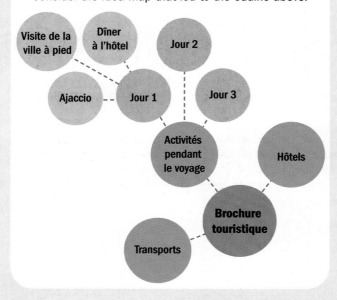

Thème

Écrivez une brochure

Vous allez préparer une brochure pour un voyage organisé que vous avez fait ou que vous avez envie de faire dans un pays francophone. Utilisez un schéma d'idées pour vous aider. Voici des exemples d'informations que votre brochure peut (*can*) donner.

- le pays et la ville
- le nombre de jours
- la date et l'heure du départ et du retour
- les transports utilisés (train, avion,...) et le lieu de départ (aéroport JFK, gare de Lyon,...)
- le temps qu'il va probablement faire et quelques suggestions de vêtements à porter
- où on va dormir (hôtel, auberge de jeunesse, camping,...)
- où on va manger (restaurant, café, pique-nique dans un parc,...)
- les visites culturelles (monuments, musées,...)
- les autres activités au programme (explorer la ville, aller au marché, faire du sport,...)
- le prix du voyage par personne

Thème Discuss the travel brochure that students are going to write. Go over the list of information that they might include. You might indicate a specific number of points that should be in the brochure. Remind them that they are writing with the purpose of attracting people to take a trip. Suggest that students brainstorm in French as many details as possible about the trip they will describe.

Panorama

le ski dans les Alpes

Provence-Alpes-Côte d'Azur

La région en chiffres

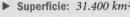

▶ **Superficie:** *31.400 km²*

▶ **Population:** *4.666.000*
SOURCE: INSEE

▶ **Industries principales:** *agriculture, industries agro-alimentaires°, métallurgiques et mécaniques, parfumerie, tourisme*

▶ **Villes principales:** *Avignon, Gap, Marseille, Nice, Toulon*

Personnages célèbres

▶ **Nostradamus,** *astrologue et médecin (1503–1566)*

▶ **Marcel Pagnol,** *cinéaste° et écrivain (1895–1974)*

▶ **Surya Bonaly,** *athlète olympique (1973–)*

Rhône-Alpes

La région en chiffres

▶ **Superficie:** *43.698 km²*

▶ **Population:** *5.893.000*

▶ **Industries principales:** *agriculture, élevage°, tourisme, industries chimiques, métallurgiques et textiles*

▶ **Villes principales:** *Annecy, Chambéry, Grenoble, Lyon, Saint-Étienne*

Personnages célèbres

▶ **Louise Labé,** *poétesse (1524–1566)*

▶ **Stendhal,** *écrivain (1783–1842)*

▶ 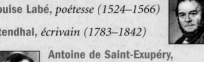 **Antoine de Saint-Exupéry,** *écrivain, auteur° du Petit Prince (1900–1944)*

agro-alimentaires *food-processing* **cinéaste** *filmmaker* **élevage** *livestock raising* **auteur** *author* **confrérie** *brotherhood* **gardians** *herdsmen* **depuis** *since* **sud** *south* **chevaux** *horses* **taureaux** *bulls* **flamants** *flamingos* **Montés** *Riding* **Papes** *Popes*

LA SUISSE

Annecy • Chamonix
▲ Mont-Blanc
Lyon • le Rhône Albertville

LA FRANCE

St-Étienne • Chambéry
RHÔNE-ALPES

l'Isère

Grenoble L'ITALIE

Valence •

la Drôme

Gap
Montélimar • la Durance
PROVENCE-ALPES-
CÔTE D'AZUR
(PACA)

le Rhône

le Verdon le Var

0   50 milles

0   50 kilomètres

Avignon •
la Durance Nice
Arles • Grasse • MONACO
LA Cannes • Antibes
CAMARGUE Aix-en-Provence •

Marseille • Toulon •
Les îles d'Hyères

LA MER
MÉDITERRANÉE

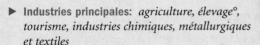
le palais des Papes° à Avignon

PROMENADE des ANGLAIS
la promenade des Anglais à Nice

Incroyable mais vrai!

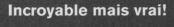

Tous les cow-boys ne sont pas américains. En Camargue, la confrérie° des gardians° perpétue depuis° 1512 les traditions des cow-boys français. C'est dans le sud° que cohabitent les chevaux° blancs camarguais, des taureaux° noirs et des flamants° roses. Montés° sur des chevaux blancs, les gardians gardent les taureaux noirs.

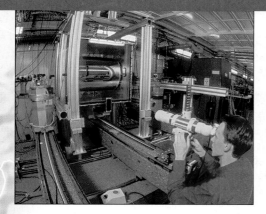

Les destinations
Grenoble

La ville de Grenoble, dans la région Rhône-Alpes, est surnommée «Capitale des Alpes» et «Ville Technologique». Située° à la porte des Alpes, elle donne accès aux grandes stations de ski alpines et elle est le premier centre de recherche° en France après Paris, avec plus de° 15.000 chercheurs°. Le synchrotron de Grenoble, un des plus grands° accélérateurs de particules du monde, permet à 5.000 chercheurs d'étudier la matière°. Grenoble est également° une ville universitaire avec quatre universités et 60.000 étudiants.

Les arts
Le festival de Cannes

Chaque année depuis° 1946, au mois de mai, de nombreux acteurs, réalisateurs° et journalistes viennent à Cannes, sur la Côte d'Azur, pour le Festival International du Film. Avec près de 1.000 films, 4.000 journalistes et plus de 70 pays représentés, c'est la manifestation cinématographique annuelle la plus médiatisée°. Après deux semaines de projections, de fêtes, d'expositions et de concerts, le jury international du festival choisit le meilleur° des vingt films présentés en compétition officielle.

La gastronomie
La raclette et la fondue

La Savoie, dans la région Rhône-Alpes, est très riche en fromages et deux de ses spécialités sont basées sur le fromage. Pour la raclette, on met du fromage à raclette sur un appareil° à raclette pour le faire fondre°. Chaque personne racle° du fromage dans son assiette° et le mange avec des pommes de terre° et de la charcuterie°. La fondue est un mélange° de fromages fondus°. Avec un bâton°, on trempe° un morceau° de pain dans la fondue. Ne le faites pas tomber!

Les traditions
Grasse, France

La ville de Grasse, sur la Côte d'Azur, est le centre de la parfumerie° française. Capitale mondiale du parfum depuis le dix-huitième siècle, Grasse cultive les fleurs depuis le Moyen Âge°: violette, lavande, rose, plantes aromatiques, etc. Au dix-neuvième siècle, ses parfumeurs, comme Molinard, ont conquis° les marchés du monde grâce à° la fabrication industrielle.

 Qu'est-ce que vous avez appris? Répondez aux questions par des phrases complètes.

1. Comment s'appelle la région où les gardians perpétuent les traditions des cow-boys français?
   La région s'appelle la Camargue.
2. Qui a écrit le livre *Le Petit Prince*?
   Antoine de Saint-Exupéry a écrit *Le Petit Prince*.
3. Quel est le rôle des gardians?
   Ils gardent les taureaux.
4. Où est situé Grenoble?
   Grenoble est situé à la porte des Alpes.
5. À Grenoble, qui vient étudier la matière?
   À Grenoble, les chercheurs viennent étudier la matière.

6. Depuis quand existe le festival de Cannes?
   Le festival de Cannes existe depuis 1946.
7. Qui choisit le meilleur film au festival de Cannes?
   Le jury international choisit le meilleur film.
8. Avec quoi mange-t-on la raclette?
   On mange la raclette avec des pommes de terre et de la charcuterie.
9. Quelle ville est le centre de la parfumerie française?
   La ville de Grasse est le centre de la parfumerie française.
10. Pourquoi Grasse est-elle le centre de la parfumerie française?
    Grasse est le centre de la parfumerie française parce que la ville cultive les fleurs / grâce à la fabrication industrielle.

ressources

WB pp. 97–98

SUPERSITE
promenades.vhlcentral.com
Unité 7

 **SUR INTERNET**

Go to promenades.vhlcentral.com to find more cultural information related to this **PANORAMA**.

1. Quels films étaient (*were*) en compétition au dernier festival de Cannes? Qui composait (*made up*) le jury?
2. Trouvez des informations sur la parfumerie à Grasse. Quelles sont deux autres parfumeries qu'on trouve à Grasse?

Cultural Activity Have students look at the web sites for **le festival de Cannes**, **les César du Cinéma**, and a major award show or film festival from their region.

Située *Located* **recherche** *research* **plus de** *more than* **chercheurs** *researchers* **des plus grands** *of the largest* **matière** *matter* **également** *also* **depuis** *since* **réalisateurs** *filmmakers* **la plus médiatisée** *the most publicized* **meilleur** *best* **appareil** *machine* **fondre** *melt* **racle** *scrapes* **assiette** *plate* **pommes de terre** *potatoes* **charcuterie** *cooked pork meats* **mélange** *mix* **fondus** *melted* **bâton** *stick* **trempe** *dips* **morceau** *piece* **parfumerie** *perfume industry* **Moyen Âge** *Middle Ages* **ont conquis** *conquered* **grâce à** *thanks to*

Partir en voyage

un aéroport	airport
un arrêt d'autobus (de bus)	bus stop
une arrivée	arrival
un avion	plane
un billet aller-retour	round-trip ticket
un billet (d'avion, de train)	(plane, train) ticket
un départ	departure
une douane	customs
une gare (routière)	train station (bus station)
une sortie	exit
une station (de métro, de train)	(subway, train) station
une station de ski	ski resort
un ticket de bus, de métro	bus, subway ticket
un vol	flight
un voyage	trip
à l'étranger	abroad, overseas
la campagne	country(side)
une capitale	capital
des gens (m.)	people
le monde	world
un pays	country

Les pays

(en/l') Allemagne (f.)	(to, in) Germany
(en/l') Angleterre (f.)	(to, in) England
(en/la) Belgique (belge)	(to, in) Belgium (Belgian)
(au/le) Brésil (brésilien(ne))	(to, in) Brazil (Brazilian)
(au/le) Canada	(to, in) Canada
(en/la) Chine (chinois(e))	(to, in) China (Chinese)
(en/l') Espagne (f.)	(to, in) Spain
(aux/les) États-Unis (m.)	(to, in) United States
(en/la) France	(to, in) France
(en/l') Irlande (f.) (irlandais(e))	(to, in) Ireland (Irish)
(en/l') Italie (f.)	(to, in) Italy
(au/le) Japon	(to, in) Japan
(au/le) Mexique	(to, in) Mexico
(en/la) Suisse	(to, in) Switzerland

Les vacances

bronzer	to tan
faire du shopping	to go shopping
faire les valises	to pack one's bags
faire un séjour	to spend time (somewhere)
partir en vacances	to go on vacation
prendre un train (un avion, un taxi, un (auto)bus, un bateau)	to take a train (plane, taxi, bus, boat)
rouler en voiture	to ride in a car
utiliser un plan	to use/read a map
un (jour de) congé	day off
le journal	newspaper
la mer	sea
une plage	beach
des vacances (f.)	vacation

Adverbes et locutions de temps

alors	so, then; at that moment
après (que)	after
avant (de)	before
d'abord	first
donc	therefore
enfin	finally, at last
ensuite	then, next
finalement	finally
pendant (que)	during, while
puis	then
tout à coup	suddenly
tout de suite	right away

Verbes

aller	to go
arriver	to arrive
descendre	to go/take down
entrer	to enter
monter	to go/come up; to get in/on
mourir	to die
naître	to be born
partir	to leave
passer	to pass by; to spend time
rentrer	to return
rester	to stay
retourner	to return
sortir	to go out
tomber (sur quelqu'un)	to fall (to run into somebody)

Faire une réservation

annuler	to cancel
une réservation	a reservation
réserver	to reserve
une agence/un agent de voyages	travel agency/agent
un ascenseur	elevator
une auberge de jeunesse	youth hostel
une chambre individuelle	single room
une clé	key
un(e) client(e)	client; guest
un étage	floor
un hôtel	hotel
un hôtelier/ une hôtelière	hotel keeper
un lit	bed
un passager/ une passagère	passenger
un passeport	passport
la réception	reception desk
le rez-de-chaussée	ground floor
complet/complète	full (no vacancies)
libre	available

Verbes réguliers en –ir

choisir	to choose
finir	to finish
grossir	to gain weight
maigrir	to lose weight
réfléchir (à)	to think (about), to reflect (on)
réussir (à)	to succeed in doing something

Verbes irréguliers

décrire	to describe
dire	to say
écrire	to write
lire	to read

Expressions utiles	See pp. 199 and 213.
Direct object pronouns	See pp. 204–205.
Ordinal numbers	See pp. 208–209.

Chez nous

Pour commencer

- Qui est passée chez qui?
- Qu'est-ce qu'il y a dans la cafetière? Du lait? De l'eau? Du café?
- Qu'est-ce que fait Sandrine?
- Quelles couleurs porte Sandrine? Et Amina?

Leçon 15

You will learn how to...
- describe your home
- talk about habitual past actions

La maison

Suggestion Use **Transparency #37**. Point out rooms and furnishings in the illustration. Examples: **Ça, c'est la salle de bains. Voici un canapé.**

le balcon

la salle de bains

les toilettes (f.) (W.-C.) (m.)

le miroir

le couloir

la baignoire

le canapé

le tapis

le fauteuil

une fleur

la salle de séjour

le sous-sol

Vocabulaire

déménager	to move out
emménager	to move in
louer	to rent
un appartement	apartment
une cave	basement, cellar
une cuisine	kitchen
un escalier	staircase
un immeuble	building
un jardin	garden; yard
un logement	housing
un loyer	rent
une pièce	room
un quartier	area, neighborhood
une résidence	residence
une salle à manger	dining room
un salon	formal living/sitting room
un studio	studio (apartment)
une armoire	armoire, wardrobe
une douche	shower
un lavabo	bathroom sink
un meuble	piece of furniture
un placard	closet, cupboard
un tiroir	drawer

Suggestion Ask students questions about their homes using the new vocabulary. Examples: **Habitez-vous dans une maison, dans un appartement ou dans une résidence? Avez-vous un balcon? Un garage? Combien de salles de bains y a-t-il chez vous?**

Suggestion Explain that **une chambre** is *a bedroom*, but **une pièce** is the generic term for *a room*.

ressources

WB pp. 99–100	LM p. 57	SUPERSITE promenades.vhlcentral.com Leçon 15

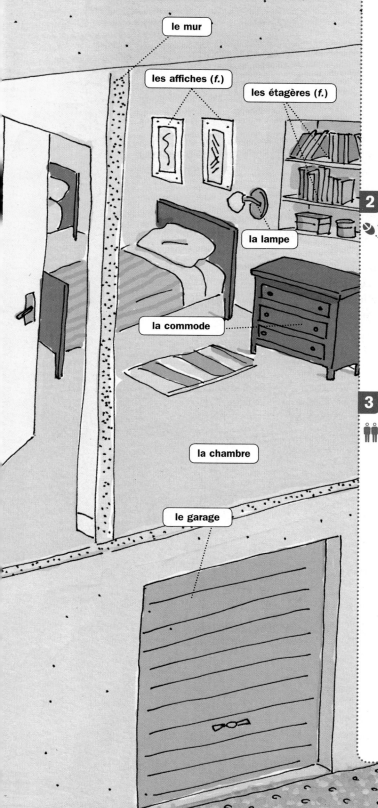

les rideaux (m.)

Suggestion Point out that **un studio** is *an efficiency apartment*, usually equipped with a couch that converts into a bed and a kitchenette. *A studio*, such as that of an artist or crafts-person, is **un atelier**.

le mur

les affiches (f.)

les étagères (f.)

la lampe

la commode

la chambre

le garage

Mise en pratique

1 **Écoutez** Patrice cherche un appartement. Écoutez sa conversation téléphonique et dites si les affirmations sont **vraies** ou **fausses**.

	Vrai	Faux
1. Madame Dautry est la propriétaire de l'appartement.	☑	☐
2. L'appartement est au 24 rue Pasteur.	☑	☐
3. L'appartement est au cinquième étage.	☐	☑
4. L'appartement est dans un vieil immeuble.	☐	☑
5. L'appartement n'a pas de balcon, mais il a un garage.	☐	☑
6. Il y a une baignoire dans la salle de bains.	☐	☑
7. Les toilettes ne sont pas dans la salle de bains.	☑	☐
8. L'appartement est un studio.	☐	☑
9. Le loyer est de 490€.	☑	☐
10. Patrice va emménager tout de suite.	☐	☑

2 **Chassez l'intrus** Indiquez le mot ou l'expression qui ne convient pas (*that doesn't belong*).

1. un appartement, (un quartier,) un logement, un studio
2. une baignoire, une douche, (un sous-sol,) un lavabo
3. un salon, une salle à manger, une salle de séjour, (un jardin)
4. un meuble, un canapé, une armoire, (une affiche)
5. (un placard,) un balcon, un jardin, un garage
6. une chambre, une cuisine, (un rideau,) une pièce
7. un meuble, une commode, (un couloir,) un tiroir
8. un mur, (un tapis,) une fenêtre, une affiche

3 **Définitions** Lisez les définitions et trouvez les mots ou expressions de **CONTEXTES** qui correspondent. Ensuite, avec un(e) partenaire, donnez votre propre définition de cinq mots ou expressions. Rejoignez un autre groupe et lisez vos définitions. L'autre groupe doit deviner (*must guess*) de quoi vous parlez.

1. C'est ce que (*what*) vous payez chaque mois quand vous n'êtes pas propriétaire de votre appartement. ___un loyer___
2. Vous passez par ici pour aller d'une pièce à une autre. ___un couloir___
3. C'est le fait de (*act of*) partir de votre appartement. ___déménager___
4. C'est là que vous mettez vos livres. ___une étagère___
5. En général, il y en a quatre dans une pièce et ils sont entre les pièces de votre appartement. ___les murs___
6. C'est ce que vous utilisez pour lire le soir. ___une lampe___
7. C'est là que vous mettez votre voiture. ___un garage___
8. C'est ce que vous utilisez pour aller du premier étage au deuxième étage d'un immeuble. ___un escalier/un ascenseur___
9. Quand vous avez des invités, c'est la pièce dans laquelle (*in which*) vous dînez. ___la salle à manger___
10. En général, il est sur le sol (*floor*) d'une pièce. ___un tapis___

Communication

4 **Répondez** À tour de rôle avec un(e) partenaire, posez-vous les questions suivantes et répondez-y. Answers will vary.

1. Où est-ce que tu habites?
2. Quelle est la taille de ton appartement ou de ta maison? Combien de pièces y a-t-il?
3. Quand as-tu emménagé?
4. Est-ce que tu as un jardin? Un garage?
5. Combien de placards as-tu? Où sont-ils?
6. Quels meubles as-tu? Comment sont-ils?
7. Quel meuble est-ce que tu voudrais (*would like*) avoir dans ton appartement? (Répondez: Je voudrais...)
8. Qu'est-ce que tu détestes au sujet de ton appartement?

4 **Suggestion** Have students jot down notes during their interviews. Then have them report what they learned to another pair of students.

5 **Votre chambre** Écrivez une description de votre chambre. À tour de rôle, lisez votre description à votre partenaire. Il/Elle va vous demander d'autres détails et dessiner un plan. Ensuite, regardez le dessin (*drawing*) de votre partenaire et dites s'il correspond à votre chambre ou non. Answers will vary.

6 **Sept différences** Votre professeur va vous donner, à vous et à votre partenaire, deux feuilles d'activités différentes. Il y a sept différences entre les deux images. Comparez vos dessins et faites une liste de ces différences. Quel est le groupe le plus rapide (*the quickest*) de la classe? Attention! Ne regardez pas la feuille de votre partenaire. Answers will vary.

MODÈLE

Étudiant(e) 1: *Dans mon appartement, il y a un lit. Il y a une lampe à côté du lit.*
Étudiant(e) 2: *Dans mon appartement aussi, il y a un lit, mais il n'y a pas de lampe.*

7 **La décoration** Formez un groupe de trois. L'un de vous est un décorateur d'intérieur qui a rendez-vous avec deux clients qui veulent (*want*) redécorer leur maison. Les clients sont très difficiles. Imaginez votre conversation et jouez la scène devant la classe. Utilisez les mots de la liste. Answers will vary.

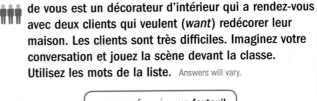

un canapé	un fauteuil
une chambre	un meuble
une cuisine	un mur
un escalier	un placard
une étagère	un tapis

6 **Suggestion** Divide the class into pairs and distribute the Info Gap Handouts in the IRM on the IRCD-ROM for this activity. Have two volunteers read the **modèle** aloud.

7 **Suggestion** Tell students to include colors in their descriptions.

Les sons et les lettres

🎧 s and ss

You've already learned that an **s** at the end of a word is usually silent.

| lavabo**s** | copain**s** | va**s** | placard**s** |

An **s** at the beginning of a word, before a consonant, or after a pronounced consonant is pronounced like the *s* in the English word *set*.

| **s**oir | **s**alon | **s**tudio | ab**s**olument |

A double **s** is pronounced like the *ss* in the English word *kiss*.

| gro**ss**e | a**ss**ez | intére**ss**ant | rou**ss**e |

An **s** at the end of a word is often pronounced when the following word begins with a vowel sound. An **s** in a liaison sounds like a *z*, like the *s* in the English word *rose*.

| trè**s** élégant | troi**s** hommes |

The other instance where the French **s** has a *z* sound is when there is a single **s** between two vowels within the same word. The **s** is pronounced like the *s* in the English word *music*.

| mu**s**ée | amu**s**ant | oi**s**eau | be**s**oin |

These words look alike, but have different meanings. Compare the pronunciations of each word pair.

| poi**s**on | poi**ss**on | dé**s**ert | de**ss**ert |

Suggestions
- Model the pronunciation of the example words and have students repeat them after you.
- Ask students to provide more examples of words from this lesson or previous lessons with these sounds. Examples: **cuisine, salon,** and **résidence.**
- Dictate five familiar words containing **s** and **ss,** repeating each one at least two times. Then write them on the board or on a transparency and have students check their spelling.

🔊 **Prononcez** Répétez les mots suivants à voix haute.

1. sac
2. triste
3. suisse
4. chose
5. bourse
6. passer
7. surprise
8. assister
9. magasin
10. expressions
11. sénégalaise
12. sérieusement

🔊 **Articulez** Répétez les phrases suivantes à voix haute.

1. Le spectacle est très amusant et la chanteuse est superbe.
2. Est-ce que vous habitez dans une résidence universitaire?
3. De temps en temps, Suzanne assiste à l'inauguration d'expositions au musée.
4. Heureusement, mes professeurs sont sympathiques, sociables et très sincères.

🔊 **Dictons** Répétez les dictons à voix haute.

Les oiseaux de même plumage s'assemblent sur le même rivage.[2]

Si jeunesse savait, si vieillesse pouvait. [1]

[2] Birds of a feather flock together.

[1] Youth is wasted on the young. (lit. If youth but knew, if old age but could.)

ressources

LM p. 58 | promenades.vhlcentral.com Leçon 15

ROMAN-PHOTO

La visite surprise

 SUPERSITE

Suggestion Have students read the title, glance at the video stills, and predict what the episode will be about. Record their predictions.

PERSONNAGES

David

Pascal

Rachid

Sandrine

En ville, Pascal fait tomber (drops) ses fleurs.

PASCAL Aïe!
RACHID Tenez. (*Il aide Pascal.*)
PASCAL Oh, merci.
RACHID Aïe!
PASCAL Oh pardon, je suis vraiment désolé!
RACHID Ce n'est rien.
PASCAL Bonne journée!

Chez Sandrine...

RACHID Eh, salut, David! Dis donc, ce n'est pas un logement d'étudiants ici! C'est grand chez toi! Tu ne déménages pas, finalement?
DAVID Heureusement, Sandrine a décidé de rester.
SANDRINE Oui, je suis bien dans cet appartement. Seulement les loyers sont très chers au centre-ville.

RACHID Oui, malheureusement! Tu as combien de pièces?
SANDRINE Il y a trois pièces: le salon, la salle à manger, ma chambre. Bien sûr il y a une cuisine et j'ai aussi une grande salle de bains. Je te fais visiter?

SANDRINE Et voici ma chambre.
RACHID Elle est belle!
SANDRINE Oui... j'aime le vert.

Suggestion Have students scan the **Roman-photo** and find words related to the home.

RACHID Dis, c'est vrai, Sandrine, ta salle de bains est vraiment grande.
DAVID Oui! Et elle a un beau miroir au-dessus du lavabo et une baignoire!
RACHID Chez nous, on a seulement une douche.
SANDRINE Moi, je préfère les douches en fait.

Le téléphone sonne (rings).

RACHID Comparé à cet appartement, le nôtre c'est une cave! Pas de décorations, juste des affiches, un canapé, des étagères et mon bureau.
DAVID C'est vrai. On n'a même pas de rideaux.

1 **Vrai ou faux?** Indiquez si les affirmations suivantes sont **vraies** ou **fausses**.

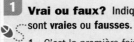

1. C'est la première fois que Rachid visite l'appartement. Vrai.
2. Sandrine ne déménage pas. Vrai.
3. Les loyers au centre-ville ne sont pas chers. Faux.
4. Sandrine invite parfois ses amis à dîner chez elle. Vrai.
5. Rachid préfère son appartement à l'appartement de Sandrine. Faux.

6. Chez les garçons, il y a une baignoire et des rideaux. Faux.
7. Quand Pascal arrive, Sandrine est contente (*pleased*). Faux.
8. Pascal doit (*must*) travailler ce week-end. Faux.

1 **Expansion** For additional practice, give students these items. **9. Rachid et Pascal sont de bons amis. (Faux.) 10. La chambre de Sandrine est rose. (Faux.) 11. L'appartement de Sandrine est une cave. (Faux.)**

Pascal arrive à Aix-en-Provence.

Expressions utiles As you work through the list, point out adverbs ending in -**ment** and verbs in the **imparfait**. You might want to tell students that the ending -**ment** usually corresponds to the English ending -*ly*. Then tell them that these grammar structures will be formally presented in the **Structures** section.

SANDRINE Voici la salle à manger.
RACHID Ça, c'est une pièce très importante pour nous, les invités.

Suggestions
- Have students read the **Roman-photo** conversation in groups of four.
- Review students' predictions and ask them which ones were correct.

SANDRINE Et puis, la cuisine.
RACHID Une pièce très importante pour Sandrine...
DAVID Évidemment!

Expressions utiles Point out that **être fâché(e) contre quelqu'un** means *to be angry with someone*, but **être fâché(e) avec quelqu'un**, means *to be no longer on speaking terms with someone*.

SANDRINE Mais Pascal... je pensais que tu avais du travail... Quoi? Tu es ici, maintenant? C'est une blague!
PASCAL Mais ma chérie, ne sois pas fâchée, c'était une surprise...

2 Expansion For additional practice, give students these items. **9. bureau (D & R) 10. grande salle de bains (S) 11. douche (D & R)**

SANDRINE Une surprise! Nous deux, c'est fini! D'abord, tu me dis que les vacances avec moi, c'est impossible et ensuite tu arrives à Aix sans me téléphoner!
PASCAL Bon, si c'est comme ça, reste où tu es. Ne descends pas. Moi, je m'en vais. Voilà tes fleurs. Tu parles d'une surprise!

Expressions utiles

Talking about your home

- **Tu ne déménages pas, finalement?**
  You are not moving, after all?
- **Heureusement, Sandrine a décidé de rester.**
  Thankfully/Happily, Sandrine decided to stay.
- **Seulement, les loyers sont très chers au centre-ville.**
  However, rents are very expensive downtown.
- **Je te fais visiter?**
  Shall I give you a tour?
- **Ta salle de bains est vraiment grande.**
  Your bathroom is really big.
- **Elle a un beau miroir au-dessus du lavabo.**
  She has a nice mirror above the sink.
- **Chez nous, on a seulement une douche.**
  At our place, we only have a shower.

Additional vocabulary

- **Aïe!**
  Ouch!
- **Tenez.**
  Here.
- **Évidemment!**
  Evidently!
- **Oui, malheureusement!**
  Yes, unfortunately!
- **Je pensais que tu avais du travail.**
  I thought you had to work.
- **Mais ma chérie, ne sois pas fâchée, c'était une surprise.**
  But sweetie, don't be mad, it was a surprise.
- **sans**
  without
- **Moi, je m'en vais.**
  I am leaving/getting out of here.

3 Suggestion Before writing the conversation, tell students that the person playing the real estate agent should make a list of questions to ask prospective clients, and the two people playing Sandrine and Amina should decide on the features they are looking for in an apartment.

2 Quel appartement? Indiquez si les objets suivants sont dans l'appartement de Sandrine (**S**) ou dans l'appartement de David et Rachid (**D & R**).

1. baignoire S
2. balcon S
3. rideaux S
4. canapé D & R, S
5. trois pièces S
6. étagères D & R
7. miroir S
8. affiches D & R

3 Conversez Sandrine décide que son loyer est vraiment trop cher. Elle cherche un appartement à partager avec Amina. Avec deux partenaires, écrivez leur conversation avec un agent immobilier (*real estate agent*). Elles décrivent l'endroit idéal, le prix et les meubles qu'elles préfèrent. L'agent décrit plusieurs possibilités.

ressources		
VM pp. 215–216	DVD Leçon 15	promenades.vhlcentral.com Leçon 15

ACTIVITÉS

Avant la lecture Have students look at the photos and describe what they see.

CULTURE À LA LOUPE

Le logement en France

Les trois quarts des gens habitent en ville et un Français sur cinq habite la région parisienne. Quinze pour cent de la population habitent en banlieue dans des HLM (habitations à loyer modéré°), des appartements réservés aux familles qui n'ont pas beaucoup d'argent. Plus de la moitié des Français habitent une maison individuelle et l'autre partie habite un appartement. Cinquante pour cent des Français sont propriétaires, dont° dix pour cent ont une résidence secondaire.

Le type et la taille° des logements varient. Dans les grandes villes, beaucoup d'anciens hôtels particuliers° ont été transformés en appartements. En banlieue, on trouve les grands ensembles°, groupes d'immeubles assez° modernes qui bénéficient de certains équipements collectifs°. En général, dans les petites villes et les villages, les gens habitent de petites maisons qui sont souvent assez vieilles.

Le style et l'architecture varient d'une région à l'autre. La région parisienne a de nombreux pavillons (maisons avec de petits jardins). Dans le nord°, on habite souvent des maisons en briques° avec des toits en ardoise°. En Alsace-Lorraine, il y a de vieilles maisons à colombages avec des parties de mur en bois°. Les maisons traditionnelles de l'ouest° ont des toits de chaume°. Dans le sud°, il y a des villas de style méditerranéen avec des toits en tuiles° rouges et des mas° provençaux (vieilles maisons en pierre°).

Coup de main

Here are some terms commonly used in statistics.

un quart = *one quarter*

un tiers = *one third*

la moitié = *half*

la plupart de = *most of*

un sur cinq = *one in five*

habitations à loyer modéré *low-cost government housing* **dont** *of which* **taille** *size* **anciens hôtels particuliers** *former private mansions* **grands ensembles** *high-rise buildings* **assez** *rather* **bénéficient de certains équipements collectifs** *benefit from certain shared facilities* **nord** *north* **briques** *bricks* **toits en ardoise** *slate roofs* **bois** *wood* **ouest** *west* **chaume** *thatch* **sud** *south* **tuiles** *tiles* **mas** *farmhouses* **pierre** *stone*

Évolution de la taille des logements en France

TAILLE	1962	1999
1 pièce	14,7%	6,4%
2 pièces	24,1%	12,7%
3 pièces	26,8%	22,3%
4 pièces	19,0%	27,0%
5 pièces et plus	15,4%	31,6%

A C T I V I T É S

1 **Vrai ou faux?** Indiquez si les phrases sont **vraies** ou **fausses**. Corrigez les phrases fausses.

1. Il n'y a pas beaucoup de Français qui habitent la région parisienne. Faux. Un Français sur cinq habite la région parisienne.
2. Les familles sans beaucoup d'argent habitent souvent dans des HLM. Vrai.
3. La moitié des Français ont une résidence secondaire. Faux. Dix pour cent des Français qui sont propriétaires ont une résidence secondaire.
4. On a transformé beaucoup d'anciens hôtels particuliers en appartements. Vrai.
5. Les grands ensembles sont des maisons en pierres. Faux. Les grands ensembles sont des groupes d'immeubles assez modernes.

6. Les maisons françaises ont des styles d'architecture différents d'une région à l'autre. Vrai.
7. En général, les maisons dans les villages sont assez vieilles. Vrai.
8. Dans le sud de la France, il y a beaucoup de pavillons. Faux. Dans le sud de la France, il y a des villas de style méditerranéen et des mas provençaux.
9. Dans le nord de la France, il y a beaucoup de vieilles maisons à colombages. Faux. C'est dans l'est de la France qu'il y a des maisons à colombages.
10. En France, en 1962, plus d'un quart des maisons et des appartements avaient (*had*) seulement trois pièces. Vrai.

Portrait **Le château Frontenac** is located on a hill overlooking the St. Lawrence River. It is considered the symbol of Québec City. Have students locate Québec City on the map of North America in **Appendice A** and point out its strategic location.

Using glosses

Glosses are the translations of unfamiliar words in a text. In **Lecture culturelle**, they appear at the bottom of the selections. Most of the readings that you will encounter here contain glosses. The glossed words are generally those whose meanings are not easily guessed from context and are there to help you. However, try to guess the meaning of unfamiliar words from context first, and use the glosses only to confirm your guess or if you are truly stumped.

LE MONDE FRANCOPHONE

L'architecture

Voici quelques exemples d'habitations traditionnelles.

En Afrique centrale et de l'ouest des maisons construites sur pilotis°, avec un grenier à riz°

En Afrique du Nord des maisons en pisé (de la terre° rouge mélangée° avec de la paille°) construites autour d'un patio central et avec, souvent, une terrasse sur le toit°

Aux Antilles des maisons en bois de toutes les couleurs avec des toits en métal

En Polynésie française des bungalows, construits sur pilotis ou sur le sol, souvent en bambou avec des toits en paille ou en feuilles de cocotier°

Au Viêt-nam des maisons sur pilotis construites sur des lacs, des rivières ou simplement au-dessus du sol°

pilotis *stilts* **grenier à riz** *rice loft* **terre** *clay* **mélangée** *mixed* **paille** *straw* **toit** *roof* **feuilles de cocotier** *coconut palm leaves* **au-dessus du sol** *off the ground*

PORTRAIT

Le château Frontenac

Le château Frontenac est un hôtel de luxe et un des plus beaux° sites touristiques de la ville de Québec. Construit entre la fin° du XIXᵉ siècle

et le début° du XXᵉ siècle sur le Cap Diamant, dans le quartier du Vieux-Québec, le château offre une vue° spectaculaire sur la ville. Aujourd'hui, avec ses 618 chambres sur 18 étages, son restaurant gastronomique, sa piscine et son centre sportif, le château Frontenac est classé parmi° les 500 meilleurs° hôtels du monde.

un des plus beaux *one of the most beautiful* **fin** *end* **début** *beginning* **vue** *view* **classé parmi** *ranked among* **meilleurs** *best*

SUPERSITE

SUR INTERNET

Qu'est-ce qu'une pendaison de crémaillère? D'où vient cette expression?

Go to **promenades.vhlcentral.com** to find more cultural information related to this **LECTURE CULTURELLE**. Then watch the corresponding **Flash culture**.

---

2 **Répondez** Répondez aux questions, d'après les informations données dans les textes.

1. Qu'est-ce que le château Frontenac?
   C'est un hôtel de luxe.
2. De quel siècle date le château Frontenac?
   Le château Frontenac date du XIXᵉ siècle.
3. Dans quel quartier de la ville de Québec le trouve-t-on?
   On le trouve dans le quartier du Vieux-Québec.
4. Où trouve-t-on les maisons sur pilotis?
   On les trouve en Afrique centrale et de l'ouest, au Viêt-nam et en Polynésie française.
5. Quelles sont les caractéristiques des maisons d'Afrique du Nord? Le patio central et la terrasse sur le toit sont des caractéristiques des maisons d'Afrique du Nord.

3 **Une année en France** Vous allez habiter en France. Votre partenaire est agent immobilier (*real estate*). Expliquez-lui le type de logement que vous recherchez. Il/Elle va vous donner des renseignements sur les logements disponibles (*available*). Posez des questions pour avoir plus de détails. Voici quelques mots utiles: **le bail** (*lease*), **la caution** (*security deposit*), **les charges (f.)** (*basic utilities*), **le chauffage** (*heating*), **l'électricité (f.)** (*electricity*).

ressources

SUPERSITE

VM pp. 253–254

promenades.vhlcentral.com Leçon 15

A C T I V I T É S

STRUCTURES

15.1 Adverbs

Point de départ Adverbs describe how, when, and where actions take place. They modify verbs, adjectives, and even other adverbs. You've already learned some adverbs such as **bien**, **déjà**, **surtout**, and **très**.

- To form an adverb from an adjective that ends in a consonant, take the feminine singular form and add **-ment**. This ending is equivalent to the English *-ly*.

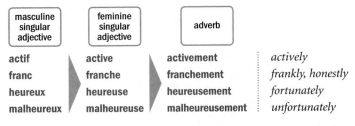

masculine singular adjective	feminine singular adjective	adverb	
actif	active	activement	*actively*
franc	franche	franchement	*frankly, honestly*
heureux	heureuse	heureusement	*fortunately*
malheureux	malheureuse	malheureusement	*unfortunately*

Elle parle **nerveusement**.
She speaks nervously.

Il n'est pas passé **dernièrement**.
He hasn't passed by lately.

- If the masculine singular form of an adjective ends in a vowel, just add **-ment** to the end.

Suggestion Brainstorm a list of masculine adjectives with the whole class. Have students write the feminine forms, reminding them that some do not change.

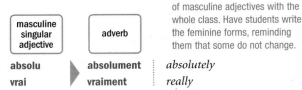

masculine singular adjective	adverb	
absolu	absolument	*absolutely*
vrai	vraiment	*really*

Martin répond **poliment**.
Martin answers politely.

Ils louent **facilement** l'appartement.
They rent the apartment easily.

- To form an adverb from an adjective that ends in **-ant** or **-ent** in the masculine singular, replace the ending with **-amment** or **-emment**, respectively. Both endings are pronounced identically.

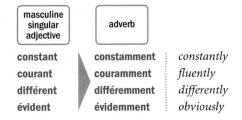

masculine singular adjective	adverb	
constant	constamment	*constantly*
courant	couramment	*fluently*
différent	différemment	*differently*
évident	évidemment	*obviously*

Les élèves lisent **patiemment**.
The pupils are reading patiently.

Je préfère travailler **indépendamment**.
I prefer to work independently.

Elle parle **couramment** français.
She speaks French fluently.

Vous pensez **différemment**.
You think differently.

Suggestion Point out that many adverbs are formed by adding **-ment** to the end of feminine forms of adjectives. Call attention to the exception for adjectives that already end in a vowel. Then ask questions with adverbs that correspond to the adjectives mentioned. Example: **Faites-vous facilement vos devoirs?**

MISE EN PRATIQUE

SUPERSITE

1 Assemblez Trouvez l'adverbe opposé.

- _f_ 1. gentiment   a. difficilement
- _e_ 2. bien   b. rarement
- _h_ 3. heureusement   c. faiblement
- _g_ 4. lentement   d. impatiemment
- _a_ 5. facilement   e. mal
- _d_ 6. patiemment   f. méchamment
- _b_ 7. fréquemment   g. vite
- _c_ 8. fortement   h. malheureusement

2 Ma maison Béatrice décrit sa maison. Complétez les phrases avec les adverbes qui correspondent aux adjectifs.

2 Expansion Tell students to write follow-up yes/no questions about Béatrice's description of her home.

MODÈLE

Il y a _évidemment_ (évident) un salon et une salle à manger.

Ma maison est (1) _bien_ (bon) construite et elle est (2) _élégamment_ (élégant) décorée. La cuisine est à côté de la salle à manger et je peux (*can*) (3) _facilement_ (facile) avoir des amis à la maison. (4) _Malheureusement_ (Malheureux), je n'ai qu'une salle de bains. (5) _Franchement_ (Franc), ce n'est pas important parce que j'habite seule et j'aime (6) _vraiment_ (vrai) ma maison comme ça. (7) _Heureusement_ (Heureux), je n'ai pas envie de déménager (8) _rapidement_ (rapide)!

3 Chez nous Avec un(e) partenaire, assemblez les éléments des colonnes pour décrire à tour de rôle votre maison et ce que (*what*) vous faites chez vous.

Answers will vary.

MODÈLE

Étudiant(e) 1: *Notre cuisine est équipée intelligemment.*
Étudiant(e) 2: *Chez moi, mon père fait la cuisine constamment.*

A	B	C
chambre	dire	brillamment
cuisine	dormir	constamment
je	être arrangé(e)	élégamment
meuble	être décoré(e)	facilement
parents	être équipé(e)	gentiment
placard	être rénové(e)	intelligemment
salle à manger	faire la cuisine	patiemment
salle de bains	nettoyer	rapidement
salon	travailler	utilement
?	?	?

3 Suggestion Before beginning the activity, have students identify the adjective from which the adverbs in column C are derived. Review the formation of **-amment** and **-emment** adverbs.

COMMUNICATION

4 **À l'université** Vous désirez mieux connaître (*know better*) vos camarades de classe. Répondez aux questions de votre partenaire avec les adverbes de la liste ou d'autres. Answers will vary.

attentivement	mal	rapidement
bien	parfois	rarement
facilement	patiemment	sérieusement
lentement	prudemment	souvent

1. Quand vas-tu à l'université?
2. Comment étudies-tu en général?
3. Quand tes amis et toi étudiez-vous ensemble?
4. Comment les étudiants écoutent-ils leur prof?
5. Comment ton prof de français parle-t-il?
6. Comment conduis-tu quand tu vas à la fac?
7. Quand ton/ta camarade de chambre fait-il/elle du sport?
8. Quand allez-vous au cinéma, tes amis et toi?

5 **Fréquences** Votre professeur va vous donner une feuille d'activités. Circulez dans la classe et demandez à vos camarades à quelle fréquence ils/elles font ces choses. Trouvez une personne différente pour chaque réponse, puis présentez-les à la classe. Answers will vary.

MODÈLE

Étudiant(e) 1: *À quelle fréquence nettoies-tu ta chambre?*
Étudiant(e) 2: *Je nettoie ma chambre fréquemment.*

6 **Notre classe** Par groupes de quatre, choisissez les camarades de votre classe qui correspondent à ces descriptions. Trouvez le plus (*most*) de personnes possible. Answers will vary.

Qui dans la classe...

1. ... bavarde constamment avec ses voisins?
2. ... parle bien français?
3. ... chante bien?
4. ... apprend facilement les langues?
5. ... écoute attentivement le prof?
6. ... travaille sérieusement après les cours?
7. ... aime beaucoup les maths?
8. ... travaille trop?
9. ... dessine souvent pendant le cours?
10. ... dort parfois pendant le cours?

6 Suggestion Remind the class that the adverbs in these sentences modify the verb, so they immediately follow the verb.

• Some adverbs are irregular.

Suggestion Write sentences using regular adverbs with **-ment** on the board. Have volunteers underline the adverb. Example: **Le professeur parle rapidement.**

masculine singular adjective	adverb	
bon	bien	*well*
gentil	gentiment	*nicely*
mauvais	mal	*badly*

Son français est bon; il le parle **bien**.
His French is good; he speaks it well.

Leurs devoirs sont mauvais; ils écrivent **mal**.
Their homework is bad; they write badly.

• Although the adverb **rapidement** can be formed from the adjective **rapide**, you can also use the adverb **vite** to say *fast*.

Bérénice habite déjà ici?
Is Bérénice already living here?

Oui, elle a **vite** déménagé.
Yes, she moved fast.

• You've learned **jamais, parfois, rarement,** and **souvent.** Here are three more adverbs of frequency: **de temps en temps** (*from time to time*), **en général** (*in general*), **quelquefois** (*sometimes*).

Elle visite la capitale **de temps en temps**.
She visits the capital from time to time.

En général, les Parisiens n'ont pas de garage.
In general, Parisians don't have a garage.

• Place an adverb that modifies an adjective or another adverb before the word it modifies.

La pièce est **assez** grande.
The room is pretty large.

Ils font **très** vite les rénovations.
They're remodeling very quickly.

• Place an adverb that modifies a verb immediately after the verb.

Elle parle **bien** le français?
Does she speak French well?

Ils déménagent **constamment**.
They move constantly.

• In the **passé composé**, place short adverbs before the past participle.

Ils ont **vite** emménagé.
They moved in quickly.

but

Ils ont gagné **facilement**.
They won easily.

Essayez! Make three columns on the board entitled: **l'adjectif masculin, l'adjectif féminin,** and **l'adverbe avec -ment.** Have students fill in the chart.

Essayez! Donnez les adverbes qui correspondent à ces adjectifs.

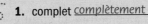

1. complet <u>complètement</u>
2. sérieux <u>sérieusement</u>
3. séparé <u>séparément</u>
4. constant <u>constamment</u>
5. mauvais <u>mal</u>
6. actif <u>activement</u>
7. impatient <u>impatiemment</u>
8. bon <u>bien</u>
9. franc <u>franchement</u>
10. difficile <u>difficilement</u>
11. vrai <u>vraiment</u>
12. gentil <u>gentiment</u>

15.2 The *imparfait*

comparisons / NATIONAL STANDARDS

Point de départ You've learned how the **passé composé** can express past actions. Now you'll learn another past tense, the **imparfait** (*imperfect*).

- The **imparfait** can be translated several ways into English.

Hakim **déménageait** souvent quand il était petit.
Hakim moved often when he was little.

Hakim used to move often when he was little.

Hakim was moving often when he was little.

Nina **chantait** sous la douche tous les matins.
Nina sang in the shower every morning.

Nina used to sing in the shower every morning.

Nina was singing in the shower every morning.

- The **imparfait** is used to talk about actions that took place repeatedly or habitually during an unspecified period of time.

Je **passais** l'hiver à Lausanne.
I was spending the winters in Lausanne.

Vous m'**écriviez** tous les jours.
You used to write to me every day.

> **BOÎTE À OUTILS**
> You'll learn to distinguish the **imparfait** from the **passé composé** in **Leçon 16**.

- The **imparfait** is a simple tense, which means that it does not require an auxiliary verb. To form the **imparfait**, drop the **-ons** ending from the **nous** form of the present tense and replace it with these endings.

The *imparfait*

	parler (parl<s>ons</s>)	finir (finiss<s>ons</s>)	vendre (vend<s>ons</s>)	boire (buv<s>ons</s>)
je	parlais	finissais	vendais	buvais
tu	parlais	finissais	vendais	buvais
il/elle	parlait	finissait	vendait	buvait
nous	parlions	finissions	vendions	buvions
vous	parliez	finissiez	vendiez	buviez
ils/elles	parlaient	finissaient	vendaient	buvaient

- Verbs whose infinitives end in **-ger** add an **e** before all endings of the **imparfait** except in the **nous** and **vous** forms. Verbs whose infinitives end in **-cer** change **c** to **ç** before all endings except in the **nous** and **vous** forms.

tu **déménageais**   *but*   nous **déménagions**

les invités **commençaient**   *but*   vous **commenciez**

SUPERSITE   **MISE EN PRATIQUE**

1 **Le samedi** Dites ce que (*what*) ces personnes faisaient habituellement le samedi.

MODÈLE
Paul dormait.

1 **Expansion** After completing the activity, have students complete the sentences using the **passé composé**.

Paul / dormir

1. je / faire / jogging
Je faisais du jogging.

3. vous / manger / glace
Vous mangiez des glaces.

2. ils / finir / devoirs
Ils finissaient leurs devoirs.

4. tu / prendre / café
Tu prenais du café.

2 **Nos déménagements** La famille d'Emmanuel déménageait souvent quand il était petit. Complétez son histoire en mettant les verbes à l'imparfait.

Quand j'étais jeune, mon père (1) __travaillait__ (travailler) pour une société canadienne et nous (2) __déménagions__ (déménager) souvent. Quand nous (3) __emménagions__ (emménager), je (4) __décorais__ (décorer) les murs de ma nouvelle chambre. Ma petite sœur (5) __détestait__ (détester) déménager. Elle (6) __disait__ (dire) qu'elle (7) __perdait__ (perdre) tous ses amis et que ce n' (8) __était__ (être) pas juste!

3 **Maintenant et avant** Qu'est-ce qu'Emmanuel et sa famille font différemment aujourd'hui? Avec un(e) partenaire, écrivez des phrases à l'imparfait et trouvez les adverbes opposés. Suggested answers

MODÈLE
beaucoup travailler (je)
Maintenant je travaille beaucoup, mais avant je travaillais peu.

1. rarement déménager (je)
   ...je déménage rarement, ... je déménageais constamment.
2. facilement louer une grande maison (nous)
   ... nous louons facilement..., ... nous louions difficilement une grande maison.
3. souvent nettoyer ton studio (tu)
   ... tu nettoies souvent ton studio, ... tu nettoyais rarement ton studio.
4. parfois acheter des meubles (mes parents)
   ... ils achètent parfois des meubles, ... ils achetaient souvent des meubles.
5. facilement bricoler (vous)
   ... vous bricolez facilement, ... vous bricoliez difficilement.
6. patiemment attendre son anniversaire (ma sœur)
   ... elle attend patiemment..., ... elle attendait impatiemment...

COMMUNICATION

4   **Quand tu avais seize ans** À tour de rôle, posez ces questions à votre partenaire pour savoir (*to know*) les détails de sa vie quand il/elle avait seize ans.

Answers will vary.

1. Où habitais-tu?
2. Est-ce que tu conduisais déjà une voiture?
3. Où est-ce que ta famille et toi alliez en vacances?
4. Pendant combien de temps partiez-vous en vacances?
5. Est-ce que tes amis et toi, vous sortiez tard le soir?
6. Que faisaient tes parents le week-end?
7. Quels sports pratiquais-tu?
8. Quel genre de musique écoutais-tu?
9. Comment était ton école?
10. Aimais-tu l'école? Pourquoi?

5   **La chambre de Rafik** Voici la chambre de Rafik quand il était adolescent. Avec un(e) partenaire, employez des verbes à l'imparfait pour comparer la chambre de Rafik avec votre chambre quand vous aviez son âge.

Answers will vary.

MODÈLE

Étudiant(e) 1: *Je n'avais pas de salle de bains à côté de ma chambre. Et toi?*
Étudiant(e) 2: *Moi, je partageais la salle de bains avec ma sœur.*

6   **Une énigme** La nuit dernière, quelqu'un est entré dans le bureau de votre professeur et a emporté (*took away*) l'examen de français. Vous devez (*must*) trouver qui. Qu'est-ce que vos camarades de classe faisaient hier soir? Relisez vos notes et dites qui est le voleur (*thief*). Ensuite, présentez vos conclusions à la classe.

Answers will vary.

6 **Suggestion** Before doing this activity, remind students that the imperfect form of **être** is irregular.

Suggestion Review the present-tense **nous** forms of various verbs and explain that the stem without **-ons** is also the **imparfait** stem. Mention the exception with verbs ending in **-ger** and **-cer**.

Je pensais que tu avais du travail.

Mais ma chérie, c'était une surprise.

- Note that the **nous** and **vous** forms of infinitives ending in **-ier** contain a double **i** in the **imparfait**.

Vous **skiiez** dans les Alpes en janvier.
You used to ski in the Alps in January.

Nous **étudiions** parfois jusqu'à minuit.
We studied until midnight sometimes.

- The **imparfait** is used for description, often with the verb **être**, which is irregular in this tense.

The *imparfait* of *être*	
j'étais	nous étions
tu étais	vous étiez
il/elle était	ils/elles étaient

La cuisine **était** à côté du salon.
The kitchen was next to the living room.

Les toilettes **étaient** au rez-de-chaussée.
The restrooms were on the ground floor.

- Note the imperfect forms of these expressions.

Il pleuvait chaque matin.
It rained each morning.

Il neigeait parfois au printemps.
It snowed sometimes in the spring.

Il y avait deux lits et une lampe.
There were two beds and a lamp.

Il fallait payer le loyer.
It was necessary to pay rent.

Essayez!   Choisissez la réponse correcte pour compléter les phrases.

1. Muriel (louait/louais) un appartement en ville.
2. Rodrigue (partageait/partagiez) une chambre avec un autre étudiant.
3. Nous (payait/payions) notre loyer une fois par mois.
4. Il y (avait/était) des balcons au premier étage.
5. Il (neigeait/fallait) mettre le chauffage (*heat*) quand il (faisaient/faisait) froid.
6. Qu'est-ce que tu (faisait/faisais) dans le couloir?
7. Vous (aimiez/aimaient) beaucoup le quartier?
8. Nous (étaient/étions) trois dans le petit studio.

SYNTHÈSE

National communication standards

Révision

4 **Expansion** Expand this activity by showing the class an **avant** and **après** picture of a person or place in a magazine. Divide the students into two groups. Have one group describe the person or place in the before picture. Have the other group describe the after picture using the present tense.

---

1 **Mes affaires** Vous cherchez vos affaires (*belongings*). À tour de rôle, demandez de l'aide à votre partenaire. Où étaient-elles la dernière fois? Utilisez l'illustration pour les trouver. Answers will vary.

> **MODÈLE**
>
> **Étudiant(e) 1:** *Je cherche mes baskets. Où sont-elles?*
>
> **Étudiant(e) 2:** *Tu n'as pas cherché sur l'étagère? Elles étaient sur l'étagère.*

1 **Suggestion** Have students write out the questions and answers. Check use of subject pronouns and the **imparfait** forms of **être**.

baskets	ordinateur
casquette	parapluie
journal	pull
livre	sac à dos

2 **Les anniversaires** Avec un(e) partenaire, préparez huit questions pour apprendre comment vos camarades de classe célébraient leur anniversaire quand ils étaient enfants. Employez l'imparfait et des adverbes dans vos questions, puis posez-les à un autre groupe. Answers will vary.

> **MODÈLE**
>
> **Étudiant(e) 1:** *Que faisais-tu souvent pour ton anniversaire?*
>
> **Étudiant(e) 2:** *Quand j'étais petit, mes parents organisaient souvent une fête.*

3 **Sports et loisirs** Votre professeur va vous donner une feuille d'activités. Circulez dans la classe et demandez à vos camarades s'ils pratiquaient ces activités avant d'entrer à la fac. Trouvez une personne différente qui dit oui pour chaque activité. Présentez les réponses à la classe. Answers will vary.

> **MODÈLE**
>
> **Étudiant(e) 1:** *Est-ce que tu faisais souvent du jogging avant d'entrer à la fac?*
>
> **Étudiant(e) 2:** *Oui, je courais souvent le matin.*

3 **Suggestion** Encourage students to add activities involving sports and leisure not already found in their survey.

---

4 **Avant et après** Voici la chambre d'Annette avant et après une visite de sa mère. Comment était sa chambre à l'origine? Avec un(e) partenaire, décrivez la pièce à tour de rôle et cherchez les différences entre les deux illustrations. Answers will vary.

> **MODÈLE**
>
> *Avant, la lampe était à côté de l'ordinateur. Maintenant, elle est à côté du canapé.*

5 **Mes mauvaises habitudes** Vous aviez de mauvaises habitudes, mais vous les avez changées. Maintenant, vous parlez avec votre ancien(ne) patron(ne) (*former boss*) pour essayer de récupérer l'emploi que vous avez perdu. Avec un(e) partenaire, préparez la conversation. Answers will vary.

> **MODÈLE**
>
> **Étudiant(e) 1:** *Impossible de vous employer! Vous dormiez tout le temps.*
>
> **Étudiant(e) 2:** *Je dormais souvent, mais je travaillais aussi. Cette fois, je vais travailler sérieusement.*

6 **Nous cherchons une maison** Votre professeur va vous donner, à vous et à votre partenaire, une feuille d'information sur quatre maisons à louer. Attention! Ne regardez pas la feuille de votre partenaire. Answers will vary.

> **MODÈLE**
>
> **Étudiant(e) 1:** *Malheureusement, la première maison avait un très petit balcon.*
>
> **Étudiant(e) 2:** *Mais heureusement, elle avait deux salles de bains.*

6 **Suggestion** Divide the class into pairs and distribute this activity's Info Gap Handouts in the IRM on the IRCD-ROM. Give students ten minutes to complete the activity.

ressources		
WB pp. 101–104	LM pp. 59–60	SUPERSITE promenades.vhlcentral.com Leçon 15

Le Zapping

Century 21 France

La société immobilière° Century 21 France commence ses opérations en 1987. Ses agences franchisées ont bientôt un grand succès, et Century 21 devient° une des principales sociétés immobilières de France. Cette société est connue° pour son marketing innovateur, qui diffuse à la télévision et sur Internet des publicités° d'un humour contemporain et parfois hors norme°. Century 21 France crée, par exemple, une campagne publicitaire pour montrer les risques de ne pas utiliser un agent immobilier quand on vend ou quand on achète une maison..

L'IMMOBILIER, C'EST PLUS SIMPLE AVEC UN AGENT IMMOBILIER

www.century21france.fr

—Alors, d'abord le salon...

—Des pièces, des pièces, des pièces...

Compréhension Répondez aux questions. Some answers will vary.

1. Quelles pièces le propriétaire de l'appartement montre-t-il au couple? Il leur montre le salon, la chambre et les toilettes.

2. Comment est sa description de l'appartement? Elle est trop courte et superficielle.

3. Que ne mentionne-t-il pas du tout? Sample answer: Il ne parle pas du tout de la cuisine.

 Discussion Par groupes de trois, répondez aux questions et discutez. Answers will vary.

1. Un agent immobilier est-il vraiment nécessaire pour vendre ou acheter une maison? Pourquoi?

2. Jouez les rôles d'un agent immobilier très compétent qui montre une maison à deux clients. Quelles pièces montrez-vous? Quels détails donnez-vous? Jouez la scène devant la classe.

Compréhension Have students work in pairs or groups for this activity. Tell them to write their answers. Then show the video again so that they can check their answers and add any missing information.

SUPERSITE

SUR INTERNET

Go to **promenades.vhlcentral.com** to watch the TV clip featured in this **Le zapping**.

société immobilière *real estate company* **devient** *becomes* **connue** *known* **publicités** *ads* **hors norme** *unconventional*

Discussion After students watch each role-play, ask them to say what the competent real estate agent did right.

Leçon **16**

You will learn how to...
- **talk about chores**
- **talk about appliances**

Les tâches ménagères

Suggestion Use **Transparency #38.** Point out appliances and talk about what people in the illustration are doing. Examples: **Ça, c'est un four à micro-ondes. Cette femme balaie.**

Suggestion Ask students questions about chores using the new vocabulary. Examples: **Préférez-vous balayer ou passer l'aspirateur? Faire la cuisine ou faire la lessive? Mettre la table ou sortir la poubelle?**

Vocabulaire

débarrasser la table	to clear the table
enlever/faire la poussière	to dust
essuyer la vaisselle/ la table	to dry the dishes/ to wipe the table
faire la lessive	to do the laundry
faire le ménage	to do the housework
laver	to wash
mettre la table	to set the table
passer l'aspirateur	to vacuum
ranger	to tidy up; to put away
salir	to soil, to make dirty
sortir la/les poubelle(s)	to take out the trash
propre	clean
sale	dirty
un appareil électrique/ ménager	electrical/household appliance
une cafetière	coffeemaker
un grille-pain	toaster
un lave-linge	washing machine
un lave-vaisselle	dishwasher
un sèche-linge	clothes dryer
une tâche ménagère	household chore

Suggestion Tell students that the names of several appliances are compounds of verbs and nouns. Examples: **grille-pain, lave-vaisselle,** and **sèche-linge.** Other appliances use the preposition **à: un fer à repasser, un four à micro-ondes.**

un évier

un four à micro-ondes

Elle fait le lit.

un oreiller

Il fait la vaisselle.

les draps (m.)

un congélateur

une cuisinière

une couverture

Elle balaie. (balayer)

un frigo

un balai

le linge

Suggestion Point out the difference between **un évier** (kitchen sink) and **un lavabo** (bathroom sink).

ressources

WB pp. 105–106

LM p. 61

promenades.vhlcentral.com Leçon 16

Suggestion Point out the expressions that use **faire**: **faire la lessive**, **faire la poussière**, **faire le ménage**, **faire le lit**, and **faire la vaisselle**.

Mise en pratique

1 Écoutez 🎧 Écoutez la conversation téléphonique (*phone call*) entre Édouard, un étudiant, et un psychologue à la radio. Ensuite, indiquez les tâches ménagères que faisaient Édouard et Paul au début du semestre.

1 Suggestion After listening to the recording, have students identify Paul and Édouard in the photo and describe what they are doing.

	Édouard	Paul
1. Il faisait la cuisine.	☑	☐
2. Il faisait les lits.	☐	☑
3. Il passait l'aspirateur.	☑	☐
4. Il sortait la poubelle.	☐	☑
5. Il balayait.	☐	☑
6. Il faisait la lessive.	☑	☐
7. Il faisait la vaisselle.	☐	☑
8. Il nettoyait le frigo.	☑	☐

1 Expansion Have students describe how they share household chores with their roommate or others in their household.

2 On fait le ménage Complétez les phrases suivantes avec le bon mot pour faire une phrase logique.

1. On balaie avec ___un balai___.
2. On repasse le linge avec ___un fer à repasser___.
3. On fait la lessive avec ___un lave-linge___.
4. On lave la vaisselle avec ___un lave-vaisselle___.
5. On prépare le café avec ___une cafetière___.
6. On sèche la lessive avec ___un sèche-linge___.
7. On met la glace dans ___un congélateur___.
8. Pour faire le lit, on doit arranger ___les draps___, ___la couverture___ et ___l'oreiller/les oreillers___

2 Expansion Reverse this activity and ask students what each appliance is used for. Example: **Que fait-on avec une cuisinière? (On fait la cuisine.)**

3 Les tâches ménagères Avec un(e) partenaire, indiquez quelles tâches ménagères vous faites dans chaque pièce ou partie de votre logement. Il y a plus d'une réponse possible. Answers will vary.

1. La chambre: _____
2. La cuisine: _____
3. La salle de bains: _____
4. La salle à manger: _____
5. La salle de séjour: _____
6. Le garage: _____
7. Le jardin: _____
8. L'escalier: _____

Il sort la poubelle.

un fer à repasser

Il repasse. (repasser)

Communication

4 Suggestion Have students jot down notes during their interviews. Then ask them to report what they learned about their partner.

4 Conversez Interviewez un(e) camarade de classe. Answers will vary.

1. Qui fait la vaisselle chez toi?
2. Qui fait la lessive chez toi?
3. Fais-tu ton lit tous les jours?
4. Quelles tâches ménagères as-tu faites le week-end dernier?
5. Repasses-tu tous tes vêtements?
6. Quelles tâches ménagères détestes-tu faire?
7. Quels appareils électriques as-tu chez toi?
8. Ranges-tu souvent ta chambre?

4 Expansion Take a quick survey about household chores using items 4 and 6. Tally the results on the board.

5 Camarade de chambre Vous cherchez un(e) camarade de chambre pour habiter dans une résidence universitaire et deux personnes ont répondu à votre petite annonce (*ad*) dans le journal. Travaillez avec deux camarades de classe et préparez un dialogue dans lequel (*in which*) vous: Answers will vary.

- parlez des tâches ménagères que vous détestez/aimez faire.
- parlez des responsabilités de votre nouveau/nouvelle camarade de chambre.
- parlez de vos passions et de vos habitudes.
- décidez quelle est la personne qui vous convient le mieux (*suits you the best*).

5 Suggestion Before beginning this activity, have students brainstorm desirable and undesirable qualities or habits of roommates. Write a list on the board.

6 Qui fait quoi? Votre professeur va vous donner une feuille d'activités. Dites si vous faites les tâches indiquées en écrivant **Oui** ou **Non** dans la première colonne. Ensuite, posez des questions à vos camarades de classe; écrivez leur nom dans la deuxième colonne quand ils répondent **Oui**. Présentez vos réponses à la classe.

Answers will vary.

MODÈLE

mettre la table pour prendre le petit-déjeuner
Étudiant(e) 1: *Est-ce que tu mets la table pour prendre le petit-déjeuner?*
Étudiant(e) 2: *Oui, je mets la table chaque matin./ Non, je prends le petit-déjeuner au resto U, donc je ne mets pas la table.*

Activités	Moi	Mes camarades de classe
1. mettre la table pour prendre le petit-déjeuner		
2. passer l'aspirateur tous les jours		
3. salir ses vêtements quand on mange		
4. nettoyer les toilettes		
5. balayer la cuisine		
6. débarrasser la table après le dîner		
7. enlever souvent la poussière sur son ordinateur		
8. laver les vitres (*windows*)		

6 Suggestion Distribute the **Feuilles d'activités** from the IRM on the IRCD-ROM. Have two volunteers read the **modèle**.

7 Écrivez L'appartement de Martine est un désastre: la cuisine est sale et comme vous pouvez (*can*) l'imaginer, le reste de l'appartement est encore pire (*worse*). Préparez un paragraphe où vous décrivez les problèmes que vous voyez (*see*) et que vous imaginez. Ensuite, écrivez la liste des tâches que Martine va faire pour tout nettoyer. Answers will vary.

7 Suggestion Have students exchange paragraphs for peer editing. Tell them to underline, rather than correct, grammar and spelling errors.

Les sons et les lettres

Semi-vowels

French has three semi-vowels. Semi-vowels are sounds that are produced in much the same way as vowels, but also have many properties in common with consonants. Semi-vowels are also sometimes referred to as *glides* because they glide from or into the vowel they accompany.

hier	**chien**	**soif**	**nuit**

The semi-vowel that occurs in the word **bien** is very much like the *y* in the English word *yes*. It is usually spelled with an **i** or a **y** (pronounced *ee*), then glides into the following sound. This semi-vowel sound may also be spelled **ll** after an **i**.

nation	**balayer**	**bien**	**brillant**

The semi-vowel that occurs in the word **soif** is like the *w* in the English word *was*. It usually begins with **o** or **ou**, then glides into the following vowel.

trois	**froid**	**oui**	**Louis**

The third semi-vowel sound occurs in the word **nuit**. It is spelled with the vowel **u**, as in the French word **tu**, then glides into the following sound.

lui	**suis**	**cruel**	**intellectuel**

Suggestions
- Model the pronunciation of the example words and have students repeat them after you.
- Ask students to provide more examples of words from this lesson or previous lessons with these sounds. Examples: **balayer, essuyer,** and **évier.**
- Dictate five familiar words containing semi-vowels, repeating each one at least two times. Then write them on the board or on a transparency and have students check their spelling.
- Remind students that many vowels combine to make a single sound with no glide. Examples: **ai** and **ou.**

Prononcez Répétez les mots suivants à voix haute.

1. oui
2. taille
3. suisse
4. fille
5. mois
6. cruel
7. minuit
8. jouer
9. cuisine
10. juillet
11. échouer
12. croissant

Articulez Répétez les phrases suivantes à voix haute.

1. Voici trois poissons noirs.
2. Louis et sa famille sont suisses.
3. Parfois, Grégoire fait de la cuisine chinoise.
4. Aujourd'hui, Matthieu et Damien vont travailler.
5. Françoise a besoin de faire ses devoirs d'histoire.
6. La fille de Monsieur Poirot va conduire pour la première fois.

Dictons Répétez les dictons à voix haute.

La nuit, tous les chats sont gris.[1]

Vouloir, c'est pouvoir.[2]

[1] All cats are gray in the dark.
[2] Where there's a will, there's a way.

ROMAN-PHOTO

La vie sans Pascal

Suggestion Have students predict what the episode will be about based on the title and video stills.

PERSONNAGES

Amina

Michèle

Sandrine

Stéphane

Valérie

Au P'tit Bistrot...

MICHÈLE Tout va bien, Amina?

AMINA Oui, ça va, merci. (*Au téléphone*) Allô?... Qu'est-ce qu'il y a Sandrine?... Non, je ne le savais pas, mais franchement, ça ne me surprend pas... Écoute, j'arrive chez toi dans quinze minutes, d'accord? ... À tout à l'heure!

MICHÈLE Je débarrasse la table?

AMINA Oui, merci et apporte-moi l'addition, s'il te plaît.

MICHÈLE Tout de suite.

VALÉRIE Tu as fait ton lit ce matin?

STÉPHANE Oui, maman.

VALÉRIE Est-ce que tu as rangé ta chambre?

STÉPHANE Euh... oui, ce matin pendant que tu faisais la lessive.

Chez Sandrine...

SANDRINE Salut, Amina! Merci d'être venue.

AMINA Mmmm. Qu'est-ce qui sent si bon?

SANDRINE Il y a des biscuits au chocolat dans le four.

AMINA Oh, est-ce que tu les préparais quand tu m'as téléphoné?

SANDRINE Tu as soif?

AMINA Un peu, oui.

SANDRINE Sers-toi, j'ai des jus de fruits au frigo.

Suggestions
- Have students scan the **Roman-photo** and find sentences related to chores.
- After reading the captions, review students' predictions.

Sandrine casse (breaks) une assiette.

SANDRINE Et zut!

AMINA Ça va, Sandrine?

SANDRINE Oui, oui... passe-moi le balai, s'il te plaît.

AMINA N'oublie pas de balayer sous la cuisinière.

SANDRINE Je sais! Excuse-moi, Amina. Comme je t'ai dit au téléphone, Pascal et moi, c'est fini.

A C T I V I T É S

1 **Questions** Répondez aux questions suivantes par des phrases complètes. Answers may vary slightly.

1. Avec qui Amina parle-t-elle au téléphone?
   Elle parle avec Sandrine.
2. Comment va Sandrine aujourd'hui? Pourquoi?
   Elle est de mauvaise humeur parce que c'est fini avec Pascal.
3. Est-ce que Stéphane a fait toutes ses tâches ménagères? Non, il n'a pas fait toutes ses tâches ménagères.
4. Qu'est-ce que Sandrine préparait quand elle a téléphoné à Amina? Elle préparait des biscuits au chocolat.

5. Amina a faim et a soif. À votre avis (*opinion*), qu'est-ce qu'elle va prendre? Elle va prendre un jus de fruits et elle va manger des biscuits.
6. Pourquoi Amina n'est-elle pas fâchée (*angry*) contre Sandrine? Elle comprend pourquoi Sandrine est un peu triste/de mauvaise humeur.
7. Pourquoi Amina pense-t-elle que Sandrine aimerait (*would like*) un cyberhomme américain?
   Amina pense que Sandrine aime David.
8. Sandrine pense qu'Amina devrait (*should*) rencontrer Cyberhomme, mais Amina pense que ce n'est pas une bonne idée. À votre avis, qui a raison? Answers will vary.

Amina console Sandrine.

VALÉRIE Hmm... et la vaisselle? Tu as fait la vaisselle?

STÉPHANE Non, pas encore, mais...

MICHÈLE Il me faut l'addition pour Amina.

VALÉRIE Stéphane, tu dois faire la vaisselle avant de sortir.

STÉPHANE Bon ça va, j'y vais!

VALÉRIE Ah Michèle, il faut sortir les poubelles pour ce soir!

MICHÈLE Oui, comptez sur moi, Madame Forestier.

VALÉRIE Très bien! Moi, je rentre, il est l'heure de préparer le dîner.

SANDRINE Il était tellement pénible. Bref je suis de mauvaise humeur aujourd'hui.

AMINA Ne t'en fais pas, je comprends.

SANDRINE Toi, tu as de la chance.

AMINA Pourquoi tu dis ça?

SANDRINE Tu as ton Cyberhomme. Tu vas le rencontrer un de ces jours?

AMINA Oh... Je ne sais pas si c'est une bonne idée.

SANDRINE Pourquoi pas?

AMINA Sandrine, il faut être prudent dans la vie, je ne le connais pas vraiment, tu sais.

SANDRINE Comme d'habitude, tu as raison. Mais finalement, un cyberhomme c'est peut-être mieux qu'un petit ami. Ou alors un petit ami artistique, charmant et beau garçon.

AMINA Et américain?

Expressions utiles

Talking about what you know

- **Je ne le savais pas, mais franchement, ça ne me surprend pas.**
  I didn't know that, but frankly, I'm not surprised.
- **Je sais!**
  I know!
- **Je ne sais pas si c'est une bonne idée.**
  I don't know if that's a good idea.
- **Je ne le connais pas vraiment, tu sais.**
  I don't really know him, you know.

Additional vocabulary

- **Comptez sur moi.**
  Count on me.
- **Ne t'en fais pas.**
  Don't worry about it.
- **J'y vais!**
  I'm going there!/I'm on my way!
- **pas encore**
  not yet
- **tu dois**
  you must
- **être de bonne/mauvaise humeur**
  to be in a good/bad mood

Expressions utiles
- Model the pronunciation of the **Expressions utiles** and have students repeat them.
- As you work through the list, point out the forms of **savoir** and **connaître**. See if students can discern the difference in meaning between the two verbs from the example sentences. Respond briefly to their questions, but tell them that these verbs will be formally presented in **Structures 16.2**.

---

2 **Le ménage** Indiquez qui a fait ou va faire les tâches ménagères suivantes: Michèle (M), Stéphane (St), Valérie (V), Sandrine (S), Amina (A) ou personne (no one) (P).

1. sortir la poubelle   M
2. balayer   S & A
3. passer l'aspirateur   P
4. faire la vaisselle   St
5. faire le lit   St
6. débarrasser la table   M
7. faire la lessive   V
8. ranger sa chambre   St

3 **Écrivez** Vous avez gagné un pari (*bet*) avec votre colocataire et il/elle doit faire (*must do*) en conséquence toutes les tâches ménagères que vous lui indiquez pendant un mois. Écrivez une liste de dix tâches minimum. Pour chaque tâche, précisez la pièce du logement et combien de fois par semaine il/elle doit l'exécuter.

3 **Suggestion** Have students use commands in their lists for review.

ressources

| VM pp. 217–218 | DVD Leçon 16 | SUPERSITE promenades.vhlcentral.com Leçon 16 |

ACTIVITÉS

SUPERSITE **Avant la lecture** Have students look at the photos and describe what they see.

CULTURE À LA LOUPE

stores verticaux II
stores vénitiens =

L'intérieur des logements français

L'intérieur des maisons et des appartements français est assez° différent de celui des Américains. Quand on entre dans un vieil immeuble en France, on est dans un hall° où il y a des boîtes aux lettres°. Ensuite, il y a souvent une deuxième porte. Celle-ci conduit à° l'escalier. Il n'y a pas souvent d'ascenseur, mais s'il y en a un°, en général, il est très petit et il est au milieu de° l'escalier. Le hall de l'immeuble peut aussi avoir une porte qui donne sur une cour° ou un jardin, souvent derrière le bâtiment°.

À l'intérieur des logements, les pièces sont en général plus petites que° les pièces américaines, surtout les cuisines et les salles de bains. Dans la cuisine, on trouve tous les appareils ménagers nécessaires (cuisinière, four, four à micro-ondes, frigo), mais ils sont plus petits qu'aux États-Unis. Les lave-vaisselle sont assez rares dans les appartements et plus communs dans les maisons. On a souvent une seule° salle de bains et les toilettes sont en général dans une autre petite pièce séparée°. Les lave-linge sont aussi assez petits et on les trouve dans la cuisine ou dans la salle de bains. Dans les chambres en France il n'y a pas de grands placards et les vêtements sont rangés la plupart° du temps dans une armoire. Les fenêtres s'ouvrent° sur l'intérieur, un peu comme des portes, et il est très rare d'avoir des moustiquaires°. Par contre°, il y a souvent des volets°.

Combien de logements ont ces appareils ménagers?

Réfrigérateur	97%
Lave-linge	95%
Cuisinière/Four	94%
Four à micro-ondes	70%
Congélateur	58%
Lave-vaisselle	45%
Sèche-linge	28%

assez *rather* **hall** *entryway* **boîtes aux lettres** *mailboxes* **conduit à** *leads to* **s'il y en a un** *if there is one* **au milieu de** *in the middle of* **cour** *courtyard* **bâtiment** *building* **plus petites que** *smaller than* **une seule** *only one* **séparée** *separate* **la plupart** *most* **s'ouvrent** *open* **moustiquaires** *screens* **Par contre** *On the other hand* **volets** *shutters*

Coup de main

Demonstrative pronouns help to avoid repetition.

	S.	P.
M.	celui	ceux
F.	celle	celles

Ce lit est grand, mais le lit de Monique est petit.

Ce lit est grand, mais celui de Monique est petit.

ACTIVITÉS

1 **Complétez** Complétez chaque phrase logiquement.
Answers will vary. Possible answers provided.

1. Dans le hall d'un immeuble français, on trouve... des boîtes aux lettres et des portes.
2. Au milieu de l'escalier, dans les vieux immeubles français,... il y a parfois un ascenseur.
3. Derrière les vieux immeubles, on trouve souvent... une cour ou un jardin.
4. Les cuisines et les salles de bains françaises sont... assez petites.
5. Dans les appartements français, il est assez rare d'avoir... un lave-vaisselle.

6. Les logements français ont souvent une seule... salle de bains.
7. En France, les toilettes sont souvent... dans une pièce séparée.
8. Les Français rangent souvent leurs vêtements dans une armoire parce qu'ils... n'ont pas souvent de placards.
9. On trouve souvent le lave-linge... dans la cuisine ou dans la salle de bains.
10. En général, les fenêtres dans les logements français... ont des volets.

1 **Suggestion** Go over the answers with the class.

Portrait Ask students: Que désirez-vous faire ou visiter dans le Vieux Carré de la Nouvelle-Orléans?

STRATÉGIE

Visualizing

As you read a text in French, pick a good stopping point and close your eyes. Try to picture an image in your mind's eye of the information that you have understood up to that point. Doing so might call to mind other visual details that you associate with those explicitly mentioned in the text. As you read the **Culture à la loupe** selection on the previous page, try to visualize the inside of a typical French home.

LE MONDE FRANCOPHONE

Résidences célèbres

Voici quelques résidences célèbres.

En France
l'hôtel Matignon la résidence du Premier ministre°

Au Maroc
le Palais royal de Rabat la résidence du roi° et de sa famille

À la Martinique
la Pagerie la maison natale° de Joséphine de Beauharnais (femme de Napoléon Bonaparte)

À Monaco
le Palais du Prince la résidence de la famille princière° de Monaco (la famille Grimaldi)

Au Sénégal
le Palais présidentiel de Dakar la résidence du président du Sénégal, dans un jardin tropical

Premier ministre Prime Minister **roi** king **la maison natale** birthplace
la famille princière the prince and his family

PORTRAIT

Le Vieux Carré

Le Quartier Français, ou Vieux Carré, est le centre historique de la Nouvelle-Orléans. Il est connu pour sa culture créole, sa vie nocturne°, sa musique et sa fameuse «joie de vivre». Beaucoup de visiteurs viennent° participer à ses fêtes, comme le carnaval du Mardi Gras ou le festival de jazz, en avril. Ils aiment aussi admirer ses nombreux bâtiments classés monuments historiques, comme le palais° du Cabildo ou la cathédrale Saint-Louis, la plus vieille° cathédrale des États-Unis. On ne doit pas quitter le Vieux Carré sans explorer les jardins et les patios cachés° de ses vieilles maisons de planteurs.

vie nocturne night life **viennent** come **palais** palace
la plus vieille the oldest **cachés** hidden

SUR INTERNET

Qu'est-ce qu'on peut voir (see) au musée des Arts décoratifs de Paris?

Go to **promenades.vhlcentral.com** to find more cultural information related to this **LECTURE CULTURELLE**.

---

2 **Complétez** Complétez les phrases.

1. Le Vieux Carré est le centre historique de la Nouvelle-Orléans.
2. Il est connu pour sa culture créole, sa vie nocturne, sa musique et sa «joie de vivre».
3. Dans le Vieux Carré, il faut explorer les jardins et les patios cachés des vieilles maisons de planteurs.
4. Les Grimaldi habitent dans le Palais du Prince à Monaco.
5. L'hôtel Matignon est la résidence du Premier ministre français.
6. L'impératrice Joséphine est née à la Pagerie, à la Martinique.

3 **C'est le souk!** Vos parents viennent vous rendre visite ce soir et c'est le souk (mess) dans tout l'appartement. Avec un(e) partenaire, inventez une conversation où vous lui donnez des ordres pour nettoyer avant l'arrivée de vos parents. Jouez la scène devant la classe.

3 **Suggestion** Have some pairs pretend they live in a French apartment and others in an American apartment. They should base their conversations on what they learned in the **Culture à la loupe** article.

ressources

promenades.vhlcentral.com
Leçon 16

ACTIVITÉS

16.1 The *passé composé* vs. the *imparfait*

Point de départ Although the **passé composé** and the **imparfait** are both past tenses, they have very distinct uses and are not interchangeable. The choice between these two tenses depends on the context and on the point of view of the speaker.

J'ai rangé ma chambre pendant que tu faisais la lessive.

Tu les préparais quand tu m'as téléphoné?

Uses of the *passé composé*

To express actions that started and ended in the past and are viewed by the speaker as completed	J'**ai balayé** l'escalier deux fois. *I swept the stairs twice.*
To express the beginning or end of a past action	Le film **a commencé** à huit heures. *The movie began at 8 o'clock.*
Suggestion Give personalized examples as you contrast the **passé composé** and the **imparfait**.	Ils **ont fini** leurs devoirs hier. *They finished their homework yesterday.*
To narrate a series of past actions or events	Nous **avons fait** les lits, nous **avons rangé** les chambres et nous **avons passé** l'aspirateur.
Suggestion Using **Transparency #38**, have students find examples of interrupted versus ongoing actions.	*We made the beds, tidied up the rooms, and vacuumed.*

Uses of the *imparfait*

To describe an ongoing past action with no reference to its beginning or end	Vous **faisiez** la lessive très tôt. *You were doing laundry very early.*
	Tu **attendais** dans le café? *Were you waiting in the café?*
To express habitual past actions and events	On **débarrassait** toujours la table à neuf heures. *We always cleared the table at 9 o'clock.*
To describe mental, physical, and emotional states or conditions	Mon ami **avait** faim et il **avait** envie de manger quelque chose. *My friend was hungry and felt like eating something.*

 SUPERSITE **MISE EN PRATIQUE**

1 **Le week-end dernier** Qu'est-ce que la famille Tran a fait le week-end dernier?

> **MODÈLE** nous / passer le week-end / chez des amis
> *Nous avons passé le week-end chez des amis.*

1. faire / beau / quand / nous / arriver
   Il faisait beau quand nous sommes arrivés.
2. nous / être / fatigué / mais content
   Nous étions fatigués mais contents.
3. Audrey et son amie / aller / à la piscine
   Audrey et son amie sont allées à la piscine.
4. moi, je / décider de / dormir un peu
   Moi, j'ai décidé de dormir un peu.
5. samedi soir / pleuvoir / quand / nous / sortir / cinéma
   Samedi soir, il pleuvait quand nous sommes sortis du cinéma.
6. nous / rire / beaucoup / parce que / film / être / amusant
   Nous avons beaucoup ri parce que le film était amusant.
7. minuit / nous / rentrer / chez nous
   À minuit, nous sommes rentrés chez nous.
8. Lanh / regarder / télé / quand / nous / arriver
   Lanh regardait la télé quand nous sommes arrivés.

2 **Une surprise désagréable** Récemment, Benoît a fait un séjour à Strasbourg avec un collègue. Complétez ses phrases avec l'imparfait ou le passé composé.

Ce matin, il (1) __faisait__ (faire) chaud. J' (2) __étais__ (être) content de partir pour Strasbourg. Je (3) __suis parti__ (partir) pour la gare, où j' (4) __ai retrouvé__ (retrouver) Émile. Le train (5) __est arrivé__ (arriver) à Strasbourg à midi. Nous (6) __avons commencé__ (commencer) notre promenade en ville. Nous (7) __avions__ (avoir) besoin d'un plan. J' (8) __ai cherché__ (chercher) mon portefeuille (*wallet*), mais il (9) __était__ (être) toujours dans le train! Émile et moi, nous (10) __avons couru__ (courir) à la gare!

3 **Qu'est-ce qu'ils faisaient quand...?** Que faisaient ces personnes au moment de l'interruption?
Suggested answers

> **MODÈLE**
> *Papa débarrassait la table quand mon frère est arrivé.*

débarrasser / arriver

Ils sortaient la poubelle quand le voisin a dit bonjour.

1. sortir / dire

Sa mère faisait la lessive quand Anne est partie.

3. faire / partir

Michel passait l'aspirateur quand l'enfant est tombé.

2. passer / tomber

Ils lavaient la voiture quand il a commencé à pleuvoir.

4. laver / commencer

COMMUNICATION

4 **Situations** Avec un(e) partenaire, parlez de ces situations en utilisant le passé composé ou l'imparfait. Comparez vos réponses, puis présentez-les à la classe. *Answers will vary.*

MODÈLE

Le premier jour de cours...
Étudiant(e) 1: *Le premier jour de cours, j'étais tellement nerveux que j'ai oublié mes livres.*
Étudiant(e) 2: *Moi, j'étais nerveux aussi, alors j'ai quitté ma résidence très tôt.*

1. Quand j'étais petit(e),...
2. L'été dernier,...
3. Hier soir, mon/ma petit(e) ami(e)...
4. Hier, le professeur...
5. La semaine dernière, mon/ma camarade de chambre...
6. Ce matin, au resto U,...
7. Quand j'étais au lycée,...
8. La dernière fois que j'étais en vacances,...

5 **Votre premier/première petit(e) ami(e)**
Posez ces questions à un(e) partenaire. Ajoutez (*Add*) d'autres questions si vous le voulez (*want*). *Answers will vary.*

1. Qui a été ton/ta premier/première petit(e) ami(e)?
2. Quel âge avais-tu quand tu as fait sa connaissance?
3. Comment était-il/elle?
4. Est-ce que tu as fait la connaissance de sa famille?
5. Pendant combien de temps êtes-vous sortis ensemble?
6. Où alliez-vous quand vous sortiez?
7. Aviez-vous les mêmes (*same*) centres d'intérêt?
8. Pourquoi avez-vous arrêté (*stopped*) de sortir ensemble?

6 **Dialogue** Jean-Michel, qui a seize ans, est sorti avec des amis hier soir. Quand il est rentré à trois heures du matin, sa mère était furieuse parce que ce n'était pas la première fois qu'il rentrait tard. Avec un(e) partenaire, préparez le dialogue entre Jean-Michel et sa mère. *Answers will vary.*

MODÈLE

Étudiant(e) 1: *Que faisais-tu à minuit?*
Étudiant(e) 2: *Mes copains et moi, nous sommes allés manger une pizza...*

6 **Suggestion** Encourage students to use key adverbs to indicate the appropriate verb tenses in the dialogue. Examples: **soudain, tout d'un coup, autrefois,** etc.

• When the **passé composé** and the **imparfait** occur in the same sentence, the action in the **passé composé** often interrupts the ongoing action in the **imparfait**.

Vous **dormiez** et tout d'un coup, il **a téléphoné**.
You were sleeping, and all of a sudden he phoned.

Notre père **repassait** le linge quand vous **êtes arrivées**.
Our father was ironing when you arrived.

• Sometimes the use of the **passé composé** and the **imparfait** in the same sentence expresses a cause and effect.

J'**avais** faim, donc j'**ai mangé** quelque chose.
I was hungry so I ate something.

Elle **a dormi** parce qu'elle **avait** sommeil.
She slept because she was sleepy.

• The **passé composé** and the **imparfait** are often used together to narrate. The **imparfait** provides the background description, such as time, weather, and location. The **passé composé** indicates the specific events.

Il **était** deux heures et il **faisait** chaud. Les étudiants **attendaient** impatiemment les vacances d'été. Le prof **est entré** dans la salle pour leur donner les résultats...
It was 2 o'clock and it was hot. The students were waiting impatiently for their summer vacation. The professor came into the classroom to give them the results...

J'**avais** peur parce que j'**étais** seul dans la maison. Mes parents **dînaient** chez des amis et le quartier **était** désert. Soudain, j'**ai entendu** quelque chose...
I was afraid because I was alone in the house. My parents were having dinner at some friends' house and the neighborhood was deserted. Suddenly, I heard something...

• Certain adverbs often indicate a particular past tense.

Expressions that signal a past tense

passé composé		imparfait	
soudain	*suddenly*	autrefois	*in the past*
tout d'un coup	*all of a sudden*	d'habitude	*usually*
une (deux, etc.) fois	*once (twice, etc.)*	parfois	*sometimes*
		souvent	*often*
Suggestion Involve the class in a conversation about what they did in the past.		toujours	*always*
		tous les jours	*every day*

Essayez! Donnez les formes correctes des verbes.

passé composé

1. commencer (il) *il a commencé*
2. acheter (tu) *tu as acheté*
3. boire (nous) *nous avons bu*
4. apprendre (ils) *ils ont appris*
5. répondre (je) *j'ai répondu*

imparfait

1. jouer (nous) *nous jouions*
2. être (tu) *tu étais*
3. prendre (elles) *elles prenaient*
4. avoir (vous) *vous aviez*
5. conduire (il) *il conduisait*

16.2 The verbs *savoir* and *connaître*

comparisons
NATIONAL STANDARDS

Point de départ **Savoir** and **connaître** both mean *to know*. Their different uses depend on the context.

	savoir	connaître
je	sais	connais
tu	sais	connais
il/elle	sait	connaît
nous	savons	connaissons
vous	savez	connaissez
ils/elles	savent	connaissent

savoir and connaître

- **Savoir** means *to know facts* or *to know how to do something.*

  Sait-elle chanter?
  Does she know how to sing?

  Ils ne **savent** pas qu'il est parti.
  They don't know that he left.

- **Connaître** means *to know* or *be familiar with a person, place, or thing.*

  Vous **connaissez** le prof.
  You know the professor.

  Tu **connais** ce quartier?
  Do you know that neighborhood?

- In the **passé composé**, **savoir** and **connaître** have special connotations. **Savoir** in the **passé composé** means *found out*. **Connaître** in the **passé composé** means *met (for the first time)*. Their past participles, respectively, are **su** and **connu**.

  J'**ai su** qu'il y avait une fête.
  I found out there was a party.

  Nous l'**avons connu** à la fac.
  We met him at the university.

- **Reconnaître** means *to recognize*. It follows the same conjugation patterns as **connaître**.

  Mes profs de lycée me **reconnaissent** encore.
  My high school teachers still recognize me.

  Nous **avons reconnu** vos enfants à la soirée.
  We recognized your children at the party.

Suggestion Review the changes in meaning when **savoir** and **connaître** are used in the **imparfait** and **passé composé**.

Essayez! Complétez les phrases avec les formes correctes des verbes **savoir** et **connaître**.

1. Je _connais_ de bons restaurants.
2. Ils ne _savent_ pas parler allemand.
3. Vous _savez_ faire du cheval?
4. Tu _connais_ une bonne coiffeuse?
5. Nous ne _connaissons_ pas Jacques.
6. Claudette _sait_ jouer aux échecs.

Essayez! Have students change the sentences to the past tense. Examples: 1. Je connaissais de bons restaurants. 2. Ils ne savaient pas parler allemand.

SUPERSITE **MISE EN PRATIQUE**

1 Les passe-temps Qu'est-ce que ces personnes savent faire?

MODÈLE
Patrick sait skier.

1 Expansion Ask individual students questions about what they know how to do.

Patrick

1. Halima
Halima sait patiner.

3. tu
Tu sais jouer au tennis.

2. vous
Vous savez nager.

4. nous
Nous savons jouer au foot.

2 Dialogues brefs Complétez les conversations avec le présent du verbe **savoir** ou **connaître**.

1. Marie _sait_ faire la cuisine?
   Oui, mais elle ne _connaît_ pas beaucoup de recettes (*recipes*).
2. Vous _connaissez_ les parents de François?
   Non, je _connais_ seulement sa cousine.
3. Tes enfants _savent_ nager dans la mer.
   Et mon fils aîné _connaît_ toutes les espèces de poissons.
4. Je _sais_ que le train arrive à trois heures.
   Est-ce que tu _sais_ à quelle heure il part?

3 Assemblez Assemblez les éléments des colonnes pour construire des phrases. Answers will vary.

MODÈLE *Je sais parler une langue étrangère.*

A	B	C
Gérard Depardieu	(ne pas) connaître	des célébrités faire la cuisine
Oprah	(ne pas) savoir	jouer dans un film
je		Julia Roberts
ton/ta camarade de chambre		parler une langue étrangère

4 Enquête Votre professeur va vous donner une feuille d'activités. Circulez dans la classe pour trouver au moins une personne différente qui répond oui à chaque question. Answers will vary.

Sujet	Nom
1. Sais-tu faire une mousse au chocolat?	Jacqueline
2. Connais-tu New York?	
3. Connais-tu le nom des sénateurs de cet état (state)?	
4. Connais-tu quelqu'un qui habite en Californie?	

5 Je sais faire Vous avez l'occasion de travailler chez une célébrité. Par groupes de trois, un(e) étudiant(e) joue le rôle de la personne célèbre et les deux autres jouent le rôle de la personne interviewée. Chacun(e) (*Each one*) essaie de montrer toutes les choses qu'il/elle sait faire. Answers will vary.

MODÈLE

Étudiant(e) 1: *Alors, vous savez faire la vaisselle?*
Étudiant(e) 2: *Je sais faire la vaisselle, et je sais faire la cuisine aussi.*
Étudiant(e) 3: *Moi, je sais faire la cuisine, mais il/elle ne sait pas passer l'aspirateur.*

6 Questions À tour de rôle, posez ces questions à un(e) partenaire. Ensuite, présentez vos réponses à la classe. Answers will vary.

1. Quel bon restaurant connais-tu près d'ici? Est-ce que tu y (*there*) manges souvent?
2. Dans ta famille, qui sait chanter le mieux (*best*)?
3. Connais-tu l'Europe? Quelles villes connais-tu?
4. Reconnais-tu toutes les chansons (*songs*) que tu entends à la radio?
5. Tes parents savent-ils utiliser Internet? Le font-ils bien?
6. Connais-tu un(e) acteur/actrice célèbre? Une autre personne célèbre?
7. Ton/Ta meilleur(e) (*best*) ami(e) sait-il/elle écouter quand tu lui racontes (*tell*) tes problèmes?
8. Connais-tu la date d'anniversaire de tous les membres de ta famille et de tous tes amis? Donne des exemples.

Le français vivant

Vous saviez qu'être chez vous, c'est agréable. Avec les sofas par **Montauk**, vous connaissez aussi le confort et la joie d'être chez vous. Les sofas par **Montauk**: savoir qu'on connaît le bonheur.

sofas par **MONTAUK**

Identifiez Regardez la publicité (*ad*) et répondez à ces questions. Some answers will vary.

1. Quelles formes des verbes savoir et connaître avez-vous trouvées dans la pub? saviez, connaissez, savoir, connaît
2. Identifiez les objets sur la photo qui correspondent au vocabulaire de l'Unité 8.

Répondez Par groupes de trois, répondez aux questions. Answers will vary.

1. Aimez-vous être chez vous? Pourquoi?
2. Vos meubles vous donnent-ils envie de rester chez vous? Pourquoi?
3. Un meuble apporte-t-il vraiment du confort et de la joie?
4. Avez-vous envie d'habiter dans une maison comme celle-ci (*this one*)? Pourquoi?
5. Y a-t-il une pièce que vous préférez dans votre maison? Laquelle? (*Which one?*)

Le français vivant
• Call on a volunteer to read the advertisement aloud.
• After completing **Identifiez**, have students explain and compare the uses of **savoir** and **connaître** in the ad.

SYNTHÈSE

NATIONAL communication STANDARDS

Révision

4 Suggestion Have students bring photos from magazines or newspapers to supplement this activity. Or, students may prefer to sketch drawings of events.

1 Un grand dîner Émilie et son mari Vincent ont invité des amis à dîner ce soir. Qu'ont-ils fait cet après-midi pour préparer la soirée? Que vont-ils faire ce soir après le départ des invités? Conversez avec un(e) partenaire. Answers will vary.

> **MODÈLE**
>
> **Étudiant(e) 1:** Cet après-midi, Émilie et Vincent ont mis la table.
>
> **Étudiant(e) 2:** Ce soir, ils vont faire la vaisselle.

2 Mes connaissances Votre professeur va vous donner une feuille d'activités. Interviewez vos camarades. Pour chaque activité, trouvez un(e) camarade différent(e) qui dit oui. Answers will vary.

> **Étudiant(e) 1:** Connais-tu une personne qui aime faire le ménage?
>
> **Étudiant(e) 2:** Oui, autrefois mon père aimait bien faire le ménage.

Activité	Nom
1. ne pas faire souvent la vaisselle	
2. aimer faire le ménage	Farid
3. dormir avec une couverture en été	
4. faire son lit tous les jours	
5. repasser rarement ses vêtements	

3 Qui faisait le ménage? Par groupes de trois, interviewez vos camarades. Qui faisait le ménage à la maison quand ils habitaient encore chez leurs parents? Préparez des questions avec ces expressions et comparez vos réponses.
Answers will vary.

balayer	mettre et débarrasser la table
faire la lessive	passer l'aspirateur
faire le lit	ranger
faire la vaisselle	repasser le linge

3 Suggestion Review the **imparfait** with the verb phrases listed in this activity. Ask volunteers to supply the correct verb forms for the subjects you suggest.

4 Soudain! Tout était calme quand soudain... Avec un(e) partenaire, choisissez l'une des deux photos et écrivez un texte de dix phrases. Faites cinq phrases pour décrire la photo, et cinq autres pour raconter (*to tell*) un événement qui s'est passé soudainement (*that suddenly happened*). Employez des adverbes et soyez imaginatifs. Answers will vary.

5 J'ai appris... Qu'avez-vous appris ou qui connaissez-vous depuis que (*since*) vous êtes à la fac? Avec un(e) partenaire, faites une liste de cinq choses et de cinq personnes. À chaque fois, utilisez un imparfait et un passé composé dans vos explications. Answers will vary.

> **MODÈLE**
>
> **Étudiant(e) 1:** Avant, je ne savais pas comment dire bonjour en français, et puis j'ai commencé ce cours, et maintenant, je sais le dire.
>
> **Étudiant(e) 2:** Avant, je ne connaissais pas tous les pays francophones, et maintenant, je les connais.

6 Élise fait sa lessive Votre professeur va vous donner, à vous et à votre partenaire, une feuille avec des dessins représentant Élise et sa journée d'hier. Attention! Ne regardez pas la feuille de votre partenaire. Answers will vary.

> **MODÈLE**
>
> **Étudiant(e) 1:** Hier matin, Élise avait besoin de faire sa lessive.
>
> **Étudiant(e) 2:** Mais, elle...

6 Suggestion Divide the class into pairs and distribute the Info Gap Handouts in the IRM on the IRCD-ROM for this activity. Give students ten minutes to complete the activity.

ressources		
WB pp. 107–110	LM pp. 63–64	promenades.vhlcentral.com Leçon 16

Écriture

STRATÉGIE

Mastering the simple past tenses

In French, when you write about events that occurred in the past, you need to know when to use the **passé composé** and when to use the **imparfait**. A good understanding of the uses of each tense will make it much easier to determine which one to use as you write.

Look at the following summary of the uses of the **passé composé** and the **imparfait**. Write your own example sentence for each of the rules described.

Passé composé vs. imparfait

Passé composé

1. Actions viewed as completed

   _____

2. Beginning or end of past actions

   _____

3. Series of past actions

   _____

Imparfait

1. Ongoing past actions

   _____

2. Habitual past actions

   _____

3. Mental, physical, and emotional states and characteristics of the past

   _____

With a partner, compare your example sentences. Use the sentences as a guide to help you decide which tense to use as you are writing a story about something that happened in the past.

Stratégie Write these sentences on the board. **1. Le film a fini à minuit. 2. J'ai fait mon lit, j'ai rangé ma chambre et j'ai passé l'aspirateur. 3. Le bébé a dormi parce qu'il avait sommeil. 4. Quand nous étions au restaurant, nous avons parlé avec nos copains.** Ask volunteers to explain why the **passé composé** or **imparfait** was used in each case. Then have the class write sentences for their compositions.

Thème

Écrire une histoire

Quand vous étiez petit(e), vous habitiez dans la maison ou l'appartement de vos rêves (*of your dreams*). Décrivez cette maison ou cet appartement. Écrivez sur la ville où vous habitiez et sur votre quartier. Décrivez les différentes pièces, les meubles et les objets décoratifs. Parlez aussi de votre pièce préférée et de ce que (*what*) vous aimiez faire dans cette pièce. Ensuite, imaginez qu'il y ait eu (*was*) un vol (*robbery*) dans cette maison ou dans cet appartement. Décrivez ce qui est arrivé (*what happened*). Attention à l'utilisation du passé composé et de l'imparfait!

Thème Explain to students that the story they are going to write will be about events that occurred in the past. Encourage them to brainstorm as many details as possible before they begin writing.

Coup de main

Here are some terms that you may find useful in your narration.

le voleur	*thief*
cassé(e)	*broken*
j'ai vu	*I saw*
manquer	*to be missing*

> Quand j'étais petit(e), j'habitais dans un château, en France. Le château était dans un joli quartier, dans une petite ville près de Paris. Il y avait un grand jardin, avec beaucoup d'animaux. Il y avait douze pièces...
>
> Ma pièce préférée était la cuisine parce que j'aimais faire la cuisine et j'aidais souvent ma mère...
>
> Un jour, je suis rentré(e) de...

Panorama

L'Alsace

La région en chiffres

- ▶ **Superficie:** *8.280 km²*
- ▶ **Population:** *1.793.000*
  SOURCE: INSEE
- ▶ **Industries principales:** *viticulture, culture du houblon° et brassage° de la bière, exploitation forestière°, industrie automobile, tourisme*
- ▶ **Villes principales:** *Colmar, Mulhouse, Strasbourg*

Personnages célèbres

- ▶ **Gustave Doré**, *dessinateur° et peintre° (1832–1883)*
- ▶ **Auguste Bartholdi**, *sculpteur, statue de la Liberté à New York, (1834–1904)*
- ▶ **Albert Schweitzer**, *médecin, prix Nobel de la paix en 1952 (1875–1965)*

La Lorraine

La région en chiffres

- ▶ **Superficie:** *23.547 km²*
- ▶ **Population:** *2.329.000*
- ▶ **Industries principales:** *industrie automobile, agroalimentaire°, bois° pour le papier, chimie et pétrochimie, métallurgie, verre et cristal*
- ▶ **Villes principales:** *Épinal, Forbach, Metz, Nancy*

Personnages célèbres

- ▶ **Georges de La Tour**, *peintre (1593–1652)*
- ▶ **Bernard-Marie Koltès**, *dramaturge° (1948–1989)*
- ▶ **Patricia Kaas**, *chanteuse (1966–)*

houblon *hops* **brassage** *brewing* **exploitation forestière** *forestry*
dessinateur *illustrator* **peintre** *painter* **agroalimentaire** *food processing*
bois *wood* **dramaturge** *playwright* **traité** *treaty* **envahit** *invades*

LA BELGIQUE

LE LUXEMBOURG

L'ALLEMAGNE

Thionville

Verdun

Metz

Forbach

Sarreguemines

LORRAINE

Bar-le-Duc

Nancy

Strasbourg

LA FRANCE

la Moselle

ALSACE

LES VOSGES

le Rhin

Épinal

Colmar

Mulhouse

LA SUISSE

le quartier de la Petite France à Strasbourg

la place Stanislas à Nancy

0   50 milles
0   50 kilomètres

dans les Vosges

Incroyable mais vrai!

Français depuis 1678, l'Alsace et le département de la Moselle en Lorraine deviennent allemands en 1871. Puis en 1919, le traité° de Versailles les rend à la France. Ensuite, en 1939, l'Allemagne envahit° la région qui redevient allemande entre 1940 et 1944. Depuis, l'Alsace et la Lorraine sont françaises.

PATISSERIE
CAKES
TEE-KAFFEE
CHOCOLAT

La gastronomie

La choucroute

La choucroute est typiquement alsacienne et son nom vient de l'allemand «sauerkraut». Du chou râpé° fermente dans un baril° avec du gros sel° et des baies de genièvre°. Puis, le chou est cuit° dans du vin blanc ou de la bière et mangé avec de la charcuterie° alsacienne et des pommes de terre°. La choucroute, qui se conserve longtemps° grâce à° la fermentation, est une nourriture appréciée° des marins° pendant leurs longs voyages.

L'histoire

Jeanne d'Arc

Jeanne d'Arc est née en 1412, en Lorraine, dans une famille de paysans°. En 1429, quand la France est en guerre avec l'Angleterre, Jeanne d'Arc décide de partir au combat pour libérer son pays. Elle prend la tête° d'une armée et libère la ville d'Orléans des Anglais. Cette victoire permet de sacrer° Charles VII roi de France. Plus tard, Jeanne d'Arc perd ses alliés° pour des raisons politiques. Vendue aux Anglais, elle est condamnée pour hérésie. Elle est exécutée à Rouen, en 1431. En 1920, l'Église catholique la canonise.

Les destinations

Strasbourg

Strasbourg, capitale de l'Alsace, est le siège° du Conseil de l'Europe depuis 1949 et du Parlement européen depuis 1979. Le Conseil de l'Europe est responsable de la promotion des valeurs démocratiques et des droits de l'homme°, de l'identité culturelle européenne et de la recherche de solutions° aux problèmes de société. Les membres du Parlement sont élus° dans chaque pays de l'Union européenne. Le Parlement contribue à l'élaboration de la législation européenne et à la gestion de l'Europe.

La société

Un mélange de cultures

L'Alsace a été enrichie° par de multiples courants° historiques et culturels grâce à sa position entre la France et l'Allemagne. La langue alsacienne vient d'un dialecte germanique et l'allemand est maintenant enseigné dans les écoles primaires. Quand la région est rendue à la France en 1919, les Alsaciens continuent de bénéficier des lois° sociales allemandes. Le mélange° des cultures est visible à Noël avec des traditions allemandes et françaises (le sapin de Noël, Saint Nicolas, les marchés).

 Qu'est-ce que vous avez appris? Répondez aux questions par des phrases complètes.

1. En 1919, quel document rend l'Alsace et la Moselle à la France? Le traité de Versailles les rend à la France.

2. Combien de fois l'Alsace et la Moselle ont-elles changé de nationalité depuis 1871? Elles ont changé quatre fois de nationalité depuis 1871.

3. Quel est l'ingrédient principal de la choucroute? L'ingrédient principal de la choucroute est le chou.

4. De qui la choucroute est-elle particulièrement appréciée? Elle est appréciée des marins.

5. Pourquoi Strasbourg est-elle importante? C'est le siège du Conseil de l'Europe et du Parlement européen.

6. Quel est l'un des rôles du Conseil de l'Europe? Answers will vary. Suggested answer: Il est responsable de la promotion des valeurs démocratiques.

7. Contre qui Jeanne d'Arc a-t-elle défendu la France? Elle a défendu la France contre les Anglais.

8. Comment est-elle morte? Elle a été exécutée.

9. Quelle langue étrangère enseigne-t-on aux petits Alsaciens? On leur enseigne l'allemand.

10. À quel moment de l'année le mélange des cultures est-il particulièrement visible en Alsace? Il est particulièrement visible à Noël.

ressources

WB pp. 111–112

promenades.vhlcentral.com Unité 8

SUPERSITE · **SUR INTERNET**

Go to **promenades.vhlcentral.com** to find more cultural information related to this **PANORAMA**.

1. Quelle est la différence entre le Conseil européen et le Conseil de l'Europe?

2. Trouvez d'autres informations sur Jeanne d'Arc. Quel est son surnom?

3. Pourquoi l'Alsace et le département de la Moselle sont-ils devenus allemands en 1871?

chou râpé *grated cabbage* **baril** *cask* **gros sel** *coarse sea salt* **baies de genièvre** *juniper berries* **cuit** *cooked* **charcuterie** *cooked pork meats* **pommes de terre** *potatoes* **qui se conserve longtemps** *which keeps for a long time* **grâce à** *thanks to* **appréciée** *valued* **marins** *sailors* **paysans** *peasants* **prend la tête** *takes the lead* **sacrer** *to be crowned* **alliés** *allies* **siège** *headquarters* **droits de l'homme** *human rights* **recherche de solutions** *finding solutions* **élus** *elected* **enrichie** *enriched* **courants** *trends, movements* **lois** *laws* **mélange** *mix*

Les parties d'une maison

un balcon	balcony
une cave	basement, cellar
une chambre	bedroom
un couloir	hallway
une cuisine	kitchen
un escalier	staircase
un garage	garage
un jardin	garden; yard
un mur	wall
une pièce	room
une salle à manger	dining room
une salle de bains	bathroom
une salle de séjour	living/family room
un salon	formal living/ sitting room
un sous-sol	basement
un studio	studio (apartment)
les toilettes/W.-C.	restrooms/toilet

Locutions de temps

autrefois	in the past
de temps en temps	from time to time
d'habitude	usually
en général	in general
parfois	sometimes
quelquefois	sometimes
soudain	suddenly
souvent	often
toujours	always
tous les jours	every day
tout d'un coup	all of a sudden
une (deux, etc.) fois	once (twice, etc.)
vite	fast, quickly

Chez soi

un appartement	apartment
un immeuble	building
un logement	housing
un loyer	rent
un quartier	area, neighborhood
une résidence	residence
une affiche	poster
une armoire	armoire, wardrobe
une baignoire	bathtub
un balai	broom
un canapé	couch
une commode	dresser, chest of drawers
une couverture	blanket
une douche	shower
les draps (m.)	sheets
une étagère	shelf
un évier	kitchen sink
un fauteuil	armchair
une fleur	flower
une lampe	lamp
un lavabo	bathroom sink
un meuble	piece of furniture
un miroir	mirror
un oreiller	pillow
un placard	closet, cupboard
un rideau	drape, curtain
un tapis	rug
un tiroir	drawer
déménager	to move out
emménager	to move in
louer	to rent

Adverbes

absolument	absolutely
activement	actively
bien	well
constamment	constantly
couramment	fluently
différemment	differently
évidemment	obviously, evidently; of course
franchement	frankly, honestly
gentiment	nicely
heureusement	fortunately
mal	badly
malheureusement	unfortunately
vraiment	really

Les tâches ménagères

une tâche ménagère	household chore
balayer	to sweep
débarrasser la table	to clear the table
enlever/faire la poussière	to dust
essuyer la vaisselle/ la table	to dry the dishes/ to wipe the table
faire la lessive	to do the laundry
faire le lit	to make the bed
faire le ménage	to do the housework
faire la vaisselle	to do the dishes
laver	to wash
mettre la table	to set the table
passer l'aspirateur	to vacuum
ranger	to tidy up; to put away
repasser (le linge)	to iron (the laundry)
salir	to soil, to make dirty
sortir la/les poubelle(s)	to take out the trash
propre	clean
sale	dirty

Les appareils ménagers

un appareil électrique/ménager	electrical/household appliance
une cafetière	coffeemaker
un congélateur	freezer
une cuisinière	stove
un fer à repasser	iron
un four (à micro-ondes)	(microwave) oven
un frigo	refrigerator
un grille-pain	toaster
un lave-linge	washing machine
un lave-vaisselle	dishwasher
un sèche-linge	clothes dryer

Verbes

connaître	to know, to be familiar with
reconnaître	to recognize
savoir	to know (facts), to know how to do something

Expressions utiles	See pp. 231 and 245.

ressources

SUPERSITE

promenades.vhlcentral.com
Unité 8

La nourriture

Pour commencer

- Où est Sandrine, dans un supermarché ou une poissonnerie?
- Quand va-t-elle manger ce qu'elle (*what she*) a dans la main?
- Comment va-t-elle le servir, avec un steak, dans une salade ou dans une tarte?
- Est-ce qu'elle a déjà payé ou pas encore (*not yet*)?

Savoir-faire

17

Suggestion Name some dishes and have students explain what ingredients are used to make them. Examples: **une salade de fruits, une salade mixte,** and **un sandwich.**

You will learn how to...

- talk about food
- express needs, desires, and abilities

Quel appétit!

Vocabulaire

cuisiner	to cook
faire les courses (f.)	to go (grocery) shopping
une cantine	cafeteria
un supermarché	supermarket
un aliment	food
un déjeuner	lunch
un dîner	dinner
un goûter	afternoon snack
la nourriture	food, sustenance
un petit-déjeuner	breakfast
un repas	meal
des petits pois (m.)	peas
une salade	salad
le bœuf	beef
un escargot	escargot, snail
les fruits de mer (m.)	seafood
un pâté (de campagne)	pâté, meat spread
le porc	pork
un poulet	chicken
une saucisse	sausage
un steak	steak
le thon	tuna
la viande	meat
le riz	rice
des pâtes (f.)	pasta
un yaourt	yogurt

Suggestion Point out that **cuisiner** and **faire la cuisine** both mean *to cook.*

les poires (f.)

les oranges (f.)

les fraises (f.)

les pêches (f.)

fruits

les fruits (m.)

les bananes (f.)

les pommes (f.)

les légumes (m.)

légumes

les pommes de terre (f.)

les oignons (m.)

les carottes (f.)

les poivrons rouges (m.)

les haricots verts (m.)

l'ail (m.)

les champignons (m.)

les tomates (f.)

Mise en pratique

1 **Écoutez** Fatima et René se préparent à aller faire des courses. Ils décident de ce qu'ils vont acheter. Écoutez leur conversation. Ensuite, complétez les phrases.

Dans le frigo, il reste six (1) __carottes__, quelques (2) __champignons__, une petite (3) __laitue__ et trois (4) __tomates__. René va utiliser ce qui reste dans le frigo pour préparer (5) __le déjeuner/une salade__. Fatima va acheter des (6) __pommes de terre__ et des (7) __oignons__. René va acheter des (8) __fruits__ : des (9) __fraises__, des (10) __pêches__ et quelques (11) __poires__. René va faire un bon petit repas avec des (12) __fruits de mer__.

2 **Les invités** Vous avez invité quelques amis pour le week-end. Vous vous préparez à les accueillir (*welcome*). Complétez les phrases suivantes avec les mots ou les expressions qui conviennent le mieux (*fit the best*).

1. Au petit-déjeuner, Sébastien aime bien prendre un café et manger des croissants et __un yaourt__. (une salade, des fruits de mer, un yaourt)
2. Pour le petit-déjeuner, il faut aussi de __la confiture__. (la confiture, l'ail, l'oignon)
3. J'adore les fruits, alors je vais acheter __des pêches__. (des petits pois, un repas, des pêches)
4. Mélanie n'aime pas trop la viande, elle va préférer manger __des fruits de mer__. (des fruits de mer, du pâté de campagne, des saucisses)
5. Je vais aussi préparer une salade pour Mélanie avec __des pâtes__. (de la confiture, des pâtes, du bœuf)
6. Jean-François est allergique aux légumes verts. Je ne vais donc pas lui servir de __haricots verts__. (carottes, pommes de terre, haricots verts)
7. Pour le dessert, je vais préparer une tarte aux fruits avec des __fraises__. (poivrons, fraises, petits pois)
8. Il faut aller au supermarché pour acheter des __oranges__ (yaourts, pâtes, oranges) pour faire du jus pour le petit-déjeuner.

3 **Vos habitudes alimentaires** Utilisez un élément de chaque colonne pour former des phrases au sujet de vos habitudes alimentaires. N'oubliez pas de faire les accords nécessaires. Answers will vary.

3 Suggestion This activity can be done orally or in writing in pairs or in groups.

A	B	C
au petit-déjeuner	acheter	des bananes
au déjeuner	adorer	des fruits
au goûter	aimer (bien)	des haricots verts
au dîner	ne pas tellement	des légumes
à la cantine	aimer	des œufs
à la maison	détester	du porc
au restaurant	manger	du riz
au supermarché	prendre	de la viande

Suggestion Use **Transparency #40.** Point out foods as you describe the illustration. Examples: **Voici des fraises. Elle achète une pêche. Le garçon a acheté des œufs, un poivron vert et une laitue.**

la confiture de fraises

les tartes (f.)

le poivron vert

la laitue

les œufs (m.)

Communication

4 **Quel repas?** Regardez les dessins et pour chacun d'eux, indiquez le repas qu'il représente et décrivez ce que chaque personnage mange. Ensuite, avec un(e) partenaire, décrivez une image à tour de rôle. Votre partenaire doit deviner (*must guess*) quel dessin vous décrivez. Answers will vary.

4 Expansion Have students describe what they typically eat at each meal and for snacks.

1. _____

2. _____

5 Suggestion Distribute the **Feuilles d'activités** from the IRM on the IRCD-ROM. Have two volunteers read the **modèle** aloud.

6 Suggestions
• Point out the **Coup de main.**
• Encourage students to include photos or drawings to illustrate their brochures. Have students vote on the best brochure in various categories.

3. _____

4. _____

5 **Sondage** Votre professeur va vous donner une feuille d'activités. Circulez dans la classe et utilisez les éléments du tableau pour former des questions afin de savoir (*in order to find out*) ce que (*what*) vos camarades de classe mangent. Quels sont les trois aliments les plus (*the most*) souvent mentionnés? Answers will vary.

MODÈLE

Étudiant(e) 1: À quelle heure est-ce que tu prends ton petit-déjeuner? Que manges-tu?

Étudiant(e) 2: Je prends mon petit-déjeuner à sept heures. Je mange du pain avec du beurre et de la confiture et je bois du café au lait.

Questions	Nom	Réponse
1. Petit-déjeuner: Quand? Quoi?	1. _____	1. _____
2. Déjeuner: Où? Quand? Quoi?	2. _____	2. _____
3. Goûter: Quand? Quoi?	3. _____	3. _____
4. Dîner: Quand? Quoi?	4. _____	4. _____
5. Supermarché: Quoi? À quelle fréquence?	5. _____	5. _____
6. Cantine: Quoi? Quand? À quelle fréquence?	6. _____	6. _____

6 **La brochure** Avec un(e) partenaire, vous allez préparer une brochure pour les nouveaux étudiants français qui viennent (*are coming*) étudier dans votre université. Une partie de la brochure est consacrée (*dedicated*) aux habitudes alimentaires. Faites une comparaison entre la France et les États-Unis. Ensuite, présentez votre brochure à la classe. Answers will vary.

Coup de main

Here are some characteristics of traditional French eating habits.

Le petit-déjeuner is usually light, with bread, butter, and jam, or cereal and coffee or tea. Croissants are normally reserved for the weekend.

Le déjeuner is the main meal and typically includes a starter, a main dish (meat or fish with vegetables), cheese or yogurt, and dessert (often fruit). Lunch breaks may be one to two hours, allowing people to eat at home.

Le goûter is a light afternoon snack such as biscuits, bread with chocolate, pastry, yogurt, or fruit.

Le dîner starts between 7:30 and 8:00 p.m. Foods served at lunch and dinner are similar. However, dinner is typically lighter than lunch and is usually eaten at home.

Les sons et les lettres

🎧 **e caduc and e muet**

In **Leçon 7**, you learned that the vowel **e** in very short words is pronounced similarly to the *a* in the English word *about*. This sound is called an **e caduc**. An **e caduc** can also occur in longer words and before words beginning with vowel sounds.

re**cher**cher	de**voirs**	le **haricot**	le **onze**

An **e caduc** occurs in order to break up clusters of several consonants.

appart**e**ment	quelqu**e**fois	poivr**e** vert	gouvern**e**ment

An **e caduc** is sometimes called **e muet** (*mute*). It is often dropped in spoken French.

Tu n**e̸** sais pas.	J**e̸** veux bien!	C'est un livr**e̸** intéressant.

An unaccented **e** before a single consonant sound is often silent unless its omission makes the word difficult to pronounce.

s**e̸**maine	p**e̸**tit	final**e̸**ment

An unaccented **e** at the end of a word is usually silent and often marks a feminine noun or adjective.

frais**e̸**	salad**e̸**	intelligent**e̸**	jeun**e̸**

Prononcez Répétez les mots suivants à voix haute.

1. vendredi
2. logement
3. exemple
4. devenir
5. tartelette
6. finalement
7. boucherie
8. petits pois
9. pomme de terre
10. malheureusement

Articulez Répétez les phrases suivantes à voix haute.

1. Tu ne vas pas prendre de casquette?
2. J'étudie le huitième chapitre maintenant.
3. Il va passer ses vacances en Angleterre.
4. Marc me parle souvent au téléphone.
5. Mercredi, je réserve dans une auberge.
6. Finalement, ce petit logement est bien.

Dictons Répétez les dictons à voix haute.

L'habit ne fait pas le moine.[1]

Le soleil luit pour tout le monde.[2]

[1] Clothes don't make the man. (lit. *The habit doesn't make the monk.*)

[2] The sun shines for everyone.

Suggestions
- Point out that although the pronunciation of the French **e caduc** and that of the *a* in the English word *about* are close, they are not identical. There is a difference in vowel quality and articulation.
- Model the pronunciation of the example words and have students repeat them after you.
- Point out that while the unaccented **e** at the end of a word is itself silent, it can influence the pronunciation of a word, often causing the final consonant to be pronounced. Example: **intelligent / intelligente.**
- Ask students to provide more examples of words from this lesson or previous lessons with **e caduc** and **e muet**. Examples: **repas, petit-déjeuner,** and **petits-pois**.
- Dictate five familiar words containing **e caduc** and **e muet**, repeating each one at least two times. Then write them on the board or on a transparency and have students check their spelling.

ressources	
LM p. 66	SUPERSITE promenades.vhlcentral.com Leçon 17

ROMAN-PHOTO

Au supermarché

Suggestion Have students predict what the episode will be about based on the title and video stills.

PERSONNAGES

Amina

Caissière

David

Sandrine

Stéphane

Au supermarché...

AMINA Mais quelle heure est-il? Sandrine devait être là à deux heures et quart. On l'attend depuis quinze minutes!

DAVID Elle va arriver!

AMINA Mais pourquoi est-elle en retard?

DAVID Elle vient peut-être juste de sortir de la fac.

En ville...

STÉPHANE Eh! Sandrine!

SANDRINE Salut, Stéphane, je suis très pressée! David et Amina m'attendent au supermarché depuis vingt minutes.

STÉPHANE À quelle heure est-ce qu'on doit venir ce soir, ma mère et moi?

SANDRINE À sept heures et demie.

STÉPHANE D'accord. Qu'est-ce qu'on peut apporter?

SANDRINE Oh, rien, rien.

STÉPHANE Mais maman insiste.

SANDRINE Bon, une salade, si tu veux.

Suggestions

• Have students scan the captions and find sentences describing foods.

• Review predictions and have students summarize the episode.

AMINA Alors, Sandrine. Qu'est-ce que tu vas nous préparer?

SANDRINE Un repas très français. Je pensais à des crêpes.

DAVID Génial, j'adore les crêpes!

SANDRINE Il nous faut des champignons, du jambon et du fromage. Et, bien sûr, des œufs, du lait et du beurre.

SANDRINE Et puis non! Finalement, je vous prépare un bœuf bourguignon.

AMINA Qu'est-ce qu'il nous faut alors?

SANDRINE Du bœuf, des carottes, des oignons...

DAVID Mmm... Ça va être bon!

AMINA Mais le bœuf bourguignon, c'est long à préparer, non?

SANDRINE Tu as raison. Vous ne voulez pas plutôt un poulet à la crème et aux champignons, accompagné d'un gratin de pommes de terre?

AMINA ET DAVID Mmmm!

SANDRINE Alors c'est décidé.

A C T I V I T É S

1 **Les ingrédients** Répondez aux questions suivantes par des phrases complètes.

1. Quels ingrédients faut-il pour préparer les crêpes de Sandrine? Pour préparer ses crêpes, il faut des champignons, du jambon, du fromage, des œufs, du lait et du beurre.

2. Quels ingrédients faut-il pour préparer le bœuf bourguignon? Pour préparer le bœuf bourguignon, il faut du bœuf, des carottes et des oignons.

3. Quels ingrédients faut-il à Sandrine pour préparer le poulet et le gratin? Pour préparer le poulet et le gratin, il faut du poulet, de la crème, des champignons et des pommes de terre.

4. Quelle va être la salade de Valérie à votre avis? Quels ingrédients va-t-elle mettre? Answers will vary. Possible answer: Ça va être une salade au thon avec des tomates.

5. À votre avis, quel(s) dessert(s) Sandrine va-t-elle préparer? Answers will vary. Possible answer: Sandrine va préparer une tarte aux fraises.

6. Après avoir lu ce **ROMAN-PHOTO**, quel plat préfères-tu? Pourquoi? Answers will vary.

1 Suggestion Have volunteers write their answers on the board. Then go over them as a class.

Amina, Sandrine et David font les courses.

Expressions utiles As you work through the list, point out forms of **devoir, pouvoir, vouloir, venir**, and the **passé recent**. Explain that **venir de** can be used to say what just happened or what someone just did. Then tell students that these verbs and structures will be formally presented in the **Structures** section.

STÉPHANE Mais quoi comme salade?

SANDRINE Euh, une salade de tomates ou... peut-être une salade verte... Désolée, Stéphane, je suis vraiment pressée!

STÉPHANE Une salade avec du thon peut-être? Maman fait une salade au thon délicieuse!

SANDRINE Comme tu veux, Stéphane!

SANDRINE Je suis en retard. Je suis vraiment désolée. Je ne voulais pas vous faire attendre, mais je viens de rencontrer Stéphane et avant ça, mon prof de français m'a retenue pendant vingt minutes!

DAVID Oh, ce n'est pas grave!

AMINA Bon, on fait les courses?

SANDRINE Voilà exactement ce qu'il me faut pour commencer! Deux beaux poulets!

AMINA Tu sais, Sandrine, le chant, c'est bien, mais tu peux devenir chef de cuisine si tu veux!

2 Expansion Have students create sentences to fill in parts of the story not mentioned in this activity.

CAISSIÈRE Ça vous fait 51 euros et 25 centimes, s'il vous plaît.

AMINA C'est cher!

DAVID Ah non, Sandrine, tu ne paies rien du tout, c'est pour nous!

SANDRINE Mais c'est mon dîner et vous êtes mes invités.

AMINA Pas question, Sandrine. C'est nous qui payons!

Expressions utiles

Meeting friends

- **Sandrine devait être là à deux heures et quart.**
  Sandrine should have been here at 2:15.
- **On l'attend depuis quinze minutes!**
  We've been waiting for her for fifteen minutes!
- **Elle vient peut-être juste de sortir de la fac.**
  Maybe she just left school.
- **Je suis très pressé(e)!**
  I'm in a big hurry!
- **À quelle heure est-ce qu'on doit venir ce soir?**
  What time should we come tonight?
- **Je ne voulais pas vous faire attendre, mais je viens de rencontrer Stéphane.**
  I didn't want to make you wait, but I just ran into Stéphane.
- **Mon prof m'a retenue pendant vingt minutes!**
  My professor kept me for twenty minutes!

Additional vocabulary

- **une caissière**
  cashier
- **Vous ne voulez pas plutôt un poulet accompagné d'un gratin de pommes de terre?**
  Wouldn't you prefer chicken accompanied by potatoes au gratin?
- **Voilà exactement ce qu'il me faut.**
  Here's exactly what I need.
- **Tu peux devenir chef de cuisine si tu veux!**
  You could become a chef if you want!
- **Comme tu veux.**
  As you like./It's up to you./Whatever you want.
- **C'est pour nous.**
  It's on us.

Expressions utiles Explain the difference between **il faut** + *infinitive* (*need to or must do something*) and **il nous faut** (*we need something*).

---

2 Les événements Mettez les événements suivants dans l'ordre chronologique.

- a. __3__ Sandrine décide de ne pas préparer de bœuf bourguignon.
- b. __1__ Le prof de Sandrine parle avec elle après la classe.
- c. __4__ Amina dit que Sandrine peut devenir chef de cuisine.
- d. __6__ David et Amina paient.
- e. __2__ Stéphane demande à quelle heure il doit arriver.
- f. __5__ Sandrine essaie de payer.

3 À vous! Stéphane arrive chez lui et dit à sa mère qu'il faut préparer une salade pour le dîner de Sandrine. Avec un(e) partenaire, préparez une conversation entre Stéphane et Valérie. Parlez du dîner et décidez des ingrédients pour la salade. Utilisez un dictionnaire et présentez votre conversation à la classe.

3 Suggestion Tell students to refer to the **Expressions utiles** as they prepare their role plays.

ressources

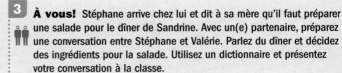

| VM pp. 219–220 | DVD Leçon 17 | promenades.vhlcentral.com Leçon 17 |

A C T I V I T É S

Avant la lecture Have students look at the photos and describe what they see.

CULTURE À LA LOUPE

Faire des courses

Les Français ont plusieurs possibilités pour faire leurs courses. On peut tout acheter dans les grandes surfaces: les hypermarchés et les supermarchés situés dans les banlieues et à l'extérieur des villes. En plus de l'alimentation, les hypermarchés vendent aussi des vêtements, des chaussures, du matériel audio et vidéo, etc. À l'entrée des hypermarchés, on trouve souvent un ou deux restaurants et quelques magasins. Dans les grandes villes, il y a aussi des supermarchés et des supérettes.

Les supérettes sont des petits supermarchés. On trouve aussi des magasins discount qui offrent des produits° moins chers.

Mais en général, beaucoup de Français préfèrent faire leurs courses dans les petits commerces de quartier°. Par exemple, pour le fromage, on va à la crémerie°; pour la viande, on va à la boucherie°; pour le poisson, à la poissonnerie. Dans les épiceries de quartier, on trouve aussi toutes sortes de produits, par exemple des fruits et des légumes, des produits frais°, des boîtes de conserve°, des produits surgelés°, etc. Les épiceries fines se spécialisent dans les produits de luxe et parfois, dans les plats préparés. La majorité des villes et des villages français ont aussi un marché en plein air° une ou deux fois par semaine. Dans certaines villes, on peut faire ses courses aux halles. Les halles sont comme un marché, mais elles sont dans un bâtiment et, en général, ouvertes tous les jours.

produits *products* commerces de quartier *neighborhood stores* crémerie *cheese shop* boucherie *butcher shop* frais *fresh* boîtes de conserve *canned goods* surgelés *frozen* en plein air *outdoors* crustacés *shellfish* Volailles *Poultry*

Les Français et l'alimentation
(Consommation par personne par an)

	1970	1990	2002
Bœuf (kg)	16	18	14
Fromage (kg)	14	17	19
Légumes (kg)	70	88	91
Œufs (kg)	12	14	15
Pain (kg)	81	63	56
Poissons, crustacés° (kg)	10	15	14
Volailles° (kg)	14	22	24
Yaourt (kg)	9	16	21

Coup de main

Weights and measures
un kilogramme
2.2 pounds
une livre (½ kilogramme)
1.1 pound (17.6 ounces)
un litre
1.06 quarts (¼ gallon)

ACTIVITÉS

1 Complétez Complétez les phrases.

1. Dans les hypermarchés, on peut acheter <u>de l'alimentation, des vêtements, des chaussures, du matériel audio et vidéo, etc</u>.
2. En France, les supermarchés sont souvent dans <u>les banlieues</u>.
3. <u>Une supérette</u> est un petit supermarché.
4. Beaucoup de Français préfèrent faire leurs courses <u>dans les petits commerces</u> de quartier.
5. Pour acheter du fromage, on peut aller à <u>la crémerie</u>.
6. Dans les épiceries de quartier, on peut acheter <u>Answers will vary.</u> Possible answer: des produits frais et des boîtes de conserve
7. On peut acheter des plats préparés et des produits de luxe dans certaines <u>épiceries fines</u>.
8. Si on aime se promener en plein air, on peut aller faire ses courses <u>au marché</u>.
9. <u>Les halles</u> sont comme un marché, mais à l'intérieur d'un bâtiment.
10. La consommation de <u>yaourt</u> a plus que doublé entre 1970 et 2002.

Portrait
- Explain that in a good cheese shop customers can sample the cut cheeses before purchasing them.
  Also the shop clerks often give advice on selecting cheese(s).
- Point out that a kind of goat cheese is generally referred to as **un chèvre**; the animal is **une chèvre**.

STRATÉGIE

Reading for the main idea

Reading for the main idea is a useful strategy that involves locating the topic sentence of a paragraph or section of text to determine the author's purpose. Topic sentences provide clues about the content of each paragraph or section, as well as about the general content of the reading. As you read a selection, keeping the topic sentence in mind will help you stay focused on the main idea and at the same time will shed light on the supporting information.

LE MONDE FRANCOPHONE

La cuisine de la Nouvelle-Orléans

À la Nouvelle-Orléans, la cuisine combine les influences créoles des colons° français et les influences cajuns des immigrés acadiens du Canada. Voici quelques spécialités.

le beignet un morceau de pâte frit° et recouvert de sucre, servi à toute heure du jour et de la nuit avec un café au lait et à la chicorée°

le gumbo une soupe à l'okra et aux fruits de mer, souvent accompagnée de riz

le jambalaya un riz très pimenté° préparé avec du jambon, du poulet, des tomates et parfois des saucisses et des fruits de mer

le po-boy de *poor boy* (garçon pauvre), un sandwich au poisson, aux écrevisses°, aux huîtres° ou à la viande dans un morceau de baguette

colons *colonists* **morceau de pâte frit** *fried piece of dough* **chicorée** *chicory* **pimenté** *spicy* **écrevisses** *crawfish* **huîtres** *oysters*

PORTRAIT

Les fromages français

Les Français sont très fiers de leurs fromages, et beaucoup de ces fromages sont connus dans le monde entier. La France produit près de 500 fromages dont° le type varie dans chaque région. Ils sont au lait de vache° comme le Brie et le Camembert, au lait de chèvre° comme le crottin de Chavignol, au lait de brebis° comme le Roquefort ou faits d'un mélange° de plusieurs laits. Ils sont aussi classés en plusieurs catégories, comme cuit° ou non cuit, fermenté, fondu° ou frais°. Plus de 95% des Français mangent du fromage et ils dépensent sept milliards° d'euros par an pour le fromage. On célèbre aussi la Journée nationale du fromage avec des débats, des conférences, des démonstrations de recettes° et des dégustations°.

dont *of which* **vache** *cow* **chèvre** *goat* **brebis** *ewe* **mélange** *mix* **cuit** *cooked* **fondu** *melted* **frais** *fresh* **milliards** *billions* **recettes** *recipes* **dégustations** *tastings*

SUPERSITE

SUR INTERNET

Peut-on acheter des appareils ménagers dans un hypermarché?

Go to **promenades.vhlcentral.com** to find more cultural information related to this **LECTURE CULTURELLE.** Then watch the corresponding **Flash culture.**

2 **À table!** Répondez aux questions d'après les textes par des phrases complètes.

1. Combien de types de fromage sont produits en France?
   Près de 500 fromages différents sont produits en France.
2. Quels laits sont utilisés pour faire le fromage en France?
   Le lait de vache, le lait de chèvre et le lait de brebis sont utilisés pour faire le fromage.
3. Quelles sont trois des catégories de fromages?
   Answers will vary. Possible answer: Il y a des fromages cuits, non cuits et fermentés.
4. Comment célèbre-t-on la Journée nationale du fromage? On la célèbre
   avec des débats, des conférences, des démonstrations de recettes et des dégustations.
5. Que met-on dans le jambalaya? On met du riz, du piment, du jambon, du poulet,
   des tomates et parfois des saucisses et des fruits de mer.
6. Quand peut-on manger des beignets à la Nouvelle-Orléans?
   On peut en manger à toute heure du jour et de la nuit.

3 **Le pique-nique** Vous et un(e) partenaire avez décidé de faire un pique-nique en plein air. Qu'allez-vous manger? Boire? Allez-vous apporter d'autres choses, comme des chaises ou une couverture? Parlez avec un autre groupe et échangez vos idées.

3 **Suggestion** Tell students to jot down their ideas so that they will be prepared to discuss them.

ressources

VM
pp. 255–256

SUPERSITE
promenades.vhlcentral.com
Leçon 17

17.1 The verb *venir* and the *passé récent*

comparisons NATIONAL STANDARDS

Point de départ In **Leçon 7**, you learned the verb **aller**. Now you will learn how to conjugate and use the irregular verb **venir** (*to come*).

venir	
je viens	nous venons
tu viens	vous venez
il/elle vient	ils/elles viennent

Vous **venez** souvent au resto U?
Do you come to the cafeteria often?

Viens vers huit heures du soir.
Come around 8 o'clock in the evening.

- **Venir** takes the auxiliary **être** in the **passé composé**. Its past participle is **venu**.

  Ils **sont venus** vendredi dernier.
  They came last Friday.

  Nadine **est venue** déjeuner.
  Nadine came to eat lunch.

  Nous **sommes venues** à la fac.
  We came to campus.

  Es-tu **venu** trop tard?
  Did you come too late?

- **Venir** can also be used with **de** and an infinitive to say that something has just happened. This is called the **passé récent**.

  Je **viens de prendre** mon goûter dans ma chambre.
  I just had a snack in my room.

  Nous **venons de regarder** cette émission.
  We just watched that show.

- **Venir** can be used with an infinitive to say that someone has come to do something.

  Papa **est venu** me **chercher**.
  Dad came to pick me up.

  Elle **venait** nous **rendre** visite.
  She used to come visit us.

- The verbs **devenir** (*to become*) and **revenir** (*to come back*) are conjugated like **venir**. They, too, take **être** in the **passé composé**.

  Estelle et sa copine **sont devenues** médecins.
  Estelle and her friend became doctors.

  Il **est revenu** avec une tarte aux fraises.
  He came back with a strawberry tart.

- The verbs **tenir** (*to hold*), **maintenir** (*to maintain*), and **retenir** (*to keep, to retain*) are also conjugated like **venir**. However, they take **avoir** in the **passé composé**.

  Corinne **tient** le livre de cuisine.
  Corinne is holding the cookbook.

  On **a retenu** mon passeport à la douane.
  They kept my passport at customs.

SUPERSITE **MISE EN PRATIQUE**

1 **Qu'est-ce qu'ils viennent de faire?** Regardez les images et dites ce qu'ils (*what they*) viennent de faire.

MODÈLE
Julien vient de faire du cheval.

Julien

1. M. et Mme Martin
M. et Mme Martin viennent d'aller au concert.

3. nous
Nous venons de jouer au tennis.

2. vous Vous venez de dîner.

4. je Je viens de faire des courses.

2 **Mes tantes** Tante Olga téléphone à tante Simone pour lui donner des nouvelles (*news*) de la famille. Complétez ses phrases au passé composé.

1. La semaine dernière, Georges ___est revenu___ (revenir) de vacances.

2. Marc a déménagé, mais je ___n'ai pas retenu___ (ne pas retenir) sa nouvelle adresse.

3. J'ai rencontré Martine ce matin; elle ___est devenue___ (devenir) très jolie.

4. Alfred va avoir 100 ans; c'est parce qu'il ___a maintenu___ (maintenir) un bon rythme de vie.

5. Hier midi, Charles et Antoinette ___sont venus___ (venir) déjeuner à la maison.

3 **Nos activités** Avec un(e) partenaire, dites ce que (*what*) chaque personne vient de faire et ce qu'elle va faire maintenant. Answers will vary. **3 Suggestion** Before beginning the activity, review the **futur proche** form **aller** + *infinitive*.

MODÈLE
Je viens de manger. Maintenant, je vais faire la vaisselle.

A	B	C
je	manger	emménager
tu	faire la lessive	répondre
elle	recevoir une lettre	faire un séjour
nous	acheter une maison	faire la vaisselle
vous	partir en vacances	prendre le train
ils	faire ses valises	repasser le linge

COMMUNICATION

4 **Préparation de la fête** Marine a invité ses amis ce soir. Elle a demandé à un(e) ami(e) de l'aider. Ils sont tous/toutes les deux impatient(e)s et ont besoin de savoir si tout est prêt. Avec un(e) partenaire, jouez les rôles de Marine et de son ami(e). Alternez les rôles et utilisez **venir de**, **il y a**, **depuis** et **pendant**.

Answers will vary.

MODÈLE

Étudiant(e) 1: *Étienne a téléphoné?*
Étudiant(e) 2: *Oui, il a téléphoné il y a une heure.*

1. Ta mère a apporté les gâteaux?
2. Tu as mis les fleurs dans le vase?
3. Pierre et Stéphanie ont fini de faire les courses?
4. Tu as sorti les boissons depuis quand?
5. Il faut mettre les escargots au four pendant longtemps?
6. Les salades de fruits sont dans le frigo?
7. Tu as préparé les tartes aux poires?
8. Ton petit ami est déjà arrivé?

5 **Qui vient?** Roland a aussi invité quelques amis ce week-end. Sa mère lui demande qui vient. Avec un(e) partenaire, jouez les rôles de Roland et de sa mère et alternez-les. Utilisez le vocabulaire de la liste.

Answers will vary.

MODÈLE

Étudiant(e) 1: *Est-ce que Patricia vient?*
Étudiant(e) 2: *Non, elle ne vient pas.*
Étudiant(e) 1: *Pourquoi?*

absolument	désolé(e)	nous
avec plaisir	impossible	Patricia
bien sûr	je regrette	Paul et Sophie
chez nos grands-parents	mariage de sa sœur	tu

6 **Un(e) Américain(e) à Paris** Vous venez de rencontrer un(e) Américain(e) de San Francisco (votre partenaire). Vous lui demandez de vous décrire sa vie à Paris, ses voyages, ce qui (*what*) l'intéresse, etc. Utilisez **depuis**, **il y a** et **pendant**. Ensuite, jouez la scène pour la classe. Answers will vary.

MODÈLE

Étudiant(e) 1: *Tu habites en France depuis longtemps?*
Étudiant(e) 2: *Oui, j'habite à Paris depuis 2004.*

6 Suggestion Before beginning the activity, remind students that each expression of time takes a different verb tense when referencing the past. A sentence with **pendant** usually uses the **passé composé** while **depuis** usually uses the **présent**.

Suggestion Ask students questions like these to practice talking about time in the past: **Que faisiez-vous il y a trois ans?** (J'étudiais au lycée il y a trois ans.) **Depuis quand habitez-vous sur le campus?** (J'habite sur le campus depuis le semestre dernier.)

- A command form of **tenir** is often used when handing something to someone.

Tiens, une belle orange pour toi.
Here, a nice orange for you.

Votre sac est tombé! **Tenez**, Madame.
Your bag fell! Here, ma'am.

Depuis, pendant, il y a [+ time]

- To say that something happened at a time *ago* in the past, use [**il y a** + *time ago*].

Il y a une heure, on était à la cantine.
An hour ago, we were at the cafeteria.

Il a visité Ouagadougou **il y a deux ans**.
He visited Ouagadougou two years ago.

- To say that something happened *for* a particular period of time that has ended, use [**pendant** + *time period*]. Often the verb will be in the **passé composé**.

Salim a fait la vaisselle **pendant deux heures**.
Salim washed dishes for two hours.

Les équipes ont joué au foot **pendant un mois**.
The teams played soccer for one month.

- To say that something has been going on *since* a particular time and continues into the present, use [**depuis** + *time period, date, or starting point*]. Unlike its English equivalent, the verb in the French construction is usually in the present tense.

Elle danse **depuis son arrivée** à la fête.
*She **has been dancing** since she arrived at the party.*

Nous passons l'été au Québec **depuis 1998**.
*We **have been spending** summers in Quebec since 1998.*

Essayez! Choisissez l'option correcte pour compléter chaque phrase.

1. Chloé, tu __c__ avec nous à la cantine?
2. Vous __h__ d'où, Monsieur?
3. Les Aubailly __a__ de dîner au café.
4. Julia Child est __g__ célèbre en 1961.
5. Qu'est-ce qu'ils __e__ dans la main?
6. Ils sont __b__ du supermarché à midi.
7. On allait souvent en Europe __d__ dix ans.
8. On mange bien __f__ l'arrivée de maman.

a. viennent
b. revenus
c. viens
d. il y a
e. tiennent
f. depuis
g. devenue
h. venez

17.2 The verbs *devoir, vouloir, pouvoir*

Point de départ The verbs **devoir** (*to have to [must]; to owe*), **vouloir** (*to want*), and **pouvoir** (*to be able to [can]*) are all irregular. They all take **avoir** in the **passé composé**.

devoir, vouloir, pouvoir

	devoir	vouloir	pouvoir
je	dois	veux	peux
tu	dois	veux	peux
il/elle	doit	veut	peut
nous	devons	voulons	pouvons
vous	devez	voulez	pouvez
ils/elles	doivent	veulent	peuvent
past participle	dû	voulu	pu

Je **dois** repasser.	**Veut**-elle des pâtes?	Vous **pouvez** entrer.
I have to iron.	*Does she want pasta?*	*You can come in.*

- **Devoir** can be used with an infinitive to mean *to have to* or *must*. With a direct object, **devoir** means *to owe*.

On **doit** manger des légumes tous les jours.	Tu me **dois** cinq euros pour la salade.
One must eat vegetables every day.	*You owe me five euros for the salad.*

- **Devoir** is often used in the **passé composé** with an infinitive to speculate on what must have happened.

Ils **ont dû** payer le repas à l'avance.	Augustin **a dû** trop manger hier soir.
They had to pay for the meal in advance.	*Augustin must have eaten too much last night.*

- In the **imparfait**, **devoir** can be used with an infinitive to express *supposed to*.

Je **devais faire** mes devoirs.	Vous **deviez arriver** à huit heures.
I was supposed to do my homework.	*You were supposed to arrive at 8 o'clock.*

- When **vouloir** is used with the infinitive **dire**, it is translated as *to mean*.

Nous **voulons dire** exactement le contraire.	Biscuit? Ça **veut dire** *cookie* en français.
We mean exactly the opposite.	*Biscuit? That means* cookie *in French.*

SUPERSITE   **MISE EN PRATIQUE**

1 **Que doit-on faire?** Qu'est-ce que ces personnes doivent faire pour avoir ce qu'elles (*what they*) veulent?

> **MODÈLE** André ___veut___ courir le marathon, alors il ___doit___ faire du jogging.

1. Je ___veux___ grossir, alors je ___dois___ manger des frites.
2. Il ___veut___ être en forme, alors il ___doit___ aller à la gym.
3. Vous ___voulez___ manger des spaghettis, alors vous ___devez___ aller dans un resto italien.
4. Tu ___veux___ manger chez toi, alors tu ___dois___ faire la cuisine.
5. Elles ___veulent___ maigrir, alors elles ___doivent___ moins manger.
6. Nous ___voulons___ écouter de la musique, alors nous ___devons___ acheter des CD.

2 **Qui peut faire quoi?** Ève prépare un grand repas. Dites ce que (*what*) chaque personne peut faire.

> **MODÈLE**
> Joseph / faire / courses
> *Joseph peut faire les courses.*

> **2 Expansion** Have students imagine they are planning a class party and everyone must help out. Ask the class: **Qui peut faire quoi?**

1. Marc / acheter / boissons
   Marc peut acheter les boissons.
2. Benoît et Anne / préparer / gâteaux
   Benoît et Anne peuvent préparer des gâteaux.
3. Jean et toi / décorer / salle à manger
   Jean et toi pouvez décorer la salle à manger.
4. Patrick et moi / essuyer / verres
   Patrick et moi pouvons essuyer les verres.
5. je / prendre / photos
   Je peux prendre des photos.
6. tu / mettre / table
   Tu peux mettre la table.

3 **Mes enfants** M. Dion est au restaurant avec ses enfants. Le serveur/La serveuse lui demande ce qu'ils (*what they*) veulent prendre. Avec un(e) partenaire, posez les questions et répondez. Alternez les rôles. Answers will vary.

> **MODÈLE** Éric: ou
> **Étudiant(e) 1:** Veut-il un jus d'orange ou un verre de lait?
> **Étudiant(e) 2:** Il veut un jus d'orange, s'il vous plaît.

1. Michèle: ou
2. Stéphanie et Éric: ou
3. Stéphanie: ou
4. Éric: ou

COMMUNICATION

4 **Que faire?** À tour de rôle avec un(e) partenaire, dites ce que (*what*) ces personnes peuvent, doivent ou veulent faire ou ne pas faire. Utilisez **pouvoir**, **devoir** et **vouloir** dans vos réponses. Answers will vary.

MODÈLE

Étudiant(e) 1: *Il veut maigrir.*
Étudiant(e) 2: *Il ne peut pas manger de dessert.*

1.

4.

2.

5.

3.

6.

5 **Ce n'est pas de ma faute.** Préparez une liste de cinq choses qui vous sont arrivées (*happened to you*) par accident. Montrez la liste à un(e) partenaire, qui va deviner pourquoi. A-t-il/elle raison? Answers will vary.

MODÈLE

Étudiant(e) 1: *J'ai perdu les clés de ma maison.*
Étudiant(e) 2: *Tu as dû les laisser sur ton lit.*

6 **Ce week-end** Invitez vos camarades de classe à faire des choses avec vous le week-end prochain. S'ils refusent votre invitation, ils doivent vous donner une excuse. Quelles réponses avez-vous reçues (*received*)? Answers will vary.

MODÈLE

Étudiant(e) 1: *Tu veux jouer au tennis avec moi le week-end prochain?*
Étudiant(e) 2: *Quel jour?*
Étudiant(e) 1: *Samedi matin.*
Étudiant(e) 2: *Je veux bien, mais je dois rendre visite à ma famille.*

6 Suggestions
• Ask two students to act out the **modèle**.
• Before doing the activity, review different ways to refuse an invitation politely using **devoir**, **vouloir**, and **pouvoir**.

Suggestion Use magazine pictures to prompt students to make sentences using **devoir**, **vouloir**, and **pouvoir**. Example: picture of someone making a meal (**Elle doit préparer le dîner.**)

Sandrine devait être là. Elle a dû parler à son prof.

J'ai pu vous retrouver au supermarché.

• **Vouloir bien** can be used to express willingness.

Tu veux prendre de la glace?
Do you want to have some ice cream?

Oui, je **veux bien** prendre de la glace.
Yes, I'll gladly have some ice cream.

Voulez-vous dîner avec nous demain soir?
Do you want to have dinner with us tomorrow evening?

Nous **voulons bien** manger avec vous demain soir.
We'd love to eat with you tomorrow evening.

• **Vouloir** is often used in the **passé composé** with an infinitive in negative sentences to express *refused to*.

J'ai essayé, mais il **n'a pas voulu** parler.
I tried, but he refused to talk.

Elles **n'ont pas voulu** débarrasser la table.
They refused to clear the table.

• **Pouvoir** can be used in the **passé composé** with an infinitive to express *managed to do something*.

Nous **avons pu** tout finir.
We managed to finish everything.

Fathia **a pu** nous trouver.
Fathia managed to find us.

Essayez! **Complétez ces phrases avec les formes correctes du présent des verbes.**

devoir

1. Tu ___dois___ revenir à midi?

2. Elles ___doivent___ manger tout de suite.

3. Nous ___devons___ encore vingt euros.

4. Je ne ___dois___ pas assister au pique-nique.

5. Elle ___doit___ nous téléphoner.

vouloir

6. ___Voulez___-vous manger sur la terrasse?

7. Tu ___veux___ quelque chose à boire?

8. Il ___veut___ faire la cuisine.

9. Nous ne ___voulons___ pas prendre de dessert.

10. Ils ___veulent___ préparer un grand repas.

pouvoir

11. Je ___peux___ passer l'aspirateur ce soir.

12. Il ___peut___ acheter de l'ail au marché.

13. Elles ___peuvent___ emménager demain.

14. Vous ___pouvez___ maigrir de quelques kilos.

15. Nous ___pouvons___ mettre la table.

Révision

4 Suggestion Before assigning the activity, ask the students questions using the construction **Depuis combien de temps …?** Review the different ways to answer (**il y a** + *time period* and **depuis** + *time period*).

1 Au restaurant Avec un(e) partenaire, dites ce que (*what*) ces personnes viennent de faire. Utilisez les verbes de la liste et d'autres verbes. Answers will vary.

apporter	manger
arriver	parler
boire	prendre
demander	téléphoner

2 Au supermarché Un(e) enfant et son père ou sa mère sont au supermarché. L'enfant demande ces choses à manger, mais le père ou la mère ne veut pas les acheter et doit lui donner des raisons. Avec un(e) partenaire, préparez un dialogue et puis jouez-le pour la classe. Employez les verbes **devoir**, **vouloir** et **pouvoir** et le passé récent. Answers will vary.

MODÈLE

Étudiant(e) 1: *Maman, je veux de la confiture. Achète-moi cette confiture, s'il te plaît.*
Étudiant(e) 2: *Tu ne dois pas manger ça. Tu viens de manger un dessert et tu vas grossir.*

du chocolat	une glace
des chips	du pâté
un coca	une saucisse
de la confiture	des yaourts aux fruits

3 Le chef de cuisine Vous et votre partenaire êtes deux chefs. Choisissez une recette (*recipe*) facile et préparez une démonstration de cette recette pour la classe. Donnez des conseils (*advice*) avec les verbes **devoir**, **vouloir** et **pouvoir** et employez le passé récent. Answers will vary.

MODÈLE

Étudiant(e) 1: *Combien de carottes doit-on utiliser?*
Étudiant(e) 2: *Vous pouvez utiliser deux ou trois carottes.*

4 Dans le frigo Vous et vos partenaires êtes colocataires et vous nettoyez votre frigo. Qu'allez-vous mettre à la poubelle? Par groupes de trois, regardez l'illustration et décidez. Ensuite, présentez vos décisions à la classe. Answers will vary.

MODÈLE

Étudiant(e) 1: *Depuis combien de temps on a ce fromage dans le frigo?*
Étudiant(e) 2: *Je viens de l'acheter, nous pouvons le garder encore un peu.*

5 Chez moi Vous et votre partenaire voulez manger ensemble après le cours. Vous voulez manger chez vous ou chez votre partenaire, mais pas au resto U. Que pouvez-vous préparer? Que voulez-vous manger ou boire? Answers will vary.

MODÈLE

Étudiant(e) 1: *Chez moi, j'ai du chocolat et du lait, et je peux te faire un chocolat chaud.*
Étudiant(e) 2: *Non merci, je veux plutôt une boisson froide et j'ai des boissons gazeuses à la maison.*

6 Une journée bien occupée Votre professeur va vous donner, à vous et à votre partenaire, une feuille sur les activités d'Alexandra. Attention! Ne regardez pas la feuille de votre partenaire. Answers will vary.

MODÈLE

Étudiant(e) 1: *À quatre heures et demie, Alexandra a pu faire du jogging.*
Étudiant(e) 2: *Après, à cinq heures, elle...*

6 Suggestion Divide the class into pairs and distribute the Info Gap Handouts in the IRM on the IRCD-ROM for this activity. Give students ten minutes to complete the activity.

ressources		
WB pp. 115–118	LM pp. 67–68	SUPERSITE promenades.vhlcentral.com Leçon 17

Le Zapping

Le far breton

En Bretagne, région du nord-ouest de la France, il existe plusieurs variétés de *fars*. Ils ont tous comme ingrédient principal une sorte de farine°, d'où vient leur nom. Les Bretons cuisinaient traditionnellement un far à l'occasion des fêtes religieuses. En Bretagne, il a toujours existé des fars salés° et sucrés°. Pourtant°, c'est une version sucrée avec des pruneaux° qui a traversé les limites régionales pour se populariser dans toute la France sous le nom de "far breton".

—Alors, je vais vous présenter la recette° du far breton.

—Donc, maintenant, je vais casser° les œufs pour les mélanger° ensuite à la farine.

Compréhension Have students work in pairs or groups for this activity. Tell them to write their answers. Then show the video again so that they can check their answers and add any missing information.

Compréhension Répondez aux questions. Some answers will vary.

1. Quels sont plusieurs des ingrédients du far breton? Il y a du lait, de la farine, du beurre, des œufs, du sucre et des pruneaux.

2. Quel est le verbe de la liste que le chef de cuisine ne dit pas?

ajouter (*to add*), **casser**, **chauffer** (*to heat*), (**couper**) (*to cut*), **mélanger**, **verser** (*to pour*)

3. À quelle température et pendant combien de temps la pâte (*batter*) doit-elle rester au four? Elle doit rester au four à 180 degrés pendant une heure.

 Discussion Avec un(e) partenaire, posez-vous ces questions et discutez. Answers will vary.

Quelle est votre recette préférée? Quels sont les ingrédients? Comment la prépare-t-on?

SUPERSITE

SUR INTERNET

Go to **promenades.vhlcentral.com** to watch the TV clip featured in this **Le zapping**.

farine *flour* **salés** *savory* **sucrés** *sweet* **Pourtant** *However* **pruneaux** *prunes* **recette** *recipe* **casser** *to crack* **mélanger** *to mix*

Discussion Ask students if they know the origin of their favorite recipe. Ask them to bring in photos of the dish or, if possible, a sample to share with the class.

Leçon 18

You will learn how to...
- describe and discuss food
- shop for food

À table!

Suggestion Use **Transparency #41.** Describe what people are doing, then point out eating utensils and other items on the tables. Examples: **Le serveur apporte la carte. La femme commande. C'est une fourchette à côté de la serviette.**

Vocabulaire

être au régime	to be on a diet
une boîte (de conserve)	can
la crème	cream
la mayonnaise	mayonnaise
la moutarde	mustard
une tranche	slice
une entrée	appetizer, starter
un hors-d'œuvre	hors-d'œuvre, appetizer
un plat (principal)	(main) dish
À table!	Let's eat!/Food is ready!
compris	included
une boucherie	butcher's shop
une boulangerie	bread shop, bakery
une charcuterie	delicatessen
un(e) commerçant(e)	shopkeeper
un kilo(gramme)	kilo(gram)
une pâtisserie	pastry shop, bakery
une poissonnerie	fish shop

Suggestions
- Point out that **une entrée** is *an appetizer*, not *a main course* as in English.
- Point out that **une assiette** is *a plate*, and **un plat** is *a serving dish* or the *food on the serving dish.*
- Explain the **faux ami: commander** means *to order*, not *to command.*
- Bring in photos from magazines or the Internet to introduce the names of the shops listed. Say: **C'est une boulangerie. On vend du pain à la boulangerie.**

ressources

WB
pp. 119–120

LM
p. 69

SUPERSITE
promenades.vhlcentral.com
Leçon 18

Il goûte la soupe. (goûter)

l'assiette (f.)

la carte

la serviette

la fourchette

le couteau

la nappe

Mise en pratique

Elle commande. (commander)

le menu

le sel

le poivre

l'huile d'olive (f.)

la carafe d'eau

le bol

la cuillère à soupe

la cuillère à café

1 **Écoutez** 🎧 Catherine est au régime. Elle parle de ses habitudes alimentaires. Écoutez et indiquez si les affirmations suivantes sont **vraies** ou **fausses**.

	Vrai	Faux
1. Catherine mange beaucoup de desserts.	☐	☑
2. Catherine fait les courses au supermarché.	☐	☑
3. Elle adore la viande.	☐	☑
4. Elle est au régime.	☑	☐
5. Catherine achète des fruits et des légumes au marché.	☑	☐
6. Selon (*According to*) Catherine, le service chez les commerçants est désagréable.	☐	☑
7. Elle va souvent à la boucherie et à la poissonnerie.	☐	☑
8. Elle vient de devenir végétarienne.	☑	☐

2 **Le repas** Mettez ces différentes étapes dans l'ordre chronologique.

a. __5__ dire «À table!»

b. __7__ servir le plat principal

c. __4__ mettre les assiettes, les fourchettes, les cuillères et les couteaux sur la table

d. __6__ servir l'entrée

e. __2__ faire les courses

f. __1__ organiser un menu

g. __8__ goûter le dessert avec les invités

h. __3__ faire la cuisine

3 **Complétez** Complétez les phrases suivantes avec le bon mot pour faire une phrase logique.

1. Pour manger de la soupe on utilise...
   a. un couteau.
   b. une cuillère.
   c. une fourchette.

2. On sert la soupe dans...
   a. une assiette.
   b. une carafe.
   c. un bol.

3. Au restaurant le serveur/ la serveuse doit... la nourriture.
   a. commander
   b. apporter
   c. goûter

4. On vend des baguettes à...
   a. la boulangerie.
   b. la charcuterie.
   c. la boucherie.

5. On met... dans le café.
   a. du beurre
   b. du poivre
   c. de la crème

6. On vend des gâteaux à...
   a. la boucherie.
   b. la pâtisserie.
   c. la poissonnerie.

7. Au restaurant, on commande d'abord...
   a. une entrée.
   b. un plat principal.
   c. une serviette.

8. On vend du jambon à...
   a. la charcuterie.
   b. la boucherie.
   c. la pâtisserie.

CONTEXTES

Communication

4 **Conversez** Interviewez un(e) camarade de classe. Answers will vary.

1. En général, qu'est-ce que tu commandes au restaurant? Comme entrée? Comme plat principal?
2. Qui fait les courses chez toi? Où? Quand?
3. Est-ce que tu préfères faire les courses au supermarché ou chez les commerçants? Pourquoi?
4. Es-tu au régime? Qu'est-ce que tu manges?
5. Quel est ton plat principal préféré?
6. Aimes-tu la moutarde? Avec quel(s) plat(s) l'utilises-tu?
7. Aimes-tu la mayonnaise? Avec quel(s) plat(s) l'utilises-tu?
8. Dans quel(s) plat(s) mets-tu de l'huile d'olive?

4 **Suggestions**
• Before beginning the activity, give students a few minutes to think about their responses to these questions.
• Tell students to jot down notes during their interviews. Then have volunteers share their partners' responses with the class.

5 **Sept différences** Votre professeur va vous donner, à vous et à votre partenaire, deux feuilles d'activités différentes avec le dessin (*drawing*) d'un restaurant. Il y a sept différences entre les deux images. Sans regarder l'image de votre partenaire, comparez vos dessins et faites une liste de ces différences. Quel est le groupe le plus rapide de la classe?

MODÈLE

Étudiant(e) 1: *Dans mon restaurant, le serveur apporte du beurre à la table.*
Étudiant(e) 2: *Dans mon restaurant aussi, on apporte du beurre à la table, mais c'est une serveuse, pas un serveur.*

5 **Suggestion** Have two volunteers read the **modèle** aloud. Then divide the class into pairs and distribute the Info Gap Handouts in the IRM on the IRCD-ROM for this activity. Give students ten minutes to complete the activity.

6 **Au restaurant** Travaillez avec deux camarades de classe pour présenter le dialogue suivant. Answers will vary.

• Une personne invite un(e) ami(e) à dîner au restaurant.
• Une personne est le serveur/la serveuse et décrit le menu.
• Vous parlez du menu et de vos préférences.
• Une personne est au régime et ne peut pas manger certains ingrédients.
• Vous commandez les plats.
• Vous parlez des plats que vous mangez.

6 **Suggestion** Give each group a menu from a real French restaurant to use in their role plays. Many restaurants include sample menus on their websites.

7 **Écriture** Écrivez un paragraphe dans lequel vous: Answers will vary.

• parlez de la dernière fois que vous avez préparé un dîner, un déjeuner ou un petit-déjeuner pour quelqu'un.
• décrivez les ingrédients que vous avez utilisés pour préparer le(s) plat(s).
• mentionnez les endroits où vous avez acheté les ingrédients et leurs quantités.
• décrivez comment vous avez mis la table.

7 **Suggestion** Have students exchange paragraphs for peer editing. Students should make sure all required elements are included and underline grammar and spelling errors.

Les sons et les lettres

Stress and rhythm

In French, all syllables are pronounced with more or less equal stress, but the final syllable in a phrase is elongated slightly.

Je fais souvent du sport, mais aujourd'hui j'ai envie de rester à la maison.

French sentences are divided into three basic kinds of rhythmic groups.

Noun phrase
Caroline et Dominique

Verb phrase
sont venues

Prepositional phrase
chez moi.

The final syllable of a rhythmic group may be slightly accentuated either by rising intonation (pitch) or elongation.

Caroline et Dominique sont venues chez moi.

In English, you can add emphasis by placing more stress on certain words. In French, you can repeat the word to be emphasized by adding a pronoun or you can elongate the first consonant sound.

Je ne sais pas, moi.   **Quel idiot!**   **C'est fantastique!**

Suggestions
- Write these sentences from the **Roman-photo** in **Leçon 17** on the board or a transparency.
1. Mais quelle heure est-il?
2. Bon, une salade, si tu veux.
3. Mais le bœuf bourguignon, c'est long à préparer, non?
4. Il nous faut des champignons, du jambon et du fromage. Say the sentences and have students repeat after you. Alternately, have students read the entire video episode aloud in small groups, focusing on correct stress and rhythm.
- Have students read the sentences in the **Articulez** activity more than once, using a variety of methods to place emphasis on the appropriate words, for example, pauses before the word or between syllables.

Prononcez Répétez les phrases suivantes à voix haute.

1. Ce n'est pas vrai, ça.
2. Bonjour, Mademoiselle.
3. Moi, je m'appelle Florence.
4. La clé de ma chambre, je l'ai perdue.
5. Je voudrais un grand café noir et un croissant, s'il vous plaît.
6. Nous allons tous au marché, mais Marie, elle va au centre commercial.

Articulez Répétez les phrases en mettant l'emphase sur les mots indiqués.

1. C'est *impossible*!
2. Le film était *super*!
3. Cette tarte est *délicieuse*!
4. Quelle idée *extraordinaire*!
5. Ma sœur parle *constamment*.

Le chat parti, les souris dansent.[2]

Dictons Répétez les dictons à voix haute.

Les chemins les plus courts ne sont pas toujours les meilleurs.[1]

Suggestion Prepare a handout that has several sentences with varied rhythm and stress. Tell students to draw arrows to mark rising and falling intonation as you read the sentences aloud.

[2] When the cat is away, the mice will play.

[1] The shortest paths aren't always the best.

ressources

LM p. 70

promenades.vhlcentral.com
Leçon 18

ROMAN-PHOTO

Le dîner

SUPERSITE

Suggestions
• Have students predict what the episode will be about based on the title and video stills.
• After reading the **Roman-photo**, review students' predictions and have them summarize the episode.

PERSONNAGES

Amina

David

Rachid

Sandrine

Stéphane

Valérie

Au centre-ville...

DAVID Qu'est-ce que tu as fait en ville?
RACHID Des courses à la boulangerie et chez le chocolatier.
DAVID Tu as acheté ces chocolats pour Sandrine?
RACHID Pourquoi? Tu es jaloux? Ne t'en fais pas! Elle nous a invités, il est normal d'apporter quelque chose.

DAVID Je n'ai pas de cadeau pour elle. Qu'est-ce que je peux lui acheter? Je peux lui apporter des fleurs!
Chez le fleuriste...
DAVID Ces roses sont très jolies, non?
RACHID Tu es tombé amoureux?
DAVID Mais non! Pourquoi tu dis ça?
RACHID Des roses, c'est romantique.
DAVID Ah... Ces fleurs-ci sont jolies. C'est mieux?

RACHID Non, c'est pire! Les chrysanthèmes sont réservés aux funérailles.
DAVID Hmmm. Je ne savais pas que c'était aussi difficile de choisir un bouquet de fleurs!
RACHID Regarde! Celles-là sont parfaites!
DAVID Tu es sûr?
RACHID Sûr et certain, achète-les!

AMINA Sandrine, est-ce qu'on peut faire quelque chose pour t'aider?
SANDRINE Oui euh, vous pouvez finir de mettre la table, si vous voulez.
VALÉRIE Je vais t'aider dans la cuisine.
AMINA Tiens, Stéphane. Voilà le sel et le poivre. Tu peux les mettre sur la table, s'il te plaît.
SANDRINE À table!

SANDRINE Je vous sers autre chose? Une deuxième tranche de tarte aux pommes peut-être?
VALÉRIE Merci.
AMINA Merci. Je suis au régime.
SANDRINE Et toi, David?
DAVID Oh! J'ai trop mangé. Je n'en peux plus!
STÉPHANE Moi, je veux bien...
SANDRINE Donne-moi ton assiette.

STÉPHANE Tiens, tu peux la lui passer, s'il te plaît?
VALÉRIE Quel repas fantastique, Sandrine. Tu as beaucoup de talent, tu sais.
RACHID Vous avez raison, Madame Forestier. Ton poulet aux champignons était superbe!

A C T I V I T É S

1 **Vrai ou faux?** Indiquez si les affirmations suivantes sont **vraies** ou **fausses**.

1. Rachid est allé chez le chocolatier. Vrai.
2. Rachid et David sont arrivés en avance. Faux.
3. David n'a pas apporté de cadeau. Faux.
4. Sandrine aime les fleurs de David. Vrai.
5. Personne (*Nobody*) n'aide Sandrine. Faux.

6. David n'a pas beaucoup mangé. Faux.
7. Stéphane n'est pas au régime. Vrai.
8. Sandrine a fait une tarte aux pêches pour le dîner. Faux.
9. Les plats de Sandrine ne sont pas très bons. Faux.
10. Les invités ont passé une soirée très agréable. Vrai.

1 **Suggestion** Have students correct the false statements and write their corrections on the board.

Sandrine a préparé un repas fantastique pour ses amis.

Expressions utiles As you work through the list, point out the comparative and superlative expressions and double object pronouns. Explain that **mieux** and **meilleur** both mean *better*, but one is an adverb and one is an adjective. Tell students that these constructions will be formally presented in the **Structures** section.

Chez Sandrine...

SANDRINE Bonsoir... Entrez! Oh!

DAVID Tiens. C'est pour toi.

SANDRINE Oh, David! Il ne fallait pas, c'est très gentil!

DAVID Je voulais t'apporter quelque chose.

SANDRINE Ce sont les plus belles fleurs que j'aie jamais reçues! Merci!

RACHID Bonsoir, Sandrine.

SANDRINE Oh, du chocolat! Merci beaucoup.

RACHID J'espère qu'on n'est pas trop en retard.

SANDRINE Pas du tout! Venez! On est dans la salle à manger.

STÉPHANE Oui, et tes desserts sont les meilleurs! C'est la tarte la plus délicieuse du monde!

SANDRINE Vous êtes adorables, merci. Moi, je trouve que cette tarte aux pommes est meilleure que la tarte aux pêches que j'ai faite il y a quelques semaines.

AMINA Tout ce que tu prépares est bon, Sandrine.

DAVID À Sandrine, le chef de cuisine le plus génial!

TOUS À Sandrine!

Expressions utiles

Making comparisons and judgments

- **Ces fleurs-ci sont jolies. C'est mieux?**
  These flowers are pretty. Is that better?

- **C'est pire! Les chrysanthèmes sont réservés aux funérailles.**
  It's worse! Chrysanthemums are reserved for funerals.

- **Je ne savais pas que c'était aussi difficile de choisir un bouquet de fleurs!**
  I didn't know it was so hard to choose a bouquet of flowers!

- **Ce sont les plus belles fleurs que j'aie jamais reçues!**
  These are the most beautiful flowers I have ever received!

- **C'est la tarte la plus délicieuse du monde!**
  This is the most delicious tart in the world!

- **Cette tarte aux pommes est meilleure que la tarte aux pêches.**
  This apple tart is better than the peach tart.

Additional vocabulary

- **Ah, tu es jaloux? Ne t'en fais pas!**
  Are you jealous? Don't be!/Don't make anything of it!

- **sûr(e) et certain(e)**
  totally sure/completely certain

- **Il ne fallait pas.**
  You shouldn't have./It wasn't necessary.

- **J'ai trop mangé. Je n'en peux plus!**
  I ate too much. I can't fit anymore!

- **Tu peux la lui passer?**
  Can you pass it to her?

Expressions utiles
- Respond briefly to questions about the comparative, the superlative, and double object pronouns. Reinforce correct forms, but do not expect students to produce them consistently at this time.
- Tell students that the expression **je n'en peux plus** is used to say, "*I'm full.*" They should not use the word **plein(e)** in this context.

---

2 **Questions** Répondez aux questions suivantes. Answers may vary slightly.

1. Qu'est-ce que Rachid a apporté à Sandrine?
   Il lui a apporté des chocolats.
2. Qu'a fait Amina pour aider?
   Elle a fini de mettre la table.
3. Qui mange une deuxième tranche de tarte aux pommes?
   Stéphane la mange.
4. Quelle type de tarte Sandrine a-t-elle préparée il y a quelques semaines?
   Elle a préparé une tarte aux pêches.
5. Pourquoi David n'a-t-il pas acheté les roses?
   Il ne les a pas achetées parce que (Rachid lui a dit que) les roses sont romantiques.

3 **Écrivez** David veut raconter le dîner de Sandrine à sa famille. Composez un e-mail. Quels ont été les préparatifs (*preparations*)? Qui a apporté quoi? Qui est venu? Qu'est-ce qu'on a mangé? Relisez le **ROMAN-PHOTO** de la Leçon 17 si nécessaire.

3 **Suggestion** Tell students to jot down the answers to the questions before they begin to compose their e-mail.

ressources		
VM pp. 221–222	DVD Leçon 18	promenades.vhlcentral.com Leçon 18

A C T I V I T É S

SUPERSITE **Avant la lecture** Have students look at the photos, identify the meals, and describe what they see.

CULTURE À LA LOUPE

Les repas en France

En France, un grand repas traditionnel peut être composé de beaucoup de plats différents et il peut durer° plusieurs heures. Avant de passer à table, on sert des amuse-gueules° comme des biscuits salés°, des olives ou des cacahuètes°. Ensuite, on commence le repas par un hors-d'œuvre ou directement par une ou deux entrées chaudes ou froides, comme une soupe, de la charcuterie, des escargots, etc. Après l'entrée, on prend parfois un sorbet pour nettoyer le palais°. Puis, on passe au plat principal, qui est en général une viande ou un poisson servi avec des légumes. Après, on apporte la salade, puis le fromage et enfin, on sert le dessert et le café. Le grand repas traditionnel est accompagné de vin, et dans les grandes occasions, de champagne pour le dessert.

Bien sûr, tous les Français ne font pas ce genre de grand repas tous les jours. En général, on mange beaucoup plus simplement. Au petit-déjeuner, on boit du café au lait, du thé ou du chocolat chaud. On mange des tartines° ou du pain grillé° avec du beurre et de la confiture, et des croissants le week-end. Le déjeuner est traditionnellement le repas principal, mais aujourd'hui, les Français n'ont pas souvent le temps de rentrer à la maison. Pour cette raison, on mange de plus en plus° au travail ou au café. Après l'école, les enfants prennent parfois un goûter, par exemple du pain avec du chocolat. Et le soir, on dîne à la maison, en famille.

Les Français et les repas

- 10% des Français ne prennent pas de petit-déjeuner.
- 60% boivent du café le matin, 20% du thé, 15% du chocolat.
- 99% dînent chez eux en semaine.
- 35% dînent en famille, 30% en couple.
- 75% des dîners consistent en moins de° trois plats successifs.
- Le pain est présent dans plus de 60% des déjeuners et des dîners.

durer *last* amuse-gueules *small appetizers* salés *salty* cacahuètes *peanuts* palais *palate* tartines *slices of bread* pain grillé *toast* de plus en plus *more and more* moins de *less than*

Coup de main

You can use these terms to specify how you would like meat to be cooked.

bleu(e)	*very rare*
saignant(e)	*medium rare*
à point	*medium*
bien cuit(e)	*well-done*

Après la lecture Ask students to name the courses in a large French meal in chronological order as you write them on the board.

A C T I V I T É S

1 **Vrai ou faux?** Indiquez si les phrases sont **vraies** ou **fausses**. Corrigez les phrases fausses.

1. On mange les hors-d'œuvres avant les amuse-gueules.
   Faux. On mange les amuse-gueules avant les hors-d'œuvres.
2. On prend parfois un sorbet après l'entrée.
   Vrai.
3. En France, on mange la salade en entrée.
   Faux. On mange la salade après le plat principal.
4. En général, on ne boit pas de vin pendant le repas.
   Faux. En général, on boit du vin pendant le repas.
5. On sert le fromage entre la salade et le dessert.
   Vrai.

6. Les Français mangent souvent des œufs au petit-déjeuner. Faux. Ils mangent des tartines ou du pain grillé avec du beurre et de la confiture ou des croissants le week-end.
7. Tous les Français mangent un grand repas traditionnel chaque soir.
   Faux. En général, on mange plus simplement.
8. Le déjeuner est traditionnellement le repas principal de la journée en France.
   Vrai.
9. À midi, les Français mangent toujours à la maison.
   Faux. Ils mangent de plus en plus souvent au travail ou au café.
10. Les enfants prennent parfois un goûter après l'école.
    Vrai.

1 **Suggestion** Have students read the sentences aloud in the text where they found the correct answers.

Portrait
• Have students look at the map of the French-speaking world in **Appendice A**. Point out the proximity of France to North Africa. Explain that **le Maghreb** refers to the three French-speaking nations in North Africa (**le Maroc, l'Algérie,** and **la Tunisie**).
• Couscous is often considered the national dish of **Le Maghreb**.

STRATÉGIE

Predicting

A useful way to understand a reading in French better is to predict what you believe will happen next. Predicting encourages you to recall what you have read, organize your thoughts, and draw logical conclusions. Pick a good stopping point, and jot down on a sheet of paper a sentence or two predicting what the next part of the text will be about, or even how the reading will end. As you read further, confirm or correct your written predictions.

LE MONDE FRANCOPHONE

Si on est invité...

Voici quelques bonnes manières à observer quand on dîne chez des amis.

En Afrique du Nord

• Si quelqu'un vous invite à boire un thé à la menthe, ce n'est pas poli de refuser.
• En général, on enlève ses chaussures avant d'entrer dans une maison.
• On mange souvent avec les doigts°.

En France

• Il est poli d'apporter un petit cadeau pour les hôtes, par exemple des bonbons ou des fleurs.
• On dit parfois «Santé!°» ou «À votre santé°!» avant de boire et «Bon appétit!» avant de manger.
• On mange avec la fourchette dans la main gauche et le couteau dans la main droite et on garde toujours les deux mains sur la table.

doigts *fingers* **Santé!** *Cheers!* **santé** *health*

PORTRAIT

La couscousmania des Français

La cuisine du Maghreb est très populaire en France. Les restaurants orientaux sont nombreux et appréciés pour la qualité de leur nourriture et leur ambiance. Les merguez, des petites saucisses rouges pimentées°, sont vendues dans toutes les boucheries. Dans les grandes villes, des pâtisseries au miel° sont dégustées° au goûter. Le plat le plus célèbre reste le couscous, le quatrième plat préféré des Français, devant le steak frites! Aujourd'hui, des restaurants trois étoiles° le proposent en plat du jour et on le sert dans les cantines. Les Français consomment 75.000 tonnes de couscous par an, une vraie couscousmania!

pimentées *spicy* **miel** *honey* **dégustées** *savored* **étoiles** *stars*

SUR INTERNET

Les Français mangent-ils beaucoup de glace?

Go to **promenades.vhlcentral.com** to find more cultural information related to this **LECTURE CULTURELLE**.

---

2 **Répondez** Répondez aux questions d'après les textes.

1. Qu'est-ce qu'il est impoli de refuser en Afrique du Nord?
   Il est impoli de refuser un thé à la menthe.
2. Pourquoi les Français apprécient-ils les restaurants orientaux?
   Ils les apprécient pour leur ambiance et la qualité de leur nourriture.
3. Où sert-on le couscous aujourd'hui?
   On le sert dans les restaurants trois étoiles et les cantines.
4. Quel cadeau peut-on apporter quand on dîne chez des Français?
   On peut apporter des bonbons ou des fleurs.
5. Une fourchette et un couteau sont-ils nécessaires en Afrique du Nord? Non, on mange souvent avec les doigts.

3 **Que choisir?** Avez-vous déjà mangé dans un restaurant nord-africain? Quand? Où? Qu'avez-vous mangé? Du couscous? Si vous n'êtes jamais allé(e) dans un restaurant nord-africain, imaginez que des amis vous invitent à en essayer un. Qu'avez-vous envie de goûter? Pourquoi?

3 **Expansion** Take a quick class survey to find out how many students have tried couscous and how many like it. Ask: **Combien d'étudiants ont déjà mangé du couscous? Combien de personnes ont aimé ce plat?** Tally the results on the board.

ressources

promenades.vhlcentral.com
Leçon 18

ACTIVITÉS

18.1 Comparatives and superlatives of adjectives and adverbs

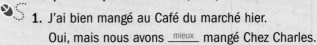

- Comparisons in French are formed by placing the words **plus** (*more*), **moins** (*less*), or **aussi** (*as*) before adjectives and adverbs, and the word **que** (*than, as*) after them.

ADJECTIVE	ADVERB
Simone est **plus âgée que** son mari.	Elle parle **plus vite que** son mari.
Simone is older than her husband.	*She speaks more quickly than her husband.*

ADJECTIVE	ADVERB
Guillaume est **moins grand que** son père.	Il m'écrit **moins souvent que** son père.
Guillaume is less tall than his father.	*He writes me less often than his father.*

ADJECTIVE	ADVERB
Nina est **aussi indépendante qu'**Anne.	Elle joue au golf **aussi bien qu'**Anne.
Nina is as independent as Anne.	*She plays golf as well as Anne.*

- Superlatives are formed by placing the appropriate definite article after the noun, when it is expressed, and before the comparative form. The preposition **de** often follows the superlative to express *in* or *of*.

NOUN	DEFINITE ARTICLE	COMPARATIVE

Les trains? Le TGV est **(le train) le plus rapide du** monde.
Trains? The TGV is the fastest (train) in the world.

Suggestion Practice by asking the class questions whose responses require comparisons. Examples: **Qui est aussi jolie que Gwyneth Paltrow? Qui est aussi riche qu'Oprah Winfrey?**

Suggestion Practice superlative questions by asking students their opinions. Example: **Quel cours est le plus difficile? Le plus facile?**

- Some adjectives, like **beau, bon, grand,** and **nouveau,** precede the nouns they modify. Their superlative forms can also precede the nouns they modify or they can follow them.

SUPERLATIVE NOUN	NOUN SUPERLATIVE
C'est **la plus grande ville.**	C'est **la ville la plus grande.**
It's the largest city.	*It's the largest city.*

> **BOÎTE À OUTILS**
> You learned many of the adjectives that precede the nouns they modify in **Leçon 5 STRUCTURES, page 75.**

Suggestion Point out that **que** and what follows it are optional if the items being compared are evident. Example: **Le steak est plus cher (que le poulet).**

SUPERSITE   **MISE EN PRATIQUE**

1 **Oui, mais...** Deux amis comparent deux restaurants. Complétez les phrases avec **bon, bien, meilleur** ou **mieux.**

1. J'ai bien mangé au Café du marché hier.
   Oui, mais nous avons __mieux__ mangé Chez Charles.
2. Le vin blanc au Café du marché est __bon__.
   Oui, mais le vin blanc de Chez Charles est meilleur.
3. Mes amis ont bien aimé le Café du marché.
   Oui, mais mes amis ont __mieux__ mangé Chez Charles.
4. Au Café du marché, le chef prépare __bien__ le poulet.
   Oui, mais le chef de Chez Charles le prépare mieux.
5. Les salades au Café du marché sont bonnes.
   Oui, mais elles sont __meilleures__ Chez Charles.
6. Tout est bon au Café du marché!
   Tout est __meilleur__ Chez Charles!

2 **Un nouveau quartier** Vous venez d'emménager. Assemblez les éléments des trois colonnes pour poser des questions sur le quartier à un(e) voisin(e). Answers will vary.

MODÈLE

Est-ce que le jambon est moins cher au supermarché ou à la charcuterie?

A	B	C
pain	boucherie	aussi
fruits de mer	boulangerie	meilleur(e)
faire les courses	charcuterie	mieux
dîner	pâtisserie	moins
aller	poissonnerie	pire
acheter	voisins	plus
desserts	quartier	
jambon	supermarché	

3 **Aujourd'hui et autrefois** Avec un(e) partenaire, comparez la vie domestique d'aujourd'hui et d'autrefois. Utilisez les adjectifs de la liste à tour de rôle. Ensuite, présentez vos opinions à la classe. Answers will vary.

MODÈLE

Aujourd'hui, les tâches ménagères sont moins difficiles.

compliqué	grand	naturel	rapide
curieux	indépendant	occupé	sophistiqué

1. les congélateurs
2. la nourriture
3. les femmes
4. les voyages
5. les voitures
6. les enfants

3 **Expansion** After completing the activity, ask students to give their opinions about which is better: **la vie d'autrefois ou la vie moderne.** Encourage students to use superlative and comparative forms.

COMMUNICATION

4 **Comparaisons** Par groupes de trois, comparez les sujets présentés. Utilisez des comparatifs et des superlatifs. Answers will vary.

MODÈLE

Étudiant(e) 1: Les vacances à la mer sont plus amusantes que les vacances à la montagne.
Étudiant(e) 2: Moi, je pense que les vacances à la montagne sont plus intéressantes.
Étudiant(e) 3: D'accord, mais les vacances à l'étranger sont les plus amusantes.

1.

3.

2.

4.

5 **Trouvez quelqu'un** Votre professeur va vous donner une feuille d'activités. Circulez dans la classe pour trouver des camarades différents qui correspondent aux phrases. Answers will vary.

MODÈLE

Étudiant(e) 1: Quel âge as-tu?
Étudiant(e) 2: J'ai dix-neuf ans.
Étudiant(e) 1: Alors tu es plus jeune que moi.

Trouvez dans la classe quelqu'un qui...	Nom
1. ... est plus jeune que vous.	Myriam
2. ... habite plus loin de la fac que vous.	
3. ... prend l'avion aussi souvent que vous.	
4. ... fait moins de gym que vous.	

6 **Comparaisons** Avec un(e) partenaire, choisissez deux questions et comparez vos réponses. Utilisez des comparatifs et des superlatifs. Answers will vary.

1. Quels jobs d'été as-tu eus?
2. Où as-tu habité?
3. Où es-tu allé(e) en vacances?
4. Qu'as-tu fait le week-end dernier?
5. Quels films as-tu vus (*seen*) récemment?

- Since adverbs are invariable, you always use **le** to form the superlative.

M. Duval est le prof qui parle **le plus vite**.
Mr. Duval is the professor who speaks the fastest.

C'est Amandine qui écoute **le moins patiemment**.
Amandine listens the least patiently.

- Some adjectives and adverbs have irregular comparative and superlative forms.

Irregular comparatives and superlatives

Adjective	Comparative	Superlative
bon(ne)(s)	meilleur(e)(s)	le/la/les meilleur(e)(s)
mauvais(e)(s)	pire(s) *or* plus mauvais(e)(s)	le/la/les pire(s) *or* le/la/les plus mauvais(e)(s)

Adverb	Comparative	Superlative
bien	mieux	le mieux
mal	plus mal	le plus mal

En été, les pêches sont **meilleures** que les pommes.
In summer, the peaches are better than the apples.

Quand on est au régime, les frites sont **pires** que les pâtes.
When you're dieting, fries are worse than pasta.

Johnny Hallyday chante bien, mais Jacques Brel chante **mieux**.
Johnny Hallyday sings well, but Jacques Brel sings better.

Je ne fais pas bien le ménage, mais tu le fais **plus mal** que moi.
I don't do the housework well, but you do it worse than I.

Voilà **la meilleure** boulangerie de la ville.
There's the best bakery in town.

Dans la classe, c'est Clémentine qui écrit **le mieux**.
In class, it's Clémentine who writes the best.

Essayez!   Complétez les phrases avec le comparatif ou le superlatif.

Comparatifs

1. Les étudiants sont __moins âgés que__ (- âgés) le professeur.
2. Les plages de la Martinique sont-elles __meilleures que__ (+ bonnes) les plages de la Guadeloupe?
3. Évelyne parle __aussi poliment que__ (= poliment) Luc.
4. Les chaussettes sont __moins chères que__ (- chères) les baskets.

Superlatifs

5. Quelle librairie vend les livres __les plus intéressants__ (+ intéressants)?
6. Le jean est __le moins élégant__ (- élégant) de tous mes pantalons.
7. Je joue aux cartes avec ma mère. C'est elle qui joue __le mieux__ (+ bien).
8. Les fraises de son jardin sont __les moins belles__ (- belles).

comparisons
NATIONAL STANDARDS

18.2 Double object pronouns

Point de départ In **Leçon 12** and **Leçon 13**, respectively, you learned to use indirect and direct object pronouns. Now you will learn to use these pronouns together.

DIRECT OBJECT · INDIRECT OBJECT

J'ai rendu **le menu** à **la serveuse**.
I returned the menu to the waitress.

DIRECT OBJECT PRONOUN · INDIRECT OBJECT PRONOUN

Je **le lui** ai rendu.
I returned it to her.

Tu peux la lui passer, s'il te plaît?

Une deuxième tranche? Je te la sers.

- Use this sequence when a sentence contains both a direct and an indirect object pronoun.

me		le			
te		la		lui	
nous	before	l'	before	leur	+ [verb]
vous		les			

Gérard m'envoie les messages de Christiane.
Il **me les** envoie tous les jours.
Gérard sends me Christiane's messages.
He sends them to me every day.

Je lui envoie aussi les messages de Laurent. Je **les lui** envoie tous les week-ends.
I send him Laurent's messages, too.
I send them to him every weekend.

Le chef nous prépare son meilleur plat.
Les serveurs **nous l'**apportent.
The chef prepares his best dish for us.
The waiters bring it to us.

Nous avons laissé le pourboire des serveurs sur la table. Nous **le leur** avons laissé quand nous sommes partis.
We left a tip for the waiters on the table.
We left it for them when we left.

Suggestion Ask students questions to which they respond with third-person double object pronouns. Examples: **Qui donne la monnaie à la cliente?** (Le serveur/La serveuse la lui donne.) **Qui donne le livre de grammaire aux étudiants?** (Le professeur le leur donne.)

1 Les livres Le père de Bertrand lui a acheté des livres. Refaites l'histoire avec deux pronoms pour chaque phrase.

1. Papa a acheté *ces livres à Bertrand.*
   Papa les lui a achetés.
2. Il a lu *les livres à ses petits frères.*
   Il les leur a lus.
3. Maintenant, ses frères veulent lire *les livres à leur père.*
   Maintenant, ses frères veulent les lui lire.
4. Bertrand donne *les livres à ses petits frères.*
   Bertrand les leur donne.
5. Les garçons montrent *les livres à leur père.*
   Les garçons les lui montrent.
6. Leur père préfère donner *sa place à leur mère.*
   Leur père préfère la lui donner.
7. Les enfants lisent *les livres à leur mère.*
   Les enfants les lui lisent.
8. «Maintenant, lisez *les livres à votre père»*, dit-elle.
   «Lisez-les-lui», dit-elle.

2 Comment? Un groupe d'amis parle de l'anniversaire de Claudette. Antoine n'entend pas très bien. Il répète tout ce que les gens disent. Utilisez des pronoms pour écrire ses questions.

MODÈLE

Je veux donner cette chemise noire à Claudette.
Tu veux la lui donner? *I give start. Th, sa père*

1. Son père a acheté la petite voiture bleue à Claudette.
   Son père la lui a achetée?
2. Nous envoyons les invitations aux amis.
   Vous les leur envoyez?
3. Le prof a donné la meilleure note à Claudette le jour de son anniversaire.
   Le prof la lui a donnée?
4. Je vais prêter mon tailleur à Claudette vendredi soir.
   Tu vas le lui prêter vendredi soir?
5. Est-ce que vous voulez me lire l'invitation?
   Est-ce que je veux / nous voulons vous la lire?
6. Nous n'avons pas envoyé l'invitation au professeur.
   Vous ne la lui avez pas envoyée?
7. Gilbert et Arthur vont nous apporter le gâteau.
   Gilbert et Arthur vont vous l'apporter?
8. Sa mère va payer le restaurant à sa fille.
   Sa mère va le lui payer?

3 De quoi parle-t-on? Avec un(e) partenaire, imaginez les questions qui ont donné ces réponses. Ensuite, présentez vos questions à la classe. Answers will vary.

MODÈLE

Il veut le lui vendre.
Il veut vendre son vélo à son camarade? *Qui veut vendre son vélo à son cam.?*

1. Marc va la lui donner. *Qui va donner la fleur à elle?*
2. Nous te l'avons envoyée hier.
3. Elle te les a achetés la semaine dernière.
4. Tu me les prêtes souvent.
5. Micheline ne va pas vous les prendre.
6. Tu ne nous les as pas prises.
7. Rendez-les-moi!
8. Ne le lui disons pas!

3 Expansion Have students write their own sentences using double object pronouns modeled on those in the activity. Pairs exchange papers and invent possible questions that elicit those responses.

COMMUNICATION

4 **Qui vous aide?** Avec un(e) partenaire, posez des questions avec les pronoms interrogatifs **qui** et **quand**. Vous pouvez choisir le présent, le passé composé ou l'imparfait. Répondez aux questions avec deux pronoms. *Answers will vary.*

MODÈLE prêter sa voiture

Étudiant(e) 1: *Qui te prête sa voiture?*
Étudiant(e) 2: *Ma mère me la prête.*
Étudiant(e) 1: *Quand est-ce qu'elle te la prête?*
Étudiant(e) 2: *Elle me la prête le vendredi.*

faire le lit	faire la cuisine
prêter ses livres	nettoyer la chambre
payer l'université	laver les vêtements

5 **Une entrevue** Avec un(e) partenaire, répondez aux questions sur votre enfance. Utilisez deux pronoms dans vos réponses. *Answers will vary.*

1. Est-ce que tes parents te montraient les films de Disney quand tu étais petit(e)?
2. Est-ce que tu vas montrer les films de Disney à tes enfants un jour?
3. Est-ce que quelqu'un te parlait français quand tu étais petit(e)?
4. Qui t'a acheté ton premier vélo?
5. Qui te faisait à dîner quand tu étais petit(e)?
6. Qui te préparait le petit-déjeuner le matin?

6 **Au marché** Avec un(e) partenaire, préparez deux dialogues basés sur deux des photos. À tour de rôle, jouez le/la client(e) et le/la marchand(e). Utilisez le vocabulaire et deux pronoms si possible dans les dialogues. *Answers will vary.*

commander	une entrée	une tarte
être au régime	un plat	une saucisse
cuisiner	du poulet	des croissants
les fruits de mer	un steak	du porc

6 **Suggestion** Call on a few volunteer pairs to act out one of the conversations for the class.

- In an infinitive construction, the double object pronouns come after the conjugated verb and precede the infinitive, just like single object pronouns.

Mes notes de français? Je vais **vous les** prêter.
My French notes? I'm going to lend them to you.

Carole veut lire mon poème? Je vais **le lui** montrer.
Carole wants to read my poem? I'm going to show it to her.

- In the **passé composé** the double object pronouns precede the auxiliary verb, just like single object pronouns. The past participle agrees with the preceding direct object.

Rémi a-t-il acheté ces fleurs pour sa mère?
Did Rémi buy those flowers for his mother?

Oui, il **les lui** a **achetées**.
Yes, he bought them for her.
Suggestion Explain that object pronouns replace key elements in a conversation or text in order to avoid redundancy.

Vous m'avez donné la plus grande chambre?
Did you give me the biggest room?

Oui, nous **vous l**'avons **donnée**.
Yes, we gave it to you.

- In affirmative commands, the verb is followed by the direct object pronoun and then the indirect object pronoun, with hyphens in between. Remember to use **moi** and **toi** instead of **me** and **te**.

Vous avez trois voitures? Montrez-**les-moi**.
You have three cars? Show them to me.

Tu connais la réponse à la question du prof? Dis-**la-nous**.
You know the answer to the professor's question? Tell it to us.

Voici le livre. Donne-**le-leur**.
Here's the book. Give it to them.

Ce poème? Traduisons-**le-lui**.
This poem? Let's translate it for her.

Essayez! Utilisez deux pronoms pour refaire ces phrases.

1. Le prof vous donne les résultats des examens. *Le prof vous les donne.*
2. Tes parents t'achètent le billet. Tes parents te l'achètent.
3. Qui t'a donné cette belle lampe bleue? Qui te l'a donnée?
4. Il nous a réservé les chambres. Il nous les a réservées.
5. Pose-moi tes questions. Pose-les-moi.
6. Explique-leur le problème de maths. Explique-le-leur.
7. Peux-tu me montrer les photos? Peux-tu me les montrer?
8. Tu préfères lui prêter ton dictionnaire? Tu préfères le lui prêter?

SYNTHÈSE

Révision

4 **Suggestion** Before assigning this activity, review the different meanings the verbs **devoir**, **vouloir**, and **pouvoir** can have in the past and negative forms.

1 **Fais les courses pour moi** Vous n'avez pas le temps d'aller dans tous ces magasins. Choisissez un magasin et puis, par groupes de quatre, trouvez des camarades qui vont dans d'autres magasins. À tour de rôle, demandez-leur de faire des courses pour vous. Utilisez des pronoms doubles dans vos réponses. Answers will vary.

MODÈLE

Étudiant(e) 1: *J'ai besoin de deux poissons. Tu peux me les prendre à la poissonnerie?*
Étudiant(e) 2: *Pas de problème. Et moi, j'ai besoin de...*

deux bouteilles de lait	trois pains
douze œufs	un camembert
deux poissons	une boîte de tomates
quatre côtes (*chops*) de porc	une tarte aux pêches
six croissants	une tranche de jambon

1 **Suggestion** Encourage students to use both familiar commands and **pouvoir** + *infinitive* when completing the activity.

2 **Je les leur commande** Vous êtes au restaurant. Avec un(e) partenaire, choisissez le meilleur plat pour chaque membre de votre famille. Employez des comparatifs, des superlatifs et des pronoms doubles dans vos réponses. Answers will vary.

MODÈLE

Étudiant(e) 1: *Et le poulet?*
Étudiant(e) 2: *Mon père mange du poulet plus souvent que ma mère. Je vais le lui commander.*

Assiette de fruits de mer	Petits pois et carottes
Bœuf avec une sauce au vin	Pizza aux quatre fromages
Hamburger et frites	Sandwich au thon
Pêches à la crème	Tarte aux pommes

3 **Mes plats préférés** Par groupes de trois, interviewez vos camarades. Quels sont les plats qu'ils aiment le mieux? Quand les ont-ils mangés la dernière fois? Choisissez vos trois plats préférés et puis comparez-les avec les plats de vos camarades. Employez des comparatifs, des superlatifs et le passé récent. Answers will vary.

4 **Le week-end dernier** Préparez deux listes par écrit, une pour les choses que vous avez pu faire le week-end dernier et une pour les choses que vous n'avez pas pu faire. Ensuite, avec un(e) partenaire, comparez vos listes et expliquez vos réponses. Employez les verbes **devoir**, **vouloir** et **pouvoir** au passé composé et, si possible, les pronoms doubles. Answers will vary.

MODÈLE

Étudiant(e) 1: *J'ai voulu envoyer un e-mail à ma cousine.*
Étudiant(e) 2: *Est-ce que tu as pu le lui envoyer?*

Choses que j'ai pu faire

Choses que je n'ai pas pu faire

5 **C'est mieux** Par groupes de trois, donnez votre opinion sur ces sujets. Pour chaque sujet, comparez les deux options. Soyez prêts à présenter les résultats de vos discussions à la classe. Answers will vary.

MODÈLE apporter des fleurs ou du vin à un dîner

Étudiant(e) 1: *C'est plus sympa d'apporter des fleurs à un dîner.*
Étudiant(e) 2: *Oui, on peut les mettre sur la table. Elles sont plus jolies qu'une bouteille de vin.*
Étudiant(e) 3: *Peut-être, mais le vin est un cadeau plus généreux.*

- commencer ou finir un régime
- faire les courses ou faire la cuisine
- manger ou faire la cuisine

6 **Six différences** Votre professeur va vous donner, à vous et à votre partenaire, deux feuilles d'activités différentes. Comparez les deux familles pour trouver les six différences. Attention! Ne regardez pas la feuille de votre partenaire. Answers will vary.

MODÈLE

Étudiant(e) 1: *Fatiha est aussi grande que Samira.*
Étudiant(e) 2: *Non, Fatiha est moins grande que Samira.*

6 **Suggestion** Divide the class into pairs and distribute the Info Gap Handouts in the IRM on the IRCD-ROM for this activity. Give students ten minutes to complete the activity.

ressources		
WB pp. 121–124	LM pp. 71–72	SUPERSITE promenades.vhlcentral.com Leçon 18

Écriture

STRATÉGIE

Expressing and supporting opinions

Written reviews are just one of the many kinds of writing that require you to state your opinions. In order to convince your reader to take your opinions seriously, it is important to support them as thoroughly as possible. Details, facts, examples, and other forms of evidence are necessary. In a restaurant review, for example, it is not enough just to rate the food, service, and atmosphere. Readers will want details about the dishes you ordered, the kind of service you received, and the type of atmosphere you encountered. If you were writing a concert or album review, what kinds of details might your readers expect to find?

It is easier to include details that support your opinions if you plan ahead. Before going to a place or event that you are planning to review, write a list of questions that your readers might ask. Decide which aspects of the experience you are going to rate, and list the details that will help you decide upon a rating. You can then organize these lists into a questionnaire and a rating sheet. Bring these forms with you to remind you of the kinds of information you need to gather in order to support your opinions. Later, these forms will help you organize your review into logical categories. They can also provide the details and other evidence you need to convince your readers of your opinions.

Stratégie Explain to students that when they write a restaurant review, it is helpful to have some way of organizing the details required to support the rating. Working in groups of three, have students write a list of questions in French that elicit information readers might want to know and use them to create a rating sheet. Tell them to refer to the list of questions in the Thème section as a guide. Encourage students to leave space for comments in each category so they can record details that support their opinions. Suggest that they fill out the rating sheet during the various stages of the meal.

Thème Explain that each student will rate a local restaurant and write a review of a meal there, including a recommendation for future patrons.

Thème

Écrire une critique

Écrivez la critique d'un restaurant de votre ville pour le journal de l'université. Indiquez d'abord le nom du restaurant et le type de cuisine (cuisine chinoise, indienne, italienne, barbecue, etc.). Ensuite, parlez des catégories de la liste suivante. Enfin, donnez votre opinion personnelle sur le restaurant. Combien d'étoiles (*stars*) mérite-t-il (*deserve*)?

- **Cuisine**

  Quel(s) type(s) de plat(s) y a-t-il au menu? Le restaurant a-t-il une spécialité? Citez quelques plats typiques (entrées et plats principaux) que vous avez goûtés et indiquez les ingrédients utilisés dans ces plats.

- **Service**

  Comment est le service? Les serveurs sont-ils gentils et polis? Sont-ils lents ou rapides à apporter le menu, les boissons et les plats?

- **Ambiance**

  Comment est le restaurant? Est-il beau? Grand? Bien décoré? Est-ce un restaurant simple ou élégant? Y a-t-il une terrasse? Un bar? Des musiciens?

- **Informations pratiques**

  Quel est le prix moyen d'un repas dans ce restaurant (au déjeuner et/ou au dîner)? Où est le restaurant? Donnez son adresse et indiquez comment on y (*there*) va de l'université. Indiquez aussi le numéro de téléphone du restaurant et ses heures d'ouverture (*operating hours*).

Panorama

les vendanges° en Bourgogne

La Bourgogne

La région en chiffres

▶ **Superficie:** *31.582 km²*

▶ **Population:** *1.616.000*
SOURCE: INSEE

▶ **Industries principales:** *industries automobile et pharmaceutique, tourisme, viticulture°*

▶ **Villes principales:** *Auxerre, Chalon-sur-Saône, Dijon, Mâcon, Nevers*

Personnages célèbres

▶ **Gustave Eiffel,** *ingénieur (la tour Eiffel) (1832–1923)*

▶ **Colette,** *écrivain (1873–1954)*

▶ **Claude Jade,** *actrice (1948–2006)*

La Franche-Comté

La région en chiffres

▶ **Superficie:** *16.202 km²*

▶ **Population:** *1.133.000*

▶ **Industries principales:** *agriculture, artisanat, industrie automobile, horlogerie°, tourisme*

▶ **Villes principales:** *Belfort, Besançon, Dole, Pontarlier, Vesoul*

Personnages célèbres

▶ **Louis (1864–1948) et Auguste (1862–1954) Lumière,** *inventeurs du cinématographe°*

▶ **Claire Motte,** *danseuse étoile° à l'Opéra de Paris (1937–)*

viticulture grape growing **horlogerie** watch and clock making
cinématographe motion picture camera **danseuse étoile** principal
dancer **servaient à** were used for **toux** cough **persil** parsley
lutter contre fight against **vendanges** grape harvest

Sens

Auxerre

la Seine

Luxeuil-
les-Bains

Vesoul

Belfort

l'Yonne

la Saône

Montbéliard

Dijon

Besançon

le Doubs

BOURGOGNE

FRANCHE-COMTÉ

Nevers

Beaune

Dole

le Doubs

Pontarlier

la Loire

Chalon-
sur-Saône

Lons-le-
Saunier

l'Ain

LA SUISSE

**LA
FRANCE**

la Saône

Mâcon

la ville d'Ornans

un marché à Dijon

L'ITALIE

0   50 milles

0   50 kilomètres

Incroyable mais vrai!

Au Moyen Âge, les escargots servaient à°
la fabrication de sirops contre la toux°. La
recette bourguignonne (beurre, ail, persil°)
est popularisée au 19ᵉ siècle. La France
produit 500 à 800 tonnes d'escargots par
an, mais en importe 5.000 tonnes. L'escargot
aide à lutter contre° le mauvais cholestérol et
les maladies cardio-vasculaires.

Les sports

Les sports d'hiver dans le Jura The Jura Mountains along the Swiss-French border extend from the Rhône River to the Rhine River.

Les sports d'hiver dans le Jura

On peut pratiquer de nombreux sports d'hiver dans les montagnes du Jura, en Franche-Comté: ski alpin, surf°, monoski, planche à voile sur neige. Mais le Jura est surtout le paradis du ski de fond°. Avec des centaines de kilomètres de pistes°, on y skie de décembre à avril, y compris° la nuit, sur des pistes éclairées°. La célèbre Transjurassienne est la 2e course° d'endurance du monde avec un parcours° de 76 km pour les hommes et 50 km pour les femmes. Il y a aussi une minitrans de 10 km pour les enfants.

Les destinations

Besançon: capitale de l'horlogerie

L'artisanat de l'horlogerie commence au 16e siècle avec l'installation de grandes horloges dans les monastères. Au 18e siècle, 400 horlogers suisses viennent s'installer° en Franche-Comté. Au 19e siècle, Montbéliard comptait 5.000 horlogers. En hiver, les paysans°-horlogers s'occupaient°, dans leurs fermes°, de la finition° et de la décoration des horloges. En 1862, une école d'horlogerie est créée° et en 1900, Besançon devient le berceau° de l'horlogerie française avec 8.000 horlogers qui produisent 600.000 montres par an.

L'architecture

Les toits de Bourgogne

Les toits de Bourgogne La guerre de 100 ans began in 1337 and ended in 1453.

Les toits° en tuiles vernissées° multicolores sont typiques de la Bourgogne. Inspirés de l'architecture flamande° et d'Europe centrale, ils forment des dessins géométriques. Le plus célèbre bâtiment° est l'Hôtel-Dieu° de Beaune, construit en 1443 pour accueillir° les pauvres et les victimes de la guerre° de 100 ans. Aujourd'hui, l'Hôtel-Dieu organise la plus célèbre vente aux enchères° de vins du monde.

Les gens

Louis Pasteur (1822–1895)

Louis Pasteur est né à Dole, en Franche-Comté. Il découvre° que les fermentations sont dues à des micro-organismes spécifiques. Dans ses recherches° sur les maladies° contagieuses, il montre la relation entre le microbe et l'apparition d'une maladie. Cette découverte° a des applications dans le monde hospitalier et industriel avec les méthodes de désinfection, de stérilisation et de pasteurisation. Le vaccin contre la rage° est aussi une de ses inventions. L'Institut Pasteur est créé à Paris en 1888. Aujourd'hui, il a des filiales° sur cinq continents.

Louis Pasteur Louis Pasteur also discovered ways of preventing silkworm diseases, anthrax, and chicken cholera.

 Qu'est-ce que vous avez appris? Répondez aux questions par des phrases complètes.

1. Comment s'appellent les inventeurs du cinématographe?
   Ils s'appellent Louis et Auguste Lumière.
2. À quoi servaient les escargots au Moyen Âge?
   Ils servaient à fabriquer des sirops contre la toux.
3. Avec quoi sont préparés les escargots de Bourgogne?
   Ils sont préparés avec du beurre, de l'ail et du persil.
4. Quel est le sport le plus pratiqué dans le Jura?
   C'est le ski de fond.
5. Qu'est-ce que la Transjurassienne?
   C'est une course d'endurance.
6. D'où viennent les horlogers au 18e siècle?
   Ils viennent de Suisse.

7. Quel style d'architecture a influencé les toits de Bourgogne?
   L'architecture flamande et d'Europe centrale les a influencés.
8. Quel est le bâtiment avec le toit le plus célèbre en Bourgogne?
   C'est l'Hôtel-Dieu de Beaune, un ancien hôpital.
9. Comment les recherches de Pasteur ont-elles été utilisées par les hôpitaux et l'industrie?
   Elles ont été utilisées dans les méthodes de désinfection, de stérilisation et de pasteurisation.
10. Où trouve-t-on des Instituts Pasteur aujourd'hui?
    On trouve des Instituts Pasteur à Paris et sur cinq continents.

Extra Practice After students have read the **Panorama**, ask them to give examples of industries in Burgundy and Franche-Comté that were influenced by the geography or location of these two regions.

ressources

WB pp. 125–126

SUPERSITE
promenades.vhlcentral.com
Unité 9

SUPERSITE

SUR INTERNET

Go to **promenades.vhlcentral.com** to find more cultural information related to this **PANORAMA**.

1. Quand ont lieu les vendanges en Bourgogne?
2. Cherchez trois recettes à base (using) d'escargots.
3. Trouvez des informations sur les vacances d'hiver dans le Jura: logement, prix, activités, etc.
4. Cherchez des informations sur Louis Pasteur. Quel effet ont eu ses découvertes sur des produits alimentaires d'usage courant (everyday use)?

surf snowboarding **ski de fond** cross-country skiing **pistes** trails **y compris** including **éclairées** lit **course** race **parcours** course **s'installer** settle **paysans** peasants **s'occupaient** took care **fermes** farms **finition** finishing **créée** created **berceau** cradle **toits** roofs **tuiles vernissées** glazed tiles **flamande** Flemish **bâtiment** building **Hôtel-Dieu** Hospital **accueillir** take care of **guerre** war **vente aux enchères** auction **découvre** discovers **recherches** research **maladies** illnesses **découverte** discovery **rage** rabies **filiales** branches

À table!

une assiette	plate
un bol	bowl
une carafe d'eau	pitcher of water
une carte	menu
un couteau	knife
une cuillère (à soupe/à café)	spoon (teaspoon/soupspoon)
une fourchette	fork
un menu	menu
une nappe	tablecloth
une serviette	napkin
une boîte (de conserve)	can
la crème	cream
l'huile (d'olive) (f.)	(olive) oil
la mayonnaise	mayonnaise
la moutarde	mustard
le poivre	pepper
le sel	salt
une tranche	slice
une cantine	cafeteria
À table!	Let's eat!/ Food is ready!
compris	included

Les fruits

une banane	banana
une fraise	strawberry
un fruit	fruit
une orange	orange
une pêche	peach
une poire	pear
une pomme	apple
une tomate	tomato

Autres aliments

un aliment	food
la confiture	jam
la nourriture	food, sustenance
des pâtes (f.)	pasta
le riz	rice
une tarte	pie, tart
un yaourt	yogurt

Verbes

devenir	to become
devoir	to have to (must); to owe
maintenir	to maintain
pouvoir	to be able to (can)
retenir	to keep, to retain
revenir	to come back
tenir	to hold
venir	to come
vouloir	to want; to mean (with dire)

Autres mots et locutions

depuis [+ time]	since
il y a [+ time]	ago
pendant [+ time]	for

Les repas

commander	to order
cuisiner	to cook
être au régime	to be on a diet
goûter	to taste
un déjeuner	lunch
un dîner	dinner
un goûter	afternoon snack
un petit-déjeuner	breakfast
un repas	meal
une entrée	appetizer, starter
un hors-d'œuvre	hors-d'œuvre, appetizer
un plat (principal)	(main) dish

Les viandes et les poissons

le bœuf	beef
un escargot	escargot, snail
les fruits de mer (m.)	seafood
un œuf	egg
un pâté (de campagne)	pâté, meat spread
le porc	pork
un poulet	chicken
une saucisse	sausage
un steak	steak
le thon	tuna
la viande	meat

Les légumes

l'ail (m.)	garlic
une carotte	carrot
un champignon	mushroom
des haricots verts (m.)	green beans
une laitue	lettuce
un légume	vegetable
un oignon	onion
des petits pois (m.)	peas
un poivron (vert, rouge)	(green, red) pepper
une pomme de terre	potato
une salade	salad

Les achats

faire les courses (f.)	to go (grocery) shopping
une boucherie	butcher's shop
une boulangerie	bread shop, bakery
une charcuterie	delicatessen
une pâtisserie	pastry shop, bakery
une poissonnerie	fish shop
un supermarché	supermarket
un(e) commerçant(e)	shopkeeper
un kilo(gramme)	kilo(gram)

Expressions utiles	See pp. 263 and 277.
Comparatives and superlatives	See pp. 280–281.

La santé

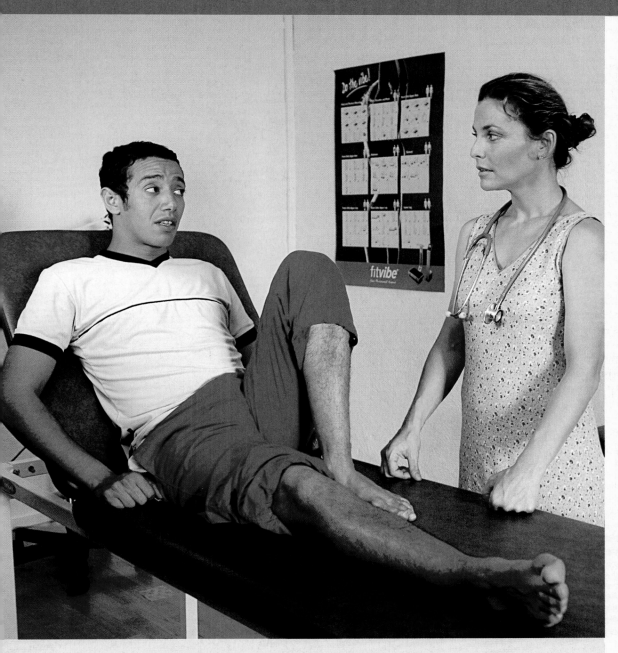

Pour commencer
- Quelle est la profession de la dame, coiffeuse ou médecin?
- Où sont Rachid et cette dame, à l'hôpital ou à l'épicerie?
- Est-ce qu'il veut revenir samedi prochain?
- Qu'est-ce qu'il faisait avant de venir, il jouait au foot ou il faisait les courses?

Savoir-faire
pages 318–319
Panorama: La Suisse

Leçon 19

You will learn how to...
- describe your daily routine
- discuss personal hygiene

Suggestion Explain the relationships between these terms: **se raser, un rasoir, une crème à raser; se réveiller, un réveil; se coiffer, un coiffeur, une coiffeuse;** and **se brosser les dents, le dentifrice**.

La routine quotidienne

Vocabulaire

faire sa toilette	to wash up
se brosser les cheveux/ les dents	to brush one's hair/ teeth
se coiffer	to do one's hair
se coucher	to go to bed
se déshabiller	to undress oneself
s'endormir	to go to sleep, to fall asleep
s'habiller	to get dressed
se laver (les mains)	to wash oneself (one's hands)
se lever	to get up, to get out of bed
prendre une douche	to take a shower
se regarder	to look at oneself
se sécher	to dry oneself
le shampooing	shampoo
le cœur	heart
le corps	body
le dos	back
la gorge	throat
une joue	cheek
un orteil	toe
la peau	skin
la poitrine	chest
la taille	waist
le visage	face

Suggestion Model the pronunciation of **shampooing**. Mention that they may see the alternate spelling **shampoing**.

Suggestions
- Review the use of partitives with non-count nouns using words from **Contextes**. Examples: **du dentifrice** and **du shampooing**.
- Keep in mind that reflexives will only be used in the infinitive and third person singular in the activities until **Structures 19.1**.

une serviette de bain

une brosse à dents

une brosse à cheveux

le maquillage

un rasoir

un peigne

le savon

Elle se maquille. (se maquiller)

le dentifrice

la crème à raser

Il se rase. (se raser)

une pantoufle

ressources

WB pp. 127–128	LM p. 73	promenades.vhlcentral.com Leçon 19

Mise en pratique

1 **Écoutez** 🎧 Sarah, son grand frère Guillaume et leur père parlent de qui va utiliser la salle de bains en premier ce matin. Écoutez la conversation et indiquez si les affirmations suivantes sont **vraies** ou **fausses**.

1 Suggestion Have students correct the false statements. If necessary, play the recording again.

	Vrai	Faux
1. Guillaume ne va pas se raser.	☐	☑
2. Guillaume doit encore prendre une douche et se brosser les dents.	☑	☐
3. Sarah n'a pas entendu son réveil.	☑	☐
4. Guillaume demande à Sarah de lui apporter de la crème à raser.	☐	☑
5. Guillaume demande à Sarah un savon.	☐	☑
6. Guillaume demande à Sarah une grande serviette de bain.	☑	☐
7. Sarah doit prendre une douche et s'habiller en moins de vingt minutes.	☑	☐
8. Sarah décide de ne pas se maquiller et de ne pas se sécher les cheveux aujourd'hui.	☑	☐

2 **Association** Associez les activités de la colonne de gauche aux parties du corps correspondantes des colonnes de droite. Notez que certains éléments ne sont pas utilisés et que d'autres sont utilisés plus d'une fois.

1. __e__ écouter
2. __a/b__ manger
3. __f__ marcher
4. __i__ montrer
5. __a/b__ parler
6. __h__ penser
7. __c/i/j/f__ sentir
8. __d__ regarder

    a. la bouche   f. le pied
    b. la gorge   g. la taille
    c. l'orteil   h. la tête
    d. l'œil   i. le doigt
    e. l'oreille   j. le nez

2 Suggestion Do this activity in reverse. Name various parts of the body and have students suggest verbs associated with them.

3 **Quel matin!** Remplissez les espaces par le mot ou l'expression de la liste qui convient afin de *(in order to)* trouver ce qui est arrivé à Alexandre aujourd'hui. Notez que tous les mots et expressions ne sont pas utilisés. Faites également les accords nécessaires.

le bras	s'habiller	le réveil	la gorge
se brosser les dents	le peigne	se laver	le ventre
se coucher	le pied	le cœur	les yeux

Ce matin, Alexandre n'entend pas son (1) __réveil__. Quand il se lève, il met d'abord le (2) __pied__ gauche par terre. Il entre dans la salle de bains. Là, il ne trouve pas le (3) __peigne__ pour se coiffer ni *(nor)* le dentifrice pour (4) __se brosser les dents__. Il se regarde dans le miroir. Ses (5) __yeux__ sont tout rouges. Comme il a très faim, son (6) __ventre__ commence à faire du bruit *(noise)*. Il retourne ensuite dans sa chambre pour (7) __s'habiller__. Il met un pantalon noir et une chemise bleue. Puis, il descend les escaliers et tombe. Après un moment, il retourne dans sa chambre. Après un tel début *(such a beginning)* de journée, Alexandre va (8) __se coucher__.

la tête

un œil (yeux *pl.*)

le nez

une oreille

la bouche

un bras

le cou

le réveil

un doigt

le ventre

un genou (genoux *pl.*)

une jambe

Elle se réveille. (se réveiller)

un pied

un doigt de pied

CONTEXTES

Communication

4 Expansion For additional practice, give students these items. **13. les doigts de pied 14. la tête 15. le pied**

4 **Définition** Créez votre propre définition des mots de la liste suivante. Ensuite, à tour de rôle, lisez vos définitions à votre partenaire. Il/Elle doit deviner le mot correspondant. Answers will vary.

> **MODÈLE**
>
> cheveux
> **Étudiant(e) 1:** *On utilise une brosse ou un peigne pour les brosser. Qu'est-ce que c'est?*
> **Étudiant(e) 2:** *Ce sont les cheveux.*

1. le cœur
2. le corps
3. le cou
4. les dents
5. le dos
6. le genou
7. la joue
8. le nez
9. la poitrine
10. le visage
11. l'œil
12. l'orteil

5 Expansion Use **Transparency #44.** Assign names to the people in the drawings. Then ask questions about the people's actions. Examples: **Qui se lave les mains? Que fait _____?**

5 **Que font-ils?** Dites ce que font les personnes suivantes et ce qu'elles utilisent pour le faire. Donnez autant de (*as many*) détails que possible. Ensuite, à tour de rôle avec un(e) partenaire, lisez vos descriptions. Votre partenaire doit deviner quelle image vous décrivez. Answers will vary.

1.

2.

3.

4.

5.

6.

7.

8.

6 **Écrivez** Pensez à votre acteur/actrice préféré(e). Quelle est sa routine du matin? Décrivez-la et utilisez les adjectifs de la liste suivante et les mots et expressions de la section **CONTEXTES.** Answers will vary.

beau	gros	petit
court	heureux	sincère
égoïste	jeune	de taille moyenne
grand	long	vieux

6 Expansion Have volunteers read their descriptions to the class without saying the person's name. The class has to guess who it is.

7 **Décrivez** Votre professeur va vous donner, à vous et à votre partenaire, deux feuilles d'activités différentes. À tour de rôle, posez-vous des questions pour savoir ce que fait Nadia chaque soir et chaque matin. Attention! Ne regardez pas la feuille de votre partenaire. Answers will vary.

> **MODÈLE**
>
> **Étudiant(e) 1:** *À vingt-trois heures, Nadia se déshabille et met son pyjama. Que fait-elle ensuite?*
> **Étudiant(e) 2:** *Après, elle...*

7 Suggestion Before beginning this activity, you might want to review telling time and adverbs of time.

Les sons et les lettres

Diacriticals for meaning

Some French words with different meanings have nearly identical spellings except for a diacritical mark (*accent*). Sometimes a diacritical does not affect pronunciation at all.

ou	**où**	**a**	**à**
or	*where*	*has*	*to, at*

Sometimes, you can clearly hear the difference between the words.

côte	**côté**	**sale**	**salé**
coast	*side*	*dirty*	*salty*

Very often, two similar-looking words are different parts of speech. Many similar-looking word pairs are those with and without an **-é** at the end.

âge	**âgé**	**entre**	**entré (entrer)**
age (n.)	*elderly* (adj.)	*between* (prep.)	*entered* (p.p.)

In such instances, context should make their meaning clear.

Tu as quel âge?
How old are you? / What is your age?

C'est un homme âgé.
He's an elderly man.

Prononcez Répétez les mots suivants à voix haute.

1. la (*the*)   là (*there*)
2. êtes (*are*)   étés (*summers*)
3. jeune (*young*)   jeûne (*fasting*)
4. pêche (*peach*)   pêché (*fished*)

Articulez Répétez les phrases suivantes à voix haute.

1. J'habite dans une ferme (*farm*).
   Le magasin est fermé (*closed*).
2. Les animaux mangent du maïs (*corn*).
   Je suis suisse, mais il est belge.
3. Est-ce que tu es prête?
   J'ai prêté ma voiture à Marcel.
4. La lampe est à côté de la chaise.
   J'adore la côte ouest de la France.

Dictons Répétez les dictons à voix haute.

À vos marques, prêts, partez! [1]

C'est un prêté pour un rendu. [2]

Suggestions
• Model the pronunciation of the example words and have students repeat after you.
• Write examples of other past participles that are used as adjectives on the board. Examples: **réservé** and **préparé**. Ask students to provide more examples.
• Have students give you the English equivalents for the following words in the **Articulez**: 2. mais 3. prête and prêté 4. côté and côte.
• Dictate five simple sentences with words that have diacriticals that distinguish meaning, repeating each one at least two times. Then write the sentences on the board or a transparency and have students check their spelling.

Dictons Have students compare the pronunciation and meaning of **prêts** and **prêté**. Then have them identify their parts of speech.

[2] One good turn deserves another. (lit. It is one loaned for one returned.)

[1] On your mark, get set, go!

ressources

LM p. 74

promenades.vhlcentral.com
Leçon 19

ROMAN-PHOTO

Drôle de surprise

SUPERSITE

Suggestion Have students predict what the episode will be about based on the video stills.

PERSONNAGES

David

Rachid

Chez David et Rachid...

DAVID Oh là là, ça ne va pas du tout, toi!

RACHID David, tu te dépêches? Il est sept heures et quart. Je dois me préparer, moi aussi!

Suggestion Tell students to scan the **Roman-photo** and find sentences related to daily routines.

DAVID Ne t'inquiète pas. Je finis de me brosser les dents!

RACHID On doit partir dans moins de vingt minutes. Tu ne te rends pas compte!

DAVID Excuse-moi, mais on s'est couché tard hier soir.

RACHID Oui et on ne s'est pas réveillé à l'heure, mais mon prof de sciences po, ça ne l'intéresse pas tout ça.

DAVID Attends, je ne trouve pas le peigne... Ah, le voilà. Je me coiffe... Deux secondes!

RACHID C'était vraiment sympa hier soir... On s'entend tous super bien et on ne s'ennuie jamais ensemble... Mais enfin, qu'est-ce que tu fais? Je dois me raser, prendre une douche et m'habiller, en exactement dix-sept minutes!

RACHID Bon, tu veux bien me passer ma brosse à dents, le dentifrice et un rasoir, s'il te plaît?

DAVID Attends une minute. Je me dépêche.

RACHID Comment est-ce qu'un mec peut prendre aussi longtemps dans la salle de bains?

DAVID Euh, j'ai un petit problème...

RACHID Qu'est-ce que tu as sur le visage?

DAVID Aucune idée.

RACHID Est-ce que tu as mal à la gorge? Fais: Ah!

RACHID Et le ventre, ça va?

DAVID Oui, oui ça va...

RACHID Attends, je vais examiner tes yeux... regarde à droite, à gauche... maintenant ferme-les. Bien. Tourne-toi...

DAVID Hé!

1 Expansion For additional practice, give students these items. **11. Rachid est en retard pour son cours de maths. (Faux.) 12. Rachid ne va pas se raser. (Faux.) 13. David dit à Rachid de lire le journal. (Vrai.) 14. Rachid va téléphoner au médecin. (Faux.)**

A C T I V I T É S

1 Vrai ou faux? Indiquez si les affirmations suivantes sont **vraies** ou **fausses.**

1. David se sent (*feels*) bien ce matin. Faux.
2. Rachid est pressé ce matin. Vrai.
3. David se rase. Faux.
4. David se maquille. Faux.
5. Rachid doit prendre une douche. Vrai.

6. David ne s'est pas réveillé à l'heure. Vrai.
7. David s'est couché tôt hier soir. Faux.
8. Tout le monde s'est bien amusé (*had a good time*) hier soir. Vrai.
9. Les amis se disputent souvent. Faux.
10. Rachid est très inquiet pour David. Faux.

1 Suggestion Have students correct the false statements.

David et Rachid se préparent le matin.

Expressions utiles As you work through the list, point out reflexive verbs and other expressions used to talk about daily routines. Explain that reflexive pronouns always correspond to their subject pronouns. Examples: **je me, tu te,** and **on se**. Point out that the phrases **On s'est couché** and **On ne s'est pas réveillé** are in the past tense. Tell students that reflexive verbs will be formally presented in the **Structures** section.

DAVID Patience, cher ami!
RACHID Tu n'as pas encore pris ta douche?!
DAVID Ne te mets pas en colère. J'arrive, j'arrive! Voilà... un peu de crème sur le visage, sur le cou...
RACHID Tu te maquilles maintenant?

DAVID Ce n'est pas facile d'être beau, ça prend du temps, tu sais. Écoute, ça ne sert à rien de se disputer. Lis le journal si tu t'ennuies, j'ai bientôt fini.

Expressions utiles Have students combine sentences in **Expressions utiles** with known vocabulary to create mini-conversations.

RACHID Ne t'inquiète pas, c'est probablement une réaction allergique. Téléphone au médecin pour prendre un rendez-vous. Qu'est-ce que tu as mangé hier?
DAVID Eh ben... J'ai mangé un peu de tout! Hé! Je n'ai pas encore fini ma toilette!

Suggestion After reading the **Roman-photo** in pairs, have students summarize the episode.

RACHID Patience, cher ami!

2 Expansion For additional practice with reflexive verbs, give students these items. 6. s'endormir (se réveiller) 7. s'habiller (se déshabiller) 8. se maquiller (se démaquiller)

Expressions utiles

Talking about your routine

- **Je dois me préparer.**
  I have to get (myself) ready.
- **Je finis de me brosser les dents!**
  I'm finishing brushing my teeth!
- **On s'est couché tard hier soir.**
  We went to bed late last night.
- **On ne s'est pas réveillé à l'heure.**
  We didn't get up on time.
- **Je me coiffe.**
  I'm doing my hair.
- **Je dois me raser et m'habiller.**
  I have to shave (myself) and get dressed.
- **Tu te maquilles maintenant?**
  Are you putting makeup on now?

Talking about states of being

- **Ça ne sert à rien de se disputer.**
  Let's not argue.
- **Tu te dépêches?**
  Are you hurrying?/Will you hurry?
- **Ne t'inquiète pas.**
  Don't worry.
- **Tu ne te rends pas compte!**
  You don't realize!
- **On s'entend tous super bien et on ne s'ennuie jamais ensemble.**
  We all get along really well and we never get bored with each other.
- **Ne te mets pas en colère.**
  Don't get angry.
- **Lis le journal si tu t'ennuies.**
  Read the paper if you're bored.

Additional vocabulary

- **Je me dépêche.**
  I'm hurrying.
- **un mec**
  a guy
- **Tourne-toi.**
  Turn around.
- **aucune idée**
  no idea

---

2 Les opposés Trouvez pour chaque verbe de la colonne de gauche son opposé dans les colonnes de droite. Utilisez un dictionnaire. Attention! Tous les mots ne sont pas utilisés.

1. __e__ bien s'entendre
2. __a__ s'ennuyer
3. __c__ se dépêcher
4. __f__ se réveiller
5. __b__ se reposer

   a. s'amuser
   b. s'occuper
   c. se détendre

   d. s'appeler
   e. se disputer
   f. se coucher

3 Écrivez Écrivez un paragraphe dans lequel vous décrivez la routine du matin et du soir de David ou de Rachid. Utilisez votre imagination et ce que vous savez de **ROMAN-PHOTO**.

3 Suggestion Before beginning this activity, have students brainstorm vocabulary and expressions for describing daily routines and write their suggestions on the board.

ressources

VM pp. 223-224   DVD Leçon 19   promenades.vhlcentral.com Leçon 19

A C T I V I T É S

SUPERSITE

Avant la lecture Ask students: Que faites-vous quand vous avez une réaction allergique? Et quand vous avez mal? Téléphonez-vous au médecin? Allez-vous à la pharmacie?

CULTURE À LA LOUPE

Les Français et la maladie

Que fait-on en France quand on ne se sent pas bien? On peut bien sûr contacter son médecin. Généralement, il vous reçoit° dans son cabinet° pour une consultation et vous donne une ordonnance. Il faut ensuite se rendre° à la pharmacie et présenter son ordonnance pour acheter ses médicaments. Beaucoup de médicaments ne sont pas en vente libre°, donc consulter un médecin est important et nécessaire.

Cependant°, pour leurs petites maladies, les Français aiment demander conseil° à leur pharmacien. Les pharmaciens en France ont un diplôme spécialisé et font six années d'études supérieures. Ils sont donc très compétents pour donner des conseils de qualité. Les pharmacies sont faciles à trouver: elles ont toutes une grande croix° verte lumineuse° suspendue° à l'extérieur. Elles sont en général ouvertes du lundi au samedi, entre 9h00 et 20h00. Pour les jours fériés et la nuit, il existe des pharmacies de garde°, dont° la liste est affichée sur la porte de chaque pharmacie.

Quand on est très malade, le médecin donne une consultation à domicile°, ce qui° est très pratique pour les enfants et les personnes âgées! En cas d'urgence, on peut appeler deux autres numéros. SOS Médecin existe dans toutes les grandes villes. Ses médecins répondent aux appels 24 heures sur 24 et font des visites à domicile. Pour les accidents et les gros problèmes, on peut contacter le Samu. C'est un service qui emmène les patients à l'hôpital si nécessaire.

Coup de main

In France, body temperature is measured in Celsius.

37°C is the normal body temperature.

Between **37°** and **38°C** is a slight fever.

For a fever above **38.5°C**, medication should be taken.

Between **39°** and **40°C** is a high fever.

Les services et les produits de santé

- 85% des Français voient° un médecin généraliste dans l'année.
- 52% vont chez le dentiste dans l'année.
- Les médecins donnent une ordonnance dans 75% des consultations.
- 57% des Français utilisent les médecines alternatives.
- 39% utilisent l'homéopathie° au moins une fois dans l'année.

reçoit *sees* cabinet *office* se rendre *to go* en vente libre *available over the counter* Cependant *However* conseil *advice* croix *cross* lumineuse *illuminated* suspendue *hung* de garde *emergency* dont *of which* à domicile *at home* ce qui *which* voient *see* homéopathie *homeopathy*

ACTIVITÉS

1 Complétez Complétez les phrases, d'après le texte et le tableau.

1. À la fin d'une consultation, le médecin vous donne parfois _une ordonnance_.

2. _Beaucoup de médicaments_ en France ne sont pas en vente libre.

3. Les pharmaciens en France font six années _d'études supérieures_.

4. Les pharmacies sont faciles à trouver grâce à _la grande croix verte lumineuse suspendue à l'extérieur_.

5. Parfois, le médecin vient à domicile pour donner _une consultation_.

6. Quand on est très malade, on peut appeler _Answers will vary. Possible answers: SOS Médecin, le Samu_.

7. _85% des Français_ voient un médecin généraliste dans l'année.

8. 39% des Français utilisent _l'homéopathie_ au moins une fois dans l'année.

9. La température normale du corps est de _37°C_.

10. On a une forte fièvre quand on a _39°C_.

1 Expansion Have students write two more fill-in-the-blank sentences. Collect their papers and read some of the sentences aloud. Call on volunteers to complete them.

Portrait Have students look at the photo and identify the product. Ask students: **Avez-vous déjà utilisé un produit de l'Occitane? Quel produit?**

STRATÉGIE

Activating background knowledge

Using what you already know about a particular subject will often help you better understand a reading. As you read the **Culture à la loupe** selection on the previous page, think about what you already know about the subject of health. Remember that you possess a certain amount of knowledge on a wide range of subjects. Rely on it to inform your interpretation of unfamiliar words or concepts.

LE MONDE FRANCOPHONE

Des expressions près du corps

Voici quelques expressions idiomatiques.

En France

avoir le bras long être une personne importante qui peut influencer quelqu'un

avoir un chat dans la gorge ne pas pouvoir parler

casser les pieds à quelqu'un ennuyer une personne

coûter les yeux de la tête coûter très cher

se mettre le doigt dans l'œil faire une erreur

Au Québec

avoir quelqu'un dans le dos détester quelqu'un

coûter un bras coûter très cher

un froid à couper un cheveu un très grand froid

sur le bras gratuit, qu'on n'a pas besoin de payer

En Suisse

avoir des tournements de tête avoir des vertiges°

donner une bonne-main donner un pourboire

vertiges dizziness, vertigo

PORTRAIT

L'Occitane

En 1976, un jeune étudiant en littérature de 23 ans, Olivier Baussan, a commencé à fabriquer chez lui de l'huile de romarin° et l'a vendue sur les marchés de Provence. Son huile a été très appréciée par le public et Baussan a fondé° L'Occitane, marque° de produits de beauté. La première boutique a ouvert ses portes dans le sud de la France en 1980 et aujourd'hui, la compagnie a plus de 500 boutiques dans 60 pays, y compris aux États-Unis et au Canada. Les produits de L'Occitane, tous faits d'ingrédients naturels comme la lavande° ou l'olive, s'inspirent de la Provence et sont fabriqués avec des méthodes traditionnelles. L'Occitane offre des produits de beauté, des parfums, du maquillage et des produits pour le bain, pour la douche et pour la maison.

huile de romarin rosemary oil **fondé** founded **marque** brand **lavande** lavender

 SUPERSITE

SUR INTERNET

Les hommes en France dépensent-ils beaucoup d'argent pour les produits de beauté ou de soin?

Go to **promenades.vhlcentral.com** to find more cultural information related to this **LECTURE CULTURELLE.**

---

2 **Vrai ou faux?** Indiquez si les phrases suivantes sont **vraies** ou **fausses**. Corrigez les phrases fausses.

1. La compagnie L'Occitane a été fondée en Provence. Vrai.
2. Le premier magasin L'Occitane a ouvert ses portes en 1976. Faux. La compagnie a été fondée en 1976, mais le premier magasin a ouvert ses portes en 1980.
3. On trouve l'olive dans certains produits de L'Occitane. Vrai.
4. L'Occitane se spécialise dans les produits pour le corps. Faux. L'Occitane offre aussi des parfums, du maquillage et des produits pour la maison.
5. Les produits de L'Occitane utilisent des ingrédients naturels et sont fabriqués avec des méthodes traditionnelles. Vrai.

3 **Les expressions idiomatiques** Regardez bien la liste des expressions dans **Le monde francophone**. En petits groupes, discutez de ces expressions. Lesquelles (*Which*) aimez-vous? Pourquoi? Essayez de deviner l'équivalent de ces expressions en anglais.

3 **Expansion** Have students write five sentences using these expressions in a specific context. Example: **Mon billet d'avion m'a coûté les yeux de la tête!**

ressources

SUPERSITE

promenades.vhlcentral.com
Leçon 19

ACTIVITÉS

STRUCTURES

19.1 Reflexive verbs

Point de départ A reflexive verb usually describes what a person does to or for himself or herself. In other words, it "reflects" the action of the verb back to the subject. Reflexive verbs always use reflexive pronouns.

Suggestion Model the first person reflexive by talking about yourself. Examples: **Je me réveille très tôt. En général, je me lève à six heures du matin.**

SUBJECT   REFLEXIVE VERB

André   **se rase** à huit heures.

Reflexive verbs

se laver (to wash oneself)

je	me lave	I wash (myself)
tu	te laves	you wash (yourself)
il/elle	se lave	he/she/it washes (himself/herself/itself)
nous	nous lavons	we wash (ourselves)
vous	vous lavez	you wash (yourself/yourselves)
ils/elles	se lavent	they wash (themselves)

- The pronoun **se** before an infinitive identifies the verb as reflexive: **se laver**. **Suggestion** Compare and contrast reflexive and non-reflexive verbs with examples like these: **Il se réveille à six heures et demie. Il réveille les enfants à sept heures.**

Je me coiffe.

Tu te maquilles, maintenant?

- When a reflexive verb is conjugated, the reflexive pronoun agrees with the subject. Except for **se**, reflexive pronouns have the same forms as direct and indirect object pronouns; **se** is used for both singular and plural subjects.

Tu **te couches**.
You're going to bed.

Les enfants **se réveillent**.
The children wake up.

Je **me maquille** aussi.
I put on makeup too.

Nous **nous levons** très tôt.
We get up very early.

- Note that the reflexive pronouns **nous** and **vous** are identical to the corresponding subject pronouns.

Nous **nous regardons** dans le miroir.
We look at ourselves in the mirror.

Vous habillez-vous déjà?
Are you getting dressed already?

 SUPERSITE   **MISE EN PRATIQUE**

1 **Les habitudes** Vous allez chez vos amis Frédéric et Pauline. Tout le monde a ses habitudes. Que fait-on tous les jours?

1 **Suggestion** Before assigning this activity, review reflexive verbs by comparing and contrasting weekday versus weekend routines.

MODÈLE   Frédéric / se raser
Frédéric se rase.

1. vous / se réveiller / à six heures
   Vous vous réveillez à six heures.
2. Frédéric et Pauline / se brosser / dents
   Frédéric et Pauline se brossent les dents.
3. tu / se lever / puis / prendre une douche
   Tu te lèves puis tu prends une douche.
4. nous / sécher / cheveux
   Nous nous séchons les cheveux.
5. on / s'habiller / avant le petit-déjeuner
   On s'habille avant le petit-déjeuner.
6. Frédéric et Pauline / se coiffer / avant / sortir
   Frédéric et Pauline se coiffent avant de sortir.
7. je / se déshabiller / et après / se coucher
   Je me déshabille et après, je me couche.
8. tout le monde / s'endormir / tout de suite
   Tout le monde s'endort tout de suite.

2 **La routine** Tous les matins, Juliette suit (*follows*) la même routine. Regardez les illustrations et dites ce que (*what*) fait Juliette.

1. Juliette se réveille.

3. Juliette se brosse les dents.

2. Juliette se lève.

4. Juliette se maquille.

3 **L'ordre logique** À tour de rôle avec un(e) partenaire, indiquez dans quel ordre vous (ou quelqu'un que vous connaissez) faites ces choses. Suggested answers

MODÈLE   se lever / se réveiller
D'abord je me réveille, ensuite je me lève.

1. se laver / se sécher
   D'abord je me lave, ensuite je me sèche.
2. se maquiller / prendre une douche
   D'abord ma sœur prend une douche, ensuite elle se maquille.
3. se lever / s'habiller
   D'abord mon camarade de chambre se lève, ensuite il s'habille.
4. se raser / se réveiller
   D'abord je me réveille, ensuite je me rase.
5. se coucher / se brosser les cheveux
   D'abord nous nous brossons les cheveux, ensuite nous nous couchons.
6. s'endormir / se coucher
   D'abord tu te couches, ensuite tu t'endors.
7. se coucher / se déshabiller
   D'abord je me déshabille, ensuite je me couche.
8. se lever / se réveiller
   D'abord le prof se réveille, ensuite il se lève.

3 **Suggestion** Tell students that they may vary the sequencing expressions used, such as **puis** instead of **ensuite**.

COMMUNICATION

4 **Tous les jours** Que fait votre partenaire tous les jours? Posez-lui les questions et il/elle vous répond. *Some answers will vary.*

MODÈLE se lever tôt le matin

Étudiant(e) 1: Est-ce que tu te lèves tôt le matin?
Étudiant(e) 2: Non, je ne me lève pas tôt le matin.

1. se réveiller tôt ou tard le week-end
   Est-ce que tu te réveilles tôt ou tard le week-end?
2. se lever tout de suite
   Est-ce que tu te lèves tout de suite?
3. se maquiller tous les matins
   Est-ce que tu te maquilles tous les matins?
4. se laver les cheveux tous les jours
   Est-ce que tu te laves les cheveux tous les jours?
5. se raser le soir ou le matin
   Est-ce que tu te rases le soir ou le matin?
6. se coucher avant ou après minuit
   Est-ce que tu te couches avant ou après minuit?

5 **Enquête** Votre professeur va vous donner une feuille d'activités. Circulez dans la classe et trouvez un(e) camarade différent(e) pour chaque action. Présentez les réponses à la classe. *Answers will vary.*

MODÈLE

Étudiant(e) 1: Est-ce que tu te lèves avant six heures du matin?
Étudiant(e) 2: Oui, je me lève parfois à cinq heures!

Activité	Nom
1. se lever avant six heures du matin	Carole
2. se maquiller pour venir en cours	
3. se brosser les dents trois fois par jour	
4. se laver les cheveux le soir	
5. se coiffer à la dernière mode	
6. se reposer le vendredi soir	

6 **Jacques a dit** Par groupes de quatre, un(e) étudiant(e) donne des ordres au groupe. Attention! Vous devez obéir seulement si l'ordre est précédé de **Jacques a dit...** (*Simon says...*) La personne qui se trompe devient le meneur de jeu (*leader*). Le gagnant (*winner*) est l'étudiant(e) qui n'a pas été le meneur de jeu. Utilisez les expressions de la liste puis trouvez vos propres expressions. *Answers will vary.*

se brosser les dents	se laver les mains
se coiffer	se lever
s'endormir	se maquiller
s'habiller	se sécher les cheveux

6 **Suggestion** To give winners a chance to lead the game, have **le/la gagnant(e)** from each group come to the front of the room to take turns saying **Jacques a dit...**.

Common reflexive verbs

se brosser les cheveux/ les dents	to brush one's hair/teeth	se laver (les mains)	to wash oneself (one's hands)
se coiffer	to do one's hair	se lever	to get up, to get out of bed
se coucher	to go to bed	se maquiller	to put on makeup
se déshabiller	to undress	se raser	to shave oneself
s'endormir	to go to sleep, to fall asleep	se regarder	to look at oneself
		se réveiller	to wake up
s'habiller	to get dressed	se sécher	to dry oneself

- **S'endormir** is conjugated like **dormir**. **Se lever** and **se sécher** follow the same spelling-change patterns as **acheter** and **espérer**, respectively.

  Il **s'endort** tôt.   Tu **te lèves** à quelle heure?   Elles **se sèchent**.
  He falls asleep early.   *What time do you get up?*   *They dry off.*

- Some verbs can be used reflexively or non-reflexively. If the verb acts upon something other than the subject, the non-reflexive form is used.

  La mère **se réveille** à sept heures.   Ensuite, elle **réveille** son fils.
  The mother wakes up at 7 o'clock.   *Then, she wakes her son up.*

- When a body part is the direct object of a reflexive verb, it is usually preceded by a definite article.

  Je ne **me brosse** pas **les** dents.   Vous **vous lavez les** mains.
  I'm not brushing my teeth.   *You wash your hands.*

- You form the imperative of a reflexive verb as you would a non-reflexive verb. Add the reflexive pronoun to the end of an affirmative command. In negative commands, place the reflexive pronoun between **ne** and the verb. (Remember to change **te** to **toi** in affirmative commands.)

  Réveille-toi, Bruno!   *but*   **Ne te réveille pas**!
  Wake up, Bruno!   *Don't wake up!*

  Essayez! Have students say logical commands for items 2, 3, 4, and 7.
  (2. Couchez-vous [de bonne heure]. 3. Ne t'endors pas en cours.
  4. Séchons-nous les cheveux. 7. Ne te déshabille pas.)

Essayez! Complétez les phrases avec les formes correctes des verbes.

1. Ils <u>se brossent</u> (se brosser) les dents.
2. À quelle heure est-ce que vous <u>vous couchez</u> (se coucher)?
3. Tu <u>t'endors</u> (s'endormir) en cours.
4. Nous <u>nous séchons</u> (se sécher) les cheveux.
5. On <u>s'habille</u> (s'habiller) vite! Il faut partir.
6. Les hommes <u>se maquillent</u> (se maquiller) rarement.
7. Tu ne <u>te déshabilles</u> (se déshabiller) pas encore.
8. Je <u>me lève</u> (se lever) vers onze heures.

19.2 Reflexives: *Sens idiomatique*

Point de départ You've learned that reflexive verbs "reflect" the action back to the subject. Some reflexive verbs, however, do not literally express a reflexive meaning.

Common idiomatic reflexives

s'amuser	to play; to have fun	s'intéresser (à)	to be interested (in)
s'appeler	to be called	se mettre à	to begin to
s'arrêter	to stop	se mettre en colère	to become angry
s'asseoir	to sit down	s'occuper (de)	to take care of, to keep oneself busy
se dépêcher	to hurry		
se détendre	to relax	se préparer	to get ready
se disputer (avec)	to argue (with)	se promener	to take a walk
s'énerver	to get worked up, to become upset	se rendre compte	to realize
s'ennuyer	to get bored	se reposer	to rest
s'entendre bien (avec)	to get along well (with)	se souvenir (de)	to remember
s'inquiéter	to worry	se tromper	to be mistaken
		se trouver	to be located

Lis le journal si tu t'ennuies.

Ne t'inquiète pas.

- **Se souvenir** is conjugated like **venir**.

  Souviens-toi de son anniversaire.
  Remember her birthday.

  Nous nous souvenons de cette date.
  We remember that date.

- **S'ennuyer** has the same spelling changes as **envoyer**. **Se promener** and **s'inquiéter** have the same spelling changes as **acheter** and **espérer**, respectively.

  Je **m'ennuie** à mourir aujourd'hui.
  I'm bored to death today.

  On **se promène** dans le parc.
  We take a walk in the park.

  Ils **s'inquiètent** pour leur fille.
  They worry about their daughter.

Suggestion Remind students what idiomatic expressions are. Ask which types of these expressions students already know. (idiomatic expressions with **avoir** and **faire**)

SUPERSITE   **MISE EN PRATIQUE**

1   **Ma sœur et moi** Complétez ce texte avec les formes correctes des verbes.

Je (1) __m'appelle__ (s'appeler) Anne, et j'ai une sœur, Stéphanie. Nous (2) __nous habillons__ (s'habiller) souvent de la même manière, mais nous sommes très différentes. Stéphanie (3) __s'intéresse__ (s'intéresser) à la politique et elle étudie le droit, et moi, je (4) __m'intéresse__ (s'intéresser) à la peinture et je fais de l'art. Nous habitons ensemble, et nous (5) __nous entendons bien__ (s'entendre bien). On (6) __s'assied__ (s'asseoir) souvent sur un banc (*bench*) au parc pour bavarder. Quelquefois on (7) __se met en colère__ (se mettre en colère). Heureusement, on (8) __se rend compte__ (se rendre compte) que c'est inutile et on (9) __s'arrête__ (s'arrêter). En fait, Stéphanie et moi, nous (10) __ne nous ennuyons pas__ (ne pas s'ennuyer) ensemble.

2   **Que faire?** Que font Diane et ses copains? Utilisez les verbes de la liste pour compléter les phrases. Suggested answers

s'amuser	se disputer	s'occuper
s'appeler	s'énerver	se préparer
s'asseoir	s'ennuyer	se promener
se dépêcher	s'entendre	se reposer
se détendre	s'inquiéter	se tromper

1. Si je suis en retard pour mon cours, je __me dépêche__.
2. Parfois, Toufik __se trompe__ et ne donne pas la bonne réponse.
3. Quand un cours n'est pas intéressant, nous __nous ennuyons__.
4. Le week-end, Hubert et Édith sont fatigués, alors ils __se reposent__.
5. Quand je ne comprends pas mon prof, je __m'inquiète__.
6. Quand il fait beau, vous allez dans le parc et vous __vous promenez__.

3   **La fête** Marc a invité ses amis pour célébrer la fin (*end*) du semestre. Avec un(e) partenaire, décrivez la scène à tour de rôle. Utilisez tous les verbes possibles de la liste de l'**Activité 2**. Answers will vary.

COMMUNICATION

4 **Se connaître** Vous voulez mieux connaître vos camarades. Par groupes de quatre, posez-vous des questions et puis présentez les réponses à la classe.
Answers will vary.

> **MODÈLE** s'intéresser à la politique
>
> **Étudiant(e) 1:** *Je ne m'intéresse pas à la politique. Et toi, t'intéresses-tu à la politique?*
> **Étudiant(e) 2:** *Je m'intéresse beaucoup à la politique et je lis le journal tous les jours.*

1. s'amuser au cours de français
2. s'inquiéter pour des questions d'argent
3. s'asseoir au premier rang (*row*) dans la classe
4. s'énerver facilement
5. se mettre souvent en colère
6. se reposer le week-end

5 **Curieux** Utilisez ces verbes et expressions pour interviewer un(e) partenaire. Answers will vary.

> **MODÈLE** s'amuser / avec qui
>
> **Étudiant(e) 1:** *Avec qui est-ce que tu t'amuses?*
> **Étudiant(e) 2:** *Je m'amuse avec mes amis.*

1. s'entendre bien / avec qui
2. s'intéresser / à quoi
3. s'ennuyer / quand, pourquoi
4. se mettre en colère / pourquoi
5. se détendre / quand, comment
6. se promener / avec qui, où, quand
7. se disputer / avec qui, pourquoi
8. se dépêcher / quand, pourquoi

6 **Une mère inquiète** La mère de Philippe lui a écrit cet e-mail. Avec un(e) partenaire, préparez par écrit la réponse de Philippe. Employez des verbes réfléchis à sens idiomatique. Answers will vary.

> Mon chéri,
>
> Je m'inquiète beaucoup pour toi. Je me rends compte que tu as changé. Tu ne t'amuses pas avec tes amis et tu te mets constamment en colère. Maintenant, tu restes tout le temps dans ta chambre et tu t'intéresses seulement à la télé. Est-ce que tu t'ennuies à l'école? Te souviens-tu que tu as des amis? J'espère que je me trompe.

6 **Suggestion** Read the e-mail aloud and ask if students have any questions before assigning this activity.

• Note the spelling changes of **s'appeler** in the present tense.

***s'appeler* (to be named, to call oneself)**	
je m'appelle	nous nous appelons
tu t'appelles	vous vous appelez
il/elle s'appelle	ils/elles s'appellent

Tu **t'appelles** comment? Vous **vous appelez** Laure?
What is your name? *Is your name Laure?*

• Note the irregular conjugation of the verb **s'asseoir**.

***s'asseoir* (to be seated, to sit down)**	
je m'assieds	nous nous asseyons
tu t'assieds	vous vous asseyez
il/elle s'assied	ils/elles s'asseyent

Suggestion Call attention to the spelling-change verbs and the irregular **s'asseoir**.

Asseyez-vous, Monsieur. **Assieds-toi** ici sur le canapé.
Have a seat, sir. *Sit here on the sofa.*

• Many idiomatically reflexive expressions can be used alone, with a preposition, or with the conjunction **que**.

Tu **te trompes**. Il **se trompe** toujours **de** date.
You're wrong. *He's always mixing up the date.*

Marlène **s'énerve** facilement. Marlène **s'énerve contre** Thierry.
Marlène gets mad easily. *Marlène gets mad at Thierry.*

Ils **se souviennent de** ton anniversaire. Je **me souviens que** tu m'as téléphoné.
They remember your birthday. *I remember you phoned me.*

Essayez! Choisissez les formes correctes des verbes.

1. Mes parents ___s'inquiètent___ (s'inquiéter) beaucoup.
2. Nous ___nous entendons___ (s'entendre) bien, ma sœur et moi.
3. Alexis ne ___se rend___ (se rendre) pas compte que sa petite amie ne l'aime pas.
4. On doit ___se dépêcher___ (se dépêcher) pour arriver à la fac.
5. Papa ___s'occupe___ (s'occuper) toujours de la cuisine.
6. Tu ___t'amuses___ (s'amuser) quand tu vas au cinéma?
7. Vous ___vous intéressez___ (s'intéresser) au cours d'histoire de l'art?
8. Je ne ___me dispute___ (se disputer) pas souvent avec les profs.
9. Tu ___te reposes___ (se reposer) un peu sur le lit.
10. Angélique ___s'assied___ (s'asseoir) toujours près de la porte.
11. Je ___m'appelle___ (s'appeler) Susanne.
12. Elles ___s'ennuient___ (s'ennuyer) chez leurs cousins.

SYNTHÈSE

Révision

1 **Les colocataires** Avec un(e) partenaire, décrivez cette maison de colocataires à sept heures du matin. Que font-ils? Answers will vary.

1.

2.

1 Suggestion First, have students describe the people physically as a brief review activity. Then have them make up names for the people before describing what they are doing.

3.

2 Suggestion Act out the **modèle** with a volunteer. Then point out the use of double object pronouns. Review the correct order if necessary.

2 **Le camping** Vous et votre partenaire faites du camping dans un endroit isolé. Malheureusement, vous avez tout oublié. À tour de rôle, parlez de ces problèmes à votre partenaire. Il/Elle va essayer de vous aider. Answers will vary.

MODÈLE

Étudiant(e) 1: *Je veux me laver les cheveux, mais je n'ai pas pris mon shampooing.*
Étudiant(e) 2: *Moi, j'ai apporté mon shampooing. Je te le prête.*

prendre une douche	se brosser les cheveux
se brosser les dents	se laver les mains
se coiffer	se sécher les cheveux
se laver le visage	se raser

3 **Débat** Par groupes de quatre, débattez cette question: Qui prend plus de temps pour se préparer avant de sortir, les hommes ou les femmes? Préparez une liste de raisons pour défendre votre point de vue. Présentez vos arguments à la classe. Answers will vary.

3 Suggestion Before assigning groups, go over some of the things that men and women do differently to get ready to go out.

ressources		
WB pp. 129–132	LM pp. 75–76	**SUPERSITE** promenades.vhlcentral.com Leçon 19

4 **Dépêchez-vous!** Avec un(e) partenaire, imaginez que vous soyez (*are*) les parents de trois enfants. Ils doivent partir pour l'école dans dix minutes, mais ils viennent juste de se réveiller! Que leur dites-vous? Utilisez des verbes réfléchis. Answers will vary.

MODÈLE

Étudiant(e) 1: *Dépêchez-vous!*
Étudiant(e) 2: *Lève-toi!*

4 Suggestion Ask students what sentence structure they will likely use most in this conversation. (commands)

5 **Départ de vacances** Avec un(e) partenaire, observez les images et décrivez-les. Utilisez tous les verbes de la liste. Ensuite, racontez à la classe l'histoire du départ en vacances de la famille Glassié. Answers will vary.

s'amuser	s'énerver
se dépêcher	se mettre en colère
se détendre	se préparer
se disputer (avec)	se rendre compte

6 **La personnalité de Martin** Votre professeur va vous donner, à vous et à votre partenaire, une feuille d'information sur Martin. Attention! Ne regardez pas la feuille de votre partenaire. Answers will vary.

MODÈLE

Étudiant(e) 1: *Martin s'habille élégamment.*
Étudiant(e) 2: *Mais...*

6 Suggestion Divide the class into pairs and distribute the Info Gap Handouts in the IRM on the IRCD-ROM for this activity. Give students ten minutes to complete the activity.

Le Zapping

1 femme sur 2 ne se démaquille pas...

En 1904, les laboratoires Bonetti créent° la crème médicale Diadermine. Cette crème connaît vite un grand succès et est utilisée par toute la famille. Son succès permet à la marque° de lancer° d'autres produits. Le groupe Henkel rachète° les laboratoires Bonetti en 1980. Et en 1998, Diadermine invente les lingettes démaquillantes° qui représentent aujourd'hui presque un quart du marché des démaquillants.

Avant de regarder la vidéo
- Have students look at the video stills, read the captions, and predict what is happening in the commercial for each visual. **(1. La femme n'aime pas enlever son maquillage. Ça prend trop de temps et d'énergie. 2. On présente une solution au problème: les lingettes démaquillantes Diadermine.)**
- Before showing the video, explain to students that they do not need to understand every word they hear. Tell them to listen for cognates, the product name, and its qualities.

—Trop long, trop compliqué.

—Une seule lingette pour démaquiller et nettoyer le visage et les yeux.

Compréhension Répondez aux questions. Answers will vary.

1. Pourquoi ces lingettes sont-elles une innovation?
2. Quelles femmes vont utiliser ces lingettes?

Compréhension Have students work in pairs or groups for this activity. Tell them to write their answers. Then show the video again so that they can check their answers and add any missing information.

Discussion Par groupes de quatre, répondez aux questions et discutez. Answers will vary.

1. Que pensez-vous du maquillage?
2. Passez-vous du temps à vous préparer le matin? Pourquoi ou pourquoi pas?

SUR INTERNET

Go to **promenades.vhlcentral.com** to watch the TV clip featured in this **Le zapping**.

créent *create* **marque** *brand* **lancer** *launch* **rachète** *buys out* **lingettes démaquillantes** *make-up removal tissues*

Discussion Take a quick class survey to find out if makeup is popular among the students.

Leçon 20

You will learn how to...
- describe your health
- talk about remedies and well-being

Suggestion Point out expressions with **avoir** (avoir mal au dos, avoir mal au cœur); **faire** (faire mal, faire une piqûre, faire de l'exercice); and **être** (être en bonne/mauvaise santé, être malade, être en pleine forme).

J'ai mal!

Suggestion Point out reflexive verbs (**se fouler, se casser, se sentir**). Tell students to use **se sentir bien** to say they *feel good (feel well)* and **se sentir mal** to say they *feel bad*. **Sentir bon/mauvais** means *to smell good/bad*. Remind them to use the definite article, not a possessive adjective, when describing injuries to body parts. Example: **Il se casse le bras (not son bras).**

Elle tousse. (tousser)

Il a de la fièvre.

Elle fait une piqûre.

Elle a mal au dos.

un patient (patiente *f.*)

une pilule

Elle est enceinte.

Il a un rhume.

Elle est en bonne santé.

ATCHOUM!

Le Monde

Il éternue. (éternuer)

une blessure

SANTÉ

Vocabulaire

aller aux urgences/ à la pharmacie	to go to the emergency room/ to the pharmacy
avoir mal	to have an ache
avoir mal au cœur	to feel nauseous
enfler	to swell
être en bonne/ mauvaise santé	to be in good/ bad health
être en pleine forme	to be in good shape
éviter de	to avoid
faire mal	to hurt
garder la ligne	to stay slim
guérir	to get better
se blesser	to hurt oneself
se casser (la jambe/ le bras)	to break one's (leg/ arm)
se fouler la cheville	to twist/sprain one's ankle
se porter mal/mieux	to be ill/better
se sentir	to feel
tomber/être malade	to get/to be sick
un(e) dentiste	dentist
un(e) pharmacien(ne)	pharmacist
une allergie	allergy
une douleur	pain
la grippe	flu
un symptôme	symptom
une aspirine	aspirin
un médicament (contre/pour)	medication (to prevent/for)
une ordonnance	prescription
la salle des urgences	emergency room
déprimé(e)	depressed
grave	serious
sain(e)	healthy

ressources

WB pp. 133–134	LM p. 77	SUPERSITE promenades.vhlcentral.com Leçon 20

Mise en pratique

1 **Écoutez** 🎧 Monsieur Sebbar est tombé malade. Vous allez écouter une conversation entre lui et son médecin. Choisissez les éléments de chaque catégorie qui sont vrais.

Symptômes
1. J'ai mal à la tête. ☑
2. J'ai mal au ventre. ☐
3. J'ai mal aux yeux. ☑
4. J'ai mal à la gorge. ☐
5. J'ai mal au cœur. ☐
6. J'ai mal à la cheville. ☑

Diagnostic
1. la grippe ☑
2. un rhume ☐
3. la cheville cassée ☐
4. la fièvre ☑

Traitement
1. faire de l'exercice ☐
2. faire une piqûre ☑
3. prendre des médicaments ☑

1 Suggestion Play the conversation again, stopping at the end of each sentence that contains an answer so students can check their work

2 Suggestion Go over the answers with the class. Have volunteers explain why each word doesn't belong.

2 **Chassez l'intrus** Indiquez le mot qui ne va pas avec les autres.

1. un médicament, une pilule, (une ordonnance,) une aspirine
2. un médecin, un dentiste, (un patient,) une pharmacienne
3. un rhume, (une aspirine,) la grippe, une allergie
4. (tomber malade,) guérir, être en bonne santé, se porter mieux
5. éternuer, tousser, (fumer,) avoir mal à la gorge
6. être en pleine forme, (être malade,) être au régime, garder la ligne
7. se sentir bien, se porter mieux, (être en mauvaise santé,) éviter de fumer
8. une blessure, (une pharmacie,) un symptôme, une douleur

3 **Complétez** Complétez les phrases suivantes avec le bon mot choisi dans la section **CONTEXTES** pour faire des phrases logiques. Some answers may vary.

1. Vous allez chez le médecin quand vous tombez ___malade___.
2. Vous allez chez ___le/la dentiste___ quand vous avez mal aux dents.
3. ___L'infirmier/ière___ aide les médecins.
4. Une femme qui va avoir un bébé est ___enceinte___.
5. Une personne qui a eu un accident grave est emmenée (*taken*) aux ___urgences___.
6. On prend une ___aspirine___ quand on a mal à la tête.
7. Pour être en forme et garder la ligne, il faut ___faire de l'exercice___.
8. Si on n'est pas malade, on est ___sain(e)/en bonne santé___.
9. Le médecin peut vous faire ___une piqûre___.
10. ___Une ordonnance___ est une liste de médicaments à prendre.
11. Être ___déprimé___, c'est être tout le temps malheureux.
12. Si les fleurs vous font ___éternuer___, vous avez une allergie.

3 Suggestion Ask volunteers to read the completed sentences aloud.

un infirmier

ne pas fumer

Elle fait de l'exercice.

une infirmière

Elle a mal à la tête.

Il a mal au ventre.

Communication

4 **Conversez** Interviewez un(e) camarade de classe. Answers will vary.

1. Quand t'a-t-on fait une piqûre pour la dernière fois? Pourquoi? Et une ordonnance?
2. Est-ce que tu as souvent un rhume? Que fais-tu pour guérir?
3. Quel médicament prends-tu quand tu as de la fièvre? Et quand tu as mal à la tête?
4. Es-tu allé(e) chez le médecin cette année? À l'hôpital? Pourquoi?
5. Es-tu déjà allé(e) aux urgences? Pourquoi?
6. Connais-tu une femme enceinte? Comment se sent-elle?
7. Est-ce une bonne idée de fumer? Pourquoi pas?
8. Comment te sens-tu aujourd'hui? Et comment te sentais-tu hier?

4 Suggestions
• Tell students to jot down notes during their interviews.
• After completing the interviews, have pairs get together with another pair and report what they learned about their partner.

5 **Qu'est-ce qui ne va pas?** Travaillez avec un(e) camarade de classe et à tour de rôle, indiquez ce qui ne va pas chez chaque personne. Proposez un traitement (*treatment*) pour chaque personne. Answers will vary.

5 Suggestion Tell students to write a description of each illustration. Then ask volunteers to read their descriptions aloud and have the class guess which illustration they are describing.

1.

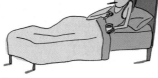
2.

3.

4.

5.

6.

7.

8.

6 **Écriture** Suivez les instructions et composez un paragraphe. Ensuite, comparez votre paragraphe avec celui d'un(e) camarade de classe. Answers will vary.

• Décrivez la dernière fois que vous étiez malade ou la dernière fois que vous avez eu un accident.
• Dites quels étaient vos symptômes.
• Dites si vous êtes allé(e) chez le médecin ou aux urgences.
• Mentionnez si vous avez eu une ordonnance et quels médicaments vous avez pris.

7 **Chez le médecin** Travaillez avec un(e) camarade de classe pour présenter un dialogue dans lequel vous: Answers will vary.

• jouez le rôle d'un médecin et d'un(e) patient(e).
• parlez des symptômes du/de la patient(e).
• présentez le diagnostic (*diagnosis*) du médecin.
• proposez une ordonnance au/à la patient(e).

7 Suggestions
• Before beginning the activity, remind students that the doctor/patient relationship calls for the formal subject pronoun **vous**.
• Have students brainstorm a list of symptoms and write them on the board.

Les sons et les lettres

🎧 p, t, and c

Suggestions
• Model the pronunciation of the example words and have students repeat them after you.
• Ask students to provide more examples of words from this lesson or previous lessons with these sounds. Examples: **ventre, pleine, patient, santé, thé, café**, and **commander**.
• Dictate five familiar words containing the consonants **p, t** and **c**, repeating each one at least two times. Then write them on the board or a transparency and have students check their spelling.

Read the following English words aloud while holding your hand an inch or two in front of your mouth. You should feel a small burst of air when you pronounce each of the consonants.

pan	**t**op	**c**ope	**p**at

In French, the letters **p**, **t**, and **c** are not accompanied by a short burst of air. This time, try to minimize the amount of air you exhale as you pronounce these consonants. You should feel only a very small burst of air or none at all.

panne	**t**aupe	**c**apital	**c**œur

To minimize a **t** sound, touch your tongue to your teeth and gums, rather than just your gums.

taille	**t**ête	**t**omber	**t**ousser

Similarly, you can minimize the force of a **p** by smiling slightly as you pronounce it.

pied	**p**oitrine	**p**ilule	**p**iqûre

When you pronounce a hard **c** sound, you can minimize the force by releasing it very quickly.

corps	**c**ou	**c**asser	**c**omme

🔊 **Prononcez** Répétez les mots suivants à voix haute.

1. plat
2. cave
3. tort
4. timide
5. commencer
6. travailler
7. pardon
8. carotte
9. partager
10. problème
11. rencontrer
12. confiture
13. petits pois
14. colocataire
15. canadien

🔊 **Articulez** Répétez les phrases suivantes à voix haute.

1. Paul préfère le tennis ou les cartes?
2. Claude déteste le poisson et le café.
3. Claire et Thomas ont-ils la grippe?
4. Tu préfères les biscuits ou les gâteaux?

🔊 **Dictons** Répétez les dictons à voix haute.

Il n'y a que le premier pas qui coûte.[2]

Les absents ont toujours tort.[1]

Bienvenue les ENFANTS!

[2] The first step is always the hardest.

[1] Those who are absent are always the ones to blame.

ressources

LM p. 78

promenades.vhlcentral.com
Leçon 20

ROMAN-PHOTO

L'accident

SUPERSITE

Suggestions
• Have students predict what the episode will be about based on the video stills.
• Have students scan the captions for sentences related to injuries or illnesses.

PERSONNAGES

Amina

David

Dr Beaumarchais

Rachid

Stéphane

Au parc...

RACHID Comment s'appelle le parti politique qui gagne les élections en 1936?

STÉPHANE Le Front Populaire.

RACHID Exact. Qui en était le chef?

STÉPHANE Je ne m'en souviens pas.

RACHID Réfléchis. Qui est devenu président...?

AMINA Salut, vous deux!

RACHID Bonjour, Amina! *(Il tombe.)* Aïe!

STÉPHANE Tiens, donne-moi la main. Essaie de te relever.

RACHID Attends... non, je ne peux pas.

AMINA On va t'emmener chez le médecin tout de suite. Stéphane, mets-toi là de l'autre côté. Hop là! On y va? Allons-y.

Chez le médecin...

DOCTEUR Alors, expliquez-moi ce qu s'est passé.

RACHID Et bien, je jouais au foot quand tout à coup je suis tombé.

DOCTEUR Et où est-ce que vous ave mal? Au genou? À la jambe? Ça n vous fait pas mal ici?

RACHID Non, pas vraiment.

AMINA Ah, te voilà Rachid!

STÉPHANE Alors, tu t'es cassé la jambe? Euh... tu peux toujours jouer au foot?

AMINA Stéphane!

RACHID Pas pour le moment, non; mais ne t'inquiète pas. Après quelques semaines de repos, je vais guérir rapidement et retrouver la forme.

AMINA Qu'est-ce que t'a dit le docteur?

RACHID Oh, ce n'est pas grave. Je me suis foulé la cheville. C'est tout.

AMINA Ah, c'est une bonne nouvelle. Bon, on rentre?

RACHID Oui, volontiers. Dis, est-ce qu'on peut passer par la pharmacie?

AMINA Bien sûr!

Chez David et Rachid...

DAVID Rachid! Qu'est-ce qui t'est arrivé?

RACHID On jouait au foot et je suis tombé. Je me suis foulé la cheville.

DAVID Oh! C'est idiot!

AMINA Bon, on va mettre de la glace sur ta cheville. Il y en a au congélateu

DAVID Oui, il y en a.

1 Les événements Mettez les événements suivants dans l'ordre chronologique.

a. __7__ Rachid, Stéphane et Amina vont à la pharmacie.

b. __3__ Rachid tombe.

c. __9__ David explique qu'il a eu une réaction allergique.

d. __1__ Rachid et Stéphane jouent au foot.

e. __5__ Le docteur Beaumarchais explique que Rachid n'a pas la cheville cassée.

f. __2__ Stéphane ne se souvient pas de la réponse.

g. __4__ Amina et Stéphane aident Rachid.

h. __8__ Amina et Stéphane sont surpris de voir *(see)* le visage de David.

i. __10__ David dit qu'il est allé aux urgences.

j. __6__ Le docteur Beaumarchais prépare une ordonnance.

1 Expansion Have students create sentences to fill in parts of the story not mentioned in this activity.

Rachid se foule la cheville.

Expressions utiles As you work through the list, point out the **passé composé** of reflexive verbs and the pronouns **y** and **en**. Tell students that these structures will be formally presented in the **Structures** section.

DOCTEUR Et là, à la cheville?

RACHID Aïe! Oui, c'est ça!

DOCTEUR Vous pouvez tourner le pied à droite... Et à gauche? Doucement. La bonne nouvelle, c'est que ce n'est pas cassé.

RACHID Ouf, j'ai eu peur.

Suggestion After reading the **Roman-photo**, have students summarize the episode.

DOCTEUR Vous vous êtes simplement foulé la cheville. Alors, voilà ce que vous allez faire: mettre de la glace, vous reposer. Ça veut dire: pas de foot pendant une semaine au moins et prendre des médicaments contre la douleur. Je vous prépare une ordonnance tout de suite.

RACHID Merci, Docteur Beaumarchais.

STÉPHANE Et toi, David, qu'est-ce qui t'est arrivé? Tu fais le clown ou quoi?

DAVID Ah! Ah!... Très drôle, Stéphane.

AMINA Ça te fait mal?

DAVID Non. C'est juste une allergie. Ça commence à aller mieux. Je suis allé aux urgences. On m'a fait une piqûre et on m'a donné des médicaments. Ça va passer. En attendant, je dois éviter le soleil.

STÉPHANE Vous faites vraiment la paire, tous les deux!

AMINA Allez, Stéphane. Laissons-les tranquilles. Au revoir, vous deux. Reposez-vous bien!

RACHID Merci! Au revoir!

DAVID Au revoir!

DAVID Eh! Rends-moi la télécommande! Je regardais ce film...

Expressions utiles

Giving instructions and suggestions

- **Essaie de te relever.**
  Try to get up.
- **On y va? Allons-y.**
  Should we go (there)? Let's go (there).
- **Qu'est-ce qui t'est arrivé?**
  What happened to you?
- **Laissons-les tranquilles.**
  Let's leave them alone.
- **Rends-moi la télécommande.**
  Give me the remote back.

Referring to ideas, quantities, and places

- **Qui en était le chef?**
  Who was the leader of it?
- **Je ne m'en souviens pas.**
  I don't remember it.
- **De la glace. Il y en a au congélateur?**
  Ice. Is there any in the freezer?
- **Oui, il y en a.**
  Yes, there is some (there).

Additional vocabulary

- **la bonne nouvelle**
  the good news
- **ça veut dire**
  that is to say/that means
- **volontiers**
  gladly
- **en attendant**
  in the meantime

Expressions utiles Point out that the pronoun **en** is not the same as the preposition **en**. To illustrate this point, write the following sentences on the board and compare them. Il y en a. (*There is/are* **some**.) Il est en France. (*He is* **in** *France*.)

 2

À vous! Sandrine ne sait pas encore ce qui est arrivé à David et à Rachid. Avec deux camarades de classe, préparez une conversation dans laquelle Sandrine découvre ce qui s'est passé. Ensuite, jouez les rôles de Sandrine, David et Rachid devant la classe.

- Imaginez le contexte de la conversation: le lieu, qui fait/a fait quoi.
- Décidez si Sandrine rencontre les garçons ensemble ou séparément.
- Décrivez la surprise initiale de Sandrine. Détaillez ses questions et ses réactions.

3 **Écrivez** Rachid et David ont deux problèmes de santé très différents. Qu'est-ce que vous préférez, une cheville foulée pendant une semaine ou une réaction allergique au visage? Écrivez un paragraphe dans lequel vous comparez les deux situations. Quelle situation est la pire? Pourquoi?

3 Suggestion Before writing their paragraphs, tell students to jot down a list of positive and negative aspects of each situation so that they can make a decision.

ressources

| VM pp. 225–226 | DVD Leçon 20 | promenades.vhlcentral.com Leçon 20 |

ACTIVITÉS

Avant la lecture Have students look at the visuals and describe what they see. Then ask them what they think **la Sécurité sociale** in France is.

CULTURE À LA LOUPE

La Sécurité sociale

En France, presque tous les habitants sont couverts par le système national de la Sécurité sociale. La Sécurité sociale, ou «la sécu», est un organisme d'État, financé principalement par les cotisations° sociales des travailleurs, qui donne une aide financière à ses bénéficiaires dans différents domaines. La branche «famille», par exemple, s'occupe des allocations° pour la maternité et les enfants. La branche «vieillesse» paie les retraites des personnes âgées. La branche «maladie» aide les gens en cas de maladies et d'accidents du travail. Chaque personne qui bénéficie des prestations° de la Sécurité sociale a une carte Vitale qui ressemble à une carte de crédit et qui contient° toutes ses informations personnelles.

La Sécurité sociale rembourse° en moyenne 75% des frais° médicaux. Les visites chez le médecin sont remboursées à 70%. Le taux° de remboursement varie entre 80 et 100% pour les séjours en clinique ou à l'hôpital et entre 70 et 100% pour les soins dentaires°. Pour les achats° en pharmacie, le taux de remboursement varie beaucoup: de 35 à 100% selon° les médicaments achetés. Beaucoup de gens ont aussi une mutuelle, une assurance santé supplémentaire qui rembourse ce que la Sécurité sociale ne rembourse pas. Ceux° qui ne peuvent pas avoir de mutuelle et ceux qui n'ont pas droit à° la Sécurité sociale traditionnelle bénéficient parfois de la Couverture Maladie Universelle (CMU). La CMU garantit le remboursement à 100% des frais médicaux aux gens qui n'ont pas beaucoup de ressources.

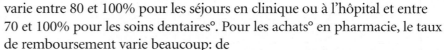

Les visites médicales

- En moyenne°, les Français consultent un médecin sept fois par an,
- dont° quatre fois un généraliste
- et trois fois un spécialiste.
- 70% des visites médicales ont lieu° chez le médecin.
- 20% ont lieu à la maison.
- 10% ont lieu à l'hôpital.

cotisations *contributions* **allocations** *allowances* **prestations** *benefits* **contient** *holds* **rembourse** *reimburses* **frais** *expenses* **taux** *rate* **soins dentaires** *dental care* **achats** *purchases* **selon** *depending on* **Ceux** *Those* **n'ont pas droit à** *don't qualify for* **En moyenne** *On average* **dont** *of which* **ont lieu** *take place*

ACTIVITÉS

1 Vrai ou faux? Indiquez si les phrases sont **vraies** ou **fausses**. Corrigez les phrases fausses.

1. Les cotisations des travailleurs financent la Sécurité sociale. *Vrai.*
2. La Sécurité sociale a plusieurs branches. *Vrai.*
3. La branche «vieillesse» s'occupe des accidents du travail. *Faux. Elle s'occupe des retraites.*
4. La carte Vitale est une assurance supplémentaire. *Faux. C'est une carte qui contient toutes les informations personnelles d'une personne.*
5. La Sécurité sociale rembourse en moyenne 100% des frais médicaux. *Faux. Elle rembourse en moyenne 75% des frais médicaux.*

6. Entre 70 et 100% des soins dentaires sont remboursés par la sécu. *Vrai.*
7. La Sécurité sociale ne rembourse pas les médicaments. *Faux. Elle rembourse entre 35 et 100% du prix des médicaments.*
8. En plus de la Sécurité sociale, certaines personnes ont des assurances santé supplémentaires. *Vrai.*
9. Si on n'a pas beaucoup d'argent, on peut bénéficier de la CMU. *Vrai.*
10. Vingt pour cent des consultations médicales ont lieu à l'hôpital. *Faux. Dix pour cent ont lieu à l'hôpital. Vingt pour cent ont lieu à la maison.*

Portrait **Les Invalides** houses **le musée de l'Armée** (a military museum with a collection of weapons, armor, and uniforms from the Middle Ages to the twentieth century), **le musée des Plans-Reliefs** (a museum with a collection of scale models and maps of fortified French towns during the reigns of Louis XIV and Napoleon III), **le musée de l'Ordre de la Libération** (a memorial museum with galleries dedicated to Free France, the Resistance, and the transportation to concentration camps), and **l'église de St-Louis-des-Invalides**.

STRATÉGIE

Using a dictionary

Be careful not to reach for the dictionary every time you do not understand what you read. Instead, keep a running list of unfamiliar words that you come across in the selection. Only after you have tried several strategies and are still unable to guess a word's meaning should you consider using a dictionary. Remember to weigh all the translations under an entry before choosing the right one for the context.

LE MONDE FRANCOPHONE

Des pionniers de la médecine

Voici quelques pionniers francophones de la médecine.

En Belgique

Jules Bordet (1870–1961) médecin et microbiologiste qui a découvert° le microbe de la coqueluche°

En France

Bernard Kouchner (1939–) médecin, cofondateur° de Médecins sans frontières° et de Médecins du monde

En Haïti

Yvonne Sylvain (1907–1989) première femme médecin et gynécologue obstétricienne d'Haïti

Au Québec

Jeanne Mance (1606–1673) fondatrice du premier hôpital d'Amérique du Nord

En Suisse

Henri Dunant (1828–1910) fondateur de la Croix-Rouge°

a découvert *discovered* **coqueluche** *whooping cough* **cofondateur** *cofounder* **frontières** *Borders* **Croix-Rouge** *Red Cross*

PORTRAIT

L'hôtel des Invalides

L'hôtel des Invalides est un monument parisien dont le dôme doré° est un chef-d'œuvre° de l'architecture du XVIIe siècle. Le roi° Louis XIV l'a fait construire entre 1670 et 1680 pour accueillir° les vieux soldats° et les soldats invalides°. Pendant la Seconde Guerre mondiale°, le monument a servi de cachette° à des membres de la Résistance. Plusieurs grands hommes de guerre reposent° aux Invalides, notamment Napoléon Bonaparte et Charles Joseph Rouget de Lisle, l'auteur de *La Marseillaise*, l'hymne national français. Aujourd'hui, l'hôtel des Invalides accueille toujours d'anciens° soldats de l'armée française, mais c'est aussi un site culturel qui a quatre musées.

doré *gold* **chef-d'œuvre** *masterpiece* **roi** *King* **accueillir** *welcome, take in* **soldats** *soldiers* **invalides** *disabled* **Guerre mondiale** *World War* **cachette** *hiding place* **reposent** *are buried* **anciens** *former*

SUPERSITE

SUR INTERNET

Qui a découvert le vaccin contre la tuberculose?

Go to promenades.vhlcentral.com to find more cultural information related to this **LECTURE CULTURELLE.** Then watch the corresponding **Flash culture.**

---

2 **Répondez** Répondez aux questions par des phrases complètes.

1. Pour qui Louis XIV a-t-il fait construire l'hôtel des Invalides?
   Il l'a fait construire pour les vieux soldats et les soldats invalides.
2. Quand l'hôtel des Invalides a-t-il été construit?
   L'hôtel a été construit entre 1670 et 1680.
3. Qui a utilisé l'hôtel des Invalides pendant la Seconde Guerre mondiale? L'hôtel des Invalides a été utilisé par des membres de la Résistance pendant la Seconde Guerre mondiale.
4. Que peut-on faire aujourd'hui à l'hôtel des Invalides?
   On peut visiter quatre musées.
5. Qui a été la première femme médecin d'Haïti?
   Yvonne Sylvain a été la première femme médecin d'Haïti.

3 **Problèmes de santé** Avec un(e) camarade, écrivez cinq phrases où vous utilisez ce vocabulaire: **une angine** (*strep throat*), **une carie** (*cavity*), **des frissons** (*m.*) (*chills*), **le nez bouché** (*stuffy nose*), **une toux** (*cough*). Soyez prêts à les présenter devant la classe.

3 **Suggestion** Have pairs get together with another pair of students and peer edit each other's sentences.

ressources

VM
pp. 257–258

SUPERSITE
promenades.vhlcentral.com
Leçon 20

A C T I V I T É S

Suggestion Briefly review the **passé composé** with **être** and past participle agreement from **Structures 13.1** and **13.2**.

comparisons

20.1 The *passé composé* of reflexive verbs

Point de départ In **Leçon 19**, you learned to form the present tense and command forms of reflexive verbs. You will now learn how to form the **passé composé** of reflexive verbs.

Vous vous êtes foulé la cheville.

Tu t'es cassé la jambe?

- Use the auxiliary verb **être** with all reflexive verbs in the **passé composé**, and place the reflexive pronoun before it.

Nous **nous sommes fait** mal hier, pendant la randonnée.
We hurt ourselves during the hike yesterday.

Il **s'est lavé** les mains avant de prendre le médicament.
He washed his hands before taking the medicine.

- If the verb is not followed by a direct object, the past participle should agree with the subject in gender and number.

SUBJECT | PAST PARTICIPLE

L'infirmier et le médecin **se sont disputés**.
The nurse and the doctor argued.

SUBJECT | PAST PARTICIPLE

Elle **s'est assise** dans le fauteuil du dentiste.
She sat in the dentist's chair.

- If the verb is followed by a direct object, the past participle should not agree with the subject. Use the masculine singular form.

PAST PARTICIPLE | DIRECT OBJECT

Régine **s'est foulé** les deux chevilles.
Régine twisted both ankles.

PAST PARTICIPLE | DIRECT OBJECT

Ils **se sont cassé** les bras.
They broke their arms.

- To make a reflexive verb negative in the **passé composé**, place **ne** before the reflexive pronoun and **pas** after the auxiliary verb.

Elles **ne se sont pas** mises en colère.
They didn't get angry.

Nous **ne nous sommes pas** sentis mieux.
We didn't feel better.

Je **ne me suis pas** rasé ce matin.
I didn't shave this morning.

Tu **ne t'es pas** coiffée.
You didn't do your hair.

Suggestion To introduce reflexive verbs in the **passé composé**, contrast it to the present tense by discussing something out of character that you did one day versus what you usually do.

SUPERSITE | **MISE EN PRATIQUE**

1 **Une lettre** Complétez la lettre que Christine a écrite sur sa journée. Mettez les verbes au passé composé.

Hier soir, je (1) me suis couchée (se coucher) trop tard, et quand je (2) me suis réveillée (se réveiller), j'étais fatiguée. Mais je voulais jouer au basket, alors je (3) me suis levée (se lever) et je (4) me suis brossé (se brosser) les dents. Mon amie est venue me chercher et je (5) me suis endormie (s'endormir) dans la voiture! Je pense que mon amie (6) s'est énervée (s'énerver) un peu contre moi. Nous (7) nous sommes préparées (se préparer) pour le match et nous (8) nous sommes mises (se mettre) à jouer.

2 **Descriptions** Utilisez des verbes réfléchis pour décrire ce que (*what*) les personnages des illustrations ont fait ou n'ont pas fait hier. Mettez les verbes au passé composé. Suggested answers

MODÈLE

Thomas ne s'est pas lavé.

2 Expansion Show photos or magazine pictures, having students describe what happened based on the subject (pronoun) you give.

Thomas

1. mes amis
Mes amis se sont disputés.

3. je
Je me suis ennuyée.

2. tu
Tu t'es rasé.

4. vous
Vous vous êtes mise en colère.

3 **Une mauvaise journée** Hier, Djamila a eu toutes sortes de difficultés. Avec un(e) partenaire, utilisez le vocabulaire de la liste pour raconter sa mauvaise journée. Answers will vary.

MODÈLE

Étudiant(e) 1: Djamila s'est trompée.
Étudiant(e) 2: Elle s'est brossé les dents avec du savon!

se brosser	se sentir	la jambe
se casser	se tromper	le pied
s'habiller	le bras	un rhume
se laver	les chaussures	du savon
se lever	du dentifrice	du shampooing

COMMUNICATION

4 **Et toi?** Avec un(e) partenaire, posez-vous ces questions. Ensuite, présentez vos réponses à la classe. Answers will vary.

1. À quelle heure t'es-tu réveillé(e) ce matin?
2. Avec quel dentifrice t'es-tu brossé les dents?
3. Avec quel shampooing t'es-tu lavé les cheveux aujourd'hui?
4. T'es-tu énervé(e) cette semaine? Pourquoi?
5. T'es-tu disputé(e) avec quelqu'un cette semaine? Avec qui?
6. T'es-tu endormi(e) facilement hier soir? Pourquoi?
7. T'es-tu promené(e) récemment? Où?
8. Comment t'es-tu détendu(e) le week-end dernier?
9. Comment t'es-tu amusé(e) le week-end dernier?
10. T'es-tu bien entendu(e) avec ton/ta camarade de chambre le premier mois?

5 **Une investigation criminelle** Il y a eu un crime dans votre quartier et un agent de police vous pose des questions. Avec un(e) partenaire, utilisez le vocabulaire de la liste pour créer le dialogue. Answers will vary.

se coucher	se trouver
se disputer	appartement
s'énerver	blessure
se lever	corps
se mettre en colère	quartier
se réveiller	déprimé(e)
revenir	grave
se souvenir	soudain

6 **Charades** Par groupes de quatre, pensez à une phrase au passé composé avec un verbe réfléchi et jouez-la. La première personne qui devine joue la prochaine phrase. Answers will vary.

6 Suggestion Ask each group to present their best charade to the class.

- Ask a question using inversion with a reflexive verb in the **passé composé** as you would with non-reflexive verbs. Place the subject pronoun after the auxiliary verb and keep the reflexive pronoun before the auxiliary.

  Irène **s'est-elle** blessée au genou?
  Did Irène hurt her knee?

  Ne **vous êtes-vous** pas rendu compte de ça?
  Didn't you realize that?

- Place a direct object pronoun between the reflexive pronoun and the auxiliary verb. Make the past participle agree with the direct object pronoun that precedes it.

  Il a la cheville un peu enflée. Il **se l'est cassée** il y a une semaine.
  His ankle is a bit swollen. He broke it a week ago.

  Mes mains? Mais je **me les** suis déjà **lavées**.
  My hands? But I already washed them.

- The irregular past participle of the verb **s'asseoir** is **assis(e)**.

Elle **s'est assise** près de la fenêtre.
She sat near the window.

Les jeunes mariés **se sont assis** dans le salon.
The newlyweds sat in the living room.

- Form the **imparfait** of reflexive verbs just as you would non-reflexive verbs. Just add the corresponding reflexive pronoun.

  Je **me brossais** les dents trois fois par jour.
  I used to brush my teeth three times a day.

  Nous **nous promenions** souvent au parc.
  We used to take walks often in the park.

Essayez! **Complétez ces phrases.**

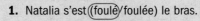

1. Natalia s'est (foulé/foulée) le bras.
2. Sa jambe? Comment Robert se l'est-il (cassé/cassée)?
3. Les deux joueurs de basket se sont (blessé/blessés) au genou.
4. L'infirmière s'est (lavé/lavées) les mains.
5. M. Pinchon s'est (fait/faite) mal à la jambe.
6. S'est-elle (rasé/rasées) les jambes?
7. Elles se sont (maquillé/maquillés) les yeux?
8. Nous nous les sommes (cassé/cassés).

Essayez! Review that only direct objects preceding the **passé composé** with **être** require past participle agreement.

STRUCTURES

20.2 The pronouns *y* and *en*

NATIONAL comparisons STANDARDS

Point de départ The pronoun **y** replaces a previously mentioned phrase that begins with the prepositions **à**, **chez**, **dans**, **en**, or **sur**. The pronoun **en** replaces a previously mentioned phrase that begins with a partitive or indefinite article, or with the preposition **de**.

PREPOSITIONAL PHRASE		PRONOUN
Nous allons **chez le médecin**.	▶	Nous **y** allons.

PREPOSITIONAL PHRASE		PRONOUN
Il était le chef **du Front Populaire**.	▶	Il **en** était le chef.

Allons-y!

Le Front Populaire. Qui **en** était le chef?

- The pronouns **y** and **en** precede the conjugated verb.

  Es-tu allée **à la plage**?
  Did you go to the beach?

  Oui, j'**y** suis allée.
  Yes, I went there.

  Achètent-elles **de la moutarde**?
  Are they buying mustard?

  Oui, elles **en** achètent.
  Yes, they're buying some.

- Never omit **y** or **en** even when the English equivalents can be omitted.

  Ah, vous allez **à la boulangerie**.
  Oh, you're going to the bakery.

  Tu **y** vas aussi?
  Are you going (there), too?

  Est-ce qu'elle prend **du sucre**?
  Does she take sugar?

  Non, elle n'**en** prend pas.
  No, she doesn't (take any).

- Always use **en** with a number or expression of quantity when the noun is omitted.

  Combien **de frères** a-t-elle?
  How many brothers does she have?

  Elle **en** a un (deux, trois).
  She has one (two, three).

  Avez-vous acheté **beaucoup de pain**?
  Did you buy a lot of bread?

  Oui, j'**en** ai acheté **beaucoup**.
  Yes, I bought a lot.

- Use **en** to replace a prepositional phrase that begins with **de**.

  Vous revenez **de vacances**?
  Are you coming back from vacation?

  Oui, nous **en** revenons.
  Yes, we're coming back (from vacation).

Suggestion Ask students to recall expressions containing pronouns **y** and **en** that they have already learned. Make sure they understand when **en** is a preposition instead of a pronoun.

SUPERSITE

MISE EN PRATIQUE

1 **Sondage** M. Renaud répond aux questions d'un journaliste qui fait un sondage (*poll*) pour un magazine français. Utilisez **y** ou **en** pour compléter les notes du journaliste. Answers may slightly vary.

Nombre/Fréquence		Notes
1. Enfants	3	M. Renaud en a trois.
2. Chiens	0	M. Renaud n'en a pas.
3. Voiture	2	M. Renaud en a deux.
4. Cinéma	rarement	M. Renaud y va rarement.
5. Argent	peu	M. Renaud en a peu.
6. Thé/café	parfois	M. Renaud en boit parfois.
7. New York	en 2005	M. Renaud y est allé en 2005.
8. Chez le médecin	une fois par an	M. Renaud y va une fois par an.

2 **Histoire médicale** Avec un(e) partenaire, choisissez une célébrité. Cette personne est allée à l'hôpital, où on lui pose ces questions. Comment répond votre célébrité? Justifiez toutes vos réponses. Utilisez les pronoms **y** et **en**. Some answers will vary.

1. Avez-vous des allergies?
   Oui, j'en ai. / Non, je n'en ai pas.
2. Êtes-vous allé(e) aux urgences cette année?
   Oui, j'y suis allé(e). / Non, je n'y suis pas allé(e).
3. Allez-vous chez le médecin régulièrement?
   Oui, j'y vais régulièrement. / Non, je n'y vais pas régulièrement.
4. Combien d'aspirines prenez-vous par jour?
   J'en prends... / Je n'en prends pas.
5. Faites-vous du sport tous les jours?
   Oui, j'en fais. / Non, je n'en fais pas.
6. Avez-vous des douleurs?
   Oui, j'en ai. / Non, je n'en ai pas.
7. Avez-vous de la fièvre?
   Oui, j'en ai. / Non, je n'en ai pas.
8. Vous êtes-vous blessé(e) au travail?
   Oui, je m'y suis blessé(e). / Non, je ne m'y suis pas blessé(e).

2 Suggestion Have students take turns playing the roles of the nurse and the celebrity.

3 **Chez le dentiste** Mme Hanh emmène ses fils chez un nouveau dentiste. Complétez le dialogue entre le dentiste et les deux garçons. Utilisez les pronoms **y** et **en**. Suggested answers

LE DENTISTE C'est la première fois que vous allez chez le dentiste?

FRÉDÉRIC Oui, (1) c'est la première fois que nous y allons.

LE DENTISTE N'ayez pas peur. Alors, mangez-vous beaucoup de sucre?

HENRI (2) Non, nous n'en mangeons pas beaucoup.

LE DENTISTE Et toi, Frédéric, utilises-tu du dentifrice?

FRÉDÉRIC (3) Oui, j'en utilise.

HENRI Est-ce que vous allez nous faire une piqûre?

LE DENTISTE (4) Oui, je vais vous en faire une.

HENRI Moi, je n'ai pas peur des piqûres... mais j'espère que vous n'allez pas trouver de caries (*cavities*).

LE DENTISTE (5) Je vais peut-être en trouver une ou deux.

3 Suggestion You may want to assign this activity to groups of three. If so, call on a volunteer group to act out the completed conversation for the class.

COMMUNICATION

4 Trouvez quelqu'un qui... Votre professeur va vous donner une feuille d'activités. Circulez dans la classe pour trouver un(e) camarade différent(e) qui donne une réponse affirmative à chaque question. **Employez les pronoms y et en.** Answers will vary.

MODÈLE

Étudiant(e) 1: Je suis né(e) à Los Angeles. Y es-tu né(e) aussi?
Étudiant(e) 2: Oui, j'y suis né(e) aussi!

Qui...	Nom
1. est né(e) dans la même (same) ville que vous?	Mireille
2. a pris une aspirine aujourd'hui? Pourquoi?	
3. est allé(e) en Suisse? Quand?	
4. a mangé au resto U cette semaine? Combien de fois?	
5. est déjà allé(e) aux urgences une fois? Pourquoi?	
6. est allé(e) chez le dentiste ce mois-ci? Quand?	

5 Interview Posez ces questions à un(e) partenaire. Employez y ou en dans vos réponses et puis présentez-les à la classe. Answers will vary.

Demandez à un(e) partenaire...

1. s'il/elle va à la bibliothèque (au restaurant, à la plage, chez le dentiste) aujourd'hui. Pourquoi?
2. s'il/elle a besoin d'argent (d'une voiture, de courage, de temps libre). Pourquoi?
3. s'il/elle s'intéresse aux sports (à la littérature, au jazz, à la politique). Que préfère-t-il/elle?
4. combien de personnes il y a dans sa famille (dans la classe de français, dans sa résidence).
5. s'il/elle a un chien (beaucoup de cousins, un grand-père, un vélo, un ordinateur). Où sont-ils?
6. s'il/elle a des allergies (une blessure, un rhume). Que fait-il/elle contre les symptômes?

6 Chez le docteur Vous avez ces problèmes et vous allez chez le docteur. Votre partenaire va jouer le rôle du docteur. Parlez de vos symptômes. Que faut-il faire? Utilisez les pronoms y et en. Answers will vary.

- des allergies
- une grippe
- une cheville foulée
- mal à la gorge

6 Suggestion
- Make sure each student plays both the doctor and patient roles.
- Tell students to feel free to talk about other symptoms learned in this lesson.

Suggestion Clarify that y and en are not used to refer to people. Examples:
Je parle des cours. → J'en parle. Je parle de mon père. → Je parle de lui.
Je pense à mes cours. → J'y pense. Je pense à ma mère. → Je pense à elle.

- Like other pronouns in an infinitive construction, **y** and **en** follow the conjugated verb and precede the infinitive.

Quand préfères-tu manger **chez Fatima**?
When do you prefer to eat at Fatima's?

Je **préfère y manger** demain soir.
I prefer to eat there tomorrow night.

Allez-vous prendre **du thé**?
Are you going to have tea?

Oui, nous **allons en prendre**.
Yes, we're going to have some.

- In the **passé composé**, the past participle never agrees with **y** or **en**.

Avez-vous trouvé **des fraises**?
Did you find some strawberries?

Oui, nous **en** avons trouvé.
Yes, we found some.

- In an affirmative **tu** command, add an **-s** to any **-er** verb followed by **y** or **en**. Note that **aller** also follows this pattern.

Tu vas chez le médecin? Va**s-y**! *but* Va chez le médecin!
You're going to the doctor's? Go! *Go to the doctor's!*

Il y a des pommes. Mange**s-en**! *but* Mange des pommes!
There are some apples. Eat a few! *Eat apples!*

- When using two pronouns in the same sentence, **y** and **en** always come in second position.

Vous parlez **à Hélène de sa toux**?
Are you talking to Hélène about her cough?

Oui, nous **lui en** parlons.
Yes, we're talking to her about it.

- With imperatives, **moi** followed by **y** and **en** becomes **m'y** and **m'en**. **Toi** followed by **y** and **en** becomes **t'y** and **t'en**.

Vous avez **des pêches** aujourd'hui?
You have peaches today?

Donnez-**m'en** dix.
Give me ten.

- When used together in the same sentence, **y** is placed before **en**.

Il y a **de bons médecins** à l'hôpital?
Are there good doctors at the hospital?

Oui, il **y en** a.
Yes, there are.

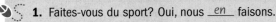

Essayez! **Complétez les phrases avec le pronom correct.**

1. Faites-vous du sport? Oui, nous _en_ faisons.
2. Papa est au garage? Oui, il _y_ est.
3. Nous voulons des fraises. Donnez-nous- _en_ un kilo.
4. Mettez-vous du sucre dans votre café? Oui, nous _en_ mettons.
5. Est-ce que tu t'intéresses à la médecine? Oui, je _m'y_ intéresse.
6. Il est allé au cinéma? Oui, il _y_ est allé.
7. Combien de pièces y avait-il? Il y _en_ avait quatre.
8. Avez-vous des lampes? Non, nous n' _en_ avons pas.
9. Elles sont chez leur copine. Elles _y_ sont depuis samedi.
10. Êtes-vous allés en France? Oui, nous _y_ sommes déjà allés.

SYNTHÈSE

Révision

4 Expansion Have volunteers act out their conversation for the class using props such as empty toiletry bottles and empty medication boxes.

1 **La salle d'attente** Observez cette salle d'attente (*waiting room*) et, avec un(e) partenaire, décrivez la situation ou la maladie de chaque personnage. À tour de rôle, essayez de prescrire un remède. Utilisez les pronoms **y** ou **en** dans vos dialogues. Answers will vary.

> **MODÈLE**
>
> **Étudiant(e) 1:** *Ce garçon s'est foulé la cheville. Il doit aller aux urgences.*
> **Étudiant(e) 2:** *Oui, et cette fille...*

2 **Êtes-vous souvent malade?** Avec un(e) partenaire, préparez huit questions pour savoir si vos camarades de classe sont en bonne ou en mauvaise santé. Ensuite, par groupes de quatre, posez les questions à vos camarades et écrivez leurs réponses. Employez des pronoms. Answers will vary.

3 **Oh! Ça va!?** Vous êtes un(e) piéton(ne) (*pedestrian*) et tout d'un coup, vous voyez (*see*) un(e) cycliste tomber de son vélo. Avec un(e) partenaire, suivez (*follow*) ces instructions et préparez la scène. Utilisez les pronoms **y** et **en**. Answers will vary.

Piéton(ne)		Cycliste
Demandez s'il/elle s'est fait mal.	▶	Dites quel est le problème.
Posez des questions sur les symptômes.	▶	Décrivez les symptômes.
Proposez de l'emmener aux urgences.	▶	Acceptez ou refusez la proposition.

ressources

WB pp. 135–138	LM pp. 79–80	**SUPERSITE** promenades.vhlcentral.com Leçon 20

4 **Pour partir loin** Vous et un(e) partenaire allez vivre (*to live*) un mois dans une région totalement isolée. Regardez l'illustration: vous pouvez mettre seulement cinq choses dans votre sac de voyage. Choisissez-les avec votre partenaire. Answers will vary.

> **MODÈLE**
>
> **Étudiant(e) 1:** *On prend du shampooing pour se laver les cheveux?*
> **Étudiant(e) 2:** *Non, la bouteille est trop grande!*

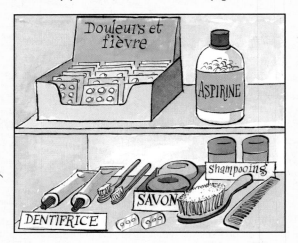

5 **Le malade imaginaire** Vous êtes hypocondriaque et vous pensez que vous êtes très malade. À tour de rôle, parlez de vos peurs à votre partenaire, qui va essayer de vous rassurer. Utilisez les pronoms **y** et **en** dans vos dialogues. Answers will vary.

> **MODÈLE**
>
> **Étudiant(e) 1:** *J'ai de la fièvre, n'est-ce pas?*
> **Étudiant(e) 2:** *Mais non, tu n'en as pas!*
> **Étudiant(e) 1:** *J'ai besoin d'un médicament!*
> **Étudiant(e) 2:** *Mais non, tu n'en as pas besoin!*

6 **La famille à problèmes!** Votre professeur va vous donner, à vous et à votre partenaire, une feuille d'informations sur la famille Valmont. Attention! Ne regardez pas la feuille de votre partenaire. Answers will vary.

> **MODÈLE**
>
> **Étudiant(e) 1:** *David jouait au baseball.*
> **Étudiant(e) 2:** *Voilà pourquoi il s'est cassé le bras!*

5 Suggestions
• Before assigning this activity, ask some questions. Examples: **Êtes-vous hypocondriaque? Connaissez-vous quelqu'un qui a une maladie «imaginaire»? Que lui dites-vous?**
• Call on two students to act out the **modèle**.

6 Suggestions Divide the class into pairs and distribute the Info Gap Handouts in the IRM on the IRCD-ROM for this activity. Give students ten minutes to complete the activity.

Écriture

STRATÉGIE

Sequencing events

Paying attention to sequencing in a narrative will ensure that your writing flows logically from one part to the next. Of course, every composition should have an introduction, a body, and a conclusion.

The introduction presents the subject, the setting, the situation, and the people involved. The main part, or the body, describes the events and people's reactions to these events. The conclusion brings the narrative to a close.

Adverbs and adverbial phrases are often used as transitions between the introduction, the body, and the conclusion. Here is a list of commonly used adverbs in French.

Adverbes	
(tout) d'abord	first
premièrement / en premier	first
avant (de)	before
après	after
alors	then, at that time
(et) puis	(and) then
ensuite	then
plus tard	later
bientôt	soon
enfin	finally
finalement	finally

Stratégie Discuss the importance of having an introduction (introduction), body (corps), and a conclusion (conclusion). Then read through the list of adverbs with the class. Point out that these words can be used to indicate a sequence of events or activities.

Thème Tell students they should answer the questions before they begin to write their letters.

Proofreading Activity To practice editing skills, have the class correct these sentences. **1. Je finis de se brosser mes dents! 2. Il s'a couchée tard hier soir. 3. On n'est pas fait de l'exercice hier. 4. Je dois me rase et m'habille. 5. Ne te met pas en colère. 6. Lisez le journal si tu t'ennuyes.**

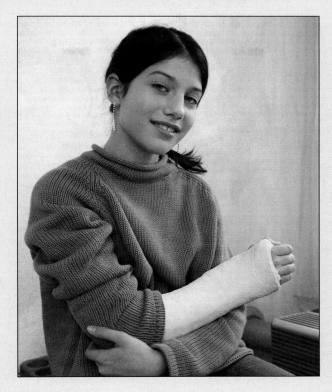

Thème
Écrire une lettre

Vous avez été malade le jour du dernier examen de français et vous n'avez pas pu passer l'examen. Préparez une lettre que vous allez envoyer à votre professeur de français pour lui expliquer ce qui s'est passé. Écrivez votre lettre au passé (passé composé et imparfait) et utilisez des adverbes. À la fin de la lettre, excusez-vous et demandez à votre professeur si vous pouvez passer l'examen la semaine prochaine. (Attention! Cette partie de la lettre doit être au présent.) Répondez aux questions suivantes pour vous aider.

- Que s'est-il passé? (maladie, accident, autre problème de santé, etc.)

- Quels étaient les symptômes ou quelle blessure avez-vous eue? (avoir mal au ventre, avoir de la fièvre, avoir la jambe cassée, etc.)

- Qu'est-ce qui a peut-être causé ce problème? (accident, pas assez d'exercice physique, ne pas manger sainement, etc.)

- Qu'avez-vous fait? (prendre des médicaments, aller chez le docteur ou le dentiste, aller aux urgences, etc.)

- Qu'est-ce qu'on vous a fait là-bas? (une piqûre, une radio [X-ray], une ordonnance, etc.)

- Comment vous sentez-vous maintenant et qu'allez-vous faire pour rester en forme? (ne plus fumer, faire plus attention, faire de l'exercice, etc.)

Panorama

La Suisse

Le pays en chiffres

▶ **Superficie:** *41.293 km²*

▶ **Population:** *7.073.000*
SOURCE: Population Division, UN Secretariat

▶ **Industries principales:** *activités financières°
(banques, assurances), agroalimentaire°, élevage
bovin°, horlogerie°, métallurgie, tourisme*

▶ **Villes principales:** *Bâle, Berne, Genève,
Lausanne, Zurich*

▶ **Langues:** *allemand, français, italien, romanche*
*L'allemand, le français et l'italien sont les langues
officielles, parlées dans les différentes régions du
pays. Le romanche, langue d'origine latine, est
parlée à l'est° du pays. Langue nationale depuis
1938, elle n'est pas utilisée au niveau° fédéral.
Aujourd'hui en Suisse, l'italien et le romanche sont
moins parlés que d'autres langues étrangères.*

▶ **Monnaie:** *le franc suisse*

Suisses célèbres

▶ **Johanna Spyri,** *auteur de «Heidi» (1827–1901)*

▶ **Louis Chevrolet,** *coureur
automobile°, fondateur de la
société Chevrolet (1878–1941)*

▶ **Alberto Giacometti,** *sculpteur
(1901–1966)*

▶ **Charles Édouard Jeanneret
Le Corbusier,** *architecte (1887–1965)*

▶ **Ella Maillart,** *écrivain, journaliste,
photographe et sportive (1903–1997)*

▶ **Jean-Luc Godard,** *cinéaste (1930–)*

financières *financial* **agroalimentaire** *food processing* **élevage bovin**
livestock farming **horlogerie** *watch and clock making* **est** *east*
niveau *level* **coureur automobile** *racecar driver* **barques** *small
boats* **guerres** *wars* **Battue** *Defeated* **paix** *peace treaty* **statut**
status **ne... ni** *neither... nor* **OTAN** *NATO*

Carte de la Suisse Point out the francophone region and have
students name the cities that are French-speaking.

Map

le Rhin
L'ALLEMAGNE
LA FRANCE
le Rhin
le lac
de Constance
Bâle
Saint-Gall
Zurich
le Doubs
L'AUTRICHE
LE LIECHTENSTEIN
le lac
de Zurich
le Rhin
La Chaux-
de-Fonds
Berne
Lucerne
Neuchâtel
Fribourg
LE JURA
le lac
de Neuchâtel
LES ALPES
Lausanne
le lac
Léman
Montreux
le Tessin
le Rhône
L'ITALIE
Genève
Lugano
le lac
de Côme
LA FRANCE
le lac
Majeur

☐ Région francophone

0   50 milles
0   50 kilomètres

des barques° sur le lac de Saint-Moritz

le château de Chillon sur le lac Léman

Incroyable mais vrai!

La Suisse n'a pas connu de guerres° depuis
le 16e siècle! Battue° par la France en 1515,
elle signe une paix° perpétuelle avec ce pays
et inaugure donc sa période de neutralité.
Ce statut° est reconnu par les autres pays
européens en 1815 et, depuis, la Suisse
ne peut participer à aucune guerre ni° être
membre d'alliances militaires comme l'OTAN°.

L'économie

Des montres et des banques

L'économie suisse se caractérise par la présence de grandes entreprises° multinationales et par son secteur financier. Les multinationales sont particulièrement actives dans le domaine des banques, des assurances, de l'agroalimentaire (Nestlé), de l'industrie pharmaceutique et de l'horlogerie (Longines, Rolex, Swatch). Cinquante pour cent de la production mondiale° d'articles° d'horlogerie viennent de la Suisse. Le franc suisse est une des monnaies les plus stables du monde et les banques suisses ont la réputation de bien gérer° les fortunes de leurs clients.

Les gens

Jean-Jacques Rousseau (1712–1778)

Né à Genève, Jean-Jacques Rousseau a passé sa vie entre la France et la Suisse. Vagabond et autodidacte°, Rousseau est devenu écrivain, philosophe, théoricien politique et musicien. Il a comme principe° que l'homme naît bon et que c'est la société qui le corrompt°. Défenseur de la tolérance religieuse et de la liberté de pensée, les principes de Rousseau, exprimés° principalement dans son œuvre° *Du contrat social*, se retrouvent° dans la Révolution française. À la fin de sa vie, il écrit *Les Confessions*, son autobiographie, un genre nouveau pour l'époque°.

Les traditions

Le couteau suisse

En 1884, Carl Elsener, coutelier° suisse, se rend compte que les soldats° suisses portent des couteaux allemands. Il décide donc de fonder sa propre compagnie en Suisse et invente le «couteau du soldat» à quatre outils°. Depuis 1891, chaque soldat de l'armée suisse en a un. En 1897, Elsener développe le «couteau d'officier°» pour l'armée et aujourd'hui, il est vendu au grand public. Le célèbre couteau, orné de la croix° suisse sur fond° rouge, offre un choix de 90 accessoires.

Les destinations

Genève

La ville de Genève, sur la frontière° franco-suisse, est une ville internationale et francophone. C'est une belle ville verte, avec sa rade° sur le lac Léman et son célèbre jet d'eau°. Son horloge fleurie°, ses promenades, ses magasins divers et ses nombreux chocolatiers font de Genève une ville très appréciée des touristes. C'est ici qu'on trouve aussi de nombreuses grandes entreprises internationales et organisations internationales et non gouvernementales, l'O.N.U.°, la Croix-Rouge° et l'O.M.S.° Pour cette raison, 40% de la population de Genève est d'origine étrangère.

Qu'est-ce que vous avez appris? Répondez aux questions par des phrases complètes.

1. Quelles sont les langues officielles de la Suisse?
   L'allemand, le français et l'italien sont les langues officielles de la Suisse.
2. Quand la Suisse a-t-elle commencé sa période de neutralité?
   La Suisse a commencé sa période de neutralité en 1515.
3. Que signifie la neutralité pour la Suisse?
   Elle ne participe pas aux guerres et elle ne peut pas être membre d'alliances militaires.
4. Quels sont deux secteurs importants de l'économie suisse?
   Answers will vary.
5. Quel est le principe fondamental de Rousseau?
   L'homme naît bon, mais c'est la société qui le corrompt.
6. Quel événement a été influencé par les idées de Rousseau?
   La Révolution française a été influencée par les idées de Rousseau.

7. À quoi servait le couteau suisse à l'origine?
   C'était un couteau porté par les soldats de l'armée suisse.
8. Pourquoi Carl Elsener a-t-il inventé le couteau suisse?
   Il a inventé le couteau suisse parce que les soldats suisses portaient des couteaux allemands.
9. Où se trouve la ville de Genève en Suisse?
   Genève se trouve sur la frontière franco-suisse.
10. Quel pourcentage de la population de Genève est d'origine étrangère?
    Quarante pour cent de sa population est d'origine étrangère.

ressources

WB pp. 139–140

promenades.vhlcentral.com
Unité 10

SUPERSITE

SUR INTERNET

Go to **promenades.vhlcentral.com** to find more cultural information related to this **PANORAMA**.

1. Cherchez plus d'informations sur Ella Maillart. Qu'a-t-elle fait de remarquable?

2. Cherchez plus d'informations sur les œuvres de Rousseau. Quelles autres œuvres a-t-il écrites?

3. La Suisse est membre des Nations Unies. Depuis quand en est-elle membre? Quel est son statut (*status*) dans l'Union européenne?

entreprises *companies* mondiale *worldwide* articles *products* gérer *manage* autodidacte *self-taught* comme principe *as a principle* corrompt *corrupts* exprimés *expressed* œuvre *work* se retrouvent *are found* époque *time* coutelier *knife maker* soldats *soldiers* outils *tools* officier *officer* orné de la croix *adorned with the cross* fond *background* frontière *border* rade *harbor* jet d'eau *fountain* horloge fleurie *flower clock* O.N.U. (Organisation des Nations Unies) *U.N.* Croix-Rouge *Red Cross* O.M.S. (Organisation Mondiale de la Santé) *W.H.O. (World Health Organization)*

La routine

faire sa toilette	to wash up
se brosser les cheveux/les dents	to brush one's hair/teeth
se coiffer	to do one's hair
se coucher	to go to bed
se déshabiller	to undress
s'endormir	to go to sleep, to fall asleep
s'habiller	to get dressed
se laver (les mains)	to wash oneself (one's hands)
se lever	to get up, to get out of bed
se maquiller	to put on makeup
prendre une douche	to take a shower
se raser	to shave oneself
se regarder	to look at oneself
se réveiller	to wake up
se sécher	to dry oneself

Dans la salle de bains

un réveil	alarm clock
une brosse (à cheveux, à dents)	brush (hairbrush, toothbrush)
la crème à raser	shaving cream
le dentifrice	toothpaste
le maquillage	makeup
une pantoufle	slipper
un peigne	comb
un rasoir	razor
le savon	soap
une serviette (de bain)	(bath) towel
le shampooing	shampoo

La forme

être en pleine forme	to be in good shape
faire de l'exercice	to exercise
garder la ligne	to stay slim

Expressions utiles	See pp. 295 and 309.
The pronouns **y** and **en**	See pp. 314–315.

La santé

aller aux urgences/ à la pharmacie	to go to the emergency room/ to the pharmacy
avoir mal	to have an ache
avoir mal au cœur	to feel nauseous
enfler	to swell
éternuer	to sneeze
être en bonne/ mauvaise santé	to be in good/ bad health
éviter de	to avoid
faire mal	to hurt
faire une piqûre	to give a shot
fumer	to smoke
guérir	to get better
se blesser	to hurt oneself
se casser (la jambe/ le bras)	to break one's (leg/ arm)
se faire mal (à la jambe, au bras...)	to hurt one's (leg, arm...)
se fouler la cheville	to twist/sprain one's ankle
se porter mal/mieux	to be ill/better
se sentir	to feel
tomber/être malade	to get/to be sick
tousser	to cough

une allergie	allergy
une blessure	injury, wound
une douleur	pain
une fièvre (avoir de la fièvre)	(to have) a fever
la grippe	flu
un rhume	cold
un symptôme	symptom

une aspirine	aspirin
un médicament (contre/pour)	medication (to prevent/for)
une ordonnance	prescription
une pilule	pill
la salle des urgences	emergency room

déprimé(e)	depressed
enceinte	pregnant
grave	serious
sain(e)	healthy

un(e) dentiste	dentist
un infirmier/ une infirmière	nurse
un(e) patient(e)	patient
un(e) pharmacien(ne)	pharmacist

Verbes pronominaux

s'amuser	to play, to have fun
s'appeler	to be called
s'arrêter	to stop
s'asseoir	to sit down
se dépêcher	to hurry
se détendre	to relax
se disputer (avec)	to argue (with)
s'énerver	to get worked up, to become upset
s'ennuyer	to get bored
s'entendre bien (avec)	to get along well (with)
s'inquiéter	to worry
s'intéresser (à)	to be interested (in)
se mettre à	to begin to
se mettre en colère	to become angry
s'occuper (de)	to take care of, to keep oneself busy
se préparer	to get ready
se promener	to take a walk
se rendre compte	to realize
se reposer	to rest
se souvenir (de)	to remember
se tromper	to be mistaken
se trouver	to be located

Le corps

la bouche	mouth
un bras	arm
le cœur	heart
le corps	body
le cou	neck
un doigt	finger
un doigt de pied	toe
le dos	back
un genou (genoux *pl.*)	knee (knees)
la gorge	throat
une jambe	leg
une joue	cheek
le nez	nose
un œil (yeux *pl.*)	eye (eyes)
une oreille	ear
un orteil	toe
la peau	skin
un pied	foot
la poitrine	chest
la taille	waist
la tête	head
le ventre	stomach
le visage	face

La technologie

Pour commencer

- Stéphane est dans une salle...
  a. d'urgences.   b. de bains.
  c. d'ordinateurs.
- Qu'est-ce qu'il a dans la main gauche (*left*)?
  a. un savon   b. un CD-ROM   c. un fax
- Qu'est-ce qu'il va faire?
  a. ses devoirs   b. surfer sur Internet
  c. écrire des e-mails

Leçon 21

You will learn how to...
- talk about communication
- talk about electronics

Suggestion Ask students questions about electronics and the Internet using the new vocabulary. Examples: **Jouez-vous à des jeux vidéo? Avez-vous un baladeur CD?**

Le son et l'image

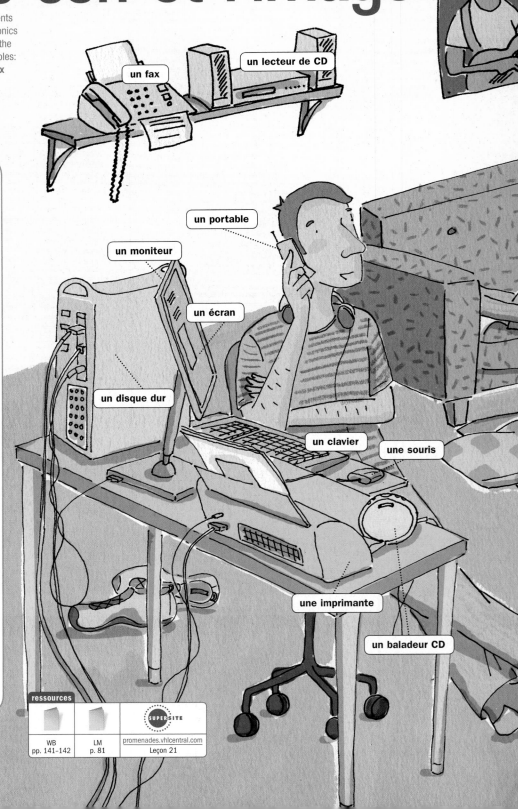

un fax

un lecteur de CD

un portable

un moniteur

un écran

un disque dur

un clavier

une souris

une imprimante

un baladeur CD

Vocabulaire

allumer	to turn on
composer (un numéro)	to dial (a number)
démarrer	to start up
effacer	to erase
enregistrer	to record
éteindre	to turn off
être connecté(e) (avec)	to be online (with)
être en ligne (avec)	to be online/on the phone (with)
fermer	to close; to shut off
fonctionner/marcher	to function, to work
graver	to record, to burn
imprimer	to print
sauvegarder	to save
surfer sur Internet	to surf the Internet
télécharger	to download
un CD-ROM/un cédérom (CD-ROM/cédéroms *pl.*)	CD-ROM(s)
un e-mail	e-mail
un fichier	file
un jeu vidéo (jeux vidéo *pl.*)	video game(s)
un logiciel	software, program
un mot de passe	password
une page d'accueil	home page
un site Internet/web	web site
un appareil photo (numérique)	(digital) camera
une caméra vidéo/ un caméscope	camcorder
une chaîne (de télévision)	(television) channel
une chaîne stéréo	stereo system
un lecteur de DVD	DVD player
un magnétophone	tape recorder

Suggestion Point out that **marcher** is used more than **fonctionner** in everyday language.

ressources

WB pp. 141–142	LM p. 81	SUPERSITE promenades.vhlcentral.com Leçon 21

Attention!

- The prefix **re-** in French is used much as it is in English. It expresses the idea of doing an action again.

to dial	composer
to redial	recomposer
to start	démarrer
to restart	redémarrer

- The conjugation of **éteindre** is irregular:

j'éteins	nous éteignons
tu éteins	vous éteignez
il/elle éteint	ils/elles éteignent

Le téléphone sonne. (sonner)

un répondeur téléphonique

une télécommande

un poste de télévision

une cassette vidéo

un magnétoscope

des CD/compact disc/disques compacts (*m.*)

Mise en pratique

1 **Écoutez** 🎧 Écoutez la conversation entre Jérôme et l'employée d'un cybercafé. Ensuite, complétez les phrases suivantes.

1. Jérôme voudrait (*would like*)...
   a. imprimer et envoyer ses photos.
   b. sauvegarder ses photos sur son disque dur.
   c. effacer ses photos.

2. Jérôme peut sélectionner les photos...
   a. par un clic de la souris.
   b. avec une arobase.
   c. avec le clavier.

3. L'employée propose à Jérôme...
   a. de faire fonctionner le logiciel.
   b. de graver un CD.
   c. d'utiliser une imprimante noir et blanc.

4. Pour regarder les photos, Jérôme doit utiliser...
   a. un fax.
   b. un écran.
   c. le lecteur de CD.

5. L'adresse du site web de Jérôme est...
   a. www.email.fr.
   b. www.courriel.fr.
   c. www.courriel.com.

6. L'employée demande à Jérôme de ne pas oublier...
   a. d'éteindre.
   b. de sonner.
   c. de fermer.

Coup de main

Here are some useful terms to help you read e-mail addresses in French.

at sign (@)	**arobase (*f.*)**
dash	**tiret (*m.*)**
dot	**point (*m.*)**
underscore	**tiret bas (*m.*)**

1 **Suggestion** Play the conversation again, stopping at the end of each sentence that contains the answer to one of the items so students can check their work.

2 **Association** Faites correspondre les activités de la colonne de gauche aux objets correspondants de la colonne de droite.

1. enregistrer une émission	e	a.	une télécommande
2. faire un film	c	b.	un appareil photo
3. parler avec un ami à tout moment	f	c.	un caméscope
4. laisser un message téléphonique	d	d.	un répondeur
5. taper (*type*) un e-mail	h	e.	un magnétoscope
6. écouter des CD	g	f.	un portable
7. changer de chaîne	a	g.	un baladeur
8. prendre des photos	b	h.	un clavier

3 **Chassez l'intrus** Choisissez le mot ou l'expression qui ne va pas avec les autres.

1. une arobase, une page d'accueil, un site web, un fax
2. sonner, démarrer, un portable, un répondeur
3. une souris, un clavier, un moniteur, une chaîne stéréo
4. un baladeur, un jeu vidéo, une chaîne stéréo, un CD
5. un fichier, sauvegarder, une télécommande, effacer
6. un site web, être en ligne, télécharger, composer

3 **Expansion** Have students create two more items using words or expressions from the new vocabulary. Collect their papers, write some of the items on the board, and have the class identify **l'intrus**.

Communication

4 **Qui fait quoi?** Avec un(e) partenaire, formez des questions à partir de la liste d'expressions et de mots suivants. Ensuite, à tour de rôle, posez vos questions à votre partenaire afin d'en savoir plus sur ses habitudes par rapport à la technologie. Answers will vary.

> **MODÈLE**
>
> **Étudiant(e) 1:** À qui est-ce que tu envoies des e-mails?
> **Étudiant(e) 2:** J'envoie des e-mails à mes professeurs pour les devoirs et à mes amis qui sont loin d'ici.

A	B	C
à qui	toi	être en ligne
combien de	tes parents	télécharger
comment	tes grands-parents	un e-mail
où	ton professeur de français	un disque compact
pour qui	ta sœur	un site web
pourquoi	tes amis	graver
quand	les autres étudiants	un appareil photo numérique
quel(le)(s)	les enfants	un jeu vidéo

4 Suggestion Point out that some of the items in column C require verbs to make complete sentences. Tell students to write down their questions.

5 **Mots croisés** Votre professeur va vous donner, à vous et à votre partenaire, une grille de mots croisés (*crossword puzzle*) incomplète. Votre partenaire a les mots qui vous manquent, et vice versa. Donnez-lui une définition et des exemples pour compléter la grille. Attention! N'utilisez pas le mot recherché.

> **MODÈLE**
>
> **Étudiant(e) 1:** Horizontalement (Across), le numéro 1, c'est ce que tu fais pour mettre ton fichier Internet sur ton disque dur.
> **Étudiant(e) 2:** Télécharger!

5 Suggestions
• Tell students that crossword terms can be found **horizontalement** and **verticalement**.
• Have two volunteers read the **modèle** aloud. Then divide the class into pairs and distribute the Info Gap Handouts in the IRM on the IRCD-ROM for this activity. Give students ten minutes to complete the activity.

6 **La technologie d'hier et d'aujourd'hui** Avec un(e) partenaire, imaginez que vous avez une conversation avec une personne célèbre du passé. Vous parlez de l'évolution de la technologie et, bien sûr, cette personne est choquée de voir (*see*) les appareils électroniques du 21e siècle (*century*). Utilisez les mots et expressions de la section **CONTEXTES**. Answers will vary.

• Choisissez trois ou quatre appareils différents.
• Demandez/Donnez une définition pour chaque objet.
• Demandez/Expliquez comment utiliser chaque appareil.
• Demandez quels sont les points positifs et négatifs de chaque appareil, et expliquez-les.

6 Suggestion Before beginning this activity, brainstorm famous people from the past with whom it might be interesting to have such a discussion. Examples: Benjamin Franklin, Thomas Edison, and Alexander Graham Bell.

7 **Le cybercafé** Le patron d'un cybercafé souhaite (*wishes*) avoir plus de clients et vous demande de créer une brochure. Avec un(e) partenaire, présentez les différents services offerts et tous les avantages de ce cybercafé. Utilisez les mots et expressions de la section **CONTEXTES**. Incluez les informations suivantes: Answers will vary.

• nom, adresse et horaires du cybercafé
• nombre et type d'appareils électroniques
• description des services
• liste des prix par type de service

Les sons et les lettres

 Final consonants

You already learned that final consonants are usually silent, except for the letters **c**, **r**, **f**, and **l**.

| ave**c** | hive**r** | che**f** | hôte**l** |

You've probably noticed other exceptions to this rule. Often, such exceptions are words borrowed from other languages. These final consonants are pronounced.

| *Latin* | *English* | *Inuit* | *Latin* |
| foru**m** | sno**b** | anora**k** | ga**z** |

Numbers, geographical directions, and proper names are common exceptions.

| cin**q** | su**d** | Agnè**s** | Maghre**b** |

Some words with identical spellings are pronounced differently to distinguish between meanings or parts of speech.

| fil**s** = *son* | fil~~s~~ = *threads* |
| tou**s** (pronoun) = *everyone* | tou~~s~~ (adjective) = *all* |

The word **plus** can have three different pronunciations.

plu~~s~~ de (silent *s*)   **plu**s **que** (s sound)   **plu**s **ou moins** (z sound in liaison)

Suggestions
- Model the pronunciation of the examples and have students repeat them after you.
- Explain that some words with pronounced final consonants are actually abbreviated forms of longer words. Examples: **gym** = **gymnase** and **petit-déj** = **petit-déjeuner**.
- Mention that many exceptions must be memorized.

 Prononcez Répétez les mots suivants à voix haute.

1. cap
2. six
3. truc
4. club
5. slip
6. actif
7. strict
8. avril
9. index
10. Alfred
11. bifteck
12. bus

Articulez Répétez les phrases suivantes à voix haute.

1. Leur fils est gentil, mais il est très snob.
2. Au restaurant, nous avons tous pris du bifteck.
3. Le sept août, David assiste au forum sur le Maghreb.
4. Alex et Ludovic jouent au tennis dans un club de sport.
5. Prosper prend le bus pour aller à l'est de la ville.

Dictons Répétez les dictons à voix haute.

Un pour tous, tous pour un![2]

Plus on boit, plus on a soif.[1]

[1] The more you drink, the thirstier you are.
[2] All for one and one for all!

ROMAN-PHOTO

C'est qui, Cyberhomme?

SUPERSITE

Suggestion Tell students to scan the captions for vocabulary related to electronics and technology.

PERSONNAGES

Amina

David

Rachid

Sandrine

Valérie

Chez David et Rachid...
RACHID Dis donc, David! Un peu de silence. Je n'arrive pas à travailler!
DAVID Qu'est-ce que tu dis?
RACHID Je dis que je ne peux pas me concentrer! La télé est allumée, tu ne la regardes même pas, et en même temps, la chaîne stéréo fonctionne et tu ne l'écoutes pas!

DAVID Oh, désolé, Rachid.
RACHID Ah, on arrive enfin à s'entendre parler et à s'entendre réfléchir! À quoi est-ce que tu joues?
DAVID Un jeu vidéo génial!
RACHID Tu n'étudies pas? Tu n'avais pas une dissertation à faire? Lundi, c'est dans deux jours!
DAVID Okay. Je la commence.

Au café...
SANDRINE Tu as un autre e-mail de Cyberhomme? Qu'est-ce qu'il dit?
AMINA Oh, il est super gentil, écoute: «Chère Technofemme, je ne sais pas comment te dire combien j'adore lire tes messages. On s'entend si bien et on a beaucoup de choses en commun. J'ai l'impression que toi et moi, on peut tout se dire.»

Chez David et Rachid...
DAVID Et voilà! J'ai fini ma dissert', Rachid.
RACHID Bravo!
DAVID Maintenant, je l'imprime.
RACHID N'oublie pas de la sauvegarder.
DAVID Oh, non!
RACHID Tu n'as pas sauvegardé?

DAVID Si, mais... Attends... le logiciel redémarre. Ce n'est pas vrai! Il a effacé les quatre derniers paragraphes! Oh non!
RACHID Téléphone à Amina. C'est une pro de l'informatique. Peut-être qu'elle peut retrouver la dernière version de ton fichier.
DAVID Au secours, Amina! J'ai besoin de tes talents.

Un peu plus tard...
AMINA Ça y est, David. Voilà ta dissertation.
DAVID Tu me sauves la vie!
AMINA Ce n'était pas grand-chose, mais tu sais David, il faut sauvegarder au moins toutes les cinq minutes pour ne pas avoir de problème.
DAVID Oui. C'est idiot de ma part.

A C T I V I T É S

1 **Vrai ou faux?** Indiquez si les affirmations suivantes sont vraies ou fausses.

1. Rachid est en train d'écrire (*in the process of writing*) une dissertation pour son cours de sciences po. Faux.
2. David ne fait pas ses devoirs immédiatement; il a tendance à remettre les choses à plus tard. Vrai.
3. David aime les jeux vidéo. Vrai.
4. David regarde la télévision avec beaucoup d'attention. Faux.

5. Rachid n'aime pas les distractions. Vrai.
6. Valérie s'inquiète de la sécurité d'Amina. Vrai.
7. David sauvegarde ses documents toutes les cinq minutes. Faux.
8. David pense qu'il a perdu la totalité de son document. Faux.
9. Amina sait beaucoup de choses à propos de la technologie. Vrai.
10. Amina et Cyberhomme décident de se rencontrer. Faux.

Amina découvre l'identité de son ami virtuel.

Expressions utiles As you work through the list, point out reciprocal verbs and prepositions used with infinitives. Explain the difference between **entendre** and **s'entendre**. Tell students that these grammar points will be formally presented in the **Structures** section.

SANDRINE Il est adorable, ton Cyberhomme! Continue! Est-ce qu'il veut te rencontrer en personne?

VALÉRIE Qui vas-tu rencontrer, Amina? Qui est ce Cyberhomme?

SANDRINE Amina l'a connu sur Internet. Ils s'écrivent depuis longtemps, n'est-ce pas, Amina?

AMINA Oui, mais comme je te l'ai déjà dit, je ne sais pas si c'est une bonne idée de se rencontrer en personne. S'écrire des e-mails, c'est une chose; se donner rendez-vous, ça peut être dangereux.

VALÉRIE Amina a raison, Sandrine. On ne sait jamais.

SANDRINE Mais il est si charmant et tellement romantique...

RACHID Merci, Amina. Tu me sauves la vie aussi. Peut-être que maintenant je vais pouvoir me concentrer.

AMINA Ah? Et tu travailles sur quoi? Ce n'est pas possible!... C'est toi, Cyberhomme?!

RACHID Et toi, tu es Technofemme?!

DAVID Évidemment, tu me l'as dit toi-même: Amina est une pro de l'informatique.

2 Suggestion Have students compare their answers in pairs or small groups.

Expressions utiles

Expressing how you communicate with others

- **On arrive enfin à s'entendre parler!**
  Finally we can hear each other speak!
- **On s'entend si bien.**
  We get along so well.
- **On peut tout se dire.**
  We can tell each other everything.
- **Ils s'écrivent depuis longtemps.**
  They've been writing to each other for quite a while.
- **S'écrire des e-mails, c'est une chose; se donner rendez-vous, ça peut être dangereux.**
  Writing each other e-mails, that's one thing; arranging to meet, that can be dangerous.

Additional vocabulary

- **se rencontrer**
  to meet each other
- **On ne sait jamais.**
  You/One never know(s).
- **Au secours!**
  Help!
- **C'est idiot de ma part.**
  It's stupid of me.
- **une dissertation**
  paper
- **pas grand-chose**
  not much

Expressions utiles
- Ask students what **arriver** means. (*to arrive, to happen*) Then point out that **arriver à** + *infinitive* means *to be able to* or *to manage to do something.* Example: **Je n'arrive pas à travailler.**
- Explain that **une dissertation** is a *paper*, such as an essay, not a *dissertation*. The abbreviated form is **dissert'**.

2 Questions Répondez aux questions par des phrases complètes.

1. Pourquoi Rachid se met-il en colère?
   Il se met en colère parce qu'il ne peut pas se concentrer.
2. Pourquoi y a-t-il beaucoup de bruit (*noise*) chez Rachid et David?
   Il y a beaucoup de bruit parce que la chaîne stéréo et la télévision sont allumées.
3. Est-ce qu'Amina s'entend bien avec Cyberhomme?
   Oui, elle s'entend bien avec Cyberhomme.
4. Que pense Valérie de la possibilité d'un rendez-vous avec Cyberhomme? Elle pense que ça peut être dangereux.
5. Qu'est-ce que Rachid fait pendant que David joue au jeu vidéo et écrit sa dissertation? Il écrit des e-mails à Amina/Technofemme.

3 À vous Par rapport aux (*With respect to*) études, David et Rachid sont très différents. David aime les distractions et Rachid a besoin de silence pour travailler. Avec un(e) camarade de classe, décrivez vos habitudes par rapport aux études. Avez-vous les mêmes? Pouvez-vous être de bon(nes) colocataires? Présentez vos conclusions à la classe.

3 Suggestion Before beginning this activity, give students a few minutes to think about their study habits and jot down some ideas.

ressources

VM pp. 227–228

DVD Leçon 21

SUPERSITE
promenades.vhlcentral.com
Leçon 21

A C T I V I T É S

Avant la lecture Have students look at the photos and describe what the people are doing.

CULTURE À LA LOUPE

La technologie et les Français

Pendant les années 1980, la technologie a connu une grande évolution. En France, cette révolution technologique a commencé par l'invention du Minitel, développé par France Télécom, la compagnie nationale française de téléphone, au début des années 1980. Le Minitel peut être considéré comme le prédécesseur d'Internet. C'est un petit terminal qu'on branche° sur sa ligne de téléphone et qui permet d'accéder à toutes sortes d'informations et de jeux, de faire des réservations de train ou d'hôtel, de commander des articles en ligne ou d'acheter des billets de concert, par exemple. Aujourd'hui, Internet remplace souvent le Minitel et de plus en plus de Français sont équipés chez eux d'un ordinateur et d'une connexion Internet. Environ° 50% d'entre eux ont encore la connexion Internet bas débit°, mais le pourcentage de gens qui ont la connexion haut débit° augmente chaque année et la conversion entre les deux se fait assez rapidement. Les Français ont le choix, pour le haut débit, entre la connexion par câble et la connexion ADSL°. Enfin, pour ceux° qui n'ont pas d'autre manière° de se connecter à Internet, il existe en France—beaucoup plus qu'aux États-Unis—de nombreux cybercafés.

le Minitel

En ce qui concerne les autres appareils électroniques à la mode, on note une augmentation des achats° de consoles de jeux vidéo, de lecteurs de CD/DVD, de caméras vidéo, de téléphones multifonctions, d'appareils photos numériques ou de produits périphériques° pour les ordinateurs, comme les imprimantes, les scanners ou les graveurs. Mais l'appareil qui a connu le plus grand succès en France, c'est sans doute le téléphone portable. En 1996, moins de 2,5 millions de Français avaient un téléphone portable. Aujourd'hui, plus de 40 millions de Français en possèdent un.

L'équipement technologique des Français (% de ménages)

Téléphone	87
Téléphone portable	70
Ordinateur	45
Répondeur	43
Connexion Internet	31
Minitel	13
Téléphone multifonctions	6

branche connects **Environ** About **bas débit** low-speed **haut débit** high-speed **ADSL** DSL **ceux** those **manière** way **achats** purchases **périphériques** peripheral

Coup de main

When saying an e-mail address aloud, follow this example.

claude-monet@yahoo.fr

claude tiret monet arobase yahoo point F R

ACTIVITÉS

1 Répondez Répondez par des phrases complètes.

1. Quelle invention française est le prédécesseur d'Internet? C'est le Minitel.
2. Qu'est-ce que le Minitel? C'est un petit terminal qu'on branche sur sa ligne de téléphone et qui permet d'accéder à toutes sortes d'informations.
3. Quel est le nom de la compagnie nationale française de téléphone? C'est France Télécom.
4. La connexion Internet haut débit existe-t-elle en France? Oui, environ 50% des Français, qui ont Internet, ont la connexion haut débit.
5. Où peut-on aller si on n'a pas d'accès Internet à la maison? On peut aller dans un cybercafé.
6. Quels sont deux appareils électroniques qu'on achète souvent en France en ce moment? Answers will vary. Possible answer: Ce sont les lecteurs de CD/DVD et les consoles de jeux vidéo.
7. Quel appareil électronique a eu le plus de succès depuis 1996? C'est le téléphone portable.
8. Quel est le pourcentage de Français qui possèdent un ordinateur? Quarante-cinq pour cent des Français possèdent un ordinateur.
9. Est-il courant (common) d'avoir Internet en France? Oui, 31% des Français ont Internet chez eux et de plus en plus de gens l'ont aussi.
10. La majorité des Français ont-ils encore un Minitel? Non. Seulement 13% des Français ont encore un Minitel.

1 Suggestion Have students get together with a classmate to check their answers.

Portrait Point out that the space age began in 1957 with the launch of the satellite *Sputnik*. This touched off a "space race" between the United States and Russia, which culminated in the first man landing on the moon in 1969.

STRATÉGIE

The purpose of a text

When you are faced with an unfamiliar text, it is important to determine the writer's purpose. If you are reading an editorial in a newspaper, for example, you know that the journalist's objective is to persuade you of his or her point of view. Identifying the purpose of a text will help you better comprehend its meaning. Scan the **Portrait** article on this page. Is the author expressing an opinion? What might the purpose of the article be?

LE MONDE FRANCOPHONE

Quelques stations de radio francophones

Voici quelques radios francophones en ligne.

En Afrique
Africa 1 radio africaine qui propose des actualités et beaucoup de musique africaine (www.africa1.com)

En Belgique
Classic 21 radio pour les jeunes qui passe° de la musique rock et propose des emplois° pour les étudiants (www.classic21.be)

En France
NRJ radio privée nationale pour les jeunes qui passe tous les grands tubes° (www.nrj.fr)

En Suisse
Fréquence Banane radio universitaire de Lausanne (www.frequencebanane.ch)

passe *plays* **emplois** *jobs* **tubes** *hits*

PORTRAIT

La fusée Ariane

Après la Seconde Guerre mondiale°, la conquête de l'espace° s'est amplifiée. En Europe, le premier programme spatial, le programme Europa, n'a pas eu beaucoup de succès et il a été abandonné. En 1970, la France a proposé un nouveau programme spatial, le projet Ariane, qui a eu un succès considérable. La fusée° Ariane est un lanceur° civil de satellites européen, à Kourou, en Guyane française, département et région français d'outre-mer°, en Amérique du Sud. Elle transporte des satellites commerciaux dans l'espace. La première fusée Ariane a été lancée en 1979 et il y a eu plusieurs générations de fusées Ariane depuis. Aujourd'hui, Ariane V (cinq), un lanceur beaucoup plus puissant° que ses prédécesseurs, est utilisée.

Guerre mondiale *World War* **espace** *space* **fusée** *rocket* **lanceur** *launcher* **outre-mer** *overseas* **puissant** *powerful*

SUR INTERNET

Qui est Jean-Loup Chrétien?

Go to promenades.vhlcentral.com to find more cultural information related to this **LECTURE CULTURELLE.**

---

2 **Complétez** Complétez les phrases d'après les textes.

1. Africa 1, la radio africaine, propose de la musique, mais aussi <u>des actualités</u>.
2. La radio privée nationale française destinée aux jeunes s'appelle <u>NRJ</u>.
3. En Suisse, beaucoup d'étudiants apprécient la radio <u>Fréquence Banane</u>.
4. Le premier programme spatial européen s'appelait <u>Europa</u>.
5. La fusée Ariane est le <u>lanceur civil de satellites</u> européen.

3 **À vous...** Avec un(e) partenaire, choisissez une des stations de radio présentées dans **Le monde francophone**, et écrivez six phrases où vous donnez des exemples de ce qu'on entend sur cette station. Soyez prêts à les présenter devant la classe.

3 **Suggestion** Have pairs get together with another pair of students and peer edit each other's sentences.

ressources

promenades.vhlcentral.com
Leçon 21

A C T I V I T É S

21.1 Prepositions with the infinitive

Point de départ Infinitive constructions, where the first verb is conjugated and the second verb is an infinitive, are common in French.

CONJUGATED VERB	INFINITIVE
Vous **pouvez**	**fermer** le document.
You can	*close the document.*

Suggestion Point out that students already know how to use verbs with infinitives by asking questions with **aller**, **pouvoir**, **savoir**, etc.

- Some conjugated verbs are followed directly by an infinitive. Others are followed by the preposition **à** or **de** before the infinitive.

verbs followed directly by infinitive	verbs followed by à before infinitive	verbs followed by de before infinitive
adorer	aider à	arrêter de *to stop*
aimer	s'amuser à *to pass time by*	décider de *to decide to*
aller		éviter de
détester	apprendre à	finir de
devoir	arriver à *to manage to*	s'occuper de *to take care of, to see to*
espérer	commencer à	
pouvoir	continuer à	oublier de
préférer	hésiter à *to hesitate to*	permettre de
savoir	se préparer à	refuser de *to refuse to*
vouloir	réussir à	rêver de *to dream about*
		venir de *to have just*

Nous **allons manger** à midi.	Elle **a appris à conduire** une voiture.	Il **rêve de visiter** l'Afrique.
We are going to eat at noon.	*She learned to drive a car.*	*He dreams about visiting Africa.*

- Place object pronouns before infinitives. Unlike definite articles, they do not contract with the prepositions **à** and **de**.

J'**ai décidé de les télécharger**.	Il **est arrivé à lui donner** l'argent.
I decided to download them.	*He managed to give him the money.*

- The infinitive is also used after the prepositions **pour** and **sans**.

Nous sommes venus **pour t'aider**.	Elle part **sans manger**.
We came to help you.	*She's leaving without eating.*

Essayez! Décidez s'il faut ou non une préposition. S'il en faut une, choisissez entre à et de.

1. Tu sais __Ø__ cuisiner.
2. Commencez __à__ travailler.
3. Tu veux __Ø__ goûter la soupe?
4. Elles vont __Ø__ revenir.
5. Je finis __de__ mettre la table.
6. Il hésite __à__ me poser la question.

 MISE EN PRATIQUE

1 **Les vacances** Paul veut voyager cet été. Il vous raconte ses problèmes. Complétez le paragraphe avec les prépositions **à** ou **de**, si nécessaire.

Je n'arrive pas (1) __à__ décider où prendre mes vacances. Je veux (2) __Ø__ visiter un pays chaud et ensoleillé (*sunny*). J'espère (3) __Ø__ trouver des billets d'avion pour la Martinique. Cet après-midi, je me suis amusé (4) __à__ regarder les prix des billets d'avion sur Internet. Je n'ai pas réussi (5) __à__ trouver un bon tarif (*fare*). Je vais continuer (6) __à__ chercher. J'hésite (7) __à__ payer plein tarif mais je refuse (8) __de__ voyager en stand-by.

2 **Le week-end dernier** Sophie et ses copains ont fait beaucoup de choses le week-end dernier. Regardez les illustrations et dites ce qu'ils (*what they*) ont fait.

Suggested answers

MODÈLE

J'ai décidé de conduire.

je / décider

1. nous / devoir
Nous avons dû nous réveiller tôt.

3. André / refuser
André a refusé de nager.

2. elles / apprendre
Elles ont appris à jouer au tennis.

4. vous / aider
Vous avez aidé à faire la cuisine.

3 **Questionnaire** Vous cherchez un travail d'été. Complétez les phrases avec les prépositions **à** ou **de**, quand c'est nécessaire. Ensuite, indiquez si vous êtes d'accord avec ces affirmations.

oui non

1. __ __ Vous savez __Ø__ parler plusieurs langues.
2. __ __ Vous acceptez __de__ voyager souvent.
3. __ __ Vous n'hésitez pas __à__ travailler tard.
4. __ __ Vous oubliez __de__ répondre au téléphone.
5. __ __ Vous pouvez __Ø__ travailler le week-end.
6. __ __ Vous commencez __à__ travailler immédiatement.

3 **Expansion** Take a survey of students' responses to the statements. Examples: **Qui sait parler plusieurs langues? Qui accepte de voyager souvent? Qui hésite à travailler tard?** Have students expand on their answers.

COMMUNICATION

4 **Assemblez** Avez-vous eu de bonnes ou de mauvaises expériences avec la technologie? À tour de rôle, avec un(e) partenaire, assemblez les éléments des colonnes pour créer des phrases logiques. Answers will vary.

MODÈLE

Étudiant(e) 1: *Je déteste télécharger des logiciels.*
Étudiant(e) 2: *Chez moi, ma mère n'arrive pas à envoyer des e-mails.*

A	B	C	D
ma mère		accepter	composer
mon père		aimer	effacer
mon frère		arriver	envoyer
ma sœur		décider	éteindre
mes copains		détester	être en ligne
mon petit ami	(ne pas)	hésiter	fermer
ma petite amie		oublier	graver
notre prof		refuser	ouvrir
nous		réussir	sauvegarder
?		?	télécharger

5 **Les voyages** Vous et votre partenaire parlez des vacances et des voyages. Utilisez ces éléments pour vous poser des questions. Justifiez vos réponses. Answers will vary.

MODÈLE aimer / faire des voyage

Étudiant(e) 1: *Aimes-tu faire des voyages?*
Étudiant(e) 2: *Oui, j'aime faire des voyages. J'aime faire la connaissance de beaucoup de personnes.*

1. rêver / aller en Afrique
2. vouloir / visiter des musées
3. préférer / voyager avec un groupe ou seul(e)
4. commencer / lire des guides touristiques
5. réussir / trouver des vols bon marché
6. aimer / rencontrer des amis à l'étranger

6 **Une pub** Par groupes de trois, préparez une publicité pour École-dinateur, une école qui enseigne l'informatique aux technophobes. Utilisez le plus de verbes possible de la liste avec un infinitif. Answers will vary.

MODÈLE *Rêvez-vous d'écrire des e-mails? Continuez-vous à travailler comme vos grands-parents? Alors...*

aimer	continuer	refuser
s'amuser	détester	réussir
apprendre	hésiter	rêver
arriver	oublier	savoir

6 **Expansion** After the groups present their ads, have students from other groups imagine they are potential **École-dinateur** clients and ask questions about their services.

Le français vivant

Internet?
Football?
Musique en ligne?
DVD?

Vous avez toujours rêvé de posséder un ordinateur comme ça. Vous vouliez l'acheter, et vous venez de l'allumer. Maintenant, vous commencez à vous rendre compte de ses possibilités. N'hésitez pas à en profiter. En tout confort.

Identifiez Quels verbes trouvez-vous devant un infinitif dans le texte de cette publicité (*ad*)? Lesquels (*Which ones*) prennent une préposition? Quelle préposition? rêver de, vouloir, venir de, commencer à, hésiter à

Questions À tour de rôle avec un(e) partenaire, posez-vous ces questions. Answers will vary.

1. As-tu toujours rêvé de posséder quelque chose? De faire quelque chose? Explique.
2. Que veux-tu acheter en ce moment? Pourquoi?
3. D'habitude, qu'hésites-tu à faire?
4. La technologie peut-elle vraiment apporter le confort?
5. Qu'as-tu commencé à faire grâce à (*thanks to*) la technologie? Qu'as-tu arrêté de faire à cause de la technologie?

Le français vivant Have students describe what the person in the photo is doing and identify all of the objects they see.

21.2 Reciprocal reflexives

Point de départ In **Leçon 19**, you learned that reflexive verbs indicate that the subject of a sentence does the action to itself. Reciprocal reflexives, on the other hand, express a shared or reciprocal action between two or more people or things. In this context, the pronoun means *(to) each other* or *(to) one another*.

Il **se regarde** dans le miroir.
He looks at himself in the mirror.

Alain et Diane **se regardent**.
Alain and Diane look at each other.

Common reciprocal verbs

s'adorer	to adore one another	s'entendre bien	to get along well (with one another)
s'aider	to help one another	se parler	to speak to one another
s'aimer (bien)	to love (like) one another	se quitter	to leave one another
se connaître	to know one another	se regarder	to look at one another
se dire	to tell one another	se rencontrer	to meet one another (make an acquaintance)
se donner	to give one another	se retrouver	to meet one another (planned)
s'écrire	to write one another	se téléphoner	to phone one another
s'embrasser	to kiss one another		

Annick et Joël **s'écrivent** tous les jours.
Annick and Joël write one another every day.

Vous **vous donnez** souvent rendez-vous le lundi?
Do you arrange to meet often on Mondays?

- The past participle of a reciprocal verb does not agree with the subject when the subject is also the indirect object of the verb.

Marie et son frère se sont **aidés**.
Marie and her brother helped each other.

but Les deux sœurs se sont **parlé**.
The two sisters spoke to each other.

Suggestion After going over the example sentences, ask students questions using reciprocal constructions.

Essayez! Donnez les formes correctes des verbes.

1. (s'embrasser) nous ___nous embrassons___
2. (se quitter) vous ___vous quittez___
3. (se rencontrer) ils ___se rencontrent___
4. (se dire) nous ___nous disons___
5. (se parler) elles ___se parlent___
6. (se retrouver) ils ___se retrouvent___

Essayez! Have volunteers create sentences with the verbs in this activity.

MISE EN PRATIQUE

1 **L'amour réciproque** Employez des verbes réciproques pour raconter l'histoire d'amour de Laure et d'Habib.

MODÈLE Laure retrouve Habib tous les jours. Habib retrouve Laure tous les jours.
Laure et Habib se retrouvent tous les jours.

1. Laure connaît bien Habib. Habib connaît bien Laure.
Laure et Habib se connaissent bien.
2. Elle le regarde amoureusement. Il la regarde amoureusement. Ils se regardent amoureusement.
3. Laure écrit des e-mails à Habib. Habib écrit des e-mails à Laure. Laure et Habib s'écrivent des e-mails.
4. Elle lui téléphone tous les soirs. Il lui téléphone tous les soirs. Ils se téléphonent tous les soirs.
5. Elle lui dit tous ses secrets. Il lui dit tous ses secrets.
Ils se disent tous leurs secrets.

2 **Souvenir** Les étudiants de votre classe se retrouvent pour fêter leur réunion. Employez l'imparfait.

MODÈLE Marie et moi / s'aider souvent
Marie et moi, nous nous aidions souvent.

1. Marc et toi / se regarder en cours
Marc et toi, vous vous regardiez en cours.
2. Anne et Mouna / se téléphoner
Anne et Mouna se téléphonaient.
3. François et moi / s'écrire deux fois par semaine
François et moi, nous nous écrivions deux fois par semaine.
4. Paul et toi / s'entendre bien
Paul et toi, vous vous entendiez bien.
5. Luc et Sylvie / s'adorer
Luc et Sylvie s'adoraient.
6. Patrick et moi / se retrouver après les cours
Patrick et moi, nous nous retrouvions après les cours.

3 **Une rencontre** Regardez les illustrations. Qu'est-ce que ces personnages ont fait? Suggested answers

MODÈLE
Ils se sont rencontrés.

ils

1. Arnaud et moi
Arnaud et moi, nous nous sommes embrassés.

3. elles
Elles se sont téléphoné.

2. vous
Vous vous êtes quittés.

4. nous
Nous nous sommes écrit.

COMMUNICATION

4 Curieux Pensez à deux amis qui sont amoureux. Votre partenaire va vous poser beaucoup de questions pour tout savoir sur leur relation. Répondez à ses questions. Answers will vary.

MODÈLE

Étudiant(e) 1: Est-ce qu'ils se regardent tout le temps?
Étudiant(e) 2: Non, ils ne se regardent pas tout le temps, mais ils n'arrêtent pas de se téléphoner!

s'adorer	bien	se retrouver
s'aimer	mal	se téléphoner
s'écrire	quelquefois	tout le temps
s'embrasser	régulièrement	tous les jours
s'entendre	souvent	?

5 Un rendez-vous Avec un(e) partenaire, posez-vous des questions sur la dernière fois que vous êtes sorti(e) avec quelqu'un. Answers will vary.

MODÈLE

à quelle heure / se donner rendez-vous
Étudiant(e) 1: À quelle heure est-ce que vous vous êtes donné rendez-vous?
Étudiant(e) 2: Nous nous sommes donné rendez-vous à sept heures.

1. où / se retrouver
2. longtemps / se parler
3. s'entendre / bien
4. à quelle heure / se quitter
5. plus tard / se téléphoner

6 On se quitte Julie a reçu (received) cette lettre de son petit ami Sébastien. Elle ne comprend pas du tout, mais elle doit lui répondre. Avec un(e) partenaire, employez des verbes réciproques pour écrire la réponse. Answers will vary.

Chère Julie,

Nous devons nous quitter, ma chérie. Pourquoi sommes-nous encore ensemble? Nous ne nous sommes pas aimés. Nous nous disputons tout le temps et nous ne nous parlons pas souvent. Soyons réalistes. Je te quitte et j'espère que tu comprends.

Sébastien

6 Suggestion Before assigning the activity, have volunteers identify the infinitive forms of each verb.

Le français vivant

Avec le téléphone multifonctions, je cherche l'heure de mes cours. Nous nous retrouvons entre amis. Nous nous écrivons. Nous nous entendons mieux. Avec ce téléphone, c'est facile de se parler.

Identifiez Quels verbes réciproques avez-vous trouvés dans la publicité (ad)? se retrouver, s'écrire, s'entendre mieux, se parler

Questions À tour de rôle avec un(e) partenaire, posez-vous ces questions. Answers will vary.

1. Tes amis et toi, vous écrivez-vous avec un téléphone? Comment vous écrivez-vous?
2. Penses-tu que les gens s'entendent mieux grâce à (thanks to) la technologie? Pourquoi?
3. Quels gadgets technologiques utilises-tu pour communiquer avec tes amis? Pourquoi les utilises-tu?
4. Quels gadgets technologiques utilisaient tes grands-parents pour communiquer avec leurs amis? Pourquoi les utilisaient-ils?

Le français vivant
• Have students describe what the man in the photos is doing.
• Call on a volunteer to read the ad aloud.

Révision

4 Expansion Ask students questions about how they, their close friends, or family met their significant others. Example: _____, avez-vous un(e) petit(e) ami(e)? Comment vous êtes-vous rencontrés?

1 **À deux** Que peuvent faire deux personnes avec chacun (*each one*) de ces objets? Avec un(e) partenaire, répondez à tour de rôle et employez des verbes réciproques. Answers will vary.

> **MODÈLE** un appareil photo numérique
>
> *Avec un appareil photo numérique, deux personnes peuvent s'envoyer des photos tout de suite.*

- un portable
- du papier et un stylo
- un ordinateur

- un caméscope
- un fax
- un magnétophone

2 **La communication** Votre professeur va vous donner une feuille d'activités. Circulez dans la classe pour interviewer vos camarades. Comment communiquent-ils avec leurs familles et leurs amis? Pour chaque question, parlez avec des camarades différents qui doivent justifier leurs réponses. Answers will vary.

> **MODÈLE**
>
> **Étudiant(e) 1:** *Tes amis et toi, vous écrivez-vous plus de cinq e-mails par jour?*
> **Étudiant(e) 2:** *Oui, parfois nous nous écrivons dix e-mails.*
> **Étudiant(e) 1:** *Pourquoi vous écrivez-vous tellement souvent?*

Activité	Oui	Non
1. s'écrire plus de cinq e-mails par jour	Jules	Corinne
2. s'envoyer des lettres par la poste		
3. se téléphoner le week-end		
4. se parler dans les couloirs		
5. se retrouver au resto U		
6. se donner rendez-vous		
7. se rencontrer sur Internet		
8. bien s'entendre		

3 **Dimanche au parc** Ces personnes sont allées au parc dimanche dernier. Avec un(e) partenaire, décrivez à tour de rôle leurs activités. Employez des verbes réciproques. Answers will vary.

4 **Leur rencontre** Comment ces couples se sont-ils rencontrés? Par groupes de trois, inventez une histoire courte pour chaque couple. Utilisez les verbes donnés (*given*) plus des verbes réciproques. Answers will vary.

1. venir de

3. continuer à

2. commencer à

4. rêver de

5 **Les bonnes relations** Parlez avec deux camarades. Que faut-il faire pour maintenir de bonnes relations avec ses amis ou sa famille? À tour de rôle, utilisez les verbes de la liste pour donner des conseils (*advice*). Answers will vary.

> **MODÈLE**
>
> **Étudiant(e) 1:** *Dans une bonne relation, deux personnes peuvent tout se dire.*
> **Étudiant(e) 2:** *Oui, et elles apprennent à se connaître.*

s'adorer	se connaître	hésiter à
s'aider	se dire	oublier de
apprendre à	s'embrasser	pouvoir
arrêter de	espérer	refuser de
commencer à	éviter de	savoir

6 **Rencontre sur Internet** Votre professeur va vous donner, à vous et à votre partenaire, une feuille d'illustrations sur la rencontre sur Internet d'Amandine et de Gilles. Attention! Ne regardez pas la feuille de votre partenaire. Answers will vary.

ressources		
WB pp. 143–146	LM pp. 83–84	promenades.vhlcentral.com Leçon 21

Le Zapping

NRJ Mobile

En 1981 est née, à Paris, la Nouvelle Radio Jeune, ou NRJ. La prononciation des trois lettres de son sigle° évoque un ingrédient du caractère de son public: l'énergie. La radio a toujours visé° les jeunes par la programmation de musique contemporaine et internationale. NRJ connaît un énorme succès et on peut aujourd'hui l'écouter partout° en France et dans d'autres pays européens. Débuté en 2005, NRJ Mobile vise aussi les jeunes et leur permet d'entièrement personnaliser leurs portables, y compris° les sonneries°.

RENDEZ-VOUS SUR TOIMOBILE.FR

—Alors j'ai créé KellyMobile, le premier opérateur qui comprend ce que c'est d'être un fan.

—L'opérateur avec des sonneries ultra puissantes°, comme nous!

Compréhension Have students work in pairs or groups for this activity. Tell them to write their answers. Then show the video again so that they can check their answers and add any missing information.

Compréhension Répondez aux questions. Some answers will vary.

1. Pourquoi les filles dans la publicité (*commercial*) sont-elles heureuses? Elles sont heureuses parce qu'elles peuvent personnaliser leurs portables.

2. Quelle réaction ont les personnes qui entendent leurs cris (*screams*)? Elles sont surprises et elles s'énervent.

Discussion Par groupes de trois, répondez aux questions et discutez. Answers will vary.

1. KellyMobile est-il le vrai nom du service mobile? Pourquoi s'appelle-t-il ainsi (*this way*)?

2. Pourquoi la pub montre-t-elle deux filles qui crient? Cette manière de s'exprimer (*expressing oneself*) est-elle normale? Pourquoi?

3. Comment personnalisez-vous votre portable? Pourquoi cette possibilité est-elle importante?

sigle *acronym* **visé** *aimed at* **partout** *everywhere* **y compris** *including*
sonneries *ring tones* **puissantes** *powerful*

Discussion Have volunteers tell the class how the others in their group customize their cell phones. Write on the board any unfamiliar words they might need. Then have students guess how you, their instructor, customize your own cell phone and correct their guesses.

SUPERSITE SUR INTERNET

Go to **promenades.vhlcentral.com** to watch the TV clip featured in this **Le zapping**.

CONTEXTES

Leçon 22

You will learn how to...
- talk about cars
- talk about traffic
- say what you would do

Suggestion Explain that dépasser has two meanings: dépasser la vitesse autorisée/la limitation de vitesse means *to go over the speed limit* and dépasser une voiture/un camion means *to pass a car/truck*.

En voiture!

libre-service

une station-service

un coffre

une voiture

Il fait le plein d'essence (f.).

un volant

un capot

une ceinture de sécurité

un moteur

une portière

un pneu crevé

un mécanicien (mécanicienne f.)

Vocabulaire

arrêter (de faire quelque chose)	to stop (doing something)
attacher	to buckle
avoir un accident	to have/to be in an accident
dépasser	to go over; to pass
freiner	to brake
se garer	to park
offrir	to offer, to give something
ouvrir	to open
rentrer (dans)	to hit
réparer	to repair
tomber en panne	to break down
vérifier (l'huile/ la pression des pneus)	to check (the oil/ the air pressure)
l'embrayage (m.)	clutch
les freins (m.)	brakes
l'huile (f.)	oil
un pare-chocs (pare-chocs pl.)	bumper
un réservoir d'essence	gas tank
un rétroviseur	rearview mirror
une roue (de secours)	(emergency) tire
un voyant (d'essence/ d'huile)	(gas/oil) warning light
une amende	fine
une autoroute	highway
la limitation de vitesse	speed limit
un parking	parking lot
un permis de conduire	driver's license
une rue	street

ressources

WB pp. 147–148

LM p. 85

promenades.vhlcentral.com Leçon 22

Mise en pratique

Attention!

The verbs **ouvrir** and **offrir** are irregular. Although they end in **-ir**, they use the endings of regular **-er** verbs in the present tense. See the Verb Conjugation Tables appendix for all their forms. The verbs **couvrir** (*to cover*), **découvrir** (*to discover*), and **souffrir** (*to suffer*) use the same endings as **ouvrir** and **offrir**.

1 **Écoutez** Madeleine a eu une mauvaise journée. Écoutez son histoire, ensuite indiquez si les phrases suivantes sont **vraies** ou **fausses**.

	Vrai	Faux
Madeleine...		
1. a oublié son permis de conduire.	☐	☑
2. a dépassé la limitation de vitesse.	☑	☐
3. a fait le plein avant d'aller à la fac.	☐	☑
4. a attaché sa ceinture de sécurité.	☑	☐
5. s'est garée à l'université.	☑	☐
6. conduisait quand un policier l'a arrêtée.	☑	☐
Sa voiture...		
7. a redémarré.	☐	☑
8. avait un pneu crevé.	☐	☑
9. n'avait pas d'essence.	☑	☐
10. était en panne.	☑	☐

1 Suggestion Play the recording again, stopping at the end of each sentence that contains an answer so students can check their work.

2 **Les correspondances** Choisissez l'élément de la liste **B** qui convient le mieux à chaque verbe de la liste **A**.

A		B
1. _b_ dépasser		a. les freins
2. _d_ tomber en panne		b. la limitation de vitesse
3. _a_ freiner		c. la ceinture de sécurité
4. _e_ faire le plein		d. une voiture
5. _g_ réparer une voiture		e. l'essence
6. _f_ se garer		f. un parking
7. _c_ attacher		g. un mécanicien
8. _h_ vérifier la pression		h. les pneus

3 **Complétez** Complétez les phrases suivantes avec le bon mot de vocabulaire pour faire une phrase logique.

1. La personne qui répare une voiture est un __mécanicien__.
2. Il faut __ouvrir__ le capot de la voiture pour vérifier l'huile.
3. On met de l'essence dans le __réservoir d'essence__.
4. Le __permis de conduire__ est un document officiel qui vous autorise à conduire.
5. On utilise les __phares__ pour voir (*see*) quand on conduit la nuit.
6. On utilise les __essuie-glaces__ pour voir à travers (*through*) le pare-brise quand il pleut.
7. Le __volant__ sert à diriger la voiture.
8. Vous utilisez le __rétroviseur__ pour voir la circulation derrière vous.
9. La personne qui peut donner une amende est un __policier/agent de police__.
10. On peut ranger ses valises dans le __coffre__ de la voiture.
11. On utilise les __freins__ quand on veut s'arrêter.
12. Quand il y a beaucoup de voitures sur la route, il y a de la __circulation__.

un agent de police/un policier (policière f.)

les essuie-glaces (m.)

un pare-brise (pare-brise pl.)

la circulation

les phares (m.)

Communication

4 **Conversez** Interviewez un(e) camarade de classe. Answers will vary.

1. As-tu une voiture? De quelle sorte? Tes parents te l'ont-ils offerte?
2. À quel âge as-tu obtenu (*obtained*) ton permis de conduire? Comment s'est passé l'examen?
3. Sais-tu comment changer un pneu crevé? En as-tu déjà changé un?
4. Ta voiture est-elle tombée en panne récemment? Qui l'a réparée?
5. Respectes-tu la limitation de vitesse sur l'autoroute? Et tes amis?
6. As-tu déjà été arrêté(e) par un policier? Pour quelle(s) raison(s)?
7. Combien de fois par mois fais-tu le plein (d'essence)? Combien paies-tu à chaque fois?
8. À quelle occasion offre-t-on une voiture à un(e) adolescent(e)?
9. Qu'as-tu découvert pendant ton dernier voyage en voiture?
10. As-tu eu des problèmes de pare-chocs récemment? Et des problèmes d'essuie-glaces?

4 **Suggestions**
- Tell students to jot down notes during their interviews.
- After completing the interviews, ask volunteers to share their partner's responses with the class.

5 **Sept différences** Votre professeur va vous donner, à vous et à votre partenaire, deux feuilles d'activités différentes. À tour de rôle, posez-vous des questions pour trouver les sept différences entre vos dessins. Attention! Ne regardez pas la feuille de votre partenaire.

MODÈLE

Étudiant(e) 1: *Ma voiture est blanche. De quelle couleur est ta voiture?*
Étudiant(e) 2: *Oh! Ma voiture est noire.*

5 **Suggestion** Have two volunteers read the **modèle** aloud. Then divide the class into pairs and distribute the Info Gap Handouts in the IRM on the IRCD-ROM for this activity. Give students ten minutes to complete the activity.

6 **Chez le mécanicien** Travaillez avec un(e) camarade de classe pour présenter un dialogue. Jouez les rôles d'un(e) client(e) et d'un(e) mécanicien(ne). Answers will vary.

Le/La client(e)...
- explique le problème qu'il/qu'elle a.
- donne quelques détails sur les problèmes qu'il/qu'elle a eus dans le passé.
- négocie le prix et la date à laquelle il/elle peut venir chercher la voiture.

Le/La mécanicien(ne)...
- demande quand le problème a commencé et s'il y en a d'autres.
- explique le problème et donne le prix des réparations.
- accepte les conditions du/de la client(e).

7 **Écriture** Écrivez un paragraphe à propos (*about*) d'un accident de la circulation. Suivez les instructions. Answers will vary.

- Parlez d'un accident (voiture, motocyclette, bicyclette) que vous avez eu récemment. Si vous n'avez jamais eu d'accident, inventez-en un.
- Décrivez ce qui s'est passé avant, pendant et après.
- Donnez des détails.
- Comparez votre paragraphe avec celui (*that*) d'un(e) camarade de classe.

7 **Suggestion** Have students review the use of the **passé composé** and **imparfait** for narrating events in the past before they begin writing.

Les sons et les lettres

The letter x

The letter **x** in French is sometimes pronounced -ks, like the x in the English word *axe*.

| ta**x**i | e**x**pliquer | me**x**icain | te**x**te |

Unlike English, some French words begin with a *ks-* sound.

| **x**ylophone | **x**énon | **x**énophile | **X**avière |

The letters **ex-** followed by a vowel are often pronounced like the English word *eggs*.

| e**x**emple | e**x**amen | e**x**il | e**x**act |

Sometimes an **x** is pronounced *s*, as in the following numbers.

| soi**x**ante | si**x** | di**x** |

An **x** is pronounced *z* in a liaison. Otherwise, an **x** at the end of a word is usually silent.

| deu**x** enfants | si**x** éléphants | mieu~~x~~ | curieu~~x~~ |

Suggestions
- Model the pronunciation of the example words and have students repeat after you.
- Have students practice saying words that contain the letter **x** in various positions. Examples: Middle: **excellent, expliquer, expérience,** and **extérieur**. End: **yeux, heureux, époux, cheveux, jeux,** and **mieux**.
- Ask students to provide more examples of words with the letter **x**.

Prononcez Répétez les mots suivants à voix haute.

1. fax
2. eux
3. dix
4. prix
5. jeux
6. index
7. excuser
8. exercice
9. orageux
10. expression
11. contexte
12. sérieux

Articulez Répétez les phrases suivantes à voix haute.

1. Les amoureux sont devenus époux.
2. Soixante-dix euros! La note (*bill*) du taxi est exorbitante!
3. Alexandre est nerveux parce qu'il a deux examens.
4. Xavier explore le vieux quartier d'Aix-en-Provence.
5. Le professeur explique l'exercice aux étudiants exceptionnels.

Dictons Répétez les dictons à voix haute.

Les belles plumes font les beaux oiseaux.[2]

Les beaux esprits se rencontrent.[1]

[1] Great minds think alike.
[2] Beautiful feathers make beautiful birds.

ressources

LM p. 86
promenades.vhlcentral.com
Leçon 22

ROMAN-PHOTO

La panne

SUPERSITE

Suggestion Have students predict what the episode will be about based on the video stills.

PERSONNAGES

Amina

Garagiste

Rachid

Sandrine

Valérie

1

2

3

À la station-service...

GARAGISTE Elle est belle, votre voiture! Elle est de quelle année?

RACHID Elle est de 2005.

GARAGISTE Je vérifie l'huile ou la pression des pneus?

RACHID Non, merci ça va. Je suis un peu pressé en fait. Au revoir.

Au P'tit Bistrot...

SANDRINE Ton Cyberhomme, c'est Rachid! Quelle coïncidence!

AMINA C'est incroyable, non? Je savais qu'il habitait à Aix, mais...

VALÉRIE Une vraie petite histoire d'amour, comme dans les films!

SANDRINE C'est exactement ce que je me disais!

AMINA Rachid arrive dans quelques minutes. Est-ce que cette couleur va avec ma jupe?

SANDRINE Vous l'avez entendue? Elle doit être amoureuse.

AMINA Arrête de dire des bêtises.

6

7

8

RACHID Oh non!!

AMINA Qu'est-ce qu'il y a? Un problème?

RACHID Je ne sais pas, j'ai un voyant qui s'est allumé.

AMINA Allons à une station-service.

RACHID Oui... c'est une bonne idée.

De retour à la station-service...

GARAGISTE Ah! Vous êtes de retour. Mais que se passe-t-il? Je peux vous aider?

RACHID J'espère. Il y a quelque chose qui ne va pas, peut-être avec le moteur, regardez, ce voyant est allumé.

GARAGISTE Ah, ça? C'est l'huile. Je m'en occupe tout de suite.

GARAGISTE Vous pouvez redémarrer? Et voilà.

RACHID Parfait. Au revoir. Bonne journée.

GARAGISTE Bonne route!

Suggestions
- Tell students to scan the captions and find vocabulary related to cars and driving.
- After reading the **Roman-photo**, review students' predictions and have them summarize the episode.

A C T I V I T É S

1 **Vrai ou faux?** Indiquez si les affirmations suivantes sont **vraies** ou **fausses**.

1. La voiture de Rachid est très vieille. Faux.

2. Quand Rachid va à la station-service la première fois, il a beaucoup de temps. Faux.

3. Amina savait que Cyberhomme habitait à Aix. Vrai.

4. Sandrine trouve l'histoire de Rachid et d'Amina très romantique. Vrai.

5. Amina ouvre la portière de la voiture. Faux.

6. Rachid est galant (*a gentleman*). Vrai.

7. Le premier problème que Rachid rencontre, c'est une panne d'essence. Faux.

8. Le garagiste répare la voiture. Vrai.

9. La voiture a un pneu crevé. Vrai.

10. Rachid n'est pas très fier de lui. Vrai.

1 **Suggestion** Have students correct the false statements.

Amina sort avec Rachid pour la première fois.

Expressions utiles Model the pronunciation of the **Expressions utiles** and have students repeat them after you.

SANDRINE Oh, regarde, il lui offre des fleurs.
RACHID Bonjour, Amina. Tiens, c'est pour toi.
AMINA Bonjour, Rachid. Oh, merci, c'est très gentil.
RACHID Tu es très belle aujourd'hui.
AMINA Merci.

RACHID Attends, laisse-moi t'ouvrir la portière.
AMINA Merci.
RACHID N'oublie pas d'attacher ta ceinture.
AMINA Oui, bien sûr.

AMINA Heureusement, ce n'était pas bien grave. À quelle heure est notre réservation?
RACHID Oh! C'est pas vrai!

AMINA Qu'est-ce que c'était?
RACHID On a un pneu crevé.
AMINA Oh, non!!

2 Expansion Have students create three more items using lines from the **Roman-photo** conversation. Collect their papers, write some of the items on the board, and ask volunteers to identify the speakers.

2 Qui? Indiquez qui dirait (*would say*) les affirmations suivantes: Rachid (**R**), Amina (**A**), Sandrine (**S**), Valérie (**V**) ou le garagiste (**G**).

1. La prochaine fois, je vais suivre les conseils du garagiste. R
2. Je suis un peu anxieuse. A
3. C'est comme un conte de fées (*fairy tale*)! S/V
4. Taisez-vous (*Be quiet*), s'il vous plaît! A
5. Il aurait dû (*should have*) m'écouter. G

3 Écrivez Qu'est-ce qui se passe pour Amina et Rachid après le deuxième incident? Utilisez votre imagination et écrivez un paragraphe qui raconte ce qu'ils ont fait. Est-ce que quelqu'un d'autre les aide? Amina est-elle fâchée? Y aura-t-il (*Will there be*) un deuxième rendez-vous pour Cyberhomme et Technofemme?

3 Expansion Have students exchange papers for peer editing. Then ask volunteers to read their paragraphs aloud.

ressources

| VM pp. 229–230 | DVD Leçon 22 | promenades.vhlcentral.com Leçon 22 |

A C T I V I T É S

Avant la lecture Have students look at the photos and describe what they see.

CULTURE À LA LOUPE

Les voitures en France

la Smart

Dans l'ensemble°, les Français utilisent moins leur voiture que les Américains. Il n'est pas rare qu'un couple ou une famille possède une seule voiture. Dans les grandes villes, beaucoup de gens se déplacent° à pied ou utilisent les transports en commun°. Dans les villages ou à la campagne, les gens utilisent un peu plus fréquemment leurs voitures. Pour de longs voyages, pourtant°, ils ont tendance, plus que les Américains, à laisser leurs voitures chez eux et à prendre le train ou l'avion. En général, les voitures en France sont beaucoup plus petites que les voitures qu'on trouve aux États-Unis, mais on y trouve des quatre-quatre°, même dans les grandes villes. La Smart, une voiture minuscule produite par les compagnies Swatch et Mercedes-Benz, a aussi beaucoup de succès en France et en Europe.

Il y a plusieurs raisons qui expliquent ces différences. D'abord, les rues des villes françaises sont beaucoup moins larges. Au centre-ville, beaucoup de rues sont piétonnes° et d'autres sont si petites qu'il est parfois difficile de passer, même pour une petite voiture. Il y a aussi de gros problèmes de parking dans la majorité des villes françaises. Il y a peu de places de parking et elles sont en général assez petites. Il est donc nécessaire de faire un créneau° pour se garer et plus la voiture est petite, plus° on a de chance de le réussir. Les rues en dehors° des villes sont souvent plus larges. En plus, en France, l'essence est plus chère qu'aux États-Unis. Il vaut donc mieux avoir une petite voiture économique qui ne consomme pas beaucoup d'essence, ou prendre les transports en commun quand c'est possible.

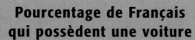

Pourcentage de Français qui possèdent une voiture	
Dans les villages et à la campagne	92%
Dans les villes de moins de 20.000 habitants	86%
Dans les villes de 20.000 à 100.000 habitants	84%
Dans les villes de plus de 100.000 habitants	75%
En région parisienne	60%
À Paris	45%

Dans l'ensemble By and large **se déplacent** get around **transports en commun** public transportation **pourtant** however **quatre-quatre** sport utility vehicles **piétonnes** reserved for pedestrians **faire un créneau** parallel park **plus…, plus…** the more…, the more… **en dehors** outside

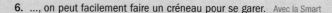

A C T I V I T É S

1 Complétez Donnez un début ou une suite logique à chaque phrase, d'après le texte. Answers may vary. Possible answers provided.

1. … possèdent parfois une seule voiture. Les familles françaises
2. Les Français qui habitent en ville se déplacent souvent… à pied ou ils utilisent les transports en commun
3. Beaucoup de Français prennent le train ou l'avion… pour faire de longs voyages.
4. … sont en général plus petites qu'aux États-Unis. Les voitures en France
5. Comme aux États-Unis, même dans les grandes villes en France, on trouve… des quatre-quatre.

6. …, on peut facilement faire un créneau pour se garer. Avec la Smart
7. … sont souvent plus larges. Les rues en dehors des villes
8. Il n'est pas toujours facile de se garer dans les villes françaises… parce qu'il y a peu de places de parking et parce qu'elles sont en général assez petites.
9. … parce que l'essence coûte cher en France. Il vaut mieux avoir une petite voiture économique
10. …, la grande majorité des Français ont une voiture. Dans les villages et à la campagne

1 Suggestion Have students work on this activity in pairs.

Le monde francophone Have students compare the information given here with driving rules in the United States. Example: **Aux États-Unis, il y a souvent des carrefours avec quatre panneaux de stop. En France, il n'y en a pas.**

STRATÉGIE

Jotting down notes

As you read a text, you will find it helpful to jot down your thoughts and questions about it. You can write them either in the margins of the reading or in a separate notebook. If you make it a point to jot ideas down as you read, you will come up with questions, make connections, and draw conclusions about the text. When you return to the text later, your notes will reinforce what you understood as well as remind you of what you should revisit.

LE MONDE FRANCOPHONE

Conduire une voiture

Voici quelques informations utiles.

En France Il n'existe pas de carrefours° avec quatre panneaux° de stop.

En France, en Belgique et en Suisse Il est interdit d'utiliser un téléphone portable quand on conduit et on n'a pas le droit de tourner à droite quand le feu° est rouge.

À l'île Maurice et aux Seychelles Faites attention! On conduit à gauche.

En Suisse Pour conduire sur l'autoroute, il est nécessaire d'acheter une vignette° et de la mettre sur son pare-brise. On peut l'acheter à la poste ou dans les stations-service, et elle est valable° un an.

Dans l'Union européenne Le permis de conduire d'un pays de l'Union européenne est valable dans tous les autres pays de l'Union.

carrefours *intersections* **panneaux** *signs* **feu** *traffic light* **vignette** *sticker* **valable** *valid*

PORTRAIT

Le constructeur automobile Citroën

La marque° Citroën est une marque de voitures française créée° en 1919 par André Citroën, ingénieur et industriel français. La marque est réputée pour son utilisation de technologies d'avant-garde et pour ses innovations dans le domaine de l'automobile. Le premier véhicule construit par Citroën, la voiture type A, a été la première voiture européenne construite en série°. En 1924, Citroën a utilisé la première carrosserie° entièrement en acier° d'Europe. Puis, dans les années 1930, Citroën a inventé la traction avant°. Parmi les modèles de voiture les plus vendus de la marque Citroën, on compte la 2CV, ou «deux chevaux», un modèle bon marché et très apprécié des jeunes dans les années 1970 et 1980. En 1976, Citroën a fusionné° avec un autre grand constructeur automobile français, Peugeot, pour former le groupe PSA Peugeot-Citroën.

marque *make* **créée** *created* **en série** *mass-produced* **carrosserie** *body* **acier** *steel* **traction avant** *front-wheel drive* **a fusionné** *merged*

SUPERSITE

SUR INTERNET

Qu'est-ce que la Formule 1?

Go to **promenades.vhlcentral.com** to find more cultural information related to this **LECTURE CULTURELLE.** Then watch the corresponding **Flash culture.**

2 **Répondez** Répondez par des phrases complètes.

1. Quelles sont les caractéristiques de la marque Citroën? Elle est réputée pour son utilisation de technologies d'avant-garde et pour ses innovations.
2. Quelle est une des innovations de la marque Citroën? Answers will vary. Possible answer: La construction en série d'une voiture en Europe a été une innovation.
3. Quel modèle de voiture Citroën a eu beaucoup de succès? La 2CV, ou «deux chevaux», a eu beaucoup de succès.
4. Qu'a fait la compagnie Citroën en 1976? La compagnie a fusionné avec un autre constructeur automobile français, Peugeot.
5. Que faut-il avoir pour conduire sur l'autoroute en Suisse? Il faut avoir une vignette sur le pare-brise.
6. Les résidents d'autres pays de l'U.E. ont-ils le droit de conduire en France? Oui, les permis de conduire des autres pays de l'Union européenne sont valables en France.

3 **À vous...** Quelle est votre voiture préférée? Pourquoi? Avec un(e) partenaire, discutez de ce sujet et soyez prêts à expliquer vos raisons au reste de la classe.

3 **Suggestion** Have students bring in a photo of their favorite car to use as a visual aid during this activity. Photos can generally be found at a company's or a car dealer's website.

ressources

VM pp. 259–260

SUPERSITE
promenades.vhlcentral.com
Leçon 22

ACTIVITÉS

22.1 Le conditionnel

Point de départ The conditional expresses what you *would* do or what *would* happen under certain circumstances.

Suggestion Read the captions of the video stills and ask volunteers to indicate the verbs in the conditional.

Sans réservation, nous ne mangerions pas avant minuit!

Y aurait-il une autre station-service près d'ici?

Conditional of regular verbs

	parler	réussir	attendre
je/j'	parlerais	réussirais	attendrais
tu	parlerais	réussirais	attendrais
il/elle	parlerait	réussirait	attendrait
nous	parlerions	réussirions	attendrions
vous	parleriez	réussiriez	attendriez
ils/elles	parleraient	réussiraient	attendraient

- Note that you form the conditional of **-er** and **-ir** verbs by adding the conditional endings to the infinitive. The conditional endings are the same as those of the **imparfait**. To form the conditional of **-re** verbs, drop the final **-e** end and add the endings.

  Nous **voyagerions** cet été. Tu ne **sortirais** pas. Ils **attendraient** Luc.
  We'd travel this summer. *You wouldn't go out.* *They would wait for Luc.*

- Note the conditional forms of most spelling-change **-er** verbs:

present form of **je**	+r	conditional forms
j'achète	achèter-	j'achèterais
je nettoie	nettoier-	je nettoierais
je paie/paye	paier-/payer-	je paierais/payerais
je m'appelle	m'appeller-	je m'appellerais

  Tu te **lèverais** si tôt? Vous **essaieriez** de vous garer.
  Would you get up that early? *You would try to park.*

- To form the conditional of **-er** verbs with an **é** before the infinitive ending, work as you would with regular **-er** verbs.

  Elle **répéterait** ses questions. Elles **considéreraient** le pour et le contre.
  She would repeat her questions. *They'd consider the pros and cons.*

SUPERSITE **MISE EN PRATIQUE**

1 **Changer de vie** Alexandre parle à son ami de ce qu'il aimerait changer dans sa vie. Complétez ses phrases avec les formes correctes du conditionnel.

MODÈLE

J' _étudierais_ (étudier) tous les week-ends.

1. Ma petite amie et moi _ferions_ (faire) des études dans la même (*same*) ville.
2. Je _vendrais_ (vendre) ma vieille voiture.
3. Nous _achèterions_ (acheter) une Porsche.
4. Je _travaillerais_ (travailler) souvent.
5. Nos amis nous _rendraient_ (rendre) souvent visite.
6. Quelqu'un _nettoierait_ (nettoyer) la maison.

2 **Les professeurs** Que feraient ces personnes si elles étaient profs de français?

MODÈLE tu / donner / examen / difficile
Tu donnerais des examens difficiles.

1. Marc / donner / devoirs
   Marc donnerait des devoirs.
2. vous / répondre / à / questions / étudiants
   Vous répondriez aux questions des étudiants.
3. nous / permettre / à / étudiants / de / manger / en classe
   Nous permettrions aux étudiants de manger en classe.
4. tu / parler / français / tout le temps
   Tu parlerais français tout le temps.
5. tes parents / boire / café / classe
   Tes parents boiraient du café en classe.
6. nous / montrer / films / français
   Nous montrerions des films français.

3 **Sur une île** Vous découvrez une île (*island*) et vous y emmenez un groupe de personnes et leurs familles. Assemblez les éléments des colonnes pour faire des phrases avec le conditionnel. Quels rôles joueraient ces personnes? Answers will vary.

MODÈLE **3 Suggestion** Have students work in pairs on this activity.
Le professeur enseignerait les mathématiques aux enfants.

A	B	C
agent de police	construire	cartes
agent de voyages	découvrir	disputes
chauffeur	enseigner	enfants
dentiste	s'occuper de	logement
hôtelier/hôtelière	organiser	nourriture
infirmier/infirmière	parler	problèmes
mécanicien(ne)	préparer	réunions
professeur	servir	transports
serveur/serveuse	trouver	urgences
?	?	?

COMMUNICATION

4 Une grosse fortune Avec un(e) partenaire, parlez de la façon dont (*the way in which*) vous dépenseriez l'argent si quelqu'un vous laissait une grosse fortune. Posez-vous ces questions à tour de rôle. Answers will vary.

1. Partirais-tu en voyage? Où irais-tu?
2. Quelle profession choisirais-tu?
3. Où habiterais-tu?
4. Qu'est-ce que tu achèterais? À tes amis? À ta famille?
5. Donnerais-tu de l'argent à des œuvres de charité (*charities*)? Auxquelles (*To which ones*)?
6. Qu'est-ce qui changerait dans ta vie quotidienne (*daily*)?

5 Sans ça... Par groupes de trois, dites ce qui (*what*) changerait dans le monde sans ces choses. Answers will vary.

MODÈLE   sans écoles?

> Les étudiants n'apprendraient pas.

- sans voitures?
- sans ordinateurs?
- sans télévisions?
- sans avions?
- sans téléphones?
- ?

6 Le tour de la France Vous aimeriez faire le tour de la France avec un(e) partenaire. Regardez la carte et discutez de l'itinéraire. Où commenceriez-vous? Que visiteriez-vous? Utilisez ces idées et trouvez-en d'autres. Answers will vary.

MODÈLE

Nous commencerions à Paris.

6 Expansion Have pairs present their itinerary to the class. Ask volunteers to come up with questions for each pair.

- les plages de la Côte d'Azur
- les randonnées dans le Centre
- le ski dans les Alpes
- les musées à Paris
- les châteaux (*castles*) de la Loire

- Although the conditional endings are the same for all verbs, some verbs use irregular stems.

Irregular verbs in the conditional

infinitive	stem	conditional forms
aller	ir-	j'irais
avoir	aur-	j'aurais
devoir	devr-	je devrais
envoyer	enverr-	j'enverrais
être	ser-	je serais
faire	fer-	je ferais
pouvoir	pourr-	je pourrais
savoir	saur-	je saurais
venir	viendr-	je viendrais
vouloir	voudr-	je voudrais

Vous **auriez** des vacances?
Would you have vacation?

Il **enverrait** des e-mails.
He would send e-mails.

Elles y **seraient** plus heureuses.
They'd be happier there.

Nous **irions** en Tunisie.
We'd go to Tunisie.

Tu le **saurais** dans une semaine.
You would know it in a week.

Je **ferais** le plein pour toi.
I would fill the tank for you.

- The verbs **devenir**, **maintenir**, **retenir**, **revenir**, and **tenir** are patterned after **venir** in the conditional, just as they are in the present tense.

Elle **viendrait** en voiture cette fois.
She would come by car this time.

Nous **reviendrions** bientôt.
We would come back soon.

Ils **tiendraient** le capot pendant que tu regardes le moteur.
They'd hold the hood while you look at the engine.

Tu **deviendrais** architecte un jour?
Would you become an architect one day?

- The conditional forms of **il y a**, **il faut**, and **il pleut** are, respectively, **il y aurait**, **il faudrait**, and **il pleuvrait**.

Il **faudrait** apporter le parapluie.
We'd need to bring the umbrella.

Quand **pleuvrait**-il dans ce pays?
When would it rain in this country?

Essayez! Have volunteers make up stories (two or three sentences long) using each of the items.

Essayez!   Indiquez la forme correcte du conditionnel de ces verbes.

1. je (perdre, devoir, venir)   *perdrais, devrais, viendrais*
2. tu (vouloir, aller, essayer)   voudrais, irais, essaierais
3. Michel (dire, prendre, savoir)   dirait, prendrait, saurait
4. nous (préférer, nettoyer, faire)   préférerions, nettoierions, ferions
5. vous (être, pouvoir, avoir)   seriez, pourriez, auriez
6. elles (dire, espérer, amener)   diraient, espéreraient, amèneraient
7. je (boire, choisir, essuyer)   boirais, choisirais, essuierais
8. il (tenir, se lever, envoyer)   tiendrait, se lèverait, enverrait

22.2 Uses of *le conditionnel;* *Si* clauses

Uses of *le conditionnel*

- Use the conditional to make a polite request, soften a demand, or express what someone *could* or *should* do.

Je **voudrais** acheter une nouvelle imprimante.
I would like to buy a new printer.

Tu **devrais** dormir jusqu'à onze heures.
You should sleep until 11 o'clock.

Pourriez-vous nous dire où elles sont?
Could you tell us where they are?

Nous **aimerions** recevoir un salaire élevé.
We would like to receive a high salary.

Tu pourrais t'arrêter à la station-service?

Vous devriez faire plus attention au voyant d'huile.

- Use the conditional, along with a past-tense verb, to express what someone said or thought would happen in the future at a past moment in time.

Guillaume a dit qu'il **arriverait** vers midi.
Guillaume said that he would arrive around noon.

Nous pensons que tu **ferais** tes devoirs.
We thought that you would do your homework.

- Unlike French, in English *would* can also mean *used to*, in the sense of past habitual action. To express past habitual actions in French, you must use the **imparfait**.

Je **travaillais** pour une compagnie à Paris.
I would (used to) work for a company in Paris.

but Je **travaillerais** seulement pour une compagnie à Paris.
I would work only for a company in Paris.

Ils **attendaient** le week-end pour surfer sur Internet.
They'd (used to) wait for the weekend to surf the Internet.

but Ils **attendraient** bien le week-end, mais ils sont trop impatients.
They'd wait for the weekend, but they're too impatient.

Avec la vieille voiture, nous **tombions** en panne.
With the old car, we would (used to) break down.

but Sans un bon moteur, nous **tomberions** en panne.
Without a good engine, we would break down.

 MISE EN PRATIQUE

1 Questions Votre voiture est tombée en panne et vous la laissez chez un(e) mécanicien(ne), à qui vous posez des questions. Indiquez ses réponses.

MODÈLE Quand est-ce que vous pourriez commencer? (vous / être pressé(e) / je / pouvoir commencer demain)
Si vous étiez pressé(e), je pourrais commencer demain.

1. Les pneus sont neufs (*new*). Ne devriez-vous pas vérifier leur pression? (pneus / être usés (*worn*) / je / vérifier leur pression)
Si les pneus étaient usés, je vérifierais leur pression.
2. Auriez-vous besoin de mon numéro de fax? (je / avoir un fax / je / prendre votre numéro)
Si j'avais un fax, je prendrais votre numéro.
3. Quand est-ce que je pourrais reprendre ma voiture? (nous / ne pas fermer le week-end / vous / pouvoir / la reprendre samedi)
Si nous ne fermions pas le week-end, vous pourriez la reprendre samedi.
4. Pourriez-vous m'appeler au bureau lundi? (je / ne pas pouvoir / finir / secrétaire / vous appeler)
Si je ne pouvais pas finir, le/la secrétaire vous appellerait.

2 Et si... D'abord, complétez les questions. Ensuite, employez le conditionnel pour y répondre. Comparez vos réponses aux réponses d'un(e) partenaire. Some answers will vary.

MODÈLE Que ferais-tu si... tu / être malade?
Que ferais-tu si tu étais malade? Si j'étais malade, je dormirais toute la journée.

Situation 1: Que ferais-tu si...

1. tu / être fatigué(e)? ... si tu étais fatigué(e)?
2. il / pleuvoir? ... s'il pleuvait?
3. il / faire beau? ... s'il faisait beau?

Situation 2: Que feraient tes parents si...

1. tu / quitter l'université? ... si tu quittais l'université?
2. tu / choisir de devenir avocat(e)? ... si tu choisissais de devenir avocat(e)?
3. tu / partir habiter en France? ... si tu partais habiter en France?

3 Des réactions À tour de rôle avec un(e) partenaire, dites ce que (*what*) vous aimeriez, devriez, pourriez ou voudriez faire dans ces circonstances. Answers will vary.

MODÈLE Vous vous rendez compte que votre petit(e) ami(e) et vous ne vous aimez plus.
Nous devrions nous quitter.

1. Vous n'avez pas de devoirs ce week-end.
2. Votre ami(e) organise une fête sans rien vous dire.
3. Vos parents ne vous téléphonent pas pendant un mois.
4. Le prof de français vous donne une mauvaise note.
5. Vous tombez malade.

COMMUNICATION

4 **L'imagination** Par groupes de trois, choisissez un de ces sujets et préparez un paragraphe par écrit. Ensuite, lisez votre paragraphe à la classe. Vos camarades décident quel groupe est le gagnant (*winner*). Answers will vary.

- Si je pouvais devenir invisible, ...
- Si j'étais un extraterrestre à New York, ...
- Si j'inventais une machine, ...
- Si j'étais une célébrité, ...
- Si nous pouvions prendre des vacances sur Mars, ...

5 **Le portefeuille** Vos camarades de classe trouvent un portefeuille (*wallet*) plein d'argent. Par groupes de quatre, parlez avec un(e) de vos camarades pour deviner ce que (*what*) feraient les deux autres. Ensuite, rejoignez-les pour comparer vos prédictions. Answers will vary.

MODÈLE

Étudiant(e) 1: *Si vous trouviez le portefeuille, vous le donneriez à la police.*
Étudiant(e) 2: *Oui, mais nous garderions l'argent pour aller dans un bon restaurant.*

6 **Interview** Par groupes de trois, préparez cinq questions pour un(e) candidat(e) à la présidence des États-Unis. Ensuite, jouez les rôles de l'interviewer et du/de la candidat(e). Alternez les rôles. Answers will vary.

MODÈLE

Étudiant(e) 1: *Que feriez-vous au sujet du sexisme dans l'armée?*
Étudiant(e) 2: *Alors, si j'étais président(e), nous...*

6 **Suggestion** You may wish to have students pick a different prominent politician that interests them.

Si clauses

- **Si** (*If*) clauses describe a condition or event upon which another condition or event depends. Sentences with **si** clauses consist of a **si** clause and a main (or result) clause.

Suggestion Explain that a **si** clause in the past can also express something that is habitual in the past. Example: **Si mon amie m'invitait à une fête, j'y allais toujours.**

Si je faisais une robe, elle serait laide.

Si j'échouais, ma mère se mettrait en colère.

- **Si** clauses can speculate or hypothesize about a current event or condition. They express what *would happen* if an event or condition *were to occur*. This is called a contrary-to-fact situation. In such instances, the verb in the **si** clause is in the **imparfait** while the verb in the main clause is in the conditional.

Si j'**étais** chez moi, je lui **enverrais** un e-mail.
If I were home, I'd send her an e-mail.

Vous **partiriez** souvent en vacances si vous **aviez** de l'argent.
You would go on vacation often if you had money.

- Note that **si** and **il/ils** contract to become **s'il** and **s'ils**, respectively.

Nous **marcherions s'il** ne **pleuvait** pas.
We'd walk if it weren't raining.

S'ils faisaient le plein d'essence, ils **iraient** plus loin.
If they filled the tank, they'd go farther.

- Use a **si** clause alone with the **imparfait** to make a suggestion or to express a wish.

Si nous **faisions** des projets pour le week-end?
What about making plans for the weekend?

Ah! Si elle **obtenait** un meilleur travail!
Oh! If only she got a better job!

Essayez! Have students create a new contrary-to-fact situation based on the main clauses. Example: **1. Si on allait admirer les ruines, on y achèterait des souvenirs.**

Essayez!   Complétez les phrases avec la forme correcte des verbes.

1. Si on visitait la Tunisie, on ____irait____ (aller) admirer les ruines.
2. Vous ____seriez____ (être) plus heureux si vous faisiez vos devoirs.
3. Si tu ____avais____ (avoir) la grippe, tu devrais aller chez le médecin.
4. Si elles avaient un million d'euros, que ____feraient____-elles (faire)?
5. Mes parents me ____rendraient____ (rendre) visite ce week-end s'ils avaient le temps.
6. J'____écrirais____ (écrire) au président si j'avais son adresse.
7. Si nous lisions, nous ____saurions____ (savoir) les réponses.
8. Il ____aurait____ (avoir) le temps s'il ne regardait pas la télé.

SYNTHÈSE

Révision

1 **Du changement** Avec un(e) partenaire, observez ces bureaux. Faites une liste d'au minimum huit changements que les employés feraient s'ils en avaient les moyens (means). *Answers will vary.*

MODÈLE

Étudiant(e) 1: *Si ces gens pouvaient changer quelque chose, ils achèteraient de nouveaux ordinateurs.*
Étudiant(e) 2: *Si les affaires allaient mieux, ils déménageraient.*

2 **Si j'étais...** Par groupes de quatre, discutez et faites votre propre (own) portrait à travers (through) ces occupations. Comparez vos réponses et présentez le portrait d'un(e) camarade à la classe. *Answers will vary.*

MODÈLE

Étudiant(e) 1: *Si j'étais journaliste, j'écrirais sur la vie politique.*
Étudiant(e) 2: *Si je travaillais comme chauffeur, je conduirais tout le temps sur l'autoroute.*

architecte	chauffeur	médecin
artiste	homme/femme	musicien(ne)
athlète	d'affaires	professeur
avocat(e)	journaliste	propriétaire

3 **Je la vendrais...** Pour quelles raisons seriez-vous prêt(e)s à vendre votre voiture? Par groupes de trois, donnez chacun(e) (each one) au minimum deux raisons positives et deux raisons négatives. *Answers will vary.*

MODÈLE

Étudiant(e) 1: *Je la vendrais si les freins ne marchaient pas.*
Étudiant(e) 2: *Moi, je vendrais ma voiture si l'essence était plus chère.*

3 **Suggestion** Point out that this activity elicits sentences that are contrary to fact. Remind students that their sentences should include the conditional in the main clause and the imperfect tense in the **si** clause.

ressources		
WB pp. 149–152	LM pp. 87–88	promenades.vhlcentral.com Leçon 22

4 **Au travail** Avec un(e) partenaire, observez ces personnes et écrivez une phrase avec **si** pour expliquer leur situation. Ensuite, comparez vos phrases aux phrases d'un autre groupe. *Answers will vary.*

MODÈLE

Si elle dormait mieux la nuit, elle ne serait pas fatiguée pendant la journée.

4 **Expansion** Have partners continue the activity using magazine pictures and new sentences.

1.

3.

2.

4.

5 **Soyons polis!** Avec un(e) partenaire, inventez un dialogue entre un(e) mécanicien(ne) et son assistant(e). Le/La mécanicien(ne) demande méchamment plusieurs services à l'assistant(e), qui refuse. Le/La mécanicien(ne) réitère alors ses demandes, mais plus poliment, et l'assistant(e) accepte. *Answers will vary.*

MODÈLE

Étudiant(e) 1: *Apportez-moi le téléphone!*
Étudiant(e) 2: *Si vous me parliez gentiment, je vous apporterais le téléphone.*
Étudiant(e) 1: *Pourriez-vous m'apporter le téléphone, s'il vous plaît?*
Étudiant(e) 2: *Avec plaisir!*

6 **Causes et effets** Votre professeur va vous donner, à vous et à votre partenaire, deux feuilles d'activités différentes sur des causes et leurs effets. Attention! Ne regardez pas la feuille de votre partenaire. *Answers will vary.*

6 **Suggestion** Divide the class into pairs and distribute the Info Gap Handouts in the IRM on the IRCD-ROM for this activity. Give students ten minutes to complete the activity.

Écriture

STRATÉGIE

Listing key words

Once you have determined the purpose for a piece of writing and identified your audience, it is helpful to make a list of key words you can use while writing. If you were to write a description of your campus, for example, you would probably need a list of prepositions that describe location, such as **devant**, **à côté de**, and **derrière**. Likewise, a list of descriptive adjectives would be useful if you were writing about the people and places of your childhood.

By preparing a list of potential words ahead of time, you will find it easier to avoid using the dictionary while writing your first draft. You will probably also learn a few new words in French while preparing your list of key words.

Listing useful vocabulary is also a valuable organizational strategy since the act of brainstorming key words will help you form ideas about your topic. In addition, a list of key words can help you avoid redundancy when you write.

If you were going to write a composition about your communication habits with your friends, what words would be the most helpful to you? Jot a few of them down and compare your list with a partner's. Did you choose the same words? Would you choose any different or additional words, based on what your partner wrote?

_____

_____

_____

_____

_____

Thème

Écrire une dissertation

Écrivez une dissertation pour décrire vos préférences et vos habitudes en ce qui concerne (*regarding*) les moyens (*means*) de communication d'hier et d'aujourd'hui.

- Quel est votre moyen de communication préféré (e-mail, téléphone, lettre,...)? Pourquoi?

- En général, comment communiquez-vous avec les gens que vous connaissez? Pourquoi? Avez-vous toujours communiqué avec eux de cette manière (*in this way*)?

- Communiquez-vous avec tout le monde de la même manière ou cela dépend-il des personnes? Par exemple, restez-vous en contact avec vos grands-parents de la même manière qu'avec votre professeur de français? Expliquez.

- Comment restez-vous en contact avec les membres de votre famille? Et avec vos amis et vos camarades de classe?

- Communiquez-vous avec certaines personnes tous les jours? Avec qui? Comment?

Avant de commencer, faites une liste des personnes avec qui vous communiquez régulièrement, et donnez le moyen de communication que vous avez utilisé dans le passé et que vous utilisez aujourd'hui. Utilisez aussi votre liste de mots-clés comme point de départ pour votre dissertation.

Panorama

SUPERSITE

une barque° sur l'Escaut

La Belgique

Le pays en chiffres

▶ **Superficie:** *30.500 km²*

▶ **Population:** *10.296.000*
SOURCE: Population Division, UN Secretariat

▶ **Industries principales:** *agroalimentaire°, chimie, métallurgie, sidérurgie°, textile*

▶ **Villes principales:** *Anvers, Bruges, Bruxelles, Gand, Liège, Namur*

▶ **Langues:** *allemand, français, néerlandais°*

Les Belges néerlandais parlent une variante° de la langue néerlandaise qui s'appelle le flamand°. Environ° 60% de la population belge parlent flamand et habitent dans la partie nord° du pays, la Flandre. Le français est parlé surtout dans la partie sud° du pays, la Wallonie, par environ 40% des Belges. L'allemand est parlé par très peu de gens, environ 1%, dans l'est° du pays.

▶ **Monnaie:** *l'euro*

Belges célèbres

▶ **Marguerite Yourcenar,** *écrivain (1903–1987)*

▶ **Georges Simenon,** *écrivain (1903–1989)*

▶ **Jacques Brel,** *chanteur (1929–1978)*

▶ **Eddy Merckx,** *cycliste, cinq fois gagnant° du Tour de France (1945–)*

▶ **Cécile de France,** *actrice (1975–)*

▶ **Justine Hénin-Hardenne,** *joueuse de tennis (1982–)*

LA MER DU NORD

la Meuse

LES PAYS-BAS

L'ALLEMAGNE

Ostende
Bruges
Anvers
Gand
LA FLANDRE
le Lys
l'Escaut
Bruxelles
Liège
Mons
la Meuse
Charleroi
Namur
la Sambre
LES ARDENNES
LA WALLONIE
LE LUXEMBOURG
LA FRANCE

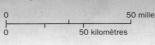
Bruges

☐ Régions francophones

0 ————————— 50 milles
0 ————————— 50 kilomètres

l'Ommegang, festival historique

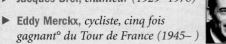

Le pays en chiffres About one-tenth of Belgium's population is bilingual, and a majority of the people have some knowledge of both French and Flemish.

agroalimentaire food processing **sidérurgie** *steel industry* **néerlandais** *Dutch* **variante** *variant* **flamand** *Flemish* **Environ** *About* **nord** *north* **sud** *south* **est** *east* **gagnant** *winner* **moines** *monks* **suivent** *follow* **se consacrent** *devote themselves* **prière** *prayer* **subvenir** *provide* **barque** *small boat*

Incroyable mais vrai!

Acheter de la bière ou du fromage au monastère? Pourquoi pas? Les moines° trappistes suivent° des principes monastiques stricts: isolés, ils se consacrent° au travail et à la prière°. Pour subvenir° à leurs besoins, ils font des bières et des fromages de qualité. Seules six bières belges peuvent porter l'appellation «trappiste».

Les destinations
Bruxelles, capitale de l'Europe

Fondée au septième siècle, la ville de Bruxelles a été choisie en 1958, en partie pour sa situation géographique centrale, comme siège° de la C.E.E.° Aujourd'hui, elle reste encore le siège de l'Union européenne (l'U.E.), lieu central des institutions et des décisions européennes. On y trouve le Parlement européen, organe législatif de l'U.E., et depuis 1967, le siège de l'OTAN°. Bruxelles est une ville très cosmopolite, avec un grand nombre d'habitants étrangers. Elle est aussi touristique, renommée pour sa Grand-Place, ses nombreux chocolatiers et la grande qualité de sa cuisine.

Les traditions
La bande dessinée

Les dessinateurs° de bandes dessinées (BD) sont très nombreux en Belgique. À Bruxelles, il y a de nombreuses peintures murales° et statues de BD. Le dessinateur Peyo est devenu célèbre avec la création des Schtroumpfs° en 1958, mais le père de la BD belge est Hergé, dessinateur qui a créé Tintin et Milou en 1929. Tintin est un reporter qui a des aventures partout dans° le monde. En 1953, il devient le premier homme, avant Neil Armstrong, à marcher sur la Lune° dans *On a marché sur la Lune*. La BD de Tintin est traduite en 45 langues.

La gastronomie
Les moules frites

Les moules° frites sont une spécialité belge. Les moules, cuites° dans du vin blanc, et les frites sont servies dans des plats séparés mais on les mange ensemble, et c'est délicieux. Beaucoup de gens ne savent pas que les frites ne sont pas françaises mais belges! On peut en acheter dans les nombreuses friteries. Elles sont servies dans un cornet° en papier avec une sauce, souvent de la mayonnaise. Il existe même en Belgique une Semaine nationale de la frite et une Union nationale des frituristes.

Les arts
René Magritte (1898–1967)

René Magritte, peintre surréaliste, s'intéressait à la représentation des images mentales. En montrant° la divergence entre un objet et sa représentation, son désir était de «faire hurler° les objets les plus familiers», mais toujours avec humour. Le musée Magritte à Bruxelles se trouve dans la maison où il a habité pendant 24 ans, et qui était aussi le quartier général° des surréalistes belges. Le portrait de Magritte était sur les billets de 500 francs belges. Une de ses œuvres° les plus célèbres, à gauche, est *Le fils de l'homme*.

 Qu'est-ce que vous avez appris? Répondez aux questions par des phrases complètes.

1. Quelle est la langue la plus parlée en Belgique?
   Le flamand est la langue la plus parlée.
2. Que produisent les moines trappistes?
   Ils produisent de la bière et du fromage.
3. À quelles activités se consacrent-ils?
   Ils se consacrent au travail et à la prière.
4. Pourquoi Bruxelles a-t-elle été choisie comme capitale de l'Europe? Elle a été choisie en partie pour sa situation géographique centrale en Europe.
5. Qui est le père de la bande dessinée belge?
   C'est Hergé.

6. Qui est allé sur la Lune avant Armstrong?
   Tintin est allé sur la Lune avant Armstrong.
7. Quelle bande dessinée a été créée (*created*) par Peyo?
   Les Schtroumpfs ont été créés par Peyo.
8. Où peut-on acheter des frites?
   On peut acheter des frites dans les friteries.
9. Qu'est-ce que Magritte montre dans ses œuvres?
   Il montre la divergence entre un objet et sa représentation.
10. Où se trouvait le quartier général des surréalistes belges?
    Il se trouvait dans la maison de Magritte.

ressources

WB pp. 153–154 | promenades.vhlcentral.com Unité 11

SUPERSITE

SUR INTERNET

Go to **promenades.vhlcentral.com** to find more cultural information related to this **PANORAMA**.

1. Quels sont les noms de trois autres personnages de bandes dessinées belges?
2. Dans quelles peintures Magritte a-t-il représenté des parties de la maison (fenêtre, cheminée, escalier)?
3. Cherchez des informations sur la ville de Bruges. Combien de kilomètres de canaux (*canals*) y a-t-il?

siège *headquarters* **C.E.E** *European Economic Community (predecessor of the European Union)* **OTAN** *NATO* **dessinateurs** *artists* **peintures murales** *murals* **Schtroumpfs** *Smurfs* **partout dans** *all over* **Lune** *moon* **moules** *mussels* **cuites** *cooked* **cornet** *cone* **En montrant** *In showing* **faire hurler** *make scream* **quartier général** *headquarters* **œuvres** *works*

L'ordinateur

un CD/compact disc/disque compact (CD/compact disc/disques compacts pl.)	CD, compact disc (CDs, compact discs)
un CD-ROM/cédérom (CD-ROM/cédéroms pl.)	CD-ROM(s)
un clavier	keyboard
un disque dur	hard drive
un écran	screen
un e-mail	e-mail
un fichier	file
une imprimante	printer
un jeu vidéo (jeux vidéo pl.)	video game(s)
un logiciel	software, program
un moniteur	monitor
un mot de passe	password
une page d'accueil	home page
un site Internet/web	web site
une souris	mouse
démarrer	to start up
être connecté(e) (avec)	to be connected (with)
être en ligne (avec)	to be online/on the phone (with)
graver	to record, to burn
imprimer	to print
sauvegarder	to save
surfer sur Internet	to surf the Internet
télécharger	to download

Verbes

couvrir	to cover
découvrir	to discover
offrir	to offer, to give something
ouvrir	to open
souffrir	to suffer

Expressions utiles	See pp. 327 and 341.
Prepositions with the infinitive	See p. 330.

La voiture

arrêter (de faire quelque chose)	to stop (doing something)
attacher sa ceinture de sécurité (f.)	to buckle one's seatbelt
avoir un accident	to have/to be in an accident
dépasser	to go over; to pass
faire le plein	to fill the tank
freiner	to brake
se garer	to park
rentrer (dans)	to hit
réparer	to repair
tomber en panne	to break down
vérifier (l'huile/la pression des pneus)	to check (the oil/the air pressure)
un capot	hood
un coffre	trunk
l'embrayage (m.)	clutch
l'essence (f.)	gas
un essuie-glace (des essuie-glaces)	windshield wiper(s)
les freins (m.)	brakes
l'huile (f.)	oil
un moteur	engine
un pare-brise (pare-brise pl.)	windshield
un pare-chocs (pare-chocs pl.)	bumper
les phares (m.)	headlights
un pneu (crevé)	(flat) tire
une portière	car door
un réservoir d'essence	gas tank
un rétroviseur	rearview mirror
une roue (de secours)	(emergency) tire
une voiture	car
un volant	steering wheel
un voyant (d'essence/ d'huile)	(gas/oil) warning light
un agent de police/ un(e) policier/policière	police officer
une amende	fine
une autoroute	highway
la circulation	traffic
la limitation de vitesse	speed limit
un(e) mécanicien(ne)	mechanic
un parking	parking lot
un permis de conduire	driver's license
une rue	street
une station-service	service station

Verbes pronominaux réciproques

s'adorer	to adore one another
s'aider	to help one another
s'aimer (bien)	to love (like) one another
se connaître	to know one another
se dire	to tell one another
se donner	to give one another
s'écrire	to write one another
s'embrasser	to kiss one another
s'entendre bien (avec)	to get along well (with one another)
se parler	to speak to one another
se quitter	to leave one another
se regarder	to look at one another
se rencontrer	to meet one another (make an acquaintance)
se retrouver	to meet one another (planned)
se téléphoner	to phone one another

L'électronique

un appareil photo (numérique)	(digital) camera
un baladeur CD	personal CD player
une caméra vidéo/ un caméscope	camcorder
une cassette vidéo	videotape
une chaîne (de télévision)	(television) channel
une chaîne stéréo	stereo system
un fax	fax (machine)
un lecteur de CD/DVD	CD/DVD player
un magnétophone	tape recorder
un magnétoscope	videocassette recorder (VCR)
un portable	cell phone
un poste de télévision	television set
un répondeur (téléphonique)	answering machine
une télécommande	remote control
allumer	to turn on
composer (un numéro)	to dial (a number)
effacer	to erase
enregistrer	to record
éteindre	to turn off
fermer	to close; to shut off
fonctionner/marcher	to work, to function
sonner	to ring

En ville

Pour commencer

- Qu'est-ce que David a dans la main?
- Quel temps fait-il?
- Qu'est-ce que fait Valérie?
- Est-ce que David va conduire jusqu'à sa destination?

Savoir-faire

Leçon 23

You will learn how to...
- make business transactions
- get around town

Suggestion Point out the difference in spelling between the French words **adresse** and **enveloppe** and the English words *address* and *envelope*.

Les courses

une papeterie

La Maison du Papier

SOLDES

cyberc@fé espace connexion

un cybercafé

Bijouterie Martin

LA POSTE

une bijouterie

un bureau de poste

LA POSTE

un colis

une boîte aux lettres

Elle poste une lettre. (poster)

un marchand de journaux

Vocabulaire

accompagner	to accompany
avoir un compte bancaire	to have a bank account
déposer de l'argent	to deposit money
emprunter	to borrow
payer avec une carte de crédit	to pay with a credit card
payer en liquide	to pay in cash
payer par chèque	to pay by check
remplir un formulaire	to fill out a form
retirer de l'argent	to withdraw money
signer	to sign
une adresse	address
une carte postale	postcard
une enveloppe	envelope
un timbre	stamp
une boutique	boutique, store
une brasserie	café, restaurant
un commissariat de police	police station
une laverie	laundromat
une mairie	town/city hall; mayor's office
un compte de chèques	checking account
un compte d'épargne	savings account
une dépense	expenditure, expense
des pièces de monnaie/ de la monnaie	coins/change
fermé(e)	closed
ouvert(e)	open

ressources

WB pp. 155–156	LM p. 89	SUPERSITE promenades.vhlcentral.com Leçon 23

Suggestion Let students know that another way to say a *checking account* is **un compte-chèques**.

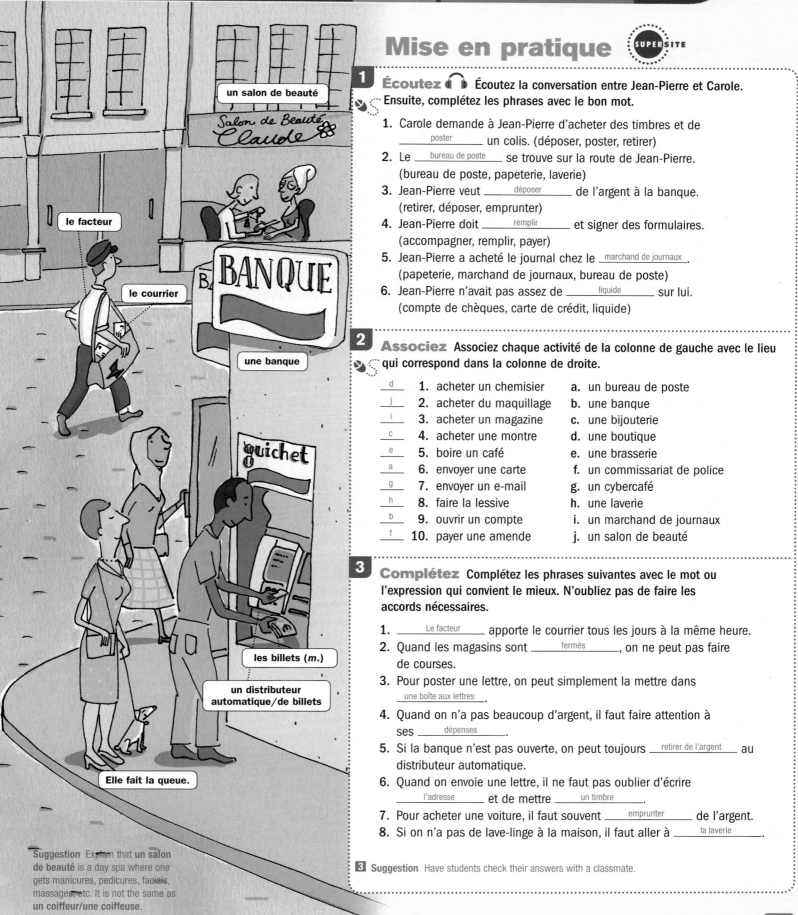

le facteur

le courrier

un salon de beauté

Salon de Beauté Claude

BANQUE

une banque

guichet

les billets (m.)

un distributeur automatique/de billets

Elle fait la queue.

Mise en pratique SUPERSITE

1 Écoutez 🎧 Écoutez la conversation entre Jean-Pierre et Carole. Ensuite, complétez les phrases avec le bon mot.

1. Carole demande à Jean-Pierre d'acheter des timbres et de _____poster_____ un colis. (déposer, poster, retirer)
2. Le _____bureau de poste_____ se trouve sur la route de Jean-Pierre. (bureau de poste, papeterie, laverie)
3. Jean-Pierre veut _____déposer_____ de l'argent à la banque. (retirer, déposer, emprunter)
4. Jean-Pierre doit _____remplir_____ et signer des formulaires. (accompagner, remplir, payer)
5. Jean-Pierre a acheté le journal chez le _marchand de journaux_. (papeterie, marchand de journaux, bureau de poste)
6. Jean-Pierre n'avait pas assez de _____liquide_____ sur lui. (compte de chèques, carte de crédit, liquide)

2 Associez Associez chaque activité de la colonne de gauche avec le lieu qui correspond dans la colonne de droite.

_d_	1. acheter un chemisier	a.	un bureau de poste
_j_	2. acheter du maquillage	b.	une banque
_i_	3. acheter un magazine	c.	une bijouterie
_c_	4. acheter une montre	d.	une boutique
_e_	5. boire un café	e.	une brasserie
_a_	6. envoyer une carte	f.	un commissariat de police
_g_	7. envoyer un e-mail	g.	un cybercafé
_h_	8. faire la lessive	h.	une laverie
_b_	9. ouvrir un compte	i.	un marchand de journaux
_f_	10. payer une amende	j.	un salon de beauté

3 Complétez Complétez les phrases suivantes avec le mot ou l'expression qui convient le mieux. N'oubliez pas de faire les accords nécessaires.

1. _____Le facteur_____ apporte le courrier tous les jours à la même heure.
2. Quand les magasins sont _____fermés_____, on ne peut pas faire de courses.
3. Pour poster une lettre, on peut simplement la mettre dans _une boîte aux lettres_.
4. Quand on n'a pas beaucoup d'argent, il faut faire attention à ses _____dépenses_____.
5. Si la banque n'est pas ouverte, on peut toujours _retirer de l'argent_ au distributeur automatique.
6. Quand on envoie une lettre, il ne faut pas oublier d'écrire _____l'adresse_____ et de mettre _____un timbre_____.
7. Pour acheter une voiture, il faut souvent _____emprunter_____ de l'argent.
8. Si on n'a pas de lave-linge à la maison, il faut aller à _____la laverie_____.

3 Suggestion Have students check their answers with a classmate.

Suggestion Explain that **un salon de beauté** is a day spa where one gets manicures, pedicures, facials, massages, etc. It is not the same as **un coiffeur/une coiffeuse**.

CONTEXTES

Communication

4 **Décrivez** Avec un(e) partenaire, regardez les photos et décrivez où et comment Annick et Charles ont passé la journée samedi dernier. Answers will vary.

1.

2.

3.

4.

5.

6.

5 **Répondez** Avec un(e) partenaire, posez les questions suivantes et répondez-y à tour de rôle. Ensuite, comparez vos réponses avec celles d'un autre groupe. Answers will vary.

1. Vas-tu souvent au bureau de poste? Pour quoi faire?
2. Quel genre de courses fais-tu le week-end?
3. Où est-ce que tu fais souvent la queue? Pourquoi?
4. Y a-t-il une laverie près de chez toi? Combien de fois par mois y vas-tu?
5. Comment préfères-tu payer tes achats (*purchases*)? Pourquoi?
6. Combien de fois par semaine utilises-tu un distributeur de billets?

6 **À vous de jouer** Par petits groupes, choisissez une des situations suivantes et écrivez un dialogue. Ensuite, jouez la scène. Answers will vary.

1. À la banque, un(e) étudiant(e) veut ouvrir un compte bancaire et connaître les services offerts.
2. À la poste, une vieille dame (*lady*) veut envoyer un colis, acheter des timbres et faire un changement d'adresse. Il y a la queue derrière elle.
3. Dans un salon de beauté, deux femmes discutent de leurs courses à la mairie, à la papeterie et chez le marchand de journaux.
4. Dans un cybercafé, des étudiants font des achats en ligne sur différents sites.

Les sons et les lettres

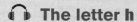 ## The letter h

You already know that the letter **h** is silent in French, and you are familiar with many French words that begin with an **h muet**. In such words, the letter **h** is treated as if it were a vowel. For example, the articles **le** and **la** become **l'** and there is a liaison between the final consonant of a preceding word and the vowel following the **h**.

| l'heure | l'homme | des hôtels | des hommes |

Some words begin with an **h aspiré**. In such words, the **h** is still silent, but it is not treated like a vowel. Words beginning with **h aspiré**, like these you've already learned, are not preceded by **l'** and there is no liaison.

| la honte | les haricots verts | le huit mars | les hors-d'œuvre |

Words that begin with an **h aspiré** are normally indicated in dictionaries by some kind of symbol, usually an asterisk (*).

Suggestions
- Remind students that **h** often combines with other consonants to make different sounds. Examples: **ch** (**chat, chose**) and **ph** (**téléphone**). The **h** is silent when it combines with the letter **t**. Examples: **thé** and **théâtre**.
- Point out that many words beginning with an **h aspiré** are borrowed from other languages. Examples: **le hall, les hamburgers, le handball,** and **la Hollande**.
- Ask students to provide more examples of words that begin with the letter **h**. Examples: **l'huile, l'hôte, l'hôtesse, des habitants,** and **l'hôtel**.

Prononcez Répétez les mots suivants à voix haute.

1. le hall
2. la hi-fi
3. l'humeur
4. la honte
5. le héron
6. l'horloge
7. l'horizon
8. le hippie
9. l'hilarité
10. la Hongrie
11. l'hélicoptère
12. les hamburgers
13. les hiéroglyphes
14. les hors-d'œuvre
15. les hippopotames
16. l'hiver

Articulez Répétez les phrases suivantes à voix haute.

1. Hélène joue de la harpe.
2. Hier, Honorine est allée à l'hôpital.
3. Le hamster d'Hervé s'appelle Henri.
4. La Havane est la capitale de Cuba.
5. L'anniversaire d'Héloïse est le huit mars.
6. Le hockey et le hand-ball sont mes sports préférés.

Dictons Répétez les dictons à voix haute.

La honte n'est pas d'être inférieur à l'adversaire, c'est d'être inférieur à soi-même.[1]

L'heure, c'est l'heure; avant l'heure, c'est pas l'heure; après l'heure, c'est plus l'heure.[2]

Dictons The saying «**La honte n'est pas d'être inférieur à l'adversaire, c'est d'être inférieur à soi-même**» is a Manchurian proverb. The saying «**L'heure, c'est l'heure; avant l'heure, c'est pas l'heure; après l'heure, c'est plus l'heure**» is a quote from Jules Jouy.

[2] On time is on time; before the hour is not on time; after the hour is no longer on time.

[1] Shame is not being inferior to an adversary; it's being inferior to oneself.

ressources

LM p. 90

SUPERSITE
promenades.vhlcentral.com
Leçon 23

ROMAN-PHOTO

On fait des courses

PERSONNAGES

Amina

David

Employée

Rachid

Sandrine

À la charcuterie...

EMPLOYÉE Bonjour, Mademoiselle, Monsieur. Qu'est-ce que je vous sers?

RACHID Bonjour, Madame, quatre tranches de pâté et de la salade de carottes pour deux personnes, s'il vous plaît.

EMPLOYÉE Et avec ça?

RACHID Deux tranches de jambon, s'il vous plaît.

RACHID Vous prenez les cartes de crédit?

EMPLOYÉE Ah désolée, Monsieur, nous n'acceptons que les paiements en liquide ou par chèque.

RACHID Amina, je viens de m'apercevoir que je n'ai pas de liquide sur moi!

AMINA Ce n'est pas grave, j'en ai assez. Tiens.

Dans la rue...

RACHID Merci, chérie. Passons à la banque avant d'aller au parc.

AMINA Mais nous sommes samedi midi, la banque est fermée.

RACHID Peut-être, mais il y a toujours le distributeur automatique.

AMINA Bon d'accord... J'ai quelques courses à faire plus tard cet après-midi. Tu veux m'accompagner?

Dans une autre partie de la ville...

DAVID Tu aimes la cuisine alsacienne?

SANDRINE Oui, j'adore la choucroute!

DAVID Tu veux aller à la brasserie La Petite France? C'est moi qui t'invite.

SANDRINE D'accord, avec plaisir.

DAVID Excellent! Avant d'y aller, il faut trouver un distributeur automatique.

SANDRINE Il y en a un à côté de la banque.

Au distributeur automatique...

SANDRINE Eh regarde qui fait la queue!

RACHID Tiens, salut, qu'est-ce que vous faites de beau, vous deux?

SANDRINE On va à la brasserie. Vous voulez venir avec nous?

Suggestion Have students scan the captions for sentences related to places in a city.

AMINA Non non! Euh... je veux dire... Rachid et moi, on va faire un pique-nique dans le parc.

RACHID Oui, et après ça, Amina a des courses importantes à faire.

SANDRINE Je comprends, pas de problème... David et moi, nous avons aussi des choses à faire cet après-midi.

ACTIVITÉS

1 Vrai ou faux? Indiquez si les affirmations suivantes sont **vraies** ou **fausses**.

1. Aujourd'hui, la banque est ouverte. Faux.

2. Amina doit aller à la poste pour envoyer un colis. Faux.

3. Amina doit aller à la poste pour acheter des timbres. Vrai.

4. Amina va mettre ses cartes postales dans une boîte aux lettres à côté de la banque. Faux.

5. Sandrine n'aime pas la cuisine alsacienne. Faux.

6. David et Rachid vont retirer de l'argent. Vrai.

7. Il n'y a pas de queue au distributeur automatique. Faux.

8. David et Sandrine invitent Amina et Rachid à la brasserie. Vrai.

9. Amina et Rachid vont à la brasserie. Faux.

10. Amina va faire ses courses après le pique-nique. Vrai.

1 Suggestion Have students correct the false statements.

Amina et Rachid préparent un pique-nique.

Expressions utiles As you work through the list, point out the forms of **recevoir** and **apercevoir**, and negative expressions. Tell students that these verbs and constructions will be formally presented in the **Structures** section.

RACHID Volontiers. Où est-ce que tu vas?

AMINA Je dois aller à la poste pour acheter des timbres et envoyer quelques cartes postales, et puis je voudrais aller à la bijouterie. J'ai reçu un e-mail de la bijouterie qui vend les bijoux que je fais. Regarde.

RACHID Très joli!

AMINA Oui, tu aimes? Et après ça, je dois passer à la boutique Olivia où l'on vend mes vêtements.

RACHID Tu vends aussi des vêtements dans une boutique?

AMINA Oui, mes créations! J'étudie le stylisme de mode, tu ne t'en souviens pas?

RACHID Si, bien sûr, mais... Tu as vraiment du talent.

AMINA Alors! On n'a plus besoin de chercher un Cyberhomme?

SANDRINE Pour le moment, je ne cherche personne. David est super.

Suggestion Point out that Amina can buy stamps from a machine even when the post office is closed.

DAVID De quoi parlez-vous?

SANDRINE Oh, rien d'important.

RACHID Bon, Amina. On y va?

AMINA Oui. Passez un bon après-midi.

SANDRINE Vous aussi.

Expressions utiles

Dealing with money

- **Nous n'acceptons que les paiements en liquide.**
  We only accept payment in cash.
- **Je viens de m'apercevoir que je n'ai pas de liquide.**
  I just noticed/realized I don't have any cash.
- **Il y a toujours le distributeur automatique.**
  There's always the ATM.

Running errands

- **J'ai quelques courses à faire plus tard cet après-midi.**
  I have a few/some errands to run later this afternoon.
- **Je voudrais aller à la bijouterie qui vend les bijoux que je fais.**
  I would like to go to the jewelry shop that sells the jewelry I make.

Expressing negation

- **Pas de problème.**
  No problem.
- **On n'a plus besoin de chercher un Cyberhomme?**
  We no longer need to look for a Cyberhomme?
- **Pour le moment, je ne cherche personne.**
  For the time being/the moment, I'm not looking for anyone.
- **Rien d'important.**
  Nothing important.

Additional vocabulary

- **J'ai reçu un e-mail.**
  I received an e-mail.
- **Qu'est-ce que vous faites de beau?**
  What are you up to?

---

2 **Complétez** Complétez les phrases suivantes.

1. La charcuterie accepte les paiements en liquide et _par chèque_.
2. Amina veut aller à la poste, à la boutique de vêtements et à la _bijouterie_.
3. À côté de la banque, il y a un _distributeur automatique_.
4. Amina paie avec des pièces de monnaie et des _billets_.
5. Amina a des _courses_ à faire cet après-midi.

3 **À vous!** Que se passe-t-il au pique-nique ou à la brasserie? Avec un(e) camarade de classe, écrivez une conversation entre Amina et Sandrine ou Rachid et David, dans laquelle elles/ils se racontent ce qu'ils ont fait. Qu'ont-ils mangé? Se sont-ils amusés? Était-ce romantique? Jouez la scène devant la classe.

3 **Suggestion** Tell students to choose a situation and brainstorm ideas before writing their conversations. Encourage them to be creative.

ressources		
VM pp. 231–232	DVD Leçon 23	promenades.vhlcentral.com Leçon 23

A C T I V I T É S

Avant la lecture Have students look at the visuals and describe what they see.

CULTURE À LA LOUPE

Les moyens de paiement en France

© CNES 1999/ JP. Haigneré

Lecture Point out that **la Carte Bleue** was widely used in France before the debit card became a common form of payment in the United States.

À l'exception des petites courses quotidiennes, les Français paient très rarement leurs achats° et leurs factures° en liquide. Pour les paiements réguliers, comme les factures d'électricité ou de téléphone, les virements° et les prélèvements° automatiques sur comptes bancaires sont souvent utilisés. Pour les autres dépenses, le mode de paiement préféré est la carte bancaire.

Les Français sont les plus gros utilisateurs de chèques du monde, mais le système de chèques payants° en France les encourage à se servir de leur carte bancaire. Au départ, les cartes bancaires françaises, émises° uniquement par des banques, servaient seulement à retirer de l'argent dans les distributeurs automatiques. Peu de commerces les acceptaient et il fallait° souvent que les achats dépassent° une certaine somme°. Aujourd'hui, l'usage des cartes bancaires est en hausse°, mais on trouve encore des petits commerces qui ne les acceptent pas.

La plupart des Français possèdent actuellement° une carte de la gamme° Carte Bleue. La carte, qui peut être nationale ou internationale, est une carte bancaire liée° à un compte en banque. Certaines cartes peuvent aussi être utilisées comme des cartes de crédit. Dans ce cas, les sommes sont généralement débitées à la fin de chaque mois ou bien on peut faire des paiements mensuels° à la banque. Il existe aussi de plus en plus d'organismes de crédit et de magasins qui offrent leur propre° carte de crédit à leurs clients. Longtemps réticents° devant ce type de crédit, les Français l'utilisent de plus en plus aujourd'hui.

achats *purchases* factures *bills* virements *transfers* prélèvements *withdrawals* payants *with a fee* émises *issued* il fallait *it was necessary* dépassent *exceed* somme *sum* en hausse *increasing* actuellement *currently* gamme *line* liée *linked* mensuels *monthly* propre *own* réticents *hesitant*

ACTIVITÉS

1 **Répondez** Répondez aux questions par des phrases complètes.

1. Comment paie-t-on souvent ses factures en France?
   On les paie souvent par virement ou par prélèvement automatique.
2. Quel mode de paiement est préféré pour faire des achats?
   C'est la carte bancaire.
3. Pourquoi de plus en plus de Français utilisent-ils leur carte bancaire? Ils utilisent leur carte bancaire parce qu'il y a maintenant en France un système de chèques payants.
4. À quoi servait la carte bancaire quand elle est arrivée en France?
   Elle servait à retirer de l'argent dans les distributeurs automatiques.
5. À l'origine, pourquoi était-il difficile d'utiliser une carte bancaire?
   Peu de commerces les acceptaient et il fallait souvent que les achats dépassent une certaine somme.

6. Qu'est-ce qu'une carte bancaire? C'est une carte liée à un compte en banque. Certaines peuvent aussi être utilisées comme des cartes de crédit.
7. Quelle carte peut être utilisée à l'étranger?
   La carte bancaire internationale peut être utilisée à l'étranger.
8. À quel type de carte américaine ressemble la carte bancaire française?
   La carte bancaire française ressemble à la *debit card* américaine.
9. Comment en est-elle différente? Quand on utilise une carte bancaire française, les sommes sont généralement débitées du compte à la fin du mois et non pas immédiatement.
10. Quels organismes offrent leur propre carte de crédit à leurs clients?
    Les organismes de crédit et les magasins les leur offrent.

1 **Suggestion** Have volunteers write the answers on the board. Then go over them with the class.

Portrait After two accidents while training in 1982, Robert hasn't suffered any more climbing injuries. He trained in the Alps before starting to climb skyscrapers, which he is now paid to do.

Summarizing a text

Summarizing a text in your own words can help you comprehend it better. Before summarizing a text, you might find it helpful to skim it and jot down a few notes about its general meaning. You can then read the text again, writing down the important details. Your notes will help you summarize what you have read. If the text is particularly long, you may want to subdivide it into smaller segments so that you can summarize it more easily.

Où faire des courses?

Voici quelques endroits où faire des courses.

En Afrique du Nord les souks, quartiers des vieilles villes où il y a une grande concentration de magasins et de stands

En Côte d'Ivoire le marché de Cocody à Abidjan où on trouve des tissus° et des objets locaux

À la Martinique le grand marché de Fort-de-France, un marché couvert°, ouvert tous les jours, qui offre toutes sortes de produits

À Montréal la ville souterraine°, un district du centre-ville où il y a de nombreux centres commerciaux reliés° entre eux par des tunnels

À Paris le marché aux puces° de Saint-Ouen où on trouve des antiquités et des objets divers

À Tahiti le marché couvert de Papeete où on offre des produits pour les touristes et pour les Tahitiens

tissus *fabrics* **couvert** *covered* **souterraine** *underground* **reliés** *connected* **marché aux puces** *flea market*

Le «Spiderman» français

Alain Robert, le «Spiderman» français, découvre l'escalade° quand il est enfant et devient un des meilleurs grimpeurs° de falaises° du monde. Malgré° deux accidents qui l'ont laissé invalide à 60%°, avec des problèmes de vertiges°, il commence sa carrière de grimpeur «urbain» et escalade son premier gratte-ciel° à Chicago, en 1994. Depuis, il a escaladé plus de 70 gratte-ciel et autres structures du monde, dont la tour Eiffel à Paris et la Sears Tower à Chicago. En 1997, il a été arrêté par la police pendant son ascension du plus grand bâtiment du monde, les tours Petronas en Malaisie. Parfois en costume de Spiderman, mais toujours sans corde° et à mains nues°, Robert fait souvent des escalades pour collecter des dons° et il attire° parfois des milliers de spectateurs.

escalade *climbing* **grimpeurs** *climbers* **falaises** *cliffs* **Malgré** *In spite of* **invalide à 60%** *60% disabled* **vertiges** *vertigo* **gratte-ciel** *skyscraper* **corde** *rope* **nues** *bare* **dons** *charitable donations* **attire** *attracts*

SUPERSITE

SUR INTERNET

Que peut-on acheter chez les bouquinistes, à Paris?

Go to **promenades.vhlcentral.com** to find more cultural information related to this **LECTURE CULTURELLE.** Then watch the corresponding **Flash culture.**

2 Vrai ou faux? Indiquez si les phrases sont **vraies** ou **fausses**.

1. Alain Robert escalade seulement des falaises.
   Faux. Il escalade aussi des gratte-ciel et d'autres structures.
2. Alain Robert a escaladé son premier bâtiment à Chicago.
   Vrai.
3. Alain Robert n'a jamais eu de problèmes de santé dans sa carrière de grimpeur. Faux. Il a eu deux accidents graves et il a des problèmes de vertiges.
4. À Montréal, il y a un quartier souterrain.
   Vrai.
5. Il y a des souks dans les marchés d'Abidjan.
   Faux. Il y a des souks dans les vieilles villes d'Afrique du Nord.

3 Le marchandage En Afrique du Nord, il est très courant de marchander ou de discuter avec un vendeur pour obtenir un meilleur prix. Avez-vous déjà eu l'occasion de marchander? Où? Quand? Qu'avez-vous acheté? Avez-vous obtenu un bon prix? Discutez de ce sujet avec un(e) partenaire.

ressources

| VM pp. 261–262 | **SUPERSITE** promenades.vhlcentral.com Leçon 23 |

ACTIVITÉS

STRUCTURES

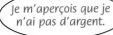

23.1 Voir, recevoir, and apercevoir

Je m'aperçois que je n'ai pas d'argent.

On vous a vus devant le distributeur!

The verb voir (to see)

je vois	nous voyons
tu vois	vous voyez
il/elle voit	ils/elles voient

Nous **voyons** le nouveau commissariat de police.
We see the new police station.

Tu **vois** les cartes postales sur la table?
Do you see the postcards on the table?

- **Voir** takes **avoir** as an auxiliary verb in the **passé composé**, and its past participle is **vu**.

Tu **as vu** le nouveau facteur?
Did you see the new mailman?

Ils **ont vu** *Un air de famille* en DVD.
They saw Un air de famille *on DVD.*

- The **conditionnel** of **voir** is formed with the stem **verr-**.

S'ils pouvaient, ils **verraient** le film ce week-end.
If they could, they would see the film this weekend.

Elle **verrait** mieux si elle portait des lunettes.
She would see better if she wore glasses.

- The verb **revoir** (*to see again*) is derived from **voir** and is conjugated in the same way.

Au revoir!

On se **revoit** mercredi ou jeudi?
Will we see each other again Wednesday or Thursday?

On a **revu** nos camarades à la papeterie.
We saw our classmates again at the stationery store

Suggestion Have a volunteer write the paradigm of **revoir** on the board and model its pronunciation.

MISE EN PRATIQUE

1 **À la Martinique** Alain et Chantal sont en vacances. Que disent-ils? Utilisez le présent de l'indicatif du verbe **voir**.

MODÈLE tu / voir / la plage et la mer
Tu vois la plage et la mer.

1. je / voir / couleurs / merveilleux
   Je vois des couleurs merveilleuses.
2. Chantal / voit / énorme / poisson
   Chantal voit un énorme poisson.
3. ils / voir / que / marché aux fruits / fermer / tôt
   Ils voient que le marché aux fruits ferme tôt.
4. nous / voir / le Carnaval / balcon de l'hôtel
   Nous voyons le Carnaval du balcon de l'hôtel.
5. tu / voir / enfants / dans / parc
   Tu vois des enfants dans le parc.
6. vous / voir / plantation de café
   Vous voyez une plantation de café.

2 **Recevoir ou apercevoir?** Vous parlez avec un(e) ami(e) de votre vie sur le campus. Complétez les phrases avec les verbes appropriés au présent.

1. De sa chambre, mon ami Marc ___aperçoit___ le campus.
2. Mon camarade de chambre et moi, nous ne ___recevons___ pas de visites pendant la semaine.
3. Tu ___aperçois___ parfois le facteur passer en voiture.
4. Ma petite amie et sa sœur ___reçoivent___ souvent des colis de leurs parents.
5. Quelquefois, je/j' ___aperçois___ mes profs au supermarché.
6. Ton meilleur ami et toi, vous ___recevez___ souvent des amis le week-end.

3 **Revoir** Alain et Chantal ont beaucoup aimé leur séjour à la Martinique et ils disent à une amie qu'ils ont déjà vu ces endroits et qu'ils les reverraient volontiers.

MODÈLE

Nous avons vu la montagne Pelée et nous la reverrions volontiers.

la montagne Pelée (nous)

3 Suggestions
- Model the activity by talking about a set of your own vacation photos.
- Remind students that the conditional form of **voir** and **revoir** is spelled with **rr**.

1. d'énormes poissons (tu)
Tu as vu d'énormes poissons et tu les reverrais volontiers.

3. le marché (Alain)
Alain a vu le marché et il le reverrait volontiers.

2. la forêt tropicale (je)
J'ai vu la forêt tropicale et je la reverrais volontiers.

4. les plages (vous)
Vous avez vu les plages et vous les reverriez volontiers.

COMMUNICATION

4 **Curieux!** Avec un(e) partenaire, posez-vous ces questions à tour de rôle. *Answers will vary.*

1. Reçois-tu souvent des lettres? De qui? Quand?

2. As-tu vu un bon film récemment? Quel film?

3. Tes parents recevaient-ils souvent des amis quand tu étais petit(e)? Aimais-tu leurs amis?

4. Voyais-tu tes camarades pendant les vacances d'été? Pourquoi?

5. Qu'aperçois-tu de ta chambre? Que préférerais-tu apercevoir?

5 **Assemblez** Achetez-vous sur Internet? Avec un(e) partenaire, assemblez les éléments des colonnes pour raconter vos expériences. Utilisez les verbes **voir**, **recevoir**, **apercevoir** et **s'apercevoir** dans votre conversation.
Answers will vary.

MODÈLE

Étudiant(e) 1: *Je commande parfois des livres sur Internet. Une fois, je n'ai pas reçu mes livres!*
Étudiant(e) 2: *Mon père adore acheter sur Internet. Il voit souvent des objets qui l'intéressent.*

A	B	C
je	apercevoir	boîte aux lettres
tu	s'apercevoir	bureau de poste
un(e) ami(e)	commander	colis
nous	poster	enveloppe
vous	recevoir	facteur
tes parents	voir	timbre
?	?	?

6 **Enquête** Votre professeur va vous donner une feuille d'activités. Circulez dans la classe et demandez à vos camarades s'ils connaissent quelqu'un qui pratique chaque activité de la liste. S'ils répondent par l'affirmative, demandez-leur qui est la personne et écrivez la réponse. Ensuite, présentez vos réponses à la classe. *Answers will vary.*

MODÈLE

Étudiant(e) 1: *Connais-tu quelqu'un qui reçoit rarement des e-mails?*
Étudiant(e) 2: *Oui, mon frère aîné reçoit très peu d'e-mails.*

Activités	Nom	Réponses
1. recevoir / rarement / e-mails	Quang	son frère aîné
2. s'inquiéter / quand / ne pas / recevoir / e-mails		
3. apercevoir / e-mail bizarre / le / ouvrir		

• In **Leçon 17**, you learned to conjugate **devoir**. **Recevoir** and **apercevoir** are conjugated similarly.

	recevoir (to receive)	apercevoir (to catch sight of, to see)
je/j'	reçois	aperçois
tu	reçois	aperçois
il/elle	reçoit	aperçoit
nous	recevons	apercevons
vous	recevez	apercevez
ils/elles	reçoivent	aperçoivent

Je **reçois** une lettre de mon copain.
I receive a letter from my friend.

Vous **recevez** le courrier à la même heure tous les après-midi.
You receive the mail at the same time every afternoon.

Les criminels **aperçoivent** le policier.
The criminals see the police officer.

Le chien **aperçoit** le facteur quand il s'approche.
The dog sees the mailman when he approaches.

• **Recevoir** and **apercevoir** take **avoir** as the auxiliary verb in the **passé composé**. Their past participles are, respectively, **reçu** and **aperçu**.

Guillaume **a reçu** une carte postale.
Guillaume received a postcard.

J'**ai aperçu** un distributeur automatique.
I saw an ATM.

• The **conditionnel** of **recevoir** and **apercevoir** is formed with the stems **recevr-** and **apercevr-**, respectively.

Nous **recevrions** des colis si elle nous en envoyait.
We would receive packages if she sent us some.

D'ici, on **apercevrait** le bureau de poste.
From here, you would catch sight of the post office.

• The verb **s'apercevoir** (**de**) means *to notice* or *to realize*.

Elle **s'est aperçue** qu'il fallait faire la queue.
She realized it was necessary to wait in line.

Nous **nous sommes aperçus** du problème hier.
We noticed the problem yesterday.

Essayez! Have students work in pairs to turn the fragments in the activity into complete sentences. Then have them read their sentences to the class.

Essayez! Choisissez la forme appropriée du verbe au présent.

voir	recevoir	apercevoir
1. tu ___vois___	5. il ___reçoit___	9. vous ___apercevez___
2. vous ___voyez___	6. nous ___recevons___	10. tu ___aperçois___
3. elle ___voit___	7. ils ___reçoivent___	11. elles ___aperçoivent___
4. elles ___voient___	8. je ___reçois___	12. Houda ___aperçoit___

STRUCTURES

23.2 Negative/affirmative expressions

Point de départ In **Leçon 3**, you learned how to negate verbs with **ne... pas**, which is used to make a general negation. In French, as in English, you can also use a variety of expressions that add a more specific meaning to the negation.

- The other negative expressions are also made up of two parts: **ne** and the second negative word.

Negative expressions

ne... aucun(e)	none (not any)	ne... plus	no more (not anymore)
ne... jamais	never (not ever)	ne... que	only
ne... ni... ni	neither... nor	ne... rien	nothing (not anything)
ne... personne	nobody, no one		

Je **n'**ai **aucune** envie de manger.
I have no desire to eat.

Le bureau de poste **n'**est **jamais** ouvert.
The post office is never open.

Elle **ne** parle à **personne**.
She doesn't talk to anyone.

Il **n'**a **plus** faim.
He's not hungry anymore.

Ils **n'**ont **que** des timbres de la poste aérienne.
They only have airmail stamps.

Le facteur **n'**avait **rien** pour nous.
The mailman had nothing for us.

- To negate the expression **il y a**, place **n'** before **y** and the second negative word after the form of **avoir**.

Il **n'**y a **aucune** banque près d'ici?
Aren't there any banks nearby?

Il **n'**y avait **rien** sur mon compte.
There wasn't anything in my account.

- The negative words **personne** and **rien** can be the subject of a verb, in which case they are placed before the verb.

Personne n'était là.
No one was there.

Rien n'est arrivé dans le courrier.
Nothing arrived in the mail.

- Note that **aucun(e)** can be either an adjective or a pronoun. Therefore, it must agree with the noun it modifies. It is always used in the singular.

Tu ne trouves **aucune boîte aux lettres**?
Can't you find any mailboxes?

Je n'en trouve **aucune** par ici.
I can't find any around here.

- **Jamais, personne, plus,** and **rien** can be doubled up with **ne**.

Elle **ne** parle **jamais** à **personne**.
She never talks to anyone.

Elle **ne** dit **jamais rien**.
She never says anything.

Il **n'**y a **plus personne** ici.
There isn't anyone here anymore.

Il **n'**y a **plus rien** ici.
There isn't anything here anymore.

 MISE EN PRATIQUE

1 **Les jumelles** Olivia et Anaïs sont des jumelles (*twin sisters*) bien différentes. Expliquez comment.

> **MODÈLE** Olivia est toujours heureuse.
>
> *Anaïs n'est jamais heureuse.*

1. Olivia rit tout le temps.
   Anaïs ne rit jamais.
2. Olivia remarque (*notes*) tout.
   Anaïs ne remarque rien.
3. Olivia voit encore ses amies d'enfance.
   Anaïs ne voit plus /aucune de ses amies d'enfance.
4. Olivia aime le chocolat et la glace.
   Anaïs n'aime ni le chocolat ni la glace.
5. Olivia connaît beaucoup de monde.
   Anaïs ne connaît personne.
6. Olivia reçoit beaucoup de colis.
   Anaïs ne reçoit aucun colis.

1 Suggestion Ask students to give additional negative sentences for the activity.

2 **À la banque** Vous voulez ouvrir un nouveau compte et vous posez des questions au banquier. Écrivez ses réponses à la forme négative.

> **MODÈLE** La banque ferme-t-elle à midi? (jamais)
>
> *Non, la banque ne ferme jamais à midi.*

1. La banque est-elle ouverte le samedi? (jamais)
   Non, la banque n'est jamais ouverte le samedi.
2. Peut-on ouvrir un compte sans papier d'identité? (personne)
   Non, personne ne peut ouvrir de compte sans papier d'identité.
3. Avez-vous des distributeurs automatiques dans les supermarchés? (aucun)
   Non, nous n'avons aucun distributeur automatique dans les supermarchés.
4. Pour retirer de l'argent, avons-nous encore besoin de remplir ce document? (plus)
   Non, vous n'avez plus besoin de remplir ce document.
5. Avez-vous des billets et des pièces dans vos distributeurs automatiques? (que)
   Non, nous n'avons que des billets dans nos distributeurs automatiques.
6. Est-ce que tout le monde peut retirer de l'argent de notre compte bancaire? (personne)
   Non, personne ne peut retirer d'argent de votre compte bancaire.

3 **Pas exactement** Tristan exagère souvent. Il a écrit cet e-mail et vous lui répondez pour dire que les choses ne sont pas arrivées exactement comme ça. Mettez toutes ses phrases à la forme négative dans votre réponse.

MODÈLE

Tu n'es pas arrivé tard à la banque...

> Je suis arrivé tard à la banque. Quelqu'un m'a ouvert la porte. J'ai regardé les affiches et les catalogues. J'ai demandé quelque chose. Il y avait encore beaucoup d'argent sur mon compte. Je vais souvent revenir dans cette banque.

Tu n'es pas arrivé tard à la banque. Personne ne t'a ouvert la porte. Tu n'as regardé ni les affiches ni les catalogues. Tu n'as rien demandé. Il n'y avait plus d'argent sur ton compte. Tu ne vas jamais revenir dans cette banque.

COMMUNICATION

4 **De mauvaise humeur** Aujourd'hui, Anne-Marie est très négative. Elle répond négativement à toutes les questions. Avec un(e) partenaire, jouez les rôles d'Anne-Marie et de son amie. Rajoutez (*Add*) deux lignes supplémentaires de dialogue à la fin. Answers will vary.

MODÈLE

tu / sortir avec quelqu'un en ce moment
Étudiant(e) 1: *Est-ce que tu sors avec quelqu'un en ce moment?*
Étudiant(e) 2: *Non, je ne sors avec personne.*

1. tu / faire quelque chose ce soir
2. tes parents / venir chez toi ce week-end
3. ton frère / avoir encore sa vieille voiture
4. tes amis et toi / déjà aller en vacances au Canada
5. quelqu'un / habiter dans ta maison cet été
6. tu / avoir encore faim
7. ?
8. ?

5 **Activités dangereuses** Avec un(e) partenaire, faites une liste de dix activités dangereuses. Ensuite, travaillez avec un autre groupe et demandez à vos camarades s'ils pratiquent ces activités. Répondent-ils toujours par des phrases négatives? Answers will vary.

MODÈLE
5 **Suggestion** To get students warmed up for this activity, ask them if they do some unsafe things.
Étudiant(e) 1: *Fais-tu du jogging la nuit?*
Étudiant(e) 2: *Non! Je ne fais jamais de jogging la nuit.*

6 **À la banque** En vacances, vous vous apercevez que votre valise a disparu (*disappeared*) avec votre argent liquide, vos papiers et vos cartes de crédit. Vous avez besoin de retirer de l'argent à la banque. Préparez un dialogue entre vous et deux employés de banque. Utilisez les expressions de la boîte. Answers will vary.

jamais	ne... que	quelqu'un
ne... aucun(e)	ne... rien	rien
ne... ni... ni...	quelque chose	toujours
ne... plus		

- To say *neither... nor*, you use three negative words: **ne... ni... ni**. Note that partitive and indefinite articles are usually omitted.

  Le facteur **n'**est **ni** sympa **ni** sociable.
  The mailman is neither nice nor sociable.

  Je **n'**ai **ni** frères **ni** sœurs.
  I have neither brothers nor sisters.

- Note that in the **passé composé**, the words **jamais**, **plus**, and **rien** are placed between the auxiliary verb and the past participle. **Aucun(e)**, **personne**, and **que** follow the past participle.

  Elle **n'**est **jamais** revenue.
  She's never returned.

  Nous **n'**avons **plus** emprunté d'argent.
  We haven't borrowed money anymore.

  Je **n'**ai **rien** dit aujourd'hui.
  I didn't say anything today.

  Vous **n'**avez signé **aucun** papier.
  You didn't sign any paper.

  Il **n'**a parlé à **personne**.
  He didn't speak to anyone.

  Ils **n'**en ont posté **que** deux.
  They only mailed two.

- These expressions can be used in affirmative phrases. Note that when **jamais** is not accompanied by **ne**, it can mean *ever*.

jamais	*ever*	quelqu'un	*someone*
quelque chose	*something*	toujours	*always; still*

  As-tu **jamais** été à cette brasserie?
  Have you ever been to that brasserie?

  Il y a **quelqu'un**?
  Is someone there?

  Vous cherchez **quelque chose**?
  Are you looking for something?

  Il est **toujours** aussi réservé?
  Is he still so reserved?

- Note that **personne**, **quelque chose**, **quelqu'un**, and **rien** can be modified with an adjective after **de**.

  Nous cherchons **quelque chose de joli**.
  We're looking for something pretty.

  Ce n'est **rien de nouveau**.
  It's nothing new.

BOÎTE À OUTILS
Remember to use **de** instead of the indefinite article in a negative construction:
Il n'y a plus de billets dans le distributeur; personne ne poste de lettre le dimanche.

Essayez! Go over the answers to the activity with the class and have students with the correct responses explain them to the class.

Essayez! **Choisissez l'expression correcte.**

1. (Jamais / Personne) ne trouve cet homme agréable.
2. Je ne veux (rien / jamais) faire aujourd'hui.
3. Y a-t-il (quelqu'un / personne) à la banque?
4. Je n'ai reçu (pas de / aucun) colis.
5. Il n'y avait (ne / ni) lettres ni colis dans la boîte aux lettres.
6. Il n'y a (plus / aucun) d'argent à la banque?
7. Jérôme ne va (toujours / jamais) à la poste.
8. Le facteur n'arrive (toujours / qu') à trois heures.

SYNTHÈSE

Révision

4 Suggestion Have students formulate **vrai** or **faux** statements about any subject using the negative expressions listed for the activity.

1 Je ne vais jamais... Votre professeur va vous donner une feuille d'activités. Circulez dans la classe pour trouver un(e) camarade différent(e) qui fait ses courses à ces endroits. Où ne vont-ils jamais? Où ne vont-ils plus? Justifiez toutes vos réponses. *Answers will vary.*

MODÈLE

Étudiant(e) 1: *Vas-tu à la laverie?*
Étudiant(e) 2: *Non, je n'y vais plus parce que j'ai acheté un lave-linge. Mais, je vais toujours à la banque le lundi.*

Endroit	Nom
1. banque	Yvonne
2. bijouterie	
3. boutique de vêtements	
4. cybercafé	
5. laverie	

2 Le courrier Avec un(e) partenaire, préparez six questions pour interviewer vos camarades. Que reçoivent-ils dans leur courrier? Qu'envoient-ils? Utilisez les expressions négatives et les verbes **recevoir** et **envoyer**. Ensuite, par groupes de quatre, posez vos questions et écrivez les réponses. *Answers will vary.*

MODÈLE

Étudiant(e) 1: *Est-ce que tu ne reçois que des lettres dans ton courrier?*
Étudiant(e) 2: *Non, je reçois des cadeaux parfois, mais je n'en envoie jamais.*

3 Au village Vous visitez un petit village pour la première fois. Malheureusement, tout y est fermé. Vous posez des questions à un(e) habitant(e) sur les endroits de la liste et il/elle vous répond par des expressions négatives. Préparez le dialogue avec un(e) partenaire. *Answers will vary.*

MODÈLE

Étudiant(e) 1: *À quelle heure le bureau de poste ouvre-t-il aujourd'hui?*
Étudiant(e) 2: *Malheureusement, le bureau de poste n'existe plus, Monsieur!*

banque	laverie
bureau de poste	mairie
commissariat de police	salon de beauté

3 Suggestion To get the class started, have students read the instructions and then make up different kinds of questions. Examples: **Y a-t-il un(e) _____ près d'ici?** **Où se trouve le/la _____ ?**

4 Vrai ou faux? Par groupes de quatre, travaillez avec un(e) partenaire pour préparer huit phrases au sujet des deux autres partenaires de votre groupe. Essayez de deviner ce qu'ils/elles (*what they*) ont fait et n'ont pas fait. Utilisez dans vos phrases le passé composé et les expressions négatives indiquées. Ensuite, lisez les phrases à vos deux camarades, qui vont vous dire si elles sont vraies ou fausses. *Answers will vary.*

MODÈLE

Étudiant(e) 1: *Tu n'es jamais allée dans le bureau du prof.*
Étudiant(e) 2: *C'est faux. J'ai dû y aller hier pour lui poser une question.*

- ne... aucun(e)
- ne... jamais
- ne... personne
- ne... plus
- ne... que
- ne... rien

5 Au secours! Avec un(e) partenaire, préparez un dialogue pour représenter la scène de cette illustration. Utilisez le verbe **voir** et des expressions négatives et affirmatives. *Answers will vary.*

6 Dix ans plus tard Votre professeur va vous donner, à vous et à votre partenaire, deux plans d'une ville. Attention! Ne regardez pas la feuille de votre partenaire. *Answers will vary.*

MODÈLE

Étudiant(e) 1: *Il y a dix ans, la laverie avait beaucoup de clients.*
Étudiant(e) 2: *Aujourd'hui, il n'y a personne dans la laverie.*

ressources		
WB pp. 157–160	LM pp. 91–92	promenades.vhlcentral.com Leçon 23

Le Zapping

Rennes: capitale bretonne

La ville de Rennes devient capitale de la Bretagne en 1532, année où cette région est annexée à la France. Elle commence sa longue histoire de plus de 2.000 ans à l'époque des Gaulois°. Rennes se trouve sur le confluent de deux fleuves°, l'Ille et la Vilaine, emplacement stratégique qui attire° ses premiers habitants. Au centre-ville, on peut admirer son architecture de différentes périodes historiques, comme les maisons médiévales à colombages° et le Parlement de Bretagne du XVIIe siècle.

—Au centre-ville, on trouve des cafés, la mairie, des boutiques, des distributeurs automatiques...

—Une promenade à travers les rues anciennes du centre historique vous fait découvrir la magnifique architecture bretonne...

Compréhension Have students work in pairs or groups for this activity. Tell them to write their answers. Then show the video again so that they can check their answers and add any missing information.

Compréhension Répondez aux questions. Some answers will vary.

1. Quelles courses peut-on faire dans un centre-ville français? On peut aller à la poste ou à la banque.

2. Quels lieux d'intérêt culturel peut-on visiter à Rennes? On peut visiter le musée des Beaux-Arts ou la bibliothèque municipale.

3. Comment peut-on s'y détendre? On peut faire une promenade en bateau ou visiter le parc du Thabor.

Discussion Avec un(e) partenaire, discutez de ces questions. Answers will vary.

1. Y a-t-il des villes dans ce pays avec des centres-villes de style français? Lesquelles (*Which ones*)?

2. Que pensez-vous des centres-villes français? Aimeriez-vous habiter à Rennes? Pourquoi?

Gaulois *Gauls (ancient Celtic people)* **fleuves** *rivers* **attire** *attracts* **à colombages** *half-timbered*

SUR INTERNET

Go to **promenades.vhlcentral.com** to watch the TV clip featured in this **Le zapping**.

Discussion Ask students who might have traveled outside the United States or Canada to describe the cities they visited. How do their city centers compare to that of Rennes? How do they compare to a typical downtown area in the U.S.?

Leçon 24

You will learn how to...
- ask for directions
- tell what you will do

Suggestion Tell students to look over the new vocabulary and identify the cognates.

Où se trouve...?

un pont

Elle monte les escaliers. (monter)

une statue

Il descend les escaliers. (descendre)

une fontaine

OUEST NORD SUD EST

Il est perdu. (perdue f.)

Elle s'oriente. (s'orienter)

Vocabulaire

continuer	to continue
se déplacer	to move (change location)
suivre	to follow
tourner	to turn
traverser	to cross
un angle	corner
une avenue	avenue
un bâtiment	building
un boulevard	boulevard
un chemin	way; path
un coin	corner
des indications (f.)	directions
un office du tourisme	tourist office
au bout (de)	at the end (of)
au coin (de)	at the corner (of)
autour (de)	around
jusqu'à	until
(tout) près (de)	(very) close (to)
tout droit	straight ahead

Suggestions
- Define and contrast the words for types of roads: **une rue, une autoroute, un boulevard, une avenue,** and **un chemin.** Also give examples using local roads students know.
- Point out that **coin** and **angle** both mean *corner.*
- Point out the difference between **tout droit** (*straight ahead*) and **à droite** (*to the right*).

ressources

WB pp. 161–162

LM p. 93

SUPERSITE
promenades.vhlcentral.com
Leçon 24

Attention!

The verb **suivre** (*to follow*) is an important verb for giving and getting directions. Its first person singular form (**je**) is the same as the **je** form of the present tense of **être**. Context will determine the meaning.

je suis	nous suivons
tu suis	vous suivez
il/elle suit	ils/elles suivent

un feu de signalisation (feux *pl.*)

un carrefour

une rue

une cabine téléphonique

un banc

Mise en pratique

1 **Écoutez** 🎧 Écoutez cette conversation entre un touriste et une dame (*lady*) à qui il demande son chemin. Ensuite, dites si les affirmations suivantes sont vraies ou fausses.

1. Le touriste est perdu. Vrai.
2. Il cherche la rue Saint-Antoine. Faux.
3. Il cherche l'hôtel Étoile. Vrai.
4. L'hôtel est loin d'où il se trouve. Faux.
5. Le touriste doit traverser le pont de Sully. Vrai.
6. Il doit tourner une fois à gauche. Vrai.
7. La rue de Rivoli se trouve au bout de la rue Saint-Antoine. Vrai.
8. Le touriste a peur de ne pas se souvenir des indications. Vrai.
9. Le touriste a oublié le numéro de téléphone de l'hôtel. Vrai.
10. La dame suggère au touriste de prendre un taxi. Faux.

1 **Suggestion** Have students correct the false statements.

2 **Les antonymes** Quel est le contraire des expressions et des mots suivants?

1. continuer tout droit ___tourner___
2. descendre ___monter___
3. sud ___nord___
4. est ___ouest___
5. à droite ___à gauche___
6. devant ___derrière___
7. très loin de ___tout près de___
8. s'orienter ___être perdu(e)___
9. rester ___se déplacer___
10. au début de ___au bout de___

2 **Expansions**
• Have volunteers create sentences with the words in the activity.
• For additional practice, have students give synonyms for these words. **1. angle (coin) 2. chemin (rue) 3. bureau de tourisme (office de tourisme) 4. un grand boulevard (une avenue) 5. un immeuble (un bâtiment)**

3 **Complétez** Complétez les phrases suivantes avec le bon mot de vocabulaire pour faire des phrases cohérentes. Notez que tous les mots ne sont pas utilisés.

angles	cabine téléphonique	continuer	pont
avenue	chemin	se déplacer	statue
banc	coin	feu de signalisation	traverser

1. On peut s'asseoir sur un ___banc___ au parc.
2. L'___avenue___ des Champs-Élysées est très populaire à Paris.
3. La ___statue___ de la Liberté se trouve à New York.
4. Le ___pont___ du Golden Gate se trouve à San Francisco.
5. Généralement, il y a quatre ___angles___ à un carrefour.
6. On peut téléphoner dans une ___cabine téléphonique___.
7. Il faut toujours s'arrêter quand le ___feu de signalisation___ est au rouge.
8. Il faut toujours regarder à gauche et à droite avant de ___traverser___ la rue.
9. En ville, on peut ___se déplacer___ rapidement en métro.
10. Quand on est perdu, on demande son ___chemin___.

CONTEXTES

Communication

4 Suggestions Model the pronunciation of the roads on the map and have students repeat after you.

4 **Le plan de la ville** Travaillez avec un(e) partenaire et, à tour de rôle, demandez des indications pour pouvoir vous rendre (*to get*) aux endroits listés. Indiquez votre point de départ. Answers will vary.

 Café de la Gare

 Boulangerie Le Pain Chaud

 Hôpital St-Jean

 Office du tourisme

 Épicerie Bresson

 Bureau de poste

 Pharmacie La Molière

 Banque

 Université Joseph Fourier

 Téléphone

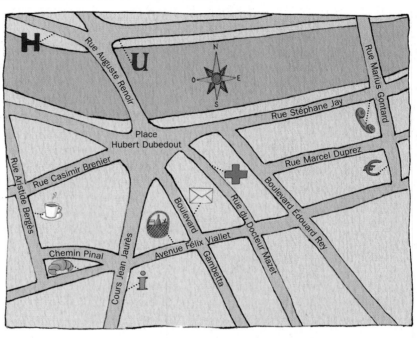

MODÈLE

la boulangerie Le Pain Chaud, le bureau de poste

Étudiant(e) 1: *Excusez-moi, où se trouve la boulangerie Le Pain Chaud, s'il vous plaît?*

Étudiant(e) 2: *Du bureau de poste, suivez le boulevard jusqu'à l'avenue Félix Viallet, ensuite prenez à droite, continuez tout droit, la boulangerie est à droite, juste après le cours Jean Jaurès.*

1. l'hôpital, la pharmacie
2. le café, l'office du tourisme
3. la banque, le bureau de poste
4. l'université, l'épicerie

5. la cabine téléphonique, la boulangerie
6. l'office du tourisme, la pharmacie
7. la banque, l'université
8. la boulangerie, la pharmacie

5 **Conversez** Interviewez un(e) camarade de classe.
Answers will vary.

1. Quelles statues célèbres connais-tu? Connais-tu aussi des ponts, des bâtiments célèbres?
2. Quand t'es-tu perdu(e) pour la dernière fois? Où? Qui t'a aidé(e)?
3. Quand as-tu utilisé une cabine téléphonique pour la dernière fois? Où étais-tu?
4. Es-tu déjà allé(e) dans un office du tourisme? Pour quoi faire?
5. Qu'est-ce qui se trouve au coin de la rue où tu habites? Et au bout de la rue?
6. Qui, de ta famille ou de tes ami(e)s, habite près de chez toi?

5 Expansion Have volunteers report what they learned about their partner to the class.

6 **En vacances** Préparez cette conversation avec un(e) partenaire. Soyez prêt(e)s à jouer la scène devant la classe. Answers will vary.

- Vous êtes un(e) touriste perdu(e) en ville.
- Vous demandez où se trouvent deux endroits différents.
- Quelqu'un vous indique le chemin.

6 Suggestion Distribute real maps of French towns for students to use in their conversations. Such maps are available through tourist offices and online.

Les sons et les lettres

Les majuscules et les minuscules

Suggestions
• You might want to tell students that diacritical marks are sometimes omitted on capital letters in French, especially on signs or headlines. In such cases, they should use the context to ascertain meaning.
• You might want to tell students that the names of religions are not capitalized in French. Example: **Paul est catholique.**

Some of the rules governing capitalization are the same in French as they are in English. However, many words that are capitalized in English are not capitalized in French. For example, the French pronoun **je** is never capitalized except when it is the first word in a sentence.

Aujourd'hui, je vais au marché.   **Today, I am going to the market.**

Days of the week, months, and geographical terms are not capitalized in French.

Qu'est-ce que tu fais lundi après-midi?   **Mon anniversaire, c'est le 14 octobre.**
Cette ville est sur la mer Méditerranée.   **Il habite 5 rue de la Paix.**

Languages are not capitalized in French, nor are adjectives of nationality. However, if the word is a noun that refers to a person or people of a particular nationality, it is capitalized.

Tu apprends le français.   **C'est une voiture allemande.**
You are learning French.   *It's a German car.*

Elle s'est mariée avec un Italien.   **Les Français adorent le foot.**
She married an Italian.   *The French love soccer.*

As a general rule, you should write capital letters with their accents. Diacritical marks can change the meaning of words, so not including them can create ambiguities.

LES AVOCATS SERONT JUGÉS.   **LES AVOCATS SERONT JUGES.**
Lawyers will be judged.   *Lawyers will be the judges.*

Corrigez Corrigez la capitalisation des mots suivants.

1. MAI mai
2. QUÉBEC Québec
3. VENDREDI vendredi
4. ALLEMAND allemand
5. L'OCÉAN PACIFIQUE l'océan Pacifique
6. LE BOULEVARD ST-MICHEL le boulevard St-Michel

Écrivez Écrivez correctement les phrases en utilisant les minuscules et les majuscules.

1. LE LUNDI ET LE MERCREDI, J'AI MON COURS D'ITALIEN. Le lundi et le mercredi, j'ai mon cours d'italien.
2. CHARLES BAUDELAIRE ÉTAIT UN POÈTE FRANÇAIS. Charles Baudelaire était un poète français.
3. LES AMÉRICAINS AIMENT BEAUCOUP LE LAC MICHIGAN. Les Américains aiment beaucoup le lac Michigan.
4. UN MONUMENT SE TROUVE SUR L'AVENUE DES CHAMPS-ÉLYSÉES. Un monument se trouve sur l'avenue des Champs-Élysées.

Dictons Répétez les dictons à voix haute.

Dictons The saying «La France, c'est le français quand il est bien écrit» is a quote from Napoléon Bonaparte. The saying «Si le Français est "tout yeux", l'Anglais est "tout oreilles"» is a quote from Jules Verne.

Si le Français est "tout yeux", l'Anglais est "tout oreilles."[2]

La France, c'est le français quand il est bien écrit.[1]

[1] France is French (when it is) well written.
[2] If the Frenchman is all eyes, the Englishman is all ears.

ressources
LM p. 94
SUPERSITE
promenades.vhlcentral.com
Leçon 24

ROMAN-PHOTO

Chercher son chemin

SUPERSITE

Suggestion Have students predict what the episode will be about based on the video stills.

PERSONNAGES

Amina

David

M. Hulot

Rachid

Sandrine

Stéphane

Touriste

Au kiosque de M. Hulot...

M. HULOT Bonjour, Monsieur.
TOURISTE Bonjour.
M. HULOT Trois euros, s'il vous plaît.
TOURISTE Je n'ai pas de monnaie.
M. HULOT Voici cinq, six, sept euros qui font dix. Merci.
TOURISTE Excusez-moi, où est le bureau de poste, s'il vous plaît?

M. HULOT Euh... c'est par là... Ah... non... euh... voyons... vous prenez cette rue, là et... euh, non non... je ne sais pas vraiment comment vous expliquer... Attendez, vous voyez le café qui est juste là? Il y aura certainement quelqu'un qui saura vous dire comment y aller.
TOURISTE Ah, merci, Monsieur, au revoir!

Au P'tit Bistrot...

SANDRINE Qu'est-ce que vous allez faire le week-end prochain?
RACHID Je pense que nous irons faire une randonnée à la Sainte-Victoire.
AMINA Oui, j'espère qu'il fera beau!
DAVID S'il ne pleut pas, nous irons au concert en plein air de Pauline Ester. C'est la chanteuse préférée de Sandrine, n'est-ce pas, chérie?

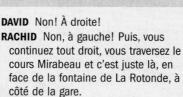

DAVID Non! À droite!
RACHID Non, à gauche! Puis, vous continuez tout droit, vous traversez le cours Mirabeau et c'est juste là, en face de la fontaine de La Rotonde, à côté de la gare.
DAVID Non, c'est à côté de l'office du tourisme.

TOURISTE Euh merci, je... je vais le trouver tout seul. Au revoir.
TOUS Bonne journée, Monsieur.

Suggestions
• Have students scan the captions, and identify places and landmarks in a city.
• After reading the **Roman-photo**, have students summarize the episode.

À la terrasse...

STÉPHANE Bonjour, je peux vous aider?
TOURISTE J'espère que oui.
STÉPHANE Vous êtes perdu?
TOURISTE Exactement. Je cherche le bureau de poste.

A C T I V I T É S

1 **Questions** Répondez par des phrases complètes.

1. Qu'est-ce que Rachid et Amina vont faire ce week-end?
   Ils vont faire une randonnée à la Sainte-Victoire.
2. Qu'est-ce que Sandrine et David vont faire ce week-end?
   Ils vont aller à un concert en plein air.
3. Quels points de repère (*landmarks*) Stéphane donne-t-il au touriste? Il mentionne le cours Mirabeau, La Rotonde et la fontaine.
4. Est-ce que vous pensez que la musique de Pauline Ester est très appréciée aujourd'hui? Pourquoi? Answers will vary.

5. Est-ce que vous pensez que les choses vont bien entre Amina et Rachid? Pourquoi? Answers will vary.
6. Est-ce que vous pensez que les choses vont bien entre Sandrine et David? Pourquoi? Answers will vary.
7. Comment pensez-vous que le touriste se sent quand il sort du P'tit Bistrot? Answers will vary.
8. Qui avait raison, à votre avis (*in your opinion*), David ou Rachid? Answers will vary.

Un touriste se perd à Aix… heureusement, il y a Stéphane!

Expressions utiles As you work through the list, point out forms of **le futur simple**. Tell students that this tense will be formally presented in the **Structures** section.

SANDRINE Absolument! «Oui, je l'adore, c'est mon amour, mon trésor…»

AMINA Pauline Ester! Tu aimes la musique des années quatre-vingt-dix?

SANDRINE Pas tous les styles de musique, mais Pauline Ester, oui.

AMINA Comme on dit, les goûts et les couleurs, ça ne se discute pas!

RACHID Tu n'aimes pas Pauline Ester, mon cœur?

TOURISTE Excusez-moi, est-ce que vous savez où se trouve le bureau de poste, s'il vous plaît?

RACHID Oui, ce n'est pas loin d'ici. Vous descendez la rue, juste là, ensuite vous continuez jusqu'au feu rouge et vous tournez à gauche.

STÉPHANE Le bureau de poste? C'est très simple.

TOURISTE Ah bon! C'est loin d'ici?

STÉPHANE Non, pas du tout. C'est tout près. Vous prenez cette rue, là, à gauche. Vous continuez jusqu'au cours Mirabeau. Vous le connaissez?

TOURISTE Non, je ne suis pas d'ici.

STÉPHANE Bon… Le cours Mirabeau, c'est le boulevard principal de la ville.

STÉPHANE Alors, une fois que vous serez sur le cours Mirabeau, vous tournerez à gauche et suivrez le cours jusqu'à La Rotonde. Vous la verrez… Il y a une grande fontaine. Derrière la fontaine, vous trouverez le bureau de poste, et voilà!

TOURISTE Merci beaucoup.

STÉPHANE De rien. Au revoir!

Expressions utiles

Giving directions

- **Attendez, vous voyez le café qui est juste là?**
  Wait, do you see the café right over there?

- **Il y aura certainement quelqu'un qui saura vous dire comment y aller.**
  There will surely be someone there who will know how to tell you how to get there.

- **Vous tournerez à gauche et suivrez le cours jusqu'à La Rotonde.**
  You will turn left and follow the street until the Rotunda.

- **Vous la verrez.**
  You will see it.

- **Derrière la fontaine, vous trouverez le bureau de poste.**
  Behind the fountain, you will find the post office.

Talking about the weekend

- **Je pense que nous irons faire une randonnée.**
  I think we will go for a hike.

- **J'espère qu'il fera beau!**
  I hope it will be nice/the weather will be good!

- **Nous irons au concert en plein air.**
  We will go to the outdoor concert.

Additional vocabulary

- **voyons**
  let's see

- **le boulevard principal**
  the main drag/principal thoroughfare

Expressions utiles Point out in caption 4 where Amina says: **Les goûts et les couleurs, ça ne se discute pas.** Ask students to interpret it. Then point out that English expresses the same idea with the saying "*To each his own.*"

---

2 **Comment y aller?** Remettez les indications pour aller du P'tit Bistrot au bureau de poste dans l'ordre. Écrivez un **X** à côté de l'indication que l'on ne doit pas suivre.

- a. __3__ Suivez le cours Mirabeau jusqu'à la fontaine.
- b. __4__ Le bureau de poste se trouve derrière la fontaine.
- c. __2__ Tournez à gauche.
- d. __X__ Tournez à droite au feu rouge.
- e. __1__ Prenez cette rue à gauche jusqu'au boulevard principal.

3 **Écrivez** Le touriste est soulagé (*relieved*) d'arriver enfin au bureau de poste. Il était très découragé; presque personne ne savait lui expliquer comment y aller. Il écrit une carte postale à sa femme pour lui raconter son aventure. Composez son message.

ressources

VM pp. 233–234	DVD Leçon 24	promenades.vhlcentral.com Leçon 24

ACTIVITÉS

LECTURE CULTURELLE

SUPERSITE

Avant la lecture Have students read the first sentence of the text. Then ask: **Votre ville natale a-t-elle une place principale ou un centre-ville? Quels bâtiments trouvez-vous souvent dans ces endroits?**

CULTURE À LA LOUPE

Villes et villages français

Quand on regarde le plan d'un village, d'une petite ville ou celui d'un quartier d'une grande ville, on remarque qu'il y a souvent une place au centre, autour de laquelle° la ville ou le quartier s'organise. Elle est un peu comme «le cœur» de la ville ou du quartier.

Sur la place principale des villes et villages français, on trouve souvent une église. Il peut s'y trouver aussi l'hôtel de ville (la mairie), ainsi que° d'autres bâtiments administratifs comme la poste, le commissariat de police ou l'office du tourisme, s'il y en a un. La grande place est aussi le quartier commercial d'une petite ville et beaucoup de gens y vont pour faire leurs courses dans les magasins ou pour se détendre dans un café, un restaurant ou au cinéma. On y trouve aussi parfois un musée ou un théâtre. La place peut être piétonne° ou ouverte à la circulation, mais dans les deux cas, elle est souvent très animée°.

En général, la grande place est bien entretenue° et décorée d'une fontaine, d'un parterre de fleurs° ou d'une statue. La majorité des rues principales de la ville ou du quartier partent ensuite de la place. Le nom de la place reflète souvent ce qu'on y trouve, par exemple la place de l'Église, la place de la Mairie ou la place de la Comédie. Beaucoup de rues portent le nom d'un écrivain ou d'un personnage célèbre de l'histoire de France, comme rue Victor Hugo ou avenue du général de Gaulle. Au centre-ville, les rues sont souvent très étroites et beaucoup sont à sens unique°.

laquelle *which* **ainsi que** *as well as* **piétonne** *pedestrian* **animée** *busy* **entretenue** *cared for* **parterre de fleurs** *flower bed* **sens unique** *one-way*

Coup de main

Some major cities in France, such as Paris, Lyon and Marseille, are divided into **arrondissements**, or districts. You can determine in which **arrondissement** something is located by the final numbers of its zip code. For example, 75011 indicates the 11th **arrondissement** in Paris and 13001 is the 1st **arrondissement** in Marseille.

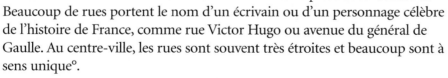

ACTIVITÉS

1 **Complétez** Donnez un début logique à chaque phrase, d'après le texte. Answers will vary. Possible answers provided.

1. ... au centre de la majorité des petites villes françaises.
   Il y a une place
2. ... autour de sa grande place.
   Une petite ville française s'organise
3. ... se situe souvent sur la place principale d'une ville française.
   Une église
4. ... pour faire leurs courses ou pour se détendre.
   Beaucoup de gens vont sur la grande place de leur ville
5. ... décorent souvent les places.
   Une fontaine, une statue ou un parterre de fleurs

6. ... sont réservées exclusivement aux piétons.
   Les places piétonnes
7. ... détermine souvent le nom d'une place.
   Un bâtiment
8. ... donnent souvent leur nom aux rues françaises.
   Des écrivains ou d'autres personnages célèbres
9. ... sont souvent à sens unique.
   Les rues du centre-ville
10. ... sont parfois divisées en arrondissements.
    Les grandes villes françaises

1 **Suggestion** Have students work in pairs on this activity.

Portrait
- Haussmann was born in Paris and began his **carrière préfectorale** in 1831, working in several regions of France before being asked to modernize Paris. The transformation of Paris took place in three stages between 1858 and 1870. The city's sewer system was rebuilt to help prevent disease after a cholera epidemic.
- Have students describe the photos of **le boulevard Haussmann** and **la place de la Concorde**.

STRATÉGIE

Previously learned grammar and vocabulary

As you read, remember to identify and take advantage of previously learned grammar and vocabulary. Doing so has two advantages. First, concepts and words that you have already learned function as clues for understanding new or unfamiliar ones. Second, by identifying known grammar and vocabulary, you recycle and thereby retain them better for future reference.

LE MONDE FRANCOPHONE

Le centre des villes

Voici le «cœur» de quelques villes francophones.

En Belgique
la Grand-Place à Bruxelles cœur de la vieille ville avec l'hôtel de ville, la maison du roi et de nombreux restaurants et cafés

Au Maroc
la médina à Fès centre historique avec ses monuments, ses boutiques et surtout ses artisans

En Nouvelle-Calédonie
le marché municipal de Nouméa ouvert tous les jours, on y vend du poisson, des fleurs, des légumes et des fruits

Au Québec
la Place-Royale à Québec rues étroites° et maisons de pierre° restaurées des premiers colons° français

étroites narrow pierre stone colons colonists

PORTRAIT

Le baron Haussmann

En 1853, Napoléon III demande au baron Georges Eugène Haussmann (1809-1891) de moderniser Paris. Le baron imagine alors un programme de transformation de la ville entière°. Il en est le premier vrai urbaniste. Il multiplie sa surface par deux. Pour améliorer° la circulation, il ouvre de larges avenues et des boulevards, comme le boulevard Haussmann, qu'il borde° d'immeubles bourgeois. Il crée de grands carrefours, comme l'Étoile ou la place de la Concorde, et de nombreux parcs

et jardins. Plus de 600 km d'égouts° sont construits. Parce qu'il a aussi détruit beaucoup de bâtiments historiques, les Français ont longtemps détesté le baron Haussmann. Pourtant°, son influence a été remarquable.

entière entire améliorer improve borde lines with égouts sewers Pourtant However

SUR INTERNET

Quelle est la particularité de la ville de Rocamadour, en France?

Go to promenades.vhlcentral.com to find more cultural information related to this **LECTURE CULTURELLE.**

2 **Complétez** Donnez une suite logique à chaque phrase.

1. En 1853, Napoléon III demande à Haussmann... de moderniser Paris.
2. Pour améliorer la circulation dans Paris, le baron Haussmann a créé... de larges avenues et des boulevards.
3. Les Français ont longtemps détesté le baron Haussmann... parce qu'il a détruit beaucoup de bâtiments historiques.
4. La médina représente... le centre historique de Fès.
5. Au marché de Nouméa, on peut acheter... du poisson, des fleurs, des légumes ou des fruits.

3 **Une école de langues** Vous et un(e) partenaire dirigez une école de langues située en plein centre-ville. Préparez une petite présentation de votre école où vous expliquez où elle se situe, les choses à faire au centre-ville, etc. Vos camarades ont-ils envie de s'y inscrire (enroll)?

3 **Expansion** After the presentations have been completed, have students vote on the school they most wish to attend.

ressources

promenades.vhlcentral.com
Leçon 24

A C T I V I T É S

24.1 *Le futur simple*

Point de départ In **Leçon 7**, you learned to use **aller** + [*infinitive*] to express actions that are going to happen in the immediate future (**le futur proche**). You will now learn the future tense to say what *will happen*.

- The future uses the same verb stems as the conditional.

Future tense of regular verbs

	parler	réussir	attendre
je/j'	parlerai	réussirai	attendrai
tu	parleras	réussiras	attendras
il/elle	parlera	réussira	attendra
nous	parlerons	réussirons	attendrons
vous	parlerez	réussirez	attendrez
ils/elles	parleront	réussiront	attendront

Au Québec, nous **parlerons** français.
In Quebec, we will speak French.

Je **suivrai** le chemin autour du parc.
I'll follow the path around the park.

- The same patterns that you learned for forming the conditional of spelling-change **-er** verbs also apply to the future.

Vous m'**emmènerez** avec vous?
Will you take me with you?

Tu **répéteras** les indications?
Will you repeat the directions?

- The same irregular stems you learned for the conditional are used for the future.

J'**irai** chez toi, mais pas aujourd'hui.
I'll go to your house, but not today.

Elles **feront** du vélo ce week-end.
They'll ride their bikes this weekend.

Vous **viendrez** par le petit chemin.
You'll come down the small path.

À l'angle, tu **devras** tourner à gauche.
At the corner, you'll have to turn left.

BOÎTE À OUTILS
See **Leçon 22** for the explanation of how to form the conditional of spelling-change verbs and for the list of verbs with irregular conditional stems.

- In **Leçon 22**, you learned how to use **si** clauses to express contrary-to-fact situations. **Si** clauses can also express conditions or events that are possible or likely to occur. In such instances, the **si** clause is in the present while the main clause uses the **futur** or **futur proche**.

Si je **tombe** en panne, je **trouverai** une station-service.
If I break down, I'll find a service station.

Si vous **réparez** la voiture, vous **allez éviter** l'amende.
If you repair the car, you're going to avoid the fine.

Suggestion You might want to teach the expressions **à l'avenir** and **dans l'avenir** (in the future) to the class.

 MISE EN PRATIQUE

1 **Projets** Cécile et ses amis parlent de leurs projets (*plans*) d'avenir. Employez le futur pour refaire ses phrases.

MODÈLE Je vais chercher une belle maison.
Je chercherai une belle maison.

1. Je vais finir mes études.
   Je finirai mes études.
2. Philippe va me dire où trouver un travail.
   Philippe me dira où trouver un travail.
3. Tu vas gagner beaucoup d'argent.
   Tu gagneras beaucoup d'argent.
4. Mes amis vont habiter près de chez moi.
   Mes amis habiteront près de chez moi.
5. Mon petit ami et moi, nous allons acheter un chien.
   Mon petit ami et moi, nous achèterons un chien.
6. Vous allez nous rendre visite de temps en temps.
   Vous nous rendrez visite de temps en temps.

2 **Plus tard** Aurélien parle de ses projets (*plans*) et des projets de sa famille et de ses amis. Mettez les verbes au futur.

MODÈLE dès que / je / avoir / le bac / je / aller / à l'université
Dès que j'aurai le bac, j'irai à l'université.

1. quand / je / être / à l'université / ma sœur et moi / habiter ensemble
   Quand je serai à l'université, ma sœur et moi habiterons ensemble.
2. quand / ma sœur / étudier plus / elle / réussir
   Quand ma sœur étudiera plus, elle réussira.
3. quand / mes parents / être / à la retraite / je / emprunter pour payer mes études
   Quand mes parents seront à la retraite, j'emprunterai pour payer mes études.
4. dès que / vous / finir vos études / vous / contacter / employeurs
   Dès que vous finirez vos études, vous contacterez des employeurs.
5. quand / tu / travailler / tu / acheter une voiture
   Quand tu travailleras, tu achèteras une voiture.
6. quand / nous / trouver / nouveau travail / nous / ne plus lire / les annonces (*want ads*)
   Quand nous trouverons un nouveau travail, nous ne lirons plus les annonces.

3 **Si...** Avec un(e) partenaire, finissez ces phrases à tour de rôle. Employez le futur des verbes de la boîte dans toutes vos réponses. Answers will vary.

MODÈLE Si mon ami(e) ne me téléphone pas ce soir, ...
Si mon amie ne me téléphone pas ce soir, je ne serai pas très content.

aller	devoir	faire	venir
avoir	être	pouvoir	vouloir

1. Si on m'invite à une fête samedi soir, ...
2. Si mes parents me donnent $100, ...
3. Si mon ami(e) me prête sa voiture, ...
4. Si le temps est mauvais, ...
5. Si je suis fatigué(e) vendredi, ...
6. Si ma famille me rend visite, ...

3 **Suggestion** Write this paradigm on the board to help students with the activity: **si** + *present tense verb* → *future tense verb*. Make certain that the class remembers and understands the concept of **si** clauses before they complete the activity.

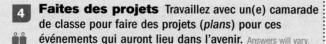

4 **Faites des projets** Travaillez avec un(e) camarade de classe pour faire des projets (*plans*) pour ces événements qui auront lieu dans l'avenir. Answers will vary.

MODÈLE

Étudiant(e) 1: *Après l'université, je chercherai un travail à San Diego. J'enseignerai dans un lycée.*
Étudiant(e) 2: *Moi, après l'université, j'irai en Europe. Je travaillerai comme serveuse dans un café.*

1. Samedi soir: Décidez où vous irez et comment vous y arriverez.

2. Les prochaines vacances: Parlez de ce que (*what*) vous ferez. Que visiterez-vous?

3. Votre prochain anniversaire: Quel âge aurez-vous? Que ferez-vous? Avec qui ferez-vous la fête?

4. À 65 ans: Où serez-vous? Que ferez-vous? Avec qui partagerez-vous votre vie?

5 **Content(e)** Votre professeur va vous donner une feuille d'activités. Circulez dans la classe pour trouver une réponse affirmative et une réponse négative à chaque question. Justifiez toutes vos réponses.
Answers will vary.

MODÈLE

Étudiant(e) 1: *Est-ce que tu seras plus content(e) quand tu auras du temps libre?*
Étudiant(e) 2: *Oui, je serai plus content(e) dès que j'aurai du temps libre, parce que je ferai plus souvent de la gym.*

6 **Partir très loin** Vous et votre partenaire avez décidé de prendre des vacances très loin de chez vous. Regardez les photos et choisissez deux endroits où vous voulez aller, puis comparez-les. Utilisez ces questions pour vous guider. Ensuite, présentez vos réponses à la classe.
Answers will vary.

- Qu'apporterez-vous?
- Quand partirez-vous?
- Que ferez-vous?
- Comment vous détendrez-vous?
- Quand rentrerez-vous?

- Sometimes, French uses **le futur simple** where English uses the present tense.

FUTURE   FUTURE

Je me **mettrai** à chercher du travail, quand je n'**aurai** plus d'argent.
*I **will start** looking for work when I **don't have** any more money.*

Je te rendrai l'argent dès que je passerai au distributeur.

Quand vous serez dans le café, quelqu'un pourra vous aider.

- In a clause that begins with **quand** or **dès que** (*as soon as*), use the future tense if the clause describes an event that will happen in the future.

Il enverra les e-mails **quand il aura** le temps.
He will send the e-mails when he has time.

Je posterai les lettres **dès que je pourrai**.
I will mail the letters as soon as I can.

- If a clause with **quand** or **dès que** does not describe a future action, another tense may be used for the verb.

Quand avez-vous fait vos valises?
When did you pack your bags?

La policière nous parle **dès qu'elle arrive**.
The police officer talks to us as soon as she arrives.

- The words **le futur** and **l'avenir** (*m.*) both mean *future*. Use the first word when referring to the grammatical future; use the second word when referring to events that haven't occurred yet.

On étudie **le futur** en cours.
We're studying the future (tense) in class.

Je parlerai de **mon avenir** au prof.
I'll speak to the professor about my future.

Essayez!   Conjuguez ces verbes au futur.

1. je/j' (aller, vouloir, savoir) _____ irai, voudrai, saurai
2. tu (suivre, pouvoir, tourner) _____ suivras, pourras, tourneras
3. Marc (venir, être, ouvrir) _____ viendra, sera, ouvrira
4. nous (avoir, devoir, choisir) _____ aurons, devrons, choisirons
5. vous (recevoir, tenir, aller) _____ recevrez, tiendrez, irez
6. elles (vouloir, faire, être) _____ voudront, feront, seront
7. je/j' (devenir, dire, envoyer) _____ deviendrai, dirai, enverrai
8. elle (aller, avoir, continuer) _____ ira, aura, continuera

24.2 Relative pronouns
qui, que, dont, où

Point de départ Relative pronouns combine two sentences into one, more complex sentence. The second phrase gives more information about a noun both sentences have in common. In English, relative pronouns can be omitted, but the relative pronoun in French cannot be.

Vous traversez **l'avenue**.
You are crossing the avenue.

Je connais bien **l'avenue**.
I know the avenue well.

Vous traversez l'avenue **que** je connais bien.
You are crossing the avenue that I know well.

C'est Pauline Ester qui chante ça?

Je ne vois pas la fontaine dont il parle.

Relative pronouns

qui	who, that, which	dont	of which, of whom
que	that, which	où	where

- Use **qui** if the noun in common is the subject of the second phrase.

FINAL NOUN   SUBJECT

Nous écoutons **le prof**.
We listen to the professor.

Le prof parle vite.
The professor speaks fast.

Nous écoutons le prof **qui** parle vite.
We listen to the professor who speaks fast.

FINAL NOUN   SUBJECT

Les étudiantes vont au **café**.
The students go to the café.

Le café se trouve près de la fac.
The café is near the university.

Les étudiantes vont au café **qui** se trouve près de la fac.
The students go to the café that is near the university.

Suggestion Point out that the relative pronoun **qui** is always followed by a conjugated verb. **Qui** acts as the subject. **Qui** can also refer to people or things. Example: **Le stylo qui écrit bien est vert.**

 SUPERSITE   **MISE EN PRATIQUE**

1 **Des publicités** Complétez les phrases pour ces publicités de boutiques qui viennent d'ouvrir en ville. Employez les pronoms relatifs **où**, **dont**, **qui** ou **que**.

MODÈLE

Nous avons des bracelets ___qui___ sont vraiment élégants.

1. Il y a des soldes sur les dictionnaires ___dont___ vous avez besoin.
2. Il y a des montres ___qui___ ne sont pas chères.
3. Nous avons des sacs à dos ___qui___ sont légers (*light*) mais solides.
4. Regardez notre site web ___où___ nous avons des photos de notre magasin.
5. Nous avons les nouveaux CD ___que___ vous désirez.
6. Venez dans notre boutique ___où___ vous allez trouver tous les objets ___que___ vous cherchez.

2 **À mon avis...** La grand-mère d'Édith parle de la technologie avec sa petite-fille. Assemblez les deux phrases avec **où**, **dont**, **qui** ou **que** pour faire une seule phrase.

1. Le fax est une invention récente. Je trouve cette invention formidable. Le fax est une invention récente que je trouve formidable.
2. J'aime bien lire les e-mails. Tu m'envoies des e-mails. J'aime bien lire les e-mails que tu m'envoies.
3. Tu devras réparer ton ordinateur un jour. Tu auras de l'argent un jour. Tu devras réparer ton ordinateur le jour où tu auras de l'argent.
4. Tu m'as donné un portable. Je n'utilise pas ce portable. Tu m'as donné un portable que je n'utilise pas.
5. Je ne peux pas allumer le poste de télévision. Le poste de télévision est dans ma chambre. Je ne peux pas allumer le poste de télévision qui est dans ma chambre.
6. J'ai visité le site web. On parle de ton université sur ce site. J'ai visité le site web où on parle de ton université.
7. Explique-moi comment sauvegarder ces documents. J'ai besoin de ces documents. Explique-moi comment sauvegarder ces documents dont j'ai besoin.
8. Je voudrais aller au magasin. Tu as acheté ton appareil photo dans ce magasin. Je voudrais aller au magasin où tu as acheté ton appareil photo.

3 **Les choses que je préfère** Marianne parle des choses qu'elle préfère. À tour de rôle avec un(e) partenaire, utilisez les pronoms relatifs pour écrire ses phrases. Présentez vos phrases à la classe. Answers will vary.

1. Marc est l'ami... (qui, dont)
2. «Chez Henri», c'est le restaurant... (où, que)
3. Ce CD est le cadeau... (que, qui)
4. Ma sœur est la personne... (dont, que)

3 **Expansion** Expand the activity by asking students to talk about what they prefer. Have them model their sentences on Marianne's.

COMMUNICATION

4 Des opinions Avec un(e) partenaire, donnez votre opinion sur ces thèmes. Utilisez les pronoms relatifs **qui, que, dont** et **où**. Answers will vary.

MODÈLE

le printemps / saison
Étudiant(e) 1: *Le printemps est la saison que je préfère parce que j'aime les fleurs.*
Étudiant(e) 2: *L'hiver est la saison que moi, je préfère, parce que j'aime la neige.*

1. le petit-déjeuner / repas
2. surfer sur Internet / passe-temps
3. mon/ma camarade de chambre / personne
4. le samedi / jour
5. la chimie / cours
6. la France / pays
7. Tom Cruise / acteur
8. ? / ?

5 Des endroits intéressants Par groupes de trois, organisez un voyage. Parlez des endroits qui vous intéressent et expliquez pourquoi vous voulez y aller. Utilisez des pronoms relatifs dans vos réponses et décidez où vous allez. Answers will vary.

MODÈLE

Allons à Bruxelles où nous pouvons acheter des chocolats délicieux.

6 Chère Madame Avec un(e) partenaire, écrivez une lettre à votre professeur où vous lui expliquez pourquoi vous n'avez pas fini votre devoir. Utilisez des pronoms relatifs et le vocabulaire de cette leçon. Answers will vary.

Chère Madame,

Je suis désolé(e), mais je n'ai pas fini mon devoir. La bibliothèque où...

5 Expansion Using magazine or real pictures, have students create a brief travel ad for the destination they chose. The ad should contain at least three uses of relative pronouns. Have students present their ads to the class.

6 Suggestion Do this activity orally, having pairs role-play the professor and the student talking on the telephone.

- Use **que** if the noun in common is the direct object in the second phrase. The past participle following **que** agrees in number and gender with the direct object.

FINAL NOUN   DIRECT OBJECT

J'apporte **les CD**.   J'ai acheté **les CD** hier.
I'm bringing the CDs.   *I bought the CDs yesterday.*

J'apporte les CD **que** j'ai achet**és** hier.
I'm bringing the CDs (that) I bought yesterday.

FINAL NOUN   DIRECT OBJECT

Samir est à côté de **la porte**.   Nicole lui a ouvert **la porte**.
Samir is by the door.   *Nicole opened the door for him.*

Samir est à côté de la porte **que** Nicole lui a ouvert**e**.
Samir is by the door (that) Nicole opened for him.

- Use **dont**, meaning *that* or *of which*, after the noun in common if it is the object of the preposition **de** in the second phrase.

FINAL NOUN   OBJECT OF PREPOSITION DE

Voici **l'huile**.   Tu m'as parlé **de l'huile**.
Here's the oil.   *You talked to me about the oil.*

Voici l'huile **dont** tu m'as parlé.
Here's the oil (that) you talked to me about.

- Use **où**, meaning *where*, *when*, or *in which*, if the noun in common is a place or a period of time.

FINAL NOUN   PERIOD OF TIME

Venez me parler à **ce moment-là**.   Vous arrivez à **ce moment-là**.
Come speak with me at that moment.   *You arrive at that moment.*

Venez me parler au moment **où** vous arrivez.
Come speak with me at the moment (that) you arrive.

Essayez! Ask volunteers to create questions or answers that correspond to the sentences in the activity. Example: 1. Quel est le pays que tu aimes le plus?

Essayez! Complétez les phrases avec **qui, que, dont, où**.

1. La France est le pays _que_ j'aime le plus.
2. Tu te souviens du jour _où_ tu as fait ma connaissance?
3. Rocamadour est le village _dont_ mes amis m'ont parlé.
4. C'est la voiture _que_ vous avez louée?
5. Voici l'enveloppe _dont_ tu as besoin.
6. Vous connaissez l'autoroute _qui_ descend à Montpellier?
7. On passe devant la fac _où_ j'ai fait mes études.
8. Je reconnais le mécanicien _qui_ a réparé ma voiture.

Révision

1 **Mes stratégies** Avec un(e) partenaire, faites une liste de dix stratégies pour bien mener (*to lead*) votre prochaine année universitaire. Utilisez **quand** ou **dès que**. Answers will vary.

MODÈLE

Étudiant(e) 1: *Dès qu'un cours deviendra trop difficile, j'irai parler au prof.*
Étudiant(e) 2: *Quand je serai trop fatiguée, je dormirai au moins sept heures par nuit.*

2 **La visite de Québec** Avec un(e) partenaire, vous visitez la ville de Québec. Préparez un itinéraire de votre visite où vous vous arrêterez souvent pour visiter ou acheter quelque chose, manger, boire, etc. Soyez prêts à présenter votre itinéraire à la classe. Answers will vary.

MODÈLE

Étudiant(e) 1: *Le matin, nous prendrons le petit-déjeuner dans l'hôtel.*
Étudiant(e) 2: *Ensuite, nous irons visiter le musée de la Civilisation.*

Québec vous attend!

Visitez:
- le château Frontenac
- la terrasse Dufferin
- le musée de la Civilisation
- la basilique Notre-Dame-de-Québec
- le musée de l'Amérique française et beaucoup plus!

3 **C'est l'histoire de...** Avec un(e) partenaire, commentez ces titres de films français et imaginez les histoires. Utilisez des pronoms relatifs. Ensuite, comparez vos histoires avec les histoires d'un autre groupe. Qui a l'histoire la plus proche (*closest*) du vrai film? Answers will vary.

MODÈLE

Étudiant(e) 1: *C'est l'histoire d'un homme qui...*
Étudiant(e) 2: *... et que la police cherche...*

- *Le dernier métro*
- *Les visiteurs*
- *Toto le héros*
- *La chèvre* (goat)
- *L'argent de poche* (pocket)
- *Le professionnel*

3 Suggestion Before assigning the activity, identify the genre of each film. *Le dernier métro*: drama /*Les visiteurs*: comedy, sci-fi /*Toto le héros*: comedy, drama / *La chèvre*: comedy / *L'argent de poche*: documentary-styleportrait / *Le professionnel*: action, thriller

4 **La leçon de conduite** Vous êtes moniteur (*instructor*) et c'est la première leçon de conduite (*driving*) que prend votre partenaire. Inventez une scène où il /elle découvre la voiture et où vous lui expliquez la fonction des différents accessoires. Utilisez plusieurs pronoms relatifs dans votre dialogue. Answers will vary.

MODÈLE

Étudiant(e) 1: *Et ça, c'est le bouton qu'on utilise pour freiner?*
Étudiant(e) 2: *Mais non! C'est le bouton qui sert à allumer les phares que tu dois utiliser la nuit.*

5 **Des prévisions météo** Avec un(e) partenaire, parlez des prévisions météo pour le week-end prochain. Chacun (*Each one*) doit faire cinq prévisions et dire ce qu'on (*what one*) peut faire par ce temps. Soyez prêts à parler de vos prévisions et des possibilités pour le week-end à la classe. Answers will vary.

MODÈLE

Étudiant(e) 1: *Samedi, il fera beau dans le nord. On pourra faire une promenade.*
Étudiant(e) 2: *Dimanche, il pleuvra dans l'ouest. On devra passer la journée dans l'appartement.*

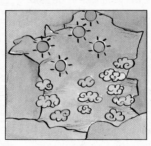 

| samedi | dimanche |

6 **La vie de Gaëlle et de Jean-Georges** Votre professeur va vous donner, à vous et à votre partenaire, deux feuilles d'activités différentes sur l'avenir de Gaëlle et de Jean-Georges. Attention! Ne regardez pas la feuille de votre partenaire. Answers will vary.

MODÈLE

Étudiant(e) 1: *Jean-Georges et Gaëlle finiront leurs études au lycée.*
Étudiant(e) 2: *Ensuite, ...*

6 Suggestion Divide the class into pairs and distribute the Info Gap Handouts in the IRM on the IRCD-ROM for this activity. Give students ten minutes to complete the activity.

ressources		
WB pp. 163–166	LM pp. 95–96	promenades.vhlcentral.com Leçon 24

Écriture

STRATÉGIE

Using linking words

You can make your writing more sophisticated by using linking words to connect simple sentences or ideas in order to create more complex sentences. Consider these passages that illustrate this effect:

Without linking words

Aujourd'hui, j'ai fait beaucoup de courses. Je suis allé à la poste. J'ai fait la queue pendant une demi-heure. J'ai acheté des timbres. J'ai aussi posté un colis. Je suis allé à la banque. La banque est rue Girardeau. J'ai perdu ma carte de crédit hier. Je devais aussi retirer de l'argent. Je suis allé à la brasserie pour déjeuner avec un ami. Cet ami s'appelle Marc. Je suis rentré à la maison. Ma mère rentrait du travail.

With linking words

Aujourd'hui, j'ai fait beaucoup de courses. D'abord, je suis allé à la poste où j'ai fait la queue pendant une demi-heure. J'ai acheté des timbres et j'ai aussi posté un colis. Après, je suis allé à la banque qui est rue Girardeau, parce que j'ai perdu ma carte de crédit hier et parce que je devais aussi retirer de l'argent. Ensuite, je suis allé à la brasserie pour déjeuner avec un ami qui s'appelle Marc. Finalement, je suis rentré à la maison alors que ma mère rentrait du travail.

Linking words			
alors	then	mais	but
alors que	as	ou	or
après	then, after that	où	where
d'abord	first	parce que	because
donc	so	pendant (que)	while
dont	of which	(et) puis	(and) then
enfin	finally	puisque	since
ensuite	then, after that	quand	when
et	and	que	that, which
finalement	finally	qui	who, that

Thème

Faire la description d'un nouveau commerce

Avec des amis, vous allez ouvrir un commerce (*business*) dans le quartier de votre université. Vous voulez créer quelque chose d'original qui n'existe pas encore et qui sera très utile aux étudiants: un endroit où ils pourront faire plusieurs choses en même temps (par exemple, une laverie/salon de coiffure). Préparez une description détaillée de votre idée et de ce que (*what*) votre commerce proposera comme services. Utilisez votre imagination et les questions suivantes comme point de départ de votre description.

- Quel sera le nom du commerce?

- Quel type de commerce voulez-vous ouvrir?

- Quels seront les produits (*products*) que vous vendrez? Quels seront les prix? Donnez quelques détails sur l'activité commerciale.

- Où se trouvera le commerce?

- Comment sera l'intérieur du commerce (style, décoration, etc.)?

- Quels seront ses jours et heures d'ouverture (*business hours*)?

- En quoi consistera l'originalité de votre commerce? Expliquez pourquoi votre commerce sera unique et donnez les raisons pour lesquelles (*which*) des étudiants fréquenteront votre commerce.

Thème Tell students to answer the questions first. Remind them to use linking words so that their descriptions won't sound like the first paragraph in the **Stratégie**.

Panorama

un traîneau à chiens°

Le Québec

La province en chiffres

▶ **Superficie:** 1.540.680 km²

▶ **Population:** 7.542.800
SOURCE: Statistique Canada

▶ **Industries principales:** *agriculture, exploitation forestière°, hydroélectricité, industrie du bois (papier), minerai° (fer°, cuivre°, or°)*

▶ **Villes principales:** *Montréal, Québec, Trois-Rivières*

▶ **Langues:** *anglais, français*

Le français parlé par les Québécois a une histoire très intéressante. La population française qui s'installe° au Québec en 1608 est composée en majorité de Français du nord-ouest de la France. Ils parlent tous leur langue régionale, comme le normand ou le breton. Beaucoup d'entre eux parlent aussi le français de la cour du roi°, langue qui devient la langue commune de tous les Québécois. Assez isolés du reste du monde francophone et ardents défenseurs de leur langue, les Québécois continuent à parler un français considéré plus pur même° que celui° des Français.

▶ **Monnaie:** *le dollar canadien*

Québécois célèbres

▶ **Antonine Maillet,** *écrivain (1929–)*

▶ **Jean Chrétien,** *ancien premier ministre du Canada (1934–)*

▶ **Robert Charlebois,** *chanteur (1944–)*

▶ **Carole Laure,** *actrice (1948–)*

▶ **Julie Payette,** *astronaute (1963–)*

▶ **Mario Lemieux,** *joueur de hockey sur glace (1965–)*

exploitation forestière forestry **minerai** ore **fer** iron **cuivre** copper **or** gold **s'installe** settles **cour du roi** king's court **même** even **celui** that **traîneau à chiens** dogsled **loger** house **Bonhomme** Snowman (mascot of the carnival) **de haut** high **profondeur** depth

☐ Région francophone

Kangiqsujuaq

Inukjuak

LA BAIE D'HUDSON

LA MER DU LABRADOR

LE QUÉBEC

TERRE-NEUVE-ET-LABRADOR

LE CANADA

Chisasibi

Labrador City

La Tabatière

la ville de Trois-Rivières

le Saint-Laurent

L'ÎLE-DU-PRINCE-ÉDOUARD

Québec

Trois-Rivières

LE NOUVEAU-BRUNSWICK

L'ONTARIO

Ottawa

Montréal

LA NOUVELLE-ÉCOSSE

Toronto

le lac Ontario

le Stade olympique, Montréal

LES ÉTATS-UNIS

0   200 milles

0   200 kilomètres

L'OCÉAN ATLANTIQUE

Incroyable mais vrai!

Chaque année, pour le carnaval d'hiver de la ville de Québec, 15 personnes travaillent pendant deux mois à la construction d'un immense palais de glace pour loger° le Bonhomme° Carnaval. L'architecture et la taille du palais changent chaque année, mais il mesure parfois jusqu'à 50 mètres de long, 20 m de haut° et 20 m de profondeur°.

La société

Un Québec indépendant

Pour des raisons politiques, économiques et culturelles, un grand nombre de Québécois, surtout les francophones, luttent°, depuis les années soixante, pour un Québec indépendant du Canada. Ils forment le mouvement souverainiste° et font des efforts pour conserver l'identité culturelle québécoise. Ces Canadiens français ont pris le nom de québécois pour montrer leur «nationalisme». Les séparatistes ont perdu deux référendums en 1980 et en 1995, mais aujourd'hui, l'indépendance est une idée toujours d'actualité°.

Les destinations

Montréal

Montréal, deuxième ville francophone du monde après Paris, est située sur une île° du fleuve° Saint-Laurent et présente une ambiance américano-européenne. Elle a été fondée° en 1642 et a, à la fois, l'énergie d'un centre urbain moderne et le charme d'une vieille ville de style européen. Ville cosmopolite et largement bilingue de 1,8 millions d'habitants, elle attire° beaucoup de touristes et accueille° de nombreux étudiants dans ses quatre universités. La majorité des Montréalais, 68%, est de langue maternelle française; 12% parlent l'anglais et 19% une autre langue. Pourtant°, 57% de la population montréalaise peuvent communiquer en français et en anglais.

La musique

Le festival de jazz de Montréal

Le festival international de jazz de Montréal est parmi° les plus prestigieux du monde. Avec 500 concerts, dont 300 donnés gratuitement en plein air°, le festival attire 2.000 artistes de plus de 20 pays, et près de 2 millions de spectateurs. Le centre-ville, fermé à la circulation, se transforme en un village musical. De grands noms internationaux comme Miles Davis, Ella Fitzgerald, Dizzy Gillespie ou Pat Metheny sont venus au festival, ainsi que° des jazzmen locaux.

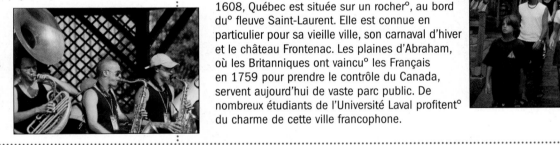

L'histoire

La ville de Québec

Capitale de la province de Québec, la ville de Québec est la seule ville d'Amérique du Nord qui a conservé ses fortifications. Fondée par l'explorateur français Samuel de Champlain en 1608, Québec est située sur un rocher°, au bord du° fleuve Saint-Laurent. Elle est connue en particulier pour sa vieille ville, son carnaval d'hiver et le château Frontenac. Les plaines d'Abraham, où les Britanniques ont vaincu° les Français en 1759 pour prendre le contrôle du Canada, servent aujourd'hui de vaste parc public. De nombreux étudiants de l'Université Laval profitent° du charme de cette ville francophone.

 Qu'est-ce que vous avez appris? Répondez aux questions par des phrases complètes.

1. Quelle était la deuxième langue de beaucoup de Français quand ils sont arrivés au Québec?
La deuxième langue de beaucoup de Français était le français de la cour du roi.

2. Quel est le nom d'un chanteur québécois célèbre?
Robert Charlebois est un chanteur québécois célèbre.

3. Combien de temps et combien de personnes sont nécessaires à la construction du palais de glace?
Quinze personnes construisent le palais pendant deux mois.

4. Le palais est-il identique pour chaque carnaval?
Non, son architecture change chaque année.

5. Que désire le mouvement souverainiste pour le Québec?
Il désire un Québec indépendant.

6. Quelles sont les deux langues principales parlées à Montréal?
Ce sont le français et l'anglais.

7. Pourquoi le centre-ville de Montréal est-il fermé pour le festival de jazz?
Il est transformé en village musical où il y a de nombreux concerts de jazz en plein air.

8. Y a-t-il seulement de grandes stars du jazz au festival?
Non, il y a aussi des musiciens locaux.

9. Où se situe la ville de Québec?
Elle se situe sur un rocher, au bord du fleuve Saint-Laurent.

10. Qui a fondé la ville de Québec?
Samuel de Champlain a fondé la ville de Québec.

ressources

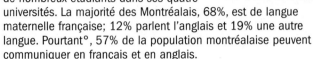

WB
pp. 167–168

promenades.vhlcentral.com
Unité 12

SUPERSITE **SUR INTERNET**

Go to **promenades.vhlcentral.com** to find more cultural information related to this **PANORAMA**.

1. Quelles sont quelques-unes des expressions qui sont particulières au français des Québécois?

2. Quels sont les autres grands festivals du Québec? Quand ont-ils lieu?

3. Cherchez plus d'informations sur le carnaval d'hiver de Québec. Le palais de glace a-t-il toujours été fait de glace?

luttent *fight* **souverainiste** *in support of sovereignty for Quebec* **d'actualité** *current, relevant* **île** *island* **fleuve** *river* **fondée** *founded* **attire** *attracts* **accueille** *welcomes* **Pourtant** *However* **parmi** *among* **en plein air** *outside* **ainsi que** *as well as* **rocher** *rock* **au bord du** *on the banks of* **ont vaincu** *defeated* **profitent** *take advantage of, benefit from*

SAVOIR-FAIRE

Panorama

SUPERSITE

le marché de Douz, en Tunisie

L'Algérie

Le pays en chiffres

▶ **Superficie:** *2.380.000 km²*

▶ **Population:** *35.635.000*
   SOURCE: Population Division, UN Secretariat

▶ **Industries principales:** *agriculture, gaz naturel, pétrole°*

▶ **Ville capitale:** *Alger*   ▶ **Monnaie:** *dinar algérien*

▶ **Langues:** *arabe, français*

Le Maroc

Le pays en chiffres

▶ **Superficie:** *710.000 km²*

▶ **Population:** *35.324.000*

▶ **Industries principales:** *agriculture, tourisme*

▶ **Ville capitale:** *Rabat*   ▶ **Monnaie:** *dirham*

▶ **Langues:** *arabe, français*

La Tunisie

Le pays en chiffres

▶ **Superficie:** *164.000 km²*

▶ **Population:** *10.629.000*

▶ **Industries principales:** *agriculture, tourisme*

▶ **Ville capitale:** *Tunis*   ▶ **Monnaie:** *dinar tunisien*

▶ **Langues:** *arabe, français*

Personnages célèbres

▶ **Juliette Smája-Zerah**, *Tunisie, première avocate de Tunisie (1890–1973)*

▶ **Khaled**, *Algérie, chanteur (1960–)*

▶ **Saïd Aouita**, *Maroc, coureur de fond° (1960–)*

pétrole *oil* **coureur de fond** *long-distance runner*
Grâce aux *Thanks to* **sources** *springs* **sable** *sand*
faire pousser *grow* **En plein milieu** *Right in the middle*

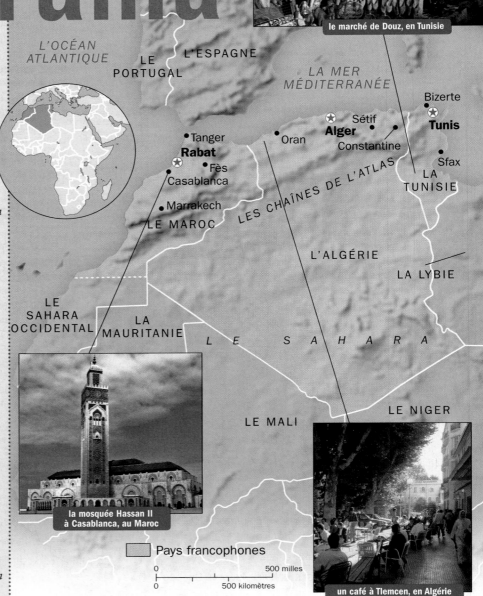

L'OCÉAN ATLANTIQUE

LE PORTUGAL

L'ESPAGNE

LA MER MÉDITERRANÉE

Bizerte

Sétif   ☆ **Tunis**

☆ Alger

Oran   Constantine

Sfax

• Tanger

Rabat ☆

• Fès
Casablanca

LA TUNISIE

Marrakech

LES CHAÎNES DE L'ATLAS

LE MAROC

L'ALGÉRIE

LA LYBIE

LE SAHARA OCCIDENTAL

LA MAURITANIE

L E   S A H A R A

LE NIGER

la mosquée Hassan II à Casablanca, au Maroc

LE MALI

☐ Pays francophones

0 ————— 500 milles
0 ————— 500 kilomètres

un café à Tlemcen, en Algérie

Incroyable mais vrai!

Des oranges du Sahara? Dans ce désert, il ne tombe que 12 cm de pluie par an. Grâce aux° sources° et aux rivières sous le sable°, les Sahariens ont développé un système d'irrigation pour faire pousser° des fruits et des légumes dans les oasis. En plein milieu° du désert, on peut trouver des tomates, des abricots ou des oranges!

Les régions

Le Maghreb

La région du Maghreb, en Afrique du Nord, se compose° du Maroc, de l'Algérie et de la Tunisie. Envahis° aux 7e et 8e siècles par les Arabes, les trois pays deviennent plus tard des colonies françaises avant de retrouver leur indépendance dans les années 1950–1960. La population du Maghreb est composée d'Arabes, d'Européens et de Berbères, les premiers résidents de l'Afrique du Nord. Le Grand Maghreb inclut ces trois pays, plus la Libye et la Mauritanie. En 1989, les cinq pays ont formé l'Union du Maghreb Arabe dans l'espoir° de créer une union politique et économique.

Les arts

Assia Djebar (1936–)

Lauréate de nombreux prix littéraires et cinématographiques, Assia Djebar fait partie des écrivains et cinéastes algériens les plus talentueux. Dans ses œuvres°, Djebar présente le point de vue° féminin avec l'intention de donner une voix° aux femmes algériennes. *La Soif*, son premier roman°, sort en 1957. C'est plus tard, pendant qu'elle enseigne l'histoire à l'Université d'Alger, qu'elle devient cinéaste et sort son premier film, *La Nouba des femmes du Mont Chenoua*, en 1979. Le film reçoit le prix de la critique internationale au festival du film de Venise. En 2005, Assia Djebar est élue° à l'Académie française.

Les destinations

Marrakech

La ville de Marrakech, fondée en 1062, est un grand symbole du Maroc médiéval. Sa médina, ou vieille ville, est entourée° de fortifications et fermée aux automobiles. On y trouve la mosquée de Kutubiyya et la place Djema'a el-Fna. La mosquée est le joyau° architectural de la ville, et la place Djema'a el-Fna est la plus active de toute l'Afrique à tout moment de la journée, avec ses nombreux artistes et vendeurs. La médina a aussi le plus grand souk (grand marché couvert°) du Maroc, où toutes sortes d'objets sont proposés, au milieu de délicieuses odeurs de thé à la menthe°, d'épices et de pâtisseries au miel°.

Les traditions

Les hammams

Inventés par les Romains et adoptés par les Arabes, les hammams, ou «bains turcs», sont très nombreux et populaires en Afrique du Nord. Ce sont des bains de vapeur° composés de plusieurs pièces—souvent trois—où la chaleur est plus ou moins forte. L'architecture des hammams varie d'un endroit à un autre, mais ces bains de vapeur servent tous de lieux où se laver et de centres sociaux très importants dans la culture régionale. Les gens s'y réunissent aux grandes occasions de la vie, comme les mariages et les naissances, et y vont aussi de manière habituelle pour se détendre et bavarder entre amis.

Qu'est-ce que vous avez appris? Répondez aux questions par des phrases complètes.

1. Qui est un chanteur algérien célèbre?
   Khaled est un chanteur algérien célèbre.
2. Où fait-on pousser des fruits et des légumes dans le Sahara?
   On en fait pousser dans les oasis.
3. Pourquoi le français est-il parlé au Maghreb?
   Parce que ces trois pays ont été des colonies françaises.
4. Combien de pays composent le Grand Maghreb? Lesquels?
   Cinq pays le composent: l'Algérie, la Libye, le Maroc, la Mauritanie et la Tunisie.
5. Qui est Assia Djebar?
   C'est une femme écrivain et une cinéaste algérienne.
6. Qu'essaie-t-elle de faire dans ses œuvres?
   Elle essaie de présenter le point de vue féminin et de donner une voix aux femmes algériennes.
7. Qu'est-ce qu'un souk?
   C'est un grand marché couvert.
8. Quel est l'autre nom pour la vieille ville de Marrakech?
   Elle s'appelle aussi la médina.
9. Où peut-on aller au Maghreb pour se détendre et bavarder entre amis?
   On peut aller au hammam.
10. Qui a inventé les hammams?
    Les Romains les ont inventés.

ressources

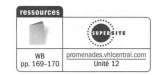

WB pp. 169-170

promenades.vhlcentral.com Unité 12

SUR INTERNET

Go to **promenades.vhlcentral.com** to find more cultural information related to this **PANORAMA**.

1. Cherchez plus d'information sur les Berbères. Où se trouvent les grandes populations de Berbères? Ont-ils encore une identité commune?
2. Le henné est une tradition dans le monde maghrébin. Comment et pourquoi est-il employé?
3. Cherchez des informations sur les oasis du Sahara. Comment est la vie là-bas? Que peut-on y faire?

se compose *is made up* **Envahis** *Invaded* **espoir** *hope* **œuvres** *works* **point de vue** *point of view* **voix** *voice* **roman** *novel* **élue** *elected* **entourée** *surrounded* **joyau** *jewel* **couvert** *covered* **menthe** *mint* **miel** *honey* **vapeur** *steam*

Lecture

Avant la lecture

STRATÉGIE

Identifying point of view

You can understand a text more completely if you identify the point of view of the narrator. You can do this by simply asking yourself from whose perspective the story is being told. Some stories are narrated in the first person. That is, the narrator is a character in the story, and everything you read is filtered through that person's thoughts, emotions, and opinions. Other texts have an omniscient narrator who is not a character in the story but who reports the thoughts and actions of the story's characters.

Examinez le texte

Regardez le titre du texte et l'illustration. De quoi va parler ce texte, à votre avis? Décrivez l'illustration. Où est le personnage? Que fait-il? Quel âge a-t-il, d'après vous? A-t-il l'air de bien s'amuser?

À propos de l'auteur
Hector de Saint-Denys Garneau

Né à Montréal en 1912, Hector de Saint-Denys Garneau a d'abord passé une grande partie de son enfance dans la maison de campagne de sa famille. Puis, en 1923, sa famille part habiter à Montréal où Hector fait des études dans plusieurs collèges et où il étudie aussi l'art à l'École des Beaux-Arts. Certains de ses tableaux sont exposés à la Galerie des arts de Montréal. Il écrit aussi des articles sur l'art, des poèmes, des lettres et un journal. En 1926, à 14 ans, il reçoit le Premier Prix du Concours littéraire de la maison Henri Morgan. Puis en 1928, il gagne le Prix du Poetry Group de la Canadian Authors Association. En 1934, il arrête ses études pour des raisons de santé. Il passe alors beaucoup de temps à se reposer dans la maison de sa famille, à Sainte-Catherine-de-Fossambault où il meurt d'une crise cardiaque° en 1943, à l'âge de 31 ans.

crise cardiaque *heart attack*

Le Jeu

1 Ne me dérangez° pas je suis profondément° occupé

   Un enfant est en train de bâtir° un village
   C'est une ville, un comté°
   Et qui sait
5 Tantôt° l'univers.

   Il joue.

Stratégie Tell students that recognizing the point of view from which something is written will help them comprehend it.

   Ces cubes de bois° sont des maisons qu'il déplace et des châteaux
   Cette planche fait signe d'un toit qui penche° ça n'est pas mal à voir°
   Ce n'est pas peu de savoir où va tourner la route de cartes

Extrait de: «Le jeu» dans *Regards et jeux dans l'espace* d'Hector de Saint-Denys Garneau

Examinez le texte Students should infer that the poem is about a young boy playing in his room. He is constructing a town with wooden building blocks and playing cards.

Hector de Saint-Denys Garneau

10 Cela pourrait° changer complètement le cours de la rivière°
À cause du° pont qui fait un si beau mirage dans l'eau du tapis
C'est facile d'avoir un grand arbre°
Et de mettre au-dessous° une montagne pour qu'il soit en haut°.

Joie° de jouer! paradis des libertés!
15 Et surtout n'allez pas mettre un pied° dans la chambre
On ne sait jamais ce qui peut être dans ce coin
Et si vous n'allez pas écraser° la plus chère des fleurs invisibles. […]

dérangez *bother* **profondément** *extremely* **bâtir** *build* **comté** *county* **Tantôt** *Maybe*
bois *wood* **Cette planche fait signe d'un toit qui penche** *This board looks like an angled roof*
voir *see* **pourrait** *could* **cours de la rivière** *path of the river* **À cause du** *Because of*
arbre *tree* **au-dessous** *underneath* **pour qu'il soit en haut** *so that it would be at the top*
Joie *Joy* **mettre un pied** *set foot* **écraser** *crush*

Après la lecture

Vrai ou faux? Indiquez si les phrases sont **vraies** ou **fausses**. Citez le texte pour justifier vos réponses.
Answers may vary slightly.

1. Le petit garçon construit son village dans le jardin de la maison.
   Faux. «Et surtout n'allez pas mettre un pied dans la chambre/On ne sait jamais ce qui peut être dans ce coin»

2. D'après le narrateur, l'enfant n'a pas beaucoup d'imagination.
   Faux. «Un enfant est en train de bâtir un village» «Il joue.»

3. L'enfant construit des maisons avec des cubes de bois.
   Vrai. «Ces cubes de bois sont des maisons qu'il déplace et des châteaux»

4. La rue du village est faite de cartes.
   Vrai. «la route de cartes»

5. Il est facile pour l'enfant de décider où mettre la route de cartes.
   Faux. «Ce n'est pas peu de savoir où va tourner la route de cartes»

6. Le petit garçon utilise le tapis de sa chambre pour faire une rivière.
   Vrai. «Cela pourrait changer complètement le cours de la rivière/À cause du pont qui fait un si beau mirage dans l'eau du tapis»

7. Le narrateur imagine le reflet (*reflection*) d'un pont dans l'eau.
   Vrai. «À cause du pont qui fait un si beau mirage dans l'eau du tapis»

8. La ville de l'enfant est toute plate.
   Faux. «C'est facile d'avoir un grand arbre/Et de mettre au-dessous une montagne pour qu'il soit en haut.»

9. D'après le narrateur, l'enfant n'aime pas beaucoup jouer dans sa chambre.
   Faux. «Il joue.» «Joie de jouer! paradis des libertés!»

10. Tout le monde doit aller voir le village du petit garçon.
    Faux. «Et surtout n'allez pas mettre un pied dans la chambre/On ne sait jamais ce qui peut être dans ce coin»

Le narrateur Regardez rapidement les lignes 2 à 17 du texte et notez les sujets et les pronoms sujets utilisés dans les descriptions. Qui décrit la scène: le petit garçon de l'histoire ou bien une autre personne?

Un autre narrateur? Relisez la première phrase du poème. Quel est le pronom sujet utilisé dans cette phrase? Qui parle, à votre avis? Est-ce le même narrateur que dans le reste du poème ou bien est-ce peut-être un autre narrateur? Qui? Justifiez votre réponse.

L'enfance L'auteur pense-t-il que l'enfance est un moment heureux de la vie? Expliquez pourquoi et citez des exemples du texte pour justifier vos réponses. Et vous, partagez-vous l'opinion de l'auteur? Qu'est-ce qui est différent quand on est enfant?

Le narrateur Take a class survey to find out how many students think it is the little boy or another person. Have students justify their answers.

Un autre narrateur? Go over these questions with the class.

L'enfance Have students discuss these questions in small groups.

VOCABULAIRE

Retrouver son chemin

continuer	to continue
se déplacer	to move (change location)
descendre	to go/come down
être perdu(e)	to be lost
monter	to go up/come up
s'orienter	to get one's bearings
suivre	to follow
tourner	to turn
traverser	to cross
un angle	corner
une avenue	avenue
un banc	bench
un bâtiment	building
un boulevard	boulevard
une cabine téléphonique	phone booth
un carrefour	intersection
un chemin	way; path
un coin	corner
des indications (f.)	directions
un feu de signalisation (feux pl.)	traffic light(s)
une fontaine	fountain
un office du tourisme	tourist office
un pont	bridge
une rue	street
une statue	statue
est	east
nord	north
ouest	west
sud	south

Pour donner des indications

au bout (de)	at the end (of)
au coin (de)	at the corner (of)
autour (de)	around
jusqu'à	until
(tout) près (de)	(very) close (to)
tout droit	straight ahead

Vocabulaire supplémentaire

dès que	as soon as
quand	when

À la poste

poster une lettre	to mail a letter
une adresse	address
une boîte aux lettres	mailbox
une carte postale	postcard
un colis	package
le courrier	mail
une enveloppe	envelope
un facteur	mailman
un timbre	stamp

À la banque

avoir un compte bancaire	to have a bank account
déposer de l'argent	to deposit money
emprunter	to borrow
payer avec une carte de crédit	to pay with a credit card
payer en liquide	to pay in cash
payer par chèque	to pay by check
retirer de l'argent	to withdraw money
les billets (m.)	bills, notes
un compte de chèques	checking account
un compte d'épargne	savings account
une dépense	expenditure, expense
un distributeur automatique/de billets	ATM
les pièces de monnaie (f.)/ de la monnaie	coins/change

Pronoms relatifs

dont	of which, of whom
où	where
que	that, which
qui	who, that, which

En ville

accompagner	to accompany
faire la queue	to wait in line
remplir un formulaire	to fill out a form
signer	to sign
une banque	bank
une bijouterie	jewelry store
une boutique	boutique, store
une brasserie	café, restaurant
un bureau de poste	post office
un cybercafé	cybercafé
une laverie	laundromat
un marchand de journaux	newsstand
une papeterie	stationery store
un salon de beauté	beauty salon
un commissariat de police	police station
une mairie	town/city hall; mayor's office
fermé(e)	closed
ouvert(e)	open

La négation

jamais	never; ever
ne... aucun(e)	none (not any)
ne... jamais	never (not ever)
ne... ni... ni...	neither... nor
ne... personne	nobody, no one
ne... plus	no more (not anymore)
ne... que	only
ne... rien	nothing (not anything)
pas (de)	no, none
personne	no one
quelque chose	something
quelqu'un	someone
rien	nothing
toujours	always; still

Verbes

apercevoir	to catch sight of, to see
s'apercevoir	to notice; to realize
recevoir	to receive
voir	to see

Expressions utiles	See pp. 359 and 373.
Le futur simple	See pp. 376–377.

L'espace vert

Pour commencer

- Où est le groupe d'amis?
  a. à la mer   b. à la campagne   c. en ville
- Qu'est-ce qu'ils vont faire?
  a. un pique-nique   b. les courses   c. du vélo
- Qu'est-ce qu'il y a derrière eux?
  a. une jungle   b. une montagne   c. un pont

Leçon 25

Suggestion Tell students to look over the new vocabulary and identify the cognates.

You will learn how to...

- talk about pollution
- talk about what needs to be done

Sauvons la planète!

un nuage de pollution

la pluie acide

l'énergie nucléaire (f.)

l'énergie solaire (f.)

une centrale nucléaire

USINE AUTOMOBILE

la pollution

le covoiturage

Vocabulaire

abolir	to abolish
améliorer	to improve
développer	to develop
gaspiller	to waste
préserver	to preserve
prévenir l'incendie	to prevent fires
proposer une solution	to propose a solution
sauver la planète	to save the planet
une catastrophe	catastrophe
un danger	danger, threat
des déchets toxiques (m.)	toxic waste
l'effet de serre (m.)	greenhouse effect
le gaspillage	waste
un glissement de terrain	landslide
une population croissante	growing population
le réchauffement de la Terre	global warming
la surpopulation	overpopulation
le trou dans la couche d'ozone	hole in the ozone layer
une usine	factory
l'écologie (f.)	ecology
un emballage en plastique	plastic wrapping/packaging
l'environnement (m.)	environment
un espace	space, area
un produit	product
la protection	protection
écologique	ecological
en plein air	outdoor, open-air
pur(e)	pure
un gouvernement	government
une loi	law

Suggestion Point out the double consonants in the words **développer** and **environnement**.

ressources

WB pp. 171–172

LM p. 97

SUPERSITE
promenades.vhlcentral.com
Leçon 25

Mise en pratique

le ramassage
des ordures (f.)

Elle recycle.
(recycler)

le recyclage

interdire

Ils ont pollué.
(polluer)

1 **Écoutez** 🎧 Écoutez l'annonce radio suivante. Ensuite, complétez les phrases avec le mot ou l'expression qui convient le mieux.

1. C'est l'annonce radio _____
   a. d'un groupe d'étudiants.
   b. d'une entreprise commerciale.
   (c.) d'une agence écologiste.

2. La protection de l'environnement, c'est l'affaire _____
   (a.) de tous.
   b. du gouvernement.
   c. des centres de recyclage.

3. L'annonce dit qu'on peut recycler _____
   (a.) les emballages en plastique et en papier.
   b. les boîtes de conserve.
   c. les bouteilles en plastique.

4. Pour les déchets toxiques, il y a _____
   a. le ramassage des ordures.
   (b.) le centre de recyclage.
   c. l'effet de serre.

5. Pour ne pas gaspiller l'eau, on peut _____
   a. acheter des produits écologiques.
   b. développer les incendies.
   (c.) prendre des douches plus courtes.

1 **Suggestion** Go over the answers with the class. Ask volunteers to read the complete sentences.

2 **Complétez** Complétez les phrases suivantes avec le mot ou l'expression qui convient le mieux pour parler de l'environnement. N'oubliez pas les accords.

1. Nous avons trois poubelles différentes pour pouvoir _____recycler_____.
2. _____L'effet de serre_____ contribue au réchauffement de la Terre.
3. _____Les centrales nucléaires_____ produisent près de 80% de l'énergie en France.
4. Les pluies ont provoqué _____un glissement de terrain_____. À présent, la route est fermée.
5. Chez moi, _____le ramassage_____ des ordures se fait tous les lundis.
6. L'accident à l'usine chimique a provoqué un _____nuage de pollution_____.

3 **Composez** Utilisez les éléments de chaque colonne pour former six phrases cohérentes au sujet de l'environnement. Vous pouvez composer des phrases affirmatives ou négatives. Answers will vary.

Les gens	Les actions	Les éléments
vous	développer	l'eau
on	gaspiller	le covoiturage
les gens	polluer	l'énergie solaire
les politiciens	préserver	l'environnement
les entreprises	proposer	la planète
les centrales nucléaires	sauver	la Terre

3 **Suggestion** This activity can be done orally or in writing, in pairs or groups.

CONTEXTES

Communication

4 Suggestion Tell students that their descriptions should include the weather, the time of day, and a possible location.

4 **Décrivez** Avec un(e) partenaire, décrivez ces photos et donnez autant de détails et d'informations que possible. Soyez prêt(e)s à présenter vos descriptions à la classe. *Answers will vary.*

1.

3.

2.

4.

5 **À vous de jouer** Par petits groupes, préparez une conversation au sujet d'une des situations suivantes. Ensuite jouez la scène devant la classe.
Answers will vary.

- Un(e) employé(e) du centre de recyclage local vient dans votre université pour expliquer aux étudiants un nouveau système de recyclage. De nombreux étudiants posent des questions.
- Un groupe d'écologistes rencontre le patron d'une entreprise accusée de polluer la rivière (*river*) locale.
- Le ministre de l'environnement donne une conférence de presse au sujet d'une nouvelle loi sur la protection de l'environnement.
- Votre colocataire oublie systématiquement de recycler les emballages. Vous avez une conversation animée avec lui/elle.

5 Suggestion You may wish to assign groups specific situations so that all of them are covered.

6 **L'article** Vous êtes journaliste et vous devez écrire un article pour le journal local au sujet de la pollution. Vous en expliquez les causes et les conséquences sur l'environnement. Vous suggérez aussi des solutions pour améliorer la situation. *Answers will vary.*

MODÈLE

Les dangers de la pollution chimique

Les usines chimiques de notre région polluent! C'est une catastrophe pour notre environnement. Il faut leur interdire de fonctionner jusqu'à ce qu'elles améliorent leurs systèmes de recyclage...

Les sons et les lettres

🎧 **Les liaisons obligatoires et les liaisons interdites**

Rules for making liaisons are complex and have many exceptions. Generally, a liaison is made between pronouns and between a pronoun and a verb that begins with a vowel or vowel sound.

vous en avez   **nous habitons**   **ils aiment**   **elles arrivent**

Make liaisons between articles, numbers, or the verb **est** and a noun or adjective that begins with a vowel or a vowel sound.

un éléphant   **les amis**   **dix hommes** *(z)*   **Roger est enchanté.**

There is a liaison after many single-syllable adverbs, conjunctions, and prepositions.

très intéressant   **chez eux**   **quand elle** *(t)*   **quand on décidera** *(t)*

Many expressions have obligatory liaisons that may or may not follow these rules.

C'est-à-dire...   **Comment allez-vous?**   **plus ou moins**   **avant-hier**

Never make a liaison before or after the conjunction **et** or between a noun and a verb that follows it. Likewise, do not make a liaison between a singular noun and an adjective that follows it.

un garçon et une fille   **Gilbert adore le football.**   **un cours intéressant**

There is no liaison before **h aspiré** or before the word **oui** and before numbers.

un hamburger   **les héros**   **un oui et un non**   **mes onze animaux**

Suggestions
- Point out that liaisons are optional in certain circumstances, such as after plural nouns or within compound verb phrases. Examples: **des enfants espagnols, tu es allé**.
- Ask students to provide additional examples of each type of liaison.
- Write the phrases in the **Prononcez** activity on the board or a transparency. Have students listen to the recording and tell you where they hear liaisons. Alternately, have students rewrite the phrases on their own paper and draw lines linking letters that form liaisons and crossing out silent final consonants.

Prononcez Répétez les mots suivants à voix haute.

1. les héros   2. mon petit ami   3. un pays africain   4. les onze étages

Articulez Répétez les phrases suivantes à voix haute.

1. Ils en veulent onze.
2. Vous vous êtes bien amusés hier soir?
3. Cristelle et Albert habitent en Angleterre.
4. Quand est-ce que Charles a acheté ces objets?

Dictons Répétez les dictons à voix haute.

Deux avis valent mieux qu'un.[1]

Les murs ont des oreilles.[2]

[1] Two heads are better than one. (lit. Two opinions are better than one.)

[2] The walls have ears.

ressources

LM p. 98

SUPERSITE promenades.vhlcentral.com Leçon 25

ROMAN-PHOTO

Une idée de génie

Suggestion Have students scan the captions to find sentences related to ecology and the environment.

PERSONNAGES

Amina

David

Rachid

Sandrine

Stéphane

Valérie

Au P'tit Bistrot...

VALÉRIE Stéphane, mon chéri, tu peux porter ces bouteilles en verre à recycler, s'il te plaît?

STÉPHANE Oui, bien sûr, maman.

VALÉRIE Oh, et puis, ces emballages en plastique aussi.

STÉPHANE Oui, je m'en occupe tout de suite.

RACHID ET AMINA Bonjour, Madame Forestier!

VALÉRIE Bonjour à vous deux.

AMINA Où est Michèle?

VALÉRIE Je n'en sais rien.

RACHID Mais elle ne travaille pas aujourd'hui?

VALÉRIE Non, elle ne vient ni aujourd'hui, ni demain, ni la semaine prochaine.

AMINA Elle est en vacances?

VALÉRIE Elle a démissionné.

RACHID Mais pourquoi?

AMINA Ça ne nous regarde pas!

VALÉRIE Oh, ça va, je peux vous le dire. Michèle voulait un autre travail.

RACHID Quelle sorte de travail?

VALÉRIE Plus celui-ci... Elle voulait une augmentation, ce n'était pas possible.

DAVID Madame Forestier, vous avez entendu la nouvelle? Je rentre aux États-Unis.

VALÉRIE Tu repars aux États-Unis?

DAVID Dans trois semaines.

VALÉRIE Il te reste très peu de temps à Aix, alors!

SANDRINE Oui. On sait.

DAVID Il faut que nous passions le reste de mon séjour de bonne humeur, hein?

RACHID Ah, mais vraiment, tout le monde a l'air triste aujourd'hui!

AMINA Oui. Pensons à quelque chose pour améliorer la situation. Tu as une idée?

RACHID Oui, peut-être.

AMINA Dis-moi! *(Il lui parle à l'oreille.)* Excellente idée!

RACHID Tu crois? Tu es sûre? Bon... Écoutez, j'ai une idée.

DAVID C'est quoi, ton idée?

RACHID Tout le monde a l'air triste aujourd'hui. Si on allait au mont Sainte-Victoire ce week-end. Ça vous dit?

DAVID Oui! J'aimerais bien y aller. J'adore dessiner en plein air.

Suggestion After reading the **Roman-photo**, have students summarize the episode.

A C T I V I T É S

1 **Les évènements** Remettez les évènements suivants dans l'ordre chronologique.

<u>6</u> **a.** David dit qu'il part dans trois semaines.

<u>3</u> **b.** Valérie explique que Michèle ne travaille plus au P'tit Bistrot.

<u>9</u> **c.** Amina dit qu'elle veut aller à la montagne Sainte-Victoire ce week-end.

<u>1</u> **d.** Stéphane va apporter les bouteilles et les emballages à recycler.

<u>2</u> **e.** Amina veut savoir où est Michèle.

<u>4</u> **f.** David veut parler de ce qu'il a appris dans le journal au reste du groupe.

<u>5</u> **g.** Sandrine semble (*seems*) avoir le trac (*stage fright*).

<u>10</u> **h.** Ils décident de passer le week-end tous ensemble.

<u>8</u> **i.** Rachid essaie de remonter le moral à ses amis.

<u>7</u> **j.** David console Sandrine.

Rachid propose une excursion en montagne.

Expressions utiles As you work through the list, point out forms of the present subjunctive with impersonal expressions and demonstrative pronouns. Tell students that these grammar points will be formally presented in the **Structures** section.

DAVID Bonjour, tout le monde. Vous avez lu le journal ce matin? Il faut que je vous parle de cet article sur la pollution. J'ai appris beaucoup de choses au sujet des pluies acides, du trou dans la couche d'ozone, de l'effet de serre...

AMINA Oh, David, la barbe.

RACHID Allez, assieds-toi et déjeune avec nous.

Un peu plus tard...

RACHID Ton concert est dans une semaine, n'est-ce pas Sandrine?

SANDRINE Oui.

RACHID Qu'est-ce que tu vas chanter?

SANDRINE Écoute, Rachid, je n'ai pas vraiment envie de parler de ça.

SANDRINE Oui, peut-être...

AMINA Allez! Ça nous fera du bien! Adieu pollution de la ville. À nous, l'air pur de la campagne! Qu'en penses-tu, Sandrine?

SANDRINE Bon, d'accord.

AMINA Super! Et vous, Madame Forestier? Vous et Stéphane avez besoin de vous reposer aussi, vous devez absolument venir avec nous!

VALÉRIE En effet, je crois que c'est une excellente idée!

Expressions utiles Model the pronunciation of the **Expressions utiles** and have students repeat them after you.

Expressions utiles

Talking about necessities

- **Il faut que je vous parle de cet article sur la pollution.**
  I have to tell you about this article on pollution.
- **Il faut que nous passions le reste de mon séjour de bonne humeur.**
  We have to spend the rest of my stay in a good mood.

Getting someone's opinion

- **Qu'en penses-tu?**
  What do you think (about that)?
- **Je pense que...**
  I think that...

Expressing denial

- **Je n'en sais rien.**
  I have no idea.
- **Ça ne nous regarde pas.**
  That is none of our business.
- **Quelle sorte de travail? Plus celui-ci.**
  What kind of job? Not this one anymore.

Additional vocabulary

- **au sujet de**
  about
- **Adieu!**
  Farewell!
- **Il te reste très peu de temps.**
  You don't have much time left.
- **en effet**
  indeed/in fact
- **je crois**
  I think/believe
- **Ça te/vous dit?**
  Does that appeal to you?

Expressions utiles Respond briefly to questions about the present subjunctive and demonstrative pronouns. Reinforce correct forms, but do not expect students to produce them consistently at this time.

---

2 **Répondez** Répondez aux questions suivantes par des phrases complètes.

1. Que se passe-t-il avec Sandrine? Elle est nerveuse pour son concert et elle est triste parce que David part dans trois semaines.
2. Qu'est-ce qu'Amina croit (*believe*) qu'il se passe avec Michèle? Elle croit que Michèle est peut-être en vacances.
3. Pourquoi Rachid veut-il aller à la montagne Sainte-Victoire? Il trouve que ses amis ont l'air triste et il veut les aider à changer d'humeur.
4. À votre avis, qu'est-ce que David a appris après avoir lu le journal? Answers will vary.

2 **Suggestion** Have volunteers write the answers on the board. Go over them with the class.

3 **Écrivez** Imaginez comment se passera le week-end du groupe d'amis à la montagne Sainte-Victoire. Composez un paragraphe qui explique comment ils vont y aller, ce qu'ils y feront, s'ils s'amuseront...

3 **Suggestion** Before beginning the activity, have students brainstorm a list of activities the group might do at **la montagne Sainte-Victoire**. Write them on the board.

ressources		
VM pp. 235–236	DVD Leçon 25	promenades.vhlcentral.com Leçon 25

A C T I V I T É S

NATIONAL connections cultures STANDARDS

CULTURE À LA LOUPE

L'écologie

l'agriculture française

une manifestation° des Verts

Le mouvement écologique a commencé en France dans les années 1970, mais ne s'est réellement développé que dans les années 1980. Ce sont surtout les crises majeures comme le nuage de Tchernobyl en 1986, la destruction de la couche d'ozone, l'effet de serre et les marées noires° qui ont réveillé la conscience écologique des Français. Le désir de préserver la qualité de la vie et les espaces naturels s'est développé en même temps.

Aujourd'hui, l'environnement n'est pas le sujet d'inquiétude° numéro un des Français. L'emploi, la baisse des revenus° et l'avenir des retraites les préoccupent° plus. Pourtant, le score aux élections du parti écologique des Verts est en hausse° depuis 1999 et on considère que le parti des Verts est le deuxième parti de gauche.

De manière générale, les problèmes liés à° l'environnement qui retiennent° le plus l'attention des Français sont la pollution atmosphérique des villes, la pollution de l'eau, le réchauffement du climat et la prolifération des déchets nucléaires. Pour l'opinion publique, le plus urgent à régler est la qualité de l'eau. En effet, à cause de° l'agriculture française, les taux° de nitrates et de phosphates dans l'eau sont presque partout largement supérieurs à la normale. Depuis la crise de la vache folle°, les Français sont aussi sensibles aux menaces alimentaires°. Les cultures OGM° ont porté le débat écologique dans les assiettes.

Les inquiétudes sur l'environnement

• les Français qui sont préoccupés par la pollution de l'air et de l'eau	70 à 80%
• les Français qui s'opposent à la culture de plantes génétiquement modifiées	66%
• les Français qui s'inquiètent de plus en plus des changements climatiques	35%
• les Français qui sont préoccupés par les problèmes de qualité du cadre de vie°: urbanisation en augmentation, pollution sonore°, disparition des paysages°, etc.	33%

marées noires *oil spills* **inquiétude** *concern* **baisse des revenus** *lowering of incomes* **préoccupent** *worry* **en hausse** *on the rise* **liés à** *linked to* **retiennent** *hold* **régler** *solve* **à cause de** *because of* **taux** *levels* **vache folle** *mad cow* **alimentaires** *food-related* **OGM (organismes génétiquement modifiés)** *GMO* **cadre de vie** *living environment* **pollution sonore** *noise pollution* **disparition des paysages** *changing landscapes* **manifestation** *demonstration*

ACTIVITÉS

1 Complétez Complétez les phrases.

1. Le mouvement écologique s'est développé <u>dans les années 1980</u>.

2. Les crises majeures comme <u>le nuage de Tchernobyl, la destruction de la couche d'ozone, l'effet de serre et les marées noires</u> ont réveillé la conscience écologique des Français.

3. <u>L'environnement</u> n'est pas la principale préoccupation des Français.

4. <u>Les problèmes d'emploi, la baisse des revenus et l'avenir des retraites</u> préoccupent les Français.

5. Le score du parti écologique des Verts est <u>en hausse depuis 1999</u>.

6. Le problème écologique le plus urgent à régler est <u>la qualité de l'eau</u>.

7. À cause de l'agriculture, <u>les taux de nitrates et de phosphates dans l'eau</u> sont presque partout largement supérieurs à la normale.

8. 70 à 80% des Français sont préoccupés <u>par la pollution de l'air et de l'eau</u>

9. 66% des Français s'opposent <u>à la culture de plantes génétiquement modifiées</u>

10. <u>35% des Français</u> s'inquiètent de plus en plus des changements climatiques.

Portrait Ask students: **Y a-t-il une centrale nucléaire près de chez vous? Voudriez-vous habiter près d'une centrale nucléaire? Y a-t-il un problème avec les déchets nucléaires aux États-Unis?**

STRATÉGIE

Drawing conclusions

Every time you apply one of the reading strategies you have learned, you are able to draw a conclusion about one particular aspect of the text. The more conclusions you accumulate, the clearer the text's broader meaning should become. After you have applied all the reading strategies relevant to a text, draw your own general conclusions and form your own opinions about the overall text with confidence.

LE MONDE FRANCOPHONE

L'écotourisme

Voici quelques destinations francophones de l'écotourisme.

En Afrique du Nord avec le désert du Sahara, en Algérie, au Maroc et en Tunisie

À la Guadeloupe avec le volcan de la Soufrière, ses nombreuses cascades° et ses forêts tropicales

En Guyane française avec sa forêt tropicale humide qui couvre 90% du pays

Au Québec avec sa géographie variée, ses communautés indigènes° et ses trois réserves de biosphère

Aux Seychelles les 115 îles de l'archipel, avec leurs nombreuses réserves naturelles et leurs récifs de corail°

Au Viêt-nam le delta du Mékong, avec son paysage de canaux° et ses cultures de riz

cascades *waterfalls* **indigènes** *native* **récifs de corail** *coral reefs* **canaux** *canals*

PORTRAIT

L'énergie nucléaire

En France, le nucléaire produit 75 à 80% de l'électricité. C'est EDF (Électricité de France) qui a construit les premières centrales° du pays. Aujourd'hui, le pays possède 58 réacteurs et une usine de traitement°, la COGEMA. Les déchets radioactifs de France, d'Europe et d'Asie y sont traités°. La France est un exemple de réussite de l'énergie nucléaire, mais sa population est inquiète. L'explosion de Tchernobyl en 1986 a démontré les risques d'accidents des centrales. Dix pour cent des déchets, dits «à vie longue», ne sont pas traitables° et deviennent un problème de santé publique. Le rôle des énergies renouvelables ne peut donc qu'augmenter° à l'avenir.

centrales *power plants* **usine de traitement** *reprocessing plant* **traités** *reprocessed* **ne sont pas traitables** *cannot be reprocessed* **augmenter** *become larger*

SUPERSITE — SUR INTERNET

Quand la dernière marée noire a-t-elle eu lieu en France?

Go to promenades.vhlcentral.com to find more cultural information related to this **LECTURE CULTURELLE.**

---

2 **Répondez** Répondez aux questions d'après les textes.

1. En France, quelle quantité d'électricité le nucléaire produit-il?
   Le nucléaire produit 75% à 80% de l'électricité en France.
2. Qui a construit les premières centrales françaises?
   EDF (Électricité de France) a construit les premières centrales françaises.
3. Quel type de déchets la COGEMA traite-t-elle?
   La COGEMA traite les déchets radioactifs de France, d'Europe et d'Asie.
4. Les Français sont-ils contents du nucléaire?
   Non, en majorité, ils sont inquiets.
5. Où peut-on faire de l'écotourisme au Québec?
   On peut faire de l'écotourisme dans les trois réserves de biosphère.

3 **Nucléaire et environnement** Vous travaillez à la COGEMA et votre partenaire est un militant écologiste. Imaginez ensemble un dialogue où vous parlez de vos opinions pour et contre l'usage (*use*) de l'énergie nucléaire en France. Soyez prêts à jouer votre dialogue devant la classe.

3 **Suggestion** Give students time to review the material on both pages and jot down some ideas before they begin their discussion.

ressources

SUPERSITE
promenades.vhlcentral.com
Leçon 25

ACTIVITÉS

25.1 The interrogative pronoun *lequel* and demonstrative pronouns

Point de départ If a person or thing has already been mentioned, use a form of the pronoun **lequel**, translated as *which one*, in place of the adjective **quel(le)** [+ *noun*].

Quel produit choisirez-vous?
Which product will you choose?

Lequel choisirez-vous?
Which one will you choose?

• **Lequel** agrees with the noun to which it refers.

Suggestion Review the use and forms of **quel: quel(s), quelle(s)**. Remind students that **quel** agrees with the noun it modifies.

	singular	plural
masculine	lequel	lesquels
feminine	laquelle	lesquelles

Quelle solution proposeraient-ils?
Which solution would they propose?

Laquelle proposeraient-ils?
Which one would they propose?

• Place the form of **lequel** wherever you would place **quel(le)(s)** [+ *noun*] in a question.

Dans **quel emballage** l'envoie-t-il?
In which package is he sending it?

Dans **lequel** l'envoie-t-il?
In which one is he sending it?

• Remember that past participles agree with preceding direct objects.

Laquelle avez-vous **choisie**?
Which one did you choose?

Lesquels as-tu **faits**?
Which ones did you do?

• Forms of **lequel** contract with the prepositions **à** and **de**.

à + form of *lequel*

	singular	plural
masculine	auquel	auxquels
feminine	à laquelle	auxquelles

de + form of *lequel*

	singular	plural
masculine	duquel	desquels
feminine	de laquelle	desquelles

Auxquels vous intéressez-vous?
Which ones interest you?

Vous parlez **duquel**?
Which one are you talking about?

Michèle avait ses raisons? Lesquelles?

Les meilleures idées sont toujours celles de Rachid.

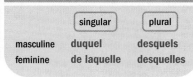

MISE EN PRATIQUE

1 **Le marché aux puces** Vous êtes au marché aux puces (*flea market*) pour trouver des cadeaux. Complétez les phrases avec des pronoms démonstratifs.

1. Ce magnifique vase bleu, je pense que c'est _____celui_____ que maman voulait.

2. Ces deux jolis sacs: _____celui-ci_____ est pour Sylvie et _____celui-là_____ est pour Soraya.

3. Cette casquette rouge est pour moi. Elle ressemble à _____celle_____ de Françoise.

4. Il y avait des boîtes pleines de livres anciens. _____Ceux_____ que j'ai achetés étaient les plus beaux.

5. J'adore ces deux affiches. _____Celle-ci_____ est pour Julien et _____celle-là_____ est pour André.

2 **Répétez** Vous rencontrez M. Dupont pendant un dîner où il y a beaucoup de bruit (*noise*). Il vous pose des questions, mais il n'entend pas vos réponses. Avec un(e) partenaire, alternez les rôles.

MODÈLE examen / avoir réussi
Quel examen avez-vous réussi?
Lequel avez-vous réussi?

1. produit / s'intéresser à
A quel produit vous intéressez-vous? Auquel vous intéressez-vous?

2. e-mail / avoir envoyé
Quel e-mail avez-vous envoyé? Lequel avez-vous envoyé?

3. solution / avoir trouvé pour améliorer les espaces verts
Quelle solution a-t-on trouvé pour améliorer les espaces verts? Laquelle a-t-on trouvé pour améliorer les espaces verts?

4. déchets / être les plus toxiques
Quels déchets sont les plus toxiques? Lesquels sont les plus toxiques?

5. lois / devoir suivre
Quelles lois devons-nous suivre? Lesquelles devons-nous suivre?

6. domaine (*area*) de l'environnement / se spécialiser dans
Dans quel domaine de l'environnement vous spécialisez-vous? Dans lequel vous spécialisez-vous?

3 **La culture francophone** À tour de rôle, posez-vous ces questions et répondez. Ensuite, posez-vous une question avec une forme de **lequel**. Answers will vary.

MODÈLE Qui chante en français?
a. Madonna b. Céline Dion c. Mariah Carey
Laquelle/Lesquelles de ces chanteuses aimes-tu?

1. Qui est un acteur français?
a. Gérard Depardieu   b. Paul Newman   c. Johnny Depp
Lequel/Lesquels de ces acteurs préfères-tu?

2. Où parle-t-on français?
a. Philadelphie   b. Montréal   c. Athènes
Laquelle/Lesquelles de ces villes voudras-tu visiter un jour?

3. Quelle voiture est française?
a. Lotus   b. Ferrari   c. Peugeot
Laquelle/Lesquelles de ces voitures as-tu déjà conduite(s)?

4. Quelle marque (*brand*) est française?
a. Mabelle   b. Versace   c. L'Oréal
Laquelle/Lesquelles de ces marques vas-tu essayer?

5. Qui est un réalisateur (*director*) français?
a. Visconti   b. Besson   c. Spielberg
Lequel/Lesquels de ces réalisateurs connais-tu?

COMMUNICATION

4 **Définitions** Votre petit frère vous demande de lui expliquer ces expressions. Avec un(e) partenaire, alternez les rôles pour donner leurs définitions. Utilisez **celui qui, celle qui, ceux qui** ou **celles qui**. Answers will vary.

MODÈLE **4** **Suggestion** Have students draw pictures like those in children's books to accompany their definitions.
un pollueur
Étudiant(e) 1: Qu'est-ce que c'est, un pollueur?
Étudiant(e) 2: C'est celui qui laisse des papiers sales dans la rue.

- les déchets toxiques
- un(e) écologiste
- un écoproduit
- l'énergie solaire
- la pluie acide
- les voitures hybrides

5 **La pollution** Que pensent vos camarades de la pollution? Posez ces questions à un(e) partenaire. Ensuite, présentez les réponses à la classe. Utilisez **celui, celle, ceux** ou **celles**. Answers will vary.

1. Quelles voitures polluent le moins: les voitures hybrides ou les voitures de sport? Lesquelles préfères-tu?
2. Connais-tu quelqu'un qui fait régulièrement du covoiturage? Qui? Pourquoi le fait-il/elle?
3. Les emballages en plastique polluent-ils plus que ceux en papier? Pourquoi?
4. Est-ce que ceux qui recyclent leurs déchets aident à préserver la nature? Pourquoi?
5. Parmi (*Among*) les pays industrialisés, lesquels polluent le plus? Lesquels polluent le moins?

6 **Enquête** Votre professeur va vous donner une feuille d'activités. Circulez dans la classe et parlez à des camarades différent(e)s pour trouver qui fait quoi. Demandez des détails. Answers will vary.

MODÈLE

Étudiant(e) 1: Écoutes-tu de la musique?
Étudiant(e) 2: Oui.
Étudiant(e) 1: Laquelle aimes-tu?
Étudiant(e) 2: J'écoute toujours de la musique classique.

Activités	Nom	Réponse
1. écouter de la musique	Delphine	musique classique
2. avoir des passe-temps		
3. bien s'entendre avec des membres de sa famille		
4. s'intéresser aux livres		
5. travailler avec d'autres étudiant(e)s		

Demonstrative pronouns

- In **Leçon 11**, you learned how to use demonstrative adjectives. Demonstrative *pronouns* refer to a person or thing that has already been mentioned. Examples of English demonstrative pronouns include *this one* and *those*.

L'énergie qui coûte moins cher est plus dangereuse.
The energy that costs less is more dangerous.

Celle qui coûte moins cher est plus dangereuse.
The one that costs less is more dangerous.

- Demonstrative pronouns agree in number and gender with the noun to which they refer.

		Demonstrative pronouns		
	singular		**plural**	
masculine	**celui**	*this one; that one; the one*	**ceux**	*these; those; the ones*
feminine	**celle**	*this one; that one; the one*	**celles**	*these; those; the ones*

- Demonstrative pronouns must be followed by one of three constructions: **-ci** or **-là**, a relative clause, or a prepositional phrase.

-ci; -là	**Quels emballages? Ceux-ci?** *Which packages? These here?*	**Quelle bouteille? Celle-là en verre?** *Which bottle? The glass one there?*
relative clause	**Quelle femme? Celle qui parle?** *Which woman? The one who is talking?*	**C'est celui qu'on a entendu à la radio.** *He is the one we heard on the radio.*
prepositional phrase	**Quel problème? Celui de l'effet de serre?** *What problem? The one about the greenhouse effect?*	**Ces sacs coûtent plus cher que ceux en papier.** *Those bags cost more than the paper ones.*

Essayez! Before assigning this activity, have students underline the noun (and preposition, if applicable) that the appropriate form of **lequel** should replace.

Essayez! **Refaites les questions avec des formes de lequel.**

1. Pour quelle compagnie travaillez-vous? _Pour laquelle travaillez-vous?_
2. Quel timbre préférez-vous? _Lequel préférez-vous?_
3. Quels pays t'intéressent? _Lesquels t'intéressent?_
4. Quelles usines polluent? _Lesquelles polluent?_

Choisissez le bon pronom démonstratif.

5. Le recyclage du plastique coûte plus cher que (celle / (celui)) du verre.
6. Les espaces verts sont ((ceux) / celles) dont on a le plus besoin en ville.
7. Les ordures les plus sales sont (ceux / (celles)) des industries.
8. Quel sac préfères-tu: (ceux / (celui))-ci?

25.2 The subjunctive (Part 1)

Introduction, regular verbs, and impersonal expressions

Point de départ With the exception of commands and the conditional, the verb forms you have learned have been in the indicative mood. The indicative is used to state facts and to express actions or states that the speaker considers real and definite. In contrast, the subjunctive mood expresses the speaker's subjective attitudes toward events and actions or states the speaker's views as uncertain or hypothetical.

Present subjunctive of one-stem verbs

	parler	finir	attendre
que je/j'	parle	finisse	attende
que tu	parles	finisses	attendes
qu'il/elle	parle	finisse	attende
que nous	parlions	finissions	attendions
que vous	parliez	finissiez	attendiez
qu'ils/elles	parlent	finissent	attendent

- The **je**, **tu**, **il/elle**, and **ils/elles** forms of the three verb types form the subjunctive the same way. They add the subjunctive endings to the stem of the **ils/elles** form of the present indicative.

INFINITIVE	PRESENT INDICATIVE OF ILS/ELLES	PRESENT SUBJUNCTIVE
parler	parlent	que je parle
finir	finissent	que je finisse
attendre	attendent	que j'attende

Il est nécessaire qu'on **évite** le gaspillage.
It is necessary that we avoid waste.

Il est important que tu **réfléchisses** aux dangers.
It is important that you think about the dangers.

- The **nous** and **vous** forms of the present subjunctive are the same as those of the **imparfait**.

Il vaut mieux que nous **préservions** l'environnement.
It is better that we preserve the environment.

Il est essentiel que vous **trouviez** un meilleur travail.
It is essential that you find a better job.

Il faut que nous **commencions**.
It is necessary that we start.

Il est bon que vous **réfléchissiez**.
It is good that you're thinking.

BOÎTE À OUTILS
English also uses the subjunctive. It used to be very common, but now survives mostly in expressions such as *if I were you* and *be that as it may.*

SUPERSITE | **MISE EN PRATIQUE**

1 **Prévenir et améliorer** Complétez ces phrases avec la forme correcte des verbes au présent du subjonctif.

1. Il est essentiel que je ___recycle___ (recycler).
2. Il est important que nous ___réduisions___ (réduire) la pollution.
3. Il faut que le gouvernement ___interdise___ (interdire) les voitures polluantes (*polluting*).
4. Il vaut mieux que vous ___amélioriez___ (améliorer) les transports en commun (*public transportation*).
5. Il est possible que les pays ___prennent___ (prendre) des mesures pour réduire les déchets toxiques.
6. Il est indispensable que tu ___boives___ (boire) de l'eau pure.

2 **Sur le campus** Quelles règles les étudiants qui habitent sur le campus doivent-ils suivre? Transformez ces phrases avec **il faut** et le présent du subjonctif.

MODÈLE Vous devez vous coucher avant minuit.
Il faut que vous vous couchiez avant minuit.

1. Le matin, vous devez vous lever à sept heures.
Le matin, il faut que vous vous leviez à sept heures.
2. Ils doivent fermer leur porte avant de partir.
Il faut qu'ils ferment leur porte avant de partir.
3. Tu dois prendre le bus au coin de la rue.
Il faut que tu prennes le bus au coin de la rue.
4. Je dois déjeuner au resto U à midi.
Il faut que je déjeune au resto U à midi.
5. Nous devons rentrer tôt pendant la semaine.
Il faut que nous rentrions tôt pendant la semaine.
6. Elle doit travailler pour payer ses études.
Il faut qu'elle travaille pour payer ses études.

3 **Éviter une catastrophe** Que devons-nous faire pour préserver notre planète? Avec un(e) partenaire, faites des phrases avec des expressions impersonnelles.
Answers will vary.

MODÈLE

Il est essentiel que tu évites le gaspillage.

A	B	C
je/j'	améliorer	les écoproduits
tu	développer	les emballages
on	éviter	le gaspillage
nous	préserver	les glissements de terrain
vous	prévenir	les industries propres
le président	recycler	la nature
les pays	sauver	la pollution
?	trouver	le ramassage des ordures

3 Suggestion Remind students to use each of the expressions in the columns at least once.

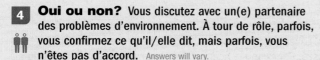

Suggestion Remind students that verbs ending in **-ier** have a double **i** in the **nous** and **vous** forms of the present subjunctive: **étudiiez**, **skiions**, etc. (They learned this in Leçon 15 with the **imparfait**.)

• The verbs on the preceding page are called one-stem verbs because the same stem is used for all the endings. Two-stem verbs have a different stem for **nous** and **vous**, but their forms are still identical to those of the **imparfait**.

Present subjunctive of two-stem verbs

	acheter	venir	prendre	boire
que je/j'	achète	vienne	prenne	boive
que tu	achètes	viennes	prennes	boives
qu'il/elle	achète	vienne	prenne	boive
que nous	achetions	venions	prenions	buvions
que vous	achetiez	veniez	preniez	buviez
qu'ils/elles	achètent	viennent	prennent	boivent

• The subjunctive is usually used in complex sentences that consist of a main clause and a subordinate clause. The main clause contains a verb or expression that triggers the subjunctive. The word **que** connects the two clauses.

• These impersonal expressions of opinion are often followed by clauses in the subjunctive. They are followed by the infinitive, without **que**, if no person or thing is specified. Add **de** before the infinitive after expressions with **être**.

Il est bon que...	It is good that...	Il est indispensable que...	It is essential that...
Il est dommage que...	It is a shame that...	Il est nécessaire que...	It is necessary that...
Il est essentiel que...	It is essential that...	Il est possible que...	It is possible that...
Il est important que...	It is important that...	Il faut que...	One must... / It is necessary that...
		Il vaut mieux que...	It is better that...

Il est important qu'on **réduise** le gaspillage.
It is important that we reduce waste.

but **Il est important de réduire** le gaspillage.
It is important to reduce waste.

Il faut qu'on **ferme** l'usine.
We must close the factory.

but **Il faut fermer** l'usine.
We must close the factory.

COMMUNICATION

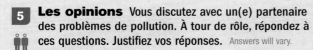

4 **Oui ou non?** Vous discutez avec un(e) partenaire des problèmes d'environnement. À tour de rôle, parfois, vous confirmez ce qu'il/elle dit, mais parfois, vous n'êtes pas d'accord. Answers will vary.

MODÈLE

Étudiant(e) 1: *Il faut que les pays industrialisés réduisent les émissions à effet de serre.*
Étudiant(e) 2: *C'est vrai, il faut qu'ils réduisent les émissions à effet de serre.*

1. Il est nécessaire que tu recycles les bouteilles.
2. Il est dommage que les étudiants prennent le bus pour aller à la fac.
3. Il est bon qu'on développe des énergies propres.
4. Il est essentiel qu'on signe le protocole de Kyoto.
5. Il est indispensable que nous évitions le gaspillage.
6. Il faut que les pays développent de nouvelles technologies pour réduire les émissions toxiques.

5 **Les opinions** Vous discutez avec un(e) partenaire des problèmes de pollution. À tour de rôle, répondez à ces questions. Justifiez vos réponses. Answers will vary.

MODÈLE

Étudiant(e) 1: *Faut-il que nous préservions l'environnement?*
Étudiant(e) 2: *Oui, il faut que nous préservions l'environnement pour éviter le réchauffement de la Terre.*

1. Est-il important qu'on s'intéresse à l'écologie?
2. Faut-il qu'on évite de gaspiller?
3. Est-il essentiel que nous construisions des centrales nucléaires?
4. Vaut-il mieux que j'utilise des bacs (*bins*) à recyclage pour le ramassage des ordures?
5. Est-il indispensable qu'on prévienne les incendies?
6. Est-il possible qu'on développe l'énergie solaire?

6 **L'écologie** Par groupes de quatre, regardez les deux photos et parlez des problèmes écologiques qu'elles évoquent. Ensuite, préparez par écrit une liste des solutions. Comparez votre liste avec celles de la classe. Answers will vary.

MODÈLE

Étudiant(e) 1: *Aujourd'hui, il y a trop d'ordures.*
Étudiant(e) 2: *Il faut qu'on développe le recyclage.*

Essayez! Indiquez la forme correcte du présent du subjonctif de ces verbes.

1. (améliorer) que j' __améliore__
2. (maigrir) que tu __maigrisses__
3. (dire) qu'elle __dise__
4. (revenir) que nous __revenions__
5. (apprendre) que vous __appreniez__
6. (répéter) qu'ils __répètent__

SYNTHÈSE

Révision

4 **Suggestion** This activity could also be completed by groups of three, so that each student comes up with a suggestion about how to address the situation. Tell students to rotate the order in which they give their suggestions.

---

1 **Des solutions** Avec un(e) partenaire, décrivez ces problèmes et donnez des solutions. Utilisez le présent du subjonctif et un pronom démonstratif pour chaque photo. Présentez vos solutions à la classe. Answers will vary.

> **MODÈLE**
>
> **Étudiant(e) 1:** *Cette eau est sale.*
> **Étudiant(e) 2:** *Il faut que celui qui a pollué cette eau paie une grosse amende.*

1.   3.

2.   4.

2 **Nettoyez** Vous habitez un village où les autorités veulent construire un grand aéroport. Avec un(e) partenaire, écrivez une lettre aux responsables où vous expliquez vos inquiétudes (*worries*). Utilisez des expressions impersonnelles, puis lisez la lettre à la classe. Answers will vary.

3 **Lequel?** Avec un(e) partenaire, imaginez un dialogue entre le chef (*head*) d'un organisme qui défend l'environnement et un(e) collègue qui demande des précisions. Alternez les rôles.
Answers will vary.

> **MODÈLE**
>
> **Étudiant(e) 1:** *Vous appellerez le journaliste, s'il vous plaît?*
> **Étudiant(e) 2:** *Oui, mais lequel?*
> **Étudiant(e) 1:** *Celui qui est venu hier après-midi.*

accompagner un visiteur	envoyer des colis
appeler des clients	laisser un message à un(e) employé(e)
chercher un numéro de téléphone	prendre un rendez-vous

3 **Suggestion** Review the use of the relative pronoun **qui** when giving details about a person.

ressources

WB pp. 173–176	LM pp. 99–100	promenades.vhlcentral.com Leçon 25

---

4 **Si...** Avec un(e) partenaire, observez ces scènes et lisez les phrases. Pour chaque scène, faites trois phrases au présent du subjonctif, puis présentez-les à la classe. Answers will vary.

> **MODÈLE**
>
> **Étudiant(e) 1:** *Si l'eau est sale, il ne faut pas que les gens mangent les poissons.*
> **Étudiant(e) 2:** *Oui, il faut qu'ils les achètent à la poissonnerie.*

1. Si l'eau est sale,...   3. S'il tombe une pluie acide,...

2. S'il y a un nuage de pollution,...   4. S'il y a un glissement de terrain,...

5 **Les plaintes** Par groupes de trois, interviewez vos camarades à tour de rôle. Que vous suggèrent-ils de faire quand vous vous plaignez (*complain*) d'une de ces personnes? Écrivez leurs réponses, puis comparez-les à celles d'un autre groupe.
Answers will vary.

> **MODÈLE**
>
> *Il est important que tu lui écrives une lettre.*
> - vos parents
> - votre professeur
> - votre camarade de chambre
> - un(e) serveur/serveuse
> - un(e) patron(ne) (*boss*)
> - un médecin

6 **Non, Solange!** Votre professeur va vous donner, à vous et à votre partenaire, deux feuilles d'activités différentes sur les mauvaises habitudes de Solange. Attention! Ne regardez pas la feuille de votre partenaire. Answers will vary.

> **MODÈLE**
>
> **Étudiant(e) 1:** *Il est dommage que Solange conduise une voiture qui pollue.*
> **Étudiant(e) 2:** *Il faut qu'elle conduise une voiture plus écologique.*

6 **Suggestion** Divide the class into pairs and distribute the Info Gap Handouts in the IRM on the IRCD-ROM for this activity. Give students ten minutes to complete the activity.

Le Zapping

La BMCE

La Banque Marocaine du Commerce Extérieur est la deuxième plus grande banque du Maroc. Elle a non seulement des agences en Europe et en Asie, mais elle vise° aussi constamment à étendre° les liens° entre le Maroc et le reste du monde. À travers la Fondation BMCE Éducation et Environnement, la banque se soucie° également° de la protection de l'environnement et du développement de la société marocaine. En 2000, elle a lancé le projet Medersat.com, dont un des objectifs les plus importants est la scolarisation des enfants dans les villages ruraux du Maroc.

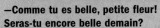

—Comme tu es belle, petite fleur! Seras-tu encore belle demain?

—Attends-moi! Moi aussi, j'ai envie d'apprendre.

Compréhension Répondez aux questions.

Compréhension Have students work in pairs or groups for this activity. Tell them to write their answers. Then show the video again so that they can check their answers and add any missing information.

1. Sur quoi le garçon est-il debout (*standing*) dans la première scène? Il est debout sur la Terre/la planète.

2. Que demande-t-il à la colombe (*dove*)? Il lui demande si elle peut lui montrer le chemin de la liberté.

3. Où vont le garçon et sa sœur à la fin? Ils vont à l'école.

Discussion Par groupes de trois, répondez aux questions et discutez. Answers will vary.

1. Pourquoi le garçon pose-t-il des questions? Pourquoi à une fleur, aux étoiles (*stars*), à une colombe et à un arbre (*tree*)? Quels sont leurs attributs?

2. Quels messages concernant les missions de la BMCE la publicité (*commercial*) nous transmet-elle?

SUR INTERNET

Go to **promenades.vhlcentral.com** to watch the TV clip featured in this **Le zapping**.

vise *aims* **étendre** *to extend* **liens** *links* **se soucie** *cares* **également** *also*

Discussion Use this commercial to preview the excerpt from **Le Petit Prince** coming up in this unit's **Lecture**. Ask if anyone in the class has ever read Antoine de Saint-Exupéry's masterpiece or is familiar with the story. Encourage students to watch the ad again after they have read the excerpt.

Leçon 26

Suggestion Tell students to look over the new vocabulary and identify the cognates.

You will learn how to...
- discuss nature
- express feelings, opinions, and doubts

En pleine nature

Vocabulaire

chasser	to hunt
jeter	to throw away
un animal	animal
un bois	woods
un champ	field
une côte	coast
un désert	desert
un fleuve	river
une forêt (tropicale)	(tropical) forest
la jungle	jungle
la nature	nature
une région	region
une rivière	river
un sentier	path
un volcan	volcano
la chasse	hunt
le déboisement	deforestation
l'écotourisme (*m.*)	ecotourism
une espèce (menacée)	(endangered) species
l'extinction (*f.*)	extinction
la préservation	protection
une ressource naturelle	natural resource
le sauvetage des habitats	habitat preservation

Suggestion To practice the vocabulary, show drawings or magazine photos and ask students questions. Examples: **Qu'est-ce que c'est? C'est un lapin ou un écureuil? Y a-t-il un fleuve sur le dessin?**

le ciel

un arbre

une plante

Ils font un pique-nique(s). (faire)

un écureuil

une vache

l'herbe (f.)

ressources

WB pp. 177–178	LM p. 101	promenades.vhlcentral.com Leçon 26

la Lune

une étoile

une vallée

une île

un lac

une falaise

un serpent

une pierre

un lapin

1 Suggestion Go over the answers with the class.

Mise en pratique

1 **Écoutez** 🎧 Écoutez Armand parler de quelques-unes de ses expériences avec la nature. Après une deuxième écoute, écrivez les termes qui se réfèrent au ciel, à la terre et aux plantes. Some answers may vary.

Terre	Ciel	Plantes
nature	étoiles	forêt(s) tropicale(s)
forêt(s) tropicale(s)	Lune	arbres
sentiers		fleurs
campagne		nature

2 **Par catégorie** Faites correspondre les éléments de la colonne de gauche avec l'élément des colonnes de droite qui convient.

1. __d__ la Seine
2. __j__ la Martinique
3. __h__ une vache
4. __a__ l'Etna
5. __i__ le pétrole
6. __g__ le Sahara
7. __e__ un arbre
8. __c__ Érié

a. un volcan
b. une jungle
c. un lac
d. un fleuve
e. une plante

f. une forêt
g. un désert
h. un animal
i. une ressource naturelle
j. une île

2 Expansion Ask students questions about the location of each item in this activity.

3 **La nature** Choisissez le terme qui correspond à chaque définition. Ensuite choisissez trois autres termes dans la section **CONTEXTES** et écrivez leur définition. Avec un partenaire, lisez vos définitions et devinez quels sont les termes que vous avez choisis.

le déboisement	une falaise	la préservation
l'écotourisme	une jungle	le sauvetage des habitats
l'environnement	une pierre	un sentier
l'extinction	un pique-nique	une vache

1. Là où l'homme vit ___l'environnement___.
2. Sauver et protéger ___la préservation___.
3. Lieu très chaud, très humide ___une jungle___.
4. Chemin très étroit (*narrow*) ___un sentier___.
5. Quand une espèce n'existe plus ___l'extinction___.
6. Conséquence de la destruction des arbres ___le déboisement___
7. Action de sauver le lieu où vivent des animaux ___le sauvetage des habitats___
8. Vacances qui favorisent la protection de l'environnement ___l'écotourisme___.
9. Un animal de taille importante qui mange de l'herbe ___une vache___.
10. Quand on mange dans la nature ___un pique-nique___.
11. Élément minéral solide, parfois gris ___une pierre___.
12. Sur le dessin à gauche, c'est la masse rocheuse (*rocky*) à droite ___une falaise___.

3 Suggestion Have students describe what they see in the photo.

CONTEXTES

Communication

4 **Conversez** Interviewez un(e) camarade de classe. Answers will vary.

1. As-tu déjà fait de l'écotourisme? Où? Si non, où as-tu envie d'essayer d'en faire?
2. Aimes-tu les pique-niques? Quand en as-tu fait un pour la dernière fois? Avec qui?
3. Quelles activités aimes-tu pratiquer dans la nature?
4. As-tu déjà visité une forêt? Laquelle?
5. Connais-tu un lac? Quand y es-tu allé(e)? Quelles activités y as-tu pratiquées?
6. Es-tu déjà allé(e) dans un désert? Lequel?
7. Es-tu déjà allé(e) sur une île? Laquelle? Comment as-tu passé le temps?
8. Quelles sont les régions du monde que tu veux visiter? Pour quelle(s) raison(s)?
9. Si tu étais un animal, lequel serais-tu? Pourquoi?
10. Quand tu regardes le ciel, que trouves-tu de beau? Pourquoi?

4 Expansion Have pairs get together with another pair of students and share what they learned about their partners.

5 **La nature et moi** Écrivez un paragraphe dans lequel vous racontez votre expérience avec la nature. Ensuite, à tour de rôle, lisez votre description à votre partenaire et comparez vos paragraphes. Answers will vary.

- Choisissez au minimum deux lieux naturels différents.
- Utilisez un minimum de huit mots de vocabulaire de **CONTEXTES.**
- Faites votre description avec le plus de détails possible.
- Expliquez ce que vous aimez ou ce que vous n'aimez pas à propos de chaque lieu.

5 Suggestion If time is limited, this activity may be assigned as homework. Then allow partners time to work together for peer editing in class.

6 **Les écologistes** Vous faites partie d'un club d'écologistes à l'université. Avec deux camarades de classe et les informations suivantes, préparez une brochure pour informer les étudiants du campus d'un grave problème écologique. Présentez ensuite votre brochure au reste de la classe. Quel groupe a présenté le problème le plus sérieux? Quel groupe a proposé les solutions les plus originales? Answers will vary.

- le nom de votre club
- la situation géographique du problème écologique
- la description du problème
- les causes du problème
- les conséquences du problème
- les solutions possibles au problème

7 **À la radio** Vous travaillez pour le ministère du Tourisme d'un pays francophone et devez préparez un texte qui sera lu à la radio. L'objectif de ce message est de faire la promotion de ce pays pour son écotourisme. Décrivez la nature et les activités offertes. Utilisez les mots que vous avez appris dans la section **CONTEXTES.** Answers will vary.

> **MODÈLE**
>
> Venez découvrir la beauté de l'île de Madagascar. Chaque région vous offre des sentiers qui permettent d'admirer des plantes rares et des arbres magnifiques et de rencontrer des animaux extraordinaires…
> À Madagascar, la nature est unique, préservée. Le charme et l'exotisme sont ici!

7 Suggestion Have a volunteer read the **modèle**. You might suggest that students incorporate information from **Le monde francophone**, page 397, in their radio ads.

Les sons et les lettres SUPERSITE

🎧 Homophones

Suggestions
• Point out these additional homophones: **là** (*there*) / **la** (*the*); **ont** (*have*) / **on** (*one*); **je vois** (*I see*) / **il voit** (*he sees*) / **une voie** (*a way*) / **une voix** (*a voice*).
• Read each sentence in the **Choisissez** activity aloud. Then have students select the correct word to complete each one.
• Have students look in the end vocabulary or verb charts in **Appendice B** and identify other homophones.

Many French words sound alike, but are spelled differently. As you have already learned, sometimes the only difference between two words is a diacritical mark. Other words that sound alike have more obvious differences in spelling.

a / à	ou / où	sont / son	en / an

Several forms of a single verb may sound alike. To tell which form is being used, listen for the subject or words that indicate tense.

je parle	**tu** parles	**ils** parlent
vous parlez	**j'ai** parlé	**je vais** parler

Many words that sound alike are different parts of speech. Use context to tell them apart.

VERB	POSSESSIVE ADJECTIVE	PREPOSITION	NOUN
Ils sont belges.	C'est **son** mari.	Tu vas **en** France?	Il a un **an**.

You may encounter multiple spellings of words that sound alike. Again, context is the key to understanding which word is being used.

je peux *I can*	**elle** peut *she can*	peu *a little, few*
le foie *liver*	**la** foi *faith*	une fois *one time*
haut *high*	l'eau *water*	au *at, to, in the*

🖱️S **Prononcez** Répétez les paires de mots suivants à voix haute.

1. ce	se	4. foi	fois	7. au	eau	10. lis	lit
2. leur	leurs	5. ces	ses	8. peut	peu	11. quelle	qu'elle
3. né	nez	6. vert	verre	9. où	ou	12. c'est	s'est

🖱️S **Choisissez** Choisissez le mot qui convient à chaque phrase.

1. Je (lis / lit) le journal tous les jours.
2. Son chien est sous le (lis / lit).
3. Corinne est (née / nez) à Paris.
4. Elle a mal au (née / nez).

🖱️S **Jeux de mots** Répétez les jeux de mots à voix haute.

Le ver vert va vers le verre.[1]

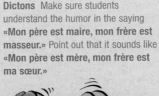

Mon père est maire, mon frère est masseur.[2]

Dictons Make sure students understand the humor in the saying «**Mon père est maire, mon frère est masseur.**» Point out that it sounds like «**Mon père est mère, mon frère est ma sœur.**»

[1] The green worm is going toward the glass.
[2] My father is a mayor, my brother is a masseur.

ressources

LM p. 102
SUPERSITE
promenades.vhlcentral.com
Leçon 26

ROMAN-PHOTO

La randonnée

Suggestion Have students predict what the episode will be about based on the video stills.

PERSONNAGES

Amina

David

Guide

Rachid

Sandrine

Stéphane

Valérie

À la montagne...

DAVID Que c'est beau!

VALÉRIE C'est la première fois que tu viens à la montagne Sainte-Victoire?

DAVID Non, en fait, je viens assez souvent pour dessiner, mais malheureusement c'est peut-être la dernière fois. C'est dommage que j'aie si peu de temps.

SANDRINE Je préférerais qu'on parle d'autre chose.

AMINA Elle a raison, nous sommes venus ici pour passer un bon moment.

STÉPHANE Tiens, et si on essayait de trouver des serpents?

AMINA Des serpents ici?

RACHID Ne t'inquiète pas, ma chérie. Par précaution, je suggère que tu restes près de moi.

RACHID Mais il ne faut pas que tu sois aussi anxieuse.

SANDRINE C'est romantique ici, n'est-ce pas?

DAVID Comment? Euh, oui, enfin...

VALÉRIE Avant de commencer notre randonnée, je propose qu'on visite la Maison Sainte-Victoire.

AMINA Bonne idée. Allons-y!

Après le pique-nique...

DAVID Mais tu avais faim, Sandrine!

SANDRINE Oui. Pourquoi?

DAVID Parce que tu as mangé autant que Stéphane!

SANDRINE C'est normal, on a beaucoup marché, ça ouvre l'appétit. En plus, ce fromage est délicieux!

DAVID Mais, tu peux manger autant de fromage que tu veux, ma chérie.

Stéphane laisse tomber une serviette...

VALÉRIE Stéphane! Mais qu'est-ce que tu jettes par terre? Il est essentiel qu'on laisse cet endroit propre!

STÉPHANE Oh, ne t'inquiète pas, maman. J'allais mettre ça à la poubelle plus tard.

Suggestion Tell students to scan the captions for vocabulary related to nature and conservation.

SANDRINE David, j'aimerais que tu fasses un portrait de moi, ici, à la montagne. Ça te dit?

DAVID Peut-être un peu plus tard... Cette montagne est tellement belle!

VALÉRIE David, tu es comme Cézanne. Il venait ici tous les jours pour dessiner. La montagne Sainte-Victoire était un de ses sujets favoris.

A C T I V I T É S

1 **Vrai ou faux?** Indiquez si les affirmations suivantes sont **vraies** ou **fausses**.

1. David fait un portait de Sandrine sur-le-champ (*on the spot*). Faux.

2. C'est la première fois que Stéphane visite la Maison Sainte-Victoire. Vrai.

3. Valérie traite la nature avec respect. Vrai.

4. Sandrine mange beaucoup au pique-nique. Vrai.

5. David et Sandrine passent un après-midi très romantique. Faux.

6. Le guide confirme qu'il y a des serpents sur la montagne Sainte-Victoire. Faux.

7. David est un peu triste de devoir bientôt retourner aux États-Unis. Vrai.

8. Valérie pense que David est un artiste sans talent. Faux.

9. Rachid est très romantique. Vrai.

10. Stéphane laisse Rachid et Amina tranquilles. Faux.

1 **Suggestion** Have students correct the false statements.

Les amis se promènent à la montagne Sainte-Victoire.

À la Maison Sainte-Victoire

GUIDE Mesdames, Messieurs, bonjour et bienvenue. C'est votre première visite de la Maison Sainte-Victoire?

STÉPHANE Pour moi, oui.

GUIDE La Maison Sainte-Victoire a été construite après l'incendie de 1989.

DAVID Un incendie?

GUIDE Oui, celui qui a détruit une très grande partie de la forêt.

GUIDE Maintenant, la montagne est un espace protégé.

DAVID Protégé? Comment?

GUIDE Eh bien, nous nous occupons de la gestion de la montagne et de la forêt. Notre mission est la préservation de la nature, le sauvetage des habitats naturels et la prévention des incendies. Je vous fais visiter le musée?

VALÉRIE Oui, volontiers!

RACHID Tiens, chérie.

AMINA Merci, elle est très belle cette fleur.

RACHID Oui, mais toi, tu es encore plus belle. Tu es plus belle que toutes les fleurs de la nature réunies!

AMINA Rachid...

RACHID Chut! Ne dis rien... Stéphane! Laisse-nous tranquilles.

Suggestion After reading the **Roman-photo**, have students summarize the episode.

Expressions utiles

Expressing regrets and preferences

- **C'est dommage que j'aie si peu de temps.**
  It's a shame that I have so little time.
- **Je préférerais qu'on parle d'autre chose.**
  I would prefer to talk about something else.
- **J'aimerais que tu fasses un portrait de moi.**
  I would like you to do a portrait of me.

Making suggestions

- **Par précaution, je suggère que tu restes près de moi.**
  As a precaution, I suggest that you stay close to me.
- **Il ne faut pas que tu sois si anxieuse.**
  There's no need to be so anxious.
- **Je propose qu'on visite...**
  I propose we visit...

Expressions utiles Respond briefly to questions about the use of the subjunctive with verbs of will and emotion. Reinforce correct forms, but do not expect students to produce them consistently at this time.

---

2 **À vous!** Imaginez que vous êtes allé(e) à la montagne Sainte-Victoire avec des amis. À l'entrée du parc, il y a une liste de règles (*rules*) à suivre pour protéger la nature. Avec un(e) camarade de classe, imaginez quelles sont ces règles et écrivez une liste. Qu'est-ce qu'il faut faire si vous faites un pique-nique? Une randonnée? Quelles sont les activités interdites? Présentez votre liste à la classe.

2 Suggestions
- If time is limited, this activity may be assigned as homework. As an alternative, you can have students create posters instead of lists.
- Encourage students to create symbols for the forbidden activities similar to the "No littering" sign on page 391.

3 **Écrivez** Il y a deux couples dans notre histoire, Sandrine et David, Amina et Rachid. Composez un paragraphe dans lequel vous expliquez quel couple va rester ensemble et quel couple va se séparer. Pourquoi? Attention! Le départ de David n'entre pas en jeu (*doesn't come into play*).

3 Suggestion As students write, circulate around the room to help with unfamiliar vocabulary and expressions.

ressources

| VM pp. 237–238 | DVD Leçon 26 | promenades.vhlcentral.com Leçon 26 |

ACTIVITÉS

SUPERSITE

Avant la lecture Have students look at the photos and describe what they see.

CULTURE À LA LOUPE

NATIONAL
connections
cultures
STANDARDS

Les parcs nationaux

des perroquets°, Guadeloupe

le parc de la Vanoise

Les neuf parcs nationaux français sont protégés par le gouvernement, qui s'occupe de leur gestion. Tous offrent des sentiers de randonnée et la possibilité de découvrir la nature pendant des activités d'écotourisme guidées. Ce sont aussi des endroits où les visiteurs peuvent pratiquer différentes activités sportives. Par exemple, ils peuvent pratiquer des sports d'hiver dans cinq des sept parcs montagneux, qui ont de nombreux sommets° et glaciers.

Les Cévennes, en Languedoc-Roussillon, est le plus grand parc national forestier français avec 3.200 km² de forêts, mais on y trouve aussi des montagnes et des plateaux. La Vanoise, un parc de haute montagne dans les Alpes, a été le premier parc créé° en France, en 1963. Avec ses 107 lacs et sa vingtaine° de glaciers, c'est une réserve naturelle où le bouquetin° est protégé. Deux autres parcs, les Écrins et le Mercantour, sont aussi situés dans la région des Alpes. Autre parc montagneux, le parc national des Pyrénées est composé de six vallées principales, riches en forêts, cascades° et autres formations naturelles. C'est aussi un refuge pour de nombreuses espèces menacées, comme l'ours° et l'aigle royal°. Quand il fait beau l'été, le parc marin de Port-Cros, composé d'îles méditerranéennes, est idéal pour des activités aquatiques. Aux Antilles°, il fait chaud et humide toute l'année dans le parc national de la Guadeloupe. Situé dans la forêt tropicale, les paysages° du parc sont très variés: forestiers, volcaniques, côtiers° et maritimes. Ouverts depuis 2007 seulement, les deux parcs nationaux les plus récents sont le Parc Amazonien de Guyane, en Amérique du Sud, et le Parc national de La Réunion, dans l'océan Indien.

Les records naturels de la France en Europe de l'Ouest

- Le Mont-Blanc, dans les Alpes, est la plus haute montagne d'Europe de l'Ouest. Il mesure 4.807 mètres.

- La forêt de pins des Landes, en Aquitaine, est le plus grand massif forestier d'Europe. Il fait plus d'un million d'hectares.

- La dune du Pilat, en Aquitaine, est la plus haute dune de sable° d'Europe. Elle mesure 117 mètres.

- Le cirque° de Gavarnie, dans les Pyrénées, a la plus grande cascade d'Europe. Elle mesure 442 mètres.

sommets summits **créé** created **vingtaine** about twenty **bouquetin** ibex, a type of wild goat **cascades** waterfalls **ours** bear **aigle royal** golden eagle **Antilles** the French West Indies **paysages** landscapes **côtiers** coastal **perroquets** parrots **sable** sand **cirque** steep-walled, mountainous basin

A C T I V I T É S

1 **Répondez** Répondez aux questions par des phrases complètes.

1. Combien de parcs nationaux français y a-t-il?
   Il y a neuf parcs nationaux français.
2. Quel type de parc est le parc des Cévennes?
   Le parc des Cévennes est un parc forestier.
3. Quel parc est situé sur des îles méditerranéennes?
   Le parc marin de Port-Cros est situé sur des îles méditerranéennes.
4. Quels sont deux animaux qu'on peut trouver dans les Pyrénées?
   On peut trouver des ours et des aigles royaux dans les Pyrénées.
5. Quels sont deux types de paysages du parc de la Guadeloupe?
   Answers will vary. Possible answer: Les paysages forestiers et volcaniques sont deux types de paysages du parc de la Guadeloupe.

6. Comment s'appellent deux des parcs nationaux français et où se trouvent-ils (à la montagne, etc.)? Answers will vary. Possible answer: La Vanoise se trouve dans les montagnes et Port-Cros se trouve sur des îles.
7. Quelle est la plus haute montagne d'Europe?
   C'est le Mont-Blanc.
8. Où se trouve le plus grand massif forestier d'Europe?
   Il se trouve dans les Landes, en France.
9. Combien mesure la dune du Pilat?
   Elle mesure 117 mètres.
10. Combien mesure la plus grande cascade d'Europe?
    Elle mesure 442 mètres.

Portrait
• Have students locate the island of Madagascar on the map in **Appendice A**.
• Tell students to look at the photo and ask: **Quelle espèce d'animal est-ce?**
(**un lémurien**) **Avez-vous déjà vu un lémurien? Si oui, où?**

STRATÉGIE

Being aware of the reading process

It is crucial to understand that the reading strategies you have learned are part of a larger process to help you become a smarter and more efficient reader in French as well as in general. Going down the list of strategies and hitting them all without keeping the bigger picture in mind will prove less rewarding than remembering how they work together.

LE MONDE FRANCOPHONE

Grands sites naturels

Voici quelques exemples d'espaces naturels remarquables du monde francophone.

En Algérie Plus de 80% de la superficie de l'Algérie, deuxième plus grand pays d'Afrique, sont occupés par le Sahara.

Au Cambodge Le lac Tonle Sap est le plus grand lac d'Asie du sud-est.

Au Cameroun La réserve Dja Faunal est l'une des plus grandes forêts tropicales d'Afrique.

À l'île Maurice L'île est presque entièrement entourée° de plus de 150 km de récifs de corail.

Au Sénégal Le parc national du Niokolo Koba, site du Patrimoine° mondial et Réserve de la biosphère internationale, est l'une des réserves naturelles les plus importantes d'Afrique de l'ouest.

Aux Seychelles L'atoll Aldabra abrite la plus grande population de tortues géantes du monde.

entièrement entourée *entirely surrounded* **Patrimoine** *Heritage*

PORTRAIT

Madagascar

Madagascar, ancienne colonie française, est la quatrième plus grande île du monde, et, avec plus de 20 parcs nationaux et réserves naturelles, elle est un paradis pour l'écotourisme. Madagascar (plus de 16 millions d'habitants) est située à 400 km à l'est du Mozambique, dans l'océan Indien. Sa faune et sa flore sont exceptionnelles avec 250.000 espèces différentes, dont 1.000 orchidées. Plus de 90% de ces espèces sont uniques au monde. Ses mangroves, rivières, lacs et récifs coralliens° offrent des milieux écologiques variés et ses forêts abritent° 90% des lémuriens° du monde. Caméléons, tortues terrestres°, tortues de mer° et baleines à bosse° sont aussi typiques de l'île.

récifs coralliens *coral reefs* **abritent** *provide a habitat for* **lémuriens** *lemurs* **tortues terrestres** *tortoises* **tortues de mer** *sea turtles* **baleines à bosse** *humpback whales*

SUPERSITE

SUR INTERNET

Quel est le sujet de l'émission *Thalassa*?

Go to **promenades.vhlcentral.com** to find more cultural information related to this **LECTURE CULTURELLE.** Then watch the corresponding **Flash culture.**

---

2 **Complétez** Complétez les phrases.

1. Madagascar est une grande _____île_____ près du Mozambique.
2. Madagascar est une bonne destination pour ___l'écotourisme___.
3. À Madagascar, la majorité des espèces sont __uniques au monde__.
4. _Caméléons, tortues_ sont des espèces typiques de l'île.
   terrestres, tortues de mer et baleines à bosse
5. L'une des plus grandes forêts tropicales d'Afrique se trouve ___au Cameroun___.

3 **À la découverte** Vous et deux partenaires voulez visiter ensemble plusieurs pays francophones et découvrir la nature. Quelles destinations choisissez-vous? Comparez les activités qui vous intéressent et les endroits que vous voulez visiter. Soyez prêts à présenter votre itinéraire à la classe.

3 **Suggestion** Before beginning the activity, have the class brainstorm a list of possible destinations for ecotourism and write them on the board.

ressources

VM
pp. 263–264

SUPERSITE
promenades.vhlcentral.com
Leçon 26

ACTIVITÉS

26.1 The subjunctive (Part 2)
Will and emotion, irregular subjunctive forms

- Use the subjunctive with verbs and expressions of will and emotion. Verbs and expressions of will are often used when someone wants to influence the actions of other people. Verbs and expressions of emotion express someone's feelings or attitude.

Je suggère que tu restes près de moi.

Je propose qu'on visite la Maison Sainte-Victoire.

BOÎTE À OUTILS
See **Leçon 25** for an introduction to the subjunctive and the structure of clauses containing verbs in the subjunctive.

- When the main clause contains an expression of will or emotion and the subordinate clause has a different subject, the subjunctive is required.

MAIN CLAUSE		SUBORDINATE CLAUSE
VERB OF WILL	CONNECTOR	SUBJUNCTIVE
Mes parents exigent	**que**	**je dorme** huit heures.
My parents demand	*that*	*I sleep eight hours.*
EXPRESSION OF EMOTION	CONNECTOR	SUBJUNCTIVE
Tu es triste	**que**	**Sophie ne vienne pas** avec nous.
You are sad	*that*	*Sophie isn't coming with us.*
VERB OF WILL	CONNECTOR	SUBJUNCTIVE
Je préfère	**que**	**tu travailles** ce soir.
I prefer	*that*	*you work tonight.*

- Here are some verbs and expressions of will commonly followed by the subjunctive.

Verbs of will

demander que...	*to ask that...*	recommander que...	*to recommend that...*
désirer que...	*to want/ desire that...*	souhaiter que...	*to wish that...*
exiger que...	*to demand that...*	suggérer que...	*to suggest that...*
préférer que...	*to prefer that...*		
proposer que...	*to propose that...*	vouloir que...	*to want that...*

SUPERSITE **MISE EN PRATIQUE**

1 **Des réactions** Que devraient faire les personnages sur les illustrations? Employez ces expressions pour donner vos réactions. Suggested answers

MODÈLE

Je propose que vous mangiez quelque chose.

vous (proposer que)

1 Suggestion Encourage students to come up with creative suggestions for the people pictured and to share the most interesting suggestions with the class.

acheter une décapotable (*convertible*)	faire une fête
	garder le secret
boire de l'eau	manger quelque chose
me donner de l'argent	trouver des amis

1. tu (suggérer que)
Je suggère que tu boives de l'eau.

4. Yves (souhaiter que)
Je souhaite qu'Yves trouve des amis.

2. mes voisins (vouloir que)
Je veux que mes voisins me donnent de l'argent.

5. elle (recommander que)
Je recommande qu'elle achète une décapotable.

3. vous (exiger que)
J'exige que vous gardiez le secret.

6. tu (désirer que)
Je désire que tu fasses une fête.

2 **Des opinions** Complétez ces phrases avec le présent du subjonctif. Ensuite, comparez vos réponses avec celles d'un(e) partenaire. Answers will vary.

1. Nous sommes furieux que les examens...
2. Notre prof exige que...
3. Nous aimons que le prof...
4. Je propose que... le vendredi.
5. Les étudiants veulent que les cours...
6. Je recommande que... tous les jours.
7. C'est triste que cette université...
8. Nous préférons que le resto U...

2 Suggestion Have one pair of students share their sentences with the class. Ask their classmates to say **d'accord** if they agree or **pas d'accord** if they don't agree with the statements.

COMMUNICATION

3 **Enquête** Comparez vos idées sur la nature et l'environnement avec celles d'un(e) partenaire. Posez-vous ces questions. *Answers will vary.*

1. Que suggères-tu qu'on fasse pour protéger les forêts tropicales?

2. Vaut-il mieux qu'on ne chasse plus? Pourquoi?

3. Que recommandes-tu qu'on fasse pour arrêter la pollution?

4. Comment souhaites-tu que nous préservions nos ressources naturelles?

5. Quels produits recommandes-tu qu'on développe?

6. Quel problème écologique veux-tu qu'on traite tout de suite?

4 **Mme Quefège...** Mme Quefège donne des conseils (*advice*) à la radio. Pensez à une difficulté que vous avez et préparez par écrit un paragraphe que vous lui lirez. Elle va vous faire des recommandations. Avec un(e) partenaire, alternez les rôles pour jouer les scènes. *Answers will vary.*

MODÈLE

Étudiant(e) 1: *Ma petite amie fait constamment ses devoirs et elle ne quitte plus son appartement.*
Étudiant(e) 2: *Je suis désolée qu'elle n'arrête pas de travailler. Si elle ne quitte toujours pas l'appartement ce week-end, je suggère que vous écriviez à ses parents.*

5 **Les habitats naturels** Par groupes de trois, préparez le texte pour cette affiche où vous expliquez ce qu'on doit faire pour sauver les habitats naturels. Utilisez des verbes au présent du subjonctif. *Answers will vary.*

5 **Suggestion** Have the class vote on the best text for the poster.

● These are some verbs and expressions of emotion followed by the subjunctive.

Verbs and expressions of emotion			
aimer que...	to like that...	être heureux / heureuse que...	to be happy that...
avoir peur que...	to be afraid that...		
être content(e) que...	to be glad that...	être surpris(e) que...	to be surprised that...
être désolé(e) que...	to be sorry that...	être triste que...	to be sad that...
être furieux / furieuse que...	to be furious that...	regretter que...	to regret that...

● In English, the word *that* introducing the subordinate clause may be omitted. In French, never omit **que** between the two clauses.

Ils sont heureux **que** j'arrive.
They're happy (that) I'm arriving.

Elle préfère **que** tu partes.
She prefers (that) you leave.

● If the subject doesn't change, use the infinitive with expressions of will and emotion. In the case of **avoir peur**, **regretter**, and expressions with **être**, add **de** before the infinitive.

Tu souhaites faire un pique-nique?
Do you wish to have a picnic?

Nous sommes tristes d'entendre la mauvaise nouvelle.
We're sad to hear the bad news.

● Some verbs have irregular subjunctive forms.

Present subjunctive of *avoir*, *être*, *faire*			
	avoir	**être**	**faire**
que je/j'	aie	sois	fasse
que tu	aies	sois	fasses
qu'il/elle	ait	soit	fasse
que nous	ayons	soyons	fassions
que vous	ayez	soyez	fassiez
qu'ils/elles	aient	soient	fassent

Elle veut que je **fasse** le lit.
She wants me to make the bed.

Tu es désolé qu'elle **soit** loin.
You are sorry that she is far away.

Essayez! Indiquez les formes correctes du présent du subjonctif des verbes.

1. que je __sois__ (être)
2. qu'il __fasse__ (faire)
3. que vous __soyez__ (être)
4. que leur enfant __ait__ (avoir)
5. qu'elle __fasse__ (faire)
6. que nous __fassions__ (faire)
7. qu'ils __aient__ (avoir)
8. que tu __sois__ (être)

STRUCTURES

26.2 The subjunctive (Part 3)
Verbs of doubt, disbelief, and uncertainty; more irregular subjunctive forms

The verb *croire*

The verb *croire* (to believe)	
je crois	nous croyons
tu crois	vous croyez
il/elle croit	ils/elles croient

Les touristes **croient** que la forêt est en danger.
The tourists believe that the forest is in danger.

Tu **crois** que l'extinction des espèces menacées est imminente?
Do you think that the extinction of endangered species is imminent?

- **Croire** takes **avoir** as an auxiliary verb in the **passé composé**, and its past participle is **cru**. In the **passé composé**, **croire** can mean *thought*.

J'**ai cru** qu'il y était.
I thought he was there.

Vous **avez cru** à son histoire?
Did you believe his story?

- The **futur simple** and **conditionnel** of **croire** are formed with the stem **croir-**.

Nous le **croirons** si nous le voyons.
We will believe it if we see it.

On **croirait** que c'est une tragédie.
One would think it's a tragedy.

The subjunctive

- The subjunctive is used in a subordinate clause when there is a change of subject and the main clause implies doubt, disbelief, or uncertainty.

MAIN CLAUSE	CONNECTOR	SUBORDINATE CLAUSE
Je doute	**que**	la rivière **soit** propre.
I doubt	*that*	*the river is clean.*

Expressions of doubt, disbelief, and uncertainty			
douter que...	*to doubt that...*	Il est impossible que...	*It is impossible that...*
ne pas croire que...	*not to believe that...*	Il n'est pas certain que...	*It is uncertain that...*
ne pas penser que...	*not to think that...*	Il n'est pas sûr que...	*It is not sure that...*
Il est douteux que...	*It is doubtful that...*	Il n'est pas vrai que...	*It is untrue that...*

Il n'est pas sûr qu'il y ait un problème.
It's not sure that there is a problem.

Je ne crois pas qu'on fasse une randonnée sur le volcan.
I don't believe that we're hiking on the volcano.

MISE EN PRATIQUE

1 **Fort-de-France** Vous discutez de vos projets (*plans*) avec votre ami(e) martiniquais(e). Complétez les phrases avec les formes correctes du présent de l'indicatif ou du subjonctif.

1. Je crois que Fort-de-France ___est___ (être) plus loin de Paris que de New York.
2. Il n'est pas certain que je ___vienne___ (venir) à Fort-de-France cet été.
3. Il n'est pas sûr que nous ___partions___ (partir) en croisière (*cruise*) ensemble.
4. Il est clair que nous ___ne partons pas___ (ne pas partir) sans toi.
5. Nous savons que ce voyage ___va___ (aller) t'intéresser.
6. Il est douteux que le ski alpin ___soit___ (être) un sport populaire ici.

2 **Camarade pénible** Vous faites une présentation sur la Martinique devant la classe. Un(e) camarade critique toutes vos idées. Avec un(e) partenaire, jouez la scène. *Answers will vary.*

MODÈLE

Étudiant(e) 1: *Le carnaval martiniquais est populaire.*
Étudiant(e) 2: *Je doute qu'il soit populaire.*

1. Les ressources naturelles sont protégées.
2. Tout le monde va se promener dans la forêt.
3. Les Martiniquais font des pique-niques tous les jours.
4. L'île a de belles plages.
5. Les enfants y font des randonnées.
6. On y boit des jus de fruits délicieux.

3 **Le Tour de France** Maxime veut participer un jour au Tour de France. Employez des expressions de doute et de certitude pour lui dire ce que vous pensez de ses habitudes. *Answers will vary.*

MODÈLE

Je ne crois pas que tu puisses dormir jusqu'à midi!

1.

2.

COMMUNICATION

4 **Assemblez** Imaginez que vous ayez l'occasion de faire un séjour aux Antilles françaises. À tour de rôle avec un(e) partenaire, assemblez les éléments de chaque colonne pour parler de ces vacances. Answers will vary.

MODÈLE

Il n'est pas certain que nous allions visiter une plantation.

A	B	C
Il est certain que	je/j'	être content(e)(s)
Il n'est pas certain que	tu	faire des excursions
Il est évident que	mon copain	faire beau temps
Il est impossible que	ma sœur	faire du bateau
Il est vrai que	mon frère	jouer sur la plage
Il n'est pas sûr que	nous	pouvoir parler créole
Je doute que	les touristes	visiter une plantation
Je crois que	mes parents	?
Je ne crois pas que	?	
?		

5 **Voyage en Afrique centrale** Vous voulez visiter ces endroits en Afrique centrale. Avec un(e) partenaire, préparez un dialogue dans lequel vous utilisez des expressions de doute et de certitude. Ensuite, échangez les rôles. Answers will vary.

MODÈLE

Étudiant(e) 1: *Il est clair qu'on doit visiter Kribi, au Cameroun. Il y a beaucoup de plages.*
Étudiant(e) 2: *Je doute que nous en ayons le temps. Il vaut mieux que nous visitions le marché, au Gabon.*

la forêt de Dzanga-Sangha (République centrafricaine)
le lac Kivu (Rwanda)
les marchés (Gabon)
le parc national de Lobéké (Cameroun)
le parc national de l'Ivindo (Congo)
les plages de Kribi (Cameroun)

6 **Je doute** Votre partenaire veut mieux vous connaître. Écrivez cinq phrases qui vous décrivent: quatre fausses et une vraie. Votre partenaire doit deviner laquelle est vraie et justifier sa réponse. Ensuite, alternez les rôles. Answers will vary.

MODÈLE

Étudiant(e) 1: *Je finis toujours mes devoirs avant de me coucher.*
Étudiant(e) 2: *Je doute que tu finisses tes devoirs avant de te coucher, parce que tu a toujours beaucoup de devoirs.*

● The indicative is used in a subordinate clause when the main clause expresses certainty.

Expressions of certainty

croire que...	to believe that...	Il est clair que...	It is clear that...
penser que...	to think that...	Il est évident que...	It is obvious that...
savoir que...	to know that...		
Il est certain que...	It is certain that...	Il est sûr que...	It is sure that...
		Il est vrai que...	It is true that...

On **sait que** l'histoire **finit** mal.
We know the story ends badly.

Il est certain qu'elle **comprend**.
It is certain that she understands.

● Sometimes a speaker may opt to use the subjunctive in a question to indicate that he or she feels doubtful or uncertain of an affirmative response.

Crois-tu que cette loi **soit** juste pour tout le monde?
Do you believe that this law is just for everybody?

Est-il vrai que vous **partiez** déjà en vacances?
Is it true that you're already leaving on vacation?

Here are more verbs that are irregular in the subjunctive.

Present subjunctive of *aller, pouvoir, savoir, vouloir*

	aller	pouvoir	savoir	vouloir
que je/j'	aille	puisse	sache	veuille
que tu	ailles	puisses	saches	veuilles
qu'il/elle	aille	puisse	sache	veuille
que nous	allions	puissions	sachions	voulions
que vous	alliez	puissiez	sachiez	vouliez
qu'ils/elles	aillent	puissent	sachent	veuillent

Je doute qu'on **aille** au théâtre ce soir.
I doubt we'll go to the theater tonight.

Il n'est pas sûr qu'on **arrive** à l'heure.
It's not sure we'll arrive on time.

Essayez! Choisissez la forme correcte du verbe.

1. Il est douteux que le guide (sait / (sache)) où est le champ.
2. Il est certain qu'elle ((sait) / sache) nager.
3. Nous doutons que vous (voulez / (vouliez)) recycler.
4. Ne crois-tu pas qu'Anne (va / (aille)) au Maroc seule?
5. Est-il vrai que les Français (font / (fassent)) de l'écotourisme?
6. Je ne crois pas qu'on (peut / (puisse)) nager dans ce lac.
7. Tu penses que l'énergie solaire ((peut) / puisse) sauver la planète.
8. Il n'est pas certain qu'ils (peuvent / (puissent)) chasser.

SYNTHÈSE

Révision

4 Expansion Give these additional items to the class.
- Certaines ressources naturelles seront toujours là.
- La Terre n'a pas besoin de l'intervention humaine.

---

1 Des changements Avec un(e) partenaire, observez ces endroits et dites, à tour de rôle, ce que vous aimeriez qu'il y ait pour améliorer la situation. Ensuite, comparez vos phrases à celles d'un autre groupe. Answers will vary.

MODÈLE

Étudiant(e) 1: *Je préférerais qu'il y ait de l'eau dans cette rivière.*
Étudiant(e) 2: *J'aimerais mieux qu'il y ait de l'herbe.*

1.

3.

2.

4.

2 Visite de votre région Interviewez vos camarades. Que recommandent-ils à des visiteurs qui ne connaissent pas votre région? Écrivez leurs réponses, puis comparez vos résultats à ceux d'un autre groupe. Utilisez ces expressions. Answers will vary.

MODÈLE

Étudiant(e) 1: *Que devraient faire les visiteurs de cette région?*
Étudiant(e) 2: *Je recommande qu'ils visitent les musées du centre-ville. Il serait bon qu'ils assistent aussi à un match de baseball.*

il est bon que	proposer que
il est indispensable que	recommander que
il faut que	suggérer que
?	?

3 Mes activités Faites la liste de quatre activités qui protègent l'environnement, une à laquelle vous participez et trois auxquelles vous ne participez pas. Donnez cette liste à deux de vos camarades, qui devineront celle à laquelle vous participez. Utilisez les verbes **croire** et **penser**. Ensuite, présentez vos discussions à la classe. Answers will vary.

3 Suggestion Before students break into groups for this activity, ask a volunteer to explain the use of the indicative and subjunctive with **croire** and **penser**.

---

4 Je ne pense pas Que pensent vos camarades de ces affirmations? Par groupes de quatre, trouvez au moins une personne qui soit d'accord avec chaque phrase et une qui ne soit pas d'accord. Utilisez des expressions de doute et de certitude. Ensuite, présentez vos arguments à la classe. Answers will vary.

MODÈLE On lit moins à cause de la télévision.

Étudiant(e) 1: *Penses-tu qu'on lise moins à cause de la télévision?*
Étudiant(e) 2: *Non, je ne crois pas que ce soit vrai. Il est clair que les gens achètent toujours beaucoup de livres.*

- Le réchauffement de la Terre n'est pas vraiment un problème.
- L'écotourisme n'est qu'une mode passagère (*temporary*).
- Personne n'aime chasser aujourd'hui.
- Les humains peuvent sauver la planète.
- L'extinction des espèces va s'arrêter dans l'avenir.

5 Échange d'opinions Avec un(e) partenaire, imaginez une conversation entre un chasseur (*hunter*) et un défenseur de la nature. Préparez un dialogue où les deux se font des suggestions. Ensuite, jouez votre dialogue pour la classe. Answers will vary.

MODÈLE

Étudiant(e) 1: *Il est dommage que vous disiez que les chasseurs n'aiment pas la nature.*
Étudiant(e) 2: *Je souhaite que vous respectiez plus les animaux.*

6 La maman de Carine Votre professeur va vous donner, à vous et à votre partenaire, deux feuilles d'activités différentes sur Carine et sa mère. Attention! Ne regardez pas la feuille de votre partenaire. Answers will vary.

MODÈLE

Étudiant(e) 1: *Si Carine prend l'avion,...*
Étudiant(e) 2: *... sa mère veut qu'elle l'appelle de l'aéroport.*

6 Suggestion Divide the class into pairs and distribute the Info Gap Handouts in the IRM on the IRCD-ROM for this activity. Give students ten minutes to complete the activity.

ressources		
WB pp. 179–182	LM pp. 103–104	promenades.vhlcentral.com Leçon 26

Écriture

STRATÉGIE

Considering audience and purpose

Writing always has a purpose. During the planning stages, you must determine to whom you are addressing the piece and what you want to express to your reader. Once you have defined both your audience and your purpose, you will be able to decide which genre, vocabulary, and grammatical structures will best serve your composition.

Let's say you want to share your thoughts on local traffic problems. Your audience can be either the local government or the community. You could choose to write a newspaper article, a letter to the editor, or a letter to the city's governing board. You should first ask yourself these questions:

1. Are you going to comment on traffic problems in general, or are you going to point out several specific problems?

2. Are you intending to register a complaint?

3. Are you simply intending to inform others and increase public awareness of the problems?

4. Are you hoping to persuade others to adopt your point of view?

5. Are you hoping to inspire others to take concrete actions?

The answers to these questions will help you establish the purpose of your writing and determine your audience. Of course, your writing can have more than one purpose. For example, you may intend for your writing to both inform others of a problem and inspire them to take action.

Stratégie Review with the class the importance of considering the purpose and audience when writing. Then go through questions 1–5. If possible, provide students with samples of persuasive letters in French, such as letters to the editor. Tell them to identify the audience and the author's purpose for each letter.

Thème
Écrire une lettre ou un article

Vous allez écrire au sujet d'un problème de l'environnement qui est important pour vous.

1. Choisissez d'abord le problème dont vous voulez parler. Vous pouvez choisir un problème local (par exemple, le ramassage des ordures sur votre campus) ou bien un problème mondial comme la surpopulation.

2. Décidez qui sera votre public: Voulez-vous écrire une lettre à un(e) ami(e), à un membre du gouvernement, à une association universitaire, etc.? Préférez-vous écrire un article pour un journal ou pour un magazine?

3. Identifiez le but de votre lettre ou article: Voulez-vous simplement informer votre public ou allez-vous aussi donner votre opinion personnelle?

4. Préparez une courte introduction, puis présentez le problème que vous avez choisi, de façon logique.

5. Si vous avez choisi d'exprimer votre opinion personnelle, justifiez-la pour essayer de persuader votre (vos) lecteur(s) que vous avez raison.

6. Préparez la conclusion de votre lettre ou article.

Thème Tell students to follow the steps outlined here when writing their letter or article.

Panorama

un marché en Afrique

L'Afrique de l'Ouest

La région en chiffres

- ▶ Bénin: *(8.278.000 habitants), Porto Novo*
- ▶ Burkina-Faso: *(15.764.000), Ouagadougou*
- ▶ Côte d'Ivoire: *(19.625.000), Yamoussoukro*
- ▶ Guinée: *(9.996.000), Conakry*
- ▶ Mali: *(15.234.000), Bamako*
- ▶ Mauritanie: *(3.577.000), Nouakchott*
- ▶ Niger: *(15.550.000), Niamey*
- ▶ Sénégal: *(12.051.000), Dakar*
- ▶ Togo: *(5.826.000), Lomé*

SOURCE: Population Division, UN Secretariat

L'Afrique centrale

La région en chiffres

- ▶ Burundi: *(8.662.000), Bujumbura*
- ▶ Cameroun: *(18.347.000), Yaoundé*
- ▶ Congo: *(4.084.000), Brazzaville*
- ▶ Gabon: *(1.568.000), Libreville*
- ▶ République centrafricaine: *(4.430.000), Bangui*
- ▶ République démocratique du Congo (R.D.C.): *(71.272.000), Kinshasa*
- ▶ Rwanda: *(9.425.000), Kigali*
- ▶ Tchad: *(10.689.000), N'Djamena*

Personnages célèbres

- ▶ Mory Kanté, *Guinée et Mali, chanteur et musicien (1950–)*
- ▶ Djimon Hounsou, *Bénin, acteur (1964–)*
- ▶ Françoise Mbango-Etone, *Cameroun, athlète olympique (1976–)*

liste du patrimoine mondial en péril *World Heritage in Danger List*

la ville d'Abidjan

Map labels

LA TUNISIE
LE MAROC
L'ALGÉRIE
LE SAHARA OCCIDENTAL
LA LYBIE
LE SAHARA
LA MAURITANIE
LE MALI
LE NIGER
LE TCHAD
LE SOUDAN
Nouakchott
LE SÉNÉGAL
Dakar
LA GAMBIE
LE BURKINA-FASO
Bamako
Niamey
Ouagadougou
N'Djamena
LA GUINÉE
Conakry
LA GUINÉE-BISSAU
LE GHANA
LE BÉNIN
LE NIGÉRIA
LA RÉPUBLIQUE CENTRAFRICAINE
LA SIERRA LEONE
Yamoussoukro
Lomé
Porto Novo
LE CAMEROUN
Yaoundé
Bangui
L'OUGANDA
LA CÔTE D'IVOIRE
LE TOGO
LE RWANDA
LE LIBÉRIA
LE GOLFE DE GUINÉE
Libreville
LE GABON
LE CONGO
Kigali
LA GUINÉE ÉQUATORIALE
Bujumbura
LA RÉPUBLIQUE DÉMOCRATIQUE DU CONGO
LA TANZANIE
L'OCÉAN ATLANTIQUE
Brazzaville
Kinshasa
LE BURUNDI
L'ANGOLA
LA ZAMBIE
le Nil

☐ Pays francophones

0 — 500 milles
0 — 500 kilomètres

une femme à Kinshasa

Incroyable mais vrai!

Progrès ou destruction? Dans le parc Kahuzi-Biega, à l'est de la R.D.C., habite une espèce menacée d'extinction: le gorille de montagne. Il est encore plus menacé, depuis peu, par l'exploitation d'un minerai qu'on trouve dans ce parc, le coltan, utilisé dans la fabrication de téléphones portables. Aujourd'hui, le parc est sur la liste du patrimoine mondial en péril°.

Les gens

Léopold Sédar Senghor, le président poète (1906–2001)

Senghor, homme politique et poète sénégalais, était professeur de lettres en France avant de mener° le Sénégal à l'indépendance et de devenir le premier président du pays en 1960. Humaniste et homme de culture, il est un des pères fondateurs° de la Négritude, un mouvement littéraire d'Africains et d'Antillais noirs qui examinent et mettent en valeur leur identité culturelle. Il a aussi organisé le premier Festival mondial des arts nègres, à Dakar, en 1966. Senghor a produit une importante œuvre° littéraire dans laquelle il explore le métissage° des cultures africaines, européennes et américaines. Docteur honoris causa de nombreuses universités, dont Harvard et la Sorbonne, il a été élu° à l'Académie française en 1983.

La musique

Le reggae ivoirien

La Côte d'Ivoire est un des pays d'Afrique où le reggae africain est le plus développé. Ce type de reggae se distingue du reggae jamaïcain par les instruments de musique utilisés et les thèmes abordés°. En fait, les artistes ivoiriens incorporent souvent

Alpha Blondy

des instruments traditionnels d'Afrique de l'Ouest et les thèmes sont souvent très politiques. Alpha Blondy, par exemple, est le plus célèbre des chanteurs ivoiriens de reggae et fait souvent des commentaires sociopolitiques. Le chanteur Tiken Jah Fakoly critique la politique occidentale et les gouvernants africains, et Ismaël Isaac dénonce les ventes d'armes° dans le monde. Le reggae ivoirien est chanté en français, en anglais et dans les langues africaines.

Les lieux

Les parcs nationaux du Cameroun

Avec la forêt, la savane et la montagne dans ses réserves et parcs nationaux, le Cameroun présente une des faunes et flores les plus riches et variées d'Afrique. Deux cent quarante empreintes° de dinosaures sont fossilisées au site de dinosaures de Manangia, dans la province du Nord. Les différentes réserves du pays abritent°, entre autres, éléphants, gorilles, chimpanzés, antilopes et plusieurs centaines d'espèces de reptiles, d'oiseaux et de poissons. Le parc national Korup est une des plus anciennes forêts tropicales du monde. Il est connu surtout récemment pour une liane°, découverte là-bas, qui pourrait avoir un effet sur la guérison° de certains cancers et du VIH°.

Les arts

Le FESPACO Have students locate Ouagadougou on the map on page 418.

Le FESPACO

Le FESPACO (Festival Panafricain du Cinéma et de la télévision à Ouagadougou), créé en 1969 pour favoriser la promotion du cinéma africain, est le plus grand festival du cinéma africain du monde et le plus grand événement culturel d'Afrique qui revient régulièrement. Vingt films et vingt courts métrages° africains sont présentés en compétition officielle, tous les deux ans, à ce festival du Burkina-Faso. Le FESPACO est aussi une fête populaire avec une cérémonie d'ouverture à laquelle assistent 40.000 spectateurs et des stars de la musique africaine.

 Qu'est-ce que vous avez appris? Répondez aux questions par des phrases complètes.

1. Qu'est-ce qui menace la vie des gorilles de montagne?
   L'exploitation du coltan menace la vie des gorilles.
2. Quelle est une des utilisations du coltan?
   Il est utilisé dans la fabrication de portables.
3. Pourquoi Senghor est-il important dans l'histoire du Sénégal?
   Il a mené le Sénégal à l'indépendance et a été le premier président du pays.
4. De quel mouvement Senghor était-il un des fondateurs?
   Il était un des fondateurs du mouvement de la Négritude.
5. Qu'est-ce qui fait la spécificité du son (sound) du reggae ivoirien?
   Les artistes utilisent des instruments traditionnels d'Afrique de l'Ouest.

6. De quoi parlent souvent les chanteurs de reggae en Côte d'Ivoire?
   Ils parlent souvent de politique.
7. Qu'a-t-on trouvé sur le site de Manangia?
   On a trouvé des empreintes de dinosaures.
8. Pourquoi le parc national Korup est-il bien connu récemment?
   Il est connu pour la liane qu'on y a trouvée qui pourrait avoir des effets avantageux dans
9. Pourquoi le FESPACO a-t-il été créé? la guérison de cancers et du VIH.
   Le festival a été créé pour favoriser la promotion du cinéma africain.
10. Le FESPACO est-il un festival réservé exclusivement aux professionnels du cinéma?
    Non, c'est aussi une fête populaire.

ressources

WB pp. 183–184

SUPERSITE
promenades.vhlcentral.com
Unité 13

SUPERSITE

SUR INTERNET

Go to **promenades.vhlcentral.com** to find more cultural information related to this **PANORAMA**.

1. Trouvez des informations sur le mouvement de la Négritude. Qui en étaient les autres principaux fondateurs?

2. Écoutez des chansons (songs) de reggae ivoirien. De quoi parlent-elles?

3. Cherchez plus d'informations sur le gorille de montagne et le coltan. Quel est le statut (status) du gorille aujourd'hui?

mener lead **pères fondateurs** founding fathers **œuvre** body of work **métissage** mixing **élu** elected **abordés** dealt with **ventes d'armes** weapons sales **empreintes** footprints **abritent** provide a habitat for, shelter **liane** vine **guérison** cure **VIH** HIV **métrages** films

SAVOIR-FAIRE

Panorama

la ville de Gustavia, à Saint-Barthélemy

Les Antilles

L'archipel en chiffres

▶ **Guadeloupe:** *(460.000 habitants), Pointe-à-Pitre, Basse-Terre*

▶ **Haïti:** *(9.500.000), Port-au-Prince*

▶ **Martinique:** *(402.000), Fort-de-France*

▶ **Saint-Barthélémy:** *(6.858), Gustavia*

▶ **Saint-Martin:** *(en partie) (29.126), Marigot*

SOURCE: Population Division, UN Secretariat

Antillais célèbres

▶ **Aimé Césaire,** *la Martinique, poète (1913–2008)*

▶ **Raphaël Confiant,** *la Martinique, écrivain° (1951–)*

▶ **Garcelle Beauvais,** *Haïti, actrice (1966–)*

▶ **Wyclef Jean,** *Haïti, chanteur de rap (1972–)*

La Polynésie française

L'archipel en chiffres

▶ **Îles Australes:** *(6.386), Tubuai*

▶ **Îles de la Société:** *(214.445), Papeete*

▶ **Îles Gambier:** *(1.097), Mangareva*

▶ **Îles Marquises:** *(8.712), Nuku-Hiva*

▶ **Îles Tuamotu:** *(16.959), Fakarava, Rankiroa*

Polynésiens célèbres

▶ **Henri Hiro,** *Tahiti, îles de la Société, poète (1944–1990)*

▶ **Rodolphe Vinh Tung,** *Raiatea, îles de la Société, professionnel du wakeboard (1974–)*

LES ÉTATS-UNIS

L'OCÉAN ATLANTIQUE

LES ANTILLES

CUBA

Porto Rico

Saint-Martin
Saint-Barthélemy
La Guadeloupe
La Martinique

LA JAMAÏQUE   HAÏTI

L'OCÉAN PACIFIQUE

LE VENEZUELA

LE SURINAM

LA COLOMBIE

La Guyane française

LA GUYANA

LE BRÉSIL

LA POLYNÉSIE FRANÇAISE

Les îles Marquises

L'OCÉAN PACIFIQUE

Les îles Tuamotu

Les îles de la Société

Tahiti

Les îles Gambier

Les îles Australes

500 milles

500 kilomètres

Régions francophones

0   1,000 milles

0   1,000 kilomètres

L'archipel en chiffres Explain that an archipelago is a large group of islands. Point out that the **îles Gambier** and **îles de la Société** are composed of atolls.

les courses de pirogues° en Polynésie française

Incroyable mais vrai!

Jusqu'au vingtième siècle, Saint-Pierre était le port le plus actif des Antilles et la capitale de la Martinique. Mais en 1902, un volcan, la montagne Pelée, entre en éruption. Il n'y a eu que deux survivants°, dont un qui a été protégé par les murs de la prison où il était enfermé°. Certains historiens doutent de l'authenticité de l'histoire de cet homme.

écrivain writer **survivants** survivors **enfermé** detained **pirogues** dugout canoes

Les arts

Les peintures de Gauguin Gauguin tried to capture authentic aspects of traditional Tahitian culture, emulated Oceanic traditions in his woodcuts, and often used the Tahitian language for titles of his works.

Les peintures de Gauguin

En 1891, le peintre° Paul Gauguin (1848–1903) vend ses œuvres° à Paris et déménage à Tahiti, dans les îles de la Société, pour échapper à° la vie moderne. Il y reste deux ans avant de rentrer en France et, en 1895, il retourne en Polynésie française pour y habiter jusqu'à sa mort en 1903. Inspirée par le nouvel environnement du peintre et la nature qui l'entoure°, l'œuvre «tahitienne» de Gauguin est célèbre° pour sa représentation du peuple indigène et l'emploi° de couleurs vives°. Ses peintures° de femmes font partie de ses meilleurs tableaux°.

Les destinations

Haïti, première République noire

En 1791, un ancien esclave°, Toussaint Louverture, mène° une rébellion pour l'abolition de l'esclavage en Haïti, ancienne colonie française. Après avoir gagné le combat, Louverture se proclame gouverneur de l'île d'Hispaniola (Haïti et Saint-Domingue) et abolit l'esclavage. Il est plus tard capturé par l'armée française et renvoyé en France. Son successeur, Jean-Jacques Dessalines, lui-même ancien esclave, vainc° l'armée en 1803 et proclame l'indépendance d'Haïti en 1804. C'est la première République noire du monde et le premier pays du monde occidental à abolir l'esclavage.

L'économie

La perle noire

La Polynésie française est le principal producteur de perles° noires. Dans la nature, les perles sont très rares; on en trouve dans une huître° sur 15.000. Par contre°, aujourd'hui, la Polynésie française produit plusieurs tonnes de perles noires chaque année. Des milliers de Tahitiens vivent de° l'industrie perlière. Parce qu'elle s'est développée dans les lagons, la perliculture° a même aidé à repeupler° certaines îles et certains endroits ruraux, abandonnés par les gens partis en ville. Les perles sont très variées et présentent différentes formes et nuances de noir.

Les gens

Maryse Condé

Née en Guadeloupe, puis étudiante à la Sorbonne, à Paris, Maryse Condé a vécu° huit ans en Afrique (Ghana, Sénégal, Guinée, etc.). En 1973, elle enseigne dans les universités françaises et commence sa carrière° d'écrivain°. Elle sera ensuite professeur en Californie et à l'Université de Columbia. Ses nombreux romans°, y compris° *Moi, Tituba Sorcière*, ont reçu de multiples récompenses°. Ses romans mêlent° souvent fiction et événements historiques pour montrer la complexité de la culture antillaise, culture liée° à celle de l'Europe et à celle de l'Afrique.

Qu'est-ce que vous avez appris? Répondez aux questions par des phrases complètes.

1. Que s'est-il passé en Martinique au début du vingtième siècle?
   La montagne Pelée est entrée en éruption.
2. L'éruption a-t-elle tué tous les habitants de Saint-Pierre?
   Non, deux habitants n'ont pas été tués.
3. Pour quelle raison Gauguin a-t-il déménagé à Tahiti?
   Il voulait échapper à la vie moderne.
4. Pour quelles raisons l'œuvre «tahitienne» de Gauguin est-elle célèbre?
   Elle est célèbre pour sa représentation du peuple indigène et pour l'emploi de couleurs vives.
5. Quelle est la principale particularité d'Haïti?
   C'est la première République noire du monde.
6. Qui a réussi à abolir l'esclavage en Haïti?
   Toussaint Louverture a réussi à abolir l'esclavage en Haïti.

7. D'où viennent la majorité des perles noires?
   Elles viennent de Polynésie française.
8. Comment la perliculture a-t-elle changé la population de la Polynésie? Elle a aidé à repeupler certaines îles et certains endroits ruraux.
9. Où Maryse Condé a-t-elle étudié? Où est-elle née?
   Elle a fait ses études à Paris. Elle est née en Guadeloupe.
10. Ses romans sont-ils entièrement des œuvres de fiction?
    Non, ils mêlent la fiction et l'histoire.

ressources

WB pp. 185–186 | promenades.vhlcentral.com Unité 13

SUR INTERNET

Go to **promenades.vhlcentral.com** to find more cultural information related to this **PANORAMA**.

1. Cherchez des informations sur Aimé Césaire. Qu'a-t-il en commun avec Léopold Sédar Senghor, poète et homme politique mentionné dans le **PANORAMA** précédent?

2. Trouvez des informations sur la ville de Saint-Pierre. Comment est-elle aujourd'hui?

3. Cherchez des informations sur les courses de pirogues en Polynésie française. Quelle est leur signification?

peintre *painter* œuvres *artworks* échapper à *escape* entoure *surrounds* célèbre *famous* emploi *use* vives *bright* peintures *paintings* tableaux *paintings* esclave *slave* mène *leads* vainc *defeats* perles *pearls* huître *oyster* Par contre *On the other hand* vivent de *make a living from* perliculture *pearl farming* repeupler *repopulate* a vécu *lived* carrière *career* écrivain *writer* romans *novels* y compris *including* récompenses *awards* mêlent *mix* liée *tied*

Lecture

SUPERSITE

connections cultures / NATIONAL STANDARDS

Avant la lecture

STRATÉGIE

Recognizing chronological order

Recognizing the chronological order of events in a narrative is key to understanding the cause and effect relationship between them. When you are able to establish the chronological chain of events, you will easily be able to follow the plot. In order to be more aware of the order of events in a narrative, you may find it helpful to prepare a numbered list of the events as you read. **Stratégie** Tell students that understanding the order of events allows a reader to follow what is happening in the narrative.

Examinez le texte

Dans l'extrait (*excerpt*) du *Petit Prince* que vous allez lire, le petit prince rencontre un géographe. Que fait un géographe? En quoi consiste son travail exactement? Est-ce un travail facile ou difficile, à votre avis? Regardez les illustrations et décrivez le géographe et le petit prince.

À propos de l'auteur
Antoine de Saint-Exupéry

Antoine de Saint-Exupéry est né à Lyon, en France, en 1900. C'est un écrivain français très apprécié dans le monde entier qui a aussi eu une carrière d'aviateur. En 1921, il entre dans l'armée, où il est formé comme pilote. Plus tard, en 1926, il devient pilote pour la compagnie Aéropostale et voyage entre la France, l'Afrique du Nord et l'Amérique du Sud. À cette époque, il écrit ses deux premiers romans°, *Courrier Sud* et *Vol de nuit*. De nouveau dans l'armée française, Saint-Exupéry écrit, en 1943, alors qu'il est en Afrique du Nord, son œuvre la plus célèbre, *Le Petit Prince*. Elle sera traduite en plus de 150 langues. Saint-Exupéry disparaît° en 1944 lors d'°une mission en avion.

Le Petit Prince raconte l'histoire d'un jeune garçon qui a quitté sa planète pour visiter d'autres planètes. Pendant son voyage, il rencontre des personnages et des animaux différents. Dans cet extrait, le petit prince arrive sur la sixième planète, où habite un vieux monsieur qui est géographe.

À propos de l'auteur Point out that *Le Petit Prince* is considered to be Saint-Exupéry's masterpiece.

romans *novels* **disparaît** *disappears* **lors d'** *during*

Examinez le texte Point out that geographers study the Earth's surface, its features, the distribution of life on the planet's surface, and the effect of climate and geography on human activity.

Le Petit Prince

[...]

La sixième planète était une planète dix fois plus vaste. Elle était habitée par un vieux Monsieur qui écrivait d'énormes livres.

—Tiens! voilà un explorateur! s'écria-t-il°, quand il aperçut° le petit prince.

Le petit prince s'assit° sur la table et souffla° un peu. Il avait déjà tant° voyagé!

—D'où viens-tu? lui dit le vieux Monsieur.

—Quel est ce gros livre? dit le petit prince. Que faites-vous ici?

—Je suis géographe, dit le vieux Monsieur.

—Qu'est-ce qu'un géographe?

—C'est un savant° qui connaît où se trouvent les mers, les fleuves, les villes, les montagnes et les déserts.

—Ça, c'est intéressant, dit le petit prince. Ça, c'est enfin un véritable métier! Et il jeta un coup d'œil autour° de lui sur la planète du géographe. Il n'avait jamais vu encore une planète aussi majestueuse.

—Elle est bien belle, votre planète. Est-ce qu'il y a des océans?

—Je ne puis° pas le savoir, dit le géographe.

—Ah! (Le petit prince était déçu°.) Et des montagnes?

—Je ne puis pas le savoir, dit le géographe.

—Et des villes et des fleuves et des déserts?

—Je ne puis pas le savoir non plus, dit le géographe.

—Mais vous êtes géographe!

—C'est exact, dit le géographe, mais je ne suis pas explorateur. Je manque° absolument d'explorateurs. Ce n'est pas le géographe qui va faire le compte° des villes, des fleuves, des montagnes, des mers et des océans. Le géographe est trop important pour flâner°. Il ne quitte pas son bureau. Mais il reçoit les explorateurs. Il les interroge, et il prend note de leurs souvenirs°. Et si les souvenirs de l'un d'entre eux lui paraissent° intéressants, le géographe fait une enquête° sur la moralité de l'explorateur.

—Pourquoi ça?

—Parce qu'un explorateur qui mentirait° entraînerait° des catastrophes dans les livres de géographie. Et aussi un explorateur qui boirait° trop.

—Pourquoi ça? fit° le petit prince.

—Parce que les ivrognes° voient double. Alors le géographe noterait deux montagnes, là où il n'y en a qu'une seule.

—Je connais quelqu'un, dit le petit prince, qui serait mauvais explorateur.

—C'est possible. Donc, quand la moralité de l'explorateur paraît° bonne, on fait une enquête sur sa découverte°.

—On va voir?

—Non. C'est trop compliqué. Mais on exige qu'il en rapporte° de grosses pierres.

Le géographe soudain s'émut°.

—Mais toi, tu viens de loin! Tu es explorateur! Tu vas me décrire ta planète!

Et le géographe, ayant ouvert son registre°, tailla° son crayon. On note d'abord au crayon les récits des explorateurs. On attend, pour noter à l'encre°, que l'explorateur ait fourni des preuves°.

—Alors? interrogea le géographe.

—Oh! chez moi, dit le petit prince, ce n'est pas très intéressant, c'est tout petit. J'ai trois volcans. Deux volcans en activité, et un volcan éteint. [...]

Examinez le texte Have volunteers describe the characters in the illustrations.

s'écria-t-il *he exclaimed* aperçut *noticed* s'assit *sat down* souffla *breathed* tant *so much* savant *scholar* jeta un coup d'œil autour *glanced around* puis *can* déçu *disappointed* manque *lack* faire le compte *count* flâner *stroll* souvenirs *memories* paraissent *seem* enquête *investigation* mentirait *would lie* entraînerait *would cause* boirait *would drink* fit *said* ivrognes *drunks* paraît *seems* découverte *discovery* rapporte *brings back* s'émut *became emotional* ayant ouvert son registre *having opened his book* tailla *sharpened* encre *ink* ait fourni des preuves *has provided proof*

Après la lecture

Le travail d'un géographe Cherchez, dans le texte, les différentes étapes du travail du géographe et mettez-les dans l'ordre chronologique.

1. __8__ Le géographe écrit la version du récit des explorateurs à l'encre.

2. __2__ Le géographe demande aux explorateurs de raconter leurs récits.

3. __3__ Le géographe note les découvertes des explorateurs au crayon.

4. __1__ Le géographe reçoit des explorateurs.

5. __7__ Les explorateurs donnent des preuves au géographe.

6. __5__ Le géographe fait une enquête sur les découvertes des explorateurs.

7. __4__ Le géographe fait une enquête sur la moralité des explorateurs.

8. __6__ Le géographe demande aux explorateurs de lui ramener (*bring back*) des pierres.

Répondez Répondez aux questions par des phrases complètes.

1. Où habite le géographe? Il habite sur la sixième planète.

2. Que faisait le géographe quand le petit prince est arrivé sur sa planète? Il écrivait d'énormes livres.

3. Pourquoi est-ce que le petit prince est fatigué quand il arrive chez le géographe? Il est fatigué parce qu'il a beaucoup voyagé.

4. D'après le géographe, quel est le métier du petit prince? Il pense que le petit prince est explorateur.

5. Pourquoi est-ce qu'un géographe n'explore jamais les endroits qu'il veut connaître? Il est trop important pour flâner.

6. Si un explorateur ment, quelles peuvent être les conséquences, d'après le géographe? Il peut y avoir des catastrophes dans les livres de géographie.

7. Qu'est-ce que le géographe demande au petit prince à la fin de l'extrait? Il lui demande de lui parler de sa planète.

8. Comment est la planète du petit prince? Elle est toute petite, avec deux volcans en activité et un volcan éteint.

Dans le futur Nous sommes en 2650 et on peut voyager dans l'espace. Avez-vous envie de visiter les autres planètes, comme le petit prince? Expliquez. Comment sont les autres planètes, à votre avis? Sont-elles comme la Terre?

Une lettre au géographe Vous êtes un(e) des explorateurs/exploratrices qui travaillent pour le géographe. Aidez-le à mieux connaître la Terre. Écrivez-lui une lettre dans laquelle vous lui expliquez comment est votre région, votre pays ou un autre endroit dans le monde, si vous préférez.

Une lettre au géographe Have students exchange their letters for peer editing. Then tell them to ask questions about the letter's content as if they were **le géographe** in the story.

VOCABULAIRE

La nature

un espace	space, area
une espèce (menacée)	(endangered) species
la nature	nature
un pique-nique	picnic
une région	region
une ressource naturelle	natural resource
un arbre	tree
un bois	wood
un champ	field
le ciel	sky
une côte	coast
un désert	desert
une étoile	star
une falaise	cliff
un fleuve	river
une forêt (tropicale)	(tropical) forest
l'herbe (f.)	grass
une île	island
la jungle	jungle
un lac	lake
la Lune	moon
une pierre	stone
une plante	plant
une rivière	river
un sentier	path
une vallée	valley
un volcan	volcano
en plein air	outdoor, open-air
pur(e)	pure

Vocabulaire supplémentaire

lequel	which one (m. sing.)
lesquels	which ones (m. pl.)
laquelle	which one (f. sing.)
lesquelles	which ones (f. pl.)

L'écologie

améliorer	to improve
chasser	to hunt
développer	to develop
gaspiller	to waste
jeter	to throw away
polluer	to pollute
préserver	to preserve
prévenir l'incendie	to prevent fires
proposer une solution	to propose a solution
recycler	to recycle
sauver la planète	to save the planet
une catastrophe	catastrophe
une centrale nucléaire	nuclear plant
la chasse	hunt
le covoiturage	carpooling
un danger	danger, threat
le déboisement	deforestation
des déchets toxiques (m.)	toxic waste
l'écologie (f.)	ecology
l'écotourisme (m.)	ecotourism
l'effet de serre (m.)	greenhouse effect
un emballage en plastique	plastic wrapping/ packaging
l'énergie nucléaire (f.)	nuclear energy
l'énergie solaire (f.)	solar energy
l'environnement (m.)	environment
l'extinction (f.)	extinction
le gaspillage	waste
un glissement de terrain	landslide
un nuage de pollution	pollution cloud
la pluie acide	acid rain
la pollution	pollution
une population croissante	growing population
la préservation	protection
un produit	product
la protection	protection
le ramassage des ordures	garbage collection
le réchauffement de la Terre	global warming
le recyclage	recycling
le sauvetage des habitats	habitat preservation
la surpopulation	overpopulation
le trou dans la couche d'ozone	hole in the ozone layer
une usine	factory
écologique	ecological

Les animaux

un animal	animal
un écureuil	squirrel
un lapin	rabbit
un serpent	snake
une vache	cow

Les lois et les règlements

abolir	to abolish
interdire	to forbid, to prohibit
un gouvernement	government
une loi	law

Pronoms démonstratifs

celui	this one; that one; the one (m. sing.)
ceux	these; those; the ones (m. pl.)
celle	this one; that one; the one (f. sing.)
celles	these; those; the ones (f. pl.)

Expressions utiles	See pp. 395 and 409.
Impersonal expressions	See p. 401.
Verbs of will	See p. 412.
Verbs and expressions of emotion	See p. 413.
Expressions of doubt and certainty	See p. 414.
croire	See p. 414.

promenades.vhlcentral.com
Unité 13

Le monde francophone

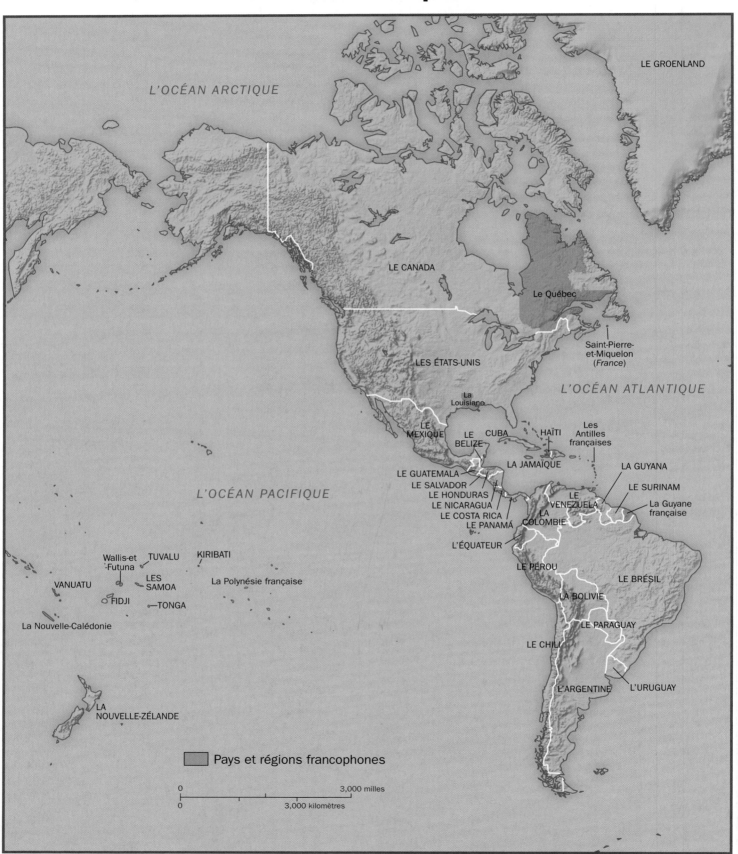

LE GROENLAND

L'OCÉAN ARCTIQUE

LE CANADA

Le Québec

LES ÉTATS-UNIS

Saint-Pierre-
et-Miquelon
(*France*)

L'OCÉAN ATLANTIQUE

La
Louisiane

LE
MEXIQUE

LE
BELIZE

CUBA

HAÏTI

Les
Antilles
françaises

LA JAMAÏQUE

LA GUYANA

LE GUATEMALA

LE SALVADOR

LE HONDURAS

LE NICARAGUA

LE COSTA RICA

LE PANAMÁ

LE
VENEZUELA

LA
COLOMBIE

LE SURINAM

La Guyane
française

L'ÉQUATEUR

L'OCÉAN PACIFIQUE

LE PÉROU

LE BRÉSIL

Wallis-et
-Futuna

TUVALU

KIRIBATI

VANUATU

LES
SAMOA

La Polynésie française

FIDJI

TONGA

LA BOLIVIE

La Nouvelle-Calédonie

LE PARAGUAY

LE CHILI

L'ARGENTINE

L'URUGUAY

LA
NOUVELLE-ZÉLANDE

Pays et régions francophones

0   3,000 milles

0   3,000 kilomètres

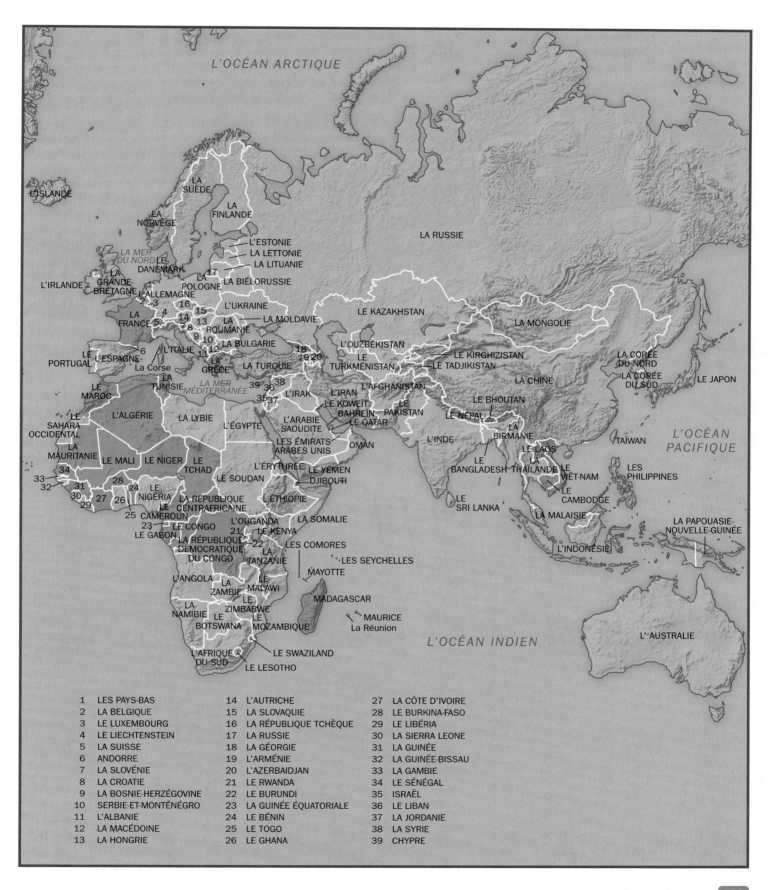

L'OCÉAN ARCTIQUE

L'ISLANDE

LA SUÈDE

LA NORVÈGE

LA FINLANDE

LA RUSSIE

LA MER DU NORD

L'ESTONIE

LA LETTONIE

LA LITUANIE

17

LE DANEMARK

LA POLOGNE

LA BIÉLORUSSIE

L'IRLANDE

LA GRANDE-BRETAGNE

1 L'ALLEMAGNE

2 3

4

16

15

L'UKRAINE

LE KAZAKHSTAN

LA MONGOLIE

LA CORÉE DU NORD

LE JAPON

LA FRANCE

5

14

13

8

10

9

LA MOLDAVIE

LA ROUMANIE

LA BULGARIE

L'OUZBÉKISTAN

LE KIRGHIZISTAN

LE TADJIKISTAN

LA CORÉE DU SUD

LE PORTUGAL

L'ESPAGNE

6

11

12

L'ITALIE

La Corse

LA GRÈCE

LA TURQUIE

18

19 20

LE TURKMÉNISTAN

LA CHINE

LA TUNISIE

LA MER MÉDITERRANÉE

39

38

36

35 37

L'IRAK

L'IRAN

L'AFGHANISTAN

LE BHOUTAN

L'OCÉAN PACIFIQUE

LE MAROC

LE SAHARA OCCIDENTAL

L'ALGÉRIE

LA LYBIE

L'ÉGYPTE

LE KOWEÏT

BAHREÏN

LE QATAR

LE PAKISTAN

LE NÉPAL

L'ARABIE SAOUDITE

LA MAURITANIE

LE MALI

LE NIGER

LE TCHAD

LES ÉMIRATS ARABES UNIS

OMAN

L'INDE

LA BIRMANIE

TAÏWAN

34

L'ÉRYTHRÉE

LE YÉMEN

LE LAOS

33

32

28

24

LE NIGÉRIA

LE SOUDAN

L'ÉTHIOPIE

DJIBOUTI

LE BANGLADESH

LA THAÏLANDE

LE VIÊT-NAM

LES PHILIPPINES

31

30

27

26

25

LA RÉPUBLIQUE CENTRAFRICAINE

LE CAMEROUN

L'OUGANDA

21

LE KENYA

LA SOMALIE

LE SRI LANKA

LE CAMBODGE

LA MALAISIE

LA PAPOUASIE-NOUVELLE-GUINÉE

29

23

LE CONGO

LE GABON

22

LA TANZANIE

LES COMORES

LES SEYCHELLES

L'INDONÉSIE

LA RÉPUBLIQUE DÉMOCRATIQUE DU CONGO

L'ANGOLA

LA ZAMBIE

LE MALAWI

MAYOTTE

MADAGASCAR

LA NAMIBIE

LE ZIMBABWE

LE BOTSWANA

LE MOZAMBIQUE

MAURICE

La Réunion

L'OCÉAN INDIEN

L'AUSTRALIE

L'AFRIQUE DU SUD

LE SWAZILAND

LE LESOTHO

1	LES PAYS-BAS	14	L'AUTRICHE	27	LA CÔTE D'IVOIRE
2	LA BELGIQUE	15	LA SLOVAQUIE	28	LE BURKINA-FASO
3	LE LUXEMBOURG	16	LA RÉPUBLIQUE TCHÈQUE	29	LE LIBÉRIA
4	LE LIECHTENSTEIN	17	LA RUSSIE	30	LA SIERRA LEONE
5	LA SUISSE	18	LA GÉORGIE	31	LA GUINÉE
6	ANDORRE	19	L'ARMÉNIE	32	LA GUINÉE-BISSAU
7	LA SLOVÉNIE	20	L'AZERBAIDJAN	33	LA GAMBIE
8	LA CROATIE	21	LE RWANDA	34	LE SÉNÉGAL
9	LA BOSNIE-HERZÉGOVINE	22	LE BURUNDI	35	ISRAËL
10	SERBIE-ET-MONTÉNÉGRO	23	LA GUINÉE ÉQUATORIALE	36	LE LIBAN
11	L'ALBANIE	24	LE BÉNIN	37	LA JORDANIE
12	LA MACÉDOINE	25	LE TOGO	38	LA SYRIE
13	LA HONGRIE	26	LE GHANA	39	CHYPRE

La France

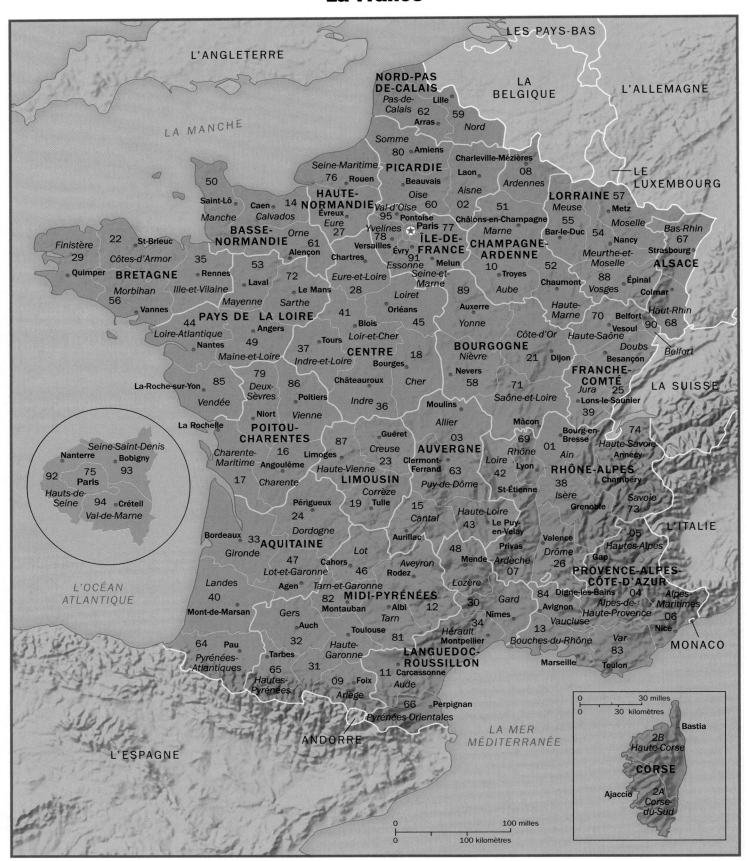

L'Europe

L'Afrique

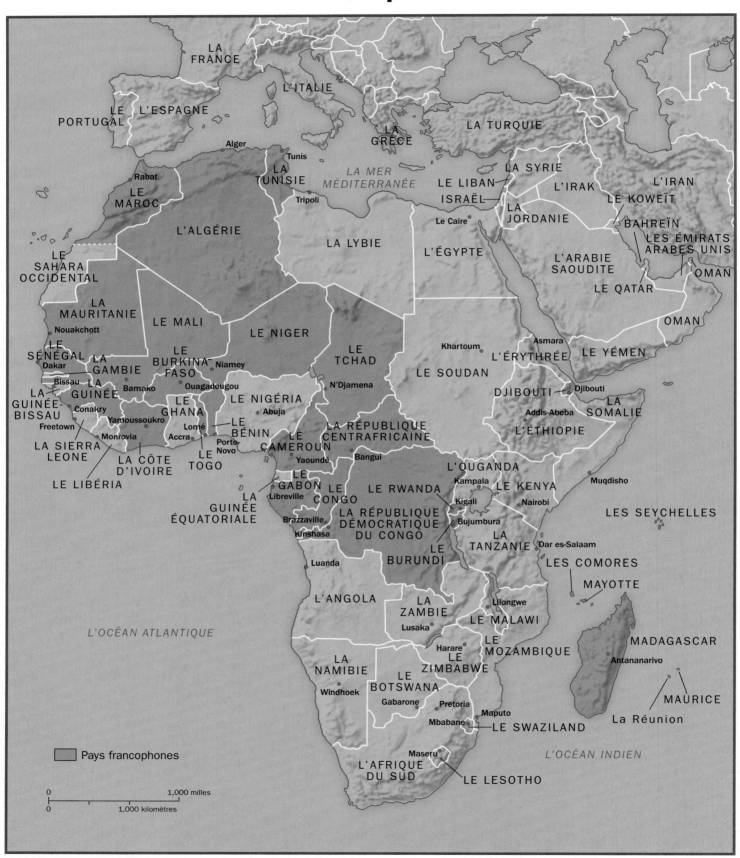

LA FRANCE

L'ITALIE

LE PORTUGAL

L'ESPAGNE

LA TURQUIE

LA GRÈCE

Alger

Tunis

LA TUNISIE

LA MER MÉDITERRANÉE

LA SYRIE

L'IRAK

L'IRAN

Rabat

LE MAROC

LE LIBAN

ISRAËL

LE KOWEÏT

LA JORDANIE

BAHREÏN

L'ALGÉRIE

Tripoli

Le Caire

LA LYBIE

L'ÉGYPTE

LES ÉMIRATS ARABES UNIS

OMAN

LE SAHARA OCCIDENTAL

L'ARABIE SAOUDITE

LE QATAR

OMAN

LA MAURITANIE

LE MALI

Nouakchott

LE NIGER

Khartoum

Asmara

LE YÉMEN

LE SÉNÉGAL

LA GAMBIE

Dakar

LE BURKINA FASO

Niamey

LE TCHAD

L'ÉRYTHRÉE

Bissau

Bamako

Ouagadougou

N'Djamena

LE SOUDAN

DJIBOUTI

Djibouti

LA GUINÉE

LA GUINÉE-BISSAU

Conakry

LE GHANA

LE NIGÉRIA

Abuja

Addis-Abeba

LA SOMALIE

Freetown

Yamoussoukro

Lomé

LE BÉNIN

L'ÉTHIOPIE

Monrovia

Accra

Porto-Novo

LE CAMEROUN

LA RÉPUBLIQUE CENTRAFRICAINE

LA SIERRA LEONE

LA CÔTE D'IVOIRE

LE TOGO

Yaoundé

Bangui

L'OUGANDA

LE LIBÉRIA

LE GABON

LE CONGO

LE RWANDA

Kampala

LE KENYA

Muqdisho

Libreville

LA GUINÉE ÉQUATORIALE

Kigali

Nairobi

LES SEYCHELLES

Brazzaville

LA RÉPUBLIQUE DÉMOCRATIQUE DU CONGO

Bujumbura

Kinshasa

LE BURUNDI

LA TANZANIE

Dar es-Salaam

LES COMORES

Luanda

MAYOTTE

L'ANGOLA

LA ZAMBIE

Lilongwe

Lusaka

LE MALAWI

L'OCÉAN ATLANTIQUE

Harare

LE MOZAMBIQUE

MADAGASCAR

Antananarivo

LA NAMIBIE

LE ZIMBABWE

Windhoek

LE BOTSWANA

MAURICE

La Réunion

Gabarone

Pretoria

Maputo

Mbabane

LE SWAZILAND

Maseru

L'OCÉAN INDIEN

Pays francophones

L'AFRIQUE DU SUD

LE LESOTHO

0   1,000 milles

0   1,000 kilomètres

L'Amérique du Nord et du Sud

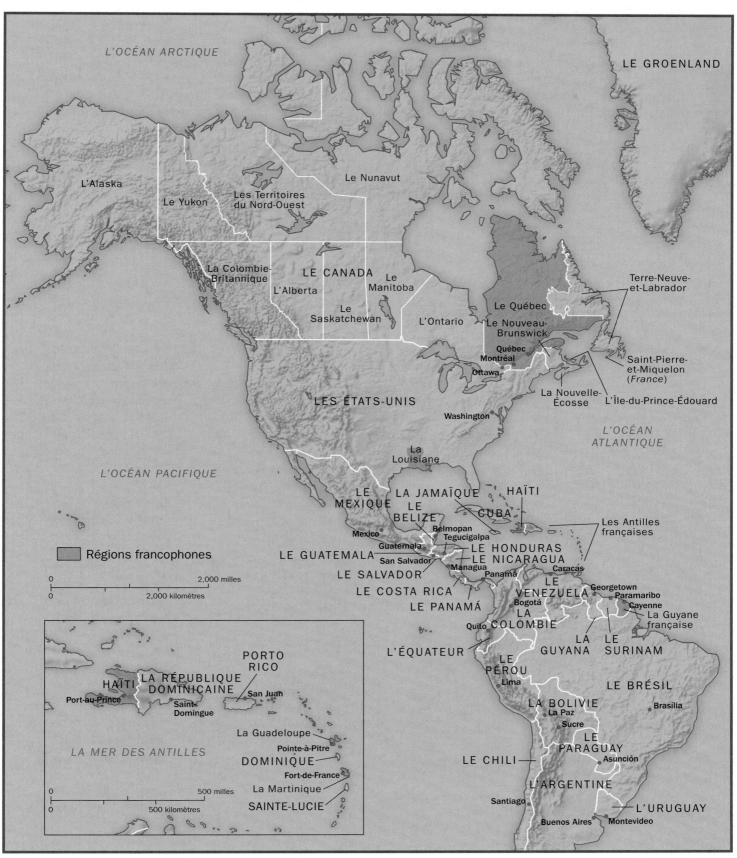

L'OCÉAN ARCTIQUE

LE GROENLAND

L'Alaska

Le Nunavut

Le Yukon

Les Territoires du Nord-Ouest

La Colombie-Britannique

LE CANADA

Le Manitoba

L'Alberta

Le Saskatchewan

L'Ontario

Le Québec

Terre-Neuve-et-Labrador

Le Nouveau-Brunswick

Québec

Montréal

Ottawa

Saint-Pierre-et-Miquelon (France)

La Nouvelle-Écosse

L'Île-du-Prince-Édouard

LES ÉTATS-UNIS

Washington

L'OCÉAN ATLANTIQUE

La Louisiane

L'OCÉAN PACIFIQUE

LE MEXIQUE

LA JAMAÏQUE

HAÏTI

LE BELIZE

CUBA

Les Antilles françaises

Mexico

Belmopan

Tegucigalpa

LE HONDURAS

Guatemala

LE NICARAGUA

LE GUATEMALA

San Salvador

Managua

LE SALVADOR

Panamá

Caracas

LE COSTA RICA

Bogotá

LE VENEZUELA

Georgetown

Paramaribo

Cayenne

LE PANAMÁ

LA COLOMBIE

La Guyane française

Quito

LA GUYANA

LE SURINAM

L'ÉQUATEUR

LE PÉROU

Lima

LE BRÉSIL

Brasília

LA BOLIVIE

La Paz

Sucre

LE PARAGUAY

LE CHILI

Asunción

L'ARGENTINE

Santiago

L'URUGUAY

Buenos Aires

Montevideo

Régions francophones

0   2,000 milles

0   2,000 kilomètres

PORTO RICO

HAÏTI

LA RÉPUBLIQUE DOMINICAINE

San Juan

Port-au-Prince

Saint-Domingue

La Guadeloupe

LA MER DES ANTILLES

Pointe-à-Pitre

DOMINIQUE

Fort-de-France

La Martinique

SAINTE-LUCIE

0   500 milles

0   500 kilomètres

Verb Conjugation Tables

The list of verbs below and the model verb tables that start on page 437 show you how to conjugate the verbs that appear in **PROMENADES**. Each verb in the list is followed by a model verb conjugated according to the same pattern. The number in parentheses indicates where in the verb tables you can find the conjugated forms of the model verb. For example, if you want to find out how to conjugate the verb **offrir**, look up number 31 to refer to its model verb, **ouvrir**. The

phrase **p.c.** with **être** after a verb means that it is conjugated with **être** in the **passé composé**. Reminder: All reflexive (pronominal) verbs use **être** as their auxiliary verb in the **passé composé**. The infinitives of reflexive verbs begin with **se** (**s'**).

In the tables you will find the infinitive, past participles, and all the forms of each model verb you have learned.

abolir like finir (2)

aborder like parler (1)

abriter like parler (1)

accepter like parler (1)

accompagner like parler (1)

accueillir like ouvrir (31)

acheter (7)

adorer like parler (1)

afficher like parler (1)

aider like parler (1)

aimer like parler (1)

aller (13) **p.c.** with **être**

allumer like parler (1)

améliorer like parler (1)

amener like acheter (7)

animer like parler (1)

apercevoir like recevoir (36)

appeler (8)

applaudir like finir (2)

apporter like parler (1)

apprendre like prendre (35)

arrêter like parler (1)

arriver like parler (1) *except* **p.c.** with **être**

assister like parler (1)

attacher like parler (1)

attendre like vendre (3)

attirer like parler (1)

avoir (4)

balayer like essayer (10)

bavarder like parler (1)

boire (15)

bricoler like parler (1)

bronzer like parler (1)

célébrer like préférer (12)

chanter like parler (1)

chasser like parler (1)

chercher like parler (1)

choisir like finir (2)

classer like parler (1)

commander like parler (1)

commencer (9)

composer like parler (1)

comprendre like prendre (35)

compter like parler (1)

conduire (16)

connaître (17)

consacrer like parler (1)

considérer like préférer (12)

construire like conduire (16)

continuer like parler (1)

courir (18)

coûter like parler (1)

couvrir like ouvrir (31)

croire (19)

cuisiner like parler (1)

danser like parler (1)

débarrasser like parler (1)

décider like parler (1)

découvrir like ouvrir (31)

décrire like écrire (22)

décrocher like parler (1)

déjeuner like parler (1)

demander like parler (1)

démarrer like parler (1)

déménager like manger (11)

démissionner like parler (1)

dépasser like parler (1)

dépendre like vendre (3)

dépenser like parler (1)

déposer like parler (1)

descendre like vendre (3) *except* **p.c.** with **être; p.c.** w/**avoir** if takes a direct object

désirer like parler (1)

dessiner like parler (1)

détester like parler (1)

détruire like conduire (16)

développer like parler (1)

devenir like venir (41); **p.c.** with **être**

devoir (20)

dîner like parler (1)

dire (21)

diriger like parler (1)

discuter like parler (1)

divorcer like commencer (9)

donner like parler (1)

dormir like partir (32) *except* **p.c.** with **avoir**

douter like parler (1)

durer like parler (1)

échapper like parler (1)

échouer like parler (1)

écouter like parler (1)

écrire (22)

effacer like commencer (9)

embaucher like parler (1)

emménager like manger (11)

emmener like acheter (7)

employer like essayer (10)

emprunter like parler (1)
enfermer like parler (1)
enfler like parler (1)
enlever like acheter (7)
enregistrer like parler (1)
enseigner like parler (1)
entendre like vendre (3)
entourer like parler (1)
entrer like parler (1) *except* p.c. with **être**
entretenir like tenir (40)
envahir like finir (2)
envoyer like essayer (10)
épouser like parler (1)
espérer like préférer (12)
essayer (10)
essuyer like essayer (10)
éteindre (24)
éternuer like parler (1)
étrangler like parler (1)
être (5)
étudier like parler (1)
éviter like parler (1)
exiger like manger (11)
expliquer like parler (1)
explorer like parler (1)
faire (25)
falloir (26)
fermer like parler (1)
fêter like parler (1)
finir (2)
fonctionner like parler (1)
fonder like parler (1)
freiner like parler (1)
fréquenter like parler (1)
fumer like parler (1)
gagner like parler (1)
garder like parler (1)
garer like parler (1)
gaspiller like parler (1)
goûter like parler (1)
graver like parler (1)
grossir like finir (2)
guérir like finir (2)
habiter like parler (1)
imprimer like parler (1)
indiquer like parler (1)

interdire like dire (21)
inviter like parler (1)
jeter like appeler (8)
jouer like parler (1)
laisser like parler (1)
laver like parler (1)
lire (27)
loger like manger (11)
louer like parler (1)
lutter like parler (1)
maigrir like finir (2)
maintenir like tenir (40)
manger (11)
marcher like parler (1)
mêler like préférer (12)
mener like parler (1)
mettre (28)
monter like parler (1) *except* p.c. with **être**; p.c. w/**avoir** if takes a direct object
montrer like parler (1)
mourir (29); p.c. with **être**
nager like manger (11)
naître (30); p.c. with **être**
nettoyer like essayer (10)
noter like parler (1)
obtenir like tenir (40)
offrir like ouvrir (31)
organiser like parler (1)
oublier like parler (1)
ouvrir (31)
parler (1)
partager like manger (11)
partir (32); p.c. with **être**
passer like parler (1)
patienter like parler (1)
patiner like parler (1)
payer like essayer (10)
penser like parler (1)
perdre like vendre (3)
permettre like mettre (28)
pleuvoir (33)
plonger like manger (11)
polluer like parler (1)
porter like parler (1)
poser like parler (1)

posséder like préférer (12)
poster like parler (1)
pouvoir (34)
pratiquer like parler (1)
préférer (12)
prélever like parler (1)
prendre (35)
préparer like parler (1)
présenter like parler (1)
préserver like parler (1)
prêter like parler (1)
prévenir like tenir (40)
produire like conduire (16)
profiter like parler (1)
promettre like mettre (28)
proposer like parler (1)
protéger like préférer (12)
provenir like venir (41)
publier like parler (1)
quitter like parler (1)
raccrocher like parler (1)
ranger like manger (11)
réaliser like parler (1)
recevoir (36)
recommander like parler (1)
reconnaître like connaître (17)
recycler like parler (1)
réduire like conduire (16)
réfléchir like finir (2)
regarder like parler (1)
régner like préférer (12)
remplacer like parler (1)
remplir like finir (2)
rencontrer like parler (1)
rendre like vendre (3)
rentrer like parler (1) *except* p.c. with **être**
renvoyer like essayer (10)
réparer like parler (1)
repasser like parler (1)
répéter like préférer (12)
repeupler like parler (1)
répondre like vendre (3)
réserver like parler (1)

rester like parler (1) *except* p.c. with **être**
retenir like tenir (40)
retirer like parler (1)
retourner like parler (1) *except* p.c. with **être**
retrouver like parler (1)
réussir like finir (2)
revenir like venir (41); p.c. with **être**
revoir like voir (42)
rire (37)
rouler like parler (1)
salir like finir (2)
s'amuser like se laver (6)
s'asseoir (14)
sauvegarder like parler (1)
sauver like parler (1)
savoir (38)
se brosser like se laver (6)
se coiffer like se laver (6)
se composer like se laver (6)
se connecter like se laver (6)
se coucher like se laver (6)
se croiser like se laver (6)
se dépêcher like se laver (6)
se déplacer like se laver (6)
se déshabiller like se laver (6)
se détendre like vendre (3) *except* p.c. with **être**
se disputer like se laver (6)
s'embrasser like se laver (6)
s'endormir like partir (32) *except* p.c. with **être**
s'énerver like se laver (6)
s'ennuyer like essayer (10) *except* p.c. with **être**
s'excuser like se laver (6)
se fouler like se laver (6)

s'installer like se laver (6)

se laver (6)

se lever like se laver (6)

se maquiller like se laver (6)

se marier like se laver (6)

se promener like acheter (7) *except* **p.c.** with **être**

se rappeler like se laver (6)

se raser like se laver (6)

se rebeller like se laver (6)

se réconcilier like se laver (6)

se relever like se laver (6)

se reposer like se laver (6)

se réveiller like se laver (6)

servir like partir (32) *except* **p.c.** with **avoir**

se sécher like préférer (12) *except* **p.c.** with **être**

se souvenir like venir (41)

se tromper like se laver (6)

s'habiller like se laver (6)

sentir like partir (32) *except* **p.c.** with **avoir**

signer like parler (1)

s'inquiéter like préférer (12) *except* **p.c.** with **être**

s'intéresser like se laver (6)

skier like parler (1)

s'occuper like se laver (6)

sonner like parler (1)

s'orienter like se laver (6)

sortir like partir (32)

sourire like rire (37)

souffrir like ouvrir (31)

souhaiter like parler (1)

subvenir like venir (41) *except* **p.c.** with **avoir**

suffire like lire (27)

suggérer like préférer (12)

suivre (39)

surfer like parler (1)

surprendre like prendre (35)

télécharger like parler (1)

téléphoner like parler (1)

tenir (40)

tomber like parler (1) *except* **p.c.** with **être**

tourner like parler (1)

tousser like parler (1)

traduire like conduire (16)

travailler like parler (1)

traverser like parler (1)

trouver like parler (1)

tuer like parler (1)

utiliser like parler (1)

valoir like falloir (26)

vendre (3)

venir (41); **p.c.** with **être**

vérifier like parler (1)

visiter like parler (1)

vivre like suivre (39)

voir (42)

vouloir (43)

voyager like manger (11)

Regular verbs

| Infinitive Past participle | Subject Pronouns | INDICATIVE | | | | | CONDITIONAL | SUBJUNCTIVE | IMPERATIVE |
		Present	Passé composé	Imperfect	Future	Present	Present
1 parler (to speak) parlé	je (j')	parle	ai parlé	parlais	parlerai	parlerais	parle	
	tu	parles	as parlé	parlais	parleras	parlerais	parles	parle
	il/elle/on	parle	a parlé	parlait	parlera	parlerait	parle	
	nous	parlons	avons parlé	parlions	parlerons	parlerions	parlions	parlons
	vous	parlez	avez parlé	parliez	parlerez	parleriez	parliez	parlez
	ils/elles	parlent	ont parlé	parlaient	parleront	parleraient	parlent	
2 finir (to finish) fini	je (j')	finis	ai fini	finissais	finirai	finirais	finisse	
	tu	finis	as fini	finissais	finiras	finirais	finisses	finis
	il/elle/on	finit	a fini	finissait	finira	finirait	finisse	
	nous	finissons	avons fini	finissions	finirons	finirions	finissions	finissons
	vous	finissez	avez fini	finissiez	finirez	finiriez	finissiez	finissez
	ils/elles	finissent	ont fini	finissaient	finiront	finiraient	finissent	
3 vendre (to sell) vendu	je (j')	vends	ai vendu	vendais	vendrai	vendrais	vende	
	tu	vends	as vendu	vendais	vendras	vendrais	vendes	vends
	il/elle/on	vend	a vendu	vendait	vendra	vendrait	vende	
	nous	vendons	avons vendu	vendions	vendrons	vendrions	vendions	vendons
	vous	vendez	avez vendu	vendiez	vendrez	vendriez	vendiez	vendez
	ils/elles	vendent	ont vendu	vendaient	vendront	vendraient	vendent	

Auxiliary verbs: *avoir* and *être*

Infinitive		INDICATIVE					CONDITIONAL	SUBJUNCTIVE	IMPERATIVE
Past participle	**Subject Pronouns**	**Present**	**Passé composé**	**Imperfect**	**Future**		**Present**	**Present**	
avoir (*to have*)	j'	ai	ai eu	avais	aurai		aurais	aie	
	tu	as	as eu	avais	auras		aurais	aies	aie
eu	il/elle/on	a	a eu	avait	aura		aurait	ait	
	nous	avons	avons eu	avions	aurons		aurions	ayons	ayons
	vous	avez	avez eu	aviez	aurez		auriez	ayez	ayez
	ils/elles	ont	ont eu	avaient	auront		auraient	aient	
être (*to be*)	je (j')	suis	ai été	étais	serai		serais	sois	
	tu	es	as été	étais	seras		serais	sois	sois
été	il/elle/on	est	a été	était	sera		serait	soit	
	nous	sommes	avons été	étions	serons		serions	soyons	soyons
	vous	êtes	avez été	étiez	serez		seriez	soyez	soyez
	ils/elles	sont	ont été	étaient	seront		seraient	soient	

Reflexive (Pronominal)

Infinitive		INDICATIVE					CONDITIONAL	SUBJUNCTIVE	IMPERATIVE
Past participle	**Subject Pronouns**	**Present**	**Passé composé**	**Imperfect**	**Future**		**Present**	**Present**	
se laver (*to wash oneself*)	je	me lave	me suis lavé(e)	me lavais	me laverai		me laverais	me lave	
	tu	te laves	t'es lavé(e)	te lavais	te laveras		te laverais	te laves	lave-toi
lavé	il/elle/on	se lave	s'est lavé(e)	se lavait	se lavera		se laverait	se lave	
	nous	nous lavons	nous sommes lavé(e)s	nous lavions	nous laverons		nous laverions	nous lavions	lavons-nous
	vous	vous lavez	vous êtes lavé(e)s	vous laviez	vous laverez		vous laveriez	vous laviez	lavez-vous
	ils/elles	se lavent	se sont lavé(e)s	se lavaient	se laveront		se laveraient	se lavent	

Verb Conjugation Tables

Verbs with spelling changes

Infinitive / Past participle	Subject Pronouns	INDICATIVE Present	INDICATIVE Passé composé	INDICATIVE Imperfect	INDICATIVE Future	CONDITIONAL Present	SUBJUNCTIVE Present	IMPERATIVE
7 acheter (to buy) / acheté	j'	achète	ai acheté	achetais	achèterai	achèterais	achète	
	tu	achètes	as acheté	achetais	achèteras	achèterais	achètes	achète
	il/elle/on	achète	a acheté	achetait	achètera	achèterait	achète	
	nous	achetons	avons acheté	achetions	achèterons	achèterions	achetions	achetons
	vous	achetez	avez acheté	achetiez	achèterez	achèteriez	achetiez	achetez
	ils/elles	achètent	ont acheté	achetaient	achèteront	achèteraient	achètent	
8 appeler (to call) / appelé	j'	appelle	ai appelé	appelais	appellerai	appellerais	appelle	
	tu	appelles	as appelé	appelais	appelleras	appellerais	appelles	appelle
	il/elle/on	appelle	a appelé	appelait	appellera	appellerait	appelle	
	nous	appelons	avons appelé	appelions	appellerons	appellerions	appelions	appelons
	vous	appelez	avez appelé	appeliez	appellerez	appelleriez	appeliez	appelez
	ils/elles	appellent	ont appelé	appelaient	appelleront	appelleraient	appellent	
9 commencer (to begin) / commencé	je (j')	commence	ai commencé	commençais	commencerai	commencerais	commence	
	tu	commences	as commencé	commençais	commenceras	commencerais	commences	commence
	il/elle/on	commence	a commencé	commençait	commencera	commencerait	commence	
	nous	commençons	avons commencé	commencions	commencerons	commencerions	commencions	commençons
	vous	commencez	avez commencé	commenciez	commencerez	commenceriez	commenciez	commencez
	ils/elles	commencent	ont commencé	commençaient	commenceront	commenceraient	commencent	
10 essayer (to try) / essayé	j'	essaie	ai essayé	essayais	essaierai	essaierais	essaie	
	tu	essaies	as essayé	essayais	essaieras	essaierais	essaies	essaie
	il/elle/on	essaie	a essayé	essayait	essaiera	essaierait	essaie	
	nous	essayons	avons essayé	essayions	essaierons	essaierions	essayions	essayons
	vous	essayez	avez essayé	essayiez	essaierez	essaieriez	essayiez	essayez
	ils/elles	essayent	ont essayé	essayaient	essaieront	essaieraient	essaient	
11 manger (to eat) / mangé	je (j')	mange	ai mangé	mangeais	mangerai	mangerais	mange	
	tu	manges	as mangé	mangeais	mangeras	mangerais	manges	mange
	il/elle/on	mange	a mangé	mangeait	mangera	mangerait	mange	
	nous	mangeons	avons mangé	mangions	mangerons	mangerions	mangions	mangeons
	vous	mangez	avez mangé	mangiez	mangerez	mangeriez	mangiez	mangez
	ils/elles	mangent	ont mangé	mangeaient	mangeront	mangeraient	mangent	

Infinitive / Past participle	Subject Pronouns	INDICATIVE				CONDITIONAL	SUBJUNCTIVE	IMPERATIVE
		Present	Passé composé	Imperfect	Future	Present	Present	
12 préférer (*to prefer*) préféré	je (j')	préfère	ai préféré	préférais	préférerai	préférerais	préfère	
	tu	préfères	as préféré	préférais	préféreras	préférerais	préfères	préfère
	il/elle/on	préfère	a préféré	préférait	préférera	préférerait	préfère	
	nous	préférons	avons préféré	préférions	préférerons	préférerions	préférions	préférons
	vous	préférez	avez préféré	préfériez	préférerez	préféreriez	préfériez	préférez
	ils/elles	préfèrent	ont préféré	préféraient	préféreront	préféreraient	préfèrent	

Irregular verbs

Infinitive / Past participle	Subject Pronouns	INDICATIVE				CONDITIONAL	SUBJUNCTIVE	IMPERATIVE
		Present	Passé composé	Imperfect	Future	Present	Present	
13 aller (*to go*) allé	je (j')	vais	suis allé(e)	allais	irai	irais	aille	
	tu	vas	es allé(e)	allais	iras	irais	ailles	va
	il/elle/on	va	est allé(e)	allait	ira	irait	aille	
	nous	allons	sommes allé(e)s	allions	irons	irions	allions	allons
	vous	allez	êtes allé(e)s	alliez	irez	iriez	alliez	allez
	ils/elles	vont	sont allé(e)s	allaient	iront	iraient	aillent	
14 s'asseoir (*to sit down, to be seated*) assis	je	m'assieds	me suis assis(e)	m'asseyais	m'assiérai	m'assiérais	m'asseye	
	tu	t'assieds	t'es assis(e)	t'asseyais	t'assiéras	t'assiérais	t'asseyes	assieds-toi
	il/elle/on	s'assied	s'est assis(e)	s'asseyait	s'assiéra	s'assiérait	s'asseye	
	nous	nous asseyons	nous sommes assis(e)s	nous asseyions	nous assiérons	nous assiérions	nous asseyions	asseyons-nous
	vous	vous asseyez	vous êtes assis(e)s	vous asseyiez	vous assiérez	vous assiériez	vous asseyiez	asseyez-vous
	ils/elles	s'asseyent	se sont assis(e)s	s'asseyaient	s'assiéront	s'assiéraient	s'asseyent	
15 boire (*to drink*) bu	je (j')	bois	ai bu	buvais	boirai	boirais	boive	
	tu	bois	as bu	buvais	boiras	boirais	boives	bois
	il/elle/on	boit	a bu	buvait	boira	boirait	boive	
	nous	buvons	avons bu	buvions	boirons	boirions	buvions	buvons
	vous	buvez	avez bu	buviez	boirez	boiriez	buviez	buvez
	ils/elles	boivent	ont bu	buvaient	boiront	boiraient	boivent	

Infinitive / Past participle	Subject Pronouns	INDICATIVE Present	INDICATIVE Passé composé	INDICATIVE Imperfect	INDICATIVE Future	CONDITIONAL Present	SUBJUNCTIVE Present	IMPERATIVE
16 conduire (*to drive; to lead*) conduit	je (j')	conduis	ai conduit	conduisais	conduirai	conduirais	conduise	
	tu	conduis	as conduit	conduisais	conduiras	conduirais	conduises	conduis
	il/elle/on	conduit	a conduit	conduisait	conduira	conduirait	conduise	
	nous	conduisons	avons conduit	conduisions	conduirons	conduirions	conduisions	conduisons
	vous	conduisez	avez conduit	conduisiez	conduirez	conduiriez	conduisiez	conduisez
	ils/elles	conduisent	ont conduit	conduisaient	conduiront	conduiraient	conduisent	
17 connaître (*to know, to be acquainted with*) connu	je (j')	connais	ai connu	connaissais	connaîtrai	connaîtrais	connaisse	
	tu	connais	as connu	connaissais	connaîtras	connaîtrais	connaisses	connais
	il/elle/on	connaît	a connu	connaissait	connaîtra	connaîtrait	connaisse	
	nous	connaissons	avons connu	connaissions	connaîtrons	connaîtrions	connaissions	connaissons
	vous	connaissez	avez connu	connaissiez	connaîtrez	connaîtriez	connaissiez	connaissez
	ils/elles	connaissent	ont connu	connaissaient	connaîtront	connaîtraient	connaissent	
18 courir (*to run*) couru	je (j')	cours	ai couru	courais	courrai	courrais	coure	
	tu	cours	as couru	courais	courras	courrais	coures	cours
	il/elle/on	court	a couru	courait	courra	courrait	coure	
	nous	courons	avons couru	courions	courrons	courrions	courions	courons
	vous	courez	avez couru	couriez	courrez	courriez	couriez	courez
	ils/elles	courent	ont couru	couraient	courront	courraient	courent	
19 croire (*to believe*) cru	je (j')	crois	ai cru	croyais	croirai	croirais	croie	
	tu	crois	as cru	croyais	croiras	croirais	croies	crois
	il/elle/on	croit	a cru	croyait	croira	croirait	croie	
	nous	croyons	avons cru	croyions	croirons	croirions	croyions	croyons
	vous	croyez	avez cru	croyiez	croirez	croiriez	croyiez	croyez
	ils/elles	croient	ont cru	croyaient	croiront	croiraient	croient	
20 devoir (*to have to; to owe*) dû	je (j')	dois	ai dû	devais	devrai	devrais	doive	
	tu	dois	as dû	devais	devras	devrais	doives	dois
	il/elle/on	doit	a dû	devait	devra	devrait	doive	
	nous	devons	avons dû	devions	devrons	devrions	devions	devons
	vous	devez	avez dû	deviez	devrez	devriez	deviez	devez
	ils/elles	doivent	ont dû	devaient	devront	devraient	doivent	

		INDICATIVE				CONDITIONAL	SUBJUNCTIVE	IMPERATIVE
Infinitive / Past participle	Subject Pronouns	Present	Passé composé	Imperfect	Future	Present	Present	
21 dire (to say, to tell)	je (j')	dis	ai dit	disais	dirai	dirais	dise	
	tu	dis	as dit	disais	diras	dirais	dises	dis
dit	il/elle/on	dit	a dit	disait	dira	dirait	dise	
	nous	disons	avons dit	disions	dirons	dirions	disions	disons
	vous	dites	avez dit	disiez	direz	diriez	disiez	dites
	ils/elles	disent	ont dit	disaient	diront	diraient	disent	
22 écrire (to write)	j'	écris	ai écrit	écrivais	écrirai	écrirais	écrive	
	tu	écris	as écrit	écrivais	écriras	écrirais	écrives	écris
écrit	il/elle/on	écrit	a écrit	écrivait	écrira	écrirait	écrive	
	nous	écrivons	avons écrit	écrivions	écrirons	écririons	écrivions	écrivons
	vous	écrivez	avez écrit	écriviez	écrirez	écririez	écriviez	écrivez
	ils/elles	écrivent	ont écrit	écrivaient	écriront	écriraient	écrivent	
23 envoyer (to send)	j'	envoie	ai envoyé	envoyais	enverrai	enverrais	envoie	
	tu	envoies	as envoyé	envoyais	enverras	enverrais	envoies	envoie
envoyé	il/elle/on	envoie	a envoyé	envoyait	enverra	enverrait	envoie	
	nous	envoyons	avons envoyé	envoyions	enverrons	enverrions	envoyions	envoyons
	vous	envoyez	avez envoyé	envoyiez	enverrez	enverriez	envoyiez	envoyez
	ils/elles	envoient	ont envoyé	envoyaient	enverront	enverraient	envoient	
24 éteindre (to turn off)	j'	éteins	ai éteint	éteignais	éteindrai	éteindrais	éteigne	
	tu	éteins	as éteint	éteignais	éteindras	éteindrais	éteignes	éteins
éteint	il/elle/on	éteint	a éteint	éteignait	éteindra	éteindrait	éteigne	
	nous	éteignons	avons éteint	éteignions	éteindrons	éteindrions	éteignions	éteignons
	vous	éteignez	avez éteint	éteigniez	éteindrez	éteindriez	éteigniez	éteignez
	ils/elles	éteignent	ont éteint	éteignaient	éteindront	éteindraient	éteignent	
25 faire (to do; to make)	je (j')	fais	ai fait	faisais	ferai	ferais	fasse	
	tu	fais	as fait	faisais	feras	ferais	fasses	fais
fait	il/elle/on	fait	a fait	faisait	fera	ferait	fasse	
	nous	faisons	avons fait	faisions	ferons	ferions	fassions	faisons
	vous	faites	avez fait	faisiez	ferez	feriez	fassiez	faites
	ils/elles	font	ont fait	faisaient	feront	feraient	fassent	
26 falloir (to be necessary)	il	faut	a fallu	fallait	faudra	faudrait	faille	
fallu								

Infinitive / Past participle	Subject Pronouns	Present	Passé composé	Imperfect	Future	Present (Conditional)	Present (Subjunctive)	Imperative
27 lire (*to read*) lu	je (j')	lis	ai lu	lisais	lirai	lirais	lise	
	tu	lis	as lu	lisais	liras	lirais	lises	lis
	il/elle/on	lit	a lu	lisait	lira	lirait	lise	
	nous	lisons	avons lu	lisions	lirons	lirions	lisions	lisons
	vous	lisez	avez lu	lisiez	lirez	liriez	lisiez	lisez
	ils/elles	lisent	ont lu	lisaient	liront	liraient	lisent	
28 mettre (*to put*) mis	je (j')	mets	ai mis	mettais	mettrai	mettrais	mette	
	tu	mets	as mis	mettais	mettras	mettrais	mettes	mets
	il/elle/on	met	a mis	mettait	mettra	mettrait	mette	
	nous	mettons	avons mis	mettions	mettrons	mettrions	mettions	mettons
	vous	mettez	avez mis	mettiez	mettrez	mettriez	mettiez	mettez
	ils/elles	mettent	ont mis	mettaient	mettront	mettraient	mettent	
29 mourir (*to die*) mort	je	meurs	suis mort(e)	mourais	mourrai	mourrais	meure	
	tu	meurs	es mort(e)	mourais	mourras	mourrais	meures	meurs
	il/elle/on	meurt	est mort(e)	mourait	mourra	mourrait	meure	
	nous	mourons	sommes mort(e)s	mourions	mourrons	mourrions	mourions	mourons
	vous	mourez	êtes mort(e)s	mouriez	mourrez	mourriez	mouriez	mourez
	ils/elles	meurent	sont mort(e)s	mouraient	mourront	mourraient	meurent	
30 naître (*to be born*) né	je	nais	suis né(e)	naissais	naîtrai	naîtrais	naisse	
	tu	nais	es né(e)	naissais	naîtras	naîtrais	naisses	nais
	il/elle/on	naît	est né(e)	naissait	naîtra	naîtrait	naisse	
	nous	naissons	sommes né(e)s	naissions	naîtrons	naîtrions	naissions	naissons
	vous	naissez	êtes né(e)s	naissiez	naîtrez	naîtriez	naissiez	naissez
	ils/elles	naissent	sont né(e)s	naissaient	naîtront	naîtraient	naissent	
31 ouvrir (*to open*) ouvert	j'	ouvre	ai ouvert	ouvrais	ouvrirai	ouvrirais	ouvre	
	tu	ouvres	as ouvert	ouvrais	ouvriras	ouvrirais	ouvres	ouvre
	il/elle/on	ouvre	a ouvert	ouvrait	ouvrira	ouvrirait	ouvre	
	nous	ouvrons	avons ouvert	ouvrions	ouvrirons	ouvririons	ouvrions	ouvrons
	vous	ouvrez	avez ouvert	ouvriez	ouvrirez	ouvririez	ouvriez	ouvrez
	ils/elles	ouvrent	ont ouvert	ouvraient	ouvriront	ouvriraient	ouvrent	

Infinitive / Past participle	Subject Pronouns	INDICATIVE Present	INDICATIVE Passé composé	INDICATIVE Imperfect	INDICATIVE Future	CONDITIONAL Present	SUBJUNCTIVE Present	IMPERATIVE
32 partir *(to leave)* parti	je	pars	suis parti(e)	partais	partirai	partirais	parte	
	tu	pars	es parti(e)	partais	partiras	partirais	partes	pars
	il/elle/on	part	est parti(e)	partait	partira	partirait	parte	
	nous	partons	sommes parti(e)s	partions	partirons	partirions	partions	partons
	vous	partez	êtes parti(e)(s)	partiez	partirez	partiriez	partiez	partez
	ils/elles	partent	sont parti(e)s	partaient	partiront	partiraient	partent	
33 pleuvoir *(to rain)* plu	il	pleut	a plu	pleuvait	pleuvra	pleuvrait	pleuve	
34 pouvoir *(to be able)* pu	je (j')	peux	ai pu	pouvais	pourrai	pourrais	puisse	
	tu	peux	as pu	pouvais	pourras	pourrais	puisses	
	il/elle/on	peut	a pu	pouvait	pourra	pourrait	puisse	
	nous	pouvons	avons pu	pouvions	pourrons	pourrions	puissions	
	vous	pouvez	avez pu	pouviez	pourrez	pourriez	puissiez	
	ils/elles	peuvent	ont pu	pouvaient	pourront	pourraient	puissent	
35 prendre *(to take)* pris	je (j')	prends	ai pris	prenais	prendrai	prendrais	prenne	
	tu	prends	as pris	prenais	prendras	prendrais	prennes	prends
	il/elle/on	prend	a pris	prenait	prendra	prendrait	prenne	
	nous	prenons	avons pris	prenions	prendrons	prendrions	prenions	prenons
	vous	prenez	avez pris	preniez	prendrez	prendriez	preniez	prenez
	ils/elles	prennent	ont pris	prenaient	prendront	prendraient	prennent	
36 recevoir *(to receive)* reçu	je (j')	reçois	ai reçu	recevais	recevrai	recevrais	reçoive	
	tu	reçois	as reçu	recevais	recevras	recevrais	reçoives	reçois
	il/elle/on	reçoit	a reçu	recevait	recevra	recevrait	reçoive	
	nous	recevons	avons reçu	recevions	recevrons	recevrions	recevions	recevons
	vous	recevez	avez reçu	receviez	recevrez	recevriez	receviez	recevez
	ils/elles	reçoivent	ont reçu	recevaient	recevront	recevraient	reçoivent	
37 rire *(to laugh)* ri	je (j')	ris	ai ri	riais	rirai	rirais	rie	
	tu	ris	as ri	riais	riras	rirais	ries	ris
	il/elle/on	rit	a ri	riait	rira	rirait	rie	
	nous	rions	avons ri	riions	rirons	ririons	riions	rions
	vous	riez	avez ri	riiez	rirez	ririez	riiez	riez
	ils/elles	rient	ont ri	riaient	riront	riraient	rient	

#	Infinitive / Past participle	Subject Pronouns	INDICATIVE Present	INDICATIVE Passé composé	INDICATIVE Imperfect	INDICATIVE Future	CONDITIONAL Present	SUBJUNCTIVE Present	IMPERATIVE
38	savoir (to know) — su	je (j')	sais	ai su	savais	saurai	saurais	sache	
		tu	sais	as su	savais	sauras	saurais	saches	sache
		il/elle/on	sait	a su	savait	saura	saurait	sache	
		nous	savons	avons su	savions	saurons	saurions	sachions	sachons
		vous	savez	avez su	saviez	saurez	sauriez	sachiez	sachez
		ils/elles	savent	ont su	savaient	sauront	sauraient	sachent	
39	suivre (to follow) — suivi	je (j')	suis	ai suivi	suivais	suivrai	suivrais	suive	
		tu	suis	as suivi	suivais	suivras	suivrais	suives	suis
		il/elle/on	suit	a suivi	suivait	suivra	suivrait	suive	
		nous	suivons	avons suivi	suivions	suivrons	suivrions	suivions	suivons
		vous	suivez	avez suivi	suiviez	suivrez	suivriez	suiviez	suivez
		ils/elles	suivent	ont suivi	suivaient	suivront	suivraient	suivent	
40	tenir (to hold) — tenu	je (j')	tiens	ai tenu	tenais	tiendrai	tiendrais	tienne	
		tu	tiens	as tenu	tenais	tiendras	tiendrais	tiennes	tiens
		il/elle/on	tient	a tenu	tenait	tiendra	tiendrait	tienne	
		nous	tenons	avons tenu	tenions	tiendrons	tiendrions	tenions	tenons
		vous	tenez	avez tenu	teniez	tiendrez	tiendriez	teniez	tenez
		ils/elles	tiennent	ont tenu	tenaient	tiendront	tiendraient	tiennent	
41	venir (to come) — venu	je	viens	suis venu(e)	venais	viendrai	viendrais	vienne	
		tu	viens	es venu(e)	venais	viendras	viendrais	viennes	viens
		il/elle/on	vient	est venu(e)	venait	viendra	viendrait	vienne	
		nous	venons	sommes venu(e)s	venions	viendrons	viendrions	venions	venons
		vous	venez	êtes venu(e)(s)	veniez	viendrez	viendriez	veniez	venez
		ils/elles	viennent	sont venu(e)s	venaient	viendront	viendraient	viennent	
42	voir (to see) — vu	je (j')	vois	ai vu	voyais	verrai	verrais	voie	
		tu	vois	as vu	voyais	verras	verrais	voies	vois
		il/elle/on	voit	a vu	voyait	verra	verrait	voie	
		nous	voyons	avons vu	voyions	verrons	verrions	voyions	voyons
		vous	voyez	avez vu	voyiez	verrez	verriez	voyiez	voyez
		ils/elles	voient	ont vu	voyaient	verront	verraient	voient	
43	vouloir (to want, to wish) — voulu	je (j')	veux	ai voulu	voulais	voudrai	voudrais	veuille	
		tu	veux	as voulu	voulais	voudras	voudrais	veuilles	veuille
		il/elle/on	veut	a voulu	voulait	voudra	voudrait	veuille	
		nous	voulons	avons voulu	voulions	voudrons	voudrions	voulions	veuillons
		vous	voulez	avez voulu	vouliez	voudrez	voudriez	vouliez	veuillez
		ils/elles	veulent	ont voulu	voulaient	voudront	voudraient	veuillent	

Guide to Vocabulary

Abbreviations used in this glossary

adj.	adjective	*form.*	formal	*p.p.*	past participle
adv.	adverb	*imp.*	imperative	*pl.*	plural
art.	article	*indef.*	indefinite	*poss.*	possessive
comp.	comparative	*interj.*	interjection	*prep.*	preposition
conj.	conjunction	*interr.*	interrogative	*pron.*	pronoun
def.	definite	*inv.*	invariable	*refl.*	reflexive
dem.	demonstrative	*i.o.*	indirect object	*rel.*	relative
disj.	disjunctive	*m.*	masculine	*sing.*	singular
d.o.	direct object	*n.*	noun	*sub.*	subject
f.	feminine	*obj.*	object	*super.*	superlative
fam.	familiar	*part.*	partitive	*v.*	verb

French-English

A

à *prep.* at; in; to 4
  À bientôt. See you soon. 1
  à condition que on the condition that, provided that
  à côté de *prep.* next to 3
  À demain. See you tomorrow. 1
  à droite (de) *prep.* to the right (of) 3
  à gauche (de) *prep.* to the left (of) 3
  à … heure(s) at … (o'clock) 4
  à la radio on the radio
  à la télé(vision) on television
  à l'automne in the fall 5
  à l'étranger abroad, overseas 7
  à mi-temps half-time (*job*)
  à moins que unless
  à plein temps full-time (*job*)
  À plus tard. See you later. 1
  À quelle heure? What time?; When? 2
  À qui? To whom? 4
  À table! Let's eat! Food is on! 9
  à temps partiel part-time (*job*)
  À tout à l'heure. See you later. 1
  au bout (de) *prep.* at the end (of) 12
  au contraire on the contrary
  au fait by the way 3
  au printemps in the spring 5
  Au revoir. Good-bye. 1
  au secours help 11
  au sujet de on the subject of, about 13
abolir *v.* to abolish 13
absolument *adv.* absolutely 8
accident *m.* accident 11
  avoir un accident to have/to be in an accident 11
accompagner *v.* to accompany 12
acheter *v.* to buy 5
acteur *m.* actor 1
actif/active *adj.* active 3
activement *adv.* actively 8
actrice *f.* actress 1
addition *f.* check, bill 4
adieu farewell 13
adolescence *f.* adolescence 6
adorer *v.* to love 2
  J'adore… I love… 2
adresse *f.* address 12
aérobic *m.* aerobics 5
  faire de l'aérobic *v.* to do aerobics 5
aéroport *m.* airport 7
affaires *f., pl.* business 3
affiche *f.* poster 8
afficher *v.* to post
âge *m.* age 6
  âge adulte *m.* adulthood 6
agence de voyages *f.* travel agency 7
agent *m.* officer; agent 11
  agent de police *m.* police officer 11
  agent de voyages *m.* travel agent 7
  agent immobilier *m.* real estate agent
agréable *adj.* pleasant 1

agriculteur/agricultrice *m., f.* farmer
aider (à) *v.* to help (*to do something*) 5
aie (avoir) *imp. v.* have 7
ail *m.* garlic 9
aimer *v.* to like 2
  aimer mieux to prefer 2
  aimer que… to like that… 13
  J'aime bien… I really like… 2
  Je n'aime pas tellement… I don't like … very much. 2
aîné(e) *adj.* elder 3
algérien(ne) *adj.* Algerian 1
aliment *m.* food; a food 9
Allemagne *f.* Germany 7
allemand(e) *adj.* German 1
aller *v.* to go 4
  aller à la pêche to go fishing 5
  aller aux urgences to go to the emergency room 10
  aller avec to go with 6
  aller-retour *adj.* round-trip 7
  billet aller-retour *m.* round-trip ticket 7
  Allons-y! Let's go! 2
  Ça va? What's up?; How are things? 1
  Comment allez-vous? *form.* How are you? 1
  Comment vas-tu? *fam.* How are you? 1
  Je m'en vais. I'm leaving. 8
  Je vais bien/mal. I am doing well/badly. 1
  J'y vais. I'm going/coming. 8
  Nous y allons. We're going/coming. 9
allergie *f.* allergy 10
allô (*on the phone*) hello 1
allumer *v.* to turn on 11

alors *adv.* so, then; at that moment 2

améliorer *v.* to improve

amende *f.* fine 11

amener *v.* to bring (*someone*) 5

américain(e) *adj.* American 1
  football américain *m.* football 5

ami(e) *m., f.* friend 1
  petit(e) ami(e) *m., f.* boyfriend/girlfriend 1

amitié *f.* friendship 6

amour *m.* love 6

amoureux/amoureuse *adj.* in love 6
  tomber amoureux/amoureuse *v.* to fall in love 6

amusant(e) *adj.* fun 1

an *m.* year 2

ancien(ne) *adj.* ancient, old; former

ange *m.* angel 1

anglais(e) *adj.* English 1

angle *m.* corner 12

Angleterre *f.* England 7

animal *m.* animal 13

année *f.* year 2
  cette année this year 2

anniversaire *m.* birthday 5
  C'est quand l'anniversaire de … ? When is …'s birthday? 5
  C'est quand ton/votre anniversaire? When is your birthday? 5

annuler (une réservation) *v.* to cancel (a reservation) 7

anorak *m.* ski jacket, parka 6

antipathique *adj.* unpleasant 3

août *m.* August 5

apercevoir *v.* to see, to catch sight of 12

aperçu (apercevoir) *p.p.* seen, caught sight of 12

appareil *m.* (on the phone) telephone
  appareil (électrique/ménager) *m.* (electrical/household) appliance 8
  appareil photo (numérique) *m.* (digital) camera 11
  C'est M./Mme/Mlle … à l'appareil. It's Mr./Mrs./Miss … on the phone.
  Qui est à l'appareil? Who's calling, please?

appartement *m.* apartment 7

appeler *v.* to call

applaudir *v.* to applaud

applaudissement *m.* applause

apporter *v.* to bring (*something*) 4

apprendre (à) *v.* to teach; to learn (*to do something*) 4

appris (apprendre) *p.p., adj.* learned 6

après (que) *adv.* after 2

après-demain *adv.* day after tomorrow 2

après-midi *m.* afternoon 2
  cet après-midi this afternoon 2
  de l'après-midi in the afternoon 2
  demain après-midi *adv.* tomorrow afternoon 2
  hier après-midi *adv.* yesterday afternoon 7

arbre *m.* tree 13

architecte *m., f.* architect 3

architecture *f.* architecture 2

argent *m.* money 12
  dépenser de l'argent *v.* to spend money 4
  déposer de l'argent *v.* to deposit money 12
  retirer de l'argent *v.* to withdraw money 12

armoire *f.* armoire, wardrobe 8

arrêt d'autobus (de bus) *m.* bus stop 7

arrêter (de faire quelque chose) *v.* to stop (doing something) 11

arrivée *f.* arrival 7

arriver (à) *v.* to arrive; to manage (*to do something*) 2

art *m.* art 2
  beaux-arts *m., pl.* fine arts

artiste *m., f.* artist 3

ascenseur *m.* elevator 7

aspirateur *m.* vacuum cleaner 8
  passer l'aspirateur to vacuum 8

aspirine *f.* aspirin 10

Asseyez-vous! (s'asseoir) *imp. v.* Have a seat! 10

assez *adv.* (before adjective or adverb) pretty; quite 8
  assez (de) (before noun) enough (of) 4
  pas assez (de) not enough (of) 4

assiette *f.* plate 9

assis (s'asseoir) *p.p., adj.* (used as past participle) sat down; (used as adjective) sitting, seated 10

assister *v.* to attend 2

assurance (maladie/vie) *f.* (health/life) insurance

athlète *m., f.* athlete 3

attacher *v.* to attach 11

attacher sa ceinture de sécurité to buckle one's seatbelt 11

attendre *v.* to wait 6

attention *f.* attention 5
  faire attention (à) *v.* to pay attention (to) 5

au (à + le) *prep.* to/at the 4

auberge de jeunesse *f.* youth hostel 7

aucun(e) *adj.* no; *pron.* none 10
  ne… aucun(e) none, not any 12

augmentation (de salaire) *f.* raise (in salary)

aujourd'hui *adv.* today 2

auquel (à + lequel) *pron., m., sing.* which one

aussi *adv.* too, as well; as 1
  Moi aussi. Me too. 1
  aussi … que (used with an adjective) as … as 9

autant de … que *adv.* (used with noun to express quantity) as much/as many … as 13

auteur/femme auteur *m., f.* author

autobus *m.* bus 7
  arrêt d'autobus (de bus) *m.* bus stop 7
  prendre un autobus to take a bus 7

automne *m.* fall 5
  à l'automne in the fall 5

autoroute *f.* highway 11

autour (de) *prep.* around 12

autrefois *adv.* in the past 8

aux (à + les) to/at the 4

auxquelles (à + lesquelles) *pron., f., pl.* which ones

auxquels (à + lesquels) *pron., m., pl.* which ones

avance *f.* advance 2
  en avance *adv.* early 2

avant (de/que) *adv.* before 7

avant-hier *adv.* day before yesterday 7

avec *prep.* with 1
  Avec qui? With whom? 4

aventure *f.* adventure
  film d'aventures *m.* adventure film

avenue *f.* avenue 12

avion *m.* airplane 7
  prendre un avion *v.* to take a plane 7

avocat(e) *m., f.* lawyer 3

avoir *v.* to have 2
  aie *imp. v.* have 7
  avoir besoin (de) to need (*something*) 2
  avoir chaud to be hot 2

avoir de la chance to be lucky 2
avoir envie (de) to feel like (*doing something*) 2
avoir faim to be hungry 4
avoir froid to be cold 2
avoir honte (de) to be ashamed (of) 2
avoir mal to have an ache 10
avoir mal au cœur to feel nauseated 10
avoir peur (de/que) to be afraid (of/that) 2
avoir raison to be right 2
avoir soif to be thirsty 4
avoir sommeil to be sleepy 2
avoir tort to be wrong 2
avoir un accident to have/to be in an accident 11
avoir un compte bancaire to have a bank account 12
en avoir marre to be fed up 3
avril *m.* April 5
ayez (avoir) *imp. v.* have 7
ayons (avoir) *imp. v.* let's have 7

B

bac(calauréat) *m.* an important exam taken by high-school students in France 2
baguette *f.* baguette 4
baignoire *f.* bathtub 8
bain *m.* bath 6
salle de bains *f.* bathroom 8
baladeur CD *m.* personal CD player 11
balai *m.* broom 8
balayer *v.* to sweep 8
balcon *m.* balcony 8
banane *f.* banana 9
banc *m.* bench 12
bancaire *adj.* banking 12
avoir un compte bancaire *v.* to have a bank account 12
bande dessinée (B.D.) *f.* comic strip 5
banlieue *f.* suburbs 4
banque *f.* bank 12
banquier/banquière *m., f.* banker
barbant *adj.,* **barbe** *f.* drag 3
baseball *m.* baseball 5
basket(-ball) *m.* basketball 5
baskets *f., pl.* tennis shoes 6
bateau *m.* boat 7
prendre un bateau *v.* to take a boat 7
bateau-mouche *m.* riverboat 7
bâtiment *m.* building 12
batterie *f.* drums
bavarder *v.* to chat 4

beau (belle) *adj.* handsome; beautiful 3
faire quelque chose de beau *v.* to be up to something interesting 12
Il fait beau. The weather is nice. 5
beaucoup (de) *adv.* a lot (of) 4
Merci (beaucoup). Thank you (very much). 1
beau-frère *m.* brother-in-law 3
beau-père *m.* father-in-law; stepfather 3
beaux-arts *m., pl.* fine arts
belge *adj.* Belgian 7
Belgique *f.* Belgium 7
belle *adj., f. (feminine form of* **beau***)* beautiful 3
belle-mère *f.* mother-in-law; stepmother 3
belle-sœur *f.* sister-in-law 3
besoin *m.* need 2
avoir besoin (de) to need (*something*) 2
beurre *m.* butter 4
bibliothèque *f.* library 1
bien *adv.* well 7
bien sûr *adv.* of course 2
Je vais bien. I am doing well. 1
Très bien. Very well. 1
bientôt *adv.* soon 1
À bientôt. See you soon. 1
bienvenu(e) *adj.* welcome 1
bière *f.* beer 6
bijouterie *f.* jewelry store 12
billet *m. (travel)* ticket 7; (*money*) bills, notes 12
billet aller-retour *m.* round-trip ticket 7
biologie *f.* biology 2
biscuit *m.* cookie 6
blague *f.* joke 2
blanc(he) *adj.* white 6
blessure *f.* injury, wound 10
bleu(e) *adj.* blue 3
blond(e) *adj.* blonde 3
blouson *m.* jacket 6
bœuf *m.* beef 9
boire *v.* to drink 4
bois *m.* wood 13
boisson (gazeuse) *f.* (carbonated) drink/beverage 4
boîte *f.* box; can 9
boîte aux lettres *f.* mailbox 12
boîte de conserve *f.* can (of food) 9
boîte de nuit *f.* nightclub 4
bol *m.* bowl 9
bon(ne) *adj.* kind; good 3
bon marché *adj.* inexpensive 6
Il fait bon. The weather is

good/warm. 5
bonbon *m.* candy 6
bonheur *m.* happiness 6
Bonjour. Good morning.; Hello. 1
Bonsoir. Good evening.; Hello. 1
bouche *f.* mouth 10
boucherie *f.* butcher's shop 9
boulangerie *f.* bread shop, bakery 9
boulevard *m.* boulevard 12
suivre un boulevard *v.* to follow a boulevard 12
bourse *f.* scholarship, grant 2
bout *m.* end 12
au bout (de) *prep.* at the end (of) 12
bouteille (de) *f.* bottle (of) 4
boutique *f.* boutique, store 12
bras *m.* arm 10
brasserie *f.* café; restaurant 12
Brésil *m.* Brazil 7
brésilien(ne) *adj.* Brazilian 7
bricoler *v.* to tinker; to do odd jobs 5
brillant(e) *adj.* bright 1
bronzer *v.* to tan 6
brosse (à cheveux/à dents) *f.* (hair/tooth)brush 10
brun(e) *adj.* (*hair*) dark 3
bu (boire) *p.p.* drunk 6
bureau *m.* desk; office 1
bureau de poste *m.* post office 12
bus *m.* bus 7
arrêt d'autobus (de bus) *m.* bus stop 7
prendre un bus *v.* to take a bus 7

C

ça *pron.* that; this; it 1
Ça dépend. It depends. 4
Ça ne nous regarde pas. That has nothing to do with us.; That is none of our business. 13
Ça suffit. That's enough. 5
Ça te dit? Does that appeal to you? 13
Ça va? What's up?; How are things? 1
ça veut dire that is to say 10
Comme ci, comme ça. So-so. 1
cabine téléphonique *f.* phone booth 12
cadeau *m.* gift 6
paquet cadeau wrapped gift 6
cadet(te) *adj.* younger 3

cadre/femme cadre *m., f.* executive

café *m.* café; coffee 1
  terrasse de café *f.* café terrace 4
  cuillére à café *f.* teaspoon 9

cafetière *f.* coffeemaker 8

cahier *m.* notebook 1

calculatrice *f.* calculator 1

calme *adj.* calm 1; *m.* calm 1

camarade *m., f.* friend 1
  camarade de chambre *m., f.* roommate 1
  camarade de classe *m., f.* classmate 1

caméra vidéo *f.* camcorder 11

caméscope *m.* camcorder 11

campagne *f.* country(side) 7
  pain de campagne *m.* country-style bread 4
  pâté (de campagne) *m.* pâté, meat spread 9

camping *m.* camping 5
  faire du camping *v.* to go camping 5

Canada *m.* Canada 7

canadien(ne) *adj.* Canadian 1

canapé *m.* couch 8

candidat(e) *m., f.* candidate; applicant

cantine *f.* cafeteria 9

capitale *f.* capital 7

capot *m.* hood 11

carafe (d'eau) *f.* pitcher (of water) 9

carotte *f.* carrot 9

carrefour *m.* intersection 12

carrière *f.* career

carte *f.* map 1; menu 9; card 12
  payer avec une carte de crédit to pay with a credit card 12
  carte postale *f.* postcard 12
  cartes *f. pl.* (*playing*) cards 5

casquette *f.* (baseball) cap 6

cassette vidéo *f.* videotape 11

catastrophe *f.* catastrophe 13

cave *f.* basement, cellar 8

CD *m.* CD(s) 11

CD-ROM *m.* CD-ROM(s) 11

ce *dem. adj., m., sing.* this; that 6
  ce matin this morning 2
  ce mois-ci this month 2
  Ce n'est pas grave. It's no big deal. 6
  ce soir this evening 2
  ce sont... those are... 1
  ce week-end this weekend 2

cédérom(s) *m.* CD-ROM(s) 11

ceinture *f.* belt 6
  attacher sa ceinture de sécurité *v.* to buckle one's seatbelt 11

célèbre *adj.* famous

célébrer *v.* to celebrate 5

célibataire *adj.* single 3

celle *pron., f., sing.* this one; that one; the one 13

celles *pron., f., pl.* these; those; the ones 13

celui *pron., m., sing.* this one; that one; the one 13

cent *m.* one hundred 3
  cent mille *m.* one hundred thousand 5
  cent un *m.* one hundred one 5
  cinq cents *m.* five hundred 5

centième *adj.* hundredth 7

centrale nucléaire *f.* nuclear plant 13

centre commercial *m.* shopping center, mall 4

centre-ville *m.* city/town center, downtown 4

certain(e) *adj.* certain 9
  Il est certain que... It is certain that... 13
  Il n'est pas certain que... It is uncertain that... 13

ces *dem. adj., m., f., pl.* these; those 6

c'est... it/that is... 1
  C'est de la part de qui? On behalf of whom?
  C'est le 1ᵉʳ (premier) octobre. It is October first. 5
  C'est M./Mme/Mlle ... (à l'appareil). It's Mr./Mrs./Miss ... (on the phone).
  C'est quand l'anniversaire de... ? When is ...'s birthday? 5
  C'est quand ton/votre anniversaire? When is your birthday? 5
  Qu'est-ce que c'est? What is it? 1

cet *dem. adj., m., sing.* this; that 6
  cet après-midi this afternoon 2

cette *dem. adj., f., sing.* this; that 6
  cette année this year 2
  cette semaine this week 2

ceux *pron., m., pl.* these; those; the ones 13

chaîne (de télévision) *f.* (television) channel 11

chaîne stéréo *f.* stereo system 11

chaise *f.* chair 1

chambre *f.* bedroom 8
  chambre (individuelle) *f.* (single) room 7
  camarade de chambre *m., f.* roommate 1

champ *m.* field 13

champagne *m.* champagne 6

champignon *m.* mushroom 9

chance *f.* luck 2
  avoir de la chance *v.* to be lucky 2

chanson *f.* song

chanter *v.* to sing 5

chanteur/chanteuse *m., f.* singer 1

chapeau *m.* hat 6

chaque *adj.* each 6

charcuterie *f.* delicatessen 9

charmant(e) *adj.* charming 1

chasse *f.* hunt 13

chasser *v.* to hunt 13

chat *m.* cat 3

châtain *adj.* (*hair*) brown 3

chaud *m.* heat 2
  avoir chaud *v.* to be hot 2
  Il fait chaud. (*weather*) It is hot. 5

chauffeur de taxi/de camion *m.* taxi/truck driver

chaussette *f.* sock 6

chaussure *f.* shoe 6

chef d'entreprise *m.* head of a company

chef-d'œuvre *m.* masterpiece

chemin *m.* path; way 12
  suivre un chemin *v.* to follow a path 12

chemise (à manches courtes/longues) *f.* (short-/long-sleeved) shirt 6

chemisier *m.* blouse 6

chèque *m.* check 12
  compte de chèques *m.* checking account 12
  payer par chèque *v.* to pay by check 12

cher/chère *adj.* expensive 6

chercher *v.* to look for 2
  chercher un/du travail to look for work 12

chercheur/chercheuse *m., f.* researcher

chéri(e) *adj.* dear, beloved, darling 2

cheval *m.* horse 5
  faire du cheval *v.* to go horseback riding 5

cheveux *m., pl.* hair 9
  brosse à cheveux *f.* hairbrush 10
  cheveux blonds blond hair 3
  cheveux châtains brown hair 3
  se brosser les cheveux *v.* to brush one's hair 9

cheville *f.* ankle 10

se fouler la cheville *v.* to twist/sprain one's ankle 10

chez *prep.* at (*someone's*) house 3, at (*a place*) 3

passer chez quelqu'un *v.* to stop by someone's house 4

chic *adj.* chic 4

chien *m.* dog 3

chimie *f.* chemistry 2

Chine *f.* China 7

chinois(e) *adj.* Chinese 7

chocolat (chaud) *m.* (hot) chocolate 4

chœur *m.* choir, chorus

choisir *v.* to choose 7

chômage *m.* unemployment

être au chômage *v.* to be unemployed

chômeur/chômeuse *m., f.* unemployed person

chose *f.* thing 1

quelque chose *m.* something; anything 4

chrysanthèmes *m., pl.* chrysanthemums 9

chut shh

-ci (*used with demonstrative adjective* **ce** *and noun or with demonstrative pronoun* **celui**) here 6

ce mois-ci this month 2

ciel *m.* sky 13

cinéma (ciné) *m.* movie theater, movies 4

cinq *m.* five 1

cinquante *m.* fifty 1

cinquième *adj.* fifth 7

circulation *f.* traffic 11

clair(e) *adj.* clear 13

Il est clair que... It is clear that... 13

classe *f.* (*group of students*) class 1

camarade de classe *m., f.* classmate 1

salle de classe *f.* classroom 1

clavier *m.* keyboard 11

clé *f.* key 7

client(e) *m., f.* client; guest 7

cœur *m.* heart 10

avoir mal au cœur to feel nauseated 10

coffre *m.* trunk 11

coiffeur/coiffeuse *m., f.* hairdresser 3

coin *m.* corner 12

colis *m.* package 12

colocataire *m., f.* roommate (*in an apartment*) 1

Combien (de)... ? *adv.* How much/many... ? 1

Combien coûte... ? How much is... ? 4

combiné *m.* receiver

comédie (musicale) *f.* comedy (musical)

commander *v.* to order 9

comme *adv.* how; like, as 2

Comme ci, comme ça. So-so. 1

commencer (à) *v.* to begin (*to do something*) 2

comment *adv.* how 4

Comment? *adv.* What? 4

Comment allez-vous?, *form.* How are you? 1

Comment t'appelles-tu? *fam.* What is your name? 1

Comment vas-tu? *fam.* How are you? 1

Comment vous appelez-vous? *form.* What is your name? 1

commerçant(e) *m., f.* shop-keeper 9

commissariat de police *m.* police station 12

commode *f.* dresser, chest of drawers 8

compact disque *m.* compact disc 11

complet (complète) *adj.* full (no vacancies) 7

composer (un numéro) *v.* to dial (a number) 11

compositeur *m.* composer

comprendre *v.* to understand 4

compris (comprendre) *p.p., adj.* understood; included 6

comptable *m., f.* accountant

compte *m.* account (*at a bank*) 12

avoir un compte bancaire *v.* to have a bank account 12

compte de chèques *m.* checking account 12

compte d'épargne *m.* savings account 12

se rendre compte *v.* to realize 10

compter sur quelqu'un *v.* to count on someone 8

concert *m.* concert

condition *f.* condition

à condition que on the condition that..., provided that...

conduire *v.* to drive 6

conduit (conduire) *p.p., adj.* driven 6

confiture *f.* jam 9

congé *m.* day off 7

jour de congé *m.* day off 7

prendre un congé *v.* to take time off

congélateur *m.* freezer 8

connaissance *f.* acquaintance 5

faire la connaissance de *v.* to meet (*someone*) 5

connaître *v.* to know, to be familiar with 8

connecté(e) *adj.* connected 11

être connecté(e) avec quelqu'un *v.* to be online with someone 7, 11

connu (connaître) *p.p., adj.* known; famous 8

conseil *m.* advice

conseiller/conseillère *m., f.* consultant; advisor

considérer *v.* to consider 5

constamment *adv.* constantly 8

construire *v.* to build, to construct 6

conte *m.* tale

content(e) *adj.* happy

être content(e) que... *v.* to be happy that... 13

continuer (à) *v.* to continue (*doing something*) 12

contraire *adj.* contrary

au contraire on the contrary

copain/copine *m., f.* friend 1

corbeille (à papier) *f.* wastebasket 1

corps *m.* body 10

costume *m.* (*man's*) suit 6

côte *f.* coast 13

coton *m.* cotton 12

cou *m.* neck 10

couche d'ozone *f.* ozone layer 13

trou dans la couche d'ozone *m.* hole in the ozone layer 13

couleur *f.* color 6

De quelle couleur... ? What color... ? 6

couloir *m.* hallway 8

couple *m.* couple 6

courage *m.* courage

courageux/courageuse *adj.* courageous, brave 3

couramment *adv.* fluently 8

courir *v.* to run 5

courrier *m.* mail 12

cours *m.* class, course 2

course *f.* errand 9

faire les courses *v.* to go (grocery) shopping 9

court(e) *adj.* short 3

chemise à manches courtes *f.* short-sleeved shirt 6

couru (courir) *p.p.* run 6

cousin(e) *m., f.* cousin 3

couteau *m.* knife 9

coûter *v.* to cost 4

Combien coûte... ? How much is... ? 4

couvert (couvrir) *p.p.* covered 11

couverture *f.* blanket 8

couvrir *v.* to cover 11
covoiturage *m.* carpooling 13
cravate *f.* tie 6
crayon *m.* pencil 1
crème *f.* cream 9
  crème à raser *f.* shaving cream 10
crêpe *f.* crêpe 5
crevé(e) *adj.* deflated; blown up 11
  pneu crevé *m.* flat tire 11
critique *f.* review; criticism
croire (que) *v.* to believe (that) 13
  ne pas croire que... to not believe that... 13
croissant *m.* croissant 4
croissant(e) *adj.* growing 13
  population croissante *f.* growing population 13
cru (croire) *p.p.* believed 13
cruel/cruelle *adj.* cruel 3
cuillère (à soupe/à café) *f.* (soup/tea)spoon 9
cuir *m.* leather 12
cuisine *f.* cooking; kitchen 5
  faire la cuisine *v.* to cook 5
cuisiner *v.* to cook 9
cuisinier/cuisinière *m., f.* cook
cuisinière *f.* stove 8
curieux/curieuse *adj.* curious 3
curriculum vitæ (C.V.) *m.* résumé
cybercafé *m.* cybercafé 12

D

d'abord *adv.* first 7
d'accord *(tag question)* all right? 2; *(in statement)* okay 2
  être d'accord to be in agreement 2
d'autres *m., f.* others 4
d'habitude *adv.* usually 8
danger *m.* danger, threat 13
dangereux/dangereuse *adj.* dangerous 11
dans *prep.* in 3
danse *f.* dance
danser *v.* to dance 4
danseur/danseuse *m., f.* dancer
date *f.* date 5
  Quelle est la date? What is the date? 5
de/d' *prep.* of 3; from 1
  de l'après-midi in the afternoon 2
  de laquelle *pron., f., sing.* which one 13

De quelle couleur... ? What color... ? 6
De rien. You're welcome. 1
de taille moyenne of medium height 3
de temps en temps *adv.* from time to time 8
débarrasser la table *v.* to clear the table 8
déboisement *m.* deforestation 13
début *m.* beginning; debut
décembre *m.* December 5
déchets toxiques *m., pl.* toxic waste 13
décider (de) *v.* to decide (*to do something*) 11
découvert (découvrir) *p.p.* discovered 11
découvrir *v.* to discover 11
décrire *v.* to describe 7
décrocher *v.* to pick up
décrit (décrire) *p.p., adj.* described 7
degrés *m., pl.* (*temperature*) degrees 5
  Il fait ... degrés. (*to describe weather*) It is ... degrees. 5
déjà *adv.* already 5
déjeuner *m.* lunch 9; *v.* to eat lunch 4
de l' *part. art., m., f., sing.* some 4
de la *part. art., f., sing.* some 4
délicieux/délicieuse delicious 8
demain *adv.* tomorrow 2
  À demain. See you tomorrow. 1
  après-demain *adv.* day after tomorrow 2
  demain matin/après-midi/ soir *adv.* tomorrow morning/ afternoon/evening 2
demander (à) *v.* to ask (*someone*), to make a request (*of someone*) 6
  demander que... *v.* to ask that... 13
démarrer *v.* to start up 11
déménager *v.* to move out 8
demie half 2
  et demie half past ... (o'clock) 2
demi-frère *m.* half-brother, step-brother 3
demi-sœur *f.* half-sister, stepsister 3
démissionner *v.* to resign
dent *f.* tooth 9
  brosse à dents *f.* tooth-brush 10
  se brosser les dents *v.* to brush one's teeth 9
dentifrice *m.* toothpaste 10

dentiste *m., f.* dentist 3
départ *m.* departure 7
dépasser *v.* to go over; to pass 11
dépense *f.* expenditure, expense 12
dépenser *v.* to spend 4
  dépenser de l'argent *v.* to spend money 4
déposer de l'argent *v.* to deposit money 12
déprimé(e) *adj.* depressed 10
depuis *adv.* since; for 9
dernier/dernière *adj.* last 2
dernièrement *adv.* lastly, finally 8
derrière *prep.* behind 3
des *part. art., m., f., pl.* some 4
des (de + les) *m., f., pl.* of the 3
dès que *adv.* as soon as 12
désagréable *adj.* unpleasant 1
descendre *v.* to go down; to take down 6
désert *m.* desert 13
désirer (que) *v.* to want (that) 5
désolé(e) *adj.* sorry 6
  être désolé(e) que... to be sorry that... 13
desquelles (de + lesquelles) *pron., f., pl.* which ones 13
desquels (de + lesquels) *pron., m., pl.* which ones 13
dessert *m.* dessert 6
dessin animé *m.* cartoon
dessiner *v.* to draw 2
détester *v.* to hate 2
  Je déteste... I hate... 2
détruire *v.* to destroy 6
détruit (détruire) *p.p., adj.* destroyed 6
deux *m.* two 1
deuxième *adj.* second 7
devant *prep.* in front of 3
développer *v.* to develop 13
devenir *v.* to become 9
devoir *m.* homework 2; *v.* to have to, must 9
dictionnaire *m.* dictionary 1
différemment *adv.* differently 8
différence *f.* difference 1
différent(e) *adj.* different 1
difficile *adj.* difficult 1
dimanche *m.* Sunday 2
dîner *m.* dinner 9; *v.* to have dinner 2
diplôme *m.* diploma, degree 2
dire *v.* to say 7
  Ça te/vous dit? Does that appeal to you? 13
  ça veut dire that is to say 10
  veut dire *v.* means, signifies 9
diriger *v.* to manage

discret/discrète *adj.* discreet; unassuming 3
discuter *v.* discuss 6
disque *m.* disk 11
  compact disque *m.* compact disc 11
  disque dur *m.* hard drive 11
dissertation *f.* essay 11
distributeur automatique/de billets *m.* ATM 12
dit (dire) *p.p., adj.* said 7
divorce *m.* divorce 6
divorcé(e) *adj.* divorced 3
divorcer *v.* to divorce 3
dix *m.* ten 1
dix-huit *m.* eighteen 1
dixième *adj.* tenth 7
dix-neuf *m.* nineteen 1
dix-sept *m.* seventeen 1
documentaire *m.* documentary
doigt *m.* finger 10
doigt de pied *m.* toe 10
domaine *m.* field
dommage *m.* harm 13
  Il est dommage que... It's a shame that… 13
donc *conj.* therefore 7
donner (à) *v.* to give (*to someone*) 2
dont *rel. pron.* of which; of whom; that 11
dormir *v.* to sleep 5
dos *m.* back 10
  sac à dos *m.* backpack 1
douane *f.* customs 7
douche *f.* shower 8
  prendre une douche *v.* to take a shower 10
doué(e) *adj.* talented, gifted
douleur *f.* pain 10
douter (que) *v.* to doubt (that) 13
douteux/douteuse *adj.* doubtful 13
  Il est douteux que... It is doubtful that… 13
doux/douce *adj.* sweet; soft 3
douze *m.* twelve 1
dramaturge *m.* playwright
drame (psychologique) *m.* (psychological) drama
draps *m., pl.* sheets 8
droit *m.* law 2
droite *f.* the right (side) 3
  à droite de *prep.* to the right of 3
drôle *adj.* funny 3
du *part. art., m., sing.* some 4
du (de + le) *m., sing.* of the 3
dû (devoir) *p.p., adj.* (*used with infinitive*) had to; (*used with*

noun) due, owed 9
duquel (de + lequel) *pron., m., sing.* which one

E

eau (minérale) *f.* (mineral) water 4
  carafe d'eau *f.* pitcher of water 9
écharpe *f.* scarf 6
échecs *m., pl.* chess 5
échouer *v.* to fail 2
éclair *m.* éclair 4
école *f.* school 2
écologie *f.* ecology 13
écologique *adj.* ecological 13
économie *f.* economics 2
écotourisme *m.* ecotourism 13
écouter *v.* to listen (to) 2
écran *m.* screen 11
écrire *v.* to write 7
écrivain/femme écrivain *m., f.* writer
écrit (écrire) *p.p., adj.* written 7
écureuil *m.* squirrel 13
éducation physique *f.* physical education 2
effacer *v.* to erase 11
effet de serre *m.* greenhouse effect 13
égaler *v.* to equal 3
église *f.* church 4
égoïste *adj.* selfish 1
Eh! *interj.* Hey! 2
électrique *adj.* electric 8
  appareil électrique/ménager *m.* electrical/household appliance 8
électricien/électricienne *m., f.* electrician
élégant(e) *adj.* elegant 1
élevé *adj.* high
élève *m., f.* pupil, student 1
elle *pron., f.* she; it 1; her 3
  elle est... she/it is… 1
elles *pron., f.* they 1; them 3
  elles sont... they are… 1
e-mail *m.* e-mail 11
emballage (en plastique) *m.* (plastic) wrapping/packaging 13
embaucher *v.* to hire
embrayage *m.* (*automobile*) clutch 11
émission (de télévision) *f.* (television) program
emménager *v.* to move in 8
emmener *v.* to take (*someone*) 5
emploi *m.* job
  emploi à mi-temps/à temps partiel *m.* part-time job
  emploi à plein temps *m.*

full-time job
employé(e) *m., f.* employee 25
employer *v.* to use 5
emprunter *v.* to borrow 12
en *prep.* in 3
  en avance early 2
  en avoir marre to be fed up 6
  en effet indeed; in fact 13
  en été in the summer 5
  en face (de) *prep.* facing, across (from) 3
  en fait in fact 7
  en général *adv.* in general 8
  en hiver in the winter 5
  en plein air in fresh air 13
  en retard late 2
  en tout cas in any case 6
  en vacances on vacation 7
  être en ligne to be online 11
en *pron.* some of it/them; about it/them; of it/them; from it/them 10
  Je vous en prie. *form.* Please.; You're welcome. 1
  Qu'en penses-tu? What do you think about that? 13
enceinte *adj.* pregnant 10
Enchanté(e). Delighted. 1
encore *adv.* again; still 3
endroit *m.* place 4
énergie (nucléaire/solaire) *f.* (nuclear/solar) energy 13
enfance *f.* childhood 6
enfant *m., f.* child 3
enfin *adv.* finally, at last 7
enfler *v.* to swell 10
enlever la poussière *v.* to dust 8
ennuyeux/ennuyeuse *adj.* boring 3
énorme *adj.* enormous, huge 2
enregistrer *v.* to record 11
enseigner *v.* to teach 2
ensemble *adv.* together 6
ensuite *adv.* then, next 7
entendre *v.* to hear 6
entracte *m.* intermission
entre *prep.* between 3
entrée *f.* appetizer, starter 9
entreprise *f.* firm, business
entrer *v.* to enter 7
entretien: passer un entretien to have an interview
enveloppe *f.* envelope 12
envie *f.* desire, envy 2
  avoir envie (de) to feel like (*doing something*) 2
environnement *m.* environ-ment 13
envoyer (à) *v.* to send (*to someone*) 5
épargne *f.* savings 12

compte d'épargne *m.* savings account 12
épicerie *f.* grocery store 4
épouser *v.* to marry 3
épouvantable *adj.* dreadful 5
   Il fait un temps épouvantable. The weather is dreadful. 5
époux/épouse *m., f.* husband/wife 3
équipe *f.* team 5
escalier *m.* staircase 8
escargot *m.* escargot, snail 9
espace *m.* space 13
Espagne *f.* Spain 7
espagnol(e) *adj.* Spanish 1
espèce (menacée) *f.* (endangered) species 13
espérer *v.* to hope 5
essayer *v.* to try 5
essence *f.* gas 11
   réservoir d'essence *m.* gas tank 11
   voyant d'essence *m.* gas warning light 11
essentiel(le) *adj.* essential 13
   Il est essentiel que... It is essential that... 13
essuie-glace *m.* **(essuie-glaces** *pl.***)** windshield wiper(s) 11
essuyer (la vaisselle/la table) *v.* to wipe (the dishes/the table) 8
est *m.* east 12
Est-ce que... ? *(used in forming questions)* 2
et *conj.* and 1
   Et toi? *fam.* And you? 1
   Et vous? *form.* And you? 1
étage *m.* floor 7
étagère *f.* shelf 8
étape *f.* stage 6
état civil *m.* marital status 6
États-Unis *m., pl.* United States 7
été *m.* summer 5
   en été in the summer 5
été (être) *p.p.* been 6
éteindre *v.* to turn off 11
éternuer *v.* to sneeze 10
étoile *f.* star 13
étranger/étrangère *adj.* foreign 2
   langues étrangères *f., pl.* foreign languages 2
étranger *m.* *(places that are)* abroad, overseas 7
   à l'étranger abroad, overseas 7
étrangler *v.* to strangle
être *v.* to be 1
   être bien/mal payé(e) to be well/badly paid

être connecté(e) avec quelqu'un to be online with someone 7, 11
être en ligne avec to be online with 11
être en pleine forme to be in good shape 10
études (supérieures) *f., pl.* studies; (higher) education 2
étudiant(e) *m., f.* student 1
étudier *v.* to study 2
eu (avoir) *p.p.* had 6
eux *disj. pron., m., pl.* they, them 3
évidemment *adv.* obviously, evidently; of course 8
évident(e) *adj.* evident, obvious 13
   Il est évident que... It is evident that... 13
évier *m.* sink 8
éviter (de) *v.* to avoid (*doing something*) 10
exactement *adv.* exactly 9
examen *m.* exam; test 1
   être reçu(e) à un examen *v.* to pass an exam 2
   passer un examen *v.* to take an exam 2
Excuse-moi. *fam.* Excuse me. 1
Excusez-moi. *form.* Excuse me. 1
exercice *m.* exercise 10
   faire de l'exercice *v.* to exercise 10
exigeant(e) *adj.* demanding
   profession (exigeante) *f.* a (demanding) profession
exiger (que) *v.* to demand (that) 13
expérience (professionnelle) *f.* (professional) experience
expliquer *v.* to explain 2
explorer *v.* to explore 4
exposition *f.* exhibit
extinction *f.* extinction 13

F

facile *adj.* easy 2
facilement *adv.* easily 8
facteur *m.* mailman 12
faculté *f.* university; faculty 1
faible *adj.* weak 3
faim *f.* hunger 4
   avoir faim *v.* to be hungry 4
faire *v.* to do; to make 5
   faire attention (à) *v.* to pay attention (to) 5
   faire quelque chose de beau *v.* to be up to something interesting 12
   faire de l'aérobic *v.* to do aerobics 5

faire de la gym *v.* to work out 5
faire de la musique *v.* to play music
faire de la peinture *v.* to paint
faire de la planche à voile *v.* to go windsurfing 5
faire de l'exercice *v.* to exercise 10
faire des projets *v.* to make plans
faire du camping *v.* to go camping 5
faire du cheval *v.* to go horseback riding 5
faire du jogging *v.* to go jogging 5
faire du shopping *v.* to go shopping 7
faire du ski *v.* to go skiing 5
faire du sport *v.* to do sports 5
faire du vélo *v.* to go bike riding 5
faire la connaissance de *v.* to meet (*someone*) 5
faire la cuisine *v.* to cook 5
faire la fête *v.* to party 6
faire la lessive *v.* to do the laundry 8
faire la poussière *v.* to dust 8
faire la queue *v.* to wait in line 12
faire la vaisselle *v.* to do the dishes 8
faire le lit *v.* to make the bed 8
faire le ménage *v.* to do the housework 8
faire le plein *v.* to fill the tank 11
faire les courses *v.* to run errands 9
faire les musées *v.* to go to museums
faire les valises *v.* to pack one's bags 7
faire mal *v.* to hurt 10
faire plaisir à quelqu'un *v.* to please someone
faire sa toilette *v.* to wash up 10
faire une piqûre *v.* to give a shot 10
faire une promenade *v.* to go for a walk 5
faire une randonnée *v.* to go for a hike 5
faire un séjour *v.* to spend time (*somewhere*) 7
faire un tour (en voiture) *v.* to go for a walk (drive) 5
faire visiter *v.* to give a tour 8

fait (faire) *p.p., adj.* done; made 6
falaise *f.* cliff 13
faut (falloir) *v. (used with infinitive)* is necessary to... 5
  Il a fallu... It was necessary to... 6
  Il fallait... One had to... 8
  Il faut que... One must.../It is necessary that... 13
fallu (falloir) *p.p. (used with infinitive)* had to... 6
  Il a fallu... It was necessary to... 6
famille *f.* family 3
fatigué(e) *adj.* tired 3
fauteuil *m.* armchair 8
favori/favorite *adj.* favorite 3
fax *m.* fax (machine) 11
félicitations congratulations
femme *f.* woman; wife 1
  femme d'affaires business-woman 3
  femme au foyer housewife
  femme auteur author
  femme cadre executive
  femme écrivain writer
  femme peintre painter
  femme politique politician
  femme pompier firefighter
  femme sculpteur sculptor
fenêtre *f.* window 1
fer à repasser *m.* iron 8
férié(e) *adj.* holiday 6
  jour férié *m.* holiday 6
fermé(e) *adj.* closed 12
fermer *v.* to close; to shut off 11
festival (festivals *pl.***)** *m.* festival
fête *f.* party 6; celebration 6
  faire la fête *v.* to party 6
fêter *v.* to celebrate 6
feu de signalisation *m.* traffic light 12
feuille de papier *f.* sheet of paper 1
feuilleton *m.* soap opera
février *m.* February 5
fiancé(e) *adj.* engaged 3
fiancé(e) *m., f.* fiancé 6
fichier *m.* file 11
fier/fière *adj.* proud 3
fièvre *f.* fever 10
  avoir de la fièvre *v.* to have a fever 10
fille *f.* girl; daughter 1
film (d'aventures, d'horreur, de science-fiction, policier) *m.* (adventure, horror, science-fiction, crime) film
fils *m.* son 3
fin *f.* end
finalement *adv.* finally 7

fini (finir) *p.p., adj.* finished, done, over 7
finir (de) *v.* to finish (*doing something*) 7
fleur *f.* flower 8
fleuve *m.* river 13
fois *f.* time 8
  une fois *adv.* once 8
  deux fois *adv.* twice 8
fonctionner *v.* to work, to function 11
fontaine *f.* fountain 12
foot(ball) *m.* soccer 5
  football américain *m.* football 5
forêt (tropicale) *f.* (tropical) forest 13
formation *f.* education; training
forme *f.* shape; form 10
  être en pleine forme *v.* to be in good shape 10
formidable *adj.* great 7
formulaire *m.* form 12
  remplir un formulaire to fill out a form 12
fort(e) *adj.* strong 3
fou/folle *adj.* crazy 3
four (à micro-ondes) *m.* (microwave) oven 8
fourchette *f.* fork 9
frais/fraîche *adj.* fresh; cool 5
  Il fait frais. (*weather*) It is cool. 5
fraise *f.* strawberry 9
français(e) *adj.* French 1
France *f.* France 7
franchement *adv.* frankly, honestly 8
freiner *v.* to brake 11
freins *m., pl.* brakes 11
fréquenter *v.* to frequent; to visit 4
frère *m.* brother 3
  beau-frère *m.* brother-in-law 3
  demi-frère *m.* half-brother, stepbrother 3
frigo *m.* refrigerator 8
frisé(e) *adj.* curly 3
frites *f., pl.* French fries 4
froid *m.* cold 2
  avoir froid to be cold 2
  Il fait froid. (*weather*) It is cold. 5
fromage *m.* cheese 4
fruit *m.* fruit 9
fruits de mer *m., pl.* seafood 9
fumer *v.* to smoke 10
funérailles *f., pl.* funeral 9
furieux/furieuse *adj.* furious 13
  être furieux/furieuse que... *v.* to be furious that... 13

G

gagner *v.* to win 5; to earn
gant *m.* glove 6
garage *m.* garage 8
garanti(e) *adj.* guaranteed 5
garçon *m.* boy 1
garder la ligne *v.* to stay slim 10
gare (routière) *f.* train station (bus station) 7
gaspillage *m.* waste 13
gaspiller *v.* to waste 13
gâteau *m.* cake 6
gauche *f.* the left (side) 3
  à gauche (de) *prep.* to the left (of) 3
gazeux/gazeuse *adj.* carbonated, fizzy 4
  boisson gazeuse *f.* carbonated drink/beverage 4
généreux/généreuse *adj.* generous 3
génial(e) *adj.* great 3
genou *m.* knee 10
genre *m.* genre
gens *m., pl.* people 7
gentil/gentille *adj.* nice 3
gentiment *adv.* nicely 8
géographie *f.* geography 2
gérant(e) *m., f.* manager
gestion *f.* business administration 2
glace *f.* ice cream 6
glaçon *m.* ice cube 6
glissement de terrain *m.* landslide 13
golf *m.* golf 5
gorge *f.* throat 10
goûter *m.* afternoon snack 9; *v.* to taste 9
gouvernement *m.* government 13
grand(e) *adj.* big 3
  grand magasin *m.* department store 4
grand-mère *f.* grandmother 3
grand-père *m.* grandfather 3
grands-parents *m., pl.* grandparents 3
gratin *m.* gratin 9
gratuit(e) *adj.* free
grave *adj.* serious 10
  Ce n'est pas grave. It's okay.; No problem. 6
graver *v.* to record, to burn (CD, DVD) 11
grille-pain *m.* toaster 8
grippe *f.* flu 10
gris(e) *adj.* gray 6
gros(se) *adj.* fat 3
grossir *v.* to gain weight 7
guérir *v.* to get better 10
guitare *f.* guitar

gym *f.* exercise 5
  faire de la gym *v.* to work out 5
gymnase *m.* gym 4

H

habitat *m.* habitat 13
  sauvetage des habitats *m.* habitat preservation 13
habiter (à) *v.* to live (in/at) 2
haricots verts *m., pl.* green beans 9
Hein? *interj.* Huh?; Right? 3
herbe *f.* grass 13
hésiter (à) *v.* to hesitate (*to do something*) 11
heure(s) *f.* hour, o'clock; time 2
  à ... heure(s) at ... (o'clock) 4
  À quelle heure? What time?; When? 2
  À tout à l'heure. See you later. 1
  Quelle heure avez-vous? *form.* What time do you have? 2
  Quelle heure est-il? What time is it? 2
heureusement *adv.* fortunately 8
heureux/heureuse *adj.* happy 3
  être heureux/heureuse que... to be happy that... 13
hier (matin/après-midi/soir) *adv.* yesterday (morning/afternoon/evening) 7
  avant-hier *adv.* day before yesterday 7
histoire *f.* history; story 2
hiver *m.* winter 5
  en hiver in the winter 5
homme *m.* man 1
  homme d'affaires *m.* businessman 3
  homme politique *m.* politician
honnête *adj.* honest
honte *f.* shame 2
  avoir honte (de) *v.* to be ashamed (of) 2
hôpital *m.* hospital 4
horloge *f.* clock 1
hors-d'œuvre *m.* hors d'œuvre, appetizer 9
hôte/hôtesse *m., f.* host 6
hôtel *m.* hotel 7
hôtelier/hôtelière *m., f.* hotel keeper 7
huile *f.* oil 9
  huile *f.* (automobile) oil 11
  huile d'olive *f.* olive oil 9

  vérifier l'huile to check the oil 11
  voyant d'huile *m.* oil warning light 11
huit *m.* eight 1
huitième *adj.* eighth 7
humeur *f.* mood 8
  être de bonne/mauvaise humeur *v.* to be in a good/bad mood 8

I

ici *adv.* here 1
idée *f.* idea 3
il *sub. pron.* he; it 1
  il est... he/it is... 1
  Il n'y a pas de quoi. It's nothing.; You're welcome. 1
  Il vaut mieux que... It is better that... 13
Il faut (falloir) *v.* (*used with infinitive*) It is necessary to... 6
  Il a fallu... It was necessary to... 6
  Il fallait... One had to... 8
  Il faut (que)... One must.../ It is necessary that... 13
il y a there is/are 1
  il y a eu there was/were 6
  il y avait there was/were 8
  Qu'est-ce qu'il y a? What is it?; What's wrong? 1
  Y a-t-il... ? Is/Are there... ? 2
il y a... (*used with an expression of time*) ... ago 9
île *f.* island 13
ils *sub. pron., m., pl.* they 1
  ils sont... they are... 1
immeuble *m.* building 8
impatient(e) *adj.* impatient 1
imperméable *m.* rain jacket 5
important(e) *adj.* important 1
  Il est important que... It is important that... 13
impossible *adj.* impossible 13
  Il est impossible que... It is impossible that... 13
imprimante *f.* printer 11
imprimer *v.* to print 11
incendie *m.* fire 13
  prévenir l'incendie to prevent a fire 13
incroyable *adj.* incredible 11
indépendamment *adv.* independently 8
indépendant(e) *adj.* independent 1
indications *f.* directions 12
indiquer *v.* to indicate 5
indispensable *adj.* essential, indispensable 13

  Il est indispensable que... It is essential that... 13
individuel(le) *adj.* single, individual 7
  chambre individuelle *f.* single (hotel) room 7
infirmier/infirmière *m., f.* nurse 10
informations (infos) *f., pl.* news
informatique *f.* computer science 2
ingénieur *m.* engineer 3
inquiet/inquiète *adj.* worried 3
instrument *m.* instrument 1
intellectuel(le) *adj.* intellectual 3
intelligent(e) *adj.* intelligent 1
interdire *v.* to forbid, to prohibit 13
intéressant(e) *adj.* interesting 1
inutile *adj.* useless 2
invité(e) *m., f.* guest 6
inviter *v.* to invite 4
irlandais(e) *adj.* Irish 7
Irlande *f.* Ireland 7
Italie *f.* Italy 7
italien(ne) *adj.* Italian 1

J

jaloux/jalouse *adj.* jealous 3
jamais *adv.* never 5
  ne... jamais never, not ever 12
jambe *f.* leg 10
jambon *m.* ham 4
janvier *m.* January 5
Japon *m.* Japan 7
japonais(e) *adj.* Japanese 1
jardin *m.* garden; yard 8
jaune *adj.* yellow 6
je/j' *sub. pron.* I 1
  Je vous en prie. *form.* Please.; You're welcome. 1
jean *m., sing.* jeans 6
jeter *v.* to throw away 13
jeu *m.* game 5
  jeu télévisé *m.* game show
  jeu vidéo (des jeux vidéo) *m.* video game(s) 11
jeudi *m.* Thursday 2
jeune *adj.* young 3
  jeunes mariés *m., pl.* newly-weds 6
jeunesse *f.* youth 6
  auberge de jeunesse *f.* youth hostel 7
jogging *m.* jogging 5
  faire du jogging *v.* to go jogging 5
joli(e) *adj.* handsome; beautiful 3
joue *f.* cheek 10

jouer (à/de) *v.* to play (*a sport/a musical instrument*) 5
    jouer un rôle *v.* to play a role
joueur/joueuse *m., f.* player 5
jour *m.* day 2
    jour de congé *m.* day off 7
    jour férié *m.* holiday 6
    Quel jour sommes-nous? What day is it? 2
journal *m.* newspaper; journal 7
journaliste *m., f.* journalist 3
journée *f.* day 2
juillet *m.* July 5
juin *m.* June 5
jungle *f.* jungle 13
jupe *f.* skirt 6
jus (d'orange/de pomme) *m.* (orange/apple) juice 4
jusqu'à (ce que) *prep.* until 12
juste *adv.* just; right 3
    juste à côté right next door 3

K

kilo(gramme) *m.* kilo(gram) 9
kiosque *m.* kiosk 4

L

l' *def. art., m., f. sing.* the 1; *d.o. pron., m., f.* him; her; it 7
la *def. art., f. sing.* the 1; *d.o. pron., f.* her; it 7
là(-bas) (over) there 1
-là (*used with demonstrative adjective* **ce** *and noun or with demonstrative pronoun* **celui**) there 6
lac *m.* lake 13
laid(e) *adj.* ugly 3
laine *f.* wool 12
laisser *v.* to let, to allow 11
    laisser tranquille *v.* to leave alone 10
    laisser un message *v.* to leave a message
    laisser un pourboire *v.* to leave a tip 4
lait *m.* milk 4
laitue *f.* lettuce 9
lampe *f.* lamp 8
langues (étrangères) *f., pl.* (foreign) languages 2
lapin *m.* rabbit 13
laquelle *pron., f., sing.* which one 13
    à laquelle *pron., f., sing.* which one 13
    de laquelle *pron., f., sing.* which one 13
large *adj.* loose; big 6
lavabo *m.* bathroom sink 8

lave-linge *m.* washing machine 8
laver *v.* to wash 8
laverie *f.* laundromat 12
lave-vaisselle *m.* dishwasher 8
le *def. art., m. sing.* the 1; *d.o. pron.* him; it 7
lecteur de CD/DVD *m.* CD/DVD player 11
légume *m.* vegetable 9
lent(e) *adj.* slow 3
lequel *pron., m., sing.* which one 13
    auquel (à + lequel) *pron., m., sing.* which one 13
    duquel (de + lequel) *pron., m., sing.* which one 13
les *def. art., m., f., pl.* the 1; *d.o. pron., m., f., pl.* them 7
lesquelles *pron., f., pl.* which ones 13
    auxquelles (à + lesquelles) *pron., f., pl.* which ones 13
    desquelles (de + lesquelles) *pron., f., pl.* which ones 13
lesquels *pron., m., pl.* which ones 13
    auxquels (à + lesquels) *pron., m., pl.* which ones 13
    desquels (de + lesquels) *pron., m., pl.* which ones 13
lessive *f.* laundry 8
    faire la lessive *v.* to do the laundry 8
lettre *f.* letter 12
    boîte aux lettres *f.* mailbox 12
    lettre de motivation *f.* letter of application
    lettre de recommandation *f.* letter of recommendation, reference letter
lettres *f., pl.* humanities 2
leur *i.o. pron., m., f., pl.* them 6
leur(s) *poss. adj., m., f.* their 3
librairie *f.* bookstore 1
libre *adj.* available 7
lieu *m.* place 4
ligne *f.* figure, shape 10
    garder la ligne *v.* to stay slim 10
limitation de vitesse *f.* speed limit 11
limonade *f.* lemon soda 4
linge *m.* laundry 8
    lave-linge *m.* washing machine 8
    sèche-linge *m.* clothes dryer 8
liquide *m.* cash (*money*) 12
    payer en liquide *v.* to pay in cash 12
lire *v.* to read 7
lit *m.* bed 7
    faire le lit *v.* to make the bed 8
littéraire *adj.* literary
littérature *f.* literature 1
livre *m.* book 1

logement *m.* housing 8
logiciel *m.* software, program 11
loi *f.* law 13
loin de *prep.* far from 3
loisir *m.* leisure activity 5
long(ue) *adj.* long 3
    chemise à manches longues *f.* long-sleeved shirt 6
longtemps *adv.* a long time 5
louer *v.* to rent 8
loyer *m.* rent 8
lu (lire) *p.p.* read 7
lui *pron., sing.* he 1; him 3; *i.o. pron.* (*attached to imperative*) to him/her 9
l'un(e) à l'autre to one another 11
l'un(e) l'autre one another 11
lundi *m.* Monday 2
Lune *f.* moon 13
lunettes (de soleil) *f., pl.* (sun)glasses 6
lycée *m.* high school 1
lycéen(ne) *m., f.* high school student 2

M

ma *poss. adj., f., sing.* my 3
Madame *f.* Ma'am; Mrs. 1
Mademoiselle *f.* Miss 1
magasin *m.* store 4
    grand magasin *m.* department store 4
magazine *m.* magazine
magnétophone *m.* tape recorder 11
magnétoscope *m.* videocassette recorder (VCR) 11
mai *m.* May 5
maigrir *v.* to lose weight 7
maillot de bain *m.* swimsuit, bathing suit 6
main *f.* hand 5
    sac à main *m.* purse, handbag 6
maintenant *adv.* now 5
maintenir *v.* to maintain 9
mairie *f.* town/city hall; mayor's office 12
mais *conj.* but 1
    mais non (but) of course not; no 2
maison *f.* house 4
    rentrer à la maison *v.* to return home 2
mal *adv.* badly 7
    Je vais mal. I am doing badly. 1
    le plus mal *super. adv.* the worst 9
    se porter mal *v.* to be doing badly 10
mal *m.* illness; ache, pain 10

avoir mal *v.* to have an ache 10
avoir mal au cœur *v.* to feel nauseated 10
faire mal *v.* to hurt 10
malade *adj.* sick, ill 10
  tomber malade *v.* to get sick 10
maladie *f.* illness
  assurance maladie *f.* health insurance
malheureusement *adv.* unfortunately 2
malheureux/malheureuse *adj.* unhappy 3
manche *f.* sleeve 6
  chemise à manches courtes/ longues *f.* short-/long-sleeved shirt 6
manger *v.* to eat 2
  salle à manger *f.* dining room 8
manteau *m.* coat 6
maquillage *m.* makeup 10
marchand de journaux *m.* newsstand 12
marché *m.* market 4
  bon marché *adj.* inexpensive 6
marcher *v.* to walk (person) 5; to work (thing) 11
mardi *m.* Tuesday 2
mari *m.* husband 3
mariage *m.* marriage; wedding (ceremony) 6
marié(e) *adj.* married 3
mariés *m., pl.* married couple 6
  jeunes mariés *m., pl.* newlyweds 6
marocain(e) *adj.* Moroccan 1
marron *adj., inv.* (not for hair) brown 3
mars *m.* March 5
martiniquais(e) *adj.* from Martinique 1
match *m.* game 5
mathématiques (maths) *f., pl.* mathematics 2
matin *m.* morning 2
  ce matin *adv.* this morning 2
  demain matin *adv.* tomorrow morning 2
  hier matin *adv.* yesterday morning 7
matinée *f.* morning 2
mauvais(e) *adj.* bad 3
  Il fait mauvais. The weather is bad. 5
  le/la plus mauvais(e) *super. adj.* the worst 9
mayonnaise *f.* mayonnaise 9
me/m' *pron., sing.* me; myself 6
mec *m.* guy 10
mécanicien *m.* mechanic 11
mécanicienne *f.* mechanic 11
méchant(e) *adj.* mean 3

médecin *m.* doctor 3
médicament (contre/pour) *m.* medication (against/for) 10
meilleur(e) *comp. adj.* better 9
  le/la meilleur(e) *super. adj.* the best 9
membre *m.* member
même *adj.* even 5; same
-même(s) *pron.* -self/-selves 6
menacé(e) *adj.* endangered 13
  espèce menacée *f.* endangered species 13
ménage *m.* housework 8
  faire le ménage *v.* to do housework 8
ménager/ménagère *adj.* household 8
  appareil ménager *m.* household appliance 8
  tâche ménagère *f.* household chore 8
mention *f.* distinction
menu *m.* menu 9
mer *f.* sea 7
Merci (beaucoup). Thank you (very much). 1
mercredi *m.* Wednesday 2
mère *f.* mother 3
  belle-mère *f.* mother-in-law; stepmother 3
mes *poss. adj., m., f., pl.* my 3
message *m.* message
  laisser un message *v.* to leave a message
messagerie *f.* voicemail
météo *f.* weather
métier *m.* profession
métro *m.* subway 7
  station de métro *f.* subway station 7
metteur en scène *m.* director (of a play)
mettre *v.* to put, to place 6
  mettre la table to set the table 8
meuble *m.* piece of furniture 8
mexicain(e) *adj.* Mexican 1
Mexique *m.* Mexico 7
Miam! *interj.* Yum! 5
micro-onde *m.* microwave oven 8
  four à micro-ondes *m.* microwave oven 8
midi *m.* noon 2
  après-midi *m.* afternoon 2
mieux *comp. adv.* better 9
  aimer mieux *v.* to prefer 2
  le mieux *super. adv.* the best 9
  se porter mieux *v.* to be doing better 10
mille *m.* one thousand 5
  cent mille *m.* one hundred thousand 5

million, un *m.* one million 5
  deux millions *m.* two million 5
minuit *m.* midnight 2
miroir *m.* mirror 8
mis (mettre) *p.p.* put, placed 6
mode *f.* fashion 2
modeste *adj.* modest
moi *disj. pron., sing.* I, me 3; *pron. (attached to an imperative)* to me, to myself 9
  Moi aussi. Me too. 1
  Moi non plus. Me neither. 2
moins *adv.* before … (o'clock) 2
moins (de) *adv.* less (of); fewer 4
  le/la moins *super. adv. (used with verb or adverb)* the least 9
  le moins de… *(used with noun to express quantity)* the least… 13
  moins de… que… *(used with noun to express quantity)* less… than… 13
mois *m.* month 2
  ce mois-ci this month 2
moment *m.* moment 1
mon *poss. adj., m., sing.* my 3
monde *m.* world 7
moniteur *m.* monitor 11
monnaie *f.* change, coins; money 12
Monsieur *m.* Sir; Mr. 1
montagne *f.* mountain 4
monter *v.* to go up, to come up; to get in/on 7
montre *f.* watch 1
montrer (à) *v.* to show (to someone) 6
morceau (de) *m.* piece, bit (of) 4
mort *f.* death 6
mort (mourir) *p.p., adj. (as past participle)* died; *(as adjective)* dead 7
mot de passe *m.* password 11
moteur *m.* engine 11
mourir *v.* to die 7
moutarde *f.* mustard 9
moyen(ne) *adj.* medium 3
  de taille moyenne of medium height 3
mur *m.* wall 8
musée *m.* museum 4
  faire les musées *v.* to go to museums
musical(e) *adj.* musical
  comédie musicale *f.* musical
musicien(ne) *m., f.* musician 3
musique: faire de la musique *v.* to play music

N

nager *v.* to swim 4
naïf/naïve *adj.* naïve 3

naissance *f.* birth 6
naître *v.* to be born 7
nappe *f.* tablecloth 9
nationalité *f.* nationality 1
   Je suis de nationalité... I am of ... nationality. 1
   Quelle est ta nationalité? *fam.* What is your nationality? 1
   Quelle est votre nationalité? *fam., pl., form.* What is your nationality? 1
nature *f.* nature 13
naturel(le) *adj.* natural 13
   ressource naturelle *f.* natural resource 13
né (naître) *p.p., adj.* born 7
ne/n' no, not 1
   ne... aucun(e) none, not any 12
   ne... jamais never, not ever 12
   ne... ni... ni... neither... nor... 12
   ne... pas no, not 2
   ne... personne nobody, no one 12
   ne... plus no more, not anymore 12
   ne... que only 12
   ne... rien nothing, not anything 12
   N'est-ce pas? *(tag question)* Isn't it? 2
nécessaire *adj.* necessary 13
   Il est nécessaire que... It is necessary that... 13
neiger *v.* to snow 5
   Il neige. It is snowing. 5
nerveusement *adv.* nervously 8
nerveux/nerveuse *adj.* nervous 3
nettoyer *v.* to clean 5
neuf *m.* nine 1
neuvième *adj.* ninth 7
neveu *m.* nephew 3
nez *m.* nose 10
ni nor 12
   ne... ni... ni... neither... nor 12
nièce *f.* niece 3
niveau *m.* level
noir(e) *adj.* black 3
non no 2
   mais non (but) of course not; no 2
nord *m.* north 12
nos *poss. adj., m., f., pl.* our 3
note *f.* *(academics)* grade 2
notre *poss. adj., m., f., sing.* our 3
nourriture *f.* food, sustenance 9
nous *pron.* we 1; us 3; ourselves 10
nouveau/nouvelle *adj.* new 3
nouvelles *f., pl.* news

novembre *m.* November 5
nuage de pollution *m.* pollution cloud 13
nuageux/nuageuse *adj.* cloudy 5
   Le temps est nuageux. It is cloudy. 5
nucléaire *adj.* nuclear 13
   centrale nucléaire *f.* nuclear plant 13
   énergie nucléaire *f.* nuclear energy 13
nuit *f.* night 2
   boîte de nuit *f.* nightclub 4
nul(le) *adj.* useless 2
numéro *m.* (telephone) number 11
   composer un numéro *v.* to dial a number 11
   recomposer un numéro *v.* to redial a number 11

O

objet *m.* object 1
obtenir *v.* to get, to obtain
occupé(e) *adj.* busy 1
octobre *m.* October 5
œil (les yeux) *m.* eye (eyes) 10
œuf *m.* egg 9
œuvre *f.* artwork, piece of art
   chef-d'œuvre *m.* masterpiece
   hors-d'œuvre *m.* hors d'œuvre, starter 9
offert (offrir) *p.p.* offered 11
office du tourisme *m.* tourist office 12
offrir *v.* to offer 11
oignon *m.* onion 9
oiseau *m.* bird 3
olive *f.* olive 9
   huile d'olive *f.* olive oil 9
omelette *f.* omelette 5
on *sub. pron., sing.* one (we) 1
   on y va let's go 10
oncle *m.* uncle 3
onze *m.* eleven 1
onzième *adj.* eleventh 7
opéra *m.* opera
optimiste *adj.* optimistic 1
orageux/orageuse *adj.* stormy 5
   Le temps est orageux. It is stormy. 5
orange *adj. inv.* orange 6; *f.* orange 9
orchestre *m.* orchestra
ordinateur *m.* computer 1
ordonnance *f.* prescription 10
ordures *f., pl.* trash 13
   ramassage des ordures *m.* garbage collection 13
oreille *f.* ear 10

oreiller *m.* pillow 8
organiser (une fête) *v.* to organize/to plan (a party) 6
origine *f.* heritage 1
   Je suis d'origine... I am of... heritage. 1
orteil *m.* toe 10
ou *or* 3
où *adv., rel. pron.* where 4
ouais *adv.* yeah 2
oublier (de) *v.* to forget (*to do something*) 2
ouest *m.* west 12
oui *adv.* yes 2
ouvert (ouvrir) *p.p., adj. (as past participle)* opened; *(as adjective)* open 11
ouvrier/ouvrière *m., f.* worker, laborer
ouvrir *v.* to open 11
ozone *m.* ozone 13
   trou dans la couche d'ozone *m.* hole in the ozone layer 13

P

page d'accueil *f.* home page 11
pain (de campagne) *m.* (country-style) bread 4
panne *f.* breakdown, malfunction 11
   tomber en panne *v.* to break down 11
pantalon *m., sing.* pants 6
pantoufle *f.* slipper 10
papeterie *f.* stationery store 12
papier *m.* paper 1
   corbeille à papier *f.* wastebasket 1
   feuille de papier *f.* sheet of paper 1
paquet cadeau *m.* wrapped gift 6
par *prep.* by 3
   par jour/semaine/mois/an per day/week/month/year 5
parapluie *m.* umbrella 5
parc *m.* park 4
parce que *conj.* because 2
Pardon. Pardon (me). 1
Pardon? What? 4
pare-brise *m.* windshield 11
pare-chocs *m.* bumper 11
parents *m., pl.* parents 3
paresseux/paresseuse *adj.* lazy 3
parfait(e) *adj.* perfect 4
parfois *adv.* sometimes 5
parking *m.* parking lot 11
parler (à) *v.* to speak (to) 6

parler (au téléphone) *v.* to speak (on the phone) 2
partager *v.* to share 2
partir *v.* to leave 5
  partir en vacances *v.* to go on vacation 7
pas (de) *adv.* no, none 12
  ne... pas no, not 2
  pas de problème no problem 12
  pas du tout not at all 2
  pas encore not yet 8
  Pas mal. Not badly. 1
passager/passagère *m., f.* passenger 7
passeport *m.* passport 7
passer *v.* to pass by; to spend time 7
  passer chez quelqu'un *v.* to stop by someone's house 4
  passer l'aspirateur *v.* to vacuum 8
  passer un examen *v.* to take an exam 2
passe-temps *m.* pastime, hobby 5
pâté (de campagne) *m.* pâté, meat spread 9
pâtes *f., pl.* pasta 9
patiemment *adv.* patiently 8
patient(e) *m., f.* patient 10; *adj.* patient 1
patienter *v.* to wait (on the phone), to be on hold
patiner v. to skate 4
pâtisserie *f.* pastry shop, bakery 9
patron(ne) *m., f.* boss 25
pauvre *adj.* poor 3
payé (payer) *p.p., adj.* paid
  être bien/mal payé(e) *v.* to be well/badly paid
payer *v.* to pay 5
  payer avec une carte de crédit *v.* to pay with a credit card 12
  payer en liquide *v.* to pay in cash 12
  payer par chèque *v.* to pay by check 12
pays *m.* country 7
peau *f.* skin 10
pêche *f.* fishing 5; peach 9
  aller à la pêche *v.* to go fishing 5
peigne *m.* comb 10
peintre/femme peintre *m., f.* painter
peinture *f.* painting
pendant (que) *prep.* during, while 7
  pendant *(with time expression) prep.* for 9
pénible *adj.* tiresome 3

penser (que) *v.* to think (that) 2
  ne pas penser que... to not think that... 13
  Qu'en penses-tu? What do you think about that? 13
perdre *v.* to lose 6
  perdre son temps *v.* to lose/ to waste time 6
perdu *p.p., adj.* lost 12
  être perdu(e) to be lost 12
père *m.* father 3
  beau-père *m.* father-in-law; stepfather 3
permettre (de) *v.* to allow (*to do something*) 6
permis *m.* permit; license 11
  permis de conduire *m.* driver's license 11
permis (permettre) *p.p., adj.* permitted, allowed 6
personnage (principal) *m.* (main) character
personne *f.* person 1; *pron.* no one 12
  ne... personne nobody, no one 12
pessimiste *adj.* pessimistic 1
petit(e) *adj.* small 3; short (*stature*) 3
  petit(e) ami(e) *m., f.* boy-friend/girlfriend 1
petit-déjeuner *m.* breakfast 9
petite-fille *f.* granddaughter 3
petit-fils *m.* grandson 3
petits-enfants *m., pl.* grand-children 3
petits pois *m., pl.* peas 9
peu (de) *adv.* little; not much (of) 2
peur *f.* fear 2
  avoir peur (de/que) *v.* to be afraid (of/that) 2
peut-être *adv.* maybe, perhaps 2
phares *m., pl.* headlights 11
pharmacie *f.* pharmacy 10
pharmacien(ne) *m., f.* pharmacist 10
philosophie *f.* philosophy 2
photo(graphie) *f.* photo(graph) 3
physique *f.* physics 2
piano *m.* piano
pièce *f.* room 8
pièce de théâtre *f.* play
pièces de monnaie *f., pl.* change 12
pied *m.* foot 10
pierre *f.* stone 13
pilule *f.* pill 10
pique-nique *m.* picnic 13
piqûre *f.* shot, injection 10
  faire une piqûre *v.* to give a shot 10

pire *comp. adj.* worse 9
  le/la pire *super. adj.* the worst 9
piscine *f.* pool 4
placard *m.* closet; cupboard 8
place *f.* square; place 4; *f.* seat
plage *f.* beach 7
plaisir *m.* pleasure, enjoyment
  faire plaisir à quelqu'un *v.* to please someone
plan *m.* map 7
  utiliser un plan *v.* to use a map 7
planche à voile *f.* windsurfing 5
  faire de la planche à voile *v.* to go windsurfing 5
planète *f.* planet 13
  sauver la planète *v.* to save the planet 13
plante *f.* plant 13
plastique *m.* plastic 13
  emballage en plastique *m.* plastic wrapping/packaging 13
plat (principal) *m.* (main) dish 9
plein air *m.* outdoor, open-air 13
pleine forme *f.* good shape, good state of health 10
  être en pleine forme *v.* to be in good shape 10
pleurer *v.* to cry
pleuvoir *v.* to rain 5
  Il pleut. It is raining. 5
plombier *m.* plumber
plu (pleuvoir) *p.p.* rained 6
pluie acide *f.* acid rain 13
plus *adv. (used in comparatives, superlatives, and expressions of quantity)* more 4
  le/la plus ... *super. adv. (used with adjective)* the most 9
  le/la plus mauvais(e) *super. adj.* the worst 9
  le plus *super. adv. (used with verb or adverb)* the most 9
  le plus de... *(used with noun to express quantity)* the most... 13
  le plus mal *super. adv.* the worst 9
  plus... que *(used with adjective)* more... than 9
  plus de more of 4
  plus de... que *(used with noun to express quantity)* more... than 13
  plus mal *comp. adv.* worse 9
  plus mauvais(e) *comp. adj.* worse 9
plus *adv.* no more, not anymore 12
  ne... plus no more, not any-more 12
plusieurs *adj.* several 4
plutôt *adv.* rather 2
pneu (crevé) *m.* (flat) tire 11
  vérifier la pression des pneus *v.* to check the tire pressure 11

poème *m.* poem
poète/poétesse *m., f.* poet
point *m.* *(punctuation mark)* period 11
poire *f.* pear 9
poisson *m.* fish 3
poissonnerie *f.* fish shop 9
poitrine *f.* chest 10
poivre *m.* *(spice)* pepper 9
poivron *m.* *(vegetable)* pepper 9
poli(e) *adj.* polite 1
police *f.* police 11
  agent de police *m.* police officer 11
  commissariat de police *m.* police station 12
policier *m.* police officer 11
  film policier *m.* detective film
policière *f.* police officer 11
poliment *adv.* politely 8
politique *adj.* political 2
  femme politique *f.* politician
  homme politique *m.* politician
  sciences politiques (sciences po) *f., pl.* political science 2
polluer *v.* to pollute 13
pollution *f.* pollution 13
  nuage de pollution *m.* pollution cloud 13
pomme *f.* apple 9
pomme de terre *f.* potato 9
pompier/femme pompier *m., f.* firefighter
pont *m.* bridge 12
population croissante *f.* growing population 13
porc *m.* pork 9
portable *m.* cell phone 11
porte *f.* door 1
porter *v.* to wear 6
portière *f.* car door 11
portrait *m.* portrait 5
poser une question (à) *v.* to ask *(someone)* a question 6
posséder *v.* to possess, to own 5
possible *adj.* possible
  Il est possible que... It is possible that... 13
poste *f.* postal service; post office 12
  bureau de poste *m.* post office 12
poste *m.* position
poste de télévision *m.* television set 11
poster une lettre *v.* to mail a letter 12
postuler *v.* to apply
poulet *m.* chicken 9
pour *prep.* for 5
  pour qui? for whom? 4

pour rien for no reason 4
pour que so that
pourboire *m.* tip 4
  laisser un pourboire *v.* to leave a tip 4
pourquoi? *adv.* why? 2
poussière *f.* dust 8
  enlever/faire la poussière *v.* to dust 8
pouvoir *v.* to be able to; can 9
pratiquer *v.* to practice 5
préféré(e) *adj.* favorite, preferred 2
préférer (que) *v.* to prefer (that) 5
premier *m.* the first *(day of the month)* 5
  C'est le 1ᵉʳ (premier) octobre. It is October first. 5
premier/première *adj.* first 2
prendre *v.* to take 4; to have 4
  prendre sa retraite *v.* to retire 6
  prendre un train/avion/taxi/autobus/bateau *v.* to take a train/plane/taxi/bus/boat 7
  prendre un congé *v.* to take time off
  prendre une douche *v.* to take a shower 10
  prendre (un) rendez-vous *v.* to make an appointment
préparer *v.* to prepare (for) 2
près (de) *prep.* close (to), near 3
  tout près (de) very close (to) 12
présenter *v.* to present, to introduce
  Je te présente... *fam.* I would like to introduce… to you. 1
  Je vous présente... *fam., form.* I would like to introduce… to you. 1
préservation *f.* protection 13
préserver *v.* to preserve 13
presque *adv.* almost 2
pressé(e) *adj.* hurried 9
pression *f.* pressure 11
  vérifier la pression des pneus to check the tire pressure 11
prêt(e) *adj.* ready 3
prêter (à) *v.* to lend *(to someone)* 6
prévenir l'incendie *v.* to prevent a fire 13
principal(e) *adj.* main, principal 9
  personnage principal *m.* main character
  plat principal *m.* main dish 9
printemps *m.* spring 5
  au printemps in the spring 5
pris (prendre) *p.p., adj.* taken 6
prix *m.* price 4
problème *m.* problem 1

prochain(e) *adj.* next 2
produire *v.* to produce 6
produit *m.* product 13
produit (produire) *p.p., adj.* produced 6
professeur *m.* teacher, professor 1
profession (exigeante) *f.* (demanding) profession
professionnel(le) *adj.* professional
  expérience professionnelle *f.* professional experience
profiter (de) *v.* to take advantage (of); to enjoy
programme *m.* program
projet *m.* project
  faire des projets *v.* to make plans
promenade *f.* walk, stroll 5
  faire une promenade *v.* to go for a walk 5
promettre *v.* to promise 6
promis (promettre) *p.p., adj.* promised 6
promotion *f.* promotion
proposer (que) *v.* to propose (that) 13
  proposer une solution *v.* to propose a solution 13
propre *adj.* clean 8
propriétaire *m., f.* owner 3; landlord/landlady 3
protection *f.* protection 13
protéger *v.* to protect 5
psychologie *f.* psychology 2
psychologique *adj.* psychological
psychologue *m., f.* psychologist
pu (pouvoir) *p.p.* *(used with infinitive)* was able to 9
publicité (pub) *f.* advertisement
publier *v.* to publish
puis *adv.* then 7
pull *m.* sweater 6
pur(e) *adj.* pure 13

Q

quand *adv.* when 4
  C'est quand l'anniversaire de … ? When is …'s birthday? 5
  C'est quand ton/votre anniversaire? When is your birthday? 5
quarante *m.* forty 1
quart *m.* quarter 2
  et quart a quarter after… (o'clock) 2
quartier *m.* area, neighborhood 8
quatorze *m.* fourteen 1
quatre *m.* four 1

quatre-vingts *m.* eighty 3
quatre-vingt-dix *m.* ninety 3
quatrième *adj.* fourth 7
que/qu' *rel. pron.* that; which 11; *conj.* than 9, 13
  plus/moins … que *(used with adjective)* more/less … than 9
  plus/moins de … que *(used with noun to express quantity)* more/less … than 13
que/qu'…? *interr. pron.* what? 4
  Qu'en penses-tu? What do you think about that? 13
  Qu'est-ce que c'est? What is it? 1
  Qu'est-ce qu'il y a? What is it?; What's wrong? 1
que *adv.* only 12
  ne… que only 12
québécois(e) *adj.* from Quebec 1
quel(le)(s)? *interr. adj.* which? 4; what? 4
  À quelle heure? What time?; When? 2
  Quel jour sommes-nous? What day is it? 2
  Quelle est la date? What is the date? 5
  Quelle est ta nationalité? *fam.* What is your nationality? 1
  Quelle est votre nationalité? *form.* What is your nationality? 1
  Quelle heure avez-vous? *form.* What time do you have? 2
  Quelle heure est-il? What time is it? 2
  Quelle température fait-il? *(weather)* What is the temperature? 5
  Quel temps fait-il? What is the weather like? 5
quelqu'un *pron.* someone 12
quelque chose *m.* something; anything 4
  Quelque chose ne va pas. Something's not right. 5
quelquefois *adv.* sometimes 8
quelques *adj.* some 4
question *f.* question 6
  poser une question (à) to ask *(someone)* a question 6
queue *f.* line 12
  faire la queue *v.* to wait in line 12
qui? *interr. pron.* who? 4; whom? 4; *rel. pron.* who, that 11
  à qui? to whom? 4
  avec qui? with whom? 4
  C'est de la part de qui? On behalf of whom?

Qui est à l'appareil? Who's calling, please?
  Qui est-ce? Who is it? 1
quinze *m.* fifteen 1
quitter (la maison) *v.* to leave (the house) 4
  Ne quittez pas. Please hold.
quoi? *interr. pron.* what? 1
  Il n'y a pas de quoi. It's nothing.; You're welcome. 1
  quoi que ce soit whatever it may be

R

raccrocher *v.* to hang up
radio *f.* radio
  à la radio on the radio
raide *adj.* straight 3
raison *f.* reason; right 2
  avoir raison *v.* to be right 2
ramassage des ordures *m.* garbage collection 13
randonnée *f.* hike 5
  faire une randonnée *v.* to go for a hike 5
ranger *v.* to tidy up, to put away 8
rapide *adj.* fast 3
rapidement *adv.* rapidly 8
rarement *adv.* rarely 5
rasoir *m.* razor 10
ravissant(e) *adj.* beautiful; delightful
réalisateur/réalisatrice *m., f.* director *(of a movie)*
récent(e) *adj.* recent
réception *f.* reception desk 7
recevoir *v.* to receive 12
réchauffement de la Terre *m.* global warming 13
rechercher *v.* to search for, to look for
recommandation *f.* recommendation
recommander (que) *v.* to recommend (that) 13
recomposer (un numéro) *v.* to redial (a number) 11
reconnaître *v.* to recognize 8
reconnu (reconnaître) *p.p., adj.* recognized 8
reçu *m.* receipt 12
reçu (recevoir) *p.p., adj.* received 7
  être reçu(e) à un examen to pass an exam 2
recyclage *m.* recycling 13
recycler *v.* to recycle 13
redémarrer *v.* to restart, to start again 11
réduire *v.* to reduce 6
réduit (réduire) *p.p., adj.* reduced 6
référence *f.* reference

réfléchir (à) *v.* to think (about), to reflect (on) 7
refuser (de) *v.* to refuse *(to do something)* 11
regarder *v.* to watch 2
  Ça ne nous regarde pas. That has nothing to do with us.; That is none of our business. 13
régime *m.* diet 10
  être au régime *v.* to be on a diet 9
région *f.* region 13
regretter (que) *v.* to regret (that) 13
remplir (un formulaire) *v.* to fill out (a form) 12
rencontrer *v.* to meet 2
rendez-vous *m.* date; appointment 6
  prendre (un) rendez-vous *v.* to make an appointment
rendre (à) *v.* to give back, to return (to) 6
  rendre visite (à) *v.* to visit 6
rentrer (à la maison) *v.* to return (home) 2
  rentrer (dans) *v.* to hit 11
renvoyer *v.* to dismiss, to let go
réparer *v.* to repair 11
repartir *v.* to go back
repas *m.* meal 9
repasser *v.* to take again
  repasser (le linge) *v.* to iron (the laundry) 8
  fer à repasser *m.* iron 8
répéter *v.* to repeat; to rehearse 5
répondeur (téléphonique) *m.* answering machine 11
répondre (à) *v.* to respond, to answer (to) 6
réservation *f.* reservation 7
  annuler une réservation *v.* to cancel a reservation 7
réservé(e) *adj.* reserved 1
réserver *v.* to reserve 7
réservoir d'essence *m.* gas tank 11
résidence *f.* residence 8
ressource naturelle *f.* natural resource 13
restaurant *m.* restaurant 4
  restaurant universitaire (resto U) *m.* university cafeteria 2
rester *v.* to stay 7
résultat *m.* result 2
retenir *v.* to keep, to retain 9
retirer (de l'argent) *v.* to withdraw (money) 12
retourner *v.* to return 7
retraite *f.* retirement 6
  prendre sa retraite *v.* to retire 6

retraité(e) *m., f.* retired person
retrouver *v.* to find (again); to meet up with 2
rétroviseur *m.* rear-view mirror 11
réunion *f.* meeting
réussir (à) *v.* to succeed (*in doing something*) 7
réussite *f.* success
réveil *m.* alarm clock 10
revenir *v.* to come back 9
rêver (de) *v.* to dream about 11
revoir *v.* to see again
  Au revoir. Good-bye. 1
revu (revoir) *p.p.* seen again
rez-de-chaussée *m.* ground floor 7
rhume *m.* cold 10
ri (rire) *p.p.* laughed 6
rideau *m.* curtain 8
rien *m.* nothing 12
  De rien. You're welcome. 1
  ne... rien nothing, not anything 12
  ne servir à rien *v.* to be good for nothing 9
rire *v.* to laugh 6
rivière *f.* river 13
riz *m.* rice 9
robe *f.* dress 6
rôle *m.* role 13
  jouer un rôle *v.* to play a role
roman *m.* novel
rose *adj.* pink 6
roue (de secours) *f.* (emergency) tire 11
rouge *adj.* red 6
rouler en voiture *v.* to ride in a car 7
rue *f.* street 11
  suivre une rue *v.* to follow a street 12

S

s'adorer *v.* to adore one another 11
s'aider *v.* to help one another 11
s'aimer (bien) *v.* to love (like) one another 11
s'allumer *v.* to light up 11
s'amuser *v.* to play; to have fun 10
  s'amuser à *v.* to pass time by 11
s'apercevoir *v.* to notice; to realize 12
s'appeler *v.* to be named, to be called 10
  Comment t'appelles-tu? *fam.* What is your name? 1
  Comment vous appelez-vous? *form.* What is your name? 1
  Je m'appelle... My name is... 1

s'arrêter *v.* to stop 10
s'asseoir *v.* to sit down 10
sa *poss. adj., f., sing.* his; her; its 3
sac *m.* bag 1
  sac à dos *m.* backpack 1
  sac à main *m.* purse, handbag 6
sain(e) *adj.* healthy 10
saison *f.* season 5
salade *f.* salad 9
salaire (élevé/modeste) *m.* (high/low) salary
  augmentation de salaire *f.* raise in salary
sale *adj.* dirty 8
salir *v.* to soil, to make dirty 8
salle *f.* room 8
  salle à manger *f.* dining room 8
  salle de bains *f.* bathroom 8
  salle de classe *f.* classroom 1
  salle de séjour *f.* living/family room 8
salon *m.* formal living room, sitting room 8
  salon de beauté *m.* beauty salon 12
Salut! Hi!; Bye! 1
samedi *m.* Saturday 2
sandwich *m.* sandwich 4
sans *prep.* without 8
  sans que *conj.* without
santé *f.* health 10
  être en bonne/mauvaise santé *v.* to be in good/bad health 10
saucisse *f.* sausage 9
sauvegarder *v.* to save 11
sauver (la planète) *v.* to save (the planet) 13
sauvetage des habitats *m.* habitat preservation 13
savoir *v.* to know (*facts*), to know how to do something 8
  savoir (que) *v.* to know (that) 13
  Je n'en sais rien. I don't know anything about it. 13
savon *m.* soap 10
sciences *f., pl.* science 2
  sciences politiques (sciences po) *f., pl.* political science 2
sculpture *f.* sculpture
sculpteur/femme sculpteur *m., f.* sculptor
se/s' *pron., sing., pl.* (*used with reflexive verb*) himself; herself; itself; 10 (*used with reciprocal verb*) each other 11
séance *f.* show; screening
se blesser *v.* to hurt oneself 10
se brosser (les cheveux/les dents) *v.* to brush one's (hair/teeth) 9

se casser *v.* to break 10
sèche-linge *m.* clothes dryer 8
se coiffer *v.* to do one's hair 10
se connaître *v.* to know one another 11
se coucher *v.* to go to bed 10
secours *m.* help 11
  Au secours! Help! 11
s'écrire *v.* to write one another 11
sécurité *f.* security; safety
  attacher sa ceinture de sécurité *v.* to buckle one's seatbelt 11
se dépêcher *v.* to hurry 10
se déplacer *v.* to move, to change location 12
se déshabiller *v.* to undress 10
se détendre *v.* to relax 10
se dire *v.* to tell one another 11
se disputer (avec) *v.* to argue (with) 10
se donner *v.* to give one another 11
se fouler (la cheville) *v.* to twist/to sprain one's (ankle) 10
se garer *v.* to park 11
seize *m.* sixteen 1
séjour *m.* stay 7
  faire un séjour *v.* to spend time (*somewhere*) 7
  salle de séjour *f.* living room 8
sel *m.* salt 9
se laver (les mains) *v.* to wash oneself (one's hands) 10
se lever *v.* to get up, to get out of bed 10
semaine *f.* week 2
  cette semaine this week 2
s'embrasser *v.* to kiss one another 11
se maquiller *v.* to put on makeup 10
se mettre *v.* to put (*something*) on (yourself) 10
  se mettre à *v.* to begin to 10
  se mettre en colère *v.* to become angry 10
s'endormir *v.* to fall asleep, to go to sleep 10
s'énerver *v.* to get worked up, to become upset 10
sénégalais(e) *adj.* Senegalese 1
s'ennuyer *v.* to get bored 10
s'entendre bien (avec) *v.* to get along well (with one another) 10
sentier *m.* path 13
sentir *v.* to feel; to smell; to sense 5
séparé(e) *adj.* separated 3

se parler *v.* to speak to one another 11

se porter mal/mieux *v.* to be ill/better 10

se préparer (à) *v.* to get ready; to prepare (*to do something*) 10

se promener *v.* to take a walk 10

sept *m.* seven 1

septembre *m.* September 5

septième *adj.* seventh 7

se quitter *v.* to leave one another 11

se raser *v.* to shave oneself 10

se réconcilier *v.* to make up 3

se regarder *v.* to look at oneself; to look at each other 10

se relever *v.* to get up again 10

se rencontrer *v.* to meet one another, to make each other's acquaintance 11

se rendre compte *v.* to realize 10

se reposer *v.* to rest 10

se retrouver *v.* to meet one another (*as planned*) 11

se réveiller *v.* to wake up 10

se sécher *v.* to dry oneself 10

se sentir *v.* to feel 10

sérieux/sérieuse *adj.* serious 3

serpent *m.* snake 13

serre *f.* greenhouse 13

  effet de serre *m.* greenhouse effect 13

serré(e) *adj.* tight 6

serveur/serveuse *m., f.* server 4

serviette *f.* napkin 9

  serviette (de bain) *f.* (bath) towel 10

servir *v.* to serve 5

ses *poss. adj., m., f., pl.* his; her; its 3

se souvenir (de) *v.* to remember 10

se téléphoner *v.* to phone one another 11

se tourner *v.* to turn (oneself) around 10

se tromper (de) *v.* to be mistaken (about) 10

se trouver *v.* to be located 10

seulement *adv.* only 8

s'habiller *v.* to dress 10

shampooing *m.* shampoo 10

shopping *m.* shopping 7

  faire du shopping *v.* to go shopping 7

short *m., sing.* shorts 6

si *conj.* if 11

si *adv. (when contradicting a negative statement or question)* yes 2

signer *v.* to sign 12

S'il te plaît. *fam.* Please. 1

S'il vous plaît. *form.* Please. 1

sincère *adj.* sincere 1

s'inquiéter *v.* to worry 10

s'intéresser (à) *v.* to be interested (in) 10

site Internet/web *m.* web site 11

six *m.* six 1

sixième *adj.* sixth 7

ski *m.* skiing 5

  faire du ski *v.* to go skiing 5

  station de ski *f.* ski resort 7

skier *v.* to ski 5

s'occuper (de) *v.* to take care (*of something*), to see to 10

sociable *adj.* sociable 1

sociologie *f.* sociology 1

sœur *f.* sister 3

  belle-sœur *f.* sister-in-law 3

  demi-sœur *f.* half-sister, stepsister 3

soie *f.* silk 12

soif *f.* thirst 4

  avoir soif *v.* to be thirsty 4

soir *m.* evening 2

  ce soir *adv.* this evening 2

  demain soir *adv.* tomorrow evening 2

  du soir *adv.* in the evening 2

  hier soir *adv.* yesterday evening 7

soirée *f.* evening 2

sois (être) *imp. v.* be 7

soixante *m.* sixty 1

soixante-dix *m.* seventy 3

solaire *adj.* solar 13

  énergie solaire *f.* solar energy 13

soldes *f., pl.* sales 6

soleil *m.* sun 5

  Il fait (du) soleil. It is sunny. 5

solution *f.* solution 13

  proposer une solution *v.* to propose a solution 13

sommeil *m.* sleep 2

  avoir sommeil *v.* to be sleepy 2

son *poss. adj., m., sing.* his; her; its 3

sonner *v.* to ring 11

s'orienter *v.* to get one's bearings 12

sorte *f.* sort, kind

sortie *f.* exit 7

sortir *v.* to go out, to leave 5; to take out 8

  sortir la/les poubelle(s) *v.* to take out the trash 8

soudain *adv.* suddenly 8

souffrir *v.* to suffer 11

souffert (souffrir) *p.p.* suffered 11

souhaiter (que) *v.* to wish (that) 13

soupe *f.* soup 4

  cuillère à soupe *f.* soupspoon 9

sourire *v.* to smile 6; *m.* smile 12

souris *f.* mouse 11

sous *prep.* under 3

sous-sol *m.* basement 8

sous-vêtement *m.* underwear 6

souvent *adv.* often 5

soyez (être) *imp. v.* be 7

soyons (être) *imp. v.* let's be 7

spécialiste *m., f.* specialist

spectacle *m.* show 5

spectateur/spectatrice *m., f.* spectator

sport *m.* sport(s) 5

  faire du sport *v.* to do sports 5

sportif/sportive *adj.* athletic 3

stade *m.* stadium 5

stage *m.* internship; professional training

station (de métro/de train) *f.* (subway/train) station 7

station de ski *f.* ski resort 7

station-service *f.* service station 11

statue *f.* statue 12

steak *m.* steak 9

studio *m.* studio (*apartment*) 8

stylisme *m.* **de mode** *f.* fashion design 2

stylo *m.* pen 1

su (savoir) *p.p.* known 8

sucre *m.* sugar 4

sud *m.* south 12

suggérer (que) *v.* to suggest (that) 13

sujet *m.* subject 13

  au sujet de on the subject of; about 13

suisse *adj.* Swiss 1

Suisse *f.* Switzerland 7

suivre (un chemin/une rue/un boulevard) *v.* to follow (a path/a street/a boulevard) 12

supermarché *m.* supermarket 9

sur *prep.* on 3

sûr(e) *adj.* sure, certain 9

  bien sûr of course 2

  Il est sûr que... It is sure that... 13

  Il n'est pas sûr que... It is not sure that... 13

surfer sur Internet *v.* to surf the Internet 11

surpopulation *f.* overpopulation 13

surpris (surprendre) *p.p., adj.* surprised 6

  être surpris(e) que... *v.* to be surprised that... 13

  faire une surprise à quelqu'un *v.* to surprise someone 6

surtout *adv.* especially; above all 2

sympa(thique) *adj.* nice 1
symptôme *m.* symptom 10
syndicat *m.* (*trade*) union

T

ta *poss. adj., f., sing.* your 3
table *f.* table 1
  À table! Let's eat! Food is ready! 9
  débarrasser la table *v.* to clear the table 8
  mettre la table *v.* to set the table 8
tableau *m.* blackboard; picture 1; *m.* painting
tâche ménagère *f.* household chore 8
taille *f.* size; waist 6
  de taille moyenne of medium height 3
tailleur *m.* (*woman's*) suit; tailor 6
tante *f.* aunt 3
tapis *m.* rug 8
tard *adv.* late 2
  À plus tard. See you later. 1
tarte *f.* pie; tart 9
tasse (de) *f.* cup (of) 4
taxi *m.* taxi 7
  prendre un taxi *v.* to take a taxi 7
te/t' *pron., sing., fam.* you 7; yourself 10
tee-shirt *m.* tee shirt 6
télécarte *f.* phone card
télécharger *v.* to download 11
télécommande *f.* remote control 11
téléphone *m.* telephone 2
  parler au téléphone *v.* to speak on the phone 2
téléphoner (à) *v.* to telephone (*someone*) 2
téléphonique *adj.* (*related to the*) telephone 12
  cabine téléphonique *f.* phone booth 12
télévision *f.* television 1
  à la télé(vision) on television
  chaîne de télévision *f.* television channel 11
tellement *adv.* so much 2
  Je n'aime pas tellement... I don't like... very much. 2
température *f.* temperature 5
  Quelle température fait-il? What is the temperature? 5
temps *m., sing.* weather 5
  Il fait un temps épouvantable. The weather is dreadful. 5

Le temps est nuageux. It is cloudy. 5
  Le temps est orageux. It is stormy. 5
  Quel temps fait-il? What is the weather like? 5
temps *m., sing.* time 5
  de temps en temps *adv.* from time to time 8
  emploi à mi-temps/à temps partiel *m.* part-time job
  emploi à plein temps *m.* full-time job
  temps libre *m.* free time 5
Tenez! (tenir) *imp. v.* Here! 9
tenir *v.* to hold 9
tennis *m.* tennis 5
terrasse (de café) *f.* (café) terrace 4
Terre *f.* Earth 13
  réchauffement de la Terre *m.* global warming 13
tes *poss. adj., m., f., pl.* your 3
tête *f.* head 10
thé *m.* tea 4
théâtre *m.* theater
thon *m.* tuna 9
ticket de bus/métro *m.* bus/subway ticket 7
Tiens! (tenir) *imp. v.* Here! 9
timbre *m.* stamp 12
timide *adj.* shy 1
tiret *m.* (*punctuation mark*) dash; hyphen 11
tiroir *m.* drawer 8
toi *disj. pron., sing., fam.* you 3; *refl. pron., sing., fam.* (*attached to imperative*) yourself 10
  toi non plus you neither 2
toilette *f.* washing up, grooming 10
  faire sa toilette to wash up 10
toilettes *f., pl.* restroom(s) 8
tomate *f.* tomato 9
tomber *v.* to fall 7
  tomber amoureux/amoureuse *v.* to fall in love 6
  tomber en panne *v.* to break down 11
  tomber/être malade *v.* to get/be sick 10
  tomber sur quelqu'un *v.* to run into someone 7
ton *poss. adj., m., sing.* your 3
tort *m.* wrong; harm 2
  avoir tort *v.* to be wrong 2
tôt *adv.* early 2
toujours *adv.* always 8
tour *m.* tour 5
  faire un tour (en voiture) *v.* to go for a walk (drive) 5
tourisme *m.* tourism 12

office du tourisme *m.* tourist office 12
tourner *v.* to turn 12
tousser *v.* to cough 10
tout *m., sing.* all 4
  tous les (*used before noun*) all the... 4
  tous les jours *adv.* every day 8
  toute la *f., sing.* (*used before noun*) all the... 4
  toutes les *f., pl.* (*used before noun*) all the... 4
  tout le *m., sing.* (*used before noun*) all the... 4
  tout le monde everyone 9
tout(e) *adv.* (*before adjective or adverb*) very, really 3
  À tout à l'heure. See you later. 1
  tout à coup suddenly 7
  tout à fait absolutely; completely 12
  tout de suite right away 7
  tout droit straight ahead 12
  tout d'un coup *adv.* all of a sudden 8
  tout près (de) really close by, really close (to) 3
toxique *adj.* toxic 13
  déchets toxiques *m., pl.* toxic waste 13
trac *m.* stage fright
traduire *v.* to translate 6
traduit (traduire) *p.p., adj.* translated 6
tragédie *f.* tragedy
train *m.* train 7
tranche *f.* slice 9
tranquille *adj.* calm, serene 10
  laisser tranquille *v.* to leave alone 10
travail *m.* work 12
  chercher un/du travail *v.* to look for work 12
  trouver un/du travail *v.* to find a job
travailler *v.* to work 2
travailleur/travailleuse *adj.* hard-working 3
traverser *v.* to cross 12
treize *m.* thirteen 1
trente *m.* thirty 1
très *adv.* (*before adjective or adverb*) very, really 8
  Très bien. Very well. 1
triste *adj.* sad 3
  être triste que... *v.* to be sad that... 13
trois *m.* three 1
troisième *adj.* third 7
trop (de) *adv.* too many/much (of) 4

tropical(e) *adj.* tropical 13
  forêt tropicale *f.* tropical forest 13
trou (dans la couche d'ozone) *m.* hole (in the ozone layer) 13
troupe *f.* company, troupe
trouver *v.* to find; to think 2
  trouver un/du travail *v.* to find a job
truc *m.* thing 7
tu *sub. pron., sing., fam.* you 1

U

un *m. (number)* one 1
un(e) *indef. art.* a; an 1
universitaire *adj. (related to the)* university 1
  restaurant universitaire (resto U) *m.* university cafeteria 2
université *f.* university 1
urgences *f., pl.* emergency room 10
  aller aux urgences *v.* to go to the emergency room 10
usine *f.* factory 13
utile *adj.* useful 2
utiliser (un plan) *v.* use (a map) 7

V

vacances *f., pl.* vacation 7
  partir en vacances *v.* to go on vacation 7
vache *f.* cow 13
vaisselle *f.* dishes 8
  faire la vaisselle *v.* to do the dishes 8
  lave-vaisselle *m.* dishwasher 8
valise *f.* suitcase 7
  faire les valises *v.* to pack one's bags 7
vallée *f.* valley 13
variétés *f., pl.* popular music
vaut (valloir) *v.*
  Il vaut mieux que It is better that 13
vélo *m.* bicycle 5
  faire du vélo *v.* to go bike riding 5
velours *m.* velvet 12
vendeur/vendeuse *m., f.* seller 6
vendre *v.* to sell 6
vendredi *m.* Friday 2
venir *v.* to come 9
  venir de *v. (used with an infinitive)* to have just 9
vent *m.* wind 5
  Il fait du vent. It is windy. 5
ventre *m.* stomach 10

vérifier (l'huile/la pression des pneus) *v.* to check (the oil/the tire pressure) 11
véritable *adj.* true, real 12
verre (de) *m.* glass (of) 4
vers *adv.* about 2
vert(e) *adj.* green 3
  haricots verts *m., pl.* green beans 9
vêtements *m., pl.* clothing 6
  sous-vêtement *m.* underwear 6
vétérinaire *m., f.* veterinarian
veuf/veuve *adj.* widowed 3
veut dire (vouloir dire) *v.* means, signifies 9
viande *f.* meat 9
vie *f.* life 6
  assurance vie *f.* life insurance
vieille *adj., f. (feminine form of vieux)* old 3
vieillesse *f.* old age 6
vietnamien(ne) *adj.* Vietnamese 1
vieux/vieille *adj.* old 3
ville *f.* city; town 4
vin *m.* wine 6
vingt *m.* twenty 1
vingtième *adj.* twentieth 7
violet(te) *adj.* purple; violet 6
violon *m.* violin
visage *m.* face 10
visite *f.* visit 6
  rendre visite (à) *v.* to visit *(a person or people)* 6
visiter *v.* to visit *(a place)* 2
  faire visiter *v.* to give a tour 8
vite *adv.* quickly 1; quick, hurry 4
vitesse *f.* speed 11
voici here is/are 1
voilà there is/are 1
voir *v.* to see 12
voisin(e) *m., f.* neighbor 3
voiture *f.* car 11
  faire un tour en voiture *v.* to go for a drive 5
  rouler en voiture *v.* to ride in a car 7
vol *m.* flight 7
volant *m.* steering wheel 11
volcan *m.* volcano 13
volley(-ball) *m.* volleyball 5
volontiers *adv.* willingly 10
vos *poss. adj., m., f., pl.* your 3
votre *poss. adj., m., f., sing.* your 3
vouloir *v.* to want; to mean *(with **dire**)* 9
  ça veut dire that is to say 10
  veut dire *v.* means, signifies 9
  vouloir (que) *v.* to want (that) 13

voulu (vouloir) *p.p., adj. (used with infinitive)* wanted to… ; *(used with noun)* planned to/for 9
vous *pron., sing., pl., fam., form.* you 1; *d.o. pron.* you 7; yourself, yourselves 10
voyage *m.* trip 7
  agence de voyages *f.* travel agency 7
  agent de voyages *m.* travel agent 7
voyager *v.* to travel 2
voyant (d'essence/d'huile) *m.* (gas/oil) warning light 11
vrai(e) *adj.* true; real 3
  Il est vrai que… It is true that… 13
  Il n'est pas vrai que… It is untrue that… 13
vraiment *adv.* really, truly 5
vu (voir) *p.p.* seen 12

W

W.-C. *m., pl.* restroom(s) 8
week-end *m.* weekend 2
  ce week-end this weekend 2

Y

y *pron.* there; at *(a place)* 10
  j'y vais I'm going/coming 8
  nous y allons we're going/coming 9
  on y va let's go 10
  Y a-t-il… ? Is/Are there… ? 2
yaourt *m.* yogurt 9
yeux (œil) *m., pl.* eyes 3

Z

zéro *m.* zero 1
zut *interj.* darn 6

English-French

A

a **un(e)** *indef. art.* 1
able: to be able to **pouvoir** *v.* 9
abolish **abolir** *v.* 13
about **vers** *adv.* 2
abroad **à l'étranger** 7
absolutely **absolument** *adv.* 8;
  tout à fait *adv.* 6
accident **accident** *m.* 10
  to have/to be in an accident
  avoir un accident *v.* 11
accompany **accompagner** *v.* 12
account *(at a bank)* **compte** *m.* 12
  checking account **compte** *m.*
  de chèques 12
  to have a bank account **avoir**
  un compte bancaire *v.* 12
accountant **comptable** *m., f.*
acid rain **pluie acide** *f.* 13
across from **en face de** *prep.* 3
acquaintance **connaissance** *f.* 5
active **actif/active** *adj.* 3
actively **activement** *adv.* 8
actor **acteur/actrice** *m., f.* 1
address **adresse** *f.* 12
administration: business
  administration **gestion** *f.* 2
adolescence **adolescence** *f.* 6
adore **adorer** 2
  I love… **J'adore…** 2
  to adore one another
  s'adorer *v.* 11
adulthood **âge adulte** *m.* 6
adventure **aventure** *f.*
  adventure film **film** *m.*
  d'aventures
advertisement **publicité (pub)** *f.*
advice **conseil** *m.*
advisor **conseiller/conseillère**
  m., f.
aerobics **aérobic** *m.* 5
  to do aerobics **faire de**
  l'aérobic *v.* 5
afraid: to be afraid of/that **avoir**
  peur de/que *v.* 13
after **après (que)** *adv.* 7
afternoon **après-midi** *m.* 2
  … (o'clock) in the afternoon
  … **heure(s) de l'après-midi** 2
afternoon snack **goûter** *m.* 9
again **encore** *adv.* 3
age **âge** *m.* 6
agent: travel agent **agent de**
  voyages *m.* 7
  real estate agent **agent**
  immobilier *m.*

ago *(with an expression of time)*
  il y a… 9
agree: to agree (with) **être**
  d'accord (avec) *v.* 2
airport **aéroport** *m.* 7
alarm clock **réveil** *m.* 10
Algerian **algérien(ne)** *adj.* 1
all **tout** *m., sing.* 4
  all of a sudden **soudain** *adv.* 8;
  tout à coup *adv.*; **tout d'un**
  coup *adv.* 7
all right? *(tag question)* **d'accord?** 2
allergy **allergie** *f.* 10
allow *(to do something)* **laisser** *v.*
  11; **permettre (de)** *v.* 6
allowed **permis (permettre)**
  p.p., adj. 6
all the… *(agrees with noun that*
  follows) **tout le…** *m., sing;*
  toute la… *f., sing;* **tous les…**
  m., pl.; **toutes les…** *f., pl.* 4
almost **presque** *adv.* 5
a lot (of) **beaucoup (de)** *adv.* 4
alone: to leave alone **laisser**
  tranquille *v.* 10
already **déjà** *adv.* 3
always **toujours** *adv.* 8
American **américain(e)** *adj.* 1
an **un(e)** *indef. art.* 1
ancient *(placed after noun)*
  ancien(ne) *adj.*
and **et** *conj.* 1
  And you? **Et toi?**, *fam.;* **Et**
  vous? *form.* 1
angel **ange** *m.* 1
angry: to become angry
  s'énerver *v.* 10; **se mettre**
  en colère *v.* 10
animal **animal** *m.* 13
ankle **cheville** *f.* 10
answering machine **répondeur**
  téléphonique *m.* 11
apartment **appartement** *m.* 7
appetizer **entrée** *f.* 9;
  hors-d'œuvre *m.* 9
applaud **applaudir** *v.*
applause **applaudissement** *m.*
apple **pomme** *f.* 9
appliance **appareil** *m.* 8
  electrical/household appliance
  appareil *m.* **électrique/**
  ménager 8
applicant **candidat(e)** *m., f.*
apply **postuler** *v.*
appointment **rendez-vous** *m.*
  to make an appointment
  prendre (un) rendez-vous *v.*
April **avril** *m.* 5
architect **architecte** *m., f.* 3
architecture **architecture** *f.* 2

Are there… ? **Y a-t-il… ?** 2
area **quartier** *m.* 8
argue (with) **se disputer**
  (avec) *v.* 10
arm **bras** *m.* 10
armchair **fauteuil** *m.* 8
armoire **armoire** *f.* 8
around **autour (de)** *prep.* 12
arrival **arrivée** *f.* 7
arrive **arriver (à)** *v.* 2
art **art** *m.* 2
  artwork, piece of art **œuvre** *f.*
  fine arts **beaux-arts** *m., pl.*
artist **artiste** *m., f.* 3
as *(like)* **comme** *adv.* 6
  as … as *(used with adjective to*
  compare) **aussi … que** 9
  as much … as *(used with*
  noun to express compara-
  tive quantity) **autant de …**
  que 13
  as soon as **dès que** *adv.* 12
ashamed: to be ashamed of
  avoir honte de *v.* 2
ask **demander** *v.* 2
  to ask *(someone)* **demander**
  (à) *v.* 6
  to ask *(someone)* a question
  poser une question (à) *v.* 6
  to ask that… **demander**
  que… 13
aspirin **aspirine** *f.* 10
at **à** *prep.* 4
  at … (o'clock) **à … heure(s)** 4
  at the doctor's office **chez le**
  médecin *prep.* 2
  at (someone's) house **chez…**
  prep. 2
  at the end (of) **au bout (de)**
  prep. 12
  at last **enfin** *adv.* 11
athlete **athlète** *m., f.* 3
ATM **distributeur** *m.* **automa-**
  tique/de billets *m.* 12
attend **assister** *v.* 2
August **août** *m.* 5
aunt **tante** *f.* 3
author **auteur/femme auteur**
  m., f.
autumn **automne** *m.* 5
  in autumn **à l'automne** 5
available *(free)* **libre** *adj.* 7
avenue **avenue** *f.* 12
avoid **éviter de** *v.* 10

B

back **dos** *m.* 10
backpack **sac à dos** *m.* 1
bad **mauvais(e)** *adj.* 3

to be in a bad mood **être de mauvaise humeur** 8
to be in bad health **être en mauvaise santé** 10
badly **mal** *adv.* 7
   I am doing badly. **Je vais mal.** 1
   to be doing badly **se porter mal** *v.* 10
baguette **baguette** *f.* 4
bakery **boulangerie** *f.* 9
balcony **balcon** *m.* 8
banana **banane** *f.* 9
bank **banque** *f.* 12
   to have a bank account **avoir un compte bancaire** *v.* 12
banker **banquier/banquière** *m., f.*
banking **bancaire** *adj.* 12
baseball **baseball** *m.* 5
baseball cap **casquette** *f.* 6
basement **sous-sol** *m.;* **cave** *f.* 8
basketball **basket(-ball)** *m.* 5
bath **bain** *m.* 6
bathing suit **maillot de bain** *m.* 6
bathroom **salle de bains** *f.* 8
bathtub **baignoire** *f.* 8
be **être** *v.* 1
   sois (être) *imp. v.* 7;
   soyez (être) *imp. v.* 7
beach **plage** *f.* 7
beans **haricots** *m., pl.* 9
   green beans **haricots verts** *m., pl.* 9
bearings: to get one's bearings **s'orienter** *v.* 12
beautiful **beau (belle)** *adj.* 3
beauty salon **salon** *m.* **de beauté** 12
because **parce que** *conj.* 2
become **devenir** *v.* 9
bed **lit** *m.* 7
   to go to bed **se coucher** *v.* 10
bedroom **chambre** *f.* 8
beef **bœuf** *m.* 9
been **été (être)** *p.p.* 6
beer **bière** *f.* 6
before **avant (de/que)** *adv.* 7
   before *(o'clock)* **moins** *adv.* 2
begin *(to do something)* **commencer (à)** *v.* 2; **se mettre à** *v.* 10
beginning **début** *m.*
behind **derrière** *prep.* 3
Belgian **belge** *adj.* 7
Belgium **Belgique** *f.* 7
believe (that) **croire (que)** *v.* 13
believed **cru (croire)** *p.p.* 13
belt **ceinture** *f.* 6
   to buckle one's seatbelt **attacher sa ceinture de sécurité** *v.* 11
bench **banc** *m.* 12

best: the best **le mieux** *super. adv.* 9; **le/la meilleur(e)** *super. adj.* 9
better **meilleur(e)** *comp. adj.;* **mieux** *comp. adv.* 9
   It is better that… **Il vaut mieux que/qu'…** 13
   to be doing better **se porter mieux** *v.* 10
   to get better *(from illness)* **guérir** *v.* 10
between **entre** *prep.* 3
beverage (carbonated) **boisson** *f.* **(gazeuse)** 4
bicycle **vélo** *m.* 5
   to go bike riding **faire du vélo** *v.* 5
big **grand(e)** *adj.* 3; *(clothing)* **large** *adj.* 6
bill *(in a restaurant)* **addition** *f.* 4
bills *(money)* **billets** *m., pl.* 12
biology **biologie** *f.* 2
bird **oiseau** *m.* 3
birth **naissance** *f.* 6
birthday **anniversaire** *m.* 5
bit (of) **morceau (de)** *m.* 4
black **noir(e)** *adj.* 3
blackboard **tableau** *m.* 1
blanket **couverture** *f.* 8
blonde **blond(e)** *adj.* 3
blouse **chemisier** *m.* 6
blue **bleu(e)** *adj.* 3
boat **bateau** *m.* 7
body **corps** *m.* 10
book **livre** *m.* 1
bookstore **librairie** *f.* 1
bored: to get bored **s'ennuyer** *v.* 10
boring **ennuyeux/ennuyeuse** *adj.* 3
born: to be born **naître** *v.* 7; **né (naître)** *p.p., adj.* 7
borrow **emprunter** *v.* 12
bottle (of) **bouteille (de)** *f.* 4
boulevard **boulevard** *m.* 12
boutique **boutique** *f.* 12
bowl **bol** *m.* 9
box **boîte** *f.* 9
boy **garçon** *m.* 1
boyfriend **petit ami** *m.* 1
brake **freiner** *v.* 11
brakes **freins** *m., pl.* 11
brave **courageux/courageuse** *adj.* 3
Brazil **Brésil** *m.* 7
Brazilian **brésilien(ne)** *adj.* 7
bread **pain** *m.* 4
   country-style bread **pain** *m.* **de campagne** 4
bread shop **boulangerie** *f.* 9
break **se casser** *v.* 10
breakdown **panne** *f.* 11
break down **tomber en panne** *v.* 11

break up *(to leave one another)* **se quitter** *v.* 11
breakfast **petit-déjeuner** *m.* 9
bridge **pont** *m.* 12
bright **brillant(e)** *adj.* 1
bring *(a person)* **amener** *v.* 5; *(a thing)* **apporter** *v.* 4
broom **balai** *m.* 8
brother **frère** *m.* 3
brother-in-law **beau-frère** *m.* 3
brown **marron** *adj., inv.* 3
   brown *(hair)* **châtain** *adj.* 3
brush (hair/tooth) **brosse** *f.* **(à cheveux/à dents)** 10
   to brush one's hair/teeth **se brosser les cheveux/ les dents** *v.* 9
buckle: to buckle one's seatbelt **attacher sa ceinture de sécurité** *v.* 11
build **construire** *v.* 6
building **bâtiment** *m.* 12; **immeuble** *m.* 8
bumper **pare-chocs** *m.* 11
burn (CD/DVD) **graver** *v.* 11
bus **autobus** *m.* 7
bus stop **arrêt d'autobus (de bus)** *m.* 7
business *(profession)* **affaires** *f., pl.* 3; *(company)* **entreprise** *f.*
business administration **gestion** *f.* 2
businessman **homme d'affaires** *m.* 3
businesswoman **femme d'affaires** *f.* 3
busy **occupé(e)** *adj.* 1
but **mais** *conj.* 1
butcher's shop **boucherie** *f.* 9
butter **beurre** *m.* 4
buy **acheter** *v.* 5
by **par** *prep.* 3
Bye! **Salut!** *fam.* 1

C

cabinet **placard** *m.* 8
café **café** *m.* 1; **brasserie** *f.* 12
   café terrace **terrasse** *f.* **de café** 4
   cybercafé **cybercafé** *m.* 12
cafeteria **cantine** *f.* 9
cake **gâteau** *m.* 6
calculator **calculatrice** *f.* 1
call **appeler** *v.*
calm **calme** *adj.* 1; **calme** *m.* 1
camcorder **caméra vidéo** *f.* 11; **caméscope** *m.* 11
camera **appareil photo** *m.* 11
   digital camera **appareil photo** *m.* **numérique** 11
camping **camping** *m.* 5

to go camping **faire du camping** *v.* 5
can (of food) **boîte (de conserve)** *f.* 9
Canada **Canada** *m.* 7
Canadian **canadien(ne)** *adj.* 1
cancel (a reservation) **annuler (une réservation)** *v.* 7
candidate **candidat(e)** *m., f.*
candy **bonbon** *m.* 6
cap: baseball cap **casquette** *f.* 6
capital **capitale** *f.* 7
car **voiture** *f.* 11
    to ride in a car **rouler en voiture** *v.* 7
card *(letter)* **carte postale** *f.* 12; credit card **carte** *f.* **de crédit** 12
    to pay with a credit card **payer avec une carte de crédit** *v.* 12
    cards *(playing)* **cartes** *f.* 5
carbonated drink/beverage **boisson** *f.* **gazeuse** 4
career **carrière** *f.*
carpooling **covoiturage** *m.* 13
carrot **carotte** *f.* 9
cartoon **dessin animé** *m.*
case: in any case **en tout cas** 6
cash **liquide** *m.* 12
    to pay in cash **payer en liquide** *v.* 12
cat **chat** *m.* 3
catastrophe **catastrophe** *f.* 13
catch sight of **apercevoir** *v.* 12
CD(s) **CD** *m.* 11
CD/DVD player **lecteur de CD/DVD** *m.* 11
CD-ROM(s) **CD-ROM, cédérom(s)** *m.* 11
celebrate **célébrer** *v.* 5; **fêter** *v.* 6
celebration **fête** *f.* 6
cellar **cave** *f.* 8
cell(ular) phone **portable** *m.* 11
center: city/town center **centre-ville** *m.* 4
certain **certain(e)** *adj.* 9; **sûr(e)** *adj.* 13
    It is certain that... **Il est certain que...** 13
    It is uncertain that... **Il n'est pas certain que...** 13
chair **chaise** *f.* 1
champagne **champagne** *m.* 6
change *(coins)* **(pièces** *f. pl.* **de) monnaie** 12
channel (television) **chaîne** *f.* **(de télévision)** 11
character **personnage** *m.*
    main character **personnage principal** *m.*
charming **charmant(e)** *adj.* 1
chat **bavarder** *v.* 4

check **chèque** *m.* 12; *(bill)* **addition** *f.* 4
    to pay by check **payer par chèque** *v.* 12;
    to check (the oil/the air pressure) **vérifier (l'huile/la pression des pneus)** *v.* 11
checking account **compte** *m.* **de chèques** 12
cheek **joue** *f.* 10
cheese **fromage** *m.* 4
chemistry **chimie** *f.* 2
chess **échecs** *m., pl.* 5
chest **poitrine** *f.* 10
    chest of drawers **commode** *f.* 8
chic **chic** *adj.* 4
chicken **poulet** *m.* 9
child **enfant** *m., f.* 3
childhood **enfance** *f.* 6
China **Chine** *f.* 7
Chinese **chinois(e)** *adj.* 7
choir **chœur** *m.*
choose **choisir** *v.* 7
chorus **chœur** *m.*
chrysanthemums **chrysanthèmes** *m., pl.* 9
church **église** *f.* 4
city **ville** *f.* 4
city hall **mairie** *f.* 12
city/town center **centre-ville** *m.* 4
class (group of students) **classe** *f.* 1; *(course)* **cours** *m.* 2
classmate **camarade de classe** *m., f.* 1
classroom **salle** *f.* **de classe** 1
clean **nettoyer** *v.* 5; **propre** *adj.* 8
clear **clair(e)** *adj.* 13
    It is clear that... **Il est clair que...** 13
    to clear the table **débarrasser la table** 8
client **client(e)** *m., f.* 7
cliff **falaise** *f.* 13
clock **horloge** *f.* 1
    alarm clock **réveil** *m.* 10
close (to) **près (de)** *prep.* 3
    very close (to) **tout près (de)** 12
close **fermer** *v.* 11
closed **fermé(e)** *adj.* 12
closet **placard** *m.* 8
clothes dryer **sèche-linge** *m.* 8
clothing **vêtements** *m., pl.* 6
cloudy **nuageux/nuageuse** *adj.* 5
    It is cloudy. **Le temps est nuageux.** 5
clutch **embrayage** *m.* 11
coast **côte** *f.* 13
coat **manteau** *m.* 6
coffee **café** *m.* 1
coffeemaker **cafetière** *f.* 8
coins **pièces** *f. pl.* **de monnaie** 12

cold **froid** *m.* 2
    to be cold **avoir froid** *v.* 2
    (weather) It is cold. **Il fait froid.** 5
cold **rhume** *m.* 10
color **couleur** *f.* 6
    What color is... ? **De quelle couleur est... ?** 6
comb **peigne** *m.* 10
come **venir** *v.* 7
come back **revenir** *v.* 9
comedy **comédie** *f.*
comic strip **bande dessinée (B.D.)** *f.* 5
compact disc **compact disque** *m.* 11
company (troop) **troupe** *f.*
completely **tout à fait** *adv.* 6
composer **compositeur** *m.*
computer **ordinateur** *m.* 1
computer science **informatique** *f.* 2
concert **concert** *m.*
congratulations **félicitations**
consider **considérer** *v.* 5
constantly **constamment** *adv.* 8
construct **construire** *v.* 6
consultant **conseiller/conseillère** *m., f.*
continue (doing something) **continuer (à)** *v.* 12
cook **cuisiner** *v.* 9; **faire la cuisine** *v.* 5; **cuisinier/cuisinière** *m., f.*
cookie **biscuit** *m.* 6
cooking **cuisine** *f.* 5
cool: (weather) It is cool. **Il fait frais.** 5
corner **angle** *m.* 12; **coin** *m.* 12
cost **coûter** *v.* 4
cotton **coton** *m.* 6
couch **canapé** *m.* 8
cough **tousser** *v.* 10
count (on someone) **compter (sur quelqu'un)** *v.* 8
country **pays** *m.* 7
    country(side) **campagne** *f.* 7
country-style **de campagne** *adj.* 4
couple **couple** *m.* 6
courage **courage**
courageous **courageux/courageuse** *adj.* 3
course **cours** *m.* 2
cousin **cousin(e)** *m., f.* 3
cover **couvrir** *v.* 11
covered **couvert (couvrir)** *p.p.* 11
cow **vache** *f.* 13
crazy **fou/folle** *adj.* 3
cream **crème** *f.* 9
credit card **carte** *f.* **de crédit** 12
    to pay with a credit card **payer avec une carte de crédit** *v.* 12

crêpe **crêpe** *f.* 5
crime film **film policier** *m.*
croissant **croissant** *m.* 4
cross **traverser** *v.* 12
cruel **cruel/cruelle** *adj.* 3
cry **pleurer** *v.*
cup (of) **tasse (de)** *f.* 4
cupboard **placard** *m.* 8
curious **curieux/**
    curieuse *adj.* 3
curly **frisé(e)** *adj.* 3
currency **monnaie** *f.* 12
curtain **rideau** *m.* 8
customs **douane** *f.* 7
cybercafé **cybercafé** *m.* 12

D

dance **danse** *f.*
    to dance **danser** *v.* 4
danger **danger** *m.* 13
dangerous **dangereux/**
    dangereuse *adj.* 11
dark (*hair*) **brun(e)** *adj.* 3
darling **chéri(e)** *adj.* 2
darn **zut** 11
dash (*punctuation mark*) **tiret**
    m. 11
date (*day, month, year*) **date** *f.* 5;
    (*meeting*) **rendez-vous** *m.* 6
    to make a date **prendre (un)**
    rendez-vous *v.*
daughter **fille** *f.* 1
day **jour** *m.* 2; **journée** *f.* 2
    day after tomorrow **après-**
    demain *adv.* 2
    day before yesterday **avant-**
    hier *adv.* 7
    day off **congé** *m.*, **jour de**
    congé 7
dear **cher/chère** *adj.* 2
death **mort** *f.* 6
December **décembre** *m.* 5
decide (*to do something*)
    décider (de) *v.* 11
deforestation **déboisement** *m.* 13
degree **diplôme** *m.* 2
degrees (*temperature*) **degrés**
    m., pl. 5
    It is... degrees. **Il fait... degrés.** 5
delicatessen **charcuterie** *f.* 9
delicious **délicieux/délicieuse**
    adj. 4
Delighted. **Enchanté(e).** *p.p.,*
    adj. 1
demand (*that*) **exiger (que)** *v.* 13
demanding **exigeant(e)** *adj.*
    demanding profession
    profession *f.* **exigeante**
dentist **dentiste** *m., f.* 3
department store **grand magasin**
    m. 4

departure **départ** *m.* 7
deposit: to deposit money
    déposer de l'argent *v.* 12
depressed **déprimé(e)** *adj.* 10
describe **décrire** *v.* 7
described **décrit (décrire)** *p.p.,*
    adj. 7
desert **désert** *m.* 13
design (fashion) **stylisme (de**
    mode) *m.* 2
desire **envie** *f.* 2
desk **bureau** *m.* 1
dessert **dessert** *m.* 6
destroy **détruire** *v.* 6
destroyed **détruit (détruire)**
    p.p., adj. 6
detective film **film policier** *m.*
detest **détester** *v.* 2
    I hate... **Je déteste...** 2
develop **développer** *v.* 13
dial (a number) **composer**
    (un numéro) *v.* 11
dictionary **dictionnaire** *m.* 1
die **mourir** *v.* 7
died **mort (mourir)** *p.p., adj.* 7
diet **régime** *m.* 10
    to be on a diet **être au**
    régime 9
difference **différence** *f.* 1
different **différent(e)** *adj.* 1
differently **différemment** *adv.* 8
difficult **difficile** *adj.* 1
digital camera **appareil photo**
    m. **numérique** 11
dining room **salle à manger** *f.* 8
dinner **dîner** *m.* 9
    to have dinner **dîner** *v.* 2
diploma **diplôme** *m.* 2
directions **indications** *f.* 12
director (*movie*) **réalisateur/**
    réalisatrice *m., f.;* (*play/show*)
    metteur en scène *m.*
dirty **sale** *adj.* 8
discover **découvrir** *v.* 11
discovered **découvert**
    (découvrir) *p.p.* 11
discreet **discret/discrète** *adj.* 3
discuss **discuter** *v.* 11
dish (*food*) **plat** *m.* 9
    to do the dishes **faire la**
    vaisselle *v.* 8
dishwasher **lave-vaisselle** *m.* 8
dismiss **renvoyer** *v.*
distinction **mention** *f.*
divorce **divorce** *m.* 6
    to divorce **divorcer** *v.* 3
divorced **divorcé(e)** *p.p., adj.* 3
do (*make*) **faire** *v.* 5
    to do odd jobs **bricoler** *v.* 5
doctor **médecin** *m.* 3
documentary **documentaire** *m.*
dog **chien** *m.* 3

done **fait (faire)** *p.p., adj.* 6
door (*building*) **porte** *f.* 1;
    (*automobile*) **portière** *f.* 11
doubt (*that*)... **douter (que)...**
    v. 13
doubtful **douteux/douteuse**
    adj. 13
    It is doubtful that... **Il est**
    douteux que... 13
download **télécharger** *v.* 11
downtown **centre-ville** *m.* 4
drag **barbant** *adj.* 3; **barbe** *f.* 3
drape **rideau** *m.* 8
draw **dessiner** *v.* 2
drawer **tiroir** *m.* 8
dreadful **épouvantable** *adj.* 5
dream (about) **rêver (de)** *v.* 11
dress **robe** *f.* 6
    to dress **s'habiller** *v.* 10
dresser **commode** *f.* 8
drink (carbonated)
    boisson *f.* **(gazeuse)** 4
    to drink **boire** *v.* 4
drive **conduire** *v.* 6
    to go for a drive **faire un tour**
    en voiture 5
driven **conduit (conduire)** *p.p.* 6
driver (taxi/truck) **chauffeur**
    (de taxi/de camion) *m.*
driver's license **permis** *m.* **de**
    conduire 11
drums **batterie** *f.*
drunk **bu (boire)** *p.p.* 6
dryer (*clothes*) **sèche-linge** *m.* 8
dry oneself **se sécher** *v.* 10
due **dû(e) (devoir)** *adj.* 9
during **pendant** *prep.* 7
dust **enlever/faire la poussière**
    v. 8

E

each **chaque** *adj.* 6
ear **oreille** *f.* 10
early **en avance** *adv.* 2; **tôt**
    adv. 2
earn **gagner** *v.*
Earth **Terre** *f.* 13
easily **facilement** *adv.* 8
east **est** *m.* 12
easy **facile** *adj.* 2
eat **manger** *v.* 2
    to eat lunch **déjeuner** *v.* 4
éclair **éclair** *m.* 4
ecological **écologique** *adj.* 13
ecology **écologie** *f.* 13
economics **économie** *f.* 2
ecotourism **écotourisme** *m.* 13
education **formation** *f.*
effect: in effect **en effet** 13
egg **œuf** *m.* 9

eight **huit** *m.* 1
eighteen **dix-huit** *m.* 1
eighth **huitième** *adj.* 7
eighty **quatre-vingts** *m.* 3
eighty-one **quatre-vingt-un** *m.* 3
elder **aîné(e)** *adj.* 3
electric **électrique** *adj.* 8
   electrical appliance **appareil**
   m. électrique 8
electrician **électricien/**
   électricienne *m., f.*
elegant **élégant(e)** *adj.* 1
elevator **ascenseur** *m.* 7
eleven **onze** *m.* 1
eleventh **onzième** *adj.* 7
e-mail **e-mail** *m.* 11
emergency room **urgences**
   f., pl. 10
   to go to the emergency room
   aller aux urgences *v.* 10
end **fin** *f.*
endangered **menacé(e)** *adj.* 13
   endangered species **espèce** *f.*
   menacée 13
engaged **fiancé(e)** *adj.* 3
engine **moteur** *m.* 11
engineer **ingénieur** *m.* 3
England **Angleterre** *f.* 7
English **anglais(e)** *adj.* 1
enormous **énorme** *adj.* 2
enough (of) **assez (de)** *adv.* 4
   not enough (of) **pas assez**
   (de) 4
enter **entrer** *v.* 7
envelope **enveloppe** *f.* 12
environment **environnement**
   m. 13
equal **égaler** *v.* 3
erase **effacer** *v.* 11
errand **course** *f.* 9
escargot **escargot** *m.* 9
especially **surtout** *adv.* 2
essay **dissertation** *f.* 11
essential **essentiel(le)** *adj.* 13
   It is essential that... **Il est**
   essentiel/indispensable
   que... 13
even **même** *adv.* 5
evening **soir** *m.;* **soirée** *f.* 2
   ... (o'clock) in the evening
   ... heures du soir 2
every day **tous les jours** *adv.* 8
everyone **tout le monde** *m.* 9
evident **évident(e)** *adj.* 13
   It is evident that... **Il est**
   évident que... 13
evidently **évidemment** *adv.* 8
exactly **exactement** *adv.* 9
exam **examen** *m.* 1
Excuse me. **Excuse-moi.** *fam.* 1;
   Excusez-moi. *form.* 1

executive **cadre/femme cadre**
   m., f.
exercise **exercice** *m.* 10
   to exercise **faire de l'exercice**
   v. 10
exhibit **exposition** *f.*
exit **sortie** *f.* 7
expenditure **dépense** *f.* 12
expensive **cher/chère** *adj.* 6
explain **expliquer** *v.* 2
explore **explorer** *v.* 4
extinction **extinction** *f.* 13
eye (eyes) **œil (yeux)** *m.* 10

F

face **visage** *m.* 10
facing **en face (de)** *prep.* 3
fact: in fact **en fait** 7
factory **usine** *f.* 13
fail **échouer** *v.* 2
fall **automne** *m.* 5
   in the fall **à l'automne** 5
   to fall **tomber** *v.* 7
   to fall in love **tomber amou-**
   reux/amoureuse *v.* 6
   to fall asleep **s'endormir** *v.* 10
family **famille** *f.* 3
famous **célèbre** *adj.;* **connu**
   (connaître) *p.p., adj.* 8
far (from) **loin (de)** *prep.* 3
farewell **adieu** *m.* 13
farmer **agriculteur/**
   agricultrice *m., f.*
fashion **mode** *f.* 2
   fashion design **stylisme**
   de mode *m.* 2
fast **rapide** *adj.* 3; **vite** *adv.* 8
fat **gros(se)** *adj.* 3
father **père** *m.* 3
father-in-law **beau-père** *m.* 3
favorite **favori/favorite** *adj.* 3;
   préféré(e) *adj.* 2
fax machine **fax** *m.* 11
fear **peur** *f.* 2
   to fear that **avoir peur que**
   v. 13
February **février** *m.* 5
fed up: to be fed up **en avoir**
   marre *v.* 3
feel *(to sense)* **sentir** *v.* 5; *(state of*
   being) **se sentir** *v.* 10
   to feel like *(doing something)*
   avoir envie (de) 2
   to feel nauseated **avoir mal au**
   cœur 10
festival (festivals) **festival**
   (festivals) *m.*
fever **fièvre** *f.* 10
   to have fever **avoir de la**
   fièvre *v.* 10
fiancé **fiancé(e)** *m., f.* 6

field *(terrain)* **champ** *m.* 13;
   (of study) **domaine** *m.*
fifteen **quinze** *m.* 1
fifth **cinquième** *adj.* 7
fifty **cinquante** *m.* 1
figure *(physique)* **ligne** *f.* 10
file **fichier** *m.* 11
fill: to fill out a form **remplir un**
   formulaire *v.* 12
   to fill the tank **faire le**
   plein *v.* 11
film **film** *m.*
   adventure/crime film **film** *m.*
   d'aventures/policier
finally **enfin** *adv.* 7; **finalement**
   adv. 7; **dernièrement** *adv.* 8
find (a job) **trouver (un/du**
   travail) *v.*
   to find again **retrouver** *v.* 2
fine **amende** *f.* 11
fine arts **beaux-arts** *m., pl.*
finger **doigt** *m.* 10
finish *(doing something)* **finir (de)**
   v. 11
fire **incendie** *m.* 13
firefighter **pompier/femme**
   pompier *m., f.*
firm *(business)* **entreprise** *f.*
first **d'abord** *adv.* 7; **premier/**
   première *adj.* 2; **premier** *m.* 5
   It is October first. **C'est le 1ᵉʳ**
   (premier) octobre. 5
fish **poisson** *m.* 3
fishing **pêche** *f.* 5
   to go fishing **aller à la**
   pêche *v.* 5
fish shop **poissonnerie** *f.* 9
five **cinq** *m.* 1
flat tire **pneu** *m.* **crevé** 11
flight *(air travel)* **vol** *m.* 7
floor **étage** *m.* 7
flower **fleur** *f.* 8
flu **grippe** *f.* 10
fluently **couramment** *adv.* 8
follow (a path/a street/a boulevard)
   suivre (un chemin/une rue/
   un boulevard) *v.* 12
food **aliment** *m.* 9; **nourriture** *f.* 9
foot **pied** *m.* 10
football **football américain** *m.* 5
for **pour** *prep.* 5; **pendant** *prep.* 9
   For whom? **Pour qui?** 4
forbid **interdire** *v.* 13
foreign **étranger/étrangère** *adj.* 2
   foreign languages **langues**
   f., pl. **étrangères** 2
forest **forêt** *f.* 13
   tropical forest **forêt tropicale**
   f. 13
forget *(to do something)* **oublier**
   (de) *v.* 2
fork **fourchette** *f.* 9

form **formulaire** *m.* 12
former *(placed before noun)*
    ancien(ne) *adj.*
fortunately **heureusement** *adv.* 8
forty **quarante** *m.* 1
fountain **fontaine** *f.* 12
four **quatre** *m.* 1
fourteen **quatorze** *m.* 1
fourth **quatrième** *adj.* 7
France **France** *f.* 7
frankly **franchement** *adv.* 8
free *(at no cost)* **gratuit(e)** *adj.*
    free time **temps libre** *m.* 5
freezer **congélateur** *m.* 8
French **français(e)** *adj.* 1
French fries **frites** *f., pl.* 4
frequent *(to visit regularly)*
    fréquenter *v.* 4
fresh **frais/fraîche** *adj.* 5
Friday **vendredi** *m.* 2
friend **ami(e)** *m., f.* 1; **copain/
    copine** *m., f.* 1
friendship **amitié** *f.* 6
from **de/d'** *prep.* 1
    from time to time **de temps en
    temps** *adv.* 8
front: in front of **devant** *prep.* 3
fruit **fruit** *m.* 9
full *(no vacancies)* **complet
    (complète)** *adj.* 7
full-time job **emploi** *m.*
    à plein temps
fun **amusant(e)** *adj.* 1
    to have fun *(doing something)*
    s'amuser (à) *v.* 11
funeral **funérailles** *f., pl.* 9
funny **drôle** *adj.* 3
furious **furieux/furieuse** *adj.* 13
    to be furious that… **être
    furieux/furieuse que…** *v.* 13

gain: gain weight **grossir** *v.* 7
game *(amusement)* **jeu** *m.* 5;
    (sports) **match** *m.* 5
game show **jeu télévisé** *m.*
garage **garage** *m.* 8
garbage **ordures** *f., pl.* 13
garbage collection **ramassage**
    m. **des ordures** 13
garden **jardin** *m.* 8
garlic **ail** *m.* 9
gas **essence** *f.* 11
gas tank **réservoir d'essence**
    m. 11
gas warning light **voyant** *m.*
    d'essence 11
generally **en général** *adv.* 8
generous **généreux/généreuse**
    adj. 3
genre **genre** *m.*

gentle **doux/douce** *adj.* 3
geography **géographie** *f.* 2
German **allemand(e)** *adj.* 1
Germany **Allemagne** *f.* 7
get *(to obtain)* **obtenir** *v.*
get along well (with) **s'entendre
    bien (avec)** *v.* 10
get up **se lever** *v.* 10
    get up again **se relever** *v.* 10
gift **cadeau** *m.* 6
    wrapped gift **paquet cadeau**
    m. 6
gifted **doué(e)** *adj.*
girl **fille** *f.* 1
girlfriend **petite amie** *f.* 1
give *(to someone)* **donner (à)** *v.* 2
    to give a shot **faire une
    piqûre** *v.* 10
    to give a tour **faire visiter** *v.* 8
    to give back **rendre (à)** *v.* 6
    to give one another **se donner**
    v. 11
glass (of) **verre (de)** *m.* 4
glasses **lunettes** *f., pl.* 6
    sunglasses **lunettes de soleil**
    f., pl. 6
global warming **réchauffement**
    m. **de la Terre** 13
glove **gant** *m.* 6
go **aller** *v.* 4
    Let's go! **Allons-y!** 4; **On y va!** 10
    I'm going. **J'y vais.** 8
    to go back **repartir** *v.*
    to go down **descendre** *v.* 6
    to go out **sortir** *v.* 7
    to go over **dépasser** *v.* 11
    to go up **monter** *v.* 7
    to go with **aller avec** *v.* 6
golf **golf** *m.* 5
good **bon(ne)** *adj.* 3
    Good evening. **Bonsoir.** 1
    Good morning. **Bonjour.** 1
    to be good for nothing **ne
    servir à rien** *v.* 9
    to be in a good mood **être de
    bonne humeur** *v.* 8
    to be in good health **être en
    bonne santé** *v.* 10
    to be in good shape **être en
    pleine forme** *v.* 10
    to be up to something interest-
    ing **faire quelque chose de
    beau** *v.* 12
Good-bye. **Au revoir.** 1
government **gouvernement** *m.* 13
grade *(academics)* **note** *f.* 2
grandchildren **petits-enfants**
    m., pl. 3
granddaughter **petite-fille** *f.* 3
grandfather **grand-père** *m.* 3
grandmother **grand-mère** *f.* 3
grandparents **grands-parents**

    m., pl. 3
grandson **petit-fils** *m.* 3
grant **bourse** *f.* 2
grass **herbe** *f.* 13
gratin **gratin** *m.* 9
gray **gris(e)** *adj.* 6
great **formidable** *adj.* 7;
    génial(e) *adj.* 3
green **vert(e)** *adj.* 3
green beans **haricots verts**
    m., pl. 9
greenhouse **serre** *f.* 13
    greenhouse effect **effet de serre**
    m. 13
grocery store **épicerie** *f.* 4
groom: to groom oneself *(in the
    morning)* **faire sa toilette** *v.* 10
ground floor **rez-de-chaussée**
    m. 7
growing population **population**
    f. **croissante** 13
guaranteed **garanti(e)** *p.p., adj.* 5
guest **invité(e)** *m., f.* 6; **client(e)**
    m., f. 7
guitar **guitare** *f.*
guy **mec** *m.* 10
gym **gymnase** *m.* 4

habitat **habitat** *m.* 13
    habitat preservation **sauvetage
    des habitats** *m.* 13
had **eu (avoir)** *p.p.* 6
    had to **dû (devoir)** *p.p.* 9
hair **cheveux** *m., pl.* 9
    to brush one's hair **se brosser
    les cheveux** *v.* 9
    to do one's hair **se coiffer** *v.* 10
hairbrush **brosse** *f.* **à cheveux** 10
hairdresser **coiffeur/coiffeuse**
    m., f. 3
half **demie** *f.* 2
    half past … (o'clock)
    … et demie 2
half-brother **demi-frère** *m.* 3
half-sister **demi-sœur** *f.* 3
half-time job **emploi** *m.* **à
    mi-temps**
hallway **couloir** *m.* 8
ham **jambon** *m.* 4
hand **main** *f.* 5
handbag **sac à main** *m.* 6
handsome **beau** *adj.* 3
hang up **raccrocher** *v.*
happiness **bonheur** *m.* 6
happy **heureux/heureuse** *adj.;*
    content(e)
    to be happy that… **être
    content(e) que…** *v.* 13;
    **être heureux/heureuse
    que…** *v.* 13

hard drive **disque (dur)** *m.* 11
hard-working **travailleur/ travailleuse** *adj.* 3
hat **chapeau** *m.* 6
hate **détester** *v.* 2
I hate… **Je déteste…** 2
have **avoir** *v.* 2; **aie (avoir)** *imp., v.* 7; **ayez (avoir)** *imp. v.* 7; **prendre** *v.* 4
to have an ache **avoir mal** *v.* 10
to have to (must) **devoir** *v.* 9
he **il** *sub. pron.* 1
head (body part) **tête** *f.* 10; (of a company) **chef** *m.* **d'entreprise**
headache: to have a headache **avoir mal à la tête** *v.* 10
headlights **phares** *m., pl.* 11
health **santé** *f.* 10
to be in good health **être en bonne santé** *v.* 10
health insurance **assurance** *f.* **maladie**
healthy **sain(e)** *adj.* 10
hear **entendre** *v.* 6
heart **cœur** *m.* 10
heat **chaud** *m.* 2
hello (on the phone) **allô** 1; (in the evening) **Bonsoir.** 1; (in the morning or afternoon) **Bonjour.** 1
help **au secours** 11
to help (to do something) **aider (à)** *v.* 5
to help one another **s'aider** *v.* 11
her **la/l'** *d.o. pron.* 7; **lui** *i.o. pron.* 6; (attached to an imperative) **-lui** *i.o. pron.* 9
her **sa** *poss. adj., f., sing.* 3; **ses** *poss. adj., m., f., pl.* 3; **son** *poss. adj., m., sing.* 3
Here! **Tenez!** *form., imp. v.* 9; **Tiens!** *fam., imp., v.* 9
here **ici** *adv.* 1; (used with demonstrative adjective **ce** and noun or with demonstrative pronoun **celui**); **-ci** 6; Here is…. **Voici…** 1
heritage: I am of… heritage. **Je suis d'origine…** 1
herself (used with reflexive verb) **se/s'** *pron.* 10
hesitate (to do something) **hésiter (à)** *v.* 11
Hey! **Eh!** *interj.* 2
Hi! **Salut!** *fam.* 1
high **élevé(e)** *adj.*
high school **lycée** *m.* 1
high school student **lycéen(ne)** *m., f.* 2
higher education **études supérieures** *f., pl.* 2

highway **autoroute** *f.* 11
hike **randonnée** *f.* 5
to go for a hike **faire une randonnée** *v.* 5
him **lui** *i.o. pron.* 6; **le/l'** *d.o. pron.* 7; (attached to imperative) **-lui** *i.o. pron.* 9
himself (used with reflexive verb) **se/s'** *pron.* 10
hire **embaucher** *v.*
his **sa** *poss. adj., f., sing.* 3; **ses** *poss. adj., m., f., pl.* 3; **son** *poss. adj., m., sing.* 3
history **histoire** *f.* 2
hit **rentrer (dans)** *v.* 11
hold **tenir** *v.* 9
to be on hold **patienter** *v.*
hole in the ozone layer **trou dans la couche d'ozone** *m.* 13
holiday **jour férié** *m.* 6; **férié(e)** *adj.* 6
home (house) **maison** *f.* 4
at (someone's) home **chez…** *prep.* 4
home page **page d'accueil** *f.* 11
homework **devoir** *m.* 2
honest **honnête** *adj.*
honestly **franchement** *adv.* 8
hood **capot** *m.* 11
hope **espérer** *v.* 5
hors d'œuvre **hors-d'œuvre** *m.* 9
horse **cheval** *m.* 5
to go horseback riding **faire du cheval** *v.* 5
hospital **hôpital** *m.* 4
host **hôte/hôtesse** *m., f.* 6
hot **chaud** *m.* 2
It is hot (weather). **Il fait chaud.** 5
to be hot **avoir chaud** *v.* 2
hot chocolate **chocolat chaud** *m.* 4
hotel **hôtel** *m.* 7
(single) hotel room **chambre** *f.* **(individuelle)** 7
hotel keeper **hôtelier/ hôtelière** *m., f.* 7
hour **heure** *f.* 2
house **maison** *f.* 4
at (someone's) house **chez…** *prep.* 2
to leave the house **quitter la maison** *v.* 4
to stop by someone's house **passer chez quelqu'un** *v.* 4
household **ménager/ménagère** *adj.* 8
household appliance **appareil** *m.* **ménager** 8
household chore **tâche ménagère** *f.* 8
housewife **femme au foyer** *f.*
housework: to do the housework **faire le ménage** *v.* 8

housing **logement** *m.* 8
how **comme** *adv.* 2; **comment?** *interr. adv.* 4
How are you? **Comment allez-vous?** *form.* 1; **Comment vas-tu?** *fam.* 1
How many/How much (of)? **Combien (de)?** 1
How much is… ? **Combien coûte… ?** 4
huge **énorme** *adj.* 2
Huh? **Hein?** *interj.* 3
humanities **lettres** *f., pl.* 2
hundred: one hundred **cent** *m.* 5
five hundred **cinq cents** *m.* 5
one hundred one **cent un** *m.* 5
one hundred thousand **cent mille** *m.* 5
hundredth **centième** *adj.* 7
hunger **faim** *f.* 4
hungry: to be hungry **avoir faim** *v.* 4
hunt **chasse** *f.* 13
to hunt **chasser** *v.* 13
hurried **pressé(e)** *adj.* 9
hurry **se dépêcher** *v.* 10
hurt **faire mal** *v.* 10
to hurt oneself **se blesser** *v.* 10
husband **mari** *m.;* **époux** *m.* 3
hyphen (punctuation mark) **tiret** *m.* 11

I

I **je** *sub. pron.* 1; **moi** *disj. pron., sing.* 3
ice cream **glace** *f.* 6
ice cube **glaçon** *m.* 6
idea **idée** *f.* 3
if **si** *conj.* 11
ill: to become ill **tomber malade** *v.* 10
illness **maladie** *f.*
immediately **tout de suite** *adv.* 4
impatient **impatient(e)** *adj.* 1
important **important(e)** *adj.* 1
It is important that… **Il est important que…** 13
impossible **impossible** *adj.* 13
It is impossible that… **Il est impossible que…** 13
improve **améliorer** *v.*
in **dans** *prep.* 3; **en** *prep.* 3; **à** *prep.* 4
included **compris (comprendre)** *p.p., adj.* 6
incredible **incroyable** *adj.* 11
independent **indépendant(e)** *adj.* 1
independently **indépendamment** *adv.* 8
indicate **indiquer** *v.* 5

indispensable **indispensable**
   adj. 13
inexpensive **bon marché** *adj.* 6
injection **piqûre** *f.* 10
   to give an injection **faire une**
   piqûre *v.* 10
injury **blessure** *f.* 10
instrument **instrument** *m.* 1
insurance (health/life) **assurance**
   f. **(maladie/vie)**
intellectual **intellectuel(le)**
   adj. 3
intelligent **intelligent(e)** *adj.* 1
interested: to be interested (in)
   s'intéresser (à) *v.* 10
interesting **intéressant(e)** *adj.* 1
intermission **entracte** *m.*
internship **stage** *m.*
intersection **carrefour** *m.* 12
interview: to have an interview **passer un entretien**
introduce **présenter** *v.* 1
   I would like to introduce (*name*)
   to you. **Je te**
   présente... , *fam.* 1
   I would like to introduce (*name*)
   to you. **Je vous présente...**
   , *form.* 1
invite **inviter** *v.* 4
Ireland **Irlande** *f.* 7
Irish **irlandais(e)** *adj.* 7
iron **fer à repasser** *m.* 8
   to iron (the laundry) **repasser**
   (le linge) *v.* 8
isn't it? *(tag question)* **n'est-ce**
   pas? 2
island **île** *f.* 13
Italian **italien(ne)** *adj.* 1
Italy **Italie** *f.* 7
it: It depends. **Ça dépend.** 4
   It is... **C'est...** 1
itself *(used with reflexive verb)*
   se/s' *pron.* 10

J

jacket **blouson** *m.* 6
jam **confiture** *f.* 9
January **janvier** *m.* 5
Japan **Japon** *m.* 7
Japanese **japonais(e)** *adj.* 1
jealous **jaloux/jalouse** *adj.* 3
jeans **jean** *m. sing.* 6
jewelry store **bijouterie** *f.* 12
jogging **jogging** *m.* 5
   to go jogging **faire du**
   jogging *v.* 5
joke **blague** *f.* 2
journalist **journaliste** *m., f.* 3
juice (orange/apple) **jus** *m.*
   (d'orange/de pomme) 4
July **juillet** *m.* 5

June **juin** *m.* 5
jungle **jungle** *f.* 13
just *(barely)* **juste** *adv.* 3

K

keep **retenir** *v.* 9
key **clé** *f.* 7
keyboard **clavier** *m.* 11
kilo(gram) **kilo(gramme)** *m.* 9
kind **bon(ne)** *adj.* 3
kiosk **kiosque** *m.* 4
kiss one another **s'embrasser**
   v. 11
kitchen **cuisine** *f.* 8
knee **genou** *m.* 10
knife **couteau** *m.* 9
know *(as a fact)* **savoir** *v.* 8; *(to be*
   familiar with) **connaître** *v.* 8
   to know one another **se**
   connaître *v.* 11
   I don't know anything about
   it. **Je n'en sais rien.** 13
   to know that... **savoir que...** 13
known *(as a fact)* **su (savoir)**
   p.p. 8; *(famous)* **connu**
   (connaître) *p.p., adj.* 8

L

laborer **ouvrier/ouvrière** *m., f.*
lake **lac** *m.* 13
lamp **lampe** *f.* 8
landlord **propriétaire** *m.* 3
landslide **glissement de**
   terrain *m.* 13
language **langue** *f.* 2
   foreign languages **langues** *f.,*
   pl. **étrangères** 2
last **dernier/dernière** *adj.* 2
lastly **dernièrement** *adv.* 8
late *(when something happens late)*
   en retard *adv.* 2; *(in the evening,*
   etc.) **tard** *adv.* 2
laugh **rire** *v.* 6
laughed **ri (rire)** *p.p.* 6
laundromat **laverie** *f.* 12
laundry: to do the laundry **faire**
   la lessive *v.* 8
law *(academic discipline)* **droit** *m.*
   2; *(ordinance or rule)* **loi** *f.* 13
lawyer **avocat(e)** *m., f.* 3
lay off *(let go)* **renvoyer** *v.*
lazy **paresseux/paresseuse**
   adj. 3
learned **appris (apprendre)** *p.p.* 6
least **moins** 9
   the least... *(used with adjective)*
   le/la moins... *super. adv.* 9
   the least... , *(used with noun*
   to express quantity) **le moins**
   de... 13

the least... *(used with verb or*
   adverb) **le moins...** *super. adv.* 9
leather **cuir** *m.* 6
leave **partir** *v.* 5; **quitter** *v.* 4
   to leave alone **laisser tranquille**
   v. 10
   to leave one another **se quitter**
   v. 11
   I'm leaving. **Je m'en vais.** 8
left: to the left (of) **à gauche**
   (de) *prep.* 3
leg **jambe** *f.* 10
leisure activity **loisir** *m.* 5
lemon soda **limonade** *f.* 4
lend *(to someone)* **prêter (à)** *v.* 6
less **moins** *adv.* 4
   less of... *(used with noun to*
   express quantity) **moins de...** 4
   less ... than *(used with noun*
   to compare quantities) **moins**
   de... que 13
   less... than *(used with adjective*
   to compare qualities) **moins...**
   que 9
let **laisser** *v.* 11
   to let go *(to fire or lay off)*
   renvoyer *v.*
   Let's go! **Allons-y!** 4; **On y**
   va! 10
letter **lettre** *f.* 12
   letter of application **lettre** *f.*
   de motivation
   letter of recommendation/
   reference **lettre** *f.* **de**
   recommandation
lettuce **laitue** *f.* 9
level **niveau** *m.*
library **bibliothèque** *f.* 1
license: driver's license **permis** *m.*
   de conduire 11
life **vie** *f.* 6
life insurance **assurance** *f.* **vie**
light: warning light *(automobile)*
   voyant *m.* 11
   oil/gas warning light **voyant**
   m. **d'huile/d'essence** 11
   to light up **s'allumer** *v.* 11
like *(as)* **comme** *adv.* 6; to like
   aimer *v.* 2
   I don't like ... very much. **Je**
   n'aime pas tellement... 2
   I really like... **J'aime bien...** 2
   to like one another **s'aimer**
   bien *v.* 11
   to like that... **aimer que...** *v.* 13
line **queue** *f.* 12
   to wait in line **faire la queue**
   v. 12
listen (to) **écouter** *v.* 2
literary **littéraire** *adj.*
literature **littérature** *f.* 1

little *(not much)* (of) **peu (de)** *adv.* 4
live (in) **habiter (à)** *v.* 2
living room *(informal room)* **salle de séjour** *f.* 8; *(formal room)* **salon** *m.* 8
located: to be located **se trouver** *v.* 10
long **long(ue)** *adj.* 3
a long time **longtemps** *adv.* 5
look *(at one another)* **se regarder** *v.* 11; *(at oneself)* **se regarder** *v.* 10
look for **chercher** *v.* 2
to look for work **chercher du/un travail** 12
loose *(clothing)* **large** *adj.* 6
lose: to lose (time) **perdre (son temps)** *v.* 6
to lose weight **maigrir** *v.* 7
lost: to be lost **être perdu(e)** *v.* 12
lot: a lot of **beaucoup de** *adv.* 4
love **amour** *m.* 6
to love **adorer** *v.* 2
I love… **J'adore…** 2
to love one another **s'aimer** *v.* 11
to be in love **être amoureux/ amoureuse** *v.* 6
luck **chance** *f.* 2
to be lucky **avoir de la chance** *v.* 2
lunch **déjeuner** *m.* 9
to eat lunch **déjeuner** *v.* 4

M

ma'am **Madame.** *f.* 1
machine: answering machine **répondeur** *m.* 11
mad: to get mad **s'énerver** *v.* 10
made **fait (faire)** *p.p., adj.* 6
magazine **magazine** *m.*
mail **courrier** *m.* 12
mailbox **boîte** *f.* **aux lettres** 12
mailman **facteur** *m.* 12
main character **personnage principal** *m.*
main dish **plat (principal)** *m.* 9
maintain **maintenir** *v.* 9
make **faire** *v.* 5
makeup **maquillage** *m.* 10
to put on makeup **se maquiller** *v.* 10
make up **se réconcilier** *v.*
malfunction **panne** *f.* 11
man **homme** *m.* 1
manage *(in business)* **diriger** *v.* ; *(to do something)* **arriver à** *v.* 2
manager **gérant(e)** *m., f.*
many (of) **beaucoup (de)** *adv.* 4
How many (of)? **Combien (de)?** 1

map *(of a city)* **plan** *m.* 7; *(of the world)* **carte** *f.* 1
March **mars** *m.* 5
marital status **état civil** *m.* 6
market **marché** *m.* 4
marriage **mariage** *m.* 6
married **marié(e)** *adj.* 3
married couple **mariés** *m., pl.* 6
marry **épouser** *v.* 3
Martinique: from Martinique **martiniquais(e)** *adj.* 1
masterpiece **chef-d'œuvre** *m.*
mathematics **mathématiques (maths)** *f., pl.* 2
May **mai** *m.* 5
maybe **peut-être** *adv.* 2
mayonnaise **mayonnaise** *f.* 9
mayor's office **mairie** *f.* 12
me **moi** *disj. pron., sing.* 3; *(attached to imperative)* **-moi** *pron.* 9; **me/m'** *i.o. pron.* 6; **me/m'** *d.o. pron.* 7
Me too. **Moi aussi.** 1
Me neither. **Moi non plus.** 2
meal **repas** *m.* 9
mean **méchant(e)** *adj.* 3
to mean *(with* **dire***)* **vouloir** *v.* 9
means: that means **ça veut dire** *v.* 9
meat **viande** *f.* 9
mechanic **mécanicien/ mécanicienne** *m., f.* 11
medication (against/for) **médicament (contre/pour)** *m., f.* 10
meet *(to encounter, to run into)* **rencontrer** *v.* 2; *(to make the acquaintance of)* **faire la connaissance de** *v.* 5, **se rencontrer** *v.* 11; *(planned encounter)* **se retrouver** *v.* 11
meeting **réunion** *f.* ; **rendez-vous** *m.* 6
member **membre** *m.*
menu **menu** *m.* 9; **carte** *f.* 9
message **message** *m.*
to leave a message **laisser un message** *v.*
Mexican **mexicain(e)** *adj.* 1
Mexico **Mexique** *m.* 7
microwave oven **four à micro-ondes** *m.* 8
midnight **minuit** *m.* 2
milk **lait** *m.* 4
mineral water **eau** *f.* **minérale** 4
mirror **miroir** *m.* 8
Miss **Mademoiselle** *f.* 1
mistaken: to be mistaken *(about something)* **se tromper (de)** *v.* 10
modest **modeste** *adj.*

moment **moment** *m.* 1
Monday **lundi** *m.* 2
money **argent** *m.* 12; *(currency)* **monnaie** *f.* 12
to deposit money **déposer de l'argent** *v.* 12
monitor **moniteur** *m.* 11
month **mois** *m.* 2
this month **ce mois-ci** 2
moon **Lune** *f.* 13
more **plus** *adv.* 4
more of **plus de** 4
more … than *(used with noun to compare quantities)* **plus de… que** 13
more … than *(used with adjective to compare qualities)* **plus… que** 9
morning **matin** *m.* 2; **matinée** *f.* 2
this morning **ce matin** 2
Moroccan **marocain(e)** *adj.* 1
most **plus**
the most… *(used with adjective)* **le/la plus…** *super. adv.* 9
the most… *(used with noun to express quantity)* **le plus de…** 13
the most… *(used with verb or adverb)* **le plus…** *super. adv.* 9
mother **mère** *f.* 3
mother-in-law **belle-mère** *f.* 3
mountain **montagne** *f.* 4
mouse **souris** *f.* 11
mouth **bouche** *f.* 10
move *(to get around)* **se déplacer** *v.* 12
to move in **emménager** *v.* 8
to move out **déménager** *v.* 8
movie **film** *m.*
adventure/horror/science-fiction/crime movie **film** *m.* **d'aventures/d'horreur/de science-fiction/policier**
movie theater **cinéma (ciné)** *m.* 4
much (as much … as) *(used with noun to express quantity)* **autant de … que** *adv.* 13
How much *(of something)*? **Combien (de)?** 1
How much is… ? **Combien coûte… ?** 4
museum **musée** *m.* 4
to go to museums **faire les musées** *v.*
mushroom **champignon** *m.* 9
music: to play music **faire de la musique**
musical **comédie** *f.* **musicale; musical(e)** *adj.*
musician **musicien(ne)** *m., f.* 3
must *(to have to)* **devoir** *v.* 9 One must **Il faut…** 5

mustard **moutarde** *f.* 9

my **ma** *poss. adj., f., sing.* 3; **mes**
poss. adj., m., f., pl. 3; **mon**
poss. adj., m., sing. 3

myself **me/m'** *pron., sing.* 10;
(attached to an imperative)
-moi *pron.* 9

N

naïve **naïf (naïve)** *adj.* 3

name: My name is… **Je**
m'appelle… 1

named: to be named
s'appeler *v.* 10

napkin **serviette** *f.* 9

nationality **nationalité** *f.*
I am of … nationality. **Je suis**
de nationalité… 1

natural **naturel(le)** *adj.* 13

natural resource **ressource**
naturelle *f.* 13

nature **nature** *f.* 13

nauseated: to feel nauseated
avoir mal au cœur *v.* 10

near (to) **près (de)** *prep.* 3
very near (to) **tout près (de)** 12

necessary **nécessaire** *adj.* 13
It was necessary… *(followed*
by infinitive or subjunctive)
Il a fallu… 6
It is necessary…. *(followed by*
infinitive or subjunctive)
Il faut que… 5
It is necessary that… *(followed*
by subjunctive) **Il est nécessaire**
que/qu'… 13

neck **cou** *m.* 10

need **besoin** *m.* 2
to need **avoir besoin (de)** *v.* 2

neighbor **voisin(e)** *m., f.* 3

neighborhood **quartier** *m.* 8

neither… nor **ne… ni… ni…**
conj. 12

nephew **neveu** *m.* 3

nervous **nerveux/nerveuse** *adj.* 3

nervously **nerveusement** *adv.* 8

never **jamais** *adv.* 5; **ne…**
jamais *adv.* 12

new **nouveau/nouvelle** *adj.* 3

newlyweds **jeunes mariés**
m., pl. 6

news **informations (infos)**
f., pl; **nouvelles** *f., pl.*

newspaper **journal** *m.* 7

newsstand **marchand de**
journaux *m.* 12

next **ensuite** *adv.* 7;
prochain(e) *adj.* 2
next to **à côté de** *prep.* 3

nice **gentil/gentille** *adj.* 3;
sympa(thique) *adj.* 1

nicely **gentiment** *adv.* 8

niece **nièce** *f.* 3

night **nuit** *f.* 2

nightclub **boîte (de nuit)** *f.* 4

nine **neuf** *m.* 1

nine hundred **neuf cents** *m.* 5

nineteen **dix-neuf** *m.* 1

ninety **quatre-vingt-dix** *m.* 3

ninth **neuvième** *adj.* 7

no *(at beginning of statement to*
indicate disagreement)
(mais) non 2; **aucun(e)**
adj. 10
no more **ne… plus** 12
no problem **pas de prob-**
lème 12
no reason **pour rien** 4
no, none **pas (de)** 12

nobody **ne… personne** 12

none (not any) **ne… aucun(e)**
12

noon **midi** *m.* 2

no one **personne** *pron.* 12

north **nord** *m.* 12

nose **nez** *m.* 10

not **nez ne… pas** 2
not at all **pas du tout** *adv.* 2
Not badly. **Pas mal.** 1
to not believe that **ne pas**
croire que *v.* 13
to not think that **ne pas**
penser que *v.* 13
not yet **pas encore** *adv.* 8

notebook **cahier** *m.* 1

notes **billets** *m., pl.* 11

nothing **rien** *indef. pron.* 12
It's nothing. **Il n'y a pas de**
quoi. 1

notice **s'apercevoir** *v.* 12

novel **roman** *m.*

November **novembre** *m.* 5

now **maintenant** *adv.* 5

nuclear **nucléaire** *adj.* 13

nuclear energy **énergie nucléaire**
f. 13

nuclear plant **centrale nucléaire**
f. 13

nurse **infirmier/infirmière**
m., f. 10

O

object **objet** *m.* 1

obtain **obtenir** *v.*

obvious **évident(e)** *adj.* 13
It is obvious that… **Il est**
évident que… 13

obviously **évidemment** *adv.* 8

o'clock: It's… (o'clock). **Il est…**
heure(s). 2
at … (o'clock) **à … heure(s)** 4

October **octobre** *m.* 5

of **de/d'** *prep.* 3
of medium height **de taille**
moyenne *adj.* 3
of the **des (de + les)** 3
of the **du (de + le)** 3
of which, of whom **dont**
rel. pron. 11

of course **bien sûr** *adv.*;
évidemment *adv.* 2
of course not *(at beginning*
of statement to indicate
disagreement) **(mais) non** 2

offer **offrir** *v.* 11

offered **offert (offrir)** *p.p.* 11

office **bureau** *m.* 4
at the doctor's office **chez le**
médecin *prep.* 2

often **souvent** *adv.* 5

oil **huile** *f.* 9
automobile oil **huile** *f.* 11
oil warning light **voyant** *m.*
d'huile 11
olive oil **huile** *f.* **d'olive** 9
to check the oil **vérifier**
l'huile *v.* 11

okay **d'accord** 2

old **vieux/vieille** *adj.*; *(placed*
after noun) **ancien(ne)** *adj.* 3

old age **vieillesse** *f.* 6

olive **olive** *f.* 9

olive oil **huile** *f.* **d'olive** 9

omelette **omelette** *f.* 5

on **sur** *prep.* 3
On behalf of whom? **C'est de**
la part de qui?
on the condition that… **à**
condition que
on television **à la télé(vision)**
on the contrary **au contraire**
on the radio **à la radio**
on the subject of **au sujet**
de 13
on vacation **en vacances** 7

once **une fois** *adv.* 8

one **un** *m.* 1
one **on** *sub. pron., sing.* 1
one another **l'un(e) à**
l'autre 11
one another **l'un(e) l'autre** 11
one had to… **il fallait…** 8
One must… **Il faut que/**
qu'… 13
One must… **Il faut…** *(followed*
by infinitive or subjunctive) 5

one million **un million** *m.* 5
one million *(things)* **un mil-**
lion de… 5

onion **oignon** *m.* 9

online **en ligne** 11
to be online **être en ligne** *v.* 11
to be online (with someone)
être connecté(e) (avec

quelqu'un) *v.* 7, 11
only **ne... que** 12; **seulement** *adv.* 8
open **ouvrir** *v.* 11; **ouvert(e)** *adj.* 11
opened **ouvert (ouvrir)** *p.p.* 11
opera **opéra** *m.*
optimistic **optimiste** *adj.* 1
or **ou** 3
orange **orange** *f.* 9; **orange** *inv. adj.* 6
orchestra **orchestre** *m.*
order **commander** *v.* 9
organize (a party) **organiser (une fête)** *v.* 6
orient oneself **s'orienter** *v.* 12
others **d'autres** 4
our **nos** *poss. adj., m., f., pl.* 3; **notre** *poss. adj., m., f., sing.* 3
outdoor (open-air) **plein air** 13
over **fini** *adj., p.p.* 7
overpopulation **surpopulation** *f.* 13
overseas **à l'étranger** *adv.* 7
over there **là-bas** *adv.* 1
owed **dû (devoir)** *p.p., adj.* 9
own **posséder** *v.* 5
owner **propriétaire** *m., f.* 3
ozone **ozone** *m.* 13
hole in the ozone layer **trou dans la couche d'ozone** *m.* 13

P

pack: to pack one's bags **faire les valises** 7
package **colis** *m.* 12
paid **payé (payer)** *p.p., adj.*
to be well/badly paid **être bien/mal payé(e)**
pain **douleur** *f.* 10
paint **faire de la peinture** *v.*
painter **peintre/femme peintre** *m., f.*
painting **peinture** *f.*; **tableau** *m.*
pants **pantalon** *m., sing.* 6
paper **papier** *m.* 1
Pardon (me). **Pardon.** 1
parents **parents** *m., pl.* 3
park **parc** *m.* 4
to park **se garer** *v.* 11
parka **anorak** *m.* 6
parking lot **parking** *m.* 11
part-time job **emploi** *m.* **à mi-temps/à temps partiel** *m.*
party **fête** *f.* 6
to party **faire la fête** *v.* 6
pass **dépasser** *v.* 11; **passer** *v.* 7
to pass an exam **être reçu(e) à un examen** *v.* 2
passenger **passager/passagère** *m., f.* 7

passport **passeport** *m.* 7
password **mot de passe** *m.* 11
past: in the past **autrefois** *adv.* 8
pasta **pâtes** *f., pl.* 9
pastime **passe-temps** *m.* 5
pastry shop **pâtisserie** *f.* 9
pâté **pâté (de campagne)** *m.* 9
path **sentier** *m.* 13; **chemin** *m.* 12
patient **patient(e)** *adj.* 1
patiently **patiemment** *adv.* 8
pay **payer** *v.* 5
to pay by check **payer par chèque** *v.* 12
to pay in cash **payer en liquide** *v.* 12
to pay with a credit card **payer avec une carte de crédit** *v.* 12
to pay attention (to) **faire attention (à)** *v.* 5
peach **pêche** *f.* 9
pear **poire** *f.* 9
peas **petits pois** *m., pl.* 9
pen **stylo** *m.* 1
pencil **crayon** *m.* 1
people **gens** *m., pl.* 7
pepper (spice) **poivre** *m.* 9; (vegetable) **poivron** *m.* 9
per day/week/month/year **par jour/semaine/mois/an** 5
perfect **parfait(e)** *adj.* 2
perhaps **peut-être** *adv.* 2
period (punctuation mark) **point** *m.* 11
permit **permis** *m.* 11
permitted **permis (permettre)** *p.p., adj.* 6
person **personne** *f.* 1
personal CD player **baladeur CD** *m.* 11
pessimistic **pessimiste** *adj.* 1
pharmacist **pharmacien(ne)** *m., f.* 10
pharmacy **pharmacie** *f.* 10
philosophy **philosophie** *f.* 2
phone booth **cabine téléphonique** *f.* 12
phone card **télécarte** *f.*
phone one another **se téléphoner** *v.* 11
photo(graph) **photo(graphie)** *f.* 3
physical education **éducation physique** *f.* 2
physics **physique** *f.* 2
piano **piano** *m.*
pick up **décrocher** *v.*
picnic **pique-nique** *m.* 13
picture **tableau** *m.* 1
pie **tarte** *f.* 9
piece (of) **morceau (de)** *m.* 4
piece of furniture **meuble** *m.* 8

pill **pilule** *f.* 10
pillow **oreiller** *m.* 8
pink **rose** *adj.* 6
pitcher (of water) **carafe (d'eau)** *f.* 9
place **endroit** *m.* 4; **lieu** *m.* 4
planet **planète** *f.* 13
plans: to make plans **faire des projets** *v.*
plant **plante** *f.* 13
plastic **plastique** *m.* 13
plastic wrapping **emballage en plastique** *m.* 13
plate **assiette** *f.* 9
play **pièce de théâtre** *f.*
play **s'amuser** *v.* 10; (a sport/a musical instrument) **jouer (à/de)** *v.* 5
to play sports **faire du sport** *v.* 5
to play a role **jouer un rôle** *v.*
player **joueur/joueuse** *m., f.* 5
playwright **dramaturge** *m.*
pleasant **agréable** *adj.* 1
please: to please someone **faire plaisir à quelqu'un** *v.*
Please. **S'il te plaît.** *fam.* 1
Please. **S'il vous plaît.** *form.* 1
Please. **Je vous en prie.** *form.* 1
Please hold. **Ne quittez pas.**
plumber **plombier** *m.*
poem **poème** *m.*
poet **poète/poétesse** *m., f.*
police **police** *f.* 1
police officer **agent de police** *m.* 11; **policier** *m.* 11; **policière** *f.* 11
police station **commissariat de police** *m.* 12
polite **poli(e)** *adj.* 1
politely **poliment** *adv.* 8
political science **sciences politiques (sciences po)** *f., pl.* 2
politician **homme/femme politique** *m., f.*
pollute **polluer** *v.* 13
pollution **pollution** *f.* 13
pollution cloud **nuage de pollution** *m.* 13
pool **piscine** *f.* 4
poor **pauvre** *adj.* 3
popular music **variétés** *f., pl.*
population **population** *f.* 13
growing population **population** *f.* **croissante** 13
pork **porc** *m.* 9
portrait **portrait** *m.* 5
position (job) **poste** *m.*
possess (to own) **posséder** *v.* 5
possible **possible** *adj.*
It is possible that... **Il est**

possible que... 13
post **afficher** v.
post office **bureau de poste** m. 12
postal service **poste** f. 12
postcard **carte postale** f. 12
poster **affiche** f. 8
potato **pomme de terre** f. 9
practice **pratiquer** v. 5
prefer **aimer mieux** v. 2; **préférer (que)** v. 5
pregnant **enceinte** adj. 10
prepare (for) **préparer** v. 2
   to prepare (to do something) **se préparer (à)** v. 10
prescription **ordonnance** f. 10
present **présenter** v.
preservation: habitat preservation **sauvetage des habitats** m. 13
preserve **préserver** v. 13
pressure **pression** f. 11
   to check the tire pressure **vérifier la pression des pneus** v. 11
pretty **joli(e)** adj. 3; (before an adjective or adverb) **assez** adv. 8
prevent: to prevent a fire **prévenir l'incendie** v. 13
price **prix** m. 4
principal **principal(e)** adj. 12
print **imprimer** v. 11
printer **imprimante** f. 11
problem **problème** m. 1
produce **produire** v. 6
produced **produit (produire)** p.p., adj. 6
product **produit** m. 13
profession **métier** m.; **profession** f.
   demanding profession **profession** f. **exigeante**
professional **professionnel(le)** adj.
   professional experience **expérience professionnelle** f.
program **programme** m.; (software) **logiciel** m. 11; (television) **émission** f. **de télévision**
prohibit **interdire** v. 13
project **projet** m.
promise **promettre** v. 6
promised **promis (promettre)** p.p., adj. 6
promotion **promotion** f.
propose that... **proposer que...** v. 13
   to propose a solution **proposer une solution** v. 13
protect **protéger** v. 5
protection **préservation** f. 13; **protection** f. 13

proud **fier/fière** adj. 3
psychological **psychologique** adj.
psychological drama **drame psychologique** m.
psychology **psychologie** f. 2
psychologist **psychologue** m., f.
publish **publier** v.
pure **pur(e)** adj. 13
purple **violet(te)** adj. 6
purse **sac à main** m. 6
put **mettre** v. 6
   to put (on) (yourself) **se mettre** v. 10
   to put away **ranger** v. 8
   to put on makeup **se maquiller** v. 10
put **mis (mettre)** p.p. 6

Q

quarter **quart** m. 2
   a quarter after ... (o'clock) **... et quart** 2
Quebec: from Quebec **québécois(e)** adj. 1
question **question** f. 6
   to ask (someone) a question **poser une question (à)** v. 6
quick **vite** adv. 4
quickly **vite** adv. 1
quite (before an adjective or adverb) **assez** adv. 8

R

rabbit **lapin** m. 13
rain **pleuvoir** v. 5
   acid rain **pluie** f. **acide** 13
   It is raining. **Il pleut.** 5
   It was raining. **Il pleuvait.** 8
rain forest **forêt tropicale** f. 13
rain jacket **imperméable** m. 5
rained **plu (pleuvoir)** p.p. 6
raise (in salary) **augmentation (de salaire)** f.
rapidly **rapidement** adv. 8
rarely **rarement** adv. 5
rather **plutôt** adv. 1
ravishing **ravissant(e)** adj.
razor **rasoir** m. 10
read **lire** v. 7
read **lu (lire)** p.p., adj. 7
ready **prêt(e)** adj. 3
real (true) **vrai(e)** adj.; **véritable** adj. 3
real estate agent **agent immobilier** m., f.
realize **se rendre compte** v. 10
really **vraiment** adv. 5; (before adjective or adverb) **tout(e)**

adv. 3; (before adjective or adverb) **très** adv. 8
   really close by **tout près** 3
rear-view mirror **rétroviseur** m. 11
reason **raison** f. 2
receive **recevoir** v. 12
received **reçu (recevoir)** p.p., adj. 12
receiver **combiné** m.
recent **récent(e)** adj.
reception desk **réception** f. 7
recognize **reconnaître** v. 8
recognized **reconnu (reconnaître)** p.p., adj. 8
recommend that... **recommander que...** v. 13
recommendation **recommandation** f.
record **enregistrer** v. 11
   (CD, DVD) **graver** v. 11
recycle **recycler** v. 13
recycling **recyclage** m. 13
red **rouge** adj. 6
redial **recomposer (un numéro)** v. 11
reduce **réduire** v. 6
reduced **réduit (réduire)** p.p., adj. 6
reference **référence** f.
reflect (on) **réfléchir (à)** v. 7
refrigerator **frigo** m. 8
refuse (to do something) **refuser (de)** v. 11
region **région** f. 13
regret that... **regretter que...** 13
relax **se détendre** v. 10
remember **se souvenir (de)** v. 10
remote control **télécommande** f. 11
rent **loyer** m. 8
   to rent **louer** v. 8
repair **réparer** v. 11
repeat **répéter** v. 5
research **rechercher** v.
researcher **chercheur/chercheuse** m., f.
reservation **réservation** f. 7
   to cancel a reservation **annuler une réservation** 7
reserve **réserver** v. 7
reserved **réservé(e)** adj. 1
residence **résidence** f. 8
resign **démissionner** v.
resort (ski) **station** f. **(de ski)** 7
respond **répondre (à)** v. 6
rest **se reposer** v. 10
restart **redémarrer** v. 11
restaurant **restaurant** m. 4
restroom(s) **toilettes** f., pl. 8; **W.-C.** m., pl.
result **résultat** m. 2
résumé **curriculum vitæ (C.V.)** m.

retake **repasser** *v.*
retire **prendre sa retraite** *v.* 6
retired person **retraité(e)** *m., f.*
retirement **retraite** *f.* 6
return **retourner** *v.* 7
  to return (home) **rentrer (à la maison)** *v.* 2
review (*criticism*) **critique** *f.*
rice **riz** *m.* 9
ride: to go horseback riding **faire du cheval** *v.* 5
  to ride in a car **rouler en voiture** *v.* 7
right **juste** *adv.* 3
  to the right (of) **à droite (de)** *prep.* 3
  to be right **avoir raison** 2
  right away **tout de suite** 7
  right next door **juste à côté** 3
ring **sonner** *v.* 11
river **fleuve** *m.* 13; **rivière** *f.* 13
riverboat **bateau-mouche** *m.* 7
role **rôle** *m.* 13
room **pièce** *f.* 8; **salle** *f.* 8
  bedroom **chambre** *f.* 7
  classroom **salle** *f.* **de classe** 1
  dining room **salle** *f.* **à manger** 8
  single hotel room **chambre** *f.* **individuelle** 7
roommate **camarade de chambre** *m., f.* 1
  (*in an apartment*) **colocataire** *m., f.* 1
round-trip **aller-retour** *adj.* 7
  round-trip ticket **billet** *m.* **aller-retour** 7
rug **tapis** *m.* 8
run **courir** *v.* 5; **couru (courir)** *p.p., adj.* 6
  to run into someone **tomber sur quelqu'un** *v.* 7

S

sad **triste** *adj.* 3
  to be sad that... **être triste que...** *v.* 13
safety **sécurité** *f.* 11
said **dit (dire)** *p.p., adj.* 7
salad **salade** *f.* 9
salary (a high, low) **salaire (élevé, modeste)** *m.*
sales **soldes** *f., pl.* 6
salon: beauty salon **salon** *m.* **de beauté** 12
salt **sel** *m.* 9
sandwich **sandwich** *m.* 4
sat (down) **assis (s'asseoir)** *p.p.* 10
Saturday **samedi** *m.* 2
sausage **saucisse** *f.* 9
save **sauvegarder** *v.* 11

save the planet **sauver la planète** *v.* 13
savings **épargne** *f.* 12
savings account **compte d'épargne** *m.* 12
say **dire** *v.* 7
scarf **écharpe** *f.* 6
scholarship **bourse** *f.* 2
school **école** *f.* 2
science **sciences** *f., pl.* 2
  political science **sciences politiques (sciences po)** *f., pl.* 2
screen **écran** *m.* 11
screening **séance** *f.*
sculpture **sculpture** *f.*
sculptor **sculpteur/femme sculpteur** *m., f.*
sea **mer** *f.* 7
seafood **fruits de mer** *m., pl.* 9
search for **chercher** *v.* 2
  to search for work **chercher du travail** *v.* 12
season **saison** *f.* 5
seat **place** *f.*
seatbelt **ceinture de sécurité** *f.* 11
  to buckle one's seatbelt **attacher sa ceinture de sécurité** *v.* 11
seated **assis(e)** *p.p., adj.* 10
second **deuxième** *adj.* 7
security **sécurité** *f.* 11
see **voir** *v.* 12; (*catch sight of*) **apercevoir** *v.* 12
  to see again **revoir** *v.* 12
  See you later. **À plus tard.** 1
  See you later. **À tout à l'heure.** 1
  See you soon. **À bientôt.** 1
  See you tomorrow. **À demain.** 1
seen **aperçu (apercevoir)** *p.p.* 12; **vu (voir)** *p.p.* 12
  seen again **revu (revoir)** *p.p.* 12
self/-selves **même(s)** *pron.* 6
selfish **égoïste** *adj.* 1
sell **vendre** *v.* 6
seller **vendeur/vendeuse** *m., f.* 6
send **envoyer** *v.* 5
  to send (*to someone*) **envoyer (à)** *v.* 6
  to send a letter **poster une lettre** 12
Senegalese **sénégalais(e)** *adj.* 1
sense **sentir** *v.* 5
separated **séparé(e)** *adj.* 3
September **septembre** *m.* 5
serious **grave** *adj.* 10; **sérieux/sérieuse** *adj.* 3
serve **servir** *v.* 5
server **serveur/serveuse** *m., f.* 4
service station **station-service** *f.* 11

set the table **mettre la table** *v.* 8
seven **sept** *m.* 1
seven hundred **sept cents** *m.* 5
seventeen **dix-sept** *m.* 1
seventh **septième** *adj.* 7
seventy **soixante-dix** *m.* 3
several **plusieurs** *adj.* 4
shame **honte** *f.* 2
  It's a shame that... **Il est dommage que...** 13
shampoo **shampooing** *m.* 10
shape (*state of health*) **forme** *f.* 10
share **partager** *v.* 2
shave (oneself) **se raser** *v.* 10
shaving cream **crème à raser** *f.* 10
she **elle** *pron.* 1
sheet of paper **feuille de papier** *f.* 1
sheets **draps** *m., pl.* 8
shelf **étagère** *f.* 8
shh **chut**
shirt (short-/long-sleeved) **chemise (à manches courtes/longues)** *f.* 6
shoe **chaussure** *f.* 6
shopkeeper **commerçant(e)** *m., f.* 9
shopping **shopping** *m.* 7
  to go shopping **faire du shopping** *v.* 7
  to go (grocery) shopping **faire les courses** *v.* 9
shopping center **centre commercial** *m.* 4
short **court(e)** *adj.* 3; (*stature*) **petit(e)** 3
shorts **short** *m.* 6
shot (*injection*) **piqûre** *f.* 10
  to give a shot **faire une piqûre** *v.* 10
show **spectacle** *m.* 5; (*movie or theater*) **séance** *f.*
  to show (*to someone*) **montrer (à)** *v.* 6
shower **douche** *f.* 8
shut off **fermer** *v.* 11
shy **timide** *adj.* 1
sick: to get/be sick **tomber/être malade** *v.* 10
sign **signer** *v.* 12
silk **soie** 6
since **depuis** *adv.* 9
sincere **sincère** *adj.* 1
sing **chanter** *v.* 5
singer **chanteur/chanteuse** *m., f.* 1
single (*marital status*) **célibataire** *adj.* 3
  single hotel room **chambre** *f.* **individuelle** 7
sink **évier** *m.* 8; (*bathroom*) **lavabo** *m.* 8

sir **Monsieur** *m.* 1
sister **sœur** *f.* 3
sister-in-law **belle-sœur** *f.* 3
sit down **s'asseoir** *v.* 10
sitting **assis(e)** *adj.* 10
six **six** *m.* 1
six hundred **six cents** *m.* 5
sixteen **seize** *m.* 1
sixth **sixième** *adj.* 7
sixty **soixante** *m.* 1
size **taille** *f.* 6
skate **patiner** *v.* 4
ski **skier** *v.* 5; **faire du ski** 5
skiing **ski** *m.* 5
ski jacket **anorak** *m.* 6
ski resort **station** *f.* **de ski** 7
skin **peau** *f.* 10
skirt **jupe** *f.* 6
sky **ciel** *m.* 13
sleep **sommeil** *m.* 2
   to sleep **dormir** *v.* 5
   to be sleepy **avoir sommeil** *v.* 2
sleeve **manche** *f.* 6
slice **tranche** *f.* 9
slipper **pantoufle** *f.* 10
slow **lent(e)** *adj.* 3
small **petit(e)** *adj.* 3
smell **sentir** *v.* 5
smile **sourire** *m.* 6
   to smile **sourire** *v.* 6
smoke **fumer** *v.* 10
snack (afternoon) **goûter** *m.* 9
snake **serpent** *m.* 13
sneeze **éternuer** *v.* 10
snow **neiger** *v.* 5
   It is snowing. **Il neige.** 5
   It was snowing… **Il neigeait…** 8
so **si** 11; **alors** *adv.* 1
   so that **pour que**
soap **savon** *m.* 10
soap opera **feuilleton** *m.*
soccer **foot(ball)** *m.* 5
sociable **sociable** *adj.* 1
sociology **sociologie** *f.* 1
sock **chaussette** *f.* 6
software **logiciel** *m.* 11
soil (*to make dirty*) **salir** *v.* 8
solar **solaire** *adj.* 13
solar energy **énergie solaire** *f.* 13
solution **solution** *f.* 13
some **de l'** *part. art., m., f., sing.* 4
   some **de la** *part. art., f., sing.* 4
   some **des** *part. art., m., f., pl.* 4
   some **du** *part. art., m., sing.* 4
   some **quelques** *adj.* 4
   some (of it/them) **en** *pron.* 10
someone **quelqu'un** *pron.* 12
something **quelque chose** *m.* 4
   Something's not right.
   Quelque chose ne va pas. 5
sometimes **parfois** *adv.* 5;

quelquefois *adv.* 8
son **fils** *m.* 3
song **chanson** *f.*
sorry **désolé(e)** 11
   to be sorry that… **être désolé(e) que…** *v.* 13
sort **sorte** *f.*
So-so. **Comme ci, comme ça.** 1
soup **soupe** *f.* 4
soupspoon **cuillère à soupe** *f.* 9
south **sud** *m.* 12
space **espace** *m.* 13
Spain **Espagne** *f.* 7
Spanish **espagnol(e)** *adj.* 1
speak (on the phone) **parler (au téléphone)** *v.* 2
   to speak (to) **parler (à)** *v.* 6
   to speak to one another **se parler** *v.* 11
specialist **spécialiste** *m., f.*
species **espèce** *f.* 13
   endangered species **espèce** *f.* **menacée** 13
spectator **spectateur/ spectatrice** *m., f.*
speed **vitesse** *f.* 11
speed limit **limitation de vitesse** *f.* 11
spend **dépenser** *v.* 4
   to spend money **dépenser de l'argent** 4
   to spend time **passer** *v.* 7
   to spend time (*somewhere*) **faire un séjour** 7
spoon **cuillère** *f.* 9
sport(s) **sport** *m.* 5
   to play sports **faire du sport** *v.* 5
sporty **sportif/sportive** *adj.* 3
sprain one's ankle **se fouler la cheville** 10
spring **printemps** *m.* 5
   in the spring **au printemps** 5
square (*place*) **place** *f.* 4
squirrel **écureuil** *m.* 13
stadium **stade** *m.* 5
stage (*phase*) **étape** *f.* 6
stage fright **trac**
staircase **escalier** *m.* 8
stamp **timbre** *m.* 12
star **étoile** *f.* 13
starter **entrée** *f.* 9
start up **démarrer** *v.* 11
station **gare** *f.* 7; **station** *f.* 7
   bus station **gare routière** *f.* 7
   subway station **station** *f.* **de métro** 7
   train station **gare** *f.* 7; **station** *f.* **de train** 7
stationery store **papeterie** *f.* 12
statue **statue** *f.* 12

stay **séjour** *m.* 7; **rester** *v.* 7
   to stay slim **garder la ligne** *v.* 10
steak **steak** *m.* 9
steering wheel **volant** *m.* 11
stepbrother **demi-frère** *m.* 3
stepfather **beau-père** *m.* 3
stepmother **belle-mère** *f.* 3
stepsister **demi-sœur** *f.* 3
stereo system **chaîne stéréo** *f.* 11
still **encore** *adv.* 3
stomach **ventre** *m.* 10
   to have a stomach ache **avoir mal au ventre** *v.* 10
stone **pierre** *f.* 13
stop (doing something) **arrêter (de faire quelque chose)** *v.*; (*to stop oneself*) **s'arrêter** *v.* 10
   to stop by someone's house **passer chez quelqu'un** *v.* 4
   bus stop **arrêt d'autobus (de bus)** *m.* 7
store **magasin** *m.*; **boutique** *f.* 12
   grocery store **épicerie** *f.* 4
stormy **orageux/orageuse** *adj.* 5
   It is stormy. **Le temps est orageux.** 5
story **histoire** *f.* 2
stove **cuisinière** *f.* 8
straight **raide** *adj.* 3
   straight ahead **tout droit** *adv.* 12
strangle **étrangler** *v.*
strawberry **fraise** *f.* 9
street **rue** *f.* 11
   to follow a street **suivre une rue** *v.* 12
strong **fort(e)** *adj.* 3
student **étudiant(e)** *m., f.* 1; **élève** *m., f.* 1
   high school student **lycéen(ne)** *m., f.* 2
studies **études** *f.* 2
studio (*apartment*) **studio** *m.* 8
study **étudier** *v.* 2
suburbs **banlieue** *f.* 4
subway **métro** *m.* 7
subway station **station** *f.* **de métro** 7
succeed (*in doing something*) **réussir (à)** *v.* 7
success **réussite** *f.*
suddenly **soudain** *adv.* 8; **tout à coup** *adv.* 7.; **tout d'un coup** *adv.* 8
suffer **souffrir** *v.* 11
suffered **souffert (souffrir)** *p.p.* 11
sugar **sucre** *m.* 4
suggest (that) **suggérer (que)** *v.* 13
suit (*man's*) **costume** *m.* 6; (*woman's*) **tailleur** *m.* 6
suitcase **valise** *f.* 7

summer **été** *m.* 5
  in the summer **en été** 5
sun **soleil** *m.* 5
  It is sunny. **Il fait (du) soleil.** 5
Sunday **dimanche** *m.* 2
sunglasses **lunettes de soleil**
  f., pl. 6
supermarket **supermarché** *m.* 9
sure **sûr(e)** 9
  It is sure that… **Il est sûr**
  que… 13
  It is unsure that… **Il n'est**
  pas sûr que… 13
surf on the Internet **surfer sur**
  Internet 11
surprise (someone) **faire une**
  surprise (à quelqu'un) *v.* 6
surprised **surpris (surprendre)**
  p.p., adj. 6
  to be surprised that… **être**
  surpris(e) que… *v.* 13
sweater **pull** *m.* 6
sweep **balayer** *v.* 8
swell **enfler** *v.* 10
swim **nager** *v.* 4
swimsuit **maillot de bain** *m.* 6
Swiss **suisse** *adj.* 1
Switzerland **Suisse** *f.* 7
symptom **symptôme** *m.* 10

T

table **table** *f.* 1
  to clear the table **débarrasser**
  la table *v.* 8
tablecloth **nappe** *f.* 9
take **prendre** *v.* 4
  to take a shower **prendre une**
  douche 10
  to take a train (plane, taxi, bus,
  boat) **prendre un train (un**
  avion, un taxi, un autobus,
  un bateau) *v.* 7
  to take a walk **se promener**
  v. 10
  to take advantage of **profiter**
  de *v.*
  to take an exam **passer un**
  examen *v.* 2
  to take care (of something)
  s'occuper (de) *v.* 10
  to take out the trash **sortir la/**
  les poubelle(s) *v.* 8
  to take time off **prendre un**
  congé *v.*
  to take (someone) **emmener**
  v. 5
taken **pris (prendre)** *p.p., adj.* 6
tale **conte** *m.*
talented (gifted) **doué(e)** *adj.*
tan **bronzer** *v.* 6
tape recorder **magnétophone**

m. 11
tart **tarte** *f.* 9
taste **goûter** *v.* 9
taxi **taxi** *m.* 7
tea **thé** *m.* 4
teach **enseigner** *v.* 2
  to teach (to do something)
  apprendre (à) *v.* 4
teacher **professeur** *m.* 1
team **équipe** *f.* 5
teaspoon **cuillére à café** *f.* 9
tee shirt **tee-shirt** *m.* 6
teeth **dents** *f., pl.* 9
  to brush one's teeth **se brosser**
  les dents *v.* 9
telephone (receiver) **appareil** *m.*
  to telephone (someone)
  téléphoner (à) *v.* 2
  It's Mr./Mrs./Miss … (on the
  phone.) **C'est M./Mme/**
  Mlle … (à l'appareil.)
television **télévision** *f.* 1
  television channel **chaîne** *f.*
  de télévision 11
  television program **émission**
  f. **de télévision**
  television set **poste de**
  télévision *m.* 11
tell one another **se dire** *v.* 11
temperature **température** *f.* 5
ten **dix** *m.* 1
tennis **tennis** *m.* 5
tennis shoes **baskets** *f., pl.* 6
tenth **dixième** *adj.* 7
terrace (café) **terrasse** *f.* **de café** 4
test **examen** *m.* 1
than **que/qu'** *conj.* 9, 13
thank: Thank you (very
  much). **Merci (beaucoup).** 1
that **ce/c', ça** 1; **que** *rel.*
  pron. 11
  Is that… ? **Est-ce… ?** 2
  That's enough. **Ça suffit.** 5
  That has nothing to do with us.
  That is none of our business. **Ça**
  ne nous regarde pas. 13
  that is… **c'est…** 1
  that is to say **ça veut dire** 10
theater **théâtre** *m.*
their **leur(s)** *poss. adj., m., f.* 3
them **les** *d.o. pron.* 7, **leur**
  i.o. pron., m., f., pl. 6
then **ensuite** *adv.* 7, **puis** *adv.* 7,
  puis 4; **alors** *adv.* 7
there **là** 1; **y** *pron.* 10
  Is there… ? **Y a-t-il… ?** 2
  over there **là-bas** *adv.* 1
  (over) there (used with demonstrative adjective ce and noun
  or with demonstrative pronoun
  celui) **-là** 6
  There is/There are… **Il y a…** 1

There is/There are…. **Voilà…** 1
There was… **Il y a eu…** 6;
  Il y avait… 8
therefore **donc** *conj.* 7
these/those **ces** *dem. adj., m., f.,*
  pl. 6
  these/those **celles** *pron., f.,*
  pl. 13
  these/those **ceux** *pron., m.,*
  pl. 13
they **ils** *sub. pron., m.* 1;
  elles *sub. and disj. pron., f.* 1;
  eux *disj. pron., pl.* 3
thing **chose** *f.* 1, **truc** 7
think (about) **réfléchir (à)** *v.* 7
  to think (that) **penser**
  (que) *v.* 2
third **troisième** *adj.* 7
thirst **soif** *f.* 4
  to be thirsty **avoir soif** *v.* 4
thirteen **treize** *m.* 1
thirty **trente** *m.* 1
thirty-first **trente et unième**
  adj. 7
this/that **ce** *dem. adj., m., sing.* 6;
  cet *dem. adj., m., sing.* 6;
  cette *dem. adj., f., sing.* 6
  this afternoon **cet après-midi** 2
  this evening **ce soir** 2
  this one/that one
  celle *pron., f., sing.* 13;
  celui *pron., m., sing.* 13
  this week **cette semaine** 2
  this weekend **ce week-end** 2
  this year **cette année** 2
those are… **ce sont…** 1
thousand: one thousand **mille** *m.* 5
  one hundred thousand
  cent mille *m.* 5
threat **danger** *m.* 13
three **trois** *m.* 1
three hundred **trois cents** *m.* 5
throat **gorge** *f.* 10
throw away **jeter** *v.* 13
Thursday **jeudi** *m.* 2
ticket **billet** *m.* 7
  round-trip ticket **billet** *m.*
  aller-retour 7
  bus/subway ticket **ticket de**
  bus/de métro *m.* 7
tie **cravate** *f.* 6
tight **serré(e)** *adj.* 6
time (occurence) **fois** *f.*; (general
  sense) **temps** *m., sing.* 5
  a long time **longtemps** *adv.* 5
  free time **temps libre** *m.* 5
  from time to time **de temps**
  en temps *adv.* 8
  to lose time **perdre son temps**
  v. 6
tinker **bricoler** *v.* 5
tip **pourboire** *m.* 4

to leave a tip **laisser un pourboire** *v.* 4

tire **pneu** *m.* 11
  flat tire **pneu** *m.* **crevé** 11
  (emergency) tire **roue (de secours)** *f.* 11
  to check the tire pressure **vérifier la pression des pneus** *v.* 11

tired **fatigué(e)** *adj.* 3
tiresome **pénible** *adj.* 3
to **à** *prep.* 4; **au (à + le)** 4; **aux (à + les)** 4
toaster **grille-pain** *m.* 8
today **aujourd'hui** *adv.* 2
toe **orteil** *m.* 10; **doigt de pied** *m.* 10
together **ensemble** *adv.* 6
tomato **tomate** *f.* 9
tomorrow (morning, afternoon, evening) **demain (matin, après-midi, soir)** *adv.* 2
  day after tomorrow **après-demain** *adv.* 2
too **aussi** *adv.* 1
  too many/much (of) **trop (de)** 4
tooth **dent** *f.* 9
  to brush one's teeth **se brosser les dents** *v.* 9
toothbrush **brosse** *f.* **à dents** 10
toothpaste **dentifrice** *m.* 10
tour **tour** *m.* 5
tourism **tourisme** *m.* 12
tourist office **office du tourisme** *m.* 12
towel (bath) **serviette (de bain)** *f.* 10
town **ville** *f.* 4
town hall **mairie** *f.* 12
toxic **toxique** *adj.* 13
toxic waste **déchets toxiques** *m.,* *pl.* 13
traffic **circulation** *f.* 11
traffic light **feu de signalisation** *m.* 12
tragedy **tragédie** *f.*
train **train** *m.* 7
train station **gare** *f.* 7; **station** *f.* **de train** 7
training **formation** *f.*
translate **traduire** *v.* 6
translated **traduit (traduire)** *p.p., adj.* 6
trash **ordures** *f., pl.* 13
travel **voyager** *v.* 2
travel agency **agence de voyages** *f.* 7
travel agent **agent de voyages** *m.* 7
tree **arbre** *m.* 13
trip **voyage** *m.* 7
troop *(company)* **troupe** *f.*
tropical **tropical(e)** *adj.* 13
  tropical forest **forêt tropicale**

f. 13
true **vrai(e)** *adj.* 3; **véritable** *adj.* 6
  It is true that… **Il est vrai que…** 13
  It is untrue that… **Il n'est pas vrai que…** 13
trunk **coffre** *m.* 11
try **essayer** *v.* 5
Tuesday **mardi** *m.* 2
tuna **thon** *m.* 9
turn **tourner** *v.* 12
  to turn off **éteindre** *v.* 11
  to turn on **allumer** *v.* 11
  to turn (oneself) around **se tourner** *v.* 10
twelve **douze** *m.* 1
twentieth **vingtième** *adj.* 7
twenty **vingt** *m.* 1
twenty-first **vingt et unième** *adj.* 7
twenty-second **vingt-deuxième** *adj.* 7
twice **deux fois** *adv.* 8
twist one's ankle **se fouler la cheville** *v.* 10
two **deux** *m.* 1
two hundred **deux cents** *m.* 5
two million **deux millions** *m.* 5
type **genre** *m.*

ugly **laid(e)** *adj.* 3
umbrella **parapluie** *m.* 5
uncle **oncle** *m.* 3
under **sous** *prep.* 3
understand **comprendre** *v.* 4
understood **compris (comprendre)** *p.p., adj.* 6
underwear **sous-vêtement** *m.* 6
undress **se déshabiller** *v.* 10
unemployed person **chômeur/ chômeuse** *m., f.*
  to be unemployed **être au chômage** *v.*
unemployment **chômage** *m.*
unfortunately **malheureusement** *adv.* 2
unhappy **malheureux/ malheureuse** *adj.* 3
union **syndicat** *m.*
United States **États-Unis** *m., pl.* 7
university **faculté** *f.* 1; **université** *f.* 1
university cafeteria **restaurant universitaire (resto U)** *m.* 2
unless **à moins que** *conj.*
unpleasant **antipathique** *adj.* 3; **désagréable** *adj.* 1
until **jusqu'à** *prep.* 12; **jusqu'à ce que** *conj.*
upset: to become upset **s'énerver** *v.* 10

us **nous** *i.o. pron.* 6; **nous** *d.o. pron.* 7
use **employer** *v.* 5
  to use a map **utiliser un plan** *v.* 7
useful **utile** *adj.* 2
useless **inutile** *adj.* 2; **nul(le)** *adj.* 2
usually **d'habitude** *adv.* 8

vacation **vacances** *f., pl.* 7
  vacation day **jour de congé** *m.* 7
vacuum **aspirateur** *m.* 8
  to vacuum **passer l'aspirateur** *v.* 8
valley **vallée** *f.* 13
vegetable **légume** *m.* 9
velvet **velours** 6
very *(before adjective)* **tout(e)** *adv.* 3; *(before adverb)* **très** *adv.* 8
  Very well. **Très bien.** 1
veterinarian **vétérinaire** *m., f.*
videocassette recorder (VCR) **magnétoscope** *m.* 11
video game(s) **jeu vidéo (des jeux vidéo)** *m.* 11
videotape **cassette vidéo** *f.* 11
Vietnamese **vietnamien(ne)** *adj.* 1
violet **violet(te)** *adj.* 6
violin **violon** *m.*
visit **visite** *f.* 6
  to visit *(a place)* **visiter** *v.* 2; *(a person or people)* **rendre visite (à)** *v.* 6; *(to visit regularly)* **fréquenter** *v.* 4
voicemail **messagerie** *f.*
volcano **volcan** *m.* 13
volleyball **volley(-ball)** *m.* 5

waist **taille** *f.* 6
wait **attendre** *v.* 6
  to wait *(on the phone)* **patienter** *v.*
  to wait in line **faire la queue** *v.* 12
wake up **se réveiller** *v.* 10
walk **promenade** *f.* 5; **marcher** *v.* 5
  to go for a walk **faire une promenade** 5; **faire un tour** 5
wall **mur** *m.* 8
want **désirer** *v.* 5; **vouloir** *v.* 9
wardrobe **armoire** *f.* 8
warming: global warming **réchauffement de la Terre** *m.* 13
warning light (gas/oil) **voyant** *m.* **(d'essence/d'huile)** 11
wash **laver** *v.* 8
  to wash oneself (one's hands) **se**

laver (les mains) *v.* 10
to wash up (in the morning)
faire sa toilette *v.* 10
washing machine lave-linge *m.* 8
waste gaspillage *m.* 13;
gaspiller *v.* 13
wastebasket corbeille (à papier)
f. 1
watch montre *f.* 1; regarder *v.* 2
water eau *f.* 4
mineral water eau *f.* minérale 4
way (*by the way*) au fait 3;
(*path*) chemin 12
we nous *pron.* 1
weak faible *adj.* 3
wear porter *v.* 6
weather temps *m., sing.* 5;
météo *f.*
The weather is bad. Il fait
mauvais. 5
The weather is dreadful. Il fait
un temps épouvantable. 5
The weather is good/warm. Il
fait bon. 5
The weather is nice. Il fait
beau. 5
web site site Internet/web
m. 11
wedding mariage *m.* 6
Wednesday mercredi *m.* 2
weekend week-end *m.* 2
this weekend ce week-end *m.* 2
welcome bienvenu(e) *adj.* 1
You're welcome. Il n'y a pas
de quoi. 1
well bien *adv.* 7
I am doing well/badly. Je vais
bien/mal. 1
west ouest *m.* 12
What? Comment? *adv.* 4;
Pardon? 4; Quoi? 1 *interr.*
pron. 4
What day is it? Quel jour
sommes-nous? 2
What is it? Qu'est-ce que
c'est? *prep.* 1
What is the date? Quelle est
la date? 5
What is the temperature?
Quelle température fait-il? 5
What is the weather like? Quel
temps fait-il? 5
What is your name? Comment
t'appelles-tu? *fam.* 1
What is your name? Comment
vous appelez-vous? *form.* 1
What is your nationality?
Quelle est ta nationalité?
sing., fam. 1
What is your nationality?
Quelle est votre nationalité?
sing., pl., fam., form. 1

What time do you have?
Quelle heure avez-vous?
form. 2
What time is it? Quelle heure
est-il? 2
What time? À quelle
heure? 2
What do you think about that?
Qu'en penses-tu? 13
What's up? Ça va? 1
whatever it may be quoi que
ce soit
What's wrong? Qu'est-ce qu'il
y a? 1
when quand *adv.* 4
When is …'s birthday? C'est
quand l'anniversaire de …? 5
When is your birthday?
C'est quand ton/votre
anniversaire? 5
where où *adv., rel. pron.* 4
which? quel(le)(s)? *adj.* 4
which one à laquelle *pron., f.,*
sing. 13
which one auquel (à + lequel)
pron., m., sing. 13
which one de laquelle *pron., f.,*
sing. 13
which one duquel (de +
lequel) *pron., m., sing.* 13
which one laquelle *pron., f.,*
sing. 13
which one lequel *pron., m.,*
sing. 13
which ones auxquelles (à +
lesquelles) *pron., f., pl.* 13
which ones auxquels (à +
lesquels) *pron., m., pl.* 13
which ones desquelles (de +
lesquelles) *pron., f., pl.* 13
which ones desquels (de +
lesquels) *pron., m., pl.* 13
which ones lesquelles *pron.,*
f., pl. 13
which ones lesquels *pron., m.,*
pl. 13
while pendant que *prep.* 7
white blanc(he) *adj.* 6
who? qui? *interr. pron.* 4; qui *rel.*
pron. 11
Who is it? Qui est-ce? 1
Who's calling, please? Qui est
à l'appareil?
whom? qui? *interr.* 4
For whom? Pour qui? 4
To whom? À qui? 4
why? pourquoi? *adv.* 2, 4
widowed veuf/veuve *adj.* 3
wife femme *f.* 1; épouse *f.* 3
willingly volontiers *adv.* 10
win gagner *v.* 5
wind vent *m.* 5

It is windy. Il fait du vent. 5
window fenêtre *f.* 1
windshield pare-brise *m.* 11
windshield wiper(s) essuie-
glace (essuie-glaces *pl.*)
m. 11
windsurfing planche à voile *v.* 5
to go windsurfing faire de la
planche à voile *v.* 5
wine vin *m.* 6
winter hiver *m.* 5
in the winter en hiver 5
wipe (the dishes/the table)
essuyer (la vaisselle/la
table) *v.* 8
wish that… souhaiter que… *v.* 13
with avec *prep.* 1
with whom? avec qui? 4
withdraw money retirer de
l'argent *v.* 12
without sans *prep.* 8; sans
que *conj.* 5
woman femme *f.* 1
wood bois *m.* 13
wool laine *f.* 6
work travail *m.* 12
to work travailler *v.* 2; marcher
v. 11; fonctionner *v.* 11
work out faire de la gym *v.* 5
worker ouvrier/ouvrière *m., f.*
world monde *m.* 7
worried inquiet/inquiète *adj.* 3
worry s'inquiéter *v.* 10
worse pire *comp. adj.* 9; plus mal
comp. adv. 9; plus mauvais(e)
comp. adj. 9
worst: the worst le plus mal
super. adv. 9; le/la pire
super. adj. 9; le/la plus
mauvais(e) *super. adj.* 9
wound blessure *f.* 10
wounded: to get wounded
se blesser *v.* 10
write écrire *v.* 7
to write one another s'écrire
v. 11
writer écrivain/femme écrivain
m., f.
written écrit (écrire) *p.p., adj.* 7
wrong tort *m.* 2
to be wrong avoir tort *v.* 2

Y

yeah ouais 2
year an *m.* 2; année *f.* 2
yellow jaune *adj.* 6
yes oui 2; (*when making a*
contradiction) si 2
yesterday (morning/afternoon
evening) hier (matin/après-

midi/soir) *adv.* 7
day before yesterday **avant-hier** *adv.* 7
yogurt **yaourt** *m.* 9
you **toi** *disj. pron., sing., fam.*
3; **tu** *sub. pron., sing., fam.*
1; **vous** *pron., sing., pl., fam.,
form.* 1
you neither **toi non plus** 2
You're welcome. **De rien.** 1
young **jeune** *adj.* 3
younger **cadet(te)** *adj.* 3
your **ta** *poss. adj., f., sing.* 3;
tes *poss. adj., m., f., pl.* 3;
ton *poss. adj., m., sing.* 3;
vos *poss. adj., m., f., pl.* 3;
votre *poss. adj., m., f., sing.* 3;
yourself **te/t'** *refl. pron., sing.,
fam.* 10; **toi** *refl. pron., sing.,
fam.* 10; **vous** *refl. pron.,
form.* 10
youth **jeunesse** *f.* 6
youth hostel **auberge de
jeunesse** *f.* 7
Yum! **Miam!** *interj.* 5

Z

zero **zéro** *m.* 1

Index

Text Credits

153 © Reprinted by permission of Nouveau Monde DDB and of Assessorat du Tourisme de la Vallée d'Aoste **217** © Reprinted by permission of Comité du tourisme des îles de Guadeloupe; ad produced by Comité du tourisme des îles de Guadeloupe in 2005 **333** © Reprinted by permission of BlackBerry® **363** © Reprinted by permission of Relais du Silence Silencehotel **422–423** © Excerpt from LE PETIT PRINCE by Antoine de Saint-Exupéry, copyright 1943 by Harcourt, Inc. and renewed 1971 by Consuelo de Saint-Exupéry, reprinted by permission of the publisher.

Fine Art Credits

62 *Joan of Arc Kissing the Sword of Deliverance* by Dante Gabriel Rossetti. **191** Troubadour Plays Six Musical Instruments. **201** *Blue Dancers* by Edgar Degas. **255** *Entry of Joan of Arc Into Orleans* by J.J. Scherrer. **319** *Portrait of Jean Jacques Rousseau* by Lacretelle. **351** *The Son of Man* by René Magritte. **421** *Tahitian Women on the Beach* by Paul Gauguin.

Photography Credits

Alamy Images: 9 (t) © Ian Dagnall. **31** (tl) © Robert McGouey. **41** (t) © Megapress. **63** (tl) © David Gregs. **94** (left panel, br) ©Popperfoto. **119** (t) © Yadid Levy, (m) © Kevin Foy. **126** (right panel, ml) © David Osborne. **127** (bl) © Brian Harris. **169** (m) © Trevor Pearson. **191** (tl) © Foodfolio. **215** (t) © Johner Images. **222** (t) © bilderlounge. **232** (tr) © Michele Molinari. **247** (tl) © Ace Stock Limited. **281** (bl) © Design Pics Inc. **350** (right panel, t, ml) © Paul Springett, (right panel, mr) © Melba Photo Agency. **351** **(tl)** © Danita Delimont. **362** (right panel, tr) © David Sanger, (right panel, mr) © Ray Roberts, (right panel, (bl) © DanitaDelimont. com. **382** (mt) © Stephen Saks Photography, (mb) Jupiterimages/Ablestock. **383** (bl) © Rubens Abboud. **384** (t) © Mehdi Chebil. **385** (tl) © Stephen Lloyd Photography Co UK, (bl) © Paul Springett. **406** (r) © Jeremy Horner. **410** (l) © Vincent Lowe. **416** (right panel) © Nick Greaves. **418** (t) © brianafrica, (right planel, ml) © Authors Image. **419** (bl) Kevin Schafer. **420** (right planel, ml) © Melba Photo Agency, (right panel, b) © David Sanger.

Corbis: cover © Tim Pannell. **24** (right panel, tl) © Rune Hellestad. **25** (left panel, tr) © Reuters/Shaun Best, (left panel, tl) © Frank Trapper, (left panel, bmr) © Reuters/Lucy Nicholson. **30** (left panel, t) © Hulton-Deutsch Collection, (left panel, tm) © Caroline Penn, (left panel, bm) © Jean-Pierre Amet/Bel Ombra, (left panel, b) © Eddy Lemaistre/For Pictures, (right panel, b) © Eddy Lemaistre. **31** (tr) © Antoine Gyori, (bl) Owen Franken. **34** © Tom Stewart. **62** (left panel, t) © Christie's Images, (left panel, m) © Bettmann, (left panel, b) © Antoine Gyori. **87** (tl) © Henri Tuillio, (tr) © Patrick Roncen, (mr) © Pascal Ito. **94** (left panel, t) © Hulton-Deutsch Collection, (left panel, bl) © Rufus F. Folkks. **95** (bl) © Keren Su. **105** (t) © Inge Yspeert, (m) © France Soir/PH.Cabaret. **119** (b) © Garcia/photocuisine. **126** (left panel, t) © Chris Hellier, (left panel, b) © Hulton-Deutsch Collection, (right panel, t) © Chris Lisle. **136** (r) © Neil Marchand/Liewig Media Sports. **137** (t) © Victor Fraile, (m) © Reuters/Arko Datta. **151** (m) © Reuters/Stefano Rellandini, (b) © Corbis TempSport. **158** (left panel, t) © Bettmann, (left panel, b) © Hulton-Deutsch Collection, (right panel, t) © Dean Conger, (right panel, ml) © Reuters/Daniel Joubert. **159** (bl) © Reuters/Daniel Joubert. **168** (l) © Eric Gaillard, (r) © Earl & Nazima Kowall. **169** (t) © Reuters/Mal Langsdon. **182** (l) © Philippe Wojazer. **183** (t) © Hulton-Deutsch Collection, (m) © Corbis Sugma/Pierre Vauthey, (b) © Corbis Sygma/Tierry Orban. **190** (left panel, t, b) © Bettmann, (right panel, t) © Frederik Astier, (right panel, b) © Bettmann. **191** (bl) © Owen Franken, (br) © Historical Picture Archive. **201** (mr) © Archivo Iconograpfico, S.A.. **214** (l) © Hubert Stadler. **222** (left panel, t) © Patric Forestier (Special), (left panel, bl) © Bettmann, (left panel, br) © Stefano Bianchetti, (right panel, mr) © Larry Dale Gordon/zefa, (right panel, b) © Tom Brakefield. **223** (tl) © Frederic Pitchal, (tr) © Reuters/John Schults. **247** (mr) © Robert Holmes. **254** (left panel, t) © Bettmann, (left panel, b) © Stephane Cardinale. **255** (tr) © Dianni Dagli Orti, (bl) © Thierry Tronnel, (br) © Annie Griffiths Belt. **279** (tl) © Sergio Pitamitz. **286** (left panel, t, m) © Bettmann, (left panel, b) © Paris Claude, (right panel, ml) © Adam Woolfitt. **287** (br) © Corbis. **310** (br) © Gilles Fonlupt. **318** (left panel, t) © Bettmann, (left panel, b) © Pierre Vauthey, (right panel, b) © Carl & Ann Purcell. **319** (tr) © Archivo Iconografico. **329** (t) © Alain Nogues, (b) © Philippe Eranian. **343** (t) © Bettmann. **350** (left panel, t) © Corbis KIPA, (left panel, bl) © Robert Galbraith, (left panel, br) © Stephane Cardinale. **351** (bl) © Dave Bartruff, (br) © Christie's Images. **361** (t) © Reuters/Matt Dunham. **362** (right panel, br) © Richard Klune. **382** (left panel, t) © Sophie Bassouls, (left panel, ml) © Stephane Cardinale, (left panel, b) © Reuters/Jason Cohn, (right panel, b) © Richard T. Nowitz. **383** (tl) © Reuters/Mike Blake. **384** (left panel) © Mike King, (right panel, mr) © Nik Wheeler, (right panel, b) © Frans Lemmens/zefa. **385** (tr) © Sophie Bassouls, (br) © Jonny Le Fortune/zefa. **396** (l) © Bernard Bisson. **397** (t) © Yann Arthus-Bertrand, (m) © Bernard Bisson, (b) © Manfred Vollmer. **405** © Paul S. Souders. **411** (b) © Christophe Russeil. **417** © Kevin Flemming. 418 (left panel, t) © Reuters/Shaun Best, (left panel, b) © Reuters/Kai Pfaffenbach. **419** (tl) © Sophie Bassouls, (tr) © Eric Fougere/VIP Images. **422** © Bettmann. **420** (left panel, t) © Sophie Bassouls, (left panel, b) © Lori Conn, (right panel, t) © MedioImages. **421** (tl) © Bettmann, (br) © Philippe Giraud. **464** © Annebicque/Corbis Sygma. **472** (tl) © Stephane Ruet/Corbis Sygma, (bl) © Morton Beebe, (br) © Stephanie Maze. **483** (tr) © Corbis KIPA, (bl) © Christie's Images. **485** © Paul A. Souders. **519** © Swim Ink 2, LLC. **526** (br) © Kelly/Mooney Photography.

Fotolia: 28 © Robert Lerich. **62** (right panel, ml) © Martine Coquilleau. **94** (br) © Benjamin Herzoq. **286** (tr) © Robert Paul Van Beets. **319** (mr) © David Hughes. **384** (right panel, ml) © A. Anwar Secca. **421** (tr) © Frederic.

iStockphoto: cover © Chanyut Sribuarawd. **25** © Rasmus Rasmussen. **63** (br) © Caoline Beecham. **126** (mr) © Daniel Brechwoldt, (br) © Dan Moore. **158** (ml) © Dianne Maire, (b) ©Edyta Pawlowska. **159** (tl) © Demid Borodin, (br) © James Warren. **190** (right panel, ml) © Peter Leyden. **191** (tr) © Philip Lange. **223** (br) © Andreas Karelias. **256** (t) © Katerzyna Mazurowska, (ml) © Bodgan Lazar, (mr) © Katerzyna Mazurowska, (br) © Andreas Kaspar. **297** (b) © Viorika Prikhodko. **318** (right panel, mr) © Denis Jr. Tangney, (right panel, t) © Tatiana Egorova. **343** (b) © Mark Evans. **351** (tl) © Franky DeMeyer. **375** (b) © Peter Garbet. **380** © Andre Nantel. **396** (l) © Raphael Daniaud. **406** (l) © Jonathan Heger, (r) © William Wang. **410** (t) © Christophe Fouqui. **411** (t) © Gail A. Johnson. **418** (right panel, b) © Guenter Guni.

Library and Archives Canada: 386.

Tahiti Tourisme: 30 (tl). **200** (t, b). **205** (l). **421** (bl).

Miscellaneous: iii © HIRB/Photolibrary. **30** (right panel, m) © Lonely Planet Images/Ariadne Van Zandbergen/Getty Images. **73** (t) © Elise Amendola/AP Images, (m) © NBAE, (b) © Tony Barson/Getty Images. **136** (l) AP Images. **190** (right panel, mr) © Mikhail Lavrenov/123RF. **222** (right panel, ml) © Ferdiricb/Dreamstime. **286** (right panel, mr) © Hansok/Dreamstime. **318** (right panel, ml) © Createsima/Dreamstime. **331** © Thomas Mueller/Photographers Direct. **350** (b) © A.J. Cassaigne/Photononstop. **382** (right panel, t) © Carlos Sanchez Pereyra/123RF. **411** (m) © Thomas Pozzo Di Borgo/123RF. **416** (left panel, tr) © Anastasiya Maksimenko/123RF. **418** (right panel, mr) © Leanne Logan/Lonely Planet Images.

Special thanks to: Rachel Distler, Janet Dracksdorf, Tom Delano, Daniel Finkbeiner, Beth Kramer.

23: (t) exerpt from: *Superdupont – Tome* 1 © LOB/Gotlib/Alexis/Fluide Glacial.
31: (br) published with the kind authorization of the *Service de communication pour la Francophonie.*
159: (tr) © Reprinted by permission of *Le Printemps de Bourges* © graphisme: Lola Duval/photo: Dietmar Busse (Courtesy of Clamp Art, New York City).
251: (l) photo location: Sofitel Vieux Port-Marseille.
419: *FESPACO 2007* Poster; with the kind authorization of the Festival Panafricain du Cinéma et de la télévision de Ouagadougou (FESPACO).

Video Credits

Production Company: Klic Video Productions, Inc.
Lead Photographer: Pascal Pernix
Photographer, Assistant Director: Barbara Ryan Malcolm
Photography Assistant: Pierre Halart

Le zapping Credits

15 © Groupe SEB
47 © Clairefontaine
79 © Pages d'Or
111 © Swiss Airlines International
143 © SwissLife
175 © La Poste
207 © SNCF; Directed by Smith & Foulkes, Produced by Nexus Productions/Wanda; Producers: Charlotte Bavasso (Nexus) & Claude Fayolle (Wanda); Production Manager: Luke Youngman (Nexus); Post Production dpt of Wanda Studio Manager: Theano Kazagli (Nexus); Crew: credited as per Nexus Production Ltd Credits, which were given on completion.
239 © Century 21 with the kind authorization of Pierre Palmade
271 © Office du Tourisme de Rennes
303 © Diadermine
335 © NRJ; R Lines Productions. The commercial offer presented in the video is no longer available. See new NRJ mobile offers at www.nrjmobile.fr
367 © Office du Tourisme de Rennes
403 © BMCE Bank

About the Authors

Cherie Mitschke received her Ph.D. in Foreign Language Education with specializations in French and English as a Second Language from the University of Texas at Austin in 1996. She has taught French at Southwest Texas State University, Austin Community College, and was Assistant Professor of French at Southwestern University in Georgetown, Texas. Dr. Mitschke is also an experienced writer and editor of French educational materials who has worked with several major educational publishing houses.

Cheryl Tano received her M.A. in Spanish and French from Boston College and has also completed all course work toward a Ph.D. in Applied Linguistics with a concentration in Second Language Acquisition at Boston University. She is currently teaching French at Emmanuel College and Spanish at Tufts University.

About the Illustrators

A French Canadian living in the province of Quebec, **Sophie Casson** has been a professional illustrator for more than ten years. Her illustrations have appeared in local and national magazines throughout Canada, as well as in children's books.

Born in Caracas, Venezuela, **Hermann Mejía** studied illustration at the **Instituto de Diseño de Caracas**. Hermann currently lives and works in the United States.

Pere Virgili lives and works in Barcelona, Spain. His illustrations have appeared in textbooks, newspapers, and magazines throughout Spain and Europe.